昭和・平成 現代史年表

1923年 ▶ 2019年

横浜市立大学名誉教授 神田 文人 編
早稲田大学名誉教授 小林 英夫

小学館

この年表の使い方

①この年表には，昭和元年（大正15年）から平成31年までの出来事を，1年ごとに原則として見開き2ページに収めました。なお，大正12年9月1日の関東大震災～大正14年末までを，前史として2ページにまとめました。

②この年表では，項目を厳選してその項目の原因・結果・背景・影響などにまで言及するように配慮しています。

③特に重要な事項については，赤字で示しました。

④各年の出来事を，政治・経済欄，世界欄，社会・文化欄，世相欄の4欄に分けています。

⑤世相欄では流行語・流行歌などを一覧できるようにしました。2年以上にわたるものについては，原則として大きく話題になった年に収録しています。そこに使用した記号は以下のとおりです。

    ◖◗流行語　　♬流行歌　　📖話題の書物
    🎦映画　　　📺テレビ　　¥物価
    👤物故者（没年は満年齢で記しました）

⑥各見開きの上段には，和暦・西暦とその年の干支，その年のまとめの文章を記しました。

⑦各見開きの左端には，当該時期の内閣名とその所属を示し，組閣回数が複数になる場合は，丸数字で次数を示しました。

⑧衆院・参院，米・英・仏や国連安保理など，一般に使用されているものについては適宜略称を用いました。また，「満州国」など，地名や固有の名称で当時使用された用語を用いる場合には「　」をつけずに使用しました。

※本書は，『増補版　昭和・平成　現代史年表』（神田文人・小林英夫編，2009年刊）をベースに，刊行後の10年余りを増補するとともに，現在の視点から必要な加除訂正を行なったものです。

年表データについては，『増補版　昭和・平成　現代史年表』とそのベースになった『昭和史年表』とその第二版・完結版，『昭和・平成　現代史年表』（いずれも神田文人編）のほか，『決定版　20世紀年表』『戦後史年表』（いずれも神田文人・小林英夫編）のデータを参照しました。

これらの年表のデータ作成については，吉田裕・纐纈厚・林博史・伊香俊哉・小田部雄次・宮崎章・平賀明彦・梁田淑子・真辺将之・加藤聖文・廉徳瑰・戸邉秀明・松坂史生が担当しました。項目の取捨選択と全体の調整，文体・表記の統一は編者の責任で行いました。

はじめに —— 平成の終わりにあたって ——

◉激動の昭和

　昭和は、第一次世界大戦後の工業化と都市化のはじまりのなかで、華やかな大衆文化とともに幕を開けた。しかし、昭和2年（1927）の金融恐慌と昭和4年の世界恐慌により暗雲が立ち込める。対外進出に活路を求めた日本だったが、満州事変、日中戦争、アジア・太平洋戦争と戦火が拡大していった。戦争の激化は、国民に統制をかなめとした耐乏生活を強いることになり、国民生活の破綻のなかで敗戦を迎えたのである。

　敗戦後、米軍政下で戦後復興が進む。米軍への批判は禁止されていたにせよ、国民は戦前とは比較にならぬ自由を享受した。「国民主権」「基本的人権の尊重」「平和主義」を骨子とする新憲法が制定された。朝鮮戦争さなかの昭和27年、講和条約が発効し日本は西側陣営の一員として「独立国」となったが、同時に発効した日米安保条約で対米従属の道を進むことになった。

　朝鮮戦争特需で景気を回復した日本は、昭和30年代に入ると高度成長を開始し、白黒テレビ、電気洗濯機、電気冷蔵庫の普及とともに大衆消費社会へと突入していった。高度成長は公害などの負の蓄積を生み出したが、昭和48年に起きた石油ショックを技術革新で乗り切った日本は、昭和55年以降はバブル経済に沸くなかで空前の繁栄を謳歌した。

◉昭和から平成へ

　昭和64年1月、昭和天皇が死去し、バブルの行く末が不透明になるなかで62年余り続いた昭和は終わりを告げた。平成の幕開けとなった1989年は、象徴的な年であった。昭和天皇の死去に続き、『鉄腕アトム』の生みの親・手塚治虫、松下電器の創設者・松下幸之助、昭和の歌姫・美空ひばりと、昭和を代表する人物が次々と世を去った。そして、バブル経済のツケが清算されないままに日本経済は構造不況の荒波のなかに投げ込まれたのである。

　多くの日本人はこうした激動の波のなかでもがき苦しんだが、この時期は世界的

にも大きな変動期であった。第二次世界大戦以降の東西対立が、ベルリンの壁の崩壊とともに終わりを告げ、翌年には東西ドイツが統一され、その翌年にはソビエト連邦が消滅した。平成の幕開けは、戦後システムの再編期だったのである。ただ、日本ではこれが世界史的大事件であることを認識した者は少なく、韓国が素早く中国やロシアと経済的関係の強化に努めたのとは対照的に、日本は鈍い対応に終始した。

◉よろめく日本の政治と経済

　国際状況の変化に対する鈍さは、その後の政治経済への対応にも表れた。東西イデオロギー対立を前提にした昭和30年（1955）以降の自民・社会の二大政党は、冷戦の終結を前に新体制を作り上げられず、政局は揺れ続けた。平成5年（1993）の宮沢喜一内閣を一区切りとして自民党の長期政権は終焉を迎え、非自民の連立政権が誕生する。しかし、細川護熙内閣・羽田孜内閣で非自民政権も終わり、社会党の村山富市を首相とする自・社・さきがけ連立内閣を経て、橋本龍太郎が首相となり、自民党中心の内閣へと回帰することになった。

　経済面でもバブル経済とその崩壊の深刻な影響で景気は回復せず、不景気感が蔓延していた。橋本内閣のもとでは金融不況が深刻化し、平成9年に発生したアジア通貨危機とともに、日本の経済的影響力の低下が明らかになった。

　平成13年9月の同時多発テロ事件を契機に、米国は「テロとの戦争」へと突入していった。冷戦が終わっても平和の時代は来なかったのである。

　この年、政権の座に就いた小泉純一郎は、米国の動きを支持し、世界的な反戦運動のなかで米国がイラク攻撃に向かうと、平成15年にイラク復興支援特別措置法を制定してこれを支援した。国内では郵政民営化に代表される構造改革を推し進め、マスコミを活用した「劇場型政治」を演出した。しかし、構造改革の結果、若者を中心に非正規労働者が激増し、貧富の差が拡大、生活困窮者層が急速に増加することになった。小泉内閣後、安倍晋三・福田康夫・麻生太郎と3代にわたり「二世総理」が誕生したが、いずれも判で押したように1年で交代した。

◉再度の政権交代と「一強政権」の問題

　平成21年（2009）の衆議院選挙で民主党が圧勝し、自民党に代わって政権の座に

就いた。その後、鳩山由紀夫・菅直人・野田佳彦と民主党政権が続いたが、鳩山内閣は沖縄の普天間飛行場移設問題で迷走し、国民の期待が幻滅に終わり、これを継いだ菅内閣も平成23年3月の東日本大震災と原発事故の対応での不手際が目立った。こうして民主党は国民の信頼を失い、平成24年には自民党が政権を取り戻し、安倍晋三が首相に再登板した。野党への期待薄もあって、「決められる政治」を進める安倍政権は国民の支持を保ったが、政治家や官僚の不祥事が頻発するようになり、民主的熟議を軽視する「一強政権」の生み出す問題点が顕在化しつつある。

◉平成時代とは何だったのか

　平成31年（2019）4月30日、平成時代の天皇は生前退位し、30年余の平成時代は終わりを告げた。冷戦の終結とともに始まった平成時代は、平和と安定を世界にもたらしたであろうか。豊かさと安らぎを日本にもたらしたであろうか。

　振り返ってみると、昭和後期に比べ日本の経済力は低下し、将来への不安が広がるなかで高齢化は一層進行し、様々な格差が拡大してきている。政治も一強体制が続いているが、安倍政権が推し進める「アベノミクス」もこうした課題を解決するには有効ではなかったことが判明しつつある。そんななかで憲法改正が叫ばれているが、十分な論議が尽くされているとは言い難い。世界に目を転じると、各国で「自国ファースト」の政権が生まれ、国際協調の動きは停滞し、緊張が高まっているように感じられる。課題山積みのなかで平成は終わった、というのが多くの読者の率直な印象ではないだろうか。

　こうした激しい時代の変化を読み解く指針となるよう、ここにロングセラーとして読者に広く受け入れられてきた神田文人先生の労作『昭和・平成　現代史年表』と、神田先生とともに編集した『昭和・平成　現代史年表　増補版』を踏まえ、平成21年以降の11年分を追加し、現在の視点から必要な加除訂正を行い、本書を刊行するものである。

2019年5月

小林　英夫

大正12～14年（1923～1925）癸亥・甲子・乙丑

内閣	政治・経済	世界
② 山本権兵衛 （海軍） 9.2 12.29	12.9.1　関東大震災の被害総額約60億円（現在の価値で約55兆円）にのぼり、経済界は震災恐慌に。 9.2　第2次山本権兵衛内閣成立。人心安定のために戒厳令公布。9.7 治安維持令公布。 11.10　国民精神作興に関する詔書公布。関東大震災後の復興過程での国民精神の強化が目的。 12.27　摂政宮裕仁親王（昭和天皇）、東京・虎の門で難波大助に狙撃される（虎の門事件）。12.29 山本内閣、責任をとって総辞職。	12.10.29 トルコ共和国成立。初代大統領にムスタファ＝ケマル。 11.8　ヒトラー、ミュンヘン一揆を起こす。11.9 失敗しヒトラー逮捕。 11.16 独マルク大暴落をうけ、臨時貨幣のレンテンマルク発行開始。 11月　孫文、「連ソ・容共・扶助工農」の3大政策決定。
清浦奎吾（枢密院） 1.7 6.7	13.1.7　清浦奎吾内閣成立。立憲政友会・憲政会・革新倶楽部の護憲3派、清浦内閣を特権内閣として倒閣運動を開始（第2次護憲運動）。 1.26　摂政宮裕仁親王と久邇宮良子女王の婚儀挙行。 5.10　第15回総選挙（憲政151、政友本党109、政友105、革新倶楽部30、無所属69）。護憲3派の勝利。	13.1.20 中国国民党1全大会開催（第1次国共合作成立）。 1.21　レーニン没（53）。 1.22　英で第1次マクドナルド労働党内閣成立。 1.24　第1回冬季オリンピック開催（仏・シャモニー～2.4）。
① 加 藤 高 明 （ 憲 政 会 ） 6.11 7.31	6.11　第1次加藤高明内閣成立（護憲3派内閣）。 10.13　政府、中国に対し内政不干渉と満蒙利権擁護の覚書を交付。 12.13　各種婦人団体、合同して婦人参政権獲得期成同盟会結成（理事久布白落実・市川房枝）。 14.1.20 日ソ基本条約調印（北京）。日ソ国交樹立。 1月　佐野学ら、上海1月テーゼを作成、日本共産党の再組織を決定。 2.11　治安維持法・労働争議調停法・労働組合法に反対する労働団体の大会が各地で開催。 2.22　普通選挙・貴族院改革断行国民大会、国技館で開催。政治的自由を求める世論広がる。 4.13　陸軍大将田中義一、政友会総裁に就任。 4.22　治安維持法公布。共産主義運動などの取締りが目的。 5.1　陸軍4個師団（高田・豊橋・岡山・久留米）を廃止（宇垣軍縮）。軍装備の近代化も進める。 5.5　普通選挙法公布。男子普通選挙実現。政治的自由を部分的に容認、政治体制安定を図る。 5.14　革新倶楽部・中正倶楽部、政友会と合同。 5.15　北樺太派遣軍撤退完了、8年間に及ぶシベリア出兵（ロシア革命干渉戦争）終結。 7.31　加藤高明内閣、税制整理案をめぐる閣内対立のため総辞職。	2.1　英、ソ連邦を承認。 4.6　伊総選挙でファシスト党、絶対多数を獲得。 5.15　米上下院、排日移民法可決。 5.31　中ソ協定調印。ソ連、旧露の対中特殊権益などを放棄。中ソ国交樹立。 7.5　第8回オリンピック開催（パリ、44カ国参加、～7.27）。日本選手19人参加。 9.18　第2次奉直戦争始まる。11.3 呉佩孚敗走、戦争終結。 10.28 仏、ソ連承認。 11.26 モンゴル人民共和国成立。 14.1.3　ムッソリーニ、独裁を宣言。 3.12　孫文、北京で病没（58）。 4.3　英、金本位制へ復帰。 4.26　独大統領選挙、ヒンデンブルク元帥当選。
② 加 藤 高 明 （ 憲 政 会 ） 8.2	8.2　第2次加藤内閣、憲政会単独内閣として成立。 8.18　内務省社会局、労働組合法案を発表。労働組合の権利を保障、高まる労働組合運動を牽制。 10.26　北京で関税特別会議。日本代表、中国の関税自主権要求を考慮する旨の声明を発表（5・30事件に象徴される中国国内の反日運動激化への対応策）。 12.1　農民労働党結成（初の全国的無産政党、書記長浅沼稲次郎）。若槻内相、共産主義実行の狙いがあるとの理由で即日結社禁止を命令。	5.1　上海で中華全国総工会結成。 5.30　英官憲、上海の中国人反帝デモ隊に発砲（5・30事件）。 7.1　広東国民政府成立。汪兆銘・蒋介石らの合議制。 10.27 朝日新聞社の訪欧機初風・東風、ローマに到着。 12.1　ロカルノ条約調印。独西部国境の現状維持・ライン左岸の非武装化を約束。 12.13 イランでパーレビ王朝成立。

●普選と政党内閣を求める世論たかまる

社会・文化	
12.9.1 関東大震災(M7.9)。大火災を伴い、死者・行方不明14万、家屋損壊57万戸。**9.3** 国鉄、避難地までの無賃乗車許可。**9.7** 東京市内の夜間通行禁止。	**12年** 樺島勝一『正チャンノバウケン』・麻生豊『ノンキナトウサン』の新聞連載開始／髪形「耳かくし」流行／寿屋、大阪に初のウイスキー工場設立／松下電気器具製作所、自転車用の乾電池式ランプを発売(以前は石油ランプなど)。
9.2 朝鮮人暴動の流言拡大、朝鮮人・中国人に対する虐殺始まる。	**13年** 『大阪毎日新聞』『大阪朝日新聞』、発行部数100万部突破を発表／東京市営乗合自動車運行開始(バスガール登場)／大阪に1円均一のタクシー登場(円タク)／新聞に天気図の掲載開始／電話交換手・タイピストなどに女性進出／映画常設館急増／アッパッパ流行。
9.4 平沢計七・川合義虎ら10人の労働運動家、亀戸署で軍隊に殺害される(亀戸事件)。	
9.16 憲兵大尉甘粕正彦ら、大杉栄とその妻伊藤野枝らを扼殺。	
12.10 矯風会、吉原・洲崎遊廓復興に反対し、公娼全廃運動を展開。	**14年** 『キング』創刊(77万部)／農村向けの家庭雑誌『家の光』創刊／ダンスホール流行。警視庁、住所・氏名などを記載した取締台帳を作成／『読売新聞』に「ラジオ版」登場／野球の実況放送始まり、早稲田・慶応・一高・三高の校歌・応援歌・寮歌が流行／女学生のセーラー服流行／麻雀流行。
13.1.28 上野公園・動物園、皇太子御成婚記念として東京市に下賜。	
4.1 名古屋で第1回選抜中等学校野球大会(大阪毎日新聞社主催)。	
4.27 安部磯雄・山崎今朝弥らの日本フェビアン協会、『社会主義研究』を発行。	
5.29 岡山県財田小学校の差別事件で、少年水平社の児童同盟休校。**6.17** 校長ら謝罪。	◯この際だから(震災の被害者の合言葉)／戒厳令／文化○○(文化生活・文化ナベなど「文化」を頭につける言葉)／円タク／のんとう(『ノンキナトウサン』の略)／軍教(「軍事教練」の略)
6.1 荻野久作、黄体と子宮粘膜の周期変化の関係により受胎日が推定できると発表。	
6.13 土方与志・小山内薫ら、築地小劇場を開場(翻訳劇中心、近代劇のメッカ)。	♫「復興節」／「籠の鳥」／「ストットン節」／「洒落男」二村定一／「からたちの花」／「証城寺の狸囃子」／「出船の港」藤原義江／「ヨサホイ節」／「関の五本松」／「雨降りお月さん」／「ペチカ」／「ヴェニスの舟唄」
7.1 メートル法実施。	
8.1 甲子園球場竣工。**8.13** 第10回全国中等学校野球大会開催。	
10月 新潟県下の農村で女子の出稼ぎ増加。地元青年の結婚難などのため反対運動。	▥鈴木茂三郎『労農露西亜の国賓として』／西村伊作『我子の教育』／岡本一平『漫画と社会改造』／木村靖二『飢ゑたる農民』／山川均『労働組合組織論』／山崎今朝弥『地震・憲兵・火事・巡査』／岡本綺堂『半七捕物帳』／細井和喜蔵『女工哀史』／堀口大学訳『月下の一群』／萩原朔太郎『純情小曲集』
10月 横光利一・川端康成ら新感覚派、『文芸時代』を創刊、芸術的立場をめざす。	
14.3.1 初のラジオ放送電波、東京高等工芸学校から発信。以後、東京放送局・大阪放送局・名古屋放送局がラジオ本放送を開始。	
4.13 陸軍現役将校学校配属令公布。中等以上の学校で現役将校による教練実施(大学学部と私立校は申請制)。	▣『霧の港』日活：溝口健二監督・森英治郎・沢村春子／『討たるる者』マキノ：沼田紅緑監督・阪東妻三郎・森静子／『籠の鳥』帝国キネマ：松本英一監督・沢蘭子・里見明／『月形半平太』聯合映画芸術家協会：衣笠貞之助監督・沢田正二郎／『鞍馬天狗』日活：高橋寿康監督・尾上松之助・酒井米子〔洋画〕『幌馬車』『黄金狂時代』(米)／『巨人ゴーレム』(独)／『嘆きのピエロ』(仏)
5.24 日本労働総同盟第1次分裂により、日本共産党系の日本労働組合評議会結成。	
9.18 帝国議事堂全焼。	
9.20 東大の加盟により東京六大学野球リーグ始まる。**10.19** 早慶戦、20年ぶり復活。	
10.15 朝鮮人暴動を想定した軍事教練、小樽高商で実施。軍事教育反対運動、広がる。	
10.18 立毛差押(収穫後の稲の仮差押)に反対の小作人、佐賀県基山村で地主を襲撃、検挙。**11.4** 香川県竜川村でも同様の事件発生。	⚰**12.6.9** 有島武郎(45)／**13.7.15** 黒田清輝(57)／**13.12.31** 富岡鉄斎(87)
11.1 神田－上野間の高架線開通により、山手線の環状運転実施。	

大正15年＝昭和１年（1926）丙寅

内閣	政治・経済	世　界
1.28 1.30 ① 若槻礼次郎 （憲政会）	1.28 加藤高明首相病死で内閣総辞職。1.29 若槻礼次郎，憲政会の後継総裁に就任。1.30 第１次若槻内閣成立（加藤内閣の全閣僚留任）。 2.16 政府，資本家団体の要求をいれた労働組合法案を衆議院に上程（審議未了）。 2.28 大阪の松島遊廓移転問題に関連して汚職事件摘発，政友・憲政両党の幹部検挙。 3.4 中野正剛（憲政会），衆院で政友会総裁田中義一のシベリア出兵当時の機密費横領事件などを追及。政友会，中野がソ連の手先だと逆宣伝，政友・憲政両党間の対立激化。 3.5 日本労働組合評議会，政治研究会など左派を排除し労働農民党結成（委員長杉山元治郎）。左派の「門戸開放」要求をめぐり抗争表面化。 4.9 治安警察法改正公布（同盟罷業の誘致・煽動を禁止した第17条・第30条を削除）。労働争議調停法公布（公益事業や軍事工場の争議への強制調停を規定）。4.10 暴力行為等処罰法公布（大衆行動への処罰規定を強化）。治安・弾圧立法の整備。 5.21 農林省，自作農創設維持補助規制公布。小作の自作化を促す。 5.25 小作調査会設置。小作法案が立案されたが大日本地主協会が強く反対，議会に未提出。 6.24 府県制・市制・町村制が各改正され，普選制の採用と地方自治の権利拡張となる。 7.1 郡役所廃止，道府県に学務部設置。 9.3 浜松市会議員選挙，日本初の普通選挙によって実施。以後地方選挙で普選方式が適用。 10.1 陸軍省に整備局設置（初代整備局長松木直亮少将），軍装備の近代化促進などを図る。 10.17 日本農民組合の右派勢力，日本農民党を結成（幹事長平野力三）。 10.24 総同盟など労働農民党の右派勢力，左派への「門戸開放」に反対して脱退。 11.18 豊田自動織機製作所，愛知県刈谷町に設立（資本金100万円）。 12.4 共産党再建第３回大会開催（山形県五色温泉），中央委員を選出。共産党の活動，活発化。 12.5 労働農民党脱退の右派勢力，社会民衆党を結成（委員長安部磯雄）。産業民主主義を掲げて独占資本の産業合理化を支持。 12.9 麻生久・加藤勘十ら総同盟反幹部派，浅沼稲次郎ら日農の中間派と結び，日本労農党を結成（書記長三輪寿壮）。 12.12 労働農民党，大会で民主主義実現の要求を掲げ再出発。委員長に大山郁夫就任。 12.25 大正天皇死去（47歳），摂政宮裕仁親王践祚，昭和と改元。	1.4 広東で国民党２全大会開催。汪兆銘・蔣介石ら実権掌握。宣伝部長代理に毛沢東選出。 3.7 ニューヨーク－ロンドン間で初の大西洋横断無線電話開設。 3.20 蔣介石，戒厳令を公布し広州封鎖。共産党員逮捕（中山艦事件）。 4.24 独ソ友好中立条約（ベルリン条約）調印。 5.1 英で炭坑スト，250万労組員によるゼネストに発展。 5.12 ポーランドでピウスツキ元帥のクーデター。 5.28 ポルトガルで軍部クーデター，第１共和制崩壊。 6.1 米のフィラデルフィアで万国博覧会開催。７万台収容の駐車場が話題に。 6.10 朝鮮で反日万歳示威運動。 7.9 蔣介石，国民革命軍総司令に就任し，北伐開始。 7.15 仏ブリアン内閣総辞職。7.28 ポワンカレ挙国一致内閣成立。 8.29 人見絹枝，第２回国際女子陸上競技大会（スウェーデン）に単身参加，走幅跳で世界新（５m50），個人総合優勝。 9.7 北伐軍，漢口占領。 9.8 独，国際連盟に加入し常任理事国となる。 9.25 米のフォード社，一部の工場で８時間労働・週５日制の導入を発表。 10.19 英帝国会議開催。本国と自治領の平等，王への共通の忠誠を宣言。 10.23 ソ連共産党中央委員会，政治局からトロッキーを追放。スターリン，主導権争いに勝利。 11.26 国民党左派，武漢遷都を決定，蔣介石と対立。 11月 イタリアで特別治安維持法成立。

●既成政党の腐敗と無産政党の分裂が顕著となる

社会・文化	世　相
1.15 京都帝大など全国の社研学生，治安維持法違犯で検挙（京都学連事件）。4か月間に38人起訴。	1月 日本交響楽協会，日本青年館で第1回公演開催（会員予約制で会員1000人，会費は月5円と3円の2種類。初演は，近衛秀麿指揮，ベートーベンの『英雄』）／長谷川伸ら，『大衆文芸』創刊／初のダイヤル式自動電話制，京橋電話局で実施。
1.19 共同印刷従業員2300人，操業短縮に反対してスト。1.20 会社側，工場閉鎖と全員解雇で対抗し，58日間に及ぶ大争議。	
3.10 川崎造船所，主力潜水艦伊1号（2135トン）を竣工。	3月 築地小劇場で初の創作劇として坪内逍遙の『役の行者』を初演／女角力興業禁止。
4.20 青年訓練所令公布。小卒・高小卒の男子に4年間，修身公民科・普通学科・職業科・教練を課す（7.1 施行）。	4月 青森－函館間の電話開通（北海道との初の電話連絡）。
4.26 浜松の日本楽器従業員1200人余，待遇改善を要求してスト。評議会支援，105日間の大争議。	5月 銀座松屋デパートで初の飛降り自殺。
5.5 新潟県木崎村での4年越しの小作争議激化，農民と警官隊とが衝突，28人検挙。	8月 吉川英治『鳴門秘帖』，『大阪毎日新聞』に連載／大仏次郎『照る日くもる日』，『大阪朝日新聞』に連載。
5月 東京帝大人類学教室，千葉県姥山貝塚を発掘し，多数の竪穴住居址を発見（石器時代研究，大きく前進）。	9月 全国家計1か年調査開始／貿易不振・為替高などで，株式・生糸・綿糸の相場暴落／日本航空，大阪－大連間の定期航空便運行（初の海外定期飛行）。
7.18 長野県の県下警察署統合廃止反対県民大会が暴動化，1万数千人が知事官舎や県会議事堂を襲う。検挙者862人。	この年　洋装普及，アッパッパなども流行。モガの断髪，ハンドバッグが女性のファッションになる／十姉妹・セキセイインコなど小鳥の飼育が流行。
7.21 1年志願兵及1年現役兵服務特令を公布。教練の成績検定とその合格者の在営期間の短縮を定める。	
7.23 大逆事件の金子文子，獄中で自殺。7.29 朴烈・金子文子の怪写真出まわる。	◎文化住宅（郊外の私鉄沿線分譲地に建てられた1戸建の住宅）／赤／福本イズム／モダーン／円本
8.6 東京・大阪・名古屋の3放送局，合同して日本放送協会（NHK）を設立。	♫「酋長の娘」新橋喜代三／「この道」／「鉾をおさめて」／「同志よ固く結べ」
8.6 同潤会（関東大震災の義捐金1000万円で設立。初の公営鉄筋アパート138戸を向島の中之郷に建築（9月　青山に102戸）。	📖網野菊『光子』／葉山嘉樹『海に生くる人々』／村山知義『構成派研究』／農民文芸会編『農民文芸十六講』／佐藤春夫『退屈読本』／福本和夫『唯物史観と中間派史観』／弘文堂『マルキシズム叢書』／改造社『現代日本文学全集』63巻（1円，以後円本ブーム）／山川均・西雅雄編『レーニン著作集』10巻／岩波書店『カント著作集』18巻
9.23 広島県安芸中野駅付近で特急列車が脱線転覆，死者34人，重軽傷39人。車体鋼鉄化の気運高まる。	
9.30 千葉県で5人を殺傷した岩淵熊治郎，自殺（鬼熊事件）。	🎬『日輪』日活：村田実監督・中野英治・岡田嘉子／『狂った一頁』（新感覚派映画の代表，無字幕）衣笠映画：衣笠貞之助監督・井上正夫・高勢実／『足にさわった女』（キネマ旬報第1回日本映画ベストテン1位）日活：阿部豊監督・岡田時彦・島耕二・梅村蓉子〔洋画〕『鉄路の白薔薇』（仏）
10.9 石川島造船の神野信一ら，石川自彊組合を結成し，日本主義労働運動を開始。	
10.22 野球場など明治神宮外苑が完成，奉献式。	
11.2 杉野芳子，ドレスメーカー女学院（ドレメ）を開校。	¥白米（1等10kg）3円20銭／放送受信料1円／東京市電運賃7銭／公務員初任給75円
11.11 内務・文部両大臣，女子青年団の組織化に関する訓令・通牒を発する。	
11.12 松本治一郎ら全国水平社幹部，福岡歩兵第24連隊差別反対闘争で連隊爆破を企てたとして検挙。	👤1.28 加藤高明（66）／1.28 三浦梧楼（79）／3.27 島木赤彦（49）／9.11 尾上松之助（50，無声映画の終りを象徴）／12.25 大正天皇（47）
12.18 生糸相場暴落。12.31まで全国の製糸会社が操業を休止。	

昭和2年(1927) 丁卯

内閣	政治・経済	世界
① 若槻礼次郎 （憲政会） 4.17 4.20 田中義一 （政友会）	1.20 野党の政友会・政友本党，朴烈・松島遊廓両事件で内閣不信任案を提出。若槻首相は議会を停会して田中義一・床次竹二郎両党首と会談，政争中止を申し入れ，両党首は不信任案を取下げる。世論，政党の政治的取引に失望。 2.7 大正天皇大葬，大赦・減刑等約18万3500人。 3.14 衆院予算総会で「東京渡辺銀行が破綻」との蔵相片岡直温の失言で預金取付がおこり，「金融不安」がつのって金融恐慌の端緒となる。 4.17 若槻内閣，台湾銀行救済緊急勅令案を枢密院で否決され総辞職（背景に対中国政策に反対する政友会と呼応する伊東巳代治・平沼騏一郎ら官僚勢力の倒閣の動き）。 4.20 田中義一政友会内閣成立。外相は首相兼任。 4.22 蔵相高橋是清，3週間を限期とする支払猶予（モラトリアム）の緊急勅令実施。 5.27 内閣に資源局設置。国家総動員を目的とする人的・物的資源の統制・運用計画を担当。 5.28 政府，居留民保護を理由に中国山東省に出兵（第1次山東出兵）。 5.31 労働農民党を中心に対華非干渉同盟結成。社会民衆党，蔣介石の南京政府を支持。 6.1 憲政会・政友本党，合同して立憲民政党を結成（総裁浜口雄幸）。政友会とともに2大政党時代始まる。 6.20 日・英・米の3か国海軍軍縮会議，ジュネーブで開催（8.4 失敗に終る）。 6.27 在中国外交官・陸海軍当局者，東方会議を開催。権益擁護を目的とした軍事干渉政策と満蒙分離政策を骨子とする対中国政策を決定。 7.7 兼任外相田中義一，対支政策綱領を発表。権益自衛の方針を打ち出す。 7.15 コミンテルン，「日本問題に関する決議」（27年テーゼ）決定。「君主制廃止」を主張，福本イズム・山川イズムを批判。 8.4 奉天総領事吉田茂，奉天省長に反日的姿勢の放棄を要求して京奉線軍用列車の満鉄付属地通過停止を警告。 8.15 外務政務次官森恪・関東軍司令官武藤信義・奉天総領事吉田茂ら，旅順で満州問題を協議（大連会議）。 8.30 政府，山東派遣軍の撤兵を声明。9.8 撤兵完了。 11.5 蔣介石，田中首相と会談。国民政府への援助を要請。 11.12 満鉄社長山本条太郎，満蒙5鉄道建設に関する了解を張作霖より獲得。 12.1 共産党拡大中央委員会，日光山中で開催。「27年テーゼ」による党建設を協議。	2.21 武漢国民政府成立（行政院長汪兆銘）。 3.24 国民革命軍，南京を占領。一部部隊が列国領事館を襲撃。米英軍艦が砲撃（南京事件）。 4.12 上海で蔣介石の反共クーデター。上海総工会を解散，中国共産党幹部を銃殺。 4.18 武漢政府に対抗して南京国民政府樹立。 4.27 中国共産党5全大会開催。 5.20 英，イブン=サウードと条約調印。ヒジャーズ=ナジュド王国（現サウジアラビア）の完全独立を承認。 5.21 米のリンドバーグ，大西洋無着陸横断飛行に成功（ニューヨーク−パリ間，33時間29分）。 7.4 インドネシア国民同盟結成（党首スカルノ）。 7.15 武漢政府，中国共産党との絶縁を決定。 8.1 中国共産党軍，江西省南昌で武装蜂起（のちに8月1日は，人民解放軍の建軍記念日となる）。 8.13 蔣介石，下野を宣言し，9.29 13年ぶりに日本を訪問。 9.6 武漢政府，南京政府に合流。 9.30 米・大リーグのベーブ=ルース，シーズン60本塁打の新記録。 10月 毛沢東，江西省井岡山に革命根拠地建設。 11.11 仏・ユーゴ友好条約調印。伊のバルカン進出に対抗。 11.17 広東省海豊・陸豊に中国初のソビエト政府成立。 12.2 第15回ソ連邦共産党大会開催（〜12.19 第1次5か年計画採択。トロツキー除名）。 12.11 中国共産党，武力蜂起により広州コミューン樹立。12.13 国民政府により崩壊。 12.15 国民政府，対ソ断交を通告。 12月 イラクのキルクークでアラブ初の油田，発見。

●金融恐慌勃発。社会不安が人々をとらえる

社会・文化	世 相
2.6 市川房枝ら，女工の福祉施設として「岡谷母の家」後援会を設立。	1月 寒波のため，列車の不通が続発／東京で流感の「世界かぜ」大流行，患者37万人（マスク・吸入器が売れた）。
3.1 浅沼稲次郎ら日本農民組合を除名された中間派，全日本農民組合を結成。	5月 大仏次郎，『赤穂浪士』を『東京日日新聞』に連載／佐藤紅緑，『ああ玉杯に花うけて』を『少年倶楽部』に連載。
3.7 北丹後地方で大地震，家屋崩壊と火災により大惨事（死者3589人，全壊3340戸）。	
3.18 アメリカの児童から日本の児童へ贈られた「青い目のお人形」（1月から約1万個）の授受式，横浜港内の天洋丸で開催。日本からは返礼の日本人形が贈られた。	6月 アルス『日本児童文庫』と興文社・文藝春秋社『小学生全集』の新聞での広告合戦（北原白秋・菊池寛の論争）が話題。
4.1 小田原急行電鉄，新宿―小田原間開通。	7月 岩波文庫創刊。
4.1 徴兵令を廃止，兵役法公布。現役期間が1年短縮される。	9月 宝塚少女歌劇，レビュー『モン・パリ』を初演（奈良美也子ら活躍）。
4.5 花柳病予防法公布。	10月 林不忘（牧逸馬），『新版大岡政談』（丹下左膳の第1部）を『大阪毎日新聞』に連載／富山県で電灯料値下げ運動（以後全国に拡大）。
4.20 保井コノ，初の女性博士（理学）。	
5.7 東京市，本郷に知識階級職業紹介所開設。	
5.17 大審院，夫が家を出て他女と内縁関係を結び妻を顧みないのは，妻に対する夫の貞操義務違反と判決。	12月 「オギノ式」避妊法，『主婦之友』に掲載。
5.28 第1回全日本オープンゴルフ選手権大会開催（程ヶ谷ゴルフ場，17選手参加，優勝は79・73・79・78の309で赤星六郎）。	この年 不況と産児制限の普及で，出生人口大幅に減少（前年比4万5041人減）／白ぐるみの赤ちゃん服が流行／新宿中村屋にカレーライスが登場／松坂屋デパートの食堂の女店員が洋装となる／マッチペーパー蒐集流行。
5.30 東洋モスリン亀戸工場争議妥結，女工が初めて外出の自由を獲得。	◉ 何が彼女をそうさせたか／チャールストン／モガ，モボ（モダンガール，モダンボーイ）／マルクスボーイ／大衆
6.20 両極探検のアムンゼン（ノルウェー）来日。	
7.24 「ぼんやりとした不安」という言葉を残して，芥川龍之介服毒自殺。	♫「昭和の子供」／「赤とんぼ」／「汽車ぽっぽ」／「ワルシャワ労働者の歌」／「どん底のうた」／「佐渡おけさ」
8.3 第1回全国都市対抗野球大会開催（大阪毎日・東京日日新聞主催，神宮球場，優勝は大連満鉄クラブ）。	📖 芥川龍之介『河童』『或阿呆の一生』／尾崎喜八『曠野の火』／藤森成吉『何が彼女をさうさせたか』／九条武子『無憂華』／西田幾多郎『働くものから見るものへ』／新潮社『世界文学全集』57巻（予約58万）／春陽堂『明治大正昭和文学全集』60巻／上野書店『マルクス主義講座』13巻／平凡社『世界美術全集』54巻
8.13 日本放送協会，甲子園の第13回全国中等学校野球大会を初めて実況中継放送。	
9.16 野田醤油の総同盟系組合員1500人，賃上げ・団体協約締結を要求してスト。暴力団の介入などで労使の対立が深刻化，戦前最長のストとなる（昭3.4.20解決）。	🎬『忠次旅日記』日活／伊藤大輔監督・大河内伝次郎・沢村春子／『彼をめぐる五人の女』日活／阿部豊監督・岡田時彦・岡田嘉子・梅村蓉子・夏川静江／『稚児の剣法』衣笠映画・犬塚稔監督・林長二郎（デビュー作）・岡島つや子／『角兵衛獅子』（鞍馬天狗シリーズ第1作）マキノ；曽根純三監督・嵐寛寿郎
11.3 初の明治節。明治神宮参拝者は昼は50万人，夜は30万人。	
11.19 全国水平社の北原泰作二等卒，名古屋練兵場の陸軍特別大演習の観兵式で，軍隊内の差別の実態を天皇に直訴。	〔洋画〕『ヴァリエテ』（独）／『ビッグ＝パレード』『第七天国』（米）／『カルメン』（仏）
11.22 文部省，中学校・高等女学校の入試準備の弊害除去のため，内申書・人物考査・身体検査を重視。	💴 カレーライス10〜12銭／タクシー料金（東京市内）1円／大学授業料（慶大）140円
12.6 山川均ら，『労農』を創刊。左翼社会民主主義的な政治理論を展開（労農派の形成）。	⚰ 5.2 福田英子（61）／7.24 芥川龍之介（35）／9.18 徳富蘆花（58）
12.30 日本初の地下鉄（浅草―上野間約2.2km）開通。	
12.31 上野寛永寺の除夜の鐘初放送。	

昭和3年(1928) 戊辰

内閣	政治・経済	世　界
田中義一（政友会）	1.21 政友会，民政党の内閣不信任案提出に先立ち，衆院解散で対抗。 2.1 共産党中央機関紙『赤旗』創刊。 2.19 内相鈴木喜三郎，総選挙投票を翌日に控え，政党内閣・議会中心主義は国体に反すると声明。 2.20 初の普通選挙による総選挙（全議席466。政友会217，民政党216，無産諸派8，実業同志会4，革新3，中立その他18）。政府与党政友会，過半数に達せず事実上の敗北。 3.15 政府，共産党関係者1568人を一斉検挙。徳田球一ら483人が治安維持法違反で起訴（3・15事件）。 4.10 政府，労働農民党・日本労働組合評議会・全日本無産青年同盟を共産党の外郭団体として治安警察法により解散命令。 4.19 政府，国民革命軍の北伐再開に対応して山東出兵を決定（第2次山東出兵）。 5.3 山東派遣軍，山東省済南で北伐軍と武力衝突（済南事件）。5.8 第3次山東出兵を決定。 5.11 山東派遣軍，済南城占領。中国側に約5000人の死傷者。 5.18 政府，満州の治安維持のため中国南北両政府に警告。張作霖には満州復帰を勧告。 5.27 全日本農民組合・日本農民組合，合同して全国農民組合を結成（中央委員長杉山元治郎）。 6.4 関東軍参謀河本大作大佐ら，奉天に引上げ途中の張作霖を爆殺。陸相白川義則，関東軍に満州要地占領の権限付与を主張（閣議却下）。 6.29 政府，第55臨時議会で審議未了となった治安維持法改正案を閣内の反対を押し切り緊急勅令で公布。国体変革を目的とする結社行為に死刑・無期懲役刑を追加。 7.1 内務省保安課の拡充改組。7.3 全県に特別高等課設置。 7.22 山川均ら，合法左翼政党を目指した無産大衆党を結成（書記長鈴木茂三郎），機関紙『無産大衆新聞』を発行。 8.27 パリで不戦条約調印。のちに条文中の「人民の名において」が憲法違反だとして議会・枢密院で問題化。 10.25 日本商工会議所，金解禁断行を求める建議を決定。金解禁断行の議論高まる。 11.10 天皇，京都御所紫宸殿で即位礼。特赦・減刑等約6万5600人。 12.20 日本労農党などの中間派，合同して日本大衆党を結成（委員長高野岩三郎）。翌4年分裂，鈴木茂三郎・平野力三ら，東京無産党を結成。 12.21 経済審議会，金解禁断行の答申案を可決。 12.22 新労働農民党結成（12.24 解散命令下る）。	2.2 国民党，北伐再開を決定。 2.11 第2回冬季オリンピック開催（スイス・サンモリッツ，25か国参加，～2.19）。日本スキー選手6人が初参加。 4.27 ポルトガルで経済学者サラザール，蔵相に就任。 5.10 国民政府，日本の山東出兵を国際連盟に提訴。 5.11 日本軍の済南占領を契機に中国各地に排日貨・国貨提唱運動が広がる。 6.9 北伐軍，北京入城（北伐完了）。6.20 直隷省を河北省，北京を北平に改称。 7.6 米ワーナー＝ブラザース，初のオールトーキー映画『ニューヨークの灯』を製作。 7.17 コミンテルン第6回大会開催（反ファシズム綱領採択）。 7.25 米，中国の関税自主権承認。 7.28 第9回オリンピック開催（アムステルダム，～8.12）。日本選手43人参加。三段跳で織田幹雄，200m平泳で鶴田義行が初の金メダル。800m走で人見絹枝が日本女子初の銀メダル。 8.1 市川左団次（2世）ら，ソ連政府の招きによりモスクワで『忠臣蔵』などを公演。 8.27 パリ不戦条約（ケロッグ・ブリアン条約）調印。国策の手段としての戦争を放棄。 9月 フレミング，ペニシリンの細菌に対抗する特性を発見。 10.1 ソ連，第1次5か年計画を開始。 10.8 蔣介石，国民政府主席就任。 11.7 米大統領選でフーバー（共和党）当選。 11.15 イタリアのファシスト大評議会，正規の国家機関に。 11.18 米初のサウンド付アニメ映画『蒸気船ウィリー』封切。ミッキー＝マウス初登場。 12.20 英，中国の関税自主権承認。 12.29 張学良，東三省の国民政府への合流（易幟）。

●共産党大弾圧。治安維持法が猛威をふるう

社会・文化	世相
2.1 初の電気吹込式レコード（藤原義江「出船の港」），日本ビクター蓄音器から発売。 2.1 逓信省，月掛郵便貯金制度を実施。 3.13 東京神田巌松堂の少年店員42人，丁稚奉公制度に反対して争議。なぐらないこと，名前に「どん」をつけないこと，玄米食を食べさせないことなどを要求。 3.25 **全日本無産者芸術連盟（ナップ）結成**，小林多喜二・徳永直ら活躍。 4.3 ほんみち教祖大西愛治郎ら天理研究会員385人，不敬罪で検挙。 4.12 文部省，夜間職業学校の設置を認定。 4.17 東京帝国大学，新人会に解散命令。以後，京都・九州・東北各帝大，学内の社会科学研究会を解散。 4.18 京都帝大教授河上肇，3・15事件の関係で依願免官。4.23 東京帝大大森義太郎，4.24 九州帝大石浜知行・向坂逸郎・佐々弘雄ともに依願免官。 4.27 京都府社会局，農繁期託児所の設置を各町村へ通牒。愛国婦人会，補助金を出して設置を奨励，のちに全国各地に普及。 5.4 関東学生自由擁護同盟，初の学生自治協議会開催，学内闘争を協議。以後，大学・高専で学内闘争激化，6年頃まで続く。 6.8 日本海員組合，1か月の争議の後，初の産業別最低賃金制を獲得。 7.2 国民教育奨励会，祝祭日の小学校国旗掲揚作法の普及をはかる。 7.6 文部省，同省製作の皇室関係の映画フィルムを頒布・貸与。 7.19 婦人矯風会など，婦人雑誌の性愛記事横溢の取締りを内務省に請願。 7.24 司法省，思想係検事を設置。 8.18 宮下あき（三井理事中上川彦次郎の娘，医学博士夫人），イタリア滞在中の藤原義江のもとに走る。 9.1 内務省，鉱夫労役扶助規則改正を公布，婦人・年少者の深夜業と坑内作業を禁止。 10.12 水の江滝子らが参加して**東京松竹楽劇部**発足，リズムとエロチシズムに満ちたレビューが浅草に登場。 10.23 大分地裁で，初の陪審裁判開始。 10.30 文部省に学生課設置，思想問題に対処。 11.10 警視庁，ダンスホール取締令を実施，18歳未満の男女の入場を禁止。 11.28 電機学校で，ブラウン管受像方式によるテレビの公開実験が行われる。 12.6 埼玉県会，公娼廃止を可決。	1月 大相撲の実況放送開始。 2月 窪川いね子（佐多稲子），『キャラメル工場から』を『プロレタリア芸術』に発表。 3月 上野でシェパードの展覧会（シェパードの飼育が流行）／御大礼記念博覧会でマネキンガール初登場（翌**昭和4年** 日本マネキン倶楽部結成，女性の職業として定着）。 7月 長谷川時雨，文芸雑誌『女人芸術』創刊（**10月**から林芙美子『放浪記』を連載）。 8月 東京市道路試験所，麻布区市兵衛町で簡易舗装の試験実施／湘南・内房総の海岸で，貸間・貸別荘盛況。 9月 大阪毎日新聞社，写真電送に成功，紙面に初掲載。 11月 天皇即位の大礼記念として健康増進と体位向上のため**ラジオ体操**開始／大礼速報のため，東京・大阪の両朝日新聞社で社屋側面の**電光ニュース**を開始。 12月 谷崎潤一郎，『蓼喰ふ虫』を『東京日日新聞』『大阪毎日新聞』に連載。 この年 天皇への直訴，東京で6件（奉書紙購入の際に住所・氏名の明示が必要となる）／片岡千恵蔵プロ・嵐寛寿郎プロなど，映画の独立プロ相次いで設立／ラッパズボン・オカマ帽子流行。 **◉**人民の名において／マネキンガール／モン＝パリ／ラジオ体操 **♬**「出船」藤原義江／「波浮の港」佐藤千夜子／「君恋し」二村定一 **📖**黒島伝治『渦巻ける烏の群』／高浜虚子『虚子句集』／河上肇『資本論入門』／講談社『講談全集』12巻／改造社『マルクス・エンゲルス全集』27巻・別巻・補巻 **🎬**『結婚二重奏』日活；村田実・田坂具隆・阿部豊監督・岡田時彦・夏川静江／『彼と東京』松竹；牛原虚彦監督・鈴木伝明・八雲恵美子／『十字路』衣笠映画；衣笠貞之助監督・阪東寿之助・千早晶子／『浪人街・第一話』マキノ；マキノ正博監督・谷崎十郎／『陸の王者』松竹；牛原虚彦監督・鈴木伝明・田中絹代〔洋画〕『暗黒街』『サーカス』『サンライズ』（米） **¥**国産ゼンマイ式蓄音器40～200円／ポータブル蓄音器20～40円／レコード（歌謡曲10インチ）2～2円50銭 **☗**2.7 九条武子（40）／5.21 野口英世（51）／7.23 葛西善蔵（41）／8.16 佐伯祐三（30）／9.17 若山牧水（43）／10.15 広津柳浪（67）／12.25 小山内薫（47）

昭和4年（1929）己巳

内閣	政治・経済	世 界
田中義一（政友会）7.2	1.17 水谷長三郎ら，京都で労農大衆党を結成。 1.25 中野正剛（民政党），衆院予算委員会で張作霖爆殺事件を追及。 3.5 代議士山本宣治（旧労働農民党），東京神田神保町の旅館で黒田保久二（七生義団団員）に刺殺される。 4.16 政府，共産党員を一斉検挙。市川正一・鍋山貞親ら幹部多数が検挙され，壊滅的打撃を受ける（4・16事件，339名が起訴）。 5.19 陸軍中堅将校，満蒙問題の解決を目標とした一夕会を結成。 7.1 政府，張作霖爆殺事件責任者の処分を発表。陸軍の抵抗で日本人は事件に無関係とし，守備上の責任のみを問う停職処分にとどめる。 7.2 田中内閣，張作霖爆殺事件の処分問題で天皇に叱責され，信任を失ったとして総辞職。即日，民政党の浜口雄幸内閣成立。対華外交刷新（幣原外交）・緊縮財政・金解禁・非募債（井上財政）などの政策を掲げる。	1月 毛沢東・朱徳らの中国紅軍，国民党軍の攻撃で井岡山を放棄。 2.9 ソ連・ポーランド・ルーマニア・ラトビア・エストニア，パリ不戦条約実施に関するリトビノフ議定書に調印。 2.11 ムッソリーニ，ローマ法王とラテラノ条約調印。伊，バチカン市国を承認。 5.16 第1回アカデミー賞授賞式。作品賞『つばさ』。特別賞のチャップリンは受賞拒否。 6.1 犬養毅・頭山満ら，南京での孫文移柩祭に国賓待遇で参列。 6.7 ドイツ賠償のヤング案発表。独の賠償総額270億ドル・支払期間60か年。 7.11 張学良，ソ連から中東鉄道を強制回収。
浜口雄幸（民政党）	7.29 浜口内閣，緊縮実行予算（当初予算を9100万円減）を発表。 8月 北海道鉄道・東大阪電軌両会社疑獄事件，売勲事件，山梨半造事件など疑獄事件が相次ぎ暴露され，政友会の信用と勢力に打撃。 10.7 英・日・米・仏・伊をロンドン海軍軍縮会議に招請，補助艦の保有量削減を討議。 10.12 犬養毅，第6代政友会総裁に就任。 10.15 政府，緊縮財政実行のため政府官吏の1割減俸を発表。10.22 官吏の反対運動で撤回。 10.24 ニューヨークの株式市場で大暴落。政府，海外の金利低下を金解禁による正貨流出の好機と判断，金解禁実施への動き強める。 11.1 新労農党結成（中央執行委員長大山郁夫）。 11.21 金解禁の大蔵省令公布。昭5.1.11 実施。 11.21 内閣に産業合理化審議会設置。金解禁実施以後，国際的競争に耐える産業育成を検討。 11.26 政府，ロンドン海軍軍縮会議の全権（首席全権若槻礼次郎元首相）に，対米比率7割を訓令。 11.29 駐華公使佐分利貞夫（幣原外交による日中関係改善に活躍），帰任中に箱根のホテルで謎の死。 12.10 社会民衆党分裂。昭5.1.15 脱退組，全国民衆党を結成（中央委員日万清臣・宮崎龍介ら）。 12.17 中国，駐華公使小幡酉吉のアグレマン（承諾）を拒否。日中関係が一時悪化。 12.25 日本大衆党を除名された堺利彦ら，東京無産党を結成（労農派の地方無産政党）。 12.26 憲兵司令部，思想対策強化のため思想研究班編成。	7.27 捕虜の待遇に関するジュネーブ条約成立。 8.6 ハーグ会議開催（〜8.31）。独，ヤング案を受諾。連合国，ラインラント撤退に同意。9月 撤退開始。 8.19 独飛行船ツェッペリン伯号，霞ヶ浦飛行場に着陸。8.29 米レイクハーストに帰着，3万1321kmの世界一周達成，飛行時間288時間）。 8月 エルサレムで「嘆きの壁」をめぐりユダヤ人とアラブ人が衝突（嘆きの壁事件）。 10.1 英ソ，国交回復。 10.12 ソ連軍，張学良軍を攻撃。12.22 ハバロフスク和議協定調印。中東鉄道の原状回復を決める。 10.24 ニューヨーク株式市場大暴落（「暗黒の木曜日」）。世界恐慌の始まり。 10.31 英，自治領の地位をめぐる英印円卓会議開催を提案。 12.31 インド国民会議派，完全独立（プルナ・スワラジ）を決議。

●浜口内閣の金解禁・緊縮政策に不安と期待

社会・文化	世相
1.15 横浜市で，失業者1200人が市役所を占領。 2.23 金を無心してから戸締りの心得を説き，犬を飼えなどと説教をしていた「説教強盗」逮捕。類似事件各地で続出。 3.15 京都と東京で開催された渡辺政之輔・山本宣治の労農葬で検挙者多数。 3.26 インドの詩聖タゴール，3度目の来日。 4.1 寿屋，国産初のウイスキー「サントリー」を発売（白ラベル4円50銭）。一般にはなじまず，あまり売れない。 4.8 小原国芳，玉川学園を創設。幼稚園・小学校・中学校を同時開校。 4.15 初の本格的ターミナルデパート阪急百貨店，大阪に開店。廉価販売で庶民に人気。 5.1 皇居の大砲による時報「ドン」（「半ドン」の語源），サイレンに変わる（芝・本所・小石川の3か所に設置）。 5.9 アメリカの本格的トーキー映画『進軍』等封切（6.30 邦楽座，トーキー設備完了のため楽士を解雇，争議となる）。 6月 成田忠久ら，秋田県で「北方教育社」を結成，生活綴方運動を開始。 7.1 改正工場法施行，婦人と年少者の深夜業を禁止。 7.1 思想対策強化のため，文部省に社会教育局設置，学生課を部に昇格。 8.27 東京中央放送局，求人求職の「職業ニュース」を放送。 9.1 三省堂，『コンサイス英和辞典』を発売。 9.4 全国反戦同盟員，銀座で戦争反対デモ，検挙者多数。 9.10 文部省，国体観念闡明・国民精神振興のため，教化動員の実施を各学校に要請。また，中央教化団体連合会を設立。 9.15 特急列車（東京―下関間）の愛称募集，「桜」「富士」と命名。 10.1 小西本店，品質の良い国産の「さくらフィルム」を発売。外国製品に独占されていたフイルム市場が変化し，趣味としての写真が国民の間に広まる。 10月 アメリカの恐慌の影響で生糸価格暴落。12月には全国製糸業者が2週間休業。 11.1 内務省，失業者30万人と発表。 11.3 朝鮮全羅南道光州の学生，日本人生徒の朝鮮人女学生に対する侮辱と，この事件に対する日本側の対応に抗議のデモを行う（光州学生運動）。 11.21 産業合理化政策の本格化にともない，内閣に産業合理化審議会設置。	1月 勅使河原蒼風，廃物を利用した花器の生花を『主婦之友』に発表，草月流と呼ばれる新しい手法に話題集中。 3月 大学卒業者の就職難深刻（東大卒の就職率30％）。9月には映画『大学は出たけれど』封切で多くの共感を呼ぶ／第1回全国麻雀選手権大会開催（10月，菊池寛を総裁として日本麻雀連盟結成）。市内に麻雀屋出現，賭博横行。 4月 島崎藤村，『夜明け前・第1部』を『中央公論』に連載。 7月 榎本健一，東京浅草水族館にレビュー劇団カジノ＝フォーリーを発足／徳永直，『太陽のない街』を『戦旗』に連載。 11月 空気の衛生展覧会開催，煤煙汚染への関心高まる／レマルク作『西部戦線異状なし』（一兵士の死を通して反戦を主張），築地小劇場で初演。 12月 川端康成，『浅草紅団』を『東京朝日新聞』に連載。 この年 松内則三，スポーツの実況放送に活躍。「夕やみ迫る神宮球場，烏が2羽3羽……」の名調子が人気／見切品・均一品・格安品・特価品・蔵払い・棚ざらいなどと称して，特売が日常的に行われる／兎の襟巻，狐の襟巻の代用品として婦人の間に流行。 🔵 緊縮／大学は出たけれど／カジノ／ステッキガール／ターミナル／国産品愛用 🎵「東京行進曲」「紅屋の娘」佐藤千夜子／「浪花小唄」二村定一・藤本二三吉／「モン巴里」宝塚花組 📕 改造社『改造文庫』／小林多喜二『蟹工船』（発禁）／鶴見祐輔『母』／レマルク・秦豊吉訳『西部戦線異状なし』／大仏次郎『赤穂浪士』／菊池寛『東京行進曲』 🎬『灰燼』日活：村田実監督・中野英治／『大学は出たけれど』松竹：小津安二郎監督・高田稔・田中絹代／『生ける人形』（傾向映画の代表作）日活：内田吐夢監督・入江たか子・小杉勇／『一殺多生剣』右太衛門プロ；伊藤大輔監督・市川右太衛門／『首の座』マキノ；マキノ正博監督・谷崎十郎 〔洋画〕『紐育（ニューヨーク）の波止場』『人生の乞食』『四人の悪魔』（米） ⚰ 3.4 沢田正二郎（36）／ 3.5 山本宣治（39）／ 4.13 後藤新平（71）／ 7.25 牧野省三（50）／ 8.16 津田梅子（64）／ 9.29 田中義一（65）／ 12.20 岸田劉生（38）

昭和5年(1930) 庚午

内閣	政治・経済	世　界
浜口雄幸（民政党）	1.11 金輸出解禁実施。 1.21 ロンドン海軍軍縮会議開催。日本から若槻礼次郎(首席全権)・財部彪(海相)らが出席。 2.20 第17回総選挙(民政党273, 政友会174, 国民同志会6, 無産諸派5, 革新党3, 中立その他5)。民政党圧勝, 絶対多数を確保。 2.26 政府, 共産党関係者約1500人を7月までに検挙, 461人起訴。 3.12 日華関税協定仮調印。中国の関税自主権の条件付承認(5.6 正式調印)。 4.1 ロンドン海軍軍縮会議でアメリカの妥協案(日本の対米総括比率69.75％)承認を閣議決定。4.2 日・英・米3国間で補助艦(巡洋艦・駆逐艦・潜水艦)の比率につき妥協成立。 4.22 ロンドン海軍軍縮条約調印。幣原外相, 当日の談話で「各自の安全感をたかめ, 国民の負担を軽減することに成功した」と条約調印の成果を評価。 4.25 第58特別議会で政友会の犬養毅・鳩山一郎ら, ロンドン海軍軍縮条約調印につき浜口内閣を攻撃。軍令部長加藤寛治・軍令部次長末次信正らの海軍やこれに呼応する右翼団体の統帥権干犯論に拍車をかける。 5.30 中国の間島で, 朝鮮人,「全満の民族解放運動のため, 帝国主義と中国国民党の赤色虐殺に反対する」として武装蜂起。 6.10 軍令部長加藤寛治, ロンドン海軍軍縮条約に反対する旨を帷幄上奏し, 辞表提出。 7.20 日本大衆党・全国民衆党・無産政党戦線統一全国協議会, 合同して全国大衆党結成(議長麻生久・書記長三輪寿壮, 中間派無産政党)。 8.19 政府, 農村救済のため7000万円を融資。 9月 参謀本部・陸軍省の中堅将校, 国家改造を目的として桜会を結成。国家改造の方法として武力行使も辞さないとし, のちに3月事件・10月事件などのクーデター計画に関与。 10.27 台湾の高山族約300人, 台中州霧社で抗日武装蜂起。駐在所・警察分署を襲撃後, 霧社公学校に集まる日本人約200人中130数名を殺害。11月末までに軍隊2000人が出動して討伐戦が展開され, 原住民約500人が死亡(霧社事件)。 11.11 政府, 第1次海軍補充6か年計画(①計画)を決定(6か年で約4億円)。 11.14 浜口首相, 東京駅ホームでロンドン海軍軍縮条約批准に反発した愛国社員佐郷屋留雄に狙撃され重傷。11.15 外相幣原喜重郎, 首相臨時代理に就任。 12.15 東京の新聞社, 疑獄事件関係の報道に対する政府の言論圧迫に抗議して共同宣言を発表。	1.28 スペインの独裁者プリモ=デ=リベラ辞職。 2.3 香港でベトナム共産党(のちの労働党)創立。 2.18 米のトンボー, 冥王星を発見。 3.12 ガンディー, 英印円卓会議を拒否して第2次非暴力的抵抗運動開始。5.5 ガンディー逮捕, 反英暴動激化。 4.18 英・中, 威海衛還付協定に調印。昭10.1 還付。 4.26 ローマで日本美術展開催。横山大観『夜桜』, 竹内栖鳳『蹴合』など出品。大観ら, 美術使節として渡伊。 6.11 中国共産党, 都市での武装蜂起路線採用(李立三路線)。 6月 ラインラントの撤兵完了。 7.13 サッカーの第1回ワールドカップ, ウルグアイで開催(～7.30, 13か国参加)。優勝はウルグアイ。 7.27 中国紅軍, 長沙を占領。7.29 長沙ソビエト樹立。 8.4 国民政府軍, 長沙を奪回。 8.15 モスクワで開催のプロフィンテルン第5回大会に蔵原惟人出席。 8.17 スペインのサン=セバスチャンで共和制樹立のための革命委員会結成。 9.14 独総選挙でナチス党躍進, 第2党に。 9月 中国共産党第6期3中全会, 李立三路線放棄。 9.27 米のボビー=ジョーンズ, ゴルフ界初のグランドスラム達成。 10.3 ブラジルでバルガスによる武力革命勃発。 11.6 ソ連のハリコフで国際革命作家同盟第2回国際会議, 藤森成吉・勝本清一郎出席。 11.12 ロンドンで第1回英印円卓会議開催。インドの藩王・自由派出席, 国民会議派はボイコット。 12.27 蔣介石軍, 第1次掃共戦を開始。昭6年1月 失敗。

●世界恐慌が日本にも波及し不況深刻化

社会・文化	世 相
2.1 労働者のための診療と産制運動に専念していた馬島僩ら、産児制限相談所開設。	**1月** 東京・品川に大崎無産者診療所開設。
3.1 新興宗教家の谷口雅春、人生苦や病苦の解決法を説いた雑誌『生長の家』を創刊。	**4月** 山中峯太郎、『敵中横断三百里』を『少年倶楽部』に連載。軍事冒険小説の新分野を開き、子供たちに人気／浅草の永松武雄、初の平絵式紙芝居を作成、またたく間に普及。
3.24 関東大震災による東京市の焼失被害の復興を祝って帝都復興祭。天皇、下町を視察。音楽会・映画会など、各所で開催。	
4.1 上野駅の国鉄と地下鉄の連絡地下道に商店街が開店。	**5月** 横山エンタツ・花菱アチャコ、大阪玉造三光館に初出演、和服を洋服に改めた新しい漫才のスタイル／大阪のカフェーが銀座に進出、女給の濃厚サービスで和服・白エプロンの東京式を圧倒。横浜には消毒ガーゼを口に詰めたキスガールも出現。
4.5 武藤山治前社長の「大家族主義」方針で争議のなかった鐘淵紡績、不況による4割減給を発表し、各工場でスト（〜6.5）。	
4.13 板橋の細民部落で、養育金目あてに貰い子を殺していた事件発覚（犠牲者41人）。	
4.20 東京市電労働者、給与停止・賞与減額に反対してスト、5日後に敗北。	**9月** 東海道を徒歩で帰郷する失業者が日に30〜60人に及ぶ。沿道の市町村、救済のためおかゆなどを提供／松竹楽劇部の水の江滝子、ショートカットで踊り、「男装の麗人」と人気。
4月 妹尾義郎、社会問題に関心を深め、新興仏教青年同盟を結成。	
5.5 東京朝日新聞社の第1回日本一健康優良児の表彰式（望月茂輝・滝谷一子）。	**11月** 岡山県の長島に癩療養所愛生園開園。
6.6 初の女子独身者専用アパート、東京・大塚に建設。157室、4畳半か6畳のワンルームで、和室9円50銭から11円、洋室10円から16円。	**12月** 紙芝居に『黄金バット』（鈴木一郎作、永松健夫画）登場。
	この年 自殺者急増（1万3942人）／コリントゲーム・ベビーゴルフ流行／マニキュア・ロングスカート流行。
7.10 警視庁、当時東京市だけで937店あった麻雀屋の新設を禁止。	**●** ルンペン／銀ブラ／アチャラカ／エロ・グロ・ナンセンス／統帥権干犯／OK
8.18 谷崎潤一郎夫人の千代、離婚して佐藤春夫と再婚。三者合意の声明が公表され、世間の話題となる。	**♪**「祇園小唄」藤本二三吉／「ザッツ＝オーケー」河原喜久恵／「すみれの花咲く頃」天津乙女・宝塚月組／「女給の唄」羽衣歌子・藤本二三吉
8.25 東京下谷の仏光寺、本堂を鉄筋コンクリート2階建てに改築し、本堂裏手に初のアパート式納骨堂を新築。	**📖** 大仏次郎『ドレフュス事件』／野呂栄太郎『日本資本主義発達史』／九鬼周造『「いき」の構造』／津田左右吉『日本上代史研究』／大宅壮一『文学的戦術論』／林芙美子『放浪記』／川端康成『浅草紅団』
10.1 第3回国勢調査（内地人口6445万5人、外地人口2594万6038人）とともに実施の失業調査で、失業者数32万人。	
10.27 東京中央放送局、日・英・米交換方式により、初めて電波を海外に送る。	**🎬**『何が彼女をそうさせたか』帝国キネマ：鈴木重吉監督高津慶子・小島洋々／『ふるさと』（部分トーキー）日活：溝口健二監督・藤原義江・夏川静江／『続大岡政談・魔像篇第一』日活：伊藤大輔監督・大河内伝次郎／『お嬢さん』松竹：小津安二郎監督・岡田時彦・栗島すみ子〔洋画〕『アスファルト』（独、無声映画）／『ラブパレード』（米、トーキー）／『西部戦線異状なし』（米、トーキー）／『アジアの嵐』（ソ、無声映画）
10.30 奥むめお、東京本所に婦人セツルメントを設立。働く婦人救済のため保育園を開設し、各地に託児所の開設を呼びかける。	
11.16 富士紡川崎工場のストで40mの煙突上で演説する労働者、煙突男と騒がれる。付近を天皇のお召列車が通過する予定があり、会社側が折れてストは20日に終結、男は130時間22分ぶりに地上に降りる。	**¥** 白米（2升10kg）2円31銭／コーヒー10銭／映画館入場料（日本映画封切館）40銭
11.24 警視庁、エロ演芸取締規則を各署に通牒し、股下2寸（6cm）未満のズロースや肉じゅばんの着用、腰を前後左右に振る所作、裸体が透ける照明等を禁止。	**👤** 3.28 内村鑑三（69）／5.10 下村観山（57）／5.13 田山花袋（58）／10.30 豊田佐吉（63）／11.29 3代柳家小さん（74）

昭和6年(1931) 辛未

内閣	政治・経済	世界
浜口雄幸（民政党）4.13	1.12 岩田義道ら，日本共産党ビューローを再建。 1.22 首相臨時代理幣原喜重郎が非政党人のため，政友会の鳩山一郎ら，その資格につき批判。 2.3 首相代理幣原のロンドン海軍軍縮条約をめぐる失言に，政友会森恪ら，激しく非難。10日間にわたり議事が停止，政党政治への不信増大。 3月 桜会の橋本欣五郎ら，民間右翼の大川周明らと結び軍部クーデターによって陸相宇垣一成を首相とする軍部内閣樹立を計画。最終段階で宇垣が参加を拒否して未遂（**3月事件**）。 4.13 浜口首相の病状悪化のため内閣総辞職。4.14 第2次若槻礼次郎内閣成立。外相幣原喜重郎。	1月 中国共産党第6期4中全会，王明らの極左路線採用。 3.4 ガンディーと総督アーウィンの間でデリー協約成立（非暴力不服従運動の停止・円卓会議出席）。 4.14 スペイン第2共和国成立（アルフォンソ13世亡命）。 5.1 エンパイア＝ステート＝ビル完成(102階，381m)。当時世界一の高さ。 5.11 オーストリア中央銀行が破産。国際金融恐慌の発端。
4.14 ②若槻礼次郎（民政党）12.11	6.19 建川美次・永田鉄山ら参謀本部・陸軍省の課長級将校，「満蒙問題解決方策大綱」を作成。満蒙問題の武力解決の気運強まる。 6.27 参謀本部員中村震太郎大尉，北満(興安嶺)スパイ旅行中，中国軍に殺害される（**中村大尉事件**）。対中国強硬論を勢いづかせ，満洲事変の引き金となる（8.17 事件公表）。 7.2 満州万宝山で朝鮮人農民と中国人農民とが水田用水路開削問題で衝突。日本，朝鮮人の反中国感情をあおり，朝鮮各地で報復暴動，中国人109人殺害される（万宝山事件）。 9.18 関東軍の板垣征四郎・石原莞爾，満州の武力占領計画を実行するため，奉天郊外柳条湖の満鉄線路を爆破。関東軍司令官本庄繁，これを中国側の行為とし，総攻撃を命令（**満州事変**）。事変勃発により株式・商品相場暴落。事変の第1報，**初の臨時ニュース**で放送。 9.21 朝鮮軍司令官林銑十郎，関東軍の要請で国境を越えて満州の吉林に出動。天皇の統帥権を犯した林は後「越境将軍」と呼ばれ，その独断専行ぶりが一部の軍人から称揚された。 9.24 政府，満州事変に関し第2次不拡大方針を声明。10.26 第2次声明発表。 10.8 関東軍参謀石原莞爾ら，独断で錦州爆撃を強行。国際世論の激しい非難を浴び，日本は国際的に孤立。 10.17 参謀本部ロシア班長橋本欣五郎中佐，同第2部長長勇ら，荒木貞夫中将を首相とする軍部内閣樹立を計画（**10月事件**・錦旗革命事件）。橋本らが憲兵隊に検挙され未遂。 11.10 清朝の宣統廃帝溥儀，特務機関長土肥原賢二らにより天津を脱出。関東軍大連に向かう。 11.21 内相安達謙蔵，政友・民政両党協力内閣を主張。政府・民政党の主流反発。12.11 若槻内閣内不統一のため総辞職。	5.16 蔣介石軍，第2次掃共戦開始（失敗。7月 第3次掃共戦開始。8月 失敗）。 6.20 米大統領フーバー，賠償戦費支払の1年間モラトリアムを提案。 7.1 最初のアフリカ横断鉄道（アンゴラ・ベンゲラ－コンゴ・カタンガ間）開通。 7.13 独で金融恐慌起こる。 8.25 英でマクドナルド挙国一致内閣成立。 9.21 中国，柳条湖事件を国際連盟に提訴。 9.21 **英，金本位制を離脱**。各国，これに続く。離脱後，ポンド価は約3分の2に下落。 9.26 上海で，抗日大集会。 10.3 テナーの藤原義江，パリの国立オペラ＝コミーク座に『ラ＝ボエーム』のロドルフォ役で出演。 10.24 国際連盟理事会，満州からの期限付き日本軍撤兵案を票決。賛成13・反対1(日本)，全会一致の規約上不成立。 11.27 中華ソビエト共和国臨時政府(瑞金政府)樹立(主席毛沢東)。 12.10 国際連盟理事会，満州問題調査委員会設置。 12.11 英議会，自治領の自主的立法権を認めるウエストミンスター憲章を可決。大英帝国から英連邦へ。
12.13	12.13 犬養毅内閣成立。蔵相に高橋是清元首相。初閣議で**金輸出再禁止を決定**。	

18

●満州事変勃発。戦争とファシズムの時代へ

社会・文化	世　相
1.10 文部省，中学校令施行規則改正（法制・経済を公民科に，柔・剣道を必修にする）。 2.11 社会主義運動家堺利彦，福岡県行橋町糞干精米所で寺子屋式農民学校を開く。 3.6 地久節のこの日，文部省の肝入りで大日本連合婦人会結成。婦人報国運動のための組織として全国の主婦の動員を目的。 3.7 全国農民組合第4回大会開催。左右の対立が激しく議場大混乱。会期中に左派が多数検束され，右派が役員を独占する。 4.6 海軍省，ロンドン軍縮条約実施に伴い工廠と工作部の職工8200人の整理を発表。 4.15 農本主義者の橘孝三郎，茨城県水戸郊外に愛郷塾を設立，兄弟村農場の経営にのりだす。この頃，農村塾風教育が盛ん。 4.21 日本染絨の争議団200人，解雇撤回要求で10日以上のハンガーストライキ。以後，ハンストが争議手段のひとつとなる。 5.1 解説付ラジオ欄，『東京朝日新聞』に登場。 5.5 三輪自動車ダイハツ号の本格的生産開始。 5.22 河原崎長十郎・中村翫右衛門ら歌舞伎・新劇関係の俳優31人，革新的大衆演劇をめざして前進座を結成。 6.22 日本空輸旅客機，福岡山中の冷水峠付近で墜落炎上，死者3人。初の旅客機事故。 7.5 労農党・全国大衆党・社会民衆党，合同して中間派無産政党の全国労農大衆党を結成（書記長麻生久）。 7.15 内務省社会局，5月の全国失業者総数40万人突破を発表。失業調査開始以来最高。 8.7 第1回日米対抗水泳競技会，神宮プールで挙行。40対23で日本の勝利。 8.8 新小型四輪車ダットソン（のちダットサン）を製造。昭6年10台，7年150台が，10年には2800台製造（コンベアライン設置）。 8.24 米の飛行家リンドバーグ夫妻，北太平洋を横断して根室に到着。 9.1 上越線の清水トンネル，10年の工期をかけて開通（9702m，当時世界最長）。 10.27 神宮体育大会で，南部忠平が走幅跳（7m98），織田幹雄が三段跳（15m58）の世界新記録を樹立。 10.29 ゲーリッグら米大リーグ選抜チーム来日。 11.10 陸軍兵卒等級表廃止，兵の名称改正。一等卒が一等兵，輓卒が特務兵など。 11.27 ナップ解散のあとをうけて，日本プロレタリア文化連盟（コップ）結成。各文化運動の大衆的基礎を固めるが，相次ぐ弾圧により昭和9年に壊滅。	1月 田河水泡，『のらくろ二等卒』を『少年倶楽部』に連載／下旬に流行性感冒が蔓延，東京の患者数83万人余。 2月 婦人雑誌の普通号に別冊付録，付録合戦の時代に入る。 3月 東京航空輸送会社，エアガール（スチュワーデス）3人採用／長谷川伸『瞼の母』初演（明治座）／新潟県農事試験場，寒冷地用水稲「農林1号」を育成／警視庁，活動写真館の男女別席撤廃，館内照明をなるべく明るくする等を通達。 4月 銀座で柳祭り，柳並木復活／野村胡堂，『銭形平次捕物控』を『オール読物』に連載。 7月 一般の懸賞応募から選ばれた「ラジオ体操の歌」の放送開始。 11月 千寿食品研究所女子従業員，わが国初の生理休暇（有給5日）獲得。 12月 16日に浅草オペラ館，31日にムーラン・ルージュ新宿座と，軽いタッチのナンセンス・コメディの劇場が開場。 この年 東北・北海道地方，冷害・凶作で娘の身売り急増／満州事変で軍部への献金熱高まる／国産映画のトーキー化が始まり，弁士・楽士の失業者急増。失業楽士などチンドン屋開業。 ◉ 生命線（外相松岡洋右が「満蒙は我が国の生命線」と演説したため）／電光石火／テクシー／いやじゃありませんか ♬『侍ニッポン』徳山璉・藤本二三吉／「巴里の屋根の下」田谷力三（アコーディオン流行）／「酒は涙か溜息か」藤山一郎（古賀メロディーに人気）／「丘を越えて」藤山一郎 📖 横光利一『機械』／長谷川伸『一本刀土俵入』／金田一京助『アイヌ叙事詩ユーカラの研究』／『中野重治詩集』（発禁）／直木三十五『南国太平記』／佐々木味津三『右門捕物帖』／平凡社『大百科事典』28巻 🎬 瞼の母 片岡千恵蔵プロ：稲垣浩監督・片岡千恵蔵／『マダムと女房』（初の本格的トーキー）松竹：五所平之助監督・渡辺篤・田中絹代／『東京の合唱』松竹：小津安二郎監督・岡田時彦／『心の日月』日活：田坂具隆監督・島耕二・入江たか子〔洋画〕『モロッコ』（初のスーパーインポーズ）『市街』（米）／『巴里の屋根の下』（仏） ⚰ 2.24 久米邦武（91）／6.13 北里柴三郎（78）／8.2 人見絹枝（24）／8.26 浜口雄幸（61）／11.11 渋沢栄一（90）

昭和7年(1932) 壬申

内閣	政治・経済	世界

犬養毅（政友会）

5.16

5.26

斎藤実（海軍）

政治・経済

- 1.8 朝鮮人李奉昌、桜田門外で天皇の馬車に爆弾を投げる（桜田門事件）。犬養首相辞表提出（1.9 優諚で留任）。
- 1.18 日蓮宗の日本人僧侶、田中隆吉少佐の謀略により、上海で中国人に殺傷される。1.28 日中両軍の武力衝突に発展（第1次上海事変）。5.5 上海停戦協定調印。
- 2.9 前蔵相井上準之助、一人一殺主義を掲げる血盟団（盟主井上日召）の小沼正に射殺される。
- 2.16 奉天省政府首席臧式毅・黒竜江省馬占山・吉林省政府首席熙治・東省特別区長官張景恵・関東軍参謀板垣征四郎ら、奉天で新国家建設会議開催。2.18 内外に満州国の「独立」を宣言。「五族協和」「王道楽土」を建国理念に掲げる。
- 2.20 第18回総選挙（政友会301、民政党146、無産各派5）。
- 3.1 東北行政委員長張景恵、満州国の建国を宣言。首都「新京(旧長春)」、元号「大同」。
- 3.5 三井合名理事長団琢磨、血盟団員菱沼五郎に射殺される。
- 3.9 溥儀、満州国執政に就任。
- 3.12 政府、満蒙地方を「帝国の対露対支国防の第一線とし、外部よりの攪乱を許さず」とする「満蒙問題処理方針要綱」を決定。
- 4.26 三井・三菱両財閥、満州国への2000万円融資契約調印。
- 5.15 海軍中尉古賀清志・同三上卓ら、首相官邸を襲撃、犬養首相を射殺（5・15事件。軍部急進派による初のクーデター）。5.20 政友会後継総裁に鈴木喜三郎就任。
- 5.17 陸軍次官小磯国昭・参謀本部第2部長永田鉄山ら陸軍首脳、陸相荒木貞夫・近衛文麿らに政党内閣絶対反対を申し入れ。
- 5.26 斎藤実(海軍大将)内閣成立。政友会3人・民政党2人が入閣。政党・官僚・軍部の三者均衡の内閣で、事実上、政党内閣時代が終る。
- 5.27 資源局設置。
- 5.29 社会民衆党を脱党の赤松克麿らが日本国家社会党、下中弥三郎らが新日本国民同盟を結成。
- 6.15 満州中央銀行設立(資本金3000万円)。
- 7.10 『赤旗』特別号、コミンテルン「日本に於ける情勢と日本共産党の任務」(32年テーゼ)を掲載。「天皇制打倒」を主張。
- 7.24 全国労農大衆党・社会民衆党、合同して社会大衆党を結成(委員長安部磯雄・書記長麻生久)。
- 9.15 政府、満州国を正式承認した日満議定書に調印。軍部主導による満州の植民地支配強化。
- 10.2 外務省、満州問題に関するリットン報告書の内容を公表。満州事変の日本の自衛行動否認。

世界

- 1.1 南京・広東両国民政府が妥協。南京に新国民政府樹立。
- 1.4 インド国民会議派、非合法化。ガンディー逮捕、獄中で「死に至る断食」開始。昭8.5.8 釈放。
- 1.7 米国務長官スチムソン、満州事変に関し満州侵略不承認を声明(スチムソン=ドクトリン)。
- 2.2 ジュネーブ軍縮会議開催。
- 2.4 第3回冬季オリンピック開催(米・レークプラシッド、17か国参加、～2.13)。
- 4.10 ヒンデンブルグ、ヒトラーらを破り独大統領に再選。
- 4.26 瑞金の中華ソビエト政府、対日宣戦布告。
- 6.10 蔣介石、廬山会議開催(第4次掃共作戦、対日妥協政策決定。6.16 掃共作戦開始)。
- 6.16 ローザンヌ賠償会議開催(独、賠償削減協定に調印)。
- 6.24 シャム(タイ)で人民党による無血革命。絶対王政から立憲政治へ。
- 7.21 オタワで英帝国経済会議開催(ブロック経済形成)。
- 7.30 第10回オリンピック開催(米・ロサンゼルス、38か国参加、～8.14)。三段跳で南部忠平、馬術で西竹一、水泳で男子800mリレーと宮崎康二・北村久寿雄・清川正二・鶴田義行(2連覇)が金メダル。
- 7.31 独議会選挙でナチス第1党となる。
- 8.27 国際反戦大会、アムステルダムで開催。
- 10.1 国際連盟、リットン報告書を日本政府に通達。
- 11.6 独総選挙、ナチス第1党を保持、共産党勢力拡大。
- 11.8 民主党のローズベルトが現職のフーバー(共和党)を破り、米大統領に当選。
- 11.29 仏ソ不可侵条約調印。
- 12.12 中ソ国交回復。

●軍部の政治的影響力が拡大し，政党内閣制崩壊

社会・文化	世　相

社会・文化

1.9 西方の人気力士天竜ら，力士の待遇改善などを要求したがいれられず相撲協会を脱退。1.26 東方力士19人，脱退して新興力士団として独立(**革新力士団結成**)。

1.10 国防献金による献納機に愛国第1号・第2号と命名(代々木練兵場)。

2.22 廟行鎮の総攻撃で鉄条網を爆破し戦死した3人の工兵，「**肉弾三勇士**」として美化されて戦意高揚に利用される。

3.18 大阪で**国防婦人会発足**。白エプロンにたすきがけで銃後体制を支える。12.13 軍の指導で大日本国防婦人会に発展。

3.20 東京の地下鉄，出征した従業員を欠勤扱いしたためストを決行，軍歌を歌って待遇改善を要求。

4.24 **第1回日本ダービー**東京優駿大競走，目黒競馬場で開催(馬券1枚20円。ワカタカ，2400mを2分45秒で優勝)。

5.9 慶応大学生とその恋人，大磯坂田山で水銀剤により心中。女性の死体が盗まれるなど，**坂田山心中事件**として話題。

5.14 米の「喜劇王」**チャップリン来日**。

5.17 菊竹淳，『福岡日々新聞』社説で5・15事件を批判，久留米師団などに脅迫される。

6.1 肢体不自由児のための東京市立光明小学校開校。

8.23 文部省，マルキシズムに対抗する日本教学の精神的支柱建設のため，国民精神文化研究所を設置。

10.1 東京市，隣接の5郡82町村を20区に編成して合併，従来の15区と合計35区，551万人余。ニューヨークに次ぎ世界第2位。

10.3 **武装移民団の第1陣416人**，満州の治安維持と対ソ戦のための第一線兵力の扶植を目的として満州に渡る。

10.6 日本共産党員3人，特高スパイの挑発により川崎第百銀行大森支店にピストルで強盗，現金を強奪(大森ギャング事件)。

10.23 マルクス主義哲学者の戸坂潤，岡邦雄らと唯物論研究会を結成，機関誌『唯物論研究』を創刊。

11.12 東京地裁判事尾崎陞ら，共産党シンパで検挙。

12.16 東京日本橋の**白木屋**(現在の東急日本橋店)**火災**(初の高層ビル火災，死者14人)。女店員，裾の乱れを気にして墜落死。

12.19 全国132の新聞・通信社，極東平和の絶対条件として満州国の独立を支持する共同宣言を発表。

世　相

4月 浅草の映画館で，トーキー化による弁士解雇に反対してスト，争議激化／関東大震災以来バラック造りだった上野駅，新築されてモダンになる／ダイヤル式公衆電話機設置。

5月 放送協会，第1回ラジオ調査実施(嗜好番組第1位は浪花節で57%，以下，講談・落語・人情噺・義太夫・民謡)／大塚金之助・野呂栄太郎・平野義太郎・山田盛太郎編『日本資本主義発達史講座』刊行開始／婦人用たばこ「うらら」発売(10本入20銭)。

7月 恐慌の影響で**欠食児童が増加**，東北・北海道を中心に全国で20万人を突破，家族心中も急増。

9月 一部の上智大学生，春の靖国神社大祭で礼拝を拒否して問題化。陸軍省，同校と同系統の暁星中学から配属将校を引き上げ，緊張高まる／北海道の監獄部屋で土工増加(約1万4000人)。

10月 玉錦，横綱に昇進／欧文社(現・旺文社)，『受験旬報』(のちの『螢雪時代』)を創刊。

12月 造船労働連盟・総連合など，国防献金労働協会を結成，軍用機献納運動を展開。

🔴 **非常時**／話せばわかる，問答無用(5・15事件で犬養首相暗殺時の襲撃者とのやりとり)／欠食児童／自力更生／挙国一致／時局ズロース／青年将校／特高／ファッショ／**五族協和・王道楽土**／肉弾三勇士

🎵「満州行進曲」徳山璉／「影を慕いて」藤山一郎／「**銀座の柳**」四家文子／「天国に結ぶ恋」四家文子・徳山璉／「涙の渡り鳥」小林千代子／「島の娘」小唄勝太郎

📖 谷崎潤一郎『盲目物語』／堀辰雄『聖家族』／横光利一『上海』／武田麟太郎『日本三文オペラ』／長谷川如是閑『日本ファシズム批判』／岩波書店『日本資本主義発達史講座』7巻／島崎藤村『夜明け前・第1部』

🎬『弥太郎笠』片岡千恵蔵プロ：稲垣浩監督・片岡千恵蔵・山田五十鈴／『生れては見たけれど』松竹：小津安二郎監督・斎藤達雄・吉川満子／『**天国に結ぶ恋**』松竹：五所平之助監督・竹内良一・川崎弘子／『忠臣蔵』松竹：衣笠貞之助監督・林長二郎／〔洋画〕『三文オペラ』(独)／『人生案内』(ソ)／『自由を我等に』(仏)

👤 2.9 井上準之助(62)／3.5 団琢磨(73)／3.24 梶井基次郎(31)／5.15 犬養毅(76)／8.15 伊井蓉峰(60)／12.11 森恪(49)

昭和8年(1933) 癸酉

内閣	政治・経済	世 界
斎藤実（海軍）	1.1 日本軍, 山海関で中国軍と衝突。翌1.2 関東軍出動（山海関事件）。 1.27 関東軍司令官武藤信義, 熱河作戦の発動準備を命令。2.23 熱河省に侵攻。 2.14 国際連盟19人委員会, リットン報告書の採択と, 満州国不承認を内容とする英・仏・独などの9か国小委員会案を全会一致で可決。 2.24 国際連盟総会, 19人委員会の報告を賛成42, 反対1（日本）, 棄権1（シャム）で採択。日本代表松岡洋右, 「日本は日支紛争に関し国際連盟と協力せんとするその努力の限界に達した」と宣言, 議場より退場。 3.27 外相内田康哉, 連盟事務総長ドラモンドに日本の国際連盟脱退を正式に通告。詔書発布。 3.29 外国為替管理法公布。為替相場低位に安定。 3.29 米穀統制法公布。米生産費を基準に最低・最高公定価格で政府が無制限に買入・売渡・貯蔵・加工を行う。 4.10 関東軍, 長城線全域を攻撃, 華北への侵攻を開始。4.23 中央の反対で撤退完了。 5.16 在郷将校中心に明倫会結成（総裁田中国重）。 5.18 王子製紙, 富士製紙・樺太工業を吸収合併し大製紙トラスト成立（資本金1億4998万円）。 5.26 京都帝大教授滝川幸辰, 文官分限令により休職処分（滝川事件）。8教授, 抗議の辞職。 5.31 関東軍参謀副長岡村寧次・北平軍司令委員会分会総参議熊斌間に停戦交渉成立（塘沽停戦協定）。日本の華北侵略への第一歩。 6.7 日本共産党幹部の佐野学・鍋山貞親, 控訴審中に獄中から転向声明を発表。以後転向者続出。 7.10 天野辰夫らと大日本生産党員とのクーデター計画が発覚（神兵隊事件）。49人検挙。 9.22 池田成彬, 三井合名常務理事に就任（三井財閥の方向転換を指導）。 9.22 軍令部令, 海軍軍令部長を軍令部総長と改称。 10.3 5相（首・蔵・陸・海・外）会議開催。国防・外交・財政調整問題などを討議。10.21 満州国の育成, 日・満・支3国間の提携促進などを方針とした国策大綱を決定。 10.27 日本商工会議所など9団体, 全日本商権擁護連盟を結成。産業組合反対運動を活発化。 11.7 内政会議（首・内・農・商・拓）開催。農業恐慌対策を討議。 12.8 松岡洋右, 代議士を辞任。12.23 政党解消連盟を結成。 12.9 陸海軍両省, 財界・政党などの軍部批判は軍民離間を狙ったものと抗議（軍民離間声明）。 12.20 商相中島久万吉, 民政党と政友会との提携仲介を声明。	1.30 ヒトラー, 独首相に就任。 2.24 国際連盟, リットン報告を承認, 不承認主義採択。 2.27 独で国会議事堂放火事件で共産党幹部ら逮捕（のち裁判で無罪）。 3.4 ローズベルト, 米大統領に就任。ニューディール政策の開始。 3.5 独で最後の総選挙。3.9 独共産党, 非合法化。 3.9 米特別議会召集。ニューディール基本15法成立。 3.23 独国会, 全権委任法可決。ヒトラー, 独裁権を獲得。 6.12 ロンドン国際経済会議開催（～7.27）。66か国参加, 恐慌対策を論議するも不成功に終る。 7.14 独, ナチス一党独裁成立。 7.20 独, ローマ法王庁と政教協約（コンコルダート）調印。法王庁は聖職者の政治活動を禁じ, ナチスは信仰とカトリック教会の社会活動の自由を保証。 8.1 瑞金の中華ソビエト共和国政府, 反日・反帝・反国民党を宣言。 9.2 伊ソ不可侵友好条約調印。 9.30 極東反帝反戦反ファシズム大会, 上海で開催。日本代表も参加。 10.5 蒋介石, 第5次掃共戦開始。 10.14 独, ジュネーブ軍縮会議から脱退, 国際連盟脱退を表明。 10.17 アインシュタイン, ナチスの迫害を逃れ米に移住。 11.17 米, ソ連邦を承認。 11.19 スペイン共和国初の総選挙。右翼・中道派が勝利。 11.23 抗日反蒋の福建人民革命政府樹立（～昭9.1.13）。 12.5 米, 禁酒法撤廃。約14年ぶりに酒類販売が解禁。 この年 ソ連で大飢饉。農業集団化の失敗もありウクライナでは推定500万人死亡。

●国際連盟を脱退し,「非常時」の掛け声高まる

社会・文化	世相
1.9 実践女子校専門部生徒, 三原山で投身自殺。2.12 二人目が投身。ともに同校の同一人が立会い, マスコミが大宣伝(三原山での投身者続出, 5月までに約50人)。	2月 長野県の小学校教員, 日本共産党の運動に関係したとして検挙(4月までに65校・138人, 教員赤化事件)／ダミアのシャンソン「暗い日曜日」, 自殺など厭世観を助長するとして発売禁止。
1.21 警視庁, バー・カフェー・喫茶店などを対象に特殊飲食店営業取締規則を公布。	
2.20 地下活動中の作家小林多喜二, 逮捕され拷問死。当局, 心臓麻痺と発表, 死体解剖を妨害, 弔問者をも検束。3.15 労農葬。	3月 横浜の山下町消防署に救急車を初めて配備(東京では12月に日本赤十字社に配置)／尾崎士郎, 『人生劇場・青春編』を『都新聞』に連載。
3.3 三陸沖地震。津波と火災で死者3008人。	4月 新「小学国語読本」(いわゆるサクラ読本)の使用開始。4色刷りで色彩豊かだったが, 国家主義・軍国主義の色彩も強化／大日本国防婦人会, 5万人の労働婦人の参加申込みを得て, 発展の基礎を固める／喜劇団「笑いの王国」, 浅草常盤座で旗揚げ。声帯模写の古川緑波, 漫談の徳川夢声・大辻司郎らがエノケン一座と競いあい, 浅草軽演劇の黄金時代を築く。
3.10 乳児25人を殺害した川俣初太郎, 検挙。	
4.1 児童虐待防止法公布。	
4.28 陸軍飛行学校生徒教育令公布(少年航空兵制度始まる)。	
4.28 文部省, 盛岡・三重・宮崎の各高等農林学校に拓殖訓練所を設置, 満蒙や南米への農業移住者の訓練を進める。	
5.23 内務省, 娼妓取締規則改正(「籠の鳥」だった娼妓の外出が自由となる)。	5月 石坂洋次郎, 『若い人』を『三田文学』に連載。
6.15 松竹少女歌劇部のレビューガール, 待遇改善を要求して湯河原に籠城。男装の麗人水の江滝子が委員長だったため,「ターキーストライキ」と呼ばれた。	7月 長崎県警察部保安課, 海水浴場に柵や浮標を設けて男女混泳を取締る。
	8月 東京で「東京音頭」大流行。翌年にかけて全国に波及。
6.17 大阪の天六交差点で信号無視の兵士とそれを咎めた巡査が衝突。軍と警察の対立に発展(ゴーストップ事件)。	9月 大阪中央放送局, 学校放送を開始。
6.19 丹那トンネル貫通。全長約7800m, 昭9.12.1開通。着工15年2か月, 犠牲者67人。	この年 ヨーヨー大流行。大人も夢中となり各地で競技会も開かれた(最盛時には月500万個を製造)／ロングスカート(ヒザ下15cm)流行。
7.7 陸軍省, 満州事変で死んだ軍用犬の那智と金剛に初の軍用犬功労章甲号を授与。	◐ 転向／42対1(国際連盟の対日勧告案採択の際の票数, 反対1は日本)／男装の麗人
8.9 第1回関東地方防空大演習。8.11 『信濃毎日新聞』, 桐生悠々の「関東防空大演習を嗤ふ」を掲載, 問題となる。	♫ 「サーカスの唄」松平晃／「十九の春」ミス=コロムビア／「東京音頭」小唄勝太郎・三島一声／「花詩集」葦原邦子
8.18 内務省, 自動車取締令を改正。普通・特殊・小型の3免許制で, 仮免許制も新設。	📖 谷崎潤一郎『春琴抄』／山本有三『女の一生』／中央公論社『非常時国民全集』7巻
8.19 第19回全国中等学校野球大会準決勝で, 明石中と中京商が延長25回4時間55分の熱戦。中京商, 1対0でサヨナラ勝ち。	🎬 『滝の白糸』新興キネマ；溝口健二監督・入江たか子・岡田時彦／『夜毎の夢』松竹；成瀬巳喜男監督・斎藤達雄・栗島すみ子／『丹下左膳』日活；伊藤大輔監督・大河内伝次郎・沢村国太郎・山田五十鈴〔洋画〕『制服の処女』(独, 監督以下出演者全員女性)／『巴里祭』(仏)／『犯罪都市』『キング=コング』(米)
9.15 中央線東京—中野間で, 朝夕の混雑時に急行電車の運転を開始。総武線電車を各駅停車で中野まで乗入れ。	
10.22 六大学野球早慶戦で, 慶大の3塁手水原茂, 観衆の投げたリンゴを早大応援席に投げ返し, 乱闘になる(リンゴ事件)。	
12.23 皇太子明仁誕生。電光ニュースや花電車で祝賀気分高まり, 昼は旗行列, 夜は提灯行列(昭9.2.11 減刑約7万1800人)。	⚰ 1.23 堺利彦(62)／2.20 小林多喜二(29)／3.18 吉野作造(55)／9.21 宮沢賢治(37)／10.16 新渡戸稲造(71)／11.5 片山潜(73)／12.8 山本権兵衛(81)
12.23 日本共産党の宮本顕治ら,「スパイ致死」事件(小畑達夫が窒息死, 昭9.1.15 発覚)。	

昭和9年(1934) 甲戌

内閣	政治・経済	世界
斎藤実（海軍）	1.29 官営八幡製鉄所と釜石・輪西・三菱・九州・富士の5製鉄会社，合併して**日本製鉄株式会社を設立**(資本金3億4594万円，社長中井励作)。製品価格の低落対策を図るトラスト化で，一社で市場の過半を支配。 2.7 商相中島久万吉の「足利尊氏論」が貴族院で問題化し，辞任に追い込まれる。 2.11 皇太子誕生で減刑令，約7万1800名。 3.1 関東軍，**執政溥儀を満州国皇帝に就任させ，帝政を開始**(元号「康徳」)。植民地支配の強化を図るが，一方で抗日勢力も活発化。 3.9 前鐘淵紡績株式会社社長武藤山治，福島新吉に狙撃される。3.10 死去。 3.10 石川準十郎ら，大日本国家社会党を結成。 4.17 外務省情報部長天羽英二，列国の対中国共同援助に反対する談話を発表。列国の反発を受け国際問題化。 4.18 帝国人絹会社の株式買受けをめぐって疑獄事件起こる(**帝人事件**)。 4.18 中国国民政府外交部長汪兆銘，駐華公使有吉明に満州問題棚上げの日中友好を表明。 4.25 中国国民政府，天羽声明を批判，他国の内政干渉を許さずとの態度を表明。 4.29 松谷与次郎ら，勤労日本党を結成。 7.3 斎藤内閣，帝人事件のため総辞職。	1.1 ソ連，第2次5か年計画公表。 1.26 独ポーランド不可侵条約調印。 1月 福建人民政府，国民党中央軍の攻撃で崩壊。 2.6 仏で右翼暴動(2月事件)，反ファッショ運動活発に。 2.9 ギリシア・トルコ・ユーゴ・ルーマニア間にバルカン協商成立(ブルガリアは不参加)。 2.11 英・サウジアラビア，友好条約(サヌアー条約)調印。 2.16 独，映画法成立。検閲強化へ。 3.24 米議会，フィリピン独立を承認。基地問題は留保。 4.10 中国共産党，『全国民衆に告ぐるの書』を発表(反日統一戦線提示)。 6.12 英議会，南ア連邦を独立主権国家と承認。 6.14 **ヒトラーとムッソリーニ**，ベネチアで**初会談**。オーストリア問題で合意できず。 6.30 ヒトラー，SS隊長レームら急進派幹部77人粛清。
岡田啓介（海軍）	7.8 岡田啓介(海軍大将)内閣成立。政友会，入閣した床次竹二郎・内田信也・山崎達之輔を党議無視で除名。 9.12 在満機構改革問題をめぐって陸軍・拓務両省対立。関東庁全職員総辞職を決議。9.14 政府，在満機構改革案を承認。 10.1 陸軍省，「国防の本義とその強化の提唱」(いわゆる**陸軍パンフレット**)を発行。戦争準備のため国防国家建設を主張。10.3 政友会，軍部の政治関与と非難声明。社会大衆党書記長麻生久，軍隊と無産階級の結合と陸軍支持，親軍的姿勢を強化。 11.1 若槻礼次郎，民政党総裁を辞任。 11.13 満州国，石油専売法を公布。米・英・オランダなどが抗議。 11.20 村中孝次・磯部浅一ら皇道派青年将校，クーデター計画容疑で検挙(士官学校事件)。皇道派軍人，これを統制派軍人による陰謀とし，両派の対立激化。 12.3 政府，ワシントン海軍軍縮条約の単独廃棄通告を決定。 12.21 広田・ユレニエフ会談，北満鉄道買収支払保障などで合意成立。 12.26 対満事務局官制公布(林陸相，総裁を兼任)。	7.25 ウィーンでナチスの一揆，ドルフス首相暗殺される。 8.2 ヒンデンブルグ独大統領死去。ヒトラー，大統領を兼任，総統へ。 8.28 渡欧中の演出家土方与志，警視庁との誓約を破りソビエト作家同盟第1回大会に出席(9.20 伯爵位剝奪)。 9.12 リトアニア・ラトビア・エストニアのバルト3国，バルト協商結成。 9.18 **ソ連，国際連盟に加盟**。 10.15 中国共産党の紅軍，瑞金を脱出し**長征**(大西遷)**開始**。 11.10 国民政府軍，瑞金占領，第5次掃共作戦終結。 12.1 キーロフ暗殺，ソ連でトロッキー派等に対する大粛清始まる。 12.8 トルコで婦人参政権成立。

●東北の大凶作で娘の身売りなど続出

社会・文化

- **1.8** 京都駅構内、入団・入営の見送りで混雑して階段で将棋倒しの77人が圧死。
- **3.12** 水雷艇友鶴、演習中に転覆、艦長以下100人殉職。過大な兵装のため重心が高く、復原力が不足していたことが原因。
- **3.16** 内務省、国立公園法により瀬戸内・雲仙・霧島を国立公園に初指定。12.4 阿寒・大雪山・中部山岳・阿蘇・日光を指定。
- **3.22** 函館大火。2万4186戸焼失、死者2166人。
- **3.22** 文部省国語調査会、国号を「ニッポン」と称する案を政府に提出するが、正式決定には至らず。
- **3.28** 石油業法公布。国内の石油精製業を外国の石油資本の圧迫から保護し、艦船や航空機などの軍需燃料確保のため、業者に貯油を義務づけ、政府の購入権を強化。
- **4.3** 宮城前で全国小学校教員精神作興大会、皇太子誕生の奉祝歌を合唱。天皇が臨席して勅語を下賜。各地方でも大会開催。
- **4.21** 忠犬ハチ公の銅像、渋谷駅頭に建立（戦時中金属回収でつぶされ、戦後再建）。
- **5.2** 出版法改正公布。皇室の尊厳冒涜、安寧秩序の妨害などの取締り強化。
- **5.30** 日露戦争の名将元帥海軍大将東郷平八郎死去。6.5 国葬令に基づく初の国葬。
- **6.1** 文部省、学生部を拡充し思想局を新設。
- **6.6** 蓑田胸喜、東京帝大法学部教授末弘厳太郎を治安維持法等違反で告発。
- **8.16** 同潤会、東京・牛込に近代的な江戸川アパート建設。暖房・エレベーターなど完備。
- **8.29** 文相松田源治、「パパ・ママ」の呼び方を非難し、日本精神の作興を強調。
- **9.21** 室戸台風が大阪に上陸、死者行方不明3036人、家屋全半壊4万2000戸。大阪市の小学校、7割以上が大破倒壊。
- **10.6** 警視庁、学生・生徒・未成年者のカフェー・バー出入りを禁止。
- **11.1** 南満州鉄道株式会社、大連―新京（長春）間に特急あじあ号の運転を開始。日本の鉄道技術の進歩と、満州国のイメージアップを促す。
- **11.2** ベーブ=ルース、ルー=ゲーリックら17人の米大リーグ選抜チーム来日。
- **11.15** 東北地方の深刻な凶作に伴い、秋田県、欠食児童救済のため、いなご・どんぐりなどの調理研究を実施。
- **12.26** 職業野球団大日本東京野球倶楽部創立（昭10年 東京巨人軍と改称）。沢村栄治・スタルヒン・水原茂ら入団。

世相

- **1月** 東京宝塚劇場開場（2810人収容、初演は月組の舞踊『宝三番叟』など）。浅草と違った演目で若い女性の人気を集め、有楽町が新しい娯楽町となる／『時事新報』、「番町会を暴く」の連載開始（帝人事件のきっかけ）。
- **2月** 日比谷映画劇場、50銭均一興行で開場。
- **4月** 吉本興業、新橋演舞場で「特選漫才大会」を開催（上方漫才の東京進出）。
- **6月** 第1回アマチュアレスリング大会、早稲田大学で開催。
- **8月** 武田麟太郎、『銀座八丁』を『東京朝日新聞』に連載。
- **11月** 初のアメリカンフットボール試合挙行（全日本学生対横浜外人）。
- **この年** 東北地方大凶作。秋から冬にかけて欠食児童や娘の身売りが続出、行き倒れや自殺者増大／国産パーマネント機械の第1号が売り出され、一般家庭婦人にパーマが普及／結婚ブーム。

🗣 明鏡止水（収賄で攻撃された鳩山一郎文相が辞職時に残した言葉）／司法ファッショ／パーマネント／開襟シャツ／昭和維新／日本人ここにあり

🎵 「赤城の子守唄」「国境の町」東海林太郎／「さくら音頭」三島一声・小唄勝太郎・徳山璉／「並木の雨」ミス=コロムビア／「ダイナ」ディック=ミネ／「急げ幌馬車」松平晃／「潮来の雨」松島詩子／「別れの出船」丸山和歌子／「白頭山節」赤坂小梅

📖 亀井勝一郎『転形期の文学』／平野義太郎『日本資本主義社会の機構』／中原中也『山羊の歌』／横光利一『紋章』／和辻哲郎『人間の学としての倫理学』／北原白秋『白南風』／広津和郎『風雨強かるべし』／林房雄『青年』／島木健作『獄』／萩原朔太郎『氷島』／六峰書房『梶井基次郎全集』2巻／平凡社『世界歴史大系』26巻

🎬 『婦系図』松竹：野村芳亭監督・岡譲二・田中絹代／『隣の八重ちゃん』松竹：島津保次郎監督・大日方伝・岡田嘉子／『生きとし生けるもの』松竹：五所平之助監督・大日方伝・川崎弘子／『浮草物語』松竹：小津安二郎監督・坂本武・飯田蝶子
〔洋画〕『街の灯』（米）／『会議は踊る』（独）／『にんじん』『商船テナシチー』（仏）

⚰ **2.19** 野呂栄太郎（33）／**2.24** 直木三十五（43）／**5.30** 東郷平八郎（86）／**9.1** 竹久夢二（49）／**10.10** 高村光雲（82）

昭和10年(1935) 乙亥

内閣	政治・経済	世 界
岡田啓介（海軍）	2.18 在郷軍人議員菊池武夫, 貴族院本会議で美濃部達吉の天皇機関説を国体に反すると攻撃。 2.25 美濃部, 貴族院本会議で「一身上の弁明」に立ち, 天皇機関説の正当性を説く。2.28 江藤源九郎, 美濃部を不敬罪で告発。これを契機に右翼団体が機関説撲滅同盟を結成。野党政友会もこれに同調, 議会の内外で天皇機関説の是非をめぐり政治問題化。 3.4 岡田首相, 議会で天皇機関説反対を表明。 3.20 貴族院, 政府に国体本義の明徴をせまる政教刷新決議を採択。 3.23 衆院, 政友会総裁鈴木喜三郎による国体明徴決議を全会一致で可決。天皇機関説に対する断固たる処置を政府に要求。 4.6 教育総監真崎甚三郎, 天皇機関説は国体に反するとの訓示を全陸軍に通達。4.23 在郷軍人会, 天皇機関説排撃パンフレット15万部を全国に配布。 5.17 日中両国の公使, 大使に昇格。 6.10 国民政府軍事委員会北平分会長何応欽, 天津地方(北平・天津)からの中央軍や国民党部の撤退・排日の禁止などの日本軍の要求を承認(梅津・何応欽協定)。 6.27 チャハル省代理主席秦徳純, チャハル省からの国民党部の撤退・対日協力の促進など日本軍の要求を承認(土肥原・秦徳純協定)。日本軍の華北分離工作進む。 7.16 陸相林銑十郎, 真崎教育総監を罷免。皇道派系革新将校がこれに反発。 8.3 政府, 天皇機関説は「我が国体の本義を愆るもの」とする国体明徴声明を発表。 8.12 陸軍省軍務局長永田鉄山, 皇道派の相沢三郎陸軍中佐に陸軍省内で斬殺される。 9.18 美濃部達吉, 貴族院議員を辞任。 9.24 支那駐屯軍司令官多田駿, 国民政府より独立した華北政権の樹立を声明。華北5省の中央からの分離と準満州国化を企図。 10.7 外相広田弘毅, 中国駐日大使蒋作賓に排日停止・満州国黙認・共同防共の広田3原則を提議。 10.15 政府, 「天皇機関説を除去する」という第2次国体明徴声明を発表(国体明徴運動, ようやく鎮静化に向う)。 11.9 外務省, 中国幣制改革・対華共同借款に反対を非公式に表明。 11.25 日本軍の指導で冀東防共自治委員会成立(委員長殷汝耕)。国民政府より離脱独立。 12.18 日本軍の圧力で冀察政務委員会成立(委員長宋哲元)。河北・チャハル2省を統轄。	1.13 ザール地方人民投票。独復帰90%賛成。 1.13 中国共産党, 貴州省遵義で拡大中央政治局会議開催。毛沢東の指導権確立。 2.8 フィリピン制憲議会, 憲法草案を作成。3.23 米, 承認。 3.16 独, ベルサイユ条約軍備制限条項廃棄, 再軍備宣言。 3.21 ペルシャ, 国名をイランと改称。 4.11 英・仏・伊, ストレーザ会議開催。独の再軍備宣言を非難。 4.27 米化学メーカーのデュポン社のカロザース博士, ナイロンの特許取得。 5.2 仏ソ相互援助条約調印。 6.18 英独海軍協定調印。独, 英海軍力の35%を承認され, 潜水艦保有も認められる。 6.28 仏共産党, 社会党などと反ファッショ人民戦線結成。 7.25 コミンテルン第7回大会開催。人民戦線戦術を採用。 8.1 中国共産党, 抗日救国統一戦線を提唱(8・1宣言)。 8.2 英, インド統治法を制定。制限的自治州導入とビルマ分離が確定。 9.15 独, ニュルンベルク法公布。ユダヤ人の市民権剥奪・ユダヤ人とドイツ人の結婚禁止・ハーケンクロイツ(鉤十字)の国旗制定が決定。 9.17 フィリピン初代大統領にケソン選出。11.15 フィリピン連邦共和国, 正式成立。米, 外交・軍事などへの監督権は保持。 10.3 伊軍, エチオピアへ侵入。エチオピア戦争始まる。 10.20 毛沢東率いる紅軍, 陝西省に到着し長征終了。行軍距離約1万2500km。 12.9 中国の各大学の学生, 日本の華北分離工作に反対して「日本帝国主義打倒」を掲げデモ(12・9運動)。

●天皇機関説排撃の国体明徴運動が全国を席巻

社会・文化	世相
2.1 中井正一・新村猛・真下信一ら，『世界文化』を創刊。ヨーロッパ人民戦線運動などを紹介し，ファッショ化する時代への抵抗を試みる。	1月 丹那トンネルの開通で，伊豆・熱海の温泉場が賑う／高垣眸，『快傑黒頭巾』を『少年倶楽部』に連載。
2.15 東北凶作地の食糧難が深刻化。石巻市の農民，政府米交付基準改正を要求して米貸せ運動を開始。	2月 湯川秀樹，『日本数学物理学会誌』に中間子論を発表。
3.28 細井和喜蔵遺志会，『女工哀史』の印税で解放運動犠牲者のための「無名戦士の墓」をひそかに青山墓地に建立。	3月 奥むめおら，東京・牛込に「働く婦人の家」を創立／坪田譲治，『お化けの世界』を『改造』に掲載／保田与重郎・亀井勝一郎ら，『日本浪漫派』創刊。ドイツ浪漫派研究や日本古典の再検討などを行い，民族主義的主張を強化。
4.1 **青年学校令公布**。勤労青少年に対する統一的な社会教育を行うため，従来の青年訓練所と実業補習学校を統合して青年学校を新設（10.1 1万7000校が発足）。	
4.6 満州国皇帝溥儀，初来日。天皇と対面し，明治神宮・多摩陵等を参拝。	4月 緑表紙で4色刷さし絵の『尋常小学算術』使用開始。数学教育改造運動を背景に，子供の自発性を助長するように作成されており，生活算術が中心。
4.9 美濃部達吉の著書『逐条憲法精義』『憲法撮要』『日本憲法の基本主義』に発禁処分。発禁と同時に買手殺到，古書店のものにはプレミアムがついた。	
4.10 大阪港南地区で日本労働総同盟・全国労働組合同盟の合同運動始まる。	5月 武蔵山，横綱に昇進／この頃論壇で自由主義についての論議盛ん（『中央公論』特集「転落自由主義」，翌11年5月刊の東洋経済新報社編『自由主義とは何か』など）。
5.1 第16回メーデー。6200人参加（翌11年は2・26事件後の戒厳令で禁止されるため，**戦前最後のメーデー**となる）。	
6.9 吉岡隆徳，甲子園南運動場で開かれた「関東・近畿・比島三対抗陸上競技大会」で100mに10秒3の世界タイ記録（「**暁の超特急**」と呼ばれる）。	8月 吉川英治，『**宮本武蔵**』を『朝日新聞』に連載。
	9月 **第1回芥川賞・直木賞**が決定（石川達三『蒼氓』と川口松太郎『鶴八鶴次郎』）。
7.28 呉海軍工廠，軽巡洋艦最上を竣工。ロンドン海軍軍縮条約満期後に換装ができるように設計され，のち重巡洋艦に改装。	この年 嗜眠性脳炎（ネムリ病）流行／初の公設保健所，東京京橋と埼玉県所沢に開設／喫茶店，東京で1万5000店／月賦販売流行／第4回国勢調査。内地人口6925万4148人，外地人口2844万3407人。
9.26 第4艦隊所属の駆逐艦初雪と夕霧，太平洋上で演習中に台風に遭遇し船体が切断される。溶接部の強度不十分が原因とされ，補助艦艇の補強が施される（**第4艦隊事件**）。	◉人民戦線／ソシアル=ダンピング／国体明徴／ハイキング
10.20 日本文化協会，左翼運動から転向し失業謹慎中の元小学校教員18人に対し1か月間の第1回思想講習会を開催。	♫「雪の国境」伊藤久男／「旅笠道中」野崎小唄」東海林太郎／「大江戸出世小唄」高田浩吉／「無情の夢」児玉好雄／「二人は若い」ディック=ミネ・星玲子／「明治一代女」新橋喜代三／「船頭可愛や」音丸
11.26 日本ペンクラブ結成（会長島崎藤村）。	📖矢田挿雲『太閤記』／尾崎士郎『人生劇場・青春篇』／島崎藤村『夜明け前・第2部』／中条（宮本）百合子『冬を越す蕾』／石川達三『蒼氓』／宇野千代『色ざんげ』／室生犀星『あにいもうと』／小林秀雄『私小説論』
12.1 **初の年賀郵便用切手発行**。1銭5厘で3億3163万枚発行（渡辺崋山の『富嶽の図』をもとにした図案）。	🎬『忠次売り出す』新興キネマ；伊丹万作監督・市川朝太郎・月形竜之介／『お琴と佐助』松竹；島津保次郎監督・田中絹代・高田浩吉／『雪之丞変化』松竹；衣笠貞之助監督・林長二郎〔洋画〕『最後の億万長者』『外人部隊』（仏）／『未完成交響楽』（独）
12.8 大本教の出口王仁三郎ら幹部30余人，不敬罪・治安維持法違反で逮捕（**第2次大本教事件**）。	
12.30 第1地下劇場（最初のニュース・短編映画専門館），日劇の地下に開場。	☠2.28 坪内逍遥（75）／3.20 速水御舟（40）／3.26 与謝野寛（62）／12.31 寺田寅彦（57）

昭和11年(1936) 丙子

内閣	政治・経済	世界
岡田啓介（海軍） 2.28 3.9 広田弘毅（外交官）	1.13 政府，「第1次北支処理要綱」を決定。華北5省の，国民中央政府からの分離促進の方針。 1.15 ロンドン海軍軍縮会議首席全権永野修身，会議脱退を通告。 2.20 第19回総選挙（民政党205，政友会171，昭和会22，社会大衆党18，国民同盟15，中立その他35）。労農無産協議会の加藤勘十，東京5区で全国最高得票を獲得。 2.26 歩兵第1・3連隊などの皇道派青年将校，兵1400人を率いて首相・陸相官邸，警視庁などを襲撃。蔵相高橋是清・内大臣斎藤実・教育総監渡辺錠太郎を殺害，侍従長鈴木貫太郎に重傷を負わせ，国家改造を要求（2・26事件）。岡田首相，危うく難を免れる。軍事参議官会議，反乱是認の陸相告示を起案，反乱軍に示達，反乱軍を警備部隊に編入。天皇，侍従武官長本庄繁に鎮圧方を督促，内相後藤文夫を首相臨時代理に任命。内閣，辞表を捧呈。 2.27 東京市に戒厳令布告（戒厳司令官香椎浩平）。7.18 解除。 2.28 反乱軍鎮圧の奉勅命令。岡田内閣総辞職。 2.29 戒厳部隊，反乱軍を包囲して討伐行動を開始。反乱部隊降伏，青年将校逮捕。 3.6 陸相候補寺内寿一，下村宏・吉田茂ら自由主義的入閣予定者の排除を要求。組閣に干渉。 3.9 広田弘毅（前外相）内閣成立。蔵相馬場鍈一，公債漸減主義放棄・増税・低金利政策などの断行を声明（馬場財政）。 5.11 「国防方針」を改定。戦時国防所要兵力を，陸軍50個師団，海軍主力艦・航空母艦各12隻などとし，英を新たに仮想敵国に入れる。 5.18 広田内閣，軍部大臣現役武官制を復活。内閣への軍部の影響力増大。 8.7 5相（首・外・蔵・陸・海）会議で「国策の基準」決定。(1)東亜における皇道精神の具現，(2)国防軍備の充実，(3)日満国防を安固にし，ソ連の脅威を除去し，英米に備え，(4)南方への民族の経済発展，の4項目を目標（南北併進の方針）。 8.7 4相（首・外・陸・海）間で「帝国外交方針」を決定。日・満・支共同の対ソ防衛・赤化防止対策としての日独提携などを目標。 8.11 政府，「第2次北支処理要綱」を決定。華北5省の防共親日満地帯化を企図。 11.25 日独防共協定成立。コミンテルンに対し相互防衛措置の協議を決定。秘密付属協定で，協定違反条約のソ連との不締結などを規定。 11.27 政府，昭和12年度予算案を決定。歳出総額30億4000万円，軍事費約14億円を占める。 12.31 ワシントン海軍軍縮条約失効。	2.6 第4回冬季オリンピック開催（独・ガルミッシュ＝パルテンキルヘン，28か国参加，〜2.16）。 2.16 スペイン総選挙で，人民戦線派勝利。2.19 アサーニャ内閣成立。 2.17 中国紅軍，東征抗日宣言。 3.7 独，ロカルノ条約を破棄，ラインラントへ進駐。 5.9 伊，エチオピア併合。 6.4 仏にレオン＝ブルムの第1次人民戦線内閣成立。 7.17 スペイン内戦始まる。 7.31 IOC，第12回オリンピックの東京開催を決定。昭13.7.15 開催返上を決定。 8.1 第11回オリンピック開催（ベルリン，49か国参加，〜8.16）。ナチス＝ドイツの威容を誇示した大会。日本選手179人参加。三段跳で田島直人，マラソンで孫基禎，水泳で葉室鉄夫らが金メダル。河西三省アナの「前畑ガンバレ」の実況は有名。朝鮮出身の孫基禎が日の丸に「君が代」で表彰され民族感情を刺激。 8.25 中国共産党，国民政府に8月書簡（抗日民主国共合作・民主共和国樹立を提唱）。 9.9 ロンドンでスペイン内戦不干渉委員会成立（27か国）。 10.1 スペインで反乱派がフランコを国家主席に任命。 10.25 独・伊間でローマ・ベルリン枢軸結成。 11.3 ローズベルト米大統領再選。 12.5 第8回臨時ソ連邦ソビエト大会で社会主義共和国憲法（スターリン憲法）採択。 12.1 英国王エドワード8世，シンプソン夫人との恋のために退位（王冠を賭けた恋）。 12.12 蔣介石，西安で張学良に監禁される（西安事件）。12.25 共産党の周恩来の調停で解放。抗日統一戦線結成へ。

●2・26事件が起こり，各界に衝撃を与える

社会・文化	世　相
1.15 初の市営母子ホーム龍泉寺婦人宿泊所，東京・下谷に開設。	**1月** 日劇ダンシングチーム，初公演(『ジャズとダンス』)／警視庁消防部，交通事故増加(東京府の年間事故2万件，死者400人，負傷者1500人)対応のため，救急車を配車(6台)，救急病院を指定(173か所)，救急電話を119番に決定／横山隆一，漫画『江戸っ子健ちゃん』(『フクちゃん』の前身)を『東京朝日新聞』東京版に連載／東京で青酸カリ自殺流行／江戸川乱歩，**『怪人二十面相』**を『少年倶楽部』に連載。
1.15 日本労働総同盟と全国労働組合同盟，合同して**全日本労働総同盟結成**(会長松岡駒吉，組合員9万5000人)。	
2.5 全日本職業野球連盟結成(東京巨人軍・大東京・東京セネタース・名古屋金鯱・大阪タイガース・阪急・名古屋の7チーム)。	
2.9 名古屋鳴海球場で**初の職業野球試合**(金鯱軍，10対3で巨人軍を破る)。	
2.26 軍事クーデターの発生により，市内の劇場・映画館一斉閉場，午後7時まで事件の報道禁止。	
3.13 内務省，**大本教に解散命令**。5.18 綾部・亀岡の本部・墓地等を強制破壊。	**3月** 警視庁，2・26事件を風刺するような扮装・言動を禁止する旨を通達／鉄道省，貨物用D51型機関車完成／武田麟太郎，『人民文庫』を主宰，散文精神によりファシズムに抵抗。
3.15 内閣調査局原案の国家管理による発送電力会社設立案が新聞に掲載され，電力株一斉に暴落。	
4.18 外務省，国号を「大日本帝国」に統一と発表。「日本国皇帝」の呼称を「大日本帝国天皇」とすることに決定。	**4月** 少年団の教材，『ジャングルブック』から『金太郎』『牛若丸』などに変更。
5.18 **阿部定**，東京・尾久の待合で情夫を殺害，下腹部を切取って逃亡。5.20 逮捕。	**6月** **「国民歌謡」**放送開始。平易で健全な歌を家庭に送るのが目的で，第1回は「日本よい国」(今中楓渓作詞)。
6.30 落語家・講談師ら250人，愛国演芸同盟を結成。カーキ色折襟や戦闘帽の制服を制定。	
7.10 平野義太郎・山田盛太郎・小林良正ら講座派の学者や左翼文化団体関係者が一斉検挙(コムアカデミー事件)。	**9月** 坪田譲治，『風の中の子供』を『東京朝日新聞』に連載。
7.27 陸軍戦車学校設置(12.1 開校)。	**10月** この頃結核患者増加，36年ぶりに死因第1位，「亡国病」と呼ばれる。20日から第1回結核予防国民運動振興週間。
8.1 白バイ登場。	
9.10 陸軍省，一致結束建軍精神強化のため，小倉・大阪・名古屋各工廠に，労働者の労働組合脱退と団体行動禁止を通達。	**12月** 講談社，絵本を発売(『乃木大将』『岩見重太郎』『四十七士』など)。
9.18 在郷軍人7500人，満州事変5周年を記念して，東京不忍池畔で模擬演習。	**この年** アルマイトの弁当箱，工員や学生に普及／女性のマフラーや男児のセーラー服が流行。
9.25 **帝国在郷軍人会令公布**。民間の私的機関から陸・海両相の所管する公的機関となり，軍国主義思想の宣伝・普及や戦時下の国民総動員に大きな役割を果す。	🗨 今からでも遅くない／庶政一新
	🎵 **「忘れちゃいやよ」**渡辺はま子(「ねぇ」の鼻声が受け大ヒットするが，煽情的として発禁)／「東京ラプソディー」藤山一郎／「ああそれなのに」美ち奴／「椰子の実」東海林太郎
9.28 大阪府特高警察，ひとのみち教団初代教祖御木徳一を検挙し本部を捜査。	📖 吉川英治『宮本武蔵』／太宰治『晩年』／高見順『故旧忘れ得べき』／山本有三**『真実一路』**／阿部知二『冬の宿』／北条民雄『いのちの初夜』／坪田譲治『風の中の子供』
10.29 神戸沖で大観艦式。長門・陸奥など約100隻が威容を誇示。	
11.7 **帝国議会新議事堂**(現在の国会議事堂)落成。	🎬 **『人生劇場・青春篇』**日活：内田吐夢監督・小杉勇・山本礼三郎／**『赤西蠣太』**日活・片岡千恵蔵プロ：伊丹万作監督・片岡千恵蔵／『祇園の姉妹』第一映画：溝口健二監督・山田五十鈴〔洋画〕『ミモザ館』『白き処女地』(仏)／『幽霊西へ行く』(英)
11.14 方面委員令公布(地域の貧窮者保護，全国的に制度化)。	👤 **2.26** 高橋是清(81)／**2.26** 斎藤実(77)／**2.26** 渡辺錠太郎(61)／**6.27** 鈴木三重吉(53)／**10.8** 下田歌子(82)
12.2 大日本傷痍軍人会発会式。	

昭和12年(1937) 丁丑

内閣	政治・経済	世 界
広田弘毅 1.23	1.21 衆院での浜田国松代議士(政友会)の質問演説に，陸相寺内寿一，軍を侮辱したとして反発(いわゆる**腹切り問答**)。軍の政党非難激化。 1.23 寺内陸相，議会の解散を強硬に要求して政党出身閣僚と対立。広田内閣，事態収拾不能となり総辞職。 1.25 宇垣一成(陸軍大将・元陸相)に大命降下。陸軍が陸相候補を推薦せず，組閣に失敗(1.29 宇垣辞退)。	1.2 英伊，地中海現状維持の紳士協定調印。 2.10 中国共産党，国民党に国共合作を提議(紅軍の国民革命軍への改名，武装蜂起・土地革命の停止を提案)。 3.16 ムッソリーニ，リビア訪問。英仏のアラブ支配に対抗しイスラム教徒保護を表明。
林銑十郎 （陸軍） 2.2 5.31	2.2 林銑十郎(陸軍大将)内閣成立。蔵相に，財界の信頼厚い興業銀行総裁結城豊太郎。 3.31 林首相，議会刷新を理由として抜き打ち的に衆院を解散(**食逃げ解散**)。 4.5 防空法公布。空襲に際し，灯火管制・避難・消防・救護等の迅速な施行を企図。 4.30 第20回総選挙(民政党179，政友会175，社会大衆党37，昭和会19，国民同盟11，東方会11，日本無産1，中立その他33)。 5.14 企画庁設置(国家総動員計画業務の強化)。 5.31 林内閣，軍と政党の支持を失い総辞職。	4.9 朝日新聞社の国産機**神風号**(飯沼正明・塚越賢爾搭乗者)，ロンドン着，94時間17分56秒の**亜欧連絡最短記録を樹立**(4.6 立川発)。 4.26 独空軍，スペイン・バスク地方の町**ゲルニカを爆撃**(死傷者2000人余)。この年，ピカソが絵画「ゲルニカ」を発表。 5.1 米，中立法を改正。 5.6 独飛行船「ヒンデンブルク」号，米・レークハースト空港で爆発。死者36人。
① 近 衛 文 麿 （ 華 族 ） 6.4	6.4 第1次近衛文麿内閣成立。陸・海相留任。 6.15 政府，産業5か年計画を決定。生産力の拡充，日満一体の綜合計画による国防国家建設の促進を企図。 7.7 盧溝橋で日中両軍衝突(**盧溝橋事件**)，**日中戦争始まる**。(7.11 「北支事変」と命名，9.2 「支那事変」と改称) 7.11 近衛内閣，内地から3個師団，朝鮮から1個師団，満州から2個旅団の兵力派遣決定。 8.13 海軍陸戦隊，上海で中国軍と交戦開始(第2次上海事変)。 8.15 政府，「北支事変」に関し政府声明。 8.24 政府，「国民精神総動員実施要綱」を決定。 9.10 臨時資金調整法・輸出入品等臨時措置法公布。 10.12 国民精神総動員中央連盟結成(会長有馬良橘海軍大将。理事に小原直・松井茂・井田磐楠・松村謙三・藤原銀次郎ら官・政・財界の有力者が就任)。 10.25 企画庁と資源局を統合して企画院設置。日中戦争の拡大に伴い軍需動員や総動員計画を進展させ，国家総動員法の立案作業を本格化。 10.27 蒙古連盟自治政府樹立(主席雲王，副主席徳王)。 11.5 第10軍(司令官柳川平助中将)，杭州湾に上陸し，上海戦線の背後をつく。以後南京に進撃。 12.13 **南京占領**，南京大虐殺事件を起す。 11.18 大本営令公示。11.20 宮中に大本営設置。 12.14 北支那方面軍の指導で，中華民国臨時政府成立(行政委員長王克敏)。	6.14 アイルランド，新憲法を採択。国名を「エール」と改称。 6.23 独・伊，スペイン内戦不干渉委員会を脱退。 7.17 蒋介石・周恩来の廬山会談開催。蒋，「生死関頭」演説，徹底抗戦を呼びかける。 8.15 蒋介石，対日抗戦総動員令を発す。 8.21 中ソ不可侵条約調印。 8.22 紅軍，国民革命軍第八路軍に改編(軍長朱徳)。 9.23 **第2次国共合作成立**。 9.25 ムッソリーニ，初の独公式訪問。 10.5 ローズベルト，隔離演説で日・独の侵略非難。 10.29 インド国民会議派，日本の中国侵略非難・日本品ボイコットを決議。 11.6 **伊，日独防共協定に参加**。 11.20 蒋介石，南京から重慶への遷都を宣言。 12.11 伊，国際連盟から脱退。 12.12 第1回ソ連邦最高ソビエト委員総選挙。

●日中全面戦争が勃発し，「挙国一致」体制が強化される

社会・文化	世　相
1.4　名古屋城の金のシャチホコのうろこ58枚盗難。1.27 犯人逮捕。	1月　山本有三，『路傍の石・第1部』を『朝日新聞』に連載。
2.11　文化勲章制定。4.28 長岡半太郎・佐々木信綱・横山大観ら9人，第1回受章。	4月　郵便料金値上げ（明治22年以来で，はがきが5厘値上げで2銭，封書1銭値上げで4銭）／永井荷風，『濹東綺譚』を『朝日新聞』に連載／弁護士の正木ひろし，個人雑誌『近きより』を創刊，時局批判を開始。
2.17　日蓮宗改革をめざした「死なう団」の5人，宮城前などで自殺未遂事件。	
2.19　兵役法施行令改正。徴兵検査合格の身長基準を5cm緩和，視力・聴力基準引下げ，学生の兵役逃避を封鎖。	
3.31　母子保護法公布。13歳以下の子供を持つ貧困の母または祖母の生活扶助や子供の養育扶助などを規定。	5月　双葉山，横綱に昇進。
	6月　献金つきの愛国切手・はがき発売。
4.15　盲・聾・啞3重苦のヘレン=ケラー女史（米）来日。各地を講演。	7月　東京・浅草に国際劇場開場。
5.31　文部省，皇国史観をさらに徹底させるため『国体の本義』を編纂，全国の学校・社会教化団体等に配布。	8月　大木顕一郎ら，『綴方教室』を刊行／映画の巻頭に「挙国一致」「銃後を護れ」などのタイトルが入れられる／吉川英治・尾崎士郎・吉屋信子・林房雄ら，特派員として戦地に赴く。
6.23　国立結核療養所官制公布。茨城県村松の晴嵐荘，初の国立結核療養所となる。	
7.15　文相安井英二，宗教・教化団体代表者に挙国一致運動を要望。	9月　あきれたぼういず（益田喜頓・川田晴久・坊屋三郎・芝利英）結成／臨戦映画第1弾『報国邁進』『皇軍一度起たば』『暁の陸戦隊』など封切／仏映画『大いなる幻影』，反戦傾向ありとして公開禁止。
9.25　警視庁，東京市内の円タク約1万2000台に深夜の「流し」を禁止。	
9.25　内閣情報部，国民歌「愛国行進曲」の歌詞を募集（応募5万7578編）。12.26 発表。	10月　東京の公衆浴場で朝湯廃止／国民唱歌放送開始（第1回は「海ゆかば」）。
10.1　政府，全国各戸に小冊子「我々は何をなすべきか」1300万部を，朝鮮人には「皇国臣民の誓詞」を配布。	この年　職業野球のリーグ戦開始，西宮球場・後楽園球場開場／千人針と慰問袋づくりが盛んに／大阪にプラネタリウムが登場。
10.1　東京市，出征将士の留守宅門口にマークをつける。	
10.17　全日本労働総同盟，ストライキ絶滅運動など3大方針決定。	◎最後の関頭／尽忠報国／堅忍持久／パーマネントはやめましょう／馬鹿は死ななきゃなおらない
11.12　林長二郎（長谷川一夫），松竹から東宝への移籍騒動により，暴徒に顔を切られる。	♫「人生の並木路」ディック=ミネ／「青い背広で」藤山一郎／「別れのブルース」淡谷のり子／「裏町人生」上原敏／「露営の歌」中野忠晴・松平晃・伊藤久男・霧島昇・佐々木章
11.16　郵便局，小額の「愛国国債」売り出し。	
12.1　東大教授矢内原忠雄，「国家の理想」（『中央公論』9月号）が反戦思想であると学内の右翼教授らに非難され，辞職。	📖石坂洋次郎『若い人』／火野葦平『糞尿譚』／川端康成『雪国』／永井荷風『濹東綺譚』／豊田正子ほか『綴方教室』／和田伝『沃土』／久保栄『火山灰地・第1部』
12.7　内務省，活動写真の興行時間（3時間以内）やフイルムの長さを制限。	
12.11　南京占領で提灯行列など祝賀行事挙行。	📽『新しき土』日独合作：アーノルド=ファンク監督・原節子・小杉勇／『真実一路』日活：田坂具隆監督・小杉勇・片山明彦／『人情紙風船』J=O蚤の社：山中貞雄監督・前進座一座・霧立のぼる／『浅草の灯』松竹：島津保次郎監督・上原謙・高峰三枝子
12.11　上海派遣軍，中支那方面軍の指示で慰安所設置に着手。13.3.4 陸軍省副官，慰安婦募集につき憲兵・警察との連携を指示。	
12.15　日本無産党・日本労働組合全国評議会・労農派の関係者（山川均・猪俣津南雄ら417人）が検挙される（第1次人民戦線事件）。	〔洋画〕『女だけの都』『我等の仲間』（仏）／『オーケストラの少女』（米）
12.29　鉄道省，遺骨移送列車の方向板と窓に「英霊」のマークをつけ，車内に黒幕を張る。	👤2.1 河東碧梧桐（63）／7.26 内田良平（63）／8.19 北一輝（54）／10.23 中原中也（30）／11.5 木下尚江（68）

昭和13年(1938) 戊寅

内閣	政治・経済	世界
①近衛文麿（華族）	1.11 御前会議、「支那事変処理根本方針」を決定。中国国民政府が日本に和を求めない限り、これを相手としないことなどを明記。 1.11 厚生省設置。戦時体制下の健民健兵策の推進、科学的な国民体力と精神の練成が目的。 1.16 外相広田弘毅、中国に和平交渉の打切りを通告。政府、「帝国政府は爾後国民政府を対手とせず」との声明を発表（第1次近衛声明）。 2.11 憲法発布50周年を祝い、減刑・復権等。 2.17 防共護国団員、政友会・民政党本部を占拠。 2.24 民政党の斎藤隆夫と政友会の牧野良三、衆院で国家総動員法案を憲法違反と批判。 3.3 陸軍省軍務課員佐藤賢了、衆院国家総動員法案委員会で説明員として出席中、質問に立った議員に「だまれ！」と一喝、政治問題化。 3.28 日本軍の指導により、南京に中華民国維新政府成立（行政院長梁鴻志）。 4.1 国家総動員法公布。国民経済・生活を官僚統制下に置き、統制に関する権限を政府に委任することを規定。5.5 施行。 4.6 電力管理法公布（電力の国家管理）。 6月 全国水平社、綱領を変更して、『国体の本義』に徹して国策に協力することを決定。 7.11 朝鮮・満州とソ連沿海州国境の張鼓峰で、日ソ両軍武力衝突。朝鮮の第19師団が出動（ソ連の武力介入の意図確認が目的）。天皇・外相宇垣一成らの反対で攻撃中止（張鼓峰事件）。 7.31 第19師団、再びソ連軍を夜襲攻撃。ソ連軍の反撃にあい、戦死526人、負傷914人、死傷率21％の損害を受け敗退。 9.22 中華民国臨時・維新政府、連合して中華民国政府連合委員会成立（主席委員王克敏）。 10.27 日本軍、武漢三鎮を占領。既に日本陸軍は中国戦線に23個師団（70万人）の兵力を投入、日中戦争は戦略的対峙の段階に入る。 11.3 近衛首相、「日本の戦争目的は東亜永遠の安全を獲得し得る新秩序建設にある」とする東亜新秩序建設を声明（第2次近衛声明）。 11.7 中支那振興株式会社（資本金1億円、総裁児玉謙次）・北支那開発株式会社（資本金3億5000万円、総裁大谷尊由）設立。 11.30 御前会議、蒙疆・華北・華中等の重要地帯の駐兵権の確保、主要交通機関の掌握、日本人による顧問政治の実施などの内容の「日支新関係調整方針」決定（中国植民地化の具体策）。 12.22 近衛首相、日中国交調整の基本方針として、善隣友好・共同防共・経済提携の近衛3原則を声明（第3次近衛声明）。汪兆銘らとの提携を図るが、撤兵については言及せず。	1.17 第1回国際シュルレアリスム展、パリで開催。 2.4 独、プロンベルクら国防軍幹部解任を発表。ヒトラー、統帥権を掌握。 2.20 英外相イーデン、対伊宥和政策に抗議して辞任。 3.12 独軍、オーストリアに侵入。3.13 独、オーストリア併合。 3.18 メキシコ政府、米英石油会社を接収（英、外交関係を断絶）。 4.10 仏で急進社会党のダラディエ、国防内閣を組織。 4.16 英・伊、伊のエチオピア領有・紅海の現状維持で合意、協定調印。 4.20 レニ＝リーフェンシュタール監督のベルリンオリンピック記録映画『民族の祭典』、独で封切。 4.25 英・エール協定調印。英、アイルランドの独立を承認。 5.26 毛沢東、延安で「持久戦論」を説く（～6.3）。 5.27 日本青少年独派遣団出発。 9.12 ヒトラー、ニュルンベルクでチェコのズデーデン地方併合要求を演説。 9.29 英・仏・独・伊4国首脳、ミュンヘン会談。9.30 ドイツのズデーデン地方併合を承認のミュンヘン協定調印。 10.2 宝塚少女歌劇団44人、日独伊親善使節として神戸を出帆（団長天津乙女。昭14.3.4 帰国）。 10.5 チェコ大統領ベネシュ辞任、国外へ亡命。 10.27 ミュンヘン協定をめぐり、フランス人民戦線崩壊。 11.26 ソ連・ポーランド、不可侵条約を更新。 12.20 汪兆銘、重慶からハノイへ脱出。12.30 汪、和平反共救国声明を発表。 12.24 第8回汎米会議開催、米州諸国への外国の干渉反対を声明。「リマ宣言」採択。

●国家総動員法の公布により，本格的戦時体制確立

社会・文化	世相
1.3 新劇女優**岡田嘉子**，新協劇団演出家杉本良吉と樺太国境を越え**ソ連に亡命**。 **2.1** 大内兵衛・有沢広巳ら労農派教授11人ほか24人，検挙（第2次人民戦線事件）。 **2.3** 内務省，東京帝国大学セツルメントが左翼思想の温床になるとして解散命令。穂積重遠会長，自発的に閉鎖を決定。 **2.6** 全農右派，**大日本農民組合結成**（組合長杉山元治郎）。反共・社会大衆党支持。 **2.11** 第1回将棋名人戦。木村義雄8段，名人位に就任。 **2.13** 唯物論研究会の戸坂潤ら，弾圧を予想して自ら解散。 **2.15** 警視庁，盛り場で「**サボ学生狩り**」，3日間で3486人を検挙。改悛誓約書を提出させ，宮城遥拝後釈放。 **2.18** 石川達三『生きてゐる兵隊』（中央公論社特派員として見聞した南京従軍の作品）の掲載誌『中央公論』3月号，発禁。 **2.25** 兵役法改正公布。学校教練修了者の在営期間短縮の特典廃止。 **3.1** 綿糸布配給統制規則公布（**初の切符制**）。 **3.28** 学習院初等科の外国語教育廃止。 **3.31** 東京駅の人力車構内営業廃止。 **5.17** 戦車隊長西住小次郎，徐州戦で戦死。**12.17** 陸軍，日中戦争初の軍神と発表。 **5.20** 中国機と思われる飛行機，熊本・宮崎上空に飛来し，反戦ビラをまく。 **6.9** 文部省，「集団的勤労作業運動実施に関する件」を実施（**勤労動員始まる**）。 **7.15** 東京で開催予定の第12回オリンピックの中止が決定。 **7.30** 産業報国連盟創立。労資一体の産業報国運動推進を目ざす。 **8.12** 商工省，9月より新聞用紙制限（12%減）を指令。 **8.16** ヒトラー＝ユーゲントの代表30名来日。 **8.24** 学校卒業者使用制限令公布。工学系学生の雇用を統制。 **10.1** 大日本連合女子青年団指導者42人の満州移民地視察団，大陸の花嫁養成計画の一環として渡満。 **10.5** 河合栄治郎の『ファシズム批判』など4著書発禁。 **11.1** 初の女性弁護士誕生（田中正子・武藤嘉子・久米愛子）。 **11.7** 国民精神作興週間始まる。 **12.26** 愛国婦人会，傷痍軍人配偶者幹旋内規を作成。	**3月** 京都市内のタクシー，メーター制実施（11月に全国で実施）／内務省警保局，要注意執筆者のリストを雑誌社に内示し，原稿掲載の自粛を要請（岡邦雄・戸坂潤・宮本百合子・中野重治・林要・鈴木安蔵ら）。 **4月** **灯火管制規則公布**により，覆い笠や黒塗りの電球発売／落語家や漫才師の前線慰問団「**わらわし隊**」の第1陣（横山エンタツら），中国戦線へ出発（**昭16年8月まで**に395団派遣）。 **7月** 日本婦人団体連盟，経済戦強調週間の一環として「街頭の無駄を拾う」運動を実施，ごみ箱まで検査／東京の青バス，木炭車への改造を開始。 **8月** 火野葦平，『麦と兵隊』を『改造』に掲載。 **9月** **従軍作家陸軍部隊**（久米正雄・丹羽文雄・岸田国士・林芙美子ら）・**海軍部隊**（菊池寛・佐藤春夫・吉屋信子ら）・**詩曲部隊**（西条八十・古関裕而ら），中国戦地に出発。 **11月** 『岩波新書』刊行開始（斎藤茂吉『万葉秀歌』上・下など20点，定価50銭）。 **12月** 創元社，『創元選書』（四六判，1円20銭）の刊行を開始。 **この年** 陶製鍋・竹製スプーン・木製バケツなど**代用品が出回る**／新繊維原料としての**スフ**（ステープル＝ファイバーの略）が出回り「純綿」が姿を消した。 **〇** 相手とせず／大陸の花嫁（満州移民の独身男性に嫁ぐ女性）／買いだめ／スフ **♬**「愛国行進曲」「日の丸行進曲」四家文子ほか／「**雨のブルース**」淡谷のり子／「旅の夜風」霧島昇・ミス＝コロムビア／「支那の夜」渡辺はま子／「**麦と兵隊**」東海林太郎 **📖** 中原中也『在りし日の歌』／高群逸枝『大日本女性史』／火野葦平『麦と兵隊』／小川正子『小島の春』／マルタン＝デュ＝ガール『チボー家の人々』 **🎬**『五人の斥候兵』日活：田坂具隆監督・小杉勇・見明凡太郎／『路傍の石』日活：田坂具隆監督・小杉勇・片山明彦／『綴方教室』東宝：山本嘉次郎監督・徳川夢声・高峰秀子／『愛染かつら』松竹：野村浩将監督・田中絹代・上原謙〔洋画〕『**モダン＝タイムス**』（米）／『舞踏会の手帖』（仏） **¥** ジャムパン10銭／マッチ（1包10個）12銭 **👤** **5.4** 嘉納治五郎（77）／**7.6** 御木徳一（67）／**12.17** 小川芋銭（70）

昭和14年(1939) 己卯

内閣	政治・経済	世界
1.4 1.5 平沼騏一郎 （枢密院） 8.28 8.30 阿部信行 （陸軍）	1.4 近衛内閣, 日独軍事同盟問題や経済的危機の克服策などをめぐる閣内対立のため総辞職。 1.5 平沼騏一郎（前枢密院議長・右翼団体国本社首領）内閣成立。 1.17 政府,「生産力拡充計画要綱」を決定。 3.9 兵役法改正公布。短期現役制を廃止して兵役期間を延長。 3.25 軍用資源秘密保護法公布。 3.28 国民精神総動員委員会設置（委員長荒木貞夫文相）。国民精神総動員中央連盟と二本建ての体制で国民精神総動員運動の推進を企図。 4.25 関東軍,「満ソ国境紛争処理要綱」を作成。国境線の明らかな地域でのソ連軍越境には,「一時的にソ連領に侵入し, またはソ連兵を満州領内に誘致, 滞留せしむることを得」とする強硬方針を明記。 4.30 政友会, 中島知久平派（革新派）と久原房之助派（正統派）に分裂。 5.11 満州と外蒙との国境付近ノモンハンで, 外蒙軍と満州国軍が武力衝突（ノモンハン事件）。 6.14 日本軍, 天津の英・仏租界を封鎖。 6.27 関東軍, 独断で外蒙のタムスクを空爆。天皇, 参謀次長中島鉄蔵を「統帥権干犯」と叱責。 7.1 関東軍, 戦車約70両・航空機180機・兵員約1万5000の大部隊を動員してノモンハン総攻撃を開始。7.3 敗退。 8.20 ソ連軍, ノモンハンで大攻勢を開始。第23師団と第7師団の一部, 包囲攻撃にあい全滅に近い損害。9.15 停戦協定成立。 8.28 独ソ不可侵条約締結を契機に, 世界情勢の見通しを誤った平沼内閣,「欧州情勢は複雑怪奇」との声明を発表して総辞職。 8.30 阿部信行（陸軍大将）内閣成立。 9.23 大本営, 支那派遣軍総司令部を設置（総司令官西尾寿造, 総参謀長板垣征四郎）。 9.30 国家総動員法の施行の統轄に関する件（勅令）公布。首相の権限強化をはかる。 11.4 外相野村吉三郎（海軍大将）, 日米国交調整問題に関し駐日米大使グルーとの会談開始。日米通商航海条約の暫定協定締結など提案。 11.30 野村外相, 駐日仏大使アンリに援蒋活動の停止, 軍事専門家のハノイ派遣等を申入れ。 12.20 陸軍, 軍備充実4か年計画を策定（18年度までに陸軍65個師団・航空160個中隊の整備）。 12.22 駐日米大使グルー, 日米通商航海条約などの締結を拒否。日本の対中国政策の変更を要求するアメリカとの妥協, 不成功に終る。 12.28 野村外相・畑俊六陸相・吉田善吾海相,「対外施策方針要綱」を決定。	2.24 日・独・伊防共協定にハンガリー参加。 2.27 英・仏, フランコ政権承認。 3.15 独, ボヘミア・モラビア占領。 3.28 フランコ軍, マドリッドを占領し, スペイン内戦終る。 4.1 米, フランコ政権承認。 4.7 スペイン, 日・独・伊防共協定に参加。 4.28 ヒトラー, 国会演説でポーランドとの不可侵条約破棄・英独海軍協定破棄を宣言, 仏のアルザス・ロレーヌ領有を否認。 5.22 独・伊友好同盟条約（鋼鉄協約）調印。 6.24 シャム, 国名をタイに改称。 8.23 独・ソ不可侵条約調印。 9.1 独軍, ポーランドに侵攻開始（第2次世界大戦勃発）。 9.3 英・仏, 独に宣戦布告。 9.5 米, 中立宣言。 9.17 独軍, ブレスト＝リトフスク占領。ソ連軍, 東部ポーランドを占領。 9.27 ワルシャワ, 独軍の空爆によって陥落。 9.28 独・ソ友好条約調印。秘密議定書でポーランド分割を取り決め。 10.11 アインシュタインら在米科学者, 原子力の軍事応用の可能性をローズベルト大統領に伝える。10.21 ローズベルト,「ウランに関する諮問委員会」設置, 原子爆弾製造の検討に入る。 10.20 大阪毎日新聞社・東京日日新聞社機ニッポン号, 世界一周飛行を果たし羽田に帰着（中尾純利機長ほか5人。8.26 出発, 5万2886km, 194時間）。 11.30 ソ連・フィンランド戦争開始（冬戦争）。12.14 国際連盟, 冬期戦争を理由にソ連を除名。 12.16 蒋介石, 第1次反共討伐開始を命令。

●興亜奉公日など国民生活の戦時統制が強まる

社会・文化	世　相
1.7　国民職業能力申告令公布。16〜49歳の男子特殊技能者に職業能力申告手帳交付。	1月　69連勝中の横綱双葉山、安芸ノ海に敗れる。
1.25　警防団令公布。防護団と消防組を警察の指揮下に統合し、警防団を結成。	2月　政府、家庭や街頭の鉄製不急品回収を決定(郵便ポスト・ベンチ・街路灯・広告塔・灰皿・火鉢等15品目)。
1.28　東京帝国大学総長平賀譲、河合栄治郎・土方成美両教授の休職処分を文相に上申、経済学部の内部抗争を収拾(平賀粛学)。	3月　各地の招魂社を護国神社と改称／大学の軍事教練、必修科目となる。
3.30　砂糖・清酒などの公定価格を決定。	6月　映画『紫式部』、時局に不適としてフィルムがカットされ興業失敗。
4.5　映画法公布。脚本の事前検閲、製作・配給の許可制、外国映画の上映制限、ニュース映画の強制上映など決定。10.1 施行。	7月　屑鉄業者、東京の長者番付第1位／女性の郵便配達人、東京で初登場。
4.12　米穀配給統制法公布。米穀商の許可制、米穀取引所の日本米穀による新米穀市場への統一などを制定。	8月　東京市で隣組回覧板10万枚を配布。月2回の「隣組回報」の発行も始まる／文部省、休日と土曜の午後以外の学生の競技試合を禁止。
4.26　青年学校令改正。高等小学校・中等学校に通学しない12〜19歳の男子に義務化。	9月　徳川夢声の『宮本武蔵』放送開始。
4.30　産業報国連盟、政府主導型に転換、労働組合の解散を推進。	10月　厚生省、初年度体力章検定実施(15〜25歳の男子に義務化)。100m・2000m競走・走幅跳・手榴弾投げ・50m運搬・懸垂の6種目で、初・中・上級を判定。
5.15　軍医の需要に対応のため、帝大医学部・官立医大に臨時付属医学専門部を設置。	12月　農林省令で米の7分搗以上を禁止。15年の正月は黒い餅で迎える／デパートの年末贈答品の大売出しや配達が廃止。門松も全廃。
5.22　天皇、二重橋前に軍装で参集した1800校の学生・生徒3万2500人を親閲し、「青少年学徒に賜はりたる勅語」を下賜。	この年　4つ珠のそろばんが使われ始める／慰問袋用の人形づくりが盛ん／金属に代わる木などの代用品玩具出回る／9・18ストップ令以後「ヤミ取引き」が横行、違反は20万918件。
5.29　文部省、小学校5・6年と高等科男児に柔・剣道を課す。	◉複雑怪奇(平沼騏一郎首相の声明)／ヤミ／禁制品／生めよ殖やせよ国のため
6.7　満蒙開拓青少年義勇軍2500人の壮行会。	🎵「上海ブルース」ディック＝ミネ／「愛馬進軍歌」徳山璉・四谷文子／「父よあなたは強かった」伊藤久男・二葉あき子・霧島昇・松原操／「上海の花売娘」岡晴夫／「太平洋行進曲」徳山璉・波岡惣一郎／「大利根月夜」田端義夫
6.10　警視庁、待合・料理屋などの午前零時以後の営業を禁止。	
6.16　国民精神総動員委員会、遊興営業時間の短縮、ネオン全廃、中元歳暮の贈答禁止、学生の長髪禁止、パーマネント廃止などの生活刷新案を決定。	📖本庄陸男『石狩川』／ホクベン『百万人の数学』上・下／天野貞祐『学生に与ふる書』／谷崎潤一郎『源氏物語』26巻
7.8　国民徴用令公布。国家総動員法に基づき軍需工場などに強制徴用。7.15 施行。	🎭『兄とその妹』松竹；島津保次郎監督・佐分利信・桑野通子／『上海陸戦隊』東宝；熊谷久虎監督・大日方伝・原節子／『土と兵隊』日活；田坂具隆監督・小杉勇・井染四郎／『土』(昭15年、映画法による第1回文部大臣賞受賞)内田吐夢監督・小杉勇・風見章子〔洋画〕『ハリケーン』(米)／『望郷』『格子なき牢獄』(仏)
9.1　初の「興亜奉公日」。以後毎月1日に、酒不売・ネオン消灯・勤労奉仕などを実施。	
9.28　文部省、中等学校入試で筆記試験をやめ口頭試問・内申書・身体検査を通達。	
10.18　国家総動員法に基づき、物価などを9月18日の価格に強制的に停止(9・18ストップ令)。戦時インフレにより物価は騰貴し、ヤミ価格とヤミ屋が発生。	
11.6　米穀配給統制応急措置令公布。農林省、米の強制買上げを実施。	
12.12　軍機保護法施行規則改正。ビルや高台からの俯瞰撮影を禁止。	
12.25　木炭配給統制実施。	👤2.18 岡本かの子(49)／3.1 岡本綺堂(66)／9.7 泉鏡花(65)／11.17 田中智学(78)
12.26　朝鮮総督府、朝鮮人の氏名を日本式に改めさせる(創氏改名)。	

昭和15年（1940）庚辰

内閣	政治・経済	世　界
1.14 1.16 米 内 光 政 （ 海 軍 ） 7.16 7.22 ② 近 衛 文 麿 （ 華 族 ）	1.14 阿部内閣，貿易省設置・身分保障制度撤廃問題などで行詰り，陸海軍の支持を失って総辞職。 1.16 米内光政（海軍大将）内閣成立。 2.2 民政党の斎藤隆夫，衆院で軍部の戦争政策を批判して問題化（反軍演説事件）。 2.11 紀元2600年を祝い，減刑令・復権令。 3.7 衆院，斎藤議員の除名を決議。 3.25 親軍派の政党人，聖戦貫徹議員連盟を結成。全政党の解散と強力新党の樹立を提唱。 5.20 石油・ボーキサイト・ニッケル鉱・ゴムなど13品目の蘭印から日本への輸出をオランダ政府に認めさせる。 6.11 聖戦貫徹議員連盟，各党首に解党を進言。 6.12 日・タイ友好条約締結。南方進出の足場固め。 6.21 陸軍省と参謀本部，ヨーロッパ情勢の展開に対応する戦争計画案を討議。事務当局案「世界情勢の推移に伴う時局処理要綱」を作成。 6.24 近衛文麿，枢密院議長辞任，新体制運動推進の決意表明。以後，陸軍と「革新」右翼，米内内閣打倒と近衛内閣樹立運動を活発化。 7.6 社会大衆党解党。 7.16 陸相畑俊六の単独辞職で米内内閣総辞職。 7.16 政友会久原派解党。 7.22 第2次近衛内閣成立。陸相東条英機。 7.26 政府，「基本国策要綱」を決定。大東亜新秩序建設と国防国家体制の確立を明記。 7.27 大本営政府連絡会議，「世界情勢の推移に伴う時局処理要綱」を決定。日中戦争の処理，日独伊枢軸の強化，仏印の基地強化，南印の重要資源確保を主張。なかでも対英米戦争を想定した南進政策を国策レベルで公式に打出す。 7.30 政友会中島派解党。 8.15 民政党解党（全政党解党）。 8.30 松岡・アンリ協定成立。北部仏印への日本軍進駐に関する公文交換。 9.11 内務省，「部落会・町内会・隣保班・市町村常会整備要綱」を訓令。部落会・町内会・隣組のそれぞれに常会の設置を規定。 9.23 日本軍，参謀本部作戦部長富永恭次の強硬方針により，北部仏印へ武力進駐開始。 9.26 米，日本の北部仏印武力進駐に対抗して対日屑鉄全面禁輸を断行。 9.27 日独伊三国同盟締結。これにより，米・英・仏・蘭・支等連合国との対立激化。 10.12 大政翼賛会結成（総裁近衛文麿，綱領は「大政翼賛の臣道実践」と挨拶。政治組織化失敗）。 11.13 御前会議，「支那事変処理要綱」を決定。期限付きで重慶政権との和平交渉を意図。 12.6 情報局官制公布。	1.19 毛沢東，「新民主主義論」を発表。 3.1 インド国民会議派，全インド不服従運動再開を宣言。 3.30 汪兆銘，南京に中華民国政府を樹立（日本の傀儡）。 4.9 独軍，ノルウェー・デンマークに侵攻を開始。6.10 ノルウェー降伏。 5.10 独軍，ベルギー・オランダ・ルクセンブルク・北仏に侵攻。5.15 オランダ軍降伏。5.28 ベルギー降伏。 5.27 英軍，ダンケルクから撤退開始（6.4 完了）。 6.10 伊，英・仏に宣戦布告。 6.14 独軍，パリに無血入城。 6.16 ペタン親独内閣，仏で成立。 6.18 ド＝ゴール，ロンドンから対独抗戦呼びかけ，自由フランス委員会設立。 6.22 独・仏休戦協定調印。仏は占領地区と非占領地区に分割。7.2 仏政府，非占領地区に移転（ビシー政府）。 7.22 ソ連，エストニア・ラトビア・リトアニアのバルト3国の正式合併を決定。 7.25 杉原千畝リトアニア領事代理，ユダヤ系難民に旅券発行（～8.26，2139枚以上）。 7.30 汎米外相会議，ハバナ宣言採択（共同防衛を決議）。 8.21 トロッキー，暗殺される。 9.7 独空軍，ロンドンを猛爆撃。以後65日間夜間爆撃を続行（ブリテンの戦い）。 9.13 伊軍，エジプト侵攻開始。 10.5 独軍，ルーマニア侵攻。 10.28 伊軍，ギリシア侵攻。 11.5 ローズベルト，米大統領に3選（米大統領史上初）。 11.20 ハンガリー，日・独・伊三国同盟に加入。11.23 ルーマニア加入。 11.25 タイ・仏印国境紛争始まる。 12.29 米大統領ローズベルト，米国が民主主義国の兵器廠となる旨の談話発表。

●三国同盟・南進の国策決定，生活必需品の配給制も始まる

社会・文化	世相
1.21 大阪の九条など4火力発電所，石炭不足から操業を停止。関西地方で臨時休業・操業短縮の工場続出。	3月 **不敬にあたる芸名，外国風のカタカナの芸名を改名**せよとの内務省の通達により，藤原釜足は藤原鶏太に，ディック＝ミネは三根耕一など16人が改名／初のアルミ貨10銭の鋳造決定。
2.10 津田左右吉『古事記及日本書紀の研究』発禁。記紀批判は皇室の尊厳冒瀆の大逆思想であるとの攻撃の中での弾圧。	
2.11 皇紀2600年の紀元節。難局克服の大詔発布。	5月 東京市の配給米に外米6割混入（これまでは4割）。
3.6 大日本航空，横浜—サイパン—パラオ間の定期航空路を開始。	6月 大都市で，米・みそ・醬油・塩・マッチ・砂糖・木炭など**10品目の切符制実施**。11月からは全国で実施（マッチ1人1日5本，砂糖は1人1月に約300g）。
4.9 4新聞社（朝日・大毎東日・読売・同盟）のニュース映画，合併して日本ニュース社を設立（ニュース映画統制のため）。	
5.13 **第1回報国債券発売**。国策協力のためと1等1万円の夢が人気（1枚10円で，総額2500万円。1日で売り切れ）。	8月 東京府で食堂などの米食を禁止／国民精神総動員本部，東京市内に「**ぜいたくは敵だ**」の立看板1500本を設置／東京の婦人団体，指輪全廃などと書いた名刺大のカードを街頭で女性に配る／文部省，学生・生徒の映画・演劇観賞を土曜と休日に限ると通達。
6.14 東洋一の可動橋「勝鬨橋」の完成記念式。	
6.22 文部省，修学旅行の制限を通達（**昭18年**全面中止）。	
7.6 **奢侈品等製造販売制限規則公布**。翌7日実施（**7・7禁令**）。絹織物・指輪・ネクタイなど製造禁止。	10月 **外国名の排斥でたばこ改名**。ゴールデンバットは金鵄，チェリーは桜。
8.19 新協・新築地両劇団，団員80人が検挙される。**8.23** 解散。	11月 小西六，国産初のカラーフイルム発売／正倉院御物，初の一般公開（上野帝室博物館，20日間で40万人）。
9.1 東京・大阪の両朝日新聞，『朝日新聞』に名称を統一。	
9.13 講談落語協会，艶笑物・博徒物・毒婦物・白浪物の口演を禁止。	この年 軍需産業の労働力需要が大幅に拡大し，労働力不足が深刻化。農業・商業からの転職者急増／「愛国子供カルタ」登場（例：「勇ンデ出征，八百屋ノ小父サン」）／スポーツ用語の日本語化進む。
9.26 国民体力法実施。17〜19歳男子の身体検査が義務化され，体力手帳を交付。	
10.31 東京の**ダンスホール閉鎖**。各ホールはラストダンスを楽しむ人で満員となる。	🔴新体制／大政翼賛／臣道実践／**八紘一宇／バスに乗りおくれるな**／ぜいたくは敵だ／祝ひ終った，さあ働かう／あのねーおっさん，わしゃかなわんよー
11.1 国民服令公布。紀元2600年祝典に合わせるため，男子国民服は祭典・儀式に着用できるとする。	🎵「紀元二千六百年」／「誰か故郷を想はざる」霧島昇／「**湖畔の宿**」高峰三枝子／「蘇州夜曲」霧島昇・渡辺はま子／「隣組」徳山璉／「月月火水木金金」内田栄一
11.3 厚生省，戦時下の人的資源増強のため，10人以上の子を持つ1万余家族を「優良子宝部隊」として表彰。	📖高見順『如何なる星の下に』／織田作之助『夫婦善哉』／会津八一『鹿鳴集』／田中英光『オリンポスの果実』
11.10 **紀元2600年祝典**。5日間にわたり提灯行列や旗行列，音楽行進などが行われ，昼酒も許され，赤飯用餅米も特配。15日からは「祝ひ終った，さあ働かう」と再び戦時生活に。	📽**支那の夜**』東宝：伏水修監督・長谷川一夫・李香蘭／『小島の春』東京発声：豊田四郎監督・夏川静江・杉村春子／『燃ゆる大空』東宝：阿部豊監督・大日方伝／『西住戦車長伝』松竹：吉村公三郎監督・上原謙（後記2作は軍の協力映画。興行時にも成績はよかった）〔洋画〕『民族の祭典』（独，ベルリンオリンピックの記録映画）／『駅馬車』『大平原』（米）
11.23 **大日本産業報国会結成**。各事業所に産報会が組織され，産業報国精神の高揚と労務統制の強化がはかられる。	
11.24 最後の元老西園寺公望死去。**12.5** 国葬。	
12.19 出版諸団体が解散し，日本出版文化協会を設立。用紙配給割当案作成権を所有。	🪦**2.23** 2世市川左団次(59)／**10.11** 種田山頭火(57)／**11.24** 西園寺公望(90)

昭和16年(1941) 辛巳

内閣	政治・経済	世界
② 近衛文麿 （華族） 7.16 7.18 ③近衛文麿 10.16 10.18 東条英機 （陸軍）	1.16 大本営陸軍部、「大東亜長期戦争指導要綱」及び「対支長期作戦指導計画」を策定。秋までに日中戦争を解決し、それ以後長期持久戦体制に移行して数年後に中国派遣の陸軍兵力を50万人に削減する内容を明記。 3.7 国防保安法公布。「敵性国の秘密戦的策動を封殺して総力戦体制の強化を図る」ことを目的とした国家秘密保護法。 4.13 日ソ中立条約調印（スターリン・松岡外相）。ソ連は独ソ戦準備のため、日本は南進政策の推進のため互いに調印。 4.16 政府、民間私案の「日米諒解案」を交渉の基礎として日米交渉の正式開始を決定。 5.11 駐米大使野村吉三郎、ハル国務長官に、(1)アメリカは中国から手を引くこと、(2)日本は三国同盟を厳守すること、(3)日本は南方進出について武力を用いないという保証をしないこと、の3条件を内容とする新提案を提出。 5.31 ハル国務長官、野村大使に、(1)全ての国家の領土と主権の尊重、(2)内政不干渉、(3)通商上の機会均等を含む平等原則、(4)太平洋の現状維持、の4原則尊重を主張した非公式対案を提示。 6.6 大本営、「対南方施策要綱」を決定。仏印・タイに軍事基地の設営を企図。 6.25 大本営政府連絡懇談会、「南方施策促進に関する件」を決定（7.28 南部仏印進駐開始）。 7.2 御前会議、連絡懇談会で決定した「情勢の推移に伴う帝国国策要綱」の原案を正式に決定。対英米戦準備と対ソ戦準備の推進を明記。同時に大本営、関東軍特種演習の名で関東軍に合計70万人の兵力を集中動員（関特演）。 9.6 御前会議、「帝国国策遂行要領」を決定。対米外交交渉の期限を10月上旬、戦争準備完了の目標を10月下旬とし、実質的に日米戦を決定。 10.16 外交交渉継続の是非をめぐって近衛首相と東条英機陸相とが対立し、近衛内閣総辞職。 10.18 東条英機（陸軍大将）内閣成立。 11.5 御前会議、「帝国国策遂行要領」などを決定。大東亜新秩序建設のため対英・米・蘭戦争を決意し、武力発動の時期を12月初旬と決定。 11.26 ハル国務長官、日本軍の中国からの撤退を求めたハル=ノートを提示（実質的な最後通牒）。日米交渉、決裂へ。 12.1 御前会議、全員一致で開戦を正式に決定。 12.8 日本時間午前2時、日本陸軍、マレー半島に上陸開始。午前3時20分、日本海軍、ハワイ真珠湾空襲を開始。午前4時20分、野村大使、ハル国務長官に交渉打切りを通告（太平洋戦争始まる）。午前11時40分、宣戦の詔書公布。	1.6 ローズベルト大統領、言論・表現の自由・信仰の自由・欠乏からの自由・恐怖からの自由からなる「4つの自由」に基づく将来の世界像を演説。 3.2 独軍、ブルガリア進駐。 3.11 米で連合国への武器貸与法成立。 3.27 ユーゴで反独軍部クーデター。中立政策を表明。 4.5 賀川豊彦・小崎道雄らのキリスト教界代表、平和使節として渡米。 4.6 独軍、ユーゴ・ギリシアに侵攻開始。4.17 ユーゴ降伏。4.23 ギリシア降伏。 5.6 ソ連首相にスターリン就任。 5.19 ベトナム独立同盟（ベトミン）結成（盟主ホー＝チ＝ミン）。反仏・反日民族解放闘争開始。 5.27 独潜水艦の米貨物船撃沈により米で国家非常事態宣言。 6.22 独軍、ソ連を奇襲攻撃。独ソ戦、始まる。 6.27 ユーゴ人民解放パルチザン部隊創設（司令官チトー）。 7.1 独・伊、汪兆銘政権を正式承認。7.2 国民政府、対独・伊国交断絶。 7.1 米で初の商業テレビ放送。 7.12 英ソ相互援助協定調印（対独共同行動・単独不講和約束）。 8.3 米、ソ連への経済援助開始。 8.14 ローズベルト・チャーチル、大西洋会談で大西洋憲章を発表。「4つの自由」を拡張。 9.3 独、アウシュビッツ収容所で最初の毒ガス処刑執行。以後、昭和20年1月までに推定約99万人のユダヤ人殺害。 10.2 独軍、モスクワを総攻撃。 12.8 独軍、モスクワ攻撃挫折。 12.8 米・英、対日宣戦布告。12.9 国民政府、対日・独・伊宣戦布告。12.11 独・伊、対米宣戦布告。

●日米交渉を打ち切り，勝算のないまま太平洋戦争に突入

社会・文化	世　相
1.8　陸相東条英機，「戦陣訓」を示達。捕虜となるよりは自ら死を選ぶことを正当化。 1.16　大日本青少年団結成。高度国防国家体制建設の要請に応じ，学校教育と一体化した強力な訓練体制をめざす。 2.26　情報局，各総合雑誌に執筆禁止者の名簿を送付（矢内原忠雄・馬場恒吾・清沢洌・田中耕太郎・横田喜三郎ら）。 4.1　小学校を国民学校と改称し，国民科など5教科編成で，儀式や学校行事を重視，宮城遥拝や軍事教練を課す。 4.1　文部省，音階教育をドレミファからハニホヘトイロハに改定。 4.1　生活必需物資統制令公布。日用品の全般的な統制をし，切符制に法的根拠を与える。 4.1　6大都市で米穀配給通帳制・外食券制実施。一般成人は1日2合3勺（約330g）。この後木炭や酒の配給制相次ぎ実施。 5.8　初の肉なし日実施。毎月2回，肉屋・食堂などで肉を不売とする。 6.20　国民貯蓄組合法施行。貯蓄奨励を法制化，国民の経済的負担が増大。 7.1　全国の隣組，一斉に常会。内務省，ラジオ番組『常会の時間』で運営方法を指導。 7.21　文部省が『臣民の道』を刊行，戦時下の国民道徳を解説。 8.2　大政翼賛会中央訓練部，みそぎ錬成講習会を開催。のちに，「皇国民の錬成」のため，半ば強制的に実施。 8.30　軍事教練担当の現役将校，大学に配属。 9.1　東京市，砂糖・マッチ・小麦粉・食用油の配給切符制実施（集約切符制）。 10.4　臨時郵便取締令公布。外国郵便物が開封検閲される。 10.7　朝鮮人330人余，山口県東川ダム工事場で待遇改善を要求して罷業。この年の朝鮮人労働者の紛争は628件。 10.15　尾崎秀実，国際スパイの嫌疑で検挙さる。 10.18　ゾルゲら検挙（ゾルゲ事件）。 10.16　大学・高等専門学校などの修業年限短縮を決定。 11.15　兵役法施行令改正公布（丙種も召集）。 11.17　東条首相の施政方針演説，録音放送（初の議会放送）。 11.22　国民勤労報国協力令公布。14～40歳の男子と14～25歳の未婚女子の勤労奉仕義務を法制化。 12.10　東京の新聞・通信8社主催の米英撃滅国民大会開催，各地で米英撃滅運動盛ん。	1月　全国の映画館で，ニュース映画の強制上映始まる／長谷川時雨・円地文子らの『輝く部隊』，海軍文芸慰問団一行に加わって南支・海南島・仏印に出発。 2月　映画『支那の夜』で長谷川一夫と共演して人気を呼んだ李香蘭，日劇で公演。早朝から群衆が殺到し，警官隊出動。 5月　羽黒山，横綱に昇進／東京でたばこ不足。専売局，行列買いが不評で，空箱引換えで1人1個売りを厳守。 7月　厚生省，団体旅行と全国の競技大会（神宮国民体育大会を除く）を中止／国鉄，3等寝台車を廃止，食堂車も制限／内務省，美術雑誌の第1次統合を命令（既刊全誌を廃刊，8誌に統合）／通信省，慶弔電報の取扱いを中止。 8月　警視庁，婦人雑誌50数誌を16誌に統合。 9月　情報局，映画製作10社を松竹・東宝・大映の3社に整理統合／音楽雑誌の既刊全誌を廃刊，6誌に統合。 10月　乗用車のガソリン使用，全面禁止。 11月　井伏鱒二ら多数の文学者，軍報道員としてビルマ・マレーなどに徴用。 12月　日米開戦により，新聞・ラジオの天気予報・気象報道を中止／米国映画8支社に閉鎖命令（『ガリバー旅行記』『アリゾナ』など密封）。 この年　宗教団体の統合が進む（教派神道13教派，仏教28宗派，キリスト教2教団に統合）／プラスチック製の歯ブラシ出現／国民学校で模型飛行機工作が正課となる／防空ずきん・もんぺ・ゲートルなどの非常時服装が目立つようになる／少女歌劇の男装の麗人，当局の指示により廃止。 ◎ABCD対日包囲陣／産業戦士 ♬「戦陣訓の歌」徳山璉／「さうだその意気」霧島昇・松原操／「森の水車」高峰秀子 📖下村湖人『次郎物語』第1部／三木清『人生論ノート』／高村光太郎『智恵子抄』／山本有三『路傍の石』／堀辰雄『菜穂子』 🎥『戸田家の兄妹』松竹：小津安二郎監督・藤野秀夫／『馬』東宝：山本嘉次郎監督・高峰秀子／『江戸最後の日』日活：稲垣浩監督・阪東妻／『次郎物語』日活：島耕二監督・杉裕之〔洋画〕『勝利の歴史』（独）／『スミス氏都へ行く』（米，戦前最後の米映画） 👤4.3 鹿子木孟郎(66)／9.10 桐生悠々(68)／12.29 南方熊楠(74)

昭和17年（1942）壬午

内閣	政治・経済	世　界
東条英機（陸軍）	1.2　日本軍，マニラ占領。 1.16　大日本翼賛壮年団結成。翼賛運動の「実践部隊」として活動。ナチス親衛隊の日本版。 1.20　商工省，繊維製品配給消費統制規則公布。 2.15　シンガポールのイギリス軍，日本軍に降伏。 2.18　政府，第1次戦捷祝賀で恩赦（特赦約1万6000人）。 2.18　政府，「大東亜戦争翼賛選挙貫徹運動基本要綱」を決定。選挙は，「大東亜戦争の完遂を目標として清新強力なる翼賛議会の確立を期する」ことを目的とし，対外的には国内の政治的一体性を明らかにするものと位置づける。 2.23　翼賛政治体制協議会成立（会長阿部信行）。翼賛議員候補の人選作業を開始。最終的に466人の候補を推薦。 3.7　大本営政府連絡会議「今後採るべき戦争指導の大綱」を決定。「既得の戦果を拡充」し，「機を見て積極的の方策を講ず」として初期作戦終了後の新たな作戦方針を樹立。 3.9　ジャワの蘭印軍，日本軍に降伏。 4.18　空母ホーネットを発進した米陸軍機（B25）16機，東京・名古屋・神戸などを初空襲。日本海軍，これによりミッドウェー作戦計画着手へ。 4.30　第21回総選挙（翼賛選挙）。翼賛政治体制協議会推薦者381人，非推薦者85人。 5.1　日本軍，ビルマ北部のマンダレー占領。南方進攻作戦一段落。 5.7　フィリピン・コレヒドール島要塞の米軍降伏。 5.7　珊瑚海海戦開始。日米機動部隊初の航空戦。 5.13　企業整備令公布。軍需生産の増強・拡大のため，中小企業への政府の法的強制力を規定。 5.20　翼賛政治会結成。貴族院・衆議院議員がほぼ全員参加し，事実上の一国一党状態となる。 6.5　ミッドウェー海戦（〜6.7）。日本海軍の主力空母4隻撃沈され，艦載機全機と熟練搭乗員多数を喪失（日米間の海空戦力比が逆転）。 6.7　日本軍，キスカ島占領。6.8　アッツ島占領。 8.7　米海兵1個師団，ソロモン諸島のツラギ・ガダルカナル島に上陸。米軍の反攻開始（半年間にわたる激戦の結果日本軍敗退）。 8.8　第1次ソロモン海戦。8.24　第2次海戦。 9.1　政府，大東亜省の設置決定。外相東郷茂徳，外務省の管轄領域への介入として反発，辞職。 10.1　朝鮮総督府，朝鮮青年特別錬成令制定。 11.1　大東亜省設置（拓務省・興亜院などは廃止）。 12.21　御前会議，「大東亜戦争完遂のための対支処理根本方針」を決定。汪政権の参戦・対中国和平工作の廃止などを決定。 12.31　大本営，ガダルカナル島撤退を決定。	1.1　米・英・ソなど連合国26か国，ワシントンで連合国共同宣言に調印。大西洋憲章に原則合意，単独不講和を宣言。 1.15　米州21か国外相会議開催。西半球防衛と対枢軸国断交などを決議。 1.20　独，ヴァンゼー会議で欧州ユダヤ人（1100万人）の殺害を決定。 1.25　タイ，対米・英宣戦を布告。 3.2　米，西海岸に居住の日系人に立ち退き・強制収容命令。 3.9　インドネシアでスカルノ，民衆総力結集運動（プートラ）結成。 3.10　チャンドラ=ボースのインド独立連盟，独立運動開始。 3.29　フィリピンで抗日人民軍（フクバラハップ）結成。 4.3　中国共産党，整風運動開始。 6.11　米ソ相互援助条約調印。 8.8　インド国民会議派，英のインド撤退を決議。8.9　インド政庁が弾圧，ガンディー・ネルーらを逮捕。 8.13　米，マンハッタン計画で原爆製造に着手。 8.22　独軍，スターリングラード攻撃を開始。 9.1　北アフリカ戦線の独伊軍，エル=アラメイン攻略失敗。 9.27　ソ連，ド=ゴール政権を承認。10.2　米も承認。 10.10　米・英，対中不平等条約廃棄を発表。 10.23　連合軍，エル=アラメインで反攻開始。 11.8　連合軍，北アフリカ（モロッコ・アルジェリア）上陸作戦開始。 11.11　独軍，連合国軍の北アフリカ上陸に対抗し，仏非占領地帯へ進軍。 11.19　ソ連軍，スターリングラードで大反攻を開始。 12.22　独軍，包囲された第6軍の救援作戦に失敗。

●戦勝ムードにわく中で戦時体制の強化が進む

社会・文化	世相
1.1 食塩配給制・ガス使用量割当制実施。 1.2 政府、**毎月8日を大詔奉戴日に決定**（興亜奉公日を廃止）。当日は各戸に国旗掲揚などをさせた。 1.8 大東亜戦争国庫債券発行。 1.9 東京・銀座の料亭37軒、魚・野菜のヤミ取引きで罰金刑と営業停止処分。 1.24 文部省、中等学校教員などの訓練用に国民錬成所を設置。 2.1 **味噌・醤油の切符配給制、衣料の点数切符制実施。**衣料点数は1人1年分が都市で100点、郡部で80点で、背広やオーバーは1着50点、靴下1足2点など。切符があっても物資がないのが実情。 2.2 **大日本婦人会発足。**愛国婦人会・大日本国防婦人会・大日本連合婦人会との間の摩擦解消のため各種婦人団体を統合、「高度国防国家建設」を目的とする。 2.11 日本少国民文化協会発足。 2.18 大東亜戦争戦捷第1次祝賀国民大会開催。酒・菓子・小豆・ゴムまりなどが配給。 3.5 東京に初の空襲警報発令。 3.6 **九軍神の発表。**ハワイ真珠湾攻撃の特殊潜航艇員10人のうち戦死者9人の2階級特進が公表（捕虜になった1人については敗戦後までふせられた）。 3.21 各種武道団体、大日本武徳会に統合。 3.21 日本出版文化協会、4月より全出版物の発行承認制実施を決定。 5.26 **日本文学報国会創立**（会長徳富蘇峰）。 6.11 関門トンネル開通（下り貨物列車）。11.15 旅客列車通過。上り線は勤労報国隊などを動員して2年後に完成。 7.12 朝日新聞社、全国中等学校優勝野球大会の終止を発表、経緯について当局を非難。 7.13 厚生省、妊産婦手帳規程を実施。人口増強をはかるため、妊婦に出産用品や栄養食を優先配給。 7.24 情報局、新聞社を1県1紙に統合。 8.31 少年工の不良化が問題となり、警視庁、不良青少年の一斉検挙を開始。 9.26 陸軍防衛召集規則公布。「国民皆兵」の原則が実現され、総力戦体制の実感を国民に与える。 11.1 予科練の制服、水兵服から「7つボタン」に変わる。 11.20 日本文学報国会、「愛国百人一首」発表。 12.23 東京で、ガス割当て量を超過した家庭に閉塞班が出動。	2月 時局非協力との理由で東京の本郷元町町会から除名され、配給切符などを差し押さえられた町民が、町長・隣組長を告訴。 3月 長谷川一夫・山田五十鈴の新演伎座、旗揚げ公演（東京宝塚劇場で『お島千太郎』を上演）／陸海軍、**戦争記録画製作**のため、多数の画家を南方に派遣（藤田嗣治・小磯良平・中村研一・宮本三郎・安田靫彦ら）。 5月 安芸ノ海・照國、横綱昇進／岩下俊作作・森本薫脚色の『富島松五郎伝』初演（国民新劇場、丸山定夫主演）／ヒトラー著・真鍋良一訳『我が闘争』上巻刊行（下巻は8月）／**金属回収令**により、寺院の仏具・梵鐘等が強制供出。 6月 郵便局で割増金付切手債券（「弾丸切手」）発売。額面2円で、1等1000円。 8月 内務省、1戸に1つの待避所を設けるよう奨励。 10月 国鉄の時刻表、24時間制に変更。 11月 鉄道省、行楽旅行や買出し部隊抑制のため、乗車券の発売を制限し、乗り越しなどを禁止／デパートが売場を縮小、統制会社の事務所などに提供。 この年 翌年にかけてレコード会社の改称が相次ぐ（日本ポリドール→大東亜蓄音器、コロムビア→日蓄工業、キング→富士音盤、ビクター→日本音響など）／労働者の欠勤・怠業や集団暴行、徴用工の逃走など多発／アルミニウム・アルマイト製のおもちゃの製造禁止。 🗣 欲しがりません勝つまでは／月月火水木金金 🎵「空の神兵」鳴海信輔・四家文子／「明日はお立ちか」小唄勝太郎／「新雪」灰田勝彦／「婦系図の歌」小畑実・藤原亮子／「南の花嫁さん」高峰三枝子／「南から南から」三原純子 📖 富田常雄『姿三四郎』／丹羽文雄『海戦』 🎬『父ありき』松竹：小津安二郎監督・笠智衆／『マレー戦記』日本映画社；陸軍省監修（観客約600万人と言われた）／**『ハワイ・マレー沖海戦』**東宝（円谷英二の特撮。空前の興行成績）；山本嘉次郎監督・大河内伝次郎・藤田進〔洋画〕『西遊記』（中国の汪兆銘政権下で製作の長編アニメ。徳川夢声らが日本語セリフ） ⚰ 1.19 郷誠之助(76)／5.11 萩原朔太郎(55)／5.29 与謝野晶子(63)／8.23 竹内栖鳳(77)／11.2 北原白秋(57)／12.4 中島敦(33)

昭和18年(1943) 癸未

内閣	政治・経済	世　界
東条英機（陸軍）	1.9　汪兆銘政権との間に戦争完遂共同宣言・租界還付・治外法権撤廃に関する日華協定を締結。 2.1　日本軍，ガダルカナル島の撤退を開始（太平洋における戦局の主導権が米軍に移行）。 3.2　兵役法改正公布（8.1 施行）。朝鮮に徴兵制施行。 3.11　農業団体法公布。産業組合と農会を統合。 3.18　戦時行政特例法・戦時行政職権特例各公布。首相の権限を拡大し，鉄鋼・石炭・軽金属・船舶・航空機の超重点5大産業の優先的な生産増強策を採用。 3.27　三井銀行・第一銀行，合併して帝国銀行を設立（資本金2億円，会長明石照男）。 4.16　政府「緊急物価対策要綱」を決定。価格調整補給金制度・価格報奨制度の採用を意図。 4.18　連合艦隊司令長官山本五十六，ソロモン諸島上空で米軍機に撃墜され，戦死。6.5 国葬。 5.29　アッツ島の日本軍守備隊2500人玉砕。 5.31　御前会議，「大東亜政略指導大綱」を決定。マレー・インドネシアなどを日本領土に編入，ビルマ・フィリピンに形式的独立を与える。 6.1　政府，「戦力増強企業整備要綱」を決定。雑工業の整理や平和産業部門工場の休廃止を断行し，その余剰設備・資材・労働力を5大超重点産業に活用することを明記。 6.1　東京都制公布。7.1 施行。 6.4　政府，「食糧増産応急対策要綱」を決定。休閑地の徹底利用で雑穀類の増産などが目標。 6.25　政府，「学徒戦時動員体制確立要綱」を決定。学徒勤労動員により，学徒は学業を休止して軍需生産に従事することを規定（戦争末期から敗戦まで約300万人の学徒を動員）。 7.21　国民徴用令改正公布。昭和18年度中に約70万人が徴用される。 7.29　日本軍，キスカ島より撤退。 9.21　政府，「国内態勢強化方策」を決定。航空機生産の優先，食糧自給態勢，官吏の大幅縮減，国民動員の徹底など。 9.30　御前会議，「今後執るべき戦争指導大綱」及び「右に基く当面の緊急措置に関する件」を決定（「絶対国防圏」の設定）。 11.1　軍需省設置。軍需生産のため統制機構を一元化。 11.1　兵役法改正公布。国民兵役を45歳まで延長。 11.5　大東亜会議開催（日本・満州・タイ・フィリピン・ビルマ・中国汪兆銘政権の各代表参加）。 11.25　マキン・タラワの日本軍守備隊5400人玉砕。 12.24　徴兵適齢臨時特例公布。適齢を1年引下げ，19歳とする。	1.11　米・英，中国と治外法権撤廃条約を調印。 1.14　ローズベルト・チャーチル，カサブランカ会談開催。 1月　ミュンヘンの学生ショルらの「白バラ」グループ，反ファッショ抵抗運動を展開。 2.2　スターリングラードの独軍降伏。 4.13　独，ソ連スモレンスク付近のカチンの森でソ連軍に殺された4000人以上のポーランド人将校らの遺体を発見と発表（カチンの森虐殺事件）。 4.19　ワルシャワのゲットーでユダヤ人が反ナチス武装蜂起。5.19 ナチスSSが鎮圧，ユダヤ人約1万3000人が死亡，5万6000人の生存者は強制収容所へ。 5.15　コミンテルン解散決議。 7.10　連合国，シチリー島上陸。 7.25　ムッソリーニ首相失脚，逮捕。後任にバドリオ元帥。 8.1　日本占領下のビルマでバー=モー政府が独立を宣言し，米・英に宣戦布告。 9.8　伊，無条件降伏。9.9 独軍，イタリア北中部を占領。9.10 独軍，ローマ占領。9.12 独軍，ムッソリーニを救出。 10.13　伊のバドリオ政権，対独宣戦布告。 10.14　日本軍占領下のフィリピンでフィリピン共和国独立宣言（大統領ラウレル）。 10.21　インドのチャンドラ=ボース，シンガポールで自由インド仮政府樹立。 11.22　チャーチル・ローズベルト・蔣介石，カイロ会談開催。 11.27 カイロ宣言に署名。 11.28　チャーチル・ローズベルト・スターリン，テヘラン会談開催。ソ連の対日参戦など協議。 11.29　ユーゴ国民解放委員会，革命政府として成立（国防相チトー）。

●連合軍の反攻が本格化，召集や勤労動員が拡大する

社会・文化	世 相
1.1 『朝日新聞』，中野正剛の「戦時宰相論」を掲載（東条批判で発禁）。中野，倒閣企図を理由に検挙され，釈放後割腹自殺。 1.1 『大阪毎日新聞』『東京日日新聞』，『毎日新聞』に統一。 1.13 内務省・情報局，レコードを含む米・英の音楽約1000種の演奏を禁止。 2.23 陸軍省，「撃ちてし止まむ」のポスター5万枚を配布。 3.7 大日本言論報国会創立，「日本世界観の確立と国内思想戦の遂行」のため国粋思想を宣伝。 4.1 中等学校の修業年限，1年短縮の4年制となり，教科書が国定化される。 4.8 内務省・厚生省，「健民運動組織要綱」を通牒（8月には全国に健民修練所を開設，筋骨薄弱者・結核要注意青少年を収容）。 4.28 東京六大学野球連盟解散。 5.26 細川嘉六と富山県泊町で清遊した中央公論社社員7人，共産党再建謀議の容疑で検挙（泊事件）。 6.2 大日本労務報国会創立。日雇労務者の統制が進む。 6.4 政府，戦時衣生活簡素化実施要綱を決定。和服男物は筒袖，女物は元禄袖とされ，ダブルの背広なども禁止となる。 6.16 工業就業時間制限令廃止。婦人や年少労働者の労働時間制限を撤廃し，坑内労働禁止を解除。 7.1 国鉄，急行列車の自由乗車制を廃し，乗車列車の指定制を実施。 9.10 鳥取地震。市内各所で出火，死者1083人。 9.23 政府，17職種（一般事務補助・外交員・受付・電話交換手・車掌・出改札係など）の男子就業を禁止し，25歳未満の未婚女子による勤労挺身隊を動員。 9.24 文部省，学徒体育大会を全面的に禁止。 10.12 政府，「教育に関する戦時非常措置方策」決定。理工科系と教員養成系以外の徴兵猶予停止，文科系大学の理科系への転換，年間3分の1の勤労動員などを実施。 10.21 神宮外苑競技場で出陣学徒の壮行会。徴兵猶予停止の学徒7万人が雨中を行進。 11.13 東京都，帝都重要地帯疎開計画を発表。防火地帯の設置，重要工場付近の建物疎開，駅前広場の造成などが行われる。 11 兵役拒否のキリスト教徒明石順三，反戦・国体変革・不敬罪で10年の懲役。 12.10 文部省，学童の縁故疎開を促進。	1月 たばこ値上げ（光18銭→30銭，金鵄10銭→15銭）。軍隊用の「ほまれ」は据え置き／谷崎潤一郎の『細雪』，軍と情報局の圧力で連載中止。 2月 英米語の雑誌名禁止により改名相次ぐ（『サンデー毎日』→『週刊毎日』，『エコノミスト』→『経済毎日』。以後，『キング』→『富士』，『オール読物』→『文芸読物』など）。 3月 野球用語の日本語化が決定（「セーフ」→「よし」，「アウト」→「ひけ」など）／職業野球でカーキ色のユニホームに戦闘帽，背番号は廃止／日本初の長編漫画映画『桃太郎の海鷲』封切。 5月 商工省，エレベーターの回収を開始（4階以下の建物は全部，5階以上は6割をとりはずす）。 6月 東京・昭和通りの植樹帯が菜園に，神奈川県の各ゴルフ場も農園に変わる。 8月 空襲時の混乱に備え，上野動物園で猛獣を毒殺（象3頭，ライオン3頭，豹4頭，虎1頭など計25頭と毒蛇を処分）。 この年 乗合自動車で「オーライ」が「発車」，「バック」が「背背」に変更／金属回収が盛んとなり，企業の生産設備も対象／「決戦料理」の名で野草の食用を奨励／『愛国いろはかるた』『防諜かるた』などが登場／ヒマ栽培献納運動が盛ん／種々の替え歌が流行（「紀元二千六百年」の節で，「金鵄上がって15銭，栄ある光30銭，遥かに仰ぐ鵬翼は25銭になりました。ああ1億は皆困る」，「愛国行進曲」の節で，「見よ東条のハゲアタマ……」など）。 📢 撃ちてし止まむ／元帥の仇は増産で（山本五十六元帥死亡の後で） 🎵 「勘太郎月夜唄」小畑実・藤原亮子／「印度の星」松島詩子／「加藤隼戦闘隊」灰田勝彦／「若鷲の歌」霧島昇・波平暁男 📖 岩田豊雄『海軍』／武田泰淳『司馬遷』 🎬 『姿三四郎』東宝：黒澤明監督（第1回監督作品）・藤田進・大河内伝次郎・轟夕起子／『花咲く港』松竹：木下恵介監督（第1回監督作品）・上原謙・水戸光子／『無法松の一生』大映：稲垣浩監督・阪東妻三郎・園井恵子 👤 2.12 倉田百三（51）／ 3.19 藤島武二（75）／ 4.18 山本五十六（59）／ 8.22 島崎藤村（71）／ 9.20 鈴木梅太郎（69）／ 10.27 中野正剛（57）／ 11.18 徳田秋声（71）

昭和19年(1944) 甲申

内閣	政治・経済	世界
東条英機（陸軍） 7.18	1.4 戦時官吏服務令・文官懲戒戦時特例公布。 1.7 大本営, インパール作戦を認可。インドのインパールを攻略, 英・印軍の反攻阻止と自由インド仮政府の拠点確保を狙う。3.8 作戦開始。 1.24 大本営, 大陸打通作戦を命令。京漢・湘桂・粤漢の３鉄道を占領して南方占領地との連絡の確保と米空軍基地の破壊を目的とする。 2.17 米機動部隊, トラック島を空襲。日本海軍, 艦船43隻・航空機270機を失う。 2.21 東条首相(陸相兼任), 参謀総長をも兼任。軍政両面で独裁体制確立。 4.4 政府, 国内13道府県に非常警戒備隊設置を決定。 4月 軍令部, 特攻兵器の回天・震洋を実現。 5.5 大本営, 防衛総司令官に本土決戦準備の一環として本土内の各地上軍・航空部隊などの統率・指揮権を付与。 5.31 東条首相, 軍需動員会議の席上, ７条件を提示して軍需生産力の回復を訓示。 6.15 米軍, マリアナ諸島のサイパン島上陸(7.7 日本軍守備隊３万人玉砕, 住民死者１万人)。 6.16 中国の成都から飛来した米軍機47機, 八幡製鉄所を爆撃。 6.19 太平洋戦争中最大のマリアナ沖海戦(～6.20)。日本軍, 空母３隻・航空機430機を失って惨敗。 7.4 大本営, インパール作戦の中止を命令(死者３万人, 戦傷病者４万5000人)。 7.18 マリアナ沖海戦の敗北やサイパン島陥落を契機に東条独裁体制への不満が表面化。重臣・皇族らの内閣打倒工作で, 東条内閣総辞職。	1.20 ソ連軍, レニングラード攻防戦で独軍を撃退。 6.4 米・英軍, ローマ入城。 6.6 連合軍, ノルマンジー上陸(第２戦線結成)。 6.15 独, Ｖ１号ロケットでロンドン爆撃開始。 7.1 米・ブレトンウッズで連合国経済会議開催。国際通貨基金(IMF)・国際復興開発銀行(世界銀行)創設を討議。 7.20 独国防軍によるヒトラー暗殺計画失敗(7・20事件)。 8.1 ワルシャワで, 郊外にまで迫ったソ連軍に呼応し, 市民らが反独武装蜂起。10.2 ナチスSSが鎮圧, 地下組織兵１万5000人と市民15万人が死亡。ソ連軍は傍観。 8.21 米・英・中・ソ, ダンバートン・オークス会議開催。10.9 国際連合案を発表。 8.24 ルーマニア, 連合国に降伏。 8.25 連合軍, パリに入城。 9.2 独, Ｖ２号ロケットでロンドン爆撃開始。 9.6 米大統領特使ハーレー, 重慶に到着。以後蔣介石・毛沢東らと会談。
小磯国昭（陸軍） 7.22	7.22 小磯国昭(陸軍大将)内閣成立。海相米内光政。 8.5 大本営政府連絡会議, 最高戦争指導会議と改称。首相の戦争指導への発言権強化を意図。 8.19 最高戦争指導会議「世界情勢判断」及び「今後採るべき戦争指導大綱」を決定。 9.28 最高戦争指導会議, 「対ソ施策に関する件」を決定。ソ連の中立維持・利用を図る。 10.12 台湾沖航空戦。大本営, 事実に反して「大戦果」を発表。 10.18 陸軍省, 兵役法施行規則改正公布。17歳以上を兵役に編入。 10.24 レイテ沖海戦始まる。空母４・戦艦３ほか26隻, 航空機215機を失い, 連合艦隊事実上壊滅。 10.25 中国の各米軍基地から飛来したB29約100機, 北九州一帯を爆撃。 10.25 海軍神風特攻隊, レイテ沖で米艦船に体当り。 11.3 陸軍, 千葉県一宮, 茨城県大津, 福島県勿来から風船爆弾9300発を放球(～昭20年3月)。 11.24 マリアナ基地のB29約70機, 東京を初空襲。以後, 日本本土各地への爆撃が本格化。	9.9 仏でド=ゴール首班の共和国臨時政府成立。 9.18 ローズベルト・チャーチル, ハイドパーク協定調印。原爆開発の米・英独占, 対日使用を検討。 10.9 モスクワでチャーチル・スターリン会談開催。南欧・東欧の英・ソ勢力範囲画定。 10.11 ソ連軍, 東プロシアで独国境線を突破。 10.13 英軍, アテネ入城。 10.20 ソ連軍・ユーゴ人民解放軍, ベオグラード解放。 11.7 米大統領にローズベルト４選。 11.10 南京国民政府汪兆銘主席, 名古屋で死去(59)。陳公博, 主席代理に就任。

●戦局の悪化に伴い，国民生活の窮乏化進む

社会・文化	世　相
1.26　内務省，東京・名古屋に改正防空法による初の**建物疎開を命令**。 1.29　『中央公論』・『改造』の編集者検挙。以後昭和20年6月までに多数の言論知識人が特高に検挙される（横浜事件）。 2.10　青山杉作・千田是也・東野英治郎・小沢栄太郎・東山千栄子ら，俳優座を結成。 2.23　『毎日新聞』の記事「竹槍では間に合わぬ」に東条首相が激怒。新聞を差押え，執筆した記者を懲罰として召集。 3.7　閣議，学徒勤労動員の通年実施を決定。 3.31　松竹少女歌劇団，解散して松竹芸能本部女子挺身隊となる。 4.1　6大都市の国民学校，1食7勺の給食開始。 4.14　空襲に備え，都市住民に身許票の所持を通牒。 4.20　東京都内の幼稚園，無期限休園となる。 5.10　名古屋鉄道局に初の女性車掌勤務。 5.16　文部省，学校工場実施要綱を発表。特に女子校の工場化を促進。 6.23　北海道洞爺湖畔で大噴火，新火山が生れる。6.27昭和新山と命名。 7.10　情報局，中央公論社と改造社に自発的廃業を指示。両社は月末に解散。 8.1　家庭用の砂糖，配給停止となる。 8.4　政府，**一億国民総武装を決定**。竹槍訓練などが本格化。 8.4　**学童集団疎開第1陣**198人，上野を出発。 8.15　軍需省，精密兵器生産のためダイヤモンドの買上げを開始。 8.22　沖縄からの疎開船**対馬丸**，米潜水艦の攻撃によりトカラ列島悪石島近海で**沈没**，学童738人を含む1504人が死亡。 8.23　女子挺身勤労令公布。 8.23　学徒勤労令公布。理科系学徒中，科学研究要員以外の勤労動員を決定。 8.28　各官庁で第1・第3日曜が出勤となる。 8月　鹿島組花岡鉱山に中国人強制連行者986人強制就労。死者続出。 10.15　軍需省，白金の強制買上げを実施。 10.20　日比谷で一億憤激米英撃摧国民大会開催。 10.25　5銭・10銭の小額紙幣発行。 11.1　たばこの隣組配給制実施。成年男子1日6本の割当。 11.13　日本野球報国会，プロ野球の中止を声明。 12.7　映画配給社，生フイルム欠乏により731の映画館に配給休止を通告。 12.7　**東南海地震**。大地震と津波で死者998人，家屋全壊2万6130戸。	2月　東京都で**雑炊食堂開設**（ビヤホール・デパート・喫茶店などを利用）。11.25 都民食堂と改称。 3月　「決戦非常措置要綱」第7項により東京歌舞伎座・東京劇場・新橋演舞場・大阪歌舞伎座・京都南座など19の劇場が享楽追放の理由で休場／**宝塚歌劇団最終公演**。多数のファンが殺到，警官隊が抜刀して整理／警視庁，高級料理店・待合・芸妓屋・バーなどを閉鎖。芸者・女給・仲居など1万8000人が転廃業／日本新聞協会，夕刊廃止を決定（11月には朝刊も2頁に縮小）。 4月　国鉄，1等車・寝台車・食堂車を全廃し，急行列車を削減。 5月　名古屋鉄道局で初の女性車掌登場（7.1からは東京でも勤務。8.14 京成電車で女性運転手が登場）／国技館が風船爆弾工場として接収されたため，大相撲夏場所を後楽園球場で開催。 9月　公募美術展（二科展・一水会展・新制作派展など），輸送・資材難のため中止。 10月　貨物列車増発のため，旅客列車を削減，特急は全廃となる。 11月　輸送トラック不足で，西武武蔵野線，夜間に農村向けの尿尿電車輸送開始。 この年　食糧の欠乏でのら犬が野性化。東京都では野犬を買上げ，毒まんじゅうを配布／硫黄マッチ登場／学童疎開の女児たちがお手玉の小豆を食用にする。 **⊙ 鬼畜米英／一億火の玉**／一億国民総武装／大和一致 **♫** 「ラバウル海軍航空隊」灰田勝彦／「特幹の歌」藤原義江／「少年兵を送る歌」鬼俊英・井口小夜子・宮城しのぶ他／「勝利の日まで」霧島昇・波平暁男／「突撃喇叭鳴り渡る」伊藤久男／「あゝ紅の血は燃ゆる」酒井弘・安西愛子／「同期の桜」「ラバウル小唄」 **📖** 三島由紀夫『花ざかりの森』／太宰治『津軽』／竹内好『魯迅』／中村汀女『汀女句集』 **🎬** 『あの旗を撃て』東宝：阿部豊監督・大河内伝次郎・河津清三郎／『加藤隼戦闘隊』東宝；山本嘉次郎監督・藤田進・黒川弥太郎／『日常の戦ひ』東宝；島津保次郎監督・佐分利信・轟夕起子／『五重塔』大映；五所平之助監督・花柳章太郎・森赫子／『陸軍』松竹；木下恵介監督・田中絹代・笠智衆 **👤** 2.15 河合栄治郎(53)／4.28 中里介山(59)／11.7 尾崎秀実(43)／11.24 辻潤(60)

昭和20年（1945）乙酉

内閣	政治・経済	世 界
小磯国昭（陸軍）	1.18 最高戦争指導会議，「今後採るべき戦争指導大綱」を決定(本土決戦即応態勢の強化など)。 1.20 大本営，「帝国陸海軍作戦大綱」を策定。本土防衛のため240万の防衛軍を編成し，本土決戦の準備を推進。 1.25 最高戦争指導会議，「決戦非常措置要綱」決定(軍需生産の増強・生産防衛態勢強化など)。 2.15 最高戦争指導会議，「世界情勢判断」を採択。6～7月頃に米は本土を攻撃し，ソ連の対日参戦の可能性もあると判断。 2.16 米機動部隊，硫黄島上陸作戦を開始。3.17 占領，日本軍守備隊2万人余が玉砕。 3.9 334機のB29，東京を空襲(～3.10)。本所・深川・浅草など下町40km焼失，死者8万4000人，罹災者150万人，焼失戸数23万戸の大被害。 3.14 大阪空襲，13万戸焼失(都市爆撃激化)。 3.21 小磯首相，最高戦争指導会議懇談会で繆斌(汪兆銘政権考試院副院長)を通じて国民政府との和平交渉を提議(繆斌工作)。外相重光葵・海相米内光政・陸相杉山元ら，強硬に反対。 3.30 大日本政治会結成(総裁南次郎陸軍大将・幹事長松村謙三。以前から幹部への不満が強かった翼賛政治会の解散後結成された政治結社)。 4.1 米軍・沖縄本島に上陸開始。戦闘用艦艇318隻・補助艦艇1139隻・参加兵力約50万人・上陸兵力18万3000人。6.23 日本軍全滅。軍人軍属の死者約12万人，一般県民の死者約17万人。 4.5 繆斌工作につき閣内対立，小磯内閣総辞職。 4.5 ソ連外相モロトフ，駐ソ大使佐藤尚武に日ソ中立条約の不延長を通告。	1.17 ソ連軍，ワルシャワ解放。 1.27 ソ連軍，アウシュビッツ収容所に到着。生存者約7000人を救出。 2.4 ローズベルト・チャーチル・スターリン，ヤルタ会談開催(～2.11)。スターリン対日参戦を約束。 3.7 ユーゴに人民政府樹立(首班チトー)。 4.12 ローズベルト米大統領死去(63)，後任にトルーマン副大統領昇格。 4.23 ソ連軍，ベルリンに突入。 4.25 米・ソ両軍，独軍を分断(エルベの誓い)。 4.25 サンフランシスコで連合国全体会議開催(～6.26，50か国が参加)。6.26 国連憲章調印(10.24 発効)。 4.28 ムッソリーニ，逮捕のすえ銃殺(61)。 4.30 ヒトラー，ベルリンの地下壕で自殺(56)。 5.2 ソ連軍，ベルリンを占領。 5.7 独軍，連合国に無条件降伏(5.8 発効)。 6.1 米スティムソン委員会，日本への原爆投下をトルーマン大統領に勧告。
鈴木貫太郎（海軍）	4.7 鈴木貫太郎(海軍大将)内閣成立。 5.14 最高戦争指導会議構成員，終戦工作の開始を決定(6.23 広田・マリク会談，7.10 近衛文麿のソ連派遣決定など)。 6.8 御前会議，「今後採るべき戦争指導の基本要綱」を決定。本土決戦方針を採択。 6.22 戦時緊急措置法公布。軍需生産の増強，食糧の確保，防衛の強化，秩序の維持などに関して内閣に独裁権限を与える非常立法。 6.23 義勇兵役法公布。本土決戦に備え，男15～60歳，女17～40歳の者を国民義勇戦闘隊に編成。 7.28 鈴木首相，記者団に対しポツダム宣言(対日戦争の終結条件などに関する米・英・中の対日共同宣言)を黙殺し，戦争継続を表明。 8.6 B29，広島に原爆投下(年末までの死者推定14万人±1万人)。 8.8 ソ連，日本に宣戦布告，満州への進撃を開始。 8.9 B29，長崎に原爆投下(年末までの死者推定7万人±1万人)。	7.16 米，ニューメキシコで初の原子核爆発実験に成功。 7.17 トルーマン・チャーチル・スターリン，ポツダム会談開催(～8.2)。7.26 ポツダム宣言発表(日本に無条件降伏を要求)。 7.26 英チャーチル内閣総辞職。7.27 アトリー労働党内閣成立。 8.8 ソ連，対日宣戦布告。北満州方面を中心に侵攻開始。関東軍，総崩れとなる。 8.13 世界シオニスト会議，ユダヤ人100万人のパレスチナ移住を要求。 8.14 中・ソ友好同盟条約調印。 8.15 日本無条件降伏し，第2次世界大戦終わる。

46

●戦局の悪化と敗戦，激しい変動が国民を翻弄

社会・文化	世　相
1.13 愛知県を中心に東海地方に大地震。死者1961人，家屋全壊1万2142戸（三河地震）。 2.16 軍・公務以外の，京浜地区に着，または通過する乗車券の発売全面停止。 3.6 国民勤労動員令公布。国民徴用令などを廃止・統合。労働力の根こそぎ動員 3.13 囚人141人による刑政憤激挺身隊，錦糸公園付近の戦災遺体処理に初出動。1穴200体収容の大穴10個に遺体搬入，埋葬。 3.18 政府「決戦教育措置要綱」で，国民学校初等科以外の授業を4月から1年間停止。 4.1 米潜水艦，台湾海峡で貨客船阿波丸を撃沈，死者2044名，生存者1名。7.5 米政府，戦後の賠償協議の意向表明。 4.24 名古屋城の金のシャチホコ，疎開のため取外される。5.14 名古屋城爆撃により，疎開の遅れたシャチホコの雄は焼失。 5.28 東京の5大新聞，共同形式で印刷，「共同新聞」の標題が加えられる。 6.18 沖縄南部の激戦地で，負傷兵看護に従軍した沖縄師範女子部と県立第1高女の生徒49人が地下壕内で集団自決（沖縄戦での集団自決が相次ぐ）。昭21.3.1 ひめゆりの塔建立。 6.30 花岡鉱山事件。秋田県花岡鉱山で強制連行の中国人労働者850人が収容所を脱走。軍隊・警察・在郷軍人会が出動し，弾圧。 7.8 横浜地検，馬鈴薯窃盗工具を撲殺した警防団員を，準正当防衛として起訴猶予。 7.11 主食の配給，1割減の2合1勺となる。 7.15～8.15 政府，1等10万円の富くじ「勝札」売出し。8.25 抽選の予定は敗戦で中止。 8.1 タバコの配給，1日5本から3本に減る。 8.6 移動演劇隊「桜隊」，広島で被爆，丸山定夫ら9人死亡。 8.9 戸坂潤，急性腎臓炎で長野刑務所で獄死。 8.12 北村サヨ，山口県田布施町で天照大神宮教（踊る宗教）を開教。 8.15 敗戦の詔書を聞き，二重橋前の玉砂利に正座し頭をたれる人が終日続く。 8.18 内務省，占領軍向け性的慰安施設設置を指令。8.26 特殊慰安施設協会（RAA）設立。8.27「小町園」が大森海岸に開業。 8.20 3年8か月ぶりに灯火管制解除。 8.22 ラジオの天気予報復活。 8.22 尊攘同志会員ら12人，愛宕山で集団自爆。以後，右翼関係者の自殺が相次ぐ。 8.22 ソ連の潜水艦，樺太からの引揚船3隻を撃沈。死者1708人。	2月 戦局の悪化を反映して，敗北的なデマが増加。東京で1月以来40件余りが検事局に送致された。 3月 東京大空襲で，明治座・国民新劇場・浅草国際劇場など焼失。以後，中座・角座・文楽座・歌舞伎座など次々に焼失／大都市の空襲に備えて疎開強化。学童・母子などの緊急疎開が相次ぐ／強制連行による朝鮮人労働者，全国炭鉱労働者数の33％を占める（昭和14年から敗戦までの連行朝鮮人72万5000人）。 4月 ラジオの放送時間短縮，番組も簡略になり，報道中心となる（昼はニュースだけ）／森本薫『女の一生』初演（渋谷東横劇場。主演杉村春子が評判）。 6月 日響，戦前最後の定期演奏会開催（尾高尚忠指揮。ベートーベン「第9交響曲」）。 8月 15日より1週間，全国の映画・演劇の興行停止を申し合せ／占領軍の進駐に対して，横浜方面で婦女子の疎開が盛ん／映画公社，敵がい心を煽り，戦闘場面を描いた映画の配給を中止。 9月 東京劇場で戦後初興行（市川猿之助一座の『黒塚』『弥次喜多東海道膝栗毛』）。大阪歌舞伎座・京都南座なども開場／放送電波管制解除。オールウェーブ受信機の使用解禁／日本放送協会，歌謡曲や軽音楽の放送を再開／「婦人は進駐軍に笑顔を見せるな」という隣組回覧板が出される／『日米会話手帖』刊／盛り場にバラック建てのヤミ市が登場。青空市場として，食料品や軍需工場の放出物資に人々が集まる／銀座の服部時計店・東芝ビル，占領軍のPX（売店）として接収。 10月 占領軍の要員専用列車運転（以後「白帯車両」として運転）／戦後企画映画の第1作『そよ風』（松竹）封切。並木路子の歌う主題歌「リンゴの歌」が流行／松竹歌劇団，戦後第1回公演（浅草大勝館）／夕張炭鉱で，6000人の朝鮮人労働者，待遇改善を要求してスト。 11月 青山虎之助，ざら紙で仮綴じの雑誌『新生』を創刊。即日13万部売切／GHQ，『菅原伝授手習鑑』寺子屋の段（東京劇場）を，反民主主義的として中止命令／ラジオの新番組『座談会』放送開始（第1回のテーマは「天皇制について」）。

昭和20年（1945）乙酉

内閣	政治・経済	世　界
鈴木貫太郎（海軍）8.15	8.10 午前2時30分，御前会議，国体維持を条件にポツダム宣言受諾を決定。 8.12 日本の降伏条件に関する連合国の回答公電到着（天皇制には直接ふれず）。 8.14 御前会議，ポツダム宣言受諾を決定。 8.15 天皇，戦争終結の詔書を放送（玉音放送）。鈴木内閣総辞職。陸軍の一部将校，近衛師団長森赳を殺害し終戦阻止を図るが鎮圧される。	8.17 インドネシア共和国独立宣言。 8.19 ハノイで蜂起，ベトナム革命。9.2 ベトナム民主共和国臨時政府（主席ホー＝チ＝ミン）が独立を宣言，反仏闘争を開始。
8.17 東久邇稔彦（皇族）10.5	8.17 皇族の東久邇稔彦（陸軍大将）内閣成立。 8.28 連合軍先遣隊，厚木飛行場に到着。8.30 連合国最高司令官マッカーサー，厚木に到着。 9.2 米艦ミズーリ号艦上で降伏文書に調印（全権重光葵・梅津美治郎）。 9.11 GHQ（連合国総司令部），東条英機ら39人の戦争犯罪人の逮捕を命令。 9.22 米政府，「降伏後における米国の初期の対日方針」を発表。事実上の米国単独占領を規定。 9.27 天皇，マッカーサーを訪問。 10.2 GHQ，日比谷の第一生命相互ビルで執務開始。 10.4 GHQ，日本政府に対して「民権自由に関する指令」を発令（天皇に関する自由討議や政治犯釈放・思想警察全廃など）。10.5 東久邇内閣，同指令が実行不可能のため総辞職。	9.2 連合国軍最高司令官マッカーサー，在朝鮮の日本軍に対し38度線を境に米・ソ両軍への降伏を指令（南北朝鮮の分立開始）。 9.12 ソウルで朝鮮共産党再建大会。 9.25 パリで第2回世界労働組合会議開催。 10.13 中国内戦，再び激化。 10.14 平壌で金日成帰国歓迎市民集会。10.16 李承晩，米から帰国，南朝鮮の指導者となる。ソ連，北朝鮮の行政権を北朝鮮指導者に移管。 10.17 国民党軍，台湾に上陸。
10.9 幣原喜重郎（外交官）	10.9 幣原喜重郎（元外相）内閣成立。 10.10 政府，政治犯439人の釈放を実行。 10.11 マッカーサー，幣原首相に民主化に関する5大改革（婦人の解放，労働組合の結成奨励，学校教育の自由主義化，秘密審問司法制度の撤廃，経済制度の民主主義化）を指令。 10.13 国防保安法など廃止（弾圧法，相次ぎ廃止）。 10.17 第2次大戦終了で，大赦・特赦等42万4434人。 11.2 戦前の社会民主主義者，社民系・日労系・労農系の統一組織として日本社会党を結成（書記長片山哲）。 11.6 GHQ，持株会社の解体に関する覚書を発表（財閥解体の端緒）。 11.9 旧政友会久原派，日本自由党を結成（総裁鳩山一郎）。 11.16 旧政友会中島派・旧民政党など，日本進歩党を結成（幹事長鶴見祐輔）。 12.6 GHQ，近衛文麿・木戸幸一ら9人の逮捕を指令。12.16 近衛文麿，服毒自殺。 12.9 GHQ，農地改革に関する覚書を発表。農地改革の発端。 12.17 衆議院議員選挙法改正公布。婦人参政権・大選挙区制などを規定。 12.22 労働組合法公布。団結権保障・団体交渉権保障などを規定。 12.26 憲法研究会，「憲法草案要綱」を提出。	10.21 仏，制憲議会選挙で共産党が第1党に。11.21 ド＝ゴール連立内閣成立。 10.24 国連憲章，20か国で批准完了して発効，国際連合正式に発足。 11.15 米・英・加3国首脳，原子力に関する共同宣言発表（原子力平和利用・国際管理を提唱）。 11.20 ニュルンベルク国際軍事裁判開廷（～昭21.10.1）。 11.29 ユーゴ制憲議会，王制を廃止し，連邦人民共和国を宣言。 12.16 米・英・ソ3国モスクワ外相会議（～12.26）。旧枢軸国の占領・講和問題・極東問題を討議。12.27 モスクワ宣言発表。朝鮮信託統治・極東委員会・対日理事会設置などで合意成立。 12.27 重慶で，国共正式会談開始。 12.27 ブレトンウッズ協定発効，国際通貨基金（IMF），国際復興開発銀行（世界銀行）の設置を決定。

●占領軍の手により，「民主化政策」が次々と出される

社会・文化	世　相
8.23 陸海軍の復員開始。 8.23 「進駐軍を迎える国民の心得」論告。外国軍に対する女子の自覚等を指示。 8.24 下北半島で強制就労中の朝鮮人4000人を釜山に送還中の浮島丸，舞鶴湾で爆沈，死者550人。 9.3 英人記者バーチェット，「広島における大惨状」（ノー＝モア＝ヒロシマ）を打電し，世界に被爆地の実情を報道。 9.8 米軍，ジープで東京に進駐。 9.10 GHQ，「言論及び新聞の自由に関する覚書」交付，占領軍などに関し報道制限。 9.15 文部省，「新日本建設の教育方針」を公表し，国体護持・平和国家建設・科学的思考力の養成を強調。 9.20 文部省，中等学校以下の教科書の戦時教材の削除を通牒。教室では児童らが筆と墨で教科書を塗りつぶす。 9.25 復員第1船高砂丸，メレヨン島から別府に帰港（陸海軍部隊1628名）。 9.26 三木清，東京拘置所で獄死。 9.30 大日本産業報国会が解散。 10.9 GHQ，東京の5大新聞の事前検閲開始。 10.15 在日朝鮮人連盟結成。 10.23 読売新聞社従業員大会，社内の戦争責任者の退陣と社内民主化を決議して争議（第1次読売争議。生産管理戦術採用）。 10.25 警視庁，待合・バーなどの営業を許可。 10.29 第1回宝くじ発売（1枚10円，1等10万円）。 11.1 日比谷公園で餓死対策国民大会。この頃餓死者続出，上野駅で1日最高6人。 11.17 生鮮食料品の配給，価格統制の撤廃が決定される。 11.18 全早大対全慶大の対抗野球戦（占領軍に接収された神宮外苑野球場を借用）。 11.19 GHQ，超国家主義的・軍国主義的・封建主義的思想の映画236本の上映禁止と焼却を指令。 11.23 プロ野球東西対抗戦（神宮外苑野球場）。 12.8 共産党ほか5団体，戦争犯罪人追及人民大会を開催。 12.15 上野駅地下道の浮浪者2500人を一斉収容（「狩り込み」。以後繰り返し実施）。 12.29 第1次農地改革。不在地主の全小作地と在村地主の5町歩をこえる小作地の強制譲渡など（昭21.11 第2次農地改革）。 12.31 GHQ，修身・日本歴史および地理の授業停止と教科書回収に関する覚書を交付。	12月 ラジオ番組『真相はかうだ』放送開始（日本人が知らされていなかった戦争中の事実が取上げられた）／俳優座・文学座・東芸などの新劇団の合同公演（チェーホフ『桜の園』，有楽座）。 この年 戦災による文化財の被害，名古屋城・徳川家康廟など国宝293件・史蹟名勝天然記念物44件・重要美術品134件（昭21.7.1 文部省発表）／離職者1234万人（12.4 厚生省発表）／リンタク登場／メチルアルコールによる死亡者続出。 ◉ 神州不滅／一億玉砕／ピカドン／一億総ざんげ（東久邇首相の発言から）／ポツダム少尉／復員／虚脱状態／進駐軍／マッカーサーの命により／4等国／パンパン ♬ 「お山の杉の子」安西愛子ほか／「かくて神風は吹く」高倉敏・近江俊郎／「電撃隊出動の歌」霧島昇・波平暁男／「男散るなら」霧島昇・近江俊郎／「フィリッピン沖の決戦」伊藤武雄／「台湾沖の凱歌」近江俊郎・朝倉春子／「神風特別攻撃隊の歌」伊藤武雄・安西愛子／「同期の桜」霧島昇・並木路子／「リンゴの歌」並木路子 📖 太宰治『お伽草紙』／高村光太郎『一億の号泣』／火野葦平『陸軍』／『悲しき兵隊』／宮本百合子『新日本文学の端緒』／森正蔵『旋風二十年』／正宗白鳥『文学人の態度』／室伏高信『新生の書』／穂積重遠『戦後女性訓』 🎬 『勝利の日まで』東宝：成瀬巳喜男監督・山田五十鈴・市丸・徳川夢声・古川緑波・高峰秀子／『必勝歌』松竹：マキノ正博ほか監督・松竹オールスター／『そよ風』松竹：佐々木康監督・上原謙・並木路子／『続・姿三四郎』東宝：黒澤明監督・藤田進・轟夕起子・大河内伝次郎／『愛と誓』東宝・朝鮮合作：今井正・崔寅奎監督・高田稔・竹久千恵子・独銀麒 ¥ 白米（2等10kg）3円57銭／小麦粉（10kg）4円／とうふ20銭／コーヒー5円／醬油（1升）1円7銭／鉛筆（1本）20銭／小豆（1升）72銭／東京大学授業料（年間）150円／上野—青森間鉄道旅客運賃20円／駅弁（幕の内）50銭／相撲観覧料（正面桟敷1人当り）30銭／牛肉（100g）80銭 🔴 2.26 橋本関雪（61）／3.22 西竹一（42）／5.21 清沢洌（55）／6.7 西田幾多郎（75）／8.9 戸坂潤（44）／8.15 河南惟幾（58）／8.16 丸山定夫（44）／8.17 島木健作（41）／9.26 三木清（48）／10.3 杉村楚人冠（73）／10.15 木下杢太郎（60）／10.18 葉山嘉樹（51）／11.26 三宅雪嶺（85）／12.16 近衛文麿（54）

昭和21年(1946) 丙戌

内閣	政治・経済	世界
幣原喜重郎（外交官） 4.22 5.22 ① 吉田茂（無所属）	1.1 天皇，神格化を否定する詔書（人間宣言）。 1.4 GHQ，軍国主義者等の公職追放を指令。 1.13 幣原内閣改造（公職追放により閣僚入れ替え）。 1.26 共産党の野坂参三，帰国歓迎集会（日比谷公園）で民主戦線結成・愛される共産党を訴え。 2.1 『毎日新聞』，天皇大権を認めた憲法問題調査委員会の改憲要綱をスクープ。 2.3 マッカーサー，GHQ民政局に戦争放棄など3原則を示して憲法草案の作成を命令。2.13 GHQ，憲法草案を日本政府に手交。 2.19 天皇，神奈川県を巡幸。以後各地を巡幸，「あっ，そう」という口調が流行語となる。 3.6 政府，「国民の総意」を至高とし，象徴天皇・戦争放棄を含む憲法改正草案要綱を発表。 4.5 対日理事会初会合（最高司令官の諮問機関で，東京に設置。米・英・ソ・中代表で構成）。 4.7 日比谷で幣原反動内閣打倒人民大会開催。デモに警官が発砲。 4.10 第22回総選挙（自由141，進歩94，社会93，協同14，共産5，無所属・諸派119）。婦人議員39人誕生・共産党，議会め進出。 4.19 自由・社会・協同・共産4党，居すわりをはかる幣原内閣に対して倒閣共同委員会を結成。4.22 幣原内閣総辞職。 5.3 極東国際軍事裁判（東京裁判）開廷，東条英機らA級戦犯28人を起訴。6.17 キーナン首席検事，「天皇は訴追せず」と声明。 5.4 GHQ，鳩山一郎の公職追放を通達。 5.19 飯米獲得人民大会（食糧メーデー）に25万人参加，吉田反動政府反対・民主戦線結成を訴える。5.20 マッカーサー，「暴民デモ許さず」と声明。以後，運動は鎮静化。 5.22 第1次吉田茂内閣成立。蔵相石橋湛山。 5.24 協同民主党結成（委員長山本実彦）。 6.13 政府，労働者の生産管理を否認する社会秩序保持に関する声明（生産管理闘争下火に）。 6.26 吉田首相，衆院で「憲法9条は自衛権の発動としての戦争も交戦権も放棄した」と言明。 7.26 憲法改正特別委小委員会，主権在民を明確化。 8.12 経済安定本部・物価庁設置。 8.16 経済団体連合会（経団連）創設（代表理事石川一郎）。昭23.3.16 石川一郎，初代会長に就任。 10.21 農地調整法改正公布（第2次農地改革。小作地の80%を解放，自作農が過半を占める）。 11.3 日本国憲法公布（昭22.5.3 施行）。大赦・特赦・減刑令・復権令16万9874人。昭22.11.3 減刑令を修正，4750人追加。 12.17 吉田内閣打倒国民大会（「2.1スト」へ発展）。 12.27 政府，石炭・鉄鋼中心の傾斜生産方式を採用。	1.10 ロンドンで国連第1回総会。 1.10 中国，国共両党の停戦協定成立。 2.1 ハンガリー，新憲法制定，人民共和国を宣言。 2.26 極東委員会（FEC），第1回会議（ワシントン）。 3.1 英，イングランド銀行を国有化。 3.5 元英首相チャーチル，米のフルトンで「鉄のカーテン」演説，反共連合の必要を強調。3.13 ソ連スターリン首相が対ソ戦挑発と言明（冷戦の始まり）。 3.26 ソ連軍，中国東北部から撤退開始。 4.1 英のマラヤ軍政廃止，マラヤ連合成立。シンガポールは単独の英直轄植民地に。 4.30 YWCA会長植村環，北米長老教会婦人大会の招きで渡米（戦後初の海外渡航，全米を巡回公演）。 6.2 伊，国民投票で王制廃止。 6.3 フランス，ヌエン=バン=スアンを首班とするコーチシナ臨時政府を擁立。6.9 ホー=チ=ミン政権は拒否，反仏軍事行動を再開。 7.1 インドのボンベイでヒンズー教徒とイスラム教徒間に大衝突。両者の対立激化。 7.4 フィリピン共和国成立（フクバラハップ武装抵抗開始）。 7.12 中国国民党軍，解放区を攻撃（国共内戦再開）。 8.24 ネルー，中間政府を組織。 8.28 北朝鮮労働党結成。 9.1 ギリシア，人民投票で王制支持。9.28 解放戦線蜂起。 10.1 ニュルンベルク裁判，最終判決（12人に絞首刑）。 11.10 仏総選挙で共産党第1党。12.16 ブルム社会党内閣成立。 12.19 仏軍，ベトナム軍を攻撃（第1次インドシナ戦争開始）。

●インフレ・食糧不足深刻化。民主化と生活防衛の大衆運動高揚

社会・文化	世 相
1.1 戸田城聖, 創価学会を再建。	1月 ピース新発売(日曜祭日のみ販売, 1人
1.18 南朝の後裔と名のる「熊沢天皇」, 現れる。	1箱, 10本入り7円)／東京のヤミ市露
1.21 GHQ, 公娼否認の覚書発表(結果的に街	店商5万8237人。
娼増加)。	2月 輸入食糧の配給, 東京で開始／舟橋聖
1.28 GHQ, 映画の検閲を開始。	一『滝口入道の恋』(2世市川猿之助・水
2.7 出口王仁三郎, 大本教再建。	谷八重子主演, 東京劇場)が話題。
2.9 日本農民組合(日農)結成(会長須永好, 2	4月 長谷川町子, 『サザエさん』を『夕刊フク
月末で10万人)。	ニチ』に連載／完全失業者159万人。
2.17 金融緊急措置令公布。新円発行のため,	6月 東宝, ニューフェイスの第1回募集
預貯金封鎖。	(4000人以上の応募者の中から, 久我美
3.11 東京六大学野球連盟復活。	子・三船敏郎など採用)。
3.13 警官のサーベル廃止。警棒携帯。	11月 主食の配給, 2合5勺に増配。
3.15 歌舞伎俳優片岡仁左衛門一家5人, 食べ	この年 1.15『復員だより』, 1.19『のど自慢
物の恨みで同居人に殺される。	素人音楽会』, 2.1 平川唯一『英語会
3.18 警視庁, 婦人警察官63人を初採用。	話』, 5.6『街頭録音』, 7.1『尋ね人』,
5.1 11年ぶりのメーデー, 宮城前に50万人。	12.3 初のクイズ番組『話の泉』などの
5.1 白血病患者, 広島・長崎で出始める。	ラジオ放送開始／労働組合1万7266
5.12 世田谷区「米よこせ区民大会」, 宮城へデ	(492万5958人), 同盟罷業622件(参加51
モ行進。赤旗が初めて坂下門をくぐる。	万391人)／宝くじなどの売上げ10億円
1～5月 労働争議で生産管理盛ん。東芝・	／各種伝染病流行(発疹チフス死者
東宝・日本鋼管など180余件。	3351人, DDT強制散布。天然痘死者
6.22 食糧メーデーのプラカード「国体はゴジ	3029人。コレラ死者560人)／三一書房
されたぞ, 朕はタラフク食ってるぞ, ナン	・みすず書房など出版社の創業相次ぐ
ジ人民飢えて死ね」, 不敬罪で起訴。	／雑誌の創刊(『世界』『展望』など), 復
7.12 読売新聞社スト(～7.16)。新聞発行不能。	刊(『改造』『中央公論』など)多数。
8.1 日本労働組合総同盟(総同盟)結成(会	● あっ, そう／愛される共産党／狩り込み
長松岡駒吉, 85万人, 社会党系)。	／カストリ／バクダン／ニューフェイス
8.15 全国中等学校優勝野球大会復活(西宮)。	♪「リンゴの歌」霧島昇・並木路子／「悲
8.19 全日本産業別労働組合会議(産別会議)結	しき竹笛」近江俊郎・奈良光枝／「東京の花売娘」
成(委員長聴濤克巳, 163万人, 共産党系)。	岡晴夫／「かえり船」田端義夫
8.20 食糧買出しの女性等への連続暴行殺人事	📖 谷崎潤一郎『細雪』上／小林秀雄『無常と
件の犯人小平義雄逮捕(小平事件)。	いふ事』／野坂参三『亡命十六年』／尾崎秀実
9.29 御木徳近, 佐賀県鳥栖でPL教団開教。	『愛情はふる星の如く』／河上肇『自叙伝』／バン
10.1 全炭・東芝スト突入(炭坑・電力・新聞・放	=デ=ベルデ『完全なる結婚』／スノー『中国
送等の各組合に争議拡大。10月闘争)。	の赤い星』／レマルク『凱旋門』
10.3 在日朝鮮人居留民団結成(昭23.10.5 在	🎬 『大曽根家の朝』松竹／木下恵介監督・杉
日大韓民国居留民団と改称)。	村春子・小沢栄太郎／『はたちの青春』(初の
10.8 文部省, 教育勅語捧読の廃止を通達。	キスシーンで評判)松竹／佐々木監督・幾
10.12 日本史の授業, 墨ぬり教科書で再開。	野道子・大坂志郎／『わが青春に悔なし』東宝:
10.15 バイニング夫人(米), 皇太子の英語の家	黒澤明監督・原節子・藤田進
庭教師として来日(昭25.11 帰国)。	〔洋画〕『キュリー夫人』(輸入第1作。入場料
11.16 当用漢字表(1850字)と現代かなづかいが	10円, この頃の日本映画最高でも3円)『カサ
告示される。	ブランカ』『運命の饗宴』『我が道を往く』(米)
12.1 新聞紙面のルビを廃止, 左横書き, 新かな	¥ 白米(2等10kg)20円11銭／ラーメン20円
づかいを採用。	／ビール6円(配給)／初任給(小学校教員300
12.2 内務省, 地方長官に風俗取締対策を通達	～500円, 巡査420円, 公務員540円)
(特殊飲食店「赤線」を指定)。	🪦 1.30 河上肇(66)／ 3.31 武田麟太郎(41)
12.21 南海地震。東海から四国まで被災。火災	／ 7.26 坂田三吉(76)／ 9.21 伊丹万作(46)
などで死者1432人, 全壊家屋1万5640戸。	／ 10.6 森本薫(34)／ 12.7 川上貞奴(75)

昭和22年(1947) 丁亥

内閣	政治・経済	世界
①吉田茂（無所属） 5.20 6.1 片山哲（社会党）	1.1 吉田首相, ラジオ放送の年頭の辞で, 労働運動指導者を「不逞の輩」と非難, 問題化。 1.4 公職追放令, 経済・言論界・地方公職などに拡大。約20万人が追放される。 1.16 内閣法・新皇室典範公布。 1.18 全官公庁労組共闘委員会(260万人), 2月1日午前零時より無期限スト突入を宣言。 1.25 復興金融金庫開業(復金インフレ始まる)。 1.31 GHQ, 2・1ゼネスト中止を命令。 3.8 協同民主党・国民党など, 合同して国民協同党を結成(書記長三木武夫)。 3.31 衆議院選挙法改正公布(中選挙区・単記制)。 3.31 財政法公布(赤字国債を原則として禁止)。 3.31 進歩党を母体に民主党結成(修正資本主義。5.18 総裁芦田均, 名誉総裁幣原喜重郎)。 3.31 第1回府県知事・市区町村長選挙(知事46人中官選知事経験者27人, 4道県で社会党知事)。 4.16 裁判所法公布(8.4 最高裁判所発足)。 4.17 地方自治法公布。4.30 国会法公布。 4.20 第1回参院選(社会47, 自由38, 民主28, 国民協同9, 共産4, 諸派13, 無所属111)。5.17 無所属議員中心に緑風会(92人)結成。 4.25 第23回衆議院総選挙(社会143, 自由131, 民主121, 国民協同29, 共産4, 無所属・諸派38)。 5.3 日本国憲法施行。 5.6 天皇, マッカーサーとの第4回会議で「日本の安全につきマッカーサーに期待」と発言。 5.20 吉田内閣総辞職。第1回特別国会召集。 6.1 片山哲社会党首班内閣成立。社・民・国協3党連立。外相芦田均, 逓信相三木武夫。社会党の公約「重要産業国有化」等政策協定から除外。 7.1 公正取引委員会発足(委員長中山喜久松)。 7.14 社会党, 炭鉱国家管理案大綱決定(片山内閣の「唯一の社会主義的色彩」を持つ政策)。 7.20 沖縄人民党結成(委員長浦崎康華)。 9.1 労働省発足(婦人少年局長に山川菊栄。女性として初の局長誕生)。 9中旬 宮内府御用掛寺崎英成, 天皇が沖縄の長期占領を希望とのメッセージをGHQ側に伝達。 10.21 国家公務員法公布(天皇の官吏から公僕へ)。 10.26 改正刑法公布(不敬罪・姦通罪廃止)。 12.8 臨時石炭鉱業管理法成立(「労働者の経営参加」等骨抜き, 3年の時限立法。民主党反対派の幣原ら24人離党, 自由党は完全野党宣言)。 12.17 警察法公布(地方分権化と民主化を目的に国家地方警察・自治体警察を設置)。 12.18 過度経済力集中排除法公布。 12.22 改正民法公布(家制度を廃止)。 12.31 内務省(国内行政の総元締め)廃止。	1.22 インド制憲会議, 独立宣言決議案を可決。ムスリム連盟は反対, 両派の衝突が全土に拡大。 2.10 パリ平和条約調印(連合国, 伊・ハンガリー・ブルガリア・ルーマニア・フィンランドと講和)。 2.28 台湾民衆の反国民政府暴動。鎮圧され約3万人殺害(2・28事件)。 3.12 トルーマン米大統領, 議会でトルーマン=ドクトリン演説。対トルコ・ギリシア軍事援助発表。 4.2 国連安保理, 旧日本委任統治領に対する米国の単独信託統治協定案可決。 5.4 仏のラマディエ内閣, 共産党を内閣から排除。 5.13 伊のデ=ガスペリ内閣, 共産党を排除して再組閣。 6.5 マーシャル米国務長官, 欧州復興計画を発表(マーシャル=プラン)。7.12 ソ連・東欧を除く16か国が欧州経済復興会議開催。 6.28 インドネシア第1次植民地戦争始まる。 7月 中国人民解放軍, 国民党軍に対し反攻に転ずる。 8.14 パキスタン, 英より独立(初代総督ジンナー)。 8.15 インド, 英より独立(初代首相ネルー)。 9.2 米州19か国, 米州相互援助条約(リオ条約)調印。 10.5 欧州共産党情報局(コミンフォルム)の設置発表。 10.14 米機, 初の超音速有人飛行に成功。 10.30 ジュネーブで関税と貿易に関する一般協定(ガット)調印。昭23.1.1 発効。 11.29 国連総会, パレスチナ分割案採択。 この年 米国務省中心に日本の非軍事化を含む対日講和の動きが起こるが, 実現せず。

◉2・1ストの中止など「民主革命」にも大きなかげり

社会・文化	世 相
1.21 天変地異を予言した新興宗教璽宇教教祖璽光尊と幹部の元双葉山・呉清源ら，金沢で食糧管理法違反により逮捕。 1.22 ヤミ取締のため，東海道線に武装警官警乗。1.25 山陽線にも警乗。 1.25 第1回国体スケート大会，八戸市で開催。 2.25 八高線高麗川駅付近で，買出しの人を満載した列車4両転覆し，死者174人。 3.10 全国労働組合連絡協議会（全労連）結成（産別・総同盟・日労会議・国鉄・全逓など諸組合の連絡協議機関。446万人加入）。 3.15 東京都35区制を22区制に統合，麹町・芝など消滅。8.1 練馬区新設（23区制）。 3.31 教育基本法・学校教育法公布（6・3・3・4制男女共学を規定）。4.1 新学制による小学校・中学校発足。 4.1 町内会・隣組・部落会廃止。 4.17 公共職業安定所（職安）発足。 5.5 省線電車中央線・京浜線に婦人子供専用車連結。 6.3 文部省，学校での宮城遥拝・天皇陛下万歳などの停止を通達。 7.1 飲食営業緊急措置令公布。外食券食堂・旅館・喫茶店等を除き，全国の料飲店は営業停止（実情は「裏口営業」が繁盛）。 7.1 東京都庁，官公庁として職場結婚を初公認（継続勤務），6000円の祝儀を決定。 7.13 静岡県登呂遺跡発掘開始（昭18年発見）。 7.28 滝沢修・森雅之・宇野重吉ら，民衆芸術劇場（民芸）を結成。 8.6 広島市で，平和式典挙行。 8.9 古橋広之進，400m自由形で4分38秒4の世界新（以後2年間で23回の新記録）。 8.14 浅間山爆発，登山中の20余人焼死。 9.14 キャスリーン台風，関東地方に大水害をもたらす。死者2247人。 10.1 臨時国勢調査，総人口7810万1473人（東京都500万7771人，大阪府333万4659人）。 10.1 政府，帝国大学の名称を廃止。 10.11 東京地裁の山口良忠判事，配給生活を守り，栄養失調で死亡。 10.14 三直宮家（秩父宮・高松宮・三笠宮）以外の11宮家51人，皇族籍を離れる（皇籍離脱）。 11.25 第1回共同募金開始（募金総額6億円）。 12.11 日本勧業銀行1枚50円・特等100万円の宝くじ発売。「買わないクジに当りなし」「果報は買って待て」などと宣伝，「100万円が当ったら」のCMソングも登場。 12.19 出生届けの人名，当用漢字に限定。	1月 東京・新宿の帝都座で，初の額縁ヌード=ショー『ビーナスの誕生』開演／東京で学校給食再開。 4月 パンパンガール，6大都市で推定4万人／当用漢字・現代かなづかいの国定教科書の使用開始／小学校でローマ字教育開始。 7月 菊田一夫作『鐘の鳴る丘』放送開始。 8月 田村泰次郎作『肉体の門』，新宿帝都座で上演（都内各所で700回以上上演）。 10月 演芸と音楽によるバラエティー番組『日曜娯楽版』放送開始。 11月 クイズ番組『二十の扉』放送開始／多摩川畔で386人が初の集団見合。以後各地で流行／『仮名手本忠臣蔵』，GHQの禁止が解かれ，東京劇場で上演。 この年 出生数250万人を超える（ベビー・ブームに。～昭和24年）／国鉄運賃・郵便・電気・映画演劇・新聞・酒・たばこなど，倍々と値上げ／用紙事情悪化，『文藝春秋』など雑誌の休刊が相次ぐ。粗悪な仙花紙のエロ・グロ的な「カストリ雑誌」が氾濫（『りべらる』『ロマンス』など）／モンペ姿が減り，スカートが増加／性病蔓延，患者推定40万人／都内の年間収容浮浪者，1万人を超える。 ⬤斜陽族／アプレゲール／タケノコ生活／6・3制 ♬「啼くな小鳩よ」岡晴夫／「夜のプラットホーム」二葉あき子／「夜霧のブルース」ディック=ミネ／「港が見える丘」平野愛子／「山小舎の灯」近江俊郎／「星の流れに」菊池章子／「みかんの花咲く丘」川田孝子 📖石井桃子『ノンちゃん雲に乗る』／田村泰次郎『肉体の門』／宮本百合子『播州平野』／坂口安吾『堕落論』／野間宏『暗い絵』／太宰治『斜陽』／石坂洋次郎『青い山脈』／岩波書店『西田幾多郎全集』12巻・別巻6 🎬『安城家の舞踏会』松竹：吉村公三郎監督・原節子・滝沢修・森雅之／『戦争と平和』東宝：山本薩夫・亀井文夫監督・伊豆肇・岸旗江／『銀嶺の果て』東宝：谷口千吉監督・志村喬・三船敏郎・若山セツ子 〔洋画〕『アメリカ交響楽』（米，第1回ロードショー映画）／『石の花』（ソ，戦後日本初公開のソ連色彩劇映画）／『第七のヴェール』（英，戦後初のイギリス映画） 🔺1.10 織田作之助(33)／7.30 幸田露伴(79)／12.30 横光利一(49)

53

昭和23年(1948) 戊子

内閣	政治・経済	世 界
片山哲（社会党）2.10	1.6 ロイヤル陸軍長官，「日本を反共の防壁にする」と演説（非軍事化・民主化政策の修正）。 2.5 衆院予算委，追加予算案の撤回を可決（社会党左派同調）。2.10 片山内閣総辞職。 2.8 持株会社整理委員会，集中排除法の対象257社を指定。2.22 68社追加指定。5.4 米より集中排除審査委員会（5人委員会）来日，集排法適用を緩和（最終的に日本製鉄・三菱重工業など18社のみ指定され，分割などの処分）。 2.21 衆院，芦田均を首相に指名，参院は吉田茂を指名（衆院議決が優先）。	1.4 ビルマ民主共和国独立。 1.30 インド独立の指導者ガンディー（78），ヒンズー教徒に暗殺される。 1.30 第5回冬季オリンピック開催（スイス・サンモリッツ，～2.8）。 2.1 マラヤ連邦発足。 2.4 セイロン独立。 2.25 チェコスロバキア共産党，政権掌握（2月事件）。
芦田均（民自党）3.10	3.10 芦田内閣成立。民主・社会・国民協同3党連立。副総理格国務相西尾末広。 3.15 自由党に元民主党幣原派が合流，民主自由党結成（総裁吉田茂）。 5.1 海上保安庁設置（英・ソ・中反対，米が強行）。 5.18 米陸軍省，ドレーパー賠償調査団報告（ジョンストン報告書）を発表（賠償を大幅縮小，非軍事化より日本の経済復興を優先）。 6.1 国務相西尾末広，土建業者からの政治献金50万円の届出未提出が発覚。7.6 辞任。 6.19 衆参両院，教育勅語・軍人勅諭等の失効・排除に関する決議案可決。 6月 昭和電工疑獄事件（復興金融金庫から30億円の融資見返りに贈賄）発覚。9.13 大蔵省主計局長福田赳夫逮捕。9.30 経済安定本部長官栗栖赳夫逮捕。10.6 前国務相西尾末広逮捕。 7.10 建設省発足（建設相一松定吉）。 7.12 予算案に反対して社会党を除名された最左派の黒田寿男ら6人，社会党正統派議員団結成。12.2 労働者農民党（労農党）結成。 7.31 マッカーサー書簡に基づき政令201号公布（公務員のスト権・団体交渉権を否認）。11.30 国家公務員法改正公布。12.8 人事院発足。 10.7 昭和電工事件により芦田内閣総辞職。12.7 芦田前首相逮捕。 10.7 米国家安全保障会議，「アメリカの対日政策についての勧告（NSC13-2）」決定。占領政策を転換，冷戦体制へ日本を組込む。	4.16 西欧16か国，マーシャル=プラン受け入れのため欧州経済協力機構（OEEC）設立。 5.2 米州機構（OAS）憲章締結。 5.10 南朝鮮，米軍の戒厳令下で単独選挙を強行。 5.14 イスラエル，建国を宣言。 5.15 アラブ諸国，イスラエルを攻撃，パレスチナ戦争（第1次中東戦争）開始（～昭24.1.8）。 6.24 ソ連，ベルリンへの陸上交通を遮断（ベルリン封鎖，～昭24.5.12）。6.26 西側諸国，ベルリン大空輸を開始。 6.28 コミンフォルム，ユーゴ共産党を除名。 7.29 第14回オリンピック開催（ロンドン，59か国参加，～8.14）。日・独，招待されず。 8.15 大韓民国成立（大統領李承晩）。 8.25 ポーランドのウロクラウで平和擁護のための世界知識人会議開催（～8.28）。45か国から450人が参加，平和と進歩に果たすべき知識人の役割を確認。
10.19 ②吉田茂（民自党）	10.19 第2次吉田茂内閣成立（民自党の山崎猛を擁立するGHQ民政局，参謀2部=G2に敗北。民政局の力失墜）。 11.12 東京裁判，25被告に有罪判決。12.23 東条英機ら7人絞首刑執行。12.24 岸信介・児玉誉士夫・笹川良一らA級戦犯容疑者19人釈放。 12.18 GHQ，歳出引締め・均衡予算・徴税強化などの経済安定9原則を発表。 12.23 与野党の話し合いで内閣不信任案可決，衆院解散（なれあい解散）。	9.9 朝鮮民主主義人民共和国成立（首相金日成）。 12.10 トルーマン，米大統領選に勝利。 12.10 国連総会，世界人権宣言を採択。 12.12 国連総会，朝鮮委員会設立に関する決議を採択，韓国政府を朝鮮の唯一の合法政府として承認。

●アメリカの対日民主化政策の転換，明確になる

社会・文化	世　相
1.1 二重橋開放，一般参賀2日間で13万人。 1.15 東京・牛込で，養育費などをめあてに乳児103人を殺していた寿産院の夫婦逮捕。 1.26 帝国銀行椎名町支店で，厚生省係員を装って行員12人を毒殺の現金強奪事件（**帝銀事件**）。8.21 容疑者平沢貞通逮捕（自白の真偽問題化）。**昭30.4.6** 死刑確定。 3.11 **昭20年5月**のB29乗員捕虜8人に対する「九州大生体解剖事件」の軍事裁判，横浜で開廷。8.27 5人に絞首刑判決。 3.31 米軍政部，山口県で朝鮮人学校に閉鎖命令（**4月**にかけ，兵庫・大阪・東京などでも同様命令）。5.5 文部省と在日朝鮮人連盟，私立学校とすることで妥協。 4.1 新制高等学校発足。 4.28 夏時間法公布。5月第1土曜～9月第2土曜，時刻を1時間進める（サマー＝タイム）。**昭27.4.11** 廃止。 5.1 軽犯罪法公布。 5.4 森田草平，共産党に入党。この頃，作家・知識人の入党相次ぐ。 5.12 児童福祉法に基づく母子手帳配布開始。 6.13 **太宰治**，玉川上水で山崎富栄と**入水自殺**。 6.28 **福井県に大地震**。死者3769人，家屋全壊3万6000戸。 7.9 高木正得子爵（三笠宮妃の父），窮乏から自殺（**華族の没落**が話題となる）。 7.13 人工妊娠中絶容認の優生保護法公布。 8.6 古橋広之進，1500m自由形で18分37秒0の世界新記録（ロンドン五輪と同日の大会）。 8.12 埼玉県本庄町の暴力団・町議・官憲の癒着報道の朝日新聞記者に暴行（**本庄事件**）。8.26 暴力追放の町民大会に1万人参加。 8.19 東京地裁，争議団籠城中の東宝砧撮影所に仮処分。警官2000人・米軍戦車7台・飛行機3機・騎兵1中隊出動（**東宝争議**）。 8.24 芦田首相・マッカーサー会談で阿波丸事件の請求を実質的に放棄。**昭24.4.6** 衆参院請求権放棄の決議案を可決。 9.8 天照皇大神宮教教祖北村サヨらの「踊る宗教」，東京・数寄屋橋に進出。 9.15 アイオン台風，関東・東北地方に上陸。死者・行方不明2368人。 9.15 奥むめお等，主婦連合会結成。 9.18 全日本学生自治会総連合（**全学連**）結成（委員長武井昭夫，官公私立145校加盟）。 10.1 警視庁，犯罪専用電話110番設置。 11.12 文部省，小学校で5段階評価法を通達。 11.20 **小倉市で初競輪**（5日間で入場5万5000人）。	1月 民芸第1回公演（有楽座で島崎藤村原作・村山知義脚色『破戒』初演）。 3月 第1回NHKのど自慢全国コンクール優勝大会，神田共立講堂で開催。 5月 **美空ひばり**（11歳），横浜国際劇場で**デビュー**／全国ファッションショー，神田共立講堂で開催（観衆4000人）。 8月 プロ野球で**初ナイター**（横浜ゲーリッグ球場。巨人対中日）。 12月 ルース＝ベネディクトの『菊と刀』，翻訳刊行／相沢忠洋，群馬県岩宿で先土器時代の石器を発見。 この年 郵便料金・鉄道・新聞・ラジオなどの倍々値上げが続く／前年にクリスチャン＝ディオールが発表したロングスカートが日本でも大流行，いかり肩のフレアコートとともにニュールックとして街にあふれた。男性はアロハシャツとリーゼントスタイル流行／日本脳炎流行（患者4757人，死者2620人）。 **●鉄のカーテン**／冷たい戦争（東西対立をさす。冷えた夫婦関係などにも転用）／サマータイム／てんやわんや／老いらくの恋（68歳の歌人川田順が，弟子の40歳の女性と熱烈に恋愛，「墓場に近き老いらくの，恋は怖るる何もなし」と作詞したことから）／裏口営業 **♪「東京ブギウギ」笠置シズ子**／「フランチェスカの鐘」二葉あき子／「異国の丘」竹山逸郎・中村耕造（シベリアの抑留所で歌われていた歌。NHKの素人のど自慢で復員軍人が歌い，たちまちヒット）／「湯の町エレジー」近江俊郎／「憧れのハワイ航路」岡晴夫 **📖**梅崎春生『桜島』／椎名麟三『永遠なる序章』『重き流れの中に』／太宰治『人間失格』／大田洋子『屍の街』／竹山道雄『ビルマの竪琴』／永井隆『この子を残して』／埴谷雄高『死霊・第1部』 **🎬**『酔いどれ天使』東宝；黒澤明監督・志村喬・三船敏郎／『夜の女たち』松竹；溝口健二監督・田中絹代・高杉早苗／『王将』大映；伊藤大輔監督・阪東妻三郎・水戸光子〔洋画〕『美女と野獣』（仏映画戦後輸入第1号。ジャン＝コクトー演出）『旅路の果て』（仏）／『ヘンリー五世』（英，ローレンス＝オリヴィエ演出・主演。テクニカラー） **⚰**11.19 出口王仁三郎（76）／3.6 菊池寛（59）／4.17 鈴木貫太郎（80）／4.20 米内光政（68）／5.23 美濃部達吉（75）／6.13 太宰治（38）／12.23 東条英機（63）・広田弘毅（70）

55

昭和24年(1949) 己丑

内閣	政治・経済	世　界
②吉田茂 2.11 2.16 ③吉田茂（民自党）	1.23 第24回総選挙(民主自由264, 民主69, 社会48, 共産35, 国民協同14, 労農7, 無所属・諸派29)。民自党過半数獲得, 社会党大敗, 共産党躍進。佐藤栄作・池田勇人・岡崎勝男らの高級官僚出身者10数人が民自党から当選。 2.14 民主党, 入閣をめぐって犬養健ら連立派と苫米地義三・北村徳太郎らの野党派に分裂。 2.16 第3次吉田茂内閣成立。蔵相池田勇人。民主党連立派から2人入閣。 3.1 GHQ経済顧問ジョセフ=ドッジ, 収支均衡予算の編成を指示(超均衡予算・補助金全廃・復興金融金庫の貸出全面停止などの**ドッジ=ライン**実施を要求)。以後, 不況深刻化。 4.4 団体等規正令公布。共産党など取締りのため構成員の登録・機関紙提出等を義務化。 4.23 GHQ, **1ドル360円の単一為替レート**設定。 5.7 吉田首相, 外人記者に「講和後も米軍の日本駐留を希望」と言明。 5.25 通商産業省設置(商工省など廃止)。 5.31 行政機関職員定員法公布(28万5000人を行政整理)。 6.1 郵政省・電気通信省・地方自治庁・総理府など設置。日本国有鉄道・日本専売公社発足。 6.18 共産党書記長徳田球一,「9月までに民自党打倒」と宣言(9月革命論)。 7.4 国鉄, 定員法による第1次人員整理3万700人を発表(7.12 第2次6万3000人)。7.6 国鉄総裁下山定則, 常磐線北千住―綾瀬間で轢死体で発見(**下山事件**)。7.15 中央線三鷹駅で無人電車暴走6人死亡(**三鷹事件**, 国労の10人逮捕, 共産党員9人無罪判決)。8.17 東北本線松川―金谷川間で列車転覆, 3人死亡(**松川事件**。国労・東芝労組の共産党ら20人逮捕, 38年全員無罪確定)。原因不明事件続出で, 人員整理反対闘争挫折, 共産党に大打撃。 8.26 シャウプ税制使節団, **シャウプ勧告発表**(直接税中心・徴税強化・法人税優遇など)。源泉徴収による給与所得からの徴税強化。 9.8 在日朝鮮人連盟など4団体に解散命令。 9.19 人事院規則制定(公務員の政治活動制限)。 9月 教員に**レッドパージ始まる**(約1700人追放)。 10.1 琉球米軍政長官にシーツ少将就任(沖縄を恒久的な軍事基地とする統治が本格化)。 11.1 米国務省,「対日講和条約を検討中」と表明。11.11 吉田首相,「単独講和にも応ずる」と表明。12.4 社会党, 全面講和・中立堅持・軍事基地反対の平和3原則を決定。昭25.1.15 平和問題談話会(安倍能成・丸山眞男ら), 全面講和論の声明(**全面か単独かの論争が活発化**)。	1.1 インド・パキスタン, カシミール停戦を実施。 1.6 国連総会, 中国内戦不介入を決議。 1.20 トルーマン米大統領, 低開発地域経済開発計画(ポイント=フォア)を提唱。 1.25 ソ連・東欧5か国, 経済相互援助会議(**コメコン**)設置。 1.31 中国人民解放軍, 北京入城。 3.10 画家の藤田嗣治渡米, ニューヨークで個展。 4.4 **北大西洋条約機構(NATO)成立**(西側12か国)。 4.18 アイルランド共和国, 独立宣言。 4.20 パリで第1回世界平和擁護者大会開催(～4.26)。世界72か国の平和団体の代表が参加。チェコのプラハでも同時に開催。 5.6 ドイツ連邦共和国(西独)臨時政府成立。9.21 アデナウアー連立内閣成立。 5.11 イスラエル, 国連に加盟。 8.16 古橋広之進, 全米水上選手権大会で, 1500・800・400m自由形に世界新記録(「**フジヤマのトビウオ**」と呼ばれる)。 9.14 仁科芳雄, 日本学術会議代表としてコペンハーゲンの国際学術連合会に参加(戦後初の国際会議正式出席)。 9.25 ソ連, 原爆保有を公表。 10.1 **中華人民共和国成立**(主席毛沢東)。 10.7 ドイツ民主共和国(東独)成立。 11.7 コスタリカ, 常備軍保持を禁止する憲法公布。 11.28 国際自由労連結成(53か国)。 11.30 対共産圏輸出統制委員会(ココム)設立。 12.7 国民党政府が台北を首都にすると発表。12.10 蔣介石が台北に到着。 12.27 人民解放軍, 中国大陸を完全解放。

●ドッジ=ラインの下で人員整理・倒産が相次ぐ

社会・文化	世相
1.1 マッカーサー，日の丸の自由使用許可。 1.1 大都市への転入抑制解除。 1.15 初の「成人の日」。 1.26 法隆寺金堂壁画12面焼失（漏電火災）。 2.20 能代市で大火，焼失2040戸。 2.27 国宝松山城，浮浪者のタキ火で焼失。 3.7 河原崎長十郎・中村翫右衛門ら前進座の69人，共産党に集団入党。 3.15 外蒙ウランバートル抑留所での吉村隊長（池田重善）による同胞の酷使・虐殺が報道（暁に祈る事件）。7.14 池田逮捕。 3.31 東京消防庁，火災専用電話119番を設置。 3月 安倍能成ら，「戦争と平和に関する日本の科学者の声明」を『世界』に発表。 4.16 後楽園に初の国営競馬場外馬券売場開設。 5.8 初の「母の日」（5月の第2日曜）。 5.12 自由労働者，三田職業安定所で仕事よこせ闘争開始（全都に波及）。 5.31 新制国立大学69校，各都道府県に設置。 6.10 東神奈川で組合管理の人民電車運転。6.12 GHQ，スト中止命令。 6.11 東京都，失業対策事業の日当を245円に決定（240円台ということから「ニコヨン」の呼称が始まる）。 6.14 映画倫理規程管理委員会（映倫）発足。 6.27 ソ連からの引揚再開。高砂丸，2000人を乗せ舞鶴入港。7.2 共産党に240人入党。 7.19 CIE顧問イールズ，新潟大で「共産主義教授追放」を講演。 8.10 東京・戸山原に鉄筋アパート14棟完成。 8.31 キティ台風，関東を襲う（死者135人）。 9.15 東海道線に特急列車（へいわ号，1日1往復）・食堂車復活。 10.18 警視庁，少年ヒロポン患者取締りを命令。 10.19 政府，朝鮮総連系朝鮮人学校93校に閉鎖，245校に改組を命令。建物財産を接収。 11.1 道路交通取締法改正により，対面交通実施（歩行者右側，車左側通行）。 11.3 湯川秀樹，中間子論でノーベル物理学賞受賞。 11.24 金融業「光クラブ」経営の東大生山崎晃嗣，資金に詰まり青酸カリ自殺。アプレ犯罪のはしりとなる。 11.26 太平洋野球連盟（パシフィック）結成。12.5 セントラル野球連盟結成。プロ野球，2リーグに分裂。 11.27 仙花紙使用の独立夕刊復活。 12.10 産別会議脱退派，全国産業別労働組合連合（新産別）結成（委員長金山敏）。	1月 チック=ヤングの漫画『ブロンディ』，『朝日新聞』に連載開始／NHK，『とんち教室』放送開始／北関東・東北地方で，少年少女の人身売買事件続出／木下順二，『夕鶴』を発表。10月 ぶどうの会により初演。 2月 第1回アンデパンダン展開催（東京都美術館）／香料入り広告，『朝日新聞』に登場（クリームの広告で，バラの香り）。 6月 ビヤホール復活。東京では21か所営業。半リットルジョッキ130円。 11月 GHQの許可により，アドバルーン復活（東京郵政局の「お年玉付き年賀郵便」「生活安定に郵便貯金」の広告）。 12月 お年玉付き年賀はがき，初めて発売。 この年 出生数，史上最高の269万6638人に／ショパン没後100年記念ピアノ演奏会盛ん（安川加寿子・田村宏ら）。 ◉ 筋金入り（ソ連からの引揚者が「我々は筋金入りのコミュニスト」と演説したため）／つるしあげ／駅弁大学／竹馬経済（GHQ経済顧問ドッジ公使が，アメリカの経済援助と国内補助金で成り立っている日本経済を評した言葉）／ワンマン／ノルマ ♬「トンコ節」久保幸江・楠木繁夫／「青い山脈」藤山一郎・奈良光枝／「銀座カンカン娘」高峰秀子／「長崎の鐘」藤山一郎／「悲しき口笛」美空ひばり 📖 三島由紀夫『仮面の告白』／日本戦歿学生手記編纂委員会『きけわだつみのこえ』／チャーチル『第二次大戦回顧録』22巻／マーガレット=ミッチェル『風と共に去りぬ』 🎬『女の一生』東宝：亀井文夫監督・岸旗江・沼崎勲／『青い山脈』東宝：今井正監督・杉葉子・若山セツ子／『晩春』松竹：小津安二郎監督・原節子・笠智衆／『野良犬』映画芸術協会・新東宝：黒澤明監督・志村喬・三船敏郎〔洋画〕『戦火のかなた』『平和に生きる』（伊，共にイタリアのネオリアリズム映画で，日本の観客に強い衝撃を与えた）／『せむしの仔馬』（ソ，長編色彩漫画）／『哀愁』（米）／『大いなる幻影』（仏）／『ハムレット』（英） ¥ たばこ（ゴールデンバット）15円／カレーライス80円／大学授業料（年間）慶大9000円・早大8500円 ☠ 1.10 梅津美治郎（67）／1.25 牧野伸顕（87）／2.10 安部磯雄（84）／8.15 石原莞爾（60）／8.27 上村松園（74）／10.7 斎藤隆夫（79）／11.20 若槻礼次郎（83）

昭和25年（1950）庚寅

内閣	政治・経済	世　界
③ 吉田茂 （民自党／自由党）	1.1　マッカーサー，年頭の辞で「日本国憲法は自己防衛権を否定せず」と声明。 1.6　コミンフォルム，日本共産党の指導者野坂参三の平和革命論を批判。対応をめぐって徳田球一・野坂参三ら主導派（所感派）と志賀義雄・宮本顕治ら反主流派（国際派）の対立激化。 1.19　社会党大会，役員選出をめぐって左右両派に分裂。4.3 統一。 3.1　保利茂ら民主連立派（衆院23・参院5），民主自由党に合流して自由党発足（総裁吉田茂）。 3.1　蔵相池田勇人，ドッジラインでの不況に関し「中小企業の一部倒産はやむなし」と失言。 4.15　公職選挙法公布（衆参両院・地方自治体の首長・議員などの選挙法を統一）。 4.28　民主党野党派・国民協同党など，合同して国民民主党結成（最高委員長苫米地義三・幹事長千葉三郎，衆院67・参院43）。 5.3　吉田首相，全面講和を主張する東大総長南原繁を「曲学阿世の徒」と非難。 6.4　第2回参院選（自由52，社会36，緑風9，国民民主9，共産2，労農2，無所属・諸派22）。自由・社会両党が前進，緑風会は激減。 6.6　マッカーサー，共産党中央委員24人を公職追放（徳田ら主流派，地下に潜行，共産党分裂）。 6.16　国警本部，全国のデモ・集会を禁止。 6.26　マッカーサー，共産党機関紙『アカハタ』を30日間発行停止。7.18 無期限停止。 6.28　吉田内閣改造（蔵相池田勇人・経済安定本部長官周東英雄など官僚派で要職を固める）。 7.4　政府，朝鮮戦争で米軍への協力方針を了承。 7.8　マッカーサー，7万5000人の警察予備隊創設と海上保安庁の8000人増員を指示。8.10 警察予備隊令公布。 7.24　GHQ，新聞社に共産党員とその同調者の追放を指示（レッドパージ始まる）。9.1 政府，公務員のレッドパージの方針を決定（新聞・通信などマスコミ関係を中心に1万人以上）。 8.19　天皇，ダレス宛「文書メッセージ」で公職追放解除を間接的に要請。 10.13　政府，1万90人の公職追放を解除。11.10 旧軍人3250人の追放解除。以後次々と解除され，昭27.4.28の講和発効で公職追放は失効。 10.31　沖縄で社会大衆党結成（委員長平良辰雄）。 11.24　電気事業再編成令公布（電力9社発足）。 12.5　沖縄の米軍政府，米民政府と改称。 12.7　池田蔵相，「貧乏人は麦を食え」と発言，問題化。 12.13　地方公務員法公布（地方公務員・公立学校教員の政治活動・ストを禁止）。	1.6　英，中華人民共和国を承認。 1.13　国連安保理，ソ連の国民政府追放案を否決。ソ連，議事ボイコット（7.31まで）。 2.9　米でマッカーシー旋風（赤狩り）始まる。 2.14　中ソ友好同盟相互援助条約調印。 2.27　仏，米にインドシナ戦争への軍事援助要請。 3.15　世界平和擁護者大会常任委，原爆の絶対禁止を求める「ストックホルム＝アピール」発表（5億人が署名）。 3.17　インド首相ネルー，非同盟政策採用を表明。 6.25　朝鮮戦争勃発。6.28 北朝鮮軍，ソウル占領。7.7 国連安保理，ソ連欠席下で国連軍派遣決定。7.23 北朝鮮軍，光州を占領。半島全域の占領に迫る。7.26 国連軍編成完了，16か国参加（最高司令官マッカーサー）。 7.10　第1回渡米留学生63人出発（中旬にかけて280人出発，志願者6947人）。 8.18　阿部知二・北村喜八，戦後初の正式代表として英・エジンバラで開催の第22回国際ペンクラブ大会に出席。 9.14　トルーマン米大統領，対日講和交渉の開始を指令。 9.15　朝鮮戦争出動の国連軍，仁川上陸。9.26 ソウル奪回。10.20 国連軍，平壌占領。10.25 中国人民解放軍参戦。12.5 北朝鮮軍，平壌奪回。 10.9　ベトナム人民軍，タトケ付近でフランス軍に大勝。 10.11　中国人民解放軍，チベットに進軍。 10.30　トルーマン米大統領，朝鮮戦争で原爆の使用も辞せずと発言。 11.16　ワルシャワで第2回世界平和擁護者大会開催。18か国から2065人が参加。世界平和評議会の創設を決定。

●朝鮮戦争勃発，レッドパージ荒れ狂う

社会・文化	世相
1.7　1000円札発行（聖徳太子肖像）。 1.15　平和問題談話会，「講和問題についての声明」で全面講和論を主張。 2.8　丸木位里・赤松俊子，『原爆の図』を発表。 2.13　東京都教育庁，「赤い教員」246人に退職勧告。 2.27　平和を守る会発足。5.22 原爆禁止ストックホルム=アピール署名運動開始。 4.15　東久邇稔彦，禅宗ひがしくに教を開教（公職追放中のため，開祖を退任）。 4.19　鉱工品貿易公団の公金横領の早船恵吉，元ミス東京の妻と自首（つまみ食い事件）。 4.22　山本富士子，第1回ミス日本に選ばれる。 4.22　日本戦没学生記念会（わだつみ会）結成。 4月　短期大学149校発足（132校が私立）。 5.2　東北大学生，イールズ反共講演を阻止（5.16 北大でも中止）。 5.19　岡山県議会，エロ本取締条例を初可決。 6.26　最高検，ロレンス作・伊藤整訳『チャタレイ夫人の恋人』の押収を指令。7.8 発禁。9.13 伊藤と版元の小山社長をわいせつ文書頒布容疑で起訴。 6.28　巨人の藤本英雄投手，プロ野球初の完全試合（対西日本，青森球場）。 6.29　朝鮮戦争で小倉・八幡・門司市などに警戒警報発令，灯火管制実施。 7.2　金閣寺，青年僧侶（大谷大学生）の「美に対する嫉妬から」放火され全焼。 7.5　後楽園球場で初ナイター（大映対毎日）。 7.11　日本労働組合総評議会（総評）結成（議長武藤武雄，17組合397万7000人）。 7月　米軍基地の黒人兵，小倉市で集団脱走。米軍2個中隊との間で市街戦。 8.14　文部省，8大都市の小学校で9月からガリオア資金によるパン完全給食実施を発表。 8.30　GHQ，全労連の解散を指令。 9.3　ジェーン台風，関西を襲う（336人死亡）。 9.24　日大の職員給料強奪の山際啓之，愛人藤本佐文を逮捕（おおミステイク事件）。 10.17　文部省，学校の祝日に国旗掲揚・君が代斉唱をすすめる天野貞祐文相談話を通達。 11.10　NHK東京テレビジョン実験局，定期実験放送開始（週1回，1日3時間）。 11.22　プロ野球初の日本選手権試合（毎日オリオンズが松竹ロビンスを破り優勝）。 12.4　東大評議会，戦没学生記念像の設置を拒否（昭28.12.8 立命館大に設置）。	1月　年齢の呼び方が満年齢となる。 2月　全国に流感が蔓延，患者18万人。 3月　リコーフレックスの発売をきっかけに，2眼レフがブームとなる。 5月　獅子文六，『自由学校』を『朝日新聞』に連載。 10月　ピカデリー劇場で新劇合同公演，イプセン作『ヘッダ=ガブラー』上演。 12月　たばこセール実施。くじつき（特等50万円）たばこ・美人投票券つきたばこ発売／国立博物館，美術映画の製作を開始（『美の殿堂』，翌年は『上代彫刻』）。 この年　雑誌の廃刊続出（上半期で511）／小原豊雲・勅使河原蒼風らによる「前衛いけばな」盛ん／物資の配給や価格統制，次々と撤廃（木炭・出版用紙・魚・パン・綿製品など）／日本脳炎流行，死者2430人／女性の平均寿命，60歳を超える（女性61.4歳，男性58歳）。 ◎おおミステイク／つまみ食い／とんでもハップン／金へん・糸へん（朝鮮戦争の特需で鉄関係と繊維の好景気から）／特需景気／レッドパージ／アルサロ／アメション ♪「夜来香」山口淑子／「水色のワルツ」二葉あき子／「桑港のチャイナタウン」渡辺はま子／「白い花の咲く頃」岡本敦郎／「東京キッド」「越後獅子の唄」美空ひばり 📖石川達三『風にそよぐ葦・前編』／伊藤整『鳴海仙吉』／桑原武夫『文学入門』／井伏鱒二『本日休診』／宮本顕治・百合子『十二年の手紙・その1』／辻政信『潜行三千里』／大岡昇平『武蔵野夫人』／ロレンス『チャタレイ夫人の恋人』（発禁）／カミュ『ペスト』 🎬『暴力の街』「ペン偽らず」共同製作委：山本薩夫監督・志村喬・原保美／『暁の脱走』映画芸術協会・新東宝：谷口千吉監督・池部良・山口淑子／『また逢う日まで』東宝：今井正監督・岡田英次・久我美子（ガラスごしの接吻シーンが話題）／『きけわだつみの声』東横：関川秀雄監督・伊豆肇・沼田曜一／『羅生門』大映・映画芸術協会：黒澤明監督・三船敏郎・京マチ子〔洋画〕『白雪姫』（米，最初のディズニー長編漫画）／『赤い靴』（英）／『自転車泥棒』（ビットリオ=デ=シーカ監督。この年のベストテン第1位）／『無防備都市』（伊）／『田園交響楽』（仏） 👤1.17 波多野精一（73）／7.23 東郷茂徳（67）／10.9 池田成彬（83）／11.3 小磯国昭（70）／12.11 長岡半太郎（85）

昭和26年(1951) 辛卯

内閣	政治・経済	世界
③吉田茂（自由党）	1.21 社会党大会, 平和3原則に再軍備反対を加え平和4原則決議, 委員長は左派の鈴木茂三郎。 1.25 ダレス米講和特使来日（3次にわたり吉田首相と会談, 日本の再軍備を要求。日本, 新しく5万人の保安部隊創設計画を示す。米軍の日本駐留と日本の再軍備の方向性固まる）。 2.23 共産党, 武装闘争方針を提起。10.16 暴力革命を定めた新綱領採択（51年綱領）。火炎ビン闘争などの武力闘争で, 国民の支持を失う。 3.29 共産党の川上貫一議員, 全面講和と再軍備反対を主張し, 議会から除名される。 4.11 マッカーサー, 朝鮮戦争で強硬策を主張してトルーマン大統領と対立, 解任される（後任リッジウェイ中将）。4.16 帰国。 4.23 第2回統一地方選挙（自由党圧倒的優位, 国民民主・社会・共産は不振）。 5.1 リッジウェイ, 日本政府に占領諸法令の再検討を認める。5.14 首相の私的諮問機関として政令諮問委員会初会合（石坂泰三東芝社長など8人。追放解除・独占禁止法改正・労働法規改正など戦後改革の修正を提言）。 6.12 警察法改正公布（自治体警察減少）。 6.21 日本, ILOとユネスコに加盟。 7.4 吉田内閣改造（佐藤栄作, 郵政相として初入閣。内閣・党ともに吉田側近で固める）。 7.31 日本航空設立（戦後初の国内民間航空, 資本金1億円, 会長藤山愛一郎）。 8.22 講和会議全権委員6人を任命（首席吉田茂。国民民主党・緑風会は参加, 社会党不参加）。 8.28 天皇, 米の「寛大な講和」への感謝をリッジウェイ最高司令官を通じて米に伝達。 9.4 サンフランシスコ講和会議開催（インド・ビルマは参加拒否, 中国は招待されず）。9.8 対日講和条約調印（49か国。ソ連・チェコ・ポーランドは調印せず）。日米安全保障条約調印。 10.4 出入国管理令公布（朝鮮民主主義人民共和国など社会主義国との出入国の取締りが目的）。 10.24 社会党, 講和条約に賛成する右派・中間派と反対する左派に分裂（右派, 書記長浅沼稲次郎・衆院27・参院30, 左派, 委員長鈴木茂三郎・衆院15・参院31）。両派とも安保条約には反対。 10.26 衆院, 講和条約を307対47, 安保条約を289対71で承認（左派社会党・労農・共産と国民民主党の園田直ら3人は両条約反対, 稲葉修は安保条約にのみ反対）。11.18 参院も承認。 12.24 吉田首相, ダレス宛書簡で台湾政府との講和を確約（昭27.1.16 発表）。 12.26 吉田内閣改造（首相の外相兼任をやめ岡崎勝男を起用。クリスマス改造）。	1.1 北朝鮮軍・中国軍, 38度線を突破して南下。1.4 国連軍, ソウルから撤退。北朝鮮軍・中国軍, ソウル入城, 韓国政府は釜山へ移転。1.25 国連軍, 反撃を開始。3.7 ソウル再奪回。4.3 再び38度線を突破して北進。 2.11 ベトナム共産党, ベトナム労働党に改組。 2.21 世界平和評議会, 5大国による平和協定締結を要求（ベルリン=アピール。6億人が署名）。 3.4 第1回アジア競技大会開催（ニューデリー, ～3.11）。日本は5競技に参加, 男・女陸上と自転車の計24種目で優勝。 3.15 イラン, 石油国有化法成立。 4.1 インド, 第1次5か年計画開始。 4.18 西欧6か国, 欧州石炭鉄鋼共同体条約調印。 4.19 第55回ボストン=マラソンに日本初参加。原爆ボーイといわれた田中茂樹が2時間27分45秒で優勝。 6.23 ソ連国連代表マリク, 朝鮮停戦交渉を提案。 7.1 「コロンボ=プラン」（東南アジアの英連邦諸国開発計画）実施。 7.10 朝鮮休戦会議, 開城で開催。 8.30 米フィリピン相互防衛条約調印。 9.1 米・豪・ニュージーランド, 太平洋安全保障条約（ANZUS条約）調印。 9.10 黒澤明監督の『羅生門』, ベニス映画祭でグランプリ。 10.10 米で相互安全保障法（MSA法）成立。 10.27 英, 保守党が政権復帰（第2次チャーチル内閣）。 12.1 中国人民解放軍, チベットのラサに進駐。 12.30 マーシャル=プラン終了, 約120億ドルを支出。

●講和・安保条約に調印，朝鮮特需が復興を促進

社会・文化	世相
1.15 全面講和愛国運動全国協議会結成（90団体参加，9月30日までに480万人署名）。	1月 ＮＨＫ，第1回『紅白歌合戦』を放送。
1.24 日教組，「教え子を戦場に送るな」の運動を決定。	3月 無着成恭編『山びこ学校』発表。生活綴り方再興の気運高まる。
1.24 山口県麻郷村八海で老夫婦惨殺される。吉岡晃ら5人起訴され，単独犯か複数犯かで，3度最高裁で審理（八海事件）。	4月 東京・銀座に街灯106本が復活／コロムビア，日本初のLPレコード発売（ベートーベン「第9交響曲」ほか4枚）。
2.15 東京の積雪30cmで国電など止まる（国会流会，証券取引所立会停止）。	8月 生活難から「人身売買」などの児童福祉法違反事件が激増（東京・山形・福岡・奈良などで約5000人）。
3.10 総評第2回大会。平和4原則を決定，国際自由労連一括加盟を否決。	9月 三好十郎の『炎の人』，新橋演舞場で初演（劇団民芸，滝沢修主演）／峠三吉，『原爆詩集』をガリ版刷りで出版。
3.29 社会福祉事業法公布。	10月 警視庁，ゴム風船を使った酩酊鑑識器で飲酒運転の取締りを開始。
4.12 ナイロン・ストレプトマイシンなどの製造技術導入認可。	12月 東京都内の露店6000軒が廃止。
4.24 横浜桜木町駅で，可燃性資材使用の63型国電炎上，死者106人（桜木町事件）。これ以後，非常ドア開放装置を設置。	この年 名古屋に始まるパチンコ，全国に大流行／東京で女剣劇が人気（浅香光代・大江美智子ら競演）／結核が初めて死亡原因の第2位に下がる（1位は脳溢血）／赤痢流行，1万4000人以上の死者／ファッションモデル専業化／手塚治虫，漫画『鉄腕アトム』を雑誌『少年』に連載／民放開始に伴い，初のコマーシャルソング「ぼくはアマチュアカメラマン」が作られる。
5.1 第22回メーデー。皇居前広場使用を禁止され，芝公園など分散メーデーとなる。	
5.3 戸田城聖，創価学会会長に就任。	
5.25 人名用漢字別表公表（当用漢字以外に92字制定）。	
6.1 大阪市で，ワンマンバス6台初運転。	
6.3 NHK，テレビ初の実験実況中継（後楽園球場から日本橋三越へプロ野球放送）。	
6.7 文化財保護委員会，国宝181件を新指定。	
6.9 土地収容法公布。12.1 施行。	⬛ 逆コース（戦後民主化政策からの逆転をいう）／村期族／老兵は死なず，消え去るのみ（マッカーサーの言葉）／PR
6.30 東京都教育委員会，足立区に夜間中学設置を認可。7.16 区立4中第2部開校。	
7.6 マリアナ諸島のアナタハン島で敗戦を知らずにいた日本兵19人と比嘉和子，帰国。	🎵 「高原の駅よさようなら」小畑実／「上海帰りのリル」津村謙／「トンコ節」久保幸江・加藤雅夫／「野球小僧」灰田勝彦／「雪山讃歌」／「泉のほとり」
8.4 奄美大島住民8000人，日本復帰を要求し24時間の断食を行う。	
9.1 中部日本放送・新日本放送開局（民間ラジオ放送，初の正式放送）。	📖 林芙美子『浮雲』／無着成恭『山びこ学校』／加藤周一『抵抗の文学』／吉川英治『新・平家物語』／源氏鶏太『三等重役』／笠信太郎『ものの見方について』／波多野勤子『少年期』／マーク=ゲイン『ニッポン日記』
9.15 中央社会事業協議会，「としよりの日」を制定・実施。	
10.1 朝日・毎日・読売など，夕刊発行を再開。	🎬 『カルメン故郷に帰る』（初の総天然色）松竹：木下恵介監督・高峰秀子・佐野周二／『めし』東宝：成瀬巳喜男監督・上原謙・原節子／『愛妻物語』近代映画協会・大映：新藤兼人監督・宇野重吉・乙羽信子〔洋画〕『邪魔者は殺せ』（英）／『オルフェ』（仏）／『わが谷は緑なりき』『サンセット大通り』『黄色いリボン』『バンビ』（米）
10.14 ルース台風（死者・行方不明1200人）。	
10.25 日航第1号機もく星号，東京―大阪―福岡間に就航（東京―大阪間6000円，乗客36人）。	
10.28 メモリアルホール（旧国技館）で日本初のプロレス試合（力道山対ブランズ）。	
11.10 日教組，日光で第1回全国教育研究大会。	💴 はがき5円／封書10円／アンパン10円
12.18 全三越従組，6名の解雇に反対し東京3店で48時間ストに突入。支援団体2000人と共にピケをはり，警官出動。	👤 1.21 宮本百合子（51）／3.10 幣原喜重郎（78）／3.13 原民喜（45）／6.28 林芙美子（47）／9.11 末弘厳太郎（62）
12.27 法隆寺金堂壁画の模写（昭15年～）完成。	

昭和27年（1952）壬辰

内閣	政治・経済	世　界
③ 吉 田 茂 （ 自 由 党 ） 10.24 10.30 ④吉 田 茂 （ 自 由 党 ）	2.8 国民民主党，追放解除の旧議員らと改進党結成（幹事長三木武夫。6.13 総裁に重光葵）。 2.15 第1次日韓会談開始（4.26 中止）。 2.28 日米行政協定調印（国会承認の手続なしに米軍に基地を提供）。日本の主権侵害と問題化。 3.6 吉田首相，参院予算委で「自衛のための戦力は合憲」と答弁。3.10 野党の批判で訂正。 3.8 GHQ，兵器製造を許可（朝鮮特需に応需）。 4.1 琉球中央政府発足（主席比嘉秀平）。 4.26 海上警備隊発足。 4.28 講和条約・日米安全保障条約発効。GHQ廃止。日華平和条約調印（8.5 発効）。恩赦（大赦・特赦・減刑・復権等100万6628人）。 5.1 メーデーで，使用不許可の皇居前広場に入ったデモ隊と警官隊が衝突。デモ隊の1人射殺，1人殴打死，1232人検挙（メーデー事件）。 6.24 吹田市で，朝鮮動乱2周年記念集会のデモ隊，警官隊と衝突，60人逮捕（吹田事件）。 7.1 自由党議員総会，吉田側近の福永健司の幹事長起用をめぐって鳩山派が反発し混乱（吉田と追放解除で復帰した鳩山との対立激化）。 7.21 破壊活動防止法・公安調査庁設置法公布（総評など，自由権侵害として3波にわたる反対スト）。8月より共産党のビラ配布などに適用（いずれも無果）。 7.31 保安庁法公布（警察予備隊を保安隊に改組）。8.4 吉田首相，保安庁幹部に軍隊再建の意思表示。10.15 保安隊発足。 8.1 自治庁・法務省・経済審議庁・日本電信電話公社発足。 8.28 吉田首相，衆院解散（抜打ち解散。反吉田派の選挙準備ができないうちに突如解散）。 10.1 第25回総選挙（自由240，改進85，右社57，左社54，労農4，無所属・諸派26）。共産全滅，鳩山一郎・石橋湛山ら追放解除者139名当選。 10.8 経団連内に防衛生産委員会設置（会長郷古潔）。軍需生産中心の経済路線を打ち出す。 10.24 安藤正純ら鳩山派内の強硬分子，自由党民主化同盟（民同派）結成（64人参加）。 10.30 第4次吉田茂内閣成立。内閣官房長官に追放解除の緒方竹虎。内閣，党人事で鳩山派を締出し。 11.10 皇太子明仁，立太子礼。特赦・減刑等3478人。 11.20 経団連，中小企業団体連盟と日本商工会議所を分離，日本産業協議会を吸収（大企業のみの団体に再編，財界の総本山の位置を確立）。 11.27 通産相池田勇人，「中小企業の倒産・自殺もやむをえない」と発言。11.28 衆院，民同派25人欠席のため不信任案可決。11.29 池田辞任。	1.4 英軍，スエズ運河を封鎖。 1.18 韓国，海洋主権宣言（李ライン設定）。 2.1 第19回世界卓球選手権大会開催（ボンベイ）。初参加の日本，全7種目中4種目に優勝。 2.14 第6回冬季オリンピック（オスロ，30か国参加，〜2.25）。 2.15 ギリシア，NATOに加入。 2.24 米・西欧10か国，戦略物資の対共産圏輸出禁止協定調印。 3.10 キューバでバチスタが軍事クーデターに成功。 4.3 国際経済会議，モスクワで開催（〜4.12）。19か国から471人参加，世界各国の諸制度の平和的協定がテーマ。 4.9 ボリビアで民族革命（10.31 錫鉱山を国有化）。 5.26 ボン協定調印（米・英・仏の西独占領終る）。 5.27 欧州防衛共同体条約調印。 7.19 第15回オリンピック（ヘルシンキ，参加国・地域69，〜8.3）。ソ連・イスラエル・インドネシア・タイ・ナイジェリア・ガーナ・香港などが初参加。チェコのザトペックが長距離で3つの金メダル，「人間機関車」の異名をとる。日本は16年ぶりに参加，72人の選手を送る。レスリングの石井庄八が金メダル。 7.23 エジプトでナセルなど自由将校団のクーデター成功。 8.7 韓国大統領選挙，李承晩再選。 10.2 北京でアジア太平洋平和会議（〜10.12 37か国参加）。 10.3 英，初の原爆実験。 10月 ケニア，マウマウ団の反乱起こる。 11.1 米，マーシャル諸島のエニウエトク環礁で水爆実験。 12.12 ウィーンで諸国民平和大会（85か国1880人参加）。

●講和条約発効。米軍駐留のもとでの条件つき独立

社会・文化	世相
1.13 農林省神戸検疫所，輸入ビルマ米から多量の「黄変米」を発見（昭和31年にかけて毒性及び配給の是非が問題化）。	1月 ブリヂストン美術館開館／硫黄島で戦没者の遺骨調査開始。
1.23 NHK，衆院本会議を初めて中継放送。	2月 たばこのピース，鳩のデザインに変更（米の工業デザイナー，ローウィの図案で，依頼料150万円）。
2.20 東大生，学内の劇団ポポロの上演会場に潜入した私服警官3人を摘発。警察手帳を押収し，印刷・頒布（ポポロ事件）。	3月 映画『羅生門』，アカデミー外国作品特別賞受賞／日劇ミュージック=ホール開場／本田技研，自転車用の補助エンジン「カブ」を開発。
3.29 文化財保護委員会，無形文化財として工芸技術36件・芸能11件を初めて選定。	
4.1 砂糖の統制，13年ぶりに撤廃。	4月 NHK，連続放送劇『君の名は』放送開始（脚本・菊田一夫）。
4.1 GHQ，メモリアルホール・帝国ホテルなど接収解除。	6月 森永製菓，東京・銀座に球形の超大型ネオン塔を設置。
4.5 参院議員高良とみ（緑風会），モスクワ国際経済会議に出席（戦後初の社会主義国入り）。	12月 東京・京橋に国立近代美術館開館。第1回展覧会「日本近代美術展」開催／青山に初のボウリング場（入会金3万円，年会費3000円。芸能人中心）。
4.9 日航機もく星号，大島三原山に墜落。三鬼隆・大辻司郎ら37人全員死亡。	
5.7 財閥商号の使用復活（三菱銀行・住友銀行・三井生命保険など）。	この年 スクーター流行／ナイロン=ブラウス発売／食品玩具の「風船ガム」が子供たちに人気／電動おもちゃ登場（「セダン型自動車」「上飛び飛び機」など）／ラジオ受信契約1000万突破／角川書店『昭和文学全集』・新潮社『現代世界文学全集』刊行，文学全集の出版が盛ん。
5.9 警官隊，早大の警官パトロール抗議集会に突入。学生・教職員100人余り負傷（早大事件）。	
5.19 白井義男，ボクシング世界フライ級タイトルマッチでマリノを破り，日本人初の世界選手権獲得。	
5.20 東京でトロリーバス運転開始。	◎ヤンキー=ゴー=ホーム／火炎ビン／さかさくらげ／青線（飲食店の営業許可だけで赤線と同じ売春を行っていた地域の呼称。東京では新宿花園町界隈）
6.6 中央教育審議会（文相の諮問機関）設置。昭28.1.6委員決定（会長亀山直人）。	
6月 静岡県富士宮高校生石川皐月，上野村での選挙違反を投書，一家村八分にされる。	♪「テネシー=ワルツ」江利チエミ／「リンゴ追分」美空ひばり／「ああモンテンルパの夜は更けて」渡辺はま子・宇都美清／「ゲイシャ=ワルツ」神楽坂はん子
7.1 羽田空港，施設の一部が米軍から返還され，東京国際空港として業務開始（7.8ジェット旅客機コメット号着陸）。	📖野間宏『真空地帯』／大岡昇平『野火』『俘虜記』／川端康成『千羽鶴』／吉川幸次郎・三好達治『新唐詩選』／壺井栄『二十四の瞳』／武田泰淳『風媒花』／アンネ=フランク『光ほのか アンネの日記』
7.26 大山康晴，将棋名人（11期）に就位。8.24木村義雄，14世名人に推挙。	
7.31 天皇・皇后，戦後初めて明治神宮に参拝。10.16靖国神社にも初参拝。	🎬『生きる』東宝：黒澤明監督・志村喬／『原爆の子』近代映画協会・民芸：新藤兼人監督・乙羽信子・滝沢修／『山びこ学校』八木プロ：今井正監督・木村功／『真空地帯』新星映画：山本薩夫監督・木村功・下元勉／『西鶴一代女』新東宝：溝口健二監督・田中絹代〔洋画〕『天井桟敷の人々』（仏）／『風と共に去りぬ』『チャップリンの殺人狂時代』（米）／『第三の男』（英）／『河』（インド）
8.6 『アサヒグラフ』，原爆被害写真を初公開，即日売切れ。	
9.17 八丈島南方で海底噴火，新礁（明神礁）発生（調査の第5海洋丸爆沈，31名死亡）。	
9.21 大相撲で，4本柱を廃止して吊屋根式に改造（この年より1年4場所制）。	
9.24 電産労組，電源スト（12.18まで断続）。	
11.18 東京駅前に新丸ビル完成。	
12.7 昭26.11.25から行方不明の鹿地亘，突然帰宅。在日米諜報機関（キャノン機関）に監禁されていたと発表。	👤3.1 久米正雄(60)／8.22 平沼騏一郎(84)／10.17 岡田啓介(84)／10.19 土井晩翠(80)／12.30 中山晋平(65)
12.17 京阪電鉄，車両に電熱暖房を初設置。	

63

昭和28年(1953) 癸巳

内閣	政治・経済	世　界
④ 吉田茂 （自由党） 5.18	2.28 吉田首相，衆院予算委で質問中の右派社会党西村栄一に「バカヤロー」と暴言。 3.2 衆院，吉田首相懲罰動議を可決(自由党民同派・広川弘禅派欠席。吉田首相，広川農相を罷免)。 3.14 衆院，野党3派提出の内閣不信任案可決(民同派賛成)，衆院解散(バカヤロー解散)。 3.18 民同派と広川派，分党派自由党結成(総裁鳩山一郎)。岸信介，自由党入党。 4.2 日米友好通商航海条約調印。10.30 発効。 4.3 沖縄の米民政府，土地収用令(布告109号)を公布(所有者の許可なく米軍による土地収用を可能にし，軍用地強制収用が続発)。 4.15 第2次日韓会談(7.23 自然休会)。10.6 第3次日韓会談(「日本の朝鮮統治は朝鮮に恩恵を与えた」などの日本代表久保田貫一郎の発言をめぐって対立。10.21 会談決裂)。 4.19 第26回総選挙(自由199，改進76，左社72，右社66，分党派自由35，労農5，共産1，無所属・諸派12)。左社躍進し右社を抜く。 4.24 第3回参院選(自由46，左社18，緑風16，右社10，改進8，無所属・諸派30)。分自党全滅。	1.1 中国，第1次5か年計画を開始。 1.12 ユーゴ，新憲法を採択。1.14 チトー大統領選出。 1.20 アイゼンハワー，米大統領就任。1.27 新国務長官ダレス，「巻き返し政策」表明。 1.26 早大遠征隊，南米のアコンカグア(6960m)に登頂。 3.5 ソ連首相スターリン死去(後任にマレンコフ)。 4.20 山田敬蔵，ボストン=マラソン優勝。 5.29 英登山隊のヒラリーとシェルパのテンジンがエベレスト(チョモランマ)初登頂。 6.2 英国王エリザベス2世，戴冠式挙行。 6.7 第1回世界婦人大会，コペンハーゲンで開催(67か国7000人)。洋画家の赤松俊子が出席。
5.21 ⑤ 吉田茂 （自由党）	5.21 第5次吉田茂内閣成立(少数党内閣)。 6.9 保安庁長官木村篤太郎，警備5か年計画案(保安隊20万人，艦船14万トン，航空機1350機にする計画)について発言し問題化。 7.15 MSA(相互防衛援助)日米交渉開始。 8.1 恩給法改正公布(軍人恩給復活)。 8.7 電気事業・石炭鉱業における争議規制法(スト規制法)公布。電産と炭労を抑える目的。 8.15 らい予防法公布(患者の強制入所を法制化)。 9.1 町村合併促進法公布(標準人口8000人以上。9895市町村が昭31年には3975に減少)。 10.2 日本の再軍備，対日MSA援助につき，自由党政務調査会長池田勇人(吉田首相の特使)，ロバートソン米国務次官補と会談(池田・ロバートソン会談)。米，日本に昭32年5月～35万人の軍隊設立を要求。10.30 会談終了(18万人の陸上部隊創設で合意。日本は愛国心の育成など自衛力増強の制約を取除く努力を約束)。 10.14 共産党書記長徳田球一，北京で客死。 11.17 吉田・鳩山会談(自由党に憲法調査会を設置することを条件に鳩山復党)。11.29 分党派自由党解党。鳩山ら23人は復党。三木武吉・河野一郎ら8人，復党を拒否し日本自由党結成。 11.19 来日中の米副大統領ニクソン，日米協会で「憲法9条は米の誤りであった」と演説。 12.25 奄美群島，日本に返還。沖縄は米軍政下のまま。昭29.1.7 アイゼンハワー大統領，一般教書で沖縄基地の無期限保持を表明。	6.18 エジプト共和国成立(大統領ナギブ)。 6.19 米，ローゼンバーグ夫妻を原子力スパイ容疑で死刑。 7.4 ハンガリーで新首相にナジ任命，集団農場解散と農業改革を表明。 7.16 伊東絹子，米でミス=ユニバース3位入選。「八頭身」が流行語に。 7.26 キューバでカストロによる反バチスタ政府蜂起失敗。 7.27 朝鮮休戦協定調印。 8.12 ソ連，初の水爆実験に成功(8.20 公表)。 9.12 ソ連共産党第1書記にフルシチョフ選出。 10.1 米韓相互防衛条約調印。 11.7 フィリピン大統領選挙，マグサイサイが当選。 11.20 インドシナ戦争で仏軍が北ベトナムのディエンビエンフーを占領。 11.27 李承晩韓国大統領，台湾訪問，蔣介石総統と反共統一戦線結成の共同声明。 12.9 カンボジア，仏から独立。

64

●朝鮮戦争休戦のかげで安保体制の強化が進む

社会・文化	世　相
1.31 南方8島の遺骨収集に日本丸出航。**3.19** 遺骨440体を収集して帰国。	**5月** ＮＨＫ，大相撲のテレビ中継開始。
2.1 ＮＨＫ，東京地区でテレビの本放送開始（1日約4時間，契約数866）。	**6月** 東京の江東劇場で，初のワイドスクリーンが人気。
2.4 「李ライン」に出漁した漁船第1大邦丸，韓国警備艇に拿捕され，機関長射殺される（**昭29年**にかけて同様の拿捕事件が頻発，問題化）。	**10月** 赤色公衆電話機，東京都内に初登場。
3.7 日本子どもを守る会・日教組，基地の子どもを守る全国会議開催。	**11月** 東京会館でクリスチャン＝ディオールのファッション＝ショー／中央合唱団，日比谷で「日本のうたごえ」開催。以後，うたごえ運動盛ん。
3.23 日赤など3団体，中国からの引揚げ業務再開。興安丸・高砂丸，3968人を乗せて舞鶴に入港。	**12月** 東京有楽座でシネマスコープ第1作『聖衣』封切（超ワイド＝スクリーン，60万人を動員）／初のスーパーマーケット，東京・青山の紀ノ国屋が開店／ＮＨＫ，第3回『紅白歌合戦』を日劇で初めて公開放送。
3.30 皇太子，英女王エリザベス2世の戴冠式出席のため横浜港を出発。	
4.1 浅草本願寺で花岡鉱山などの中国人俘虜殉難者500余柱の慰霊祭。**6.23** 中国への遺骨送還始まる。	**この年** 街頭テレビが人気／蛍光灯が家庭に普及し始める／映画『君の名は』空前の大ヒットで，ショールを頭から首に巻くスタイルが流行／森永スープ発売（インスタント食品のはしり）／噴流式の電気洗濯機発売。
4.1 保安大学校，横須賀に開校（応募者30倍。**昭29.9** 防衛大学校と改称）。	📕 八頭身（頭部の小さい日本人ばなれした伊東絹子のスタイルをいう）／サンズイ（汚職のこと）／サイザンス（トニー谷の造語。作られた流行語の初め）／むちゃくちゃでござります（花菱アチャコの造語）
5.7 東大地震研究所，観測に支障ありとして浅間山の米軍演習地使用に反対。**7.16** 使用取止め決定。	
6.4 中央気象台，台風の呼び方を外国女性名から発生順位番号にかえると発表。	🎵『君の名は』織井茂子／「雪の降るまちを」高英男／「街のサンドイッチマン」鶴田浩二／「五木の子守唄」照菊
6.13 石川県内灘村農民，米軍試射場無期限使用反対で座り込み。**6.14** 北陸鉄道，軍需物資輸送拒否スト。**6.15** 米軍，試射開始。	📖 伊藤整『火の鳥』／山岡荘八『徳川家康』／菊田一夫『君の名は』／サン＝テグジュペリ『星の王子さま』／ボーボワール『第二の性』／筑摩書房『現代日本文学全集』99巻
6.18 米軍輸送機，立川基地離陸直後墜落（米兵129人即死。当時，世界最大の航空事故）。	🎬『ひめゆりの塔』東映；今井正監督・津島恵子・香川京子／『十代の性典』大映；島耕二監督・若尾文子・南田洋子（若尾文子の人気で大ヒット。「性典もの」流行の先駆け）／『君の名は』松竹；大庭秀雄監督・佐田啓二・岸恵子〔洋画〕『シェーン』（米）／『終着駅』（米・伊）／『禁じられた遊び』（仏，ベニス映画祭グランプリ。日本でもこの年のベストテン第1位）
6.27 ソ連式無痛分娩，初めて成功（以後，日本赤十字社系病院で広く採用）。	
8.11 三井鉱山労組，6739人の人員整理に対し，炭住ぐるみの闘争。**11.27** 要求貫徹。	
8.21 中央気象台，開所初の38.4℃を記録。	
8.28 日本テレビ，民放初の本放送開始。	📺『ジェスチャー』『山びこ学校』『紅白歌合戦』〔ＣＭ〕「サロンパス坊や」（久光製薬），「世界一周」（味の素）
9.10 松竹・東宝・大映・新東宝・東映，俳優・監督などの引抜き防止の5社協定調印。	
9.18 国際理論物理学会議本会議，京都で開会（戦後日本初の国際学術会議）。	💴 テレビ受像機18万円／白米（10kg）680円／ビール107円／入浴料15円／公衆電話10円
10.2 伊勢神宮内宮，第59回遷宮（**10.5** 外宮）。	🔥 **1.4** 秩父宮雍仁（50）／**2.25** 斎藤茂吉（70）／**3.9** 佐野学（61）／**5.28** 堀辰雄（48）／**7.7** 阪東妻三郎（51）／**9.3** 折口信夫（66）／**9.7** 阿部信行（77）／**10.14** 徳田球一（59）
10.24 新興金融機関保全経済会休業，多数の大衆投資家に被害。**昭29.1.26** 理事長伊藤斗福逮捕。	
10.26 広津和郎・宇野浩二・志賀直哉・川端康成・吉川英治ら作家9人，松川事件の公正判決要求書を鈴木裁判長に提出。	
12.1 松阪市外櫛田橋—宇治山田市外渡海橋間で初の有料道路開通（10.6km）。	

昭和29年(1954) 甲午

内閣	政治・経済	世 界
⑤吉田茂（自由党） 12.7 12.10 ①鳩山	1.15 憲法擁護国民連合発会式(議長片山哲)。 2.22 政府, 教育の政治的中立確保に関する法案及び教育公務員特例法改正案を国会に提出(教育2法, 平和教育禁止や教員の政治活動を制限)。小学校長・日教組など反対。5.29 修正成立。6.3 公布。 2.23 衆院, 自由党議員有田二郎の逮捕を許諾(造船疑獄。海運業から自由党などへの贈収賄事件)。4.21 法相犬養健, 自由党幹事長佐藤栄作の逮捕不承認と検事総長に指揮権発動。4.22 法相辞任(事件の真相は闇に)。 3.2 保守3党, 原子炉建造補助費2億3500万円を29年度予算修正案として突如提出。 3.8 日米相互防衛援助(MSA)協定調印。 3.12 自由党憲法調査会発足(会長岸信介)。11.5 憲法改正案要綱発表(保守派の改憲論議活発化)。 3.17 沖縄米民政府, 地代の一括払いで軍用地の永代借地権を設定する方式を発表。4.30 琉球立法院, 地代一括払い反対, 新規接収反対など土地を守る4原則を決議。 5.15 地方交付税法公布(平衡交付金を地方交付税と改める。国によって算定され国による地方自治体への介入の財政的手段となる)。 5.28 自由・改進・日本自由の保守3党, 新党結成の交渉委員会設置。政策で一致, 新党総裁をめぐって対立。6.23 自由党交渉打切り。 6.3 衆院, 会期延長をめぐり大混乱。堤康次郎議長, 警官隊200人を初めて院内に出動させる。 6.8 警察法改正公布(国家地方警察と自治体警察を都道府県警察に統合, 中央集権化)。 6.9 防衛庁設置法・自衛隊法公布。MSA協定等に伴う秘密保護法公布。 7.1 陸海空3軍の自衛隊発足。 9.19 鳩山一郎・重光葵・岸信介ら6人, 反吉田新党結成で一致。9.21 新党結成準備会結成。 9.26 吉田首相, 欧米7か国歴訪(～11.17)。 10.13 日経連, 強力な政治力結集を決議。10.20 経済同友会, 保守合同要望を決議(財界, 吉田退陣による保守勢力の結集のため圧力を強化)。 11.8 自由党, 岸信介・石橋湛山を除名。 11.24 日本民主党結成(総裁鳩山・幹事長岸。自由党鳩山派・岸派・改進党・日本自由党が合流。衆院121・参院18で, 改憲, 反吉田連合の党)。 12.6 民主・左右社会党, 内閣不信任案を提出。12.7 吉田首相, 財界・党内から解散に反対され内閣総辞職。12.8自由党, 新総裁に緒方竹虎。 12.10 早期解散を条件にした左右社会党の支持を得て, 鳩山一郎内閣成立。蔵相一万田尚登。	1.12 米国務長官ダレス, 大量報復戦略を表明。 1.21 米原子力潜水艦ノーチラス号進水式。 3.28 米州機構会議, 国際共産主義活動防止決議を米主導で採択(カラカス宣言)。 4.13 米原子力委特別調査委員会, 水爆製造反対のオッペンハイマー博士の忠誠調査。5.27 危険人物と認定。 4.18 エジプト, ナセル政権成立。 4.26 ジュネーブ会議開催(～7.21), 朝鮮問題・ベトナム問題解決を協議。 5.7 ベトナム人民軍, ディエンビエンフーの仏軍要塞を占領。 5.17 米最高裁, 公立学校での人種差別に違憲判決。 6.18 仏, マンデス=フランス急進社会党内閣成立。 6.28 周恩来・ネルー, 平和5原則の共同声明発表。 6.28 第13回世界体操選手権大会(ローマ)で, 竹本正男・田中敬子が種目別で金メダル。 7.20 ジュネーブ会議, インドシナ休戦協定に調印。仏軍撤退, ベトナムの独立承認と, 北緯17度を南北の暫定的軍事境界線とし統一のための自由選挙を1955年7月までに実施することを決定。米は協定に調印せず。 8.6 喜多実ら能楽団, ベニス国際演劇祭に初参加し『葵上』などを上演。 9.3 中国軍, 金門・馬祖島への砲撃を開始。 9.6 東南アジア条約機構(SEATO)創設。 9.20 中華人民共和国憲法を採択(主席毛沢東・首相周恩来)。 10.26 ベトナム共和国, 樹立宣言。 10.30 中国紅十字会代表団, 日本赤十字社の招きで来日。 11.1 アルジェリア独立戦争開始。 12.2 米・台相互防衛条約調印。

●ビキニ被爆を契機に原水爆禁止運動高揚

社会・文化	世　相
1.2　皇居一般参賀に38万人，**二重橋で大混乱**し死者16人，重軽傷69人。	2月　蔵前国技館でシャープ兄弟と力道山・木村政彦のプロレス初興行。テレビの実況中継も人気で，街頭テレビに観客が集まる（**プロレス人気始まる**）。
1.9　東京都，街頭での広告放送等による騒音に対処するため，騒音防止条例公布。	
1.12　文化財保護委員会，平城宮跡を発掘。	4月　大阪で日本初の国際見本市／衣笠貞之助監督映画『地獄門』，カンヌ映画祭でグランプリ受賞／NHKテレビ，美容体操の放送開始（竹腰美代子・小池幸）。
1.16　世界男子スピードスケート選手権大会開催（札幌円山公園，日本初の世界選手権）。	
1.20　営団地下鉄丸の内線池袋―御茶の水間が開業（戦後初の地下鉄開通）。	7月　国立東京第1病院，人間ドックを始める（6日間で1万2000円）／日本文化放送，午前2時までの深夜放送を開始。
2.1　米の女優**マリリン=モンロー**，夫の大リーグの強打者ジョー=ディマジオと**来日**。	
2.8　全国23婦人団体代表，売春禁止法期成全国婦人大会開催。	8月　映倫，映画と青少年問題対策協議会を設置。青少年向き映画と成人向き映画を選定／都内の失業者，50万人を突破。
2.15　第1回憲法擁護国民大会開催（日比谷公会堂）。	
3.1　マグロ漁船**第5福竜丸，ビキニの米水爆実験で被災**。3.14 焼津に帰港。	10月　栃錦，横綱に昇進／光文社，『**カッパブックス**』刊行開始（伊藤整『文学入門』など，**新書判ブーム**）。
3.16　読売新聞，第5福竜丸のビキニ環礁水爆放射能被災をスクープ。マグロの市価が半値になる。9.23 無線長久保山愛吉（40）死去。	
	11月　青少年のヒロポン中毒が社会問題化。
3.31　新たに35市誕生（市制ブーム）。	この年　水爆実験の影響で，生魚が敬遠され寿司屋に打撃／電気洗濯機・冷蔵庫・掃除機（のち，白黒テレビ）が『**三種の神器**』と呼ばれる／ヘップバーンカットが流行／貸し本屋急増／東映娯楽映画『真田十勇士』『雪之丞変化』『笛吹童子』『紅孔雀』などで，中村錦之助・東千代之介がアイドルに。
3月　阪神―淡路島，淡路島―鳴門間に初のカー=フェリー就航。	
4.19　東京・元町小学校の便所で2年生の女子絞殺される（鏡子ちゃん事件）。	
4.20　第1回全日本自動車ショー開催。	
4.23　学術会議総会，核兵器研究の拒否と原子力研究3原則（公開・民主・自主）を声明。	
6.4　**近江絹糸労組**，組合承認及び外出・宗教・結婚・通信の自由など人権を要求し，**スト突入**。9.16 組合側の勝利。	◎スポンサー／**死の灰**／**パートタイム**／美容体操／Hライン（ディオールのデザインで秋から流行）／水爆マグロ
	♫「高原列車は行く」岡本敦郎／「愛の讃歌」旗照男／「お富さん」春日八郎／「岸壁の母」菊池章子／「原爆を許すまじ」
7.30　政府，滞貨黄変外米配給を決定，問題化。	
8.8　原水爆禁止署名運動全国協議会結成（事務局長安井郁）。	📖伊藤整『女性に関する12章』『文学入門』／三島由紀夫『潮騒』／金達寿『玄海灘』／中野重治『むらぎも』
8.27　日本短波放送開局。	
9.16　日本中央競馬会発足。9.25 第1回競馬開催。	🎬『**七人の侍**』東宝：黒澤明監督・三船敏郎・志村喬／『里見八犬伝』東映：河野寿一監督・東千代之介・中村錦之助／『二十四の瞳』松竹：木下恵介監督・高峰秀子／『**ゴジラ**』東宝：本多猪四郎監督・河内桃子・宝田明（初の空想科学映画，以後ラドン・バラン・モスラなど続々と登場）。〔洋画〕『グレン=ミラー物語』『**ローマの休日**』『波止場』（米）／『嘆きのテレーズ』『恐怖の報酬』『しのび逢い』（仏）
9.18　蔵前国技館落成，相撲博物館開館。	
9.26　青函連絡船**洞爺丸**，台風15号で**座礁転覆**，死者・行方不明1155人（最大の海難事故）。	
10.8　相模湖で遊覧船が定員超過で沈没，麻布学園中学部生徒22人水死。	
11.3　法隆寺金堂昭和大修理，20年ぶりに完成し落慶式。	📺『今晩はメイ子です』『こんにゃく問答』〔CM〕「バラが開く」（ミツワ石鹸），「ポマード」（柳屋），「花ことば」（三越）
11.9　警視庁，警官600人でヒロポン密造の御徒町マーケットを急襲（昭30.1.28 厚生省に覚せい剤問題対策本部設置）。	
	⚰2.12 本多光太郎（83）／2.12 岸田國士（63）／9.21 御木本幸吉（96）／10.6 尾崎行雄（95）
11.28　富士山で，雪崩で集団遭難（死者15人）。	

昭和30年(1955) 乙未

内閣	政治・経済	世界
①鳩山一郎（日本民主党） 3.18 3.19 ②鳩山一郎（日本民主党） 11.21 11.22 ②鳩山	1.10 鳩山首相, 車中記者会見で, 中ソとの国交回復と憲法改正に積極的意志を表明。 1.13 『朝日新聞』, 記事「米軍の『沖縄民政』を衝く」で沖縄の圧政の実情を本土に初めて紹介。 1.18 左右社会党臨時大会, 総選挙後の統一のため同文の決議を採択。9.4 統一綱領案決定。 1.25 元ソ連代表部首席ドムニッキー, 鳩山首相に日ソ国交正常化に関する文書手交。 1.27 経済再建懇談会設立（財界の政治献金団体）。 2.27 第27回総選挙（民主185, 自由112, 左社89, 右社67, 労農4, 共産2, 無所属・諸派8）。革新派, 改憲阻止に必要な3分の1の議席を確保。 3.14 防衛庁, 防衛6か年計画案決定（陸上18万人, 海上12万トン, 航空機1200機）。 3.19 第2次鳩山一郎内閣成立（少数党内閣）。 4.12 民主党総務会長三木武吉, 「保守合同のためには鳩山首班に固執せず」と談話。5.6 経団連総会, 保守統一を要請する決議。6.4 鳩山・緒方民主・自由両党首会談, 保守勢力結集で共同談話。7.28 自主的憲法改正の政綱等を決定。 4.19 防衛分担金に関する日米交渉妥結（分担金減額, 米軍飛行場拡張・防衛費増額を約束）。 4.23 第3回統一地方選挙（創価学会進出）。 6.1 ロンドンで日ソ交渉始まる（全権松本俊一）。6.3 第1回正式会談。9.21 休会。 7.11 民主・自由・緑風の保守派議員有志, 自主憲法期成議員同盟結成（会長広瀬久忠）。 7.20 経済審議庁を経済企画庁に改組。 7.27 共産党, 第6回全国協議会（党内紛争解決）。 7.30 第22回特別国会閉会（国防会議構成法案・憲法調査会法案ともに審議未了）。 8.5 政府, ジェット機利用のため横田・立川など米軍5飛行場の拡張を声明。9.13 立川基地拡張のため強制測量。砂川町の反対派住民・労組員と警官隊衝突。昭31.10.13 衝突で887人負傷（砂川闘争）。最終的に基地拡張を阻む）。 8.29 外相重光葵, ワシントンでダレス米国務長官に安保条約改定などを打診, 拒否される。 9.10 日本, ガット（関税および貿易に関する一般協定）に正式に加盟。 10.13 社会党統一大会（委員長に左派鈴木茂三郎, 書記長に右派浅沼稲次郎）。衆院156, 参院69。 11.6 民主・自由両党, 新党の代行委員制に合意。 11.15 自由民主党（自民党）結成, 保守合同なる（代行委員に鳩山一郎・緒方竹虎・三木武吉・大野伴睦）。衆院299, 参院118。 11.22 第3次鳩山一郎内閣成立。農相河野一郎。 12.19 原子力基本法公布（平和利用に限定）。 この年 「神武景気」始まる（～昭32年中頃）。	1.19 世界平和評議会執行局会議, 原子戦争の準備に反対するウィーン=アピールを発表（7億人署名）。 2.24 トルコ・イラク, 相互防衛条約（バグダッド条約）調印。 4.5 英, チャーチル首相辞任。4.7 イーデン内閣成立。 4.18 バンドンでアジア・アフリカ会議。日本を含む29か国参加, バンドン10原則採択。 5.6 西独, NATOに加盟。 5.14 ソ連・東欧8か国, ワルシャワ条約調印。 6.22 ヘルシンキ世界平和集会（～6.29）。4大国首脳会議を要求するアピールを発表。 7.9 バートランド=ラッセル, アインシュタインら世界の科学者・知識人が原子戦争の危険を訴える宣言を発表（ラッセル・アインシュタイン宣言）。 7.18 ジュネーブで米・英・仏・ソ4国巨頭会談（緊張緩和の気運高まる）。 7.27 オーストリア独立回復。10.26 議会, 永世中立を議決。 8.28 加茂公成・宮城淳組, 全米テニス選手権で日本初優勝。 9.8 アデナウアー西独首相, ソ連訪問。9.13 ソ連・西独首脳, 共同コミュニケで国交樹立を宣言。 9.19 ペロン・アルゼンチン大統領辞任。軍事評議会が政権を掌握。 9.23 第1回ノンプロ野球選手権大会（米ミルウォーキー）に全鐘紡が出場し5位。 10.26 南ベトナム共和国樹立宣言, ゴ=ジン=ジェムが大統領就任。 11.13 ソ連・中華民国, 18か国国連加盟案に拒否権行使, 日本・モンゴルの加盟拒否。 11.22 中東条約機構（METO）発足（トルコ・イラン・イラク・パキスタン・英）。

●保守合同により自民党誕生。家庭電化時代始まる

社会・文化	世相
1.7 トヨタ自動車工業，トヨペットクラウンを発表(48馬力，乗用車製造技術が国際水準に近づく)。	**1月** シネラマ(左右19mの大型弧状スクリーンで，立体感を出す)の第1回作品『これがシネラマだ』，帝劇で初公開。
1.28 炭労・私鉄・電産など民間6単産，春季賃上げ共闘会議総決起大会(春闘の端緒)。	**2月** 石垣綾子，「主婦第二職業論」を『婦人公論』に発表。主婦の活動や家事労働に関する論争の口火となる。
2.27 NHKテレビ，衆議院総選挙の開票速報を初放送(テレビの受信契約5万台)。	**4月** ハナ肇・谷啓ら，クレージーキャッツを結成(植木等は後に参加)。
3.18 大成丸，ガダルカナル島など南太平洋地域の遺骨5889体とニューギニア密林で生活の元兵士4人を乗せて横浜着。	**6月** 1円のアルミ貨発行／石原慎太郎，『太陽の季節』を『文学界』に発表。
4.16 佐世保炭坑でボタ山崩れ。炭住45世帯埋没し，68人死亡。	**7月** 後楽園ゆうえんち開場(ジェットコースター登場)。
5.8 東京・砂川町で立川基地拡張反対総決起大会(砂川闘争開始)。スローガン「土地に杭は打たれても，心に杭は打たれない」)。	**11月** 理研光学工業，事務用複写機リコピーの量産を開始／船橋市に初のヘルスセンター開場。
5.10 米軍，北富士演習場で，着弾地付近に座り込みの地元民を無視し射撃演習開始(小牧・横田・新潟・伊丹・木更津などでも基地反対闘争激化)。	**12月** 日本ボディビル協会結成。
5.11 国鉄宇高連絡船紫雲丸，貨物船第3宇高丸と衝突し沈没，死者168人(紫雲丸事故。アマチュア写真家の現場写真の新聞掲載をめぐって報道精神問題化)。	**この年** 東芝，電気釜発売。「家庭電化時代」が始まる／新宿駅で押し屋採用，ラッシュアワーに活躍／ラジオ=コントロール(ラジコン)のバスや自動車おもちゃ登場／動きの速いマンボを踊るため，細身のスラックスが流行。
5.24 天皇，国技館で相撲観戦(戦後初，国技館での観戦は明治45年以来43年ぶり)。	🔴 ノイローゼ／M+W(ショートカットにスラックスの女性，カラーシャツや腕輪などの男性が出現，モノ=セックス時代の到来といわれた)／最低ネ，最高ネ／ボディビル
5.26 在日朝鮮人総連合会結成。	🎵 「この世の花」「りんどう峠」島倉千代子／「おんな船頭唄」三橋美智也／「月がとっても青いから」菅原都々子／「ガード下の靴みがき」宮城まり子／「別れの一本杉」春日八郎
5.28 ヘレン=ケラー来日，各地を講演。	📘 遠山茂樹・藤原彰・今井清一『昭和史』／正木ひろし『裁判官』／長谷川伸『日本捕虜志』／大岡信『現代詩試論』／平凡社『世界大百科事典』32巻／新村出編『広辞苑』／諸橋轍次『大漢和辞典』13巻
6.7 第1回日本母親大会開催(東京・豊島公会堂，2000人参加。以後の合言葉「生命をうみだす母親は，生命を育て，生命を守ることを望みます」)。	📽 『浮雲』東宝；成瀬巳喜男監督・高峰秀子／『血槍富士』東映；内田吐夢監督・片岡千恵蔵／『夫婦善哉』東宝；豊田四郎監督・森繁久彌・淡島千景／『野菊の如き君なりき』松竹；木下恵介監督・有田紀子
7.8 厚生省，『売春白書』を発表，全国で公娼50万人と推定。	〔洋画〕『これがシネラマだ』『喝采』『エデンの東』『暴力教室』(上映反対運動おこる)(米)／『鉄路の闘い』(仏)／『ユリシーズ』(伊)
7.15 人気タレントのトニー谷の長男(6歳)が誘拐され，身代金200万円が要求される。7.21 犯人逮捕，子どもは無事保護。	📺 『私の秘密』『日真名氏飛び出す』『サザエさん』〔CM〕「アパッチ，胃散をくれ」(太田胃散)，「ミルキーはママの味」(不二家)
7.29 自動車損害賠償保障法公布(強制保険制始まる)。	👤 2.17 坂口安吾(48)／4.20 下村湖人(71)／7.28 宮武外骨(89)／11.30 大山郁夫(75)／12.24 安井曾太郎(67)
8.6 第1回原水爆禁止世界大会広島大会開催(日本で3238万人，外国で6億7000万人の原水爆禁止署名)。	
8.7 東京通信工業(ソニー)，初のトランジスタラジオを発売。	
8.13 日本民主党，『うれうべき教科書の問題』を刊行。	
8月 岡山で人工栄養児4人死亡，森永粉ミルク含有の砒素が原因と判明。全国で患者1万人以上，死者130人に。	
9.19 原水爆禁止日本協議会(原水協)結成。	

69

昭和31年(1956) 丙申

内閣	政治・経済	世 界
③鳩山一郎（日本民主党） 12.20 12.23 石橋湛山（自民党）	1.17 日ソ交渉，ロンドンで再開。3.20 領土問題で行詰り休会。 3.13 政府，教科書検定の強化をねらった教科書法案を国会提出（審議未了，廃案）。 4.5 自民党大会，初代総裁に鳩山一郎を選出。 4.11 日本中小企業政治連盟結成（総裁鮎川義介）。 4.19 衆院，新教育委員会法案をめぐって大混乱。6.2 参院で，警官500人を導入し強行可決。6.30 公布（教育委員を公選から任命制に）。 4.29 農相河野一郎，モスクワで日ソ漁業交渉開始。5.14 日ソ漁業条約調印（12.12 発効）。 4.30 衆院，小選挙区制法案をめぐり大混乱（審議未了。自民党に有利な恣意的な選挙区割りを行いハトマンダーと呼ばれる）。 5.9 フィリピンと賠償協定調印（20年間に5億5000万ドル支払い）。 5.19 科学技術庁開庁（初代長官正力松太郎）。 6.9 沖縄米民政府モーア副長官，プライス勧告を沖縄側に伝達（プライスを団長とする米下院調査団，現在の軍用地4万エーカーのほか1万2000エーカーの接収，無期限使用を勧告）。反対運動高まり，島ぐるみ闘争に発展。 6.11 憲法調査会法公布（内閣に設置）。 7.2 国防会議構成法公布。首相を議長，外相・蔵相・防衛庁長官などを構成員とし，国防の基本方針などを審議する（12.8 第1回会議）。 7.8 第4回参院選（自民61，社会49，緑風5，共産2，無所属・諸派10）。革新派3分の1を確保。 7.31 重光外相，モスクワで日ソ交渉再開。8.12 外相，歯舞・色丹のみの返還というソ連案の受諾を請訓。8.13 政府，国後・択捉返還も求めソ連案を拒否。8.19 鳩山首相，訪ソの決意を表明（領土問題棚上げで決着をはかる）。 10.19 日ソ国交回復に関する共同宣言調印（平和条約は継続交渉とし，平和条約発効時に歯舞・色丹を返還）。鳩山首相，日ソ国交回復を花道に引退表明。 12.14 石橋湛山，自民党大会の決戦投票で，岸信介を258対251で破り総裁就任（石橋・石井光次郎の2・3位連合の勝利）。この頃に7個師団と呼ばれる岸，石橋，石井，大野，河野，三木・松村，吉田の7大派閥が形を整える。 12.18 国連総会，日本の国連加盟を全会一致で承認。 12.19 大赦令・特赦・特別減刑等7万1782人。 12.20 鳩山内閣総辞職。12.23 石橋湛山内閣成立。副総理格で外相岸信介。 12.25 那覇市長選で人民党の瀬長亀次郎当選（昭32.11.25 那覇市会，米民政府の圧力で市長を罷免。瀬長，被選挙権を奪われ立候補できず）。	1.26 第7回冬季オリンピック（伊・コルチナ=ダンペッツォ，～2.5）。トニー=ザイラー（伊），初のアルペン三冠王。猪谷千春，スキー回転で2位（冬季初のメダル）。 2.14 ソ連共産党第20回大会，平和共存路線を採択。2.24 フルシチョフ，秘密会でスターリン批判演説。 4.17 コミンフォルム解散。 5.9 日本登山隊（隊長槇有恒），ヒマラヤ山脈のマナスル（8156m）に初登頂。 6.1 ユーゴ大統領チトー，ソ連訪問。6.23 ユーゴ・ソ連共同宣言発表（友好・協力関係確立で合意）。 6.13 英軍，スエズ運河から撤退。 6.23 エジプト，初代大統領にナセル選出。7.26 ナセル，スエズ運河の国有化を宣言。 7.18 チトー・ネルー・ナセル会談，軍事ブロック・植民地主義反対を訴える。 10.23 ハンガリーのブダペストで20数万人デモ，ソ連軍撤退・複数政党制などを要求（ハンガリー動乱始まる）。10.24 ソ連軍出動。11.1 ナジ首相，ワルシャワ条約機構脱退を表明。11.4 ソ連軍事介入，ナジ政権を転覆。 10.29 イスラエル軍，エジプトに侵攻。10.30 英・仏軍参戦し第2次中東戦争（スエズ戦争）。12.22 英・仏軍撤退。 11.22 第16回オリンピック開催（メルボルン，～12.6）。日本選手118人参加。体操で小野喬（鉄棒），200m平泳で古川勝，レスリングで笹原正三・池田三男が金メダル。 12.2 カストロらキューバ革命派82人，キューバ上陸。 12.31 ラオス王国政府，パテト=ラオ政権樹立を宣言。 この年 北朝鮮で「千里馬（チョンリマ）」運動始まる。

●日ソ国交回復・国連加盟実現。好況が続く

社会・文化	世　相
1.1　新潟県弥彦神社で，餅まきに群衆殺到し大混乱，圧死者124人。	2月　新潮社，『週刊新潮』を創刊(出版社による初の週刊誌。週刊誌ブーム)。
1.12　東京の赤線従業婦，東京女子従業員組合連合会結成，売春防止法に反対。	3月　『主婦の友』，Ｂ５判となる(婦人雑誌大型化)／映画館新築ブーム。東京では敗戦時の４倍の452館。
1.27　大阪で美空ひばりショーに群衆が殺到，死傷者10人。	5月　『読売新聞』，「日曜クイズ」を連載開始(賞金が話題。他の雑誌・週刊誌も同種のクイズを企画。クイズブーム)。
1.28　万国著作権条約公布(ⓒ記号を付記)。4.28 日本で発効。	7月　今井正監督の『真昼の暗黒』，チェコ国際映画祭で入賞／富士写真フイルム，国産初の電子計算機を完成。
3.19　日本住宅公団，入居者募集を始める。5.1 千葉市の稲毛団地で入居開始。	9月　民芸，ハケット夫妻原作の『アンネの日記』を初演。
3.20　能代市で大火，焼失1482戸。	10月　大阪・新世界の通天閣再建。
3.23　ザ＝ファミリー＝オブ＝マン写真展に天皇来場の際，長崎原爆被災写真にカーテンがかけられ批判を呼ぶ。	この年　『文藝春秋』，中野好夫の「もはや戦後ではない」を掲載，『世界』も"戦後"への訣別」を特集。戦後は終わったか，の議論が盛ん／手塚治虫『鉄腕アトム』，武内つなよし『赤胴鈴之助』，横山光輝『鉄人28号』やアメリカマンガ『スーパーマン』が人気。貸本マンガ盛ん，月刊誌形式の貸本マンガ『影』創刊／ホッピングがブーム。
3.30　学校給食法改正(中学校へも適用)。	
4.6　原子力委員会，茨城県東海村を原子力研究所用地として選定(地元で反対運動)。	◖戦中派／太陽族(石原慎太郎の『太陽の季節』から出た言葉で，無軌道・不道徳な若者達をさす)／ドライ，ウェット／一億総白痴化(大宅壮一の造語。テレビの普及による社会への影響が問題化。
4.11　全国中立労組懇談会発足。9.8 全国中立労組連絡会議(中立労連)と改称。	
5.3　第１回世界柔道選手権大会開催(国技館)。夏井昇吉が優勝。	♫「リンゴ村から」「哀愁列車」三橋美智也／「愛ちゃんはお嫁に」鈴木三重子／「若いお巡りさん」曽根史郎／「ケ＝セラ＝セラ」ペギー葉山／「ハート＝ブレイク＝ホテル」小坂一也
5.15　東大教授尾高朝雄，ペニシリン注射でショック死(同種の事件続発)。	
5.24　売春防止法公布。昭32.4.1 施行。	📖石原慎太郎『太陽の季節』／五味川純平『人間の条件』／三島由紀夫『金閣寺』／原田康子『挽歌』／谷崎潤一郎『鍵』
7.17　経済企画庁，経済白書『日本経済の成長と近代化』を発表。技術革新による発展を強調(「もはや戦後ではない」が流行)。	🎬『早春』松竹；小津安二郎監督・池部良・岸恵子／『ビルマの竪琴』日活；市川崑監督・安井昌二／『赤線地帯』大映；溝口健二監督・京マチ子・若尾文子／『太陽の季節』日活；古川卓巳監督・長門裕之・南田洋子
7.25　金閣寺・清水寺など京都の19社寺，市の観光施設税に反対し，拝観謝絶や無料公開を行う。	〔洋画〕『ベニイ＝グッドマン物語』『わんわん物語』(米)／『オセロ』(ソ)／『居酒屋』(仏)
8.7　東京都，喫茶店等の深夜営業(この年急増し，約8000軒)に取締条例公布。	📺『チロリン村とくるみの木』『お笑い三人組』『春夏秋冬』『東芝日曜劇場』〔ＣＭ〕「アンクルトリス」(寿屋)，「動くバヤリースのマーク」(朝日麦酒)
8.19　大館市で大火，焼失1321戸。	
8.25　佐久間ダム完成。	
9.10　魚津市で大火，焼失1755戸。	
9.11　広島原爆病院開院(お年玉つき年賀はがきの付加金で建設)。	👤1.28 緒方竹虎(67)／4.2 高村光太郎(73)／6.25 宮城道雄(62)／8.24 溝口健二(58)／11.21 会津八一(75)
9.28　文部省，初の全国学力調査を実施。	
10.10　文部省，省令で教科書調査官を設置(教科書検定を強化)。	
10.11　比叡山延暦寺で大講堂など焼失。	
11.3　水俣病熊本大研究班，新日本窒素水俣工場排水中の有機水銀が原因と報告。	
11.8　南極予備観測隊，観測船宗谷で東京を出発(隊長永田武)。	
11.19　国鉄，米原―京都間電化により東海道本線全線電化完成。	
12.26　興安丸，ソ連から最後の集団帰国者1025人を乗せ，舞鶴に入港。	

昭和32年(1957) 丁酉

内閣	政治・経済	世　界
2.23 2.25 ① 岸 信 介 （自民党）	2.23 石橋首相病気のため内閣総辞職。 2.25 岸信介内閣成立。副総理格として石井光次郎入閣，他の閣僚は再任。3.21 自民党大会，岸信介を総裁に選出。 3.9 政府，ソ連に核実験中止申入れ(4.29 米にも申入れ)。3.15 衆院，原水爆禁止決議を採択。 4.22 社会党訪中団長浅沼稲次郎，中国側と共同コミュニケ発表(台湾政府を認めず，日中国交回復をうたう)。 4.26 政府，参院内閣委員会で「攻撃的核兵器の保有は違憲」との統一見解を発表。5.7 岸首相，参院で自衛の範囲なら核保有も合憲と発言，問題化。 5.20 岸首相，東南アジア6か国歴訪(〜6.4，戦後初の首相のアジア諸国訪問)。6.3 台北で蔣介石総統と会談し，国府の大陸反攻に同感の意を言明。 6.5 米政府，沖縄米民政府長官を高等弁務官(現役軍人)とする。7.1 ムーア中将を任命。 6.14 国防会議，第1次防衛力整備3か年計画を決定(陸上18万人，艦艇12万4000トン，航空機1300機を目標。初の本格的な軍事力拡充計画)。 6.19 岸首相，米大統領アイゼンハワーと会談。6.21 日米共同声明(安保条約検討の委員会設置，在日米地上軍の撤退ほか)。岸首相，「日米新時代」を強調。8.6 日米安保委員会発足。 7.10 岸内閣改造(外相に日商会頭の藤山愛一郎，郵政相として田中角栄初入閣)。 8.1 米国防総省，在日地上戦闘部隊の撤退を発表。昭33.2.8 撤退完了(在日米軍兵力，昭27年末の26万人から32年8月に8万7000人，33年末に6万5000人。在日米軍は空海軍中心となる)。 8.13 憲法調査会第1回会合(会長高柳賢三。自民17・緑風5・学識経験者17。社会党は不参加)。 9.10 文部省，教員勤務評定の趣旨徹底を通達。12.20 全国都道府県教育委員長協議会，勤評試案決定。12.22 日教組，勤評反対闘争で「非常事態宣言」を発表。 9.28 外務省，「わが外交の近況」(いわゆる「外交青書」)を初めて発表。 10.1 日本，国連安保理事会非常任理事国に当選(昭33.1.1より2年間)。 10.4 インド首相ネルー，来日。 11.18 岸首相，東南アジア・オセアニア9か国歴訪(〜12.8)。経済協力や賠償問題などを協議。 12.6 日ソ通商条約調印。昭33.5.9 発効。 12.17 政府，新長期経済計画を決定(高度成長政策を継承。年率6.5%の経済成長を目標)。 この年　「なべ底不況」始まる(〜昭33年末)。	1.5 米大統領アイゼンハワー，中東特別教書を議会提出，軍隊出動の権限等を要請。 1.9 英首相イーデン，スエズ問題で辞任。後任マクミラン。 3.7 第27回世界卓球選手権大会開催(ストックホルム)。日本は男子シングルスの荻村伊智朗など5種目に優勝。 3.25 欧州6か国(仏・西独・伊・ベネルックス3国)，欧州経済共同体(EEC)条約調印。 4.1 西独，第1回徴兵を実施，連邦軍を組織。 4.27 中国共産党，官僚主義・セクト主義・主観主義を批判(反右派闘争・整風運動開始)。 5.15 英，初の水爆実験。 6.16 世界平和評議会総会(コロンボ)，核実験即時無条件停止アピール・軍縮宣言採択。 7.6 カナダでパグウォッシュ会議。7.11 米・英・ソの科学者，核兵器の脅威と科学者の社会的責任を訴え。 8.22 ソ連，大陸間弾道弾(ICBM)の実験に成功。12.17 米も成功。 8.31 マラヤ連邦完全独立。 8.31 第1回国際学生スポーツ大会開催(パリ)，日本は32人参加。 9.19 米国が初の原爆地下実験。 10.4 ソ連，人工衛星スプートニク1号打上げに成功。昭33.1.31 米も打上げに成功(エクスプローラ1号)。 10.15 中・ソ，「国防新技術に関する協定」に調印(中国への原爆開発技術提供決定)。 11.18 毛沢東，モスクワでの64か国共産党・労働者党大会で「東風は西風を圧す」「米帝国主義は張り子の虎」と演説。 12.26 カイロで第1回アジア・アフリカ人民連帯会議開催(45か国参加)。昭33.1.1 アジア・アフリカ人民連帯会議宣言(カイロ宣言)発表。

●復興から発展へ，国民生活の向上が急速に進む

社会・文化	世相

社会・文化

1.13 美空ひばり，国際劇場で塩酸をかけられ3週間の負傷。

1.29 南極観測隊，オングル島に上陸し昭和基地設営。2.28 南極観測船宗谷，氷海にとじこめられ，ソ連のオビ号に救出される。

1.30 群馬県相馬ヶ原射撃場で，薬莢拾いの農婦が米兵ジラードに射殺される。11.19 前橋地裁，ジラードに懲役3年執行猶予4年の判決。12.6 ジラード帰国。

3.13 最高裁，チャタレイ裁判の上告を棄却(訳者・出版者の有罪確定)。

5.4 出羽海相撲協会理事長，改革問題に悩み割腹自殺未遂(後任の時津風理事長，9月場所より茶屋制度廃止などを断行)。

5.4 光文社，中国での日本人の戦争犯罪告白を扱った『三光』(神吉晴夫編)を右翼の強圧に負けて販売中止。

6.9 東京・小河内ダム(昭和11年着工)，上水水源地として放水を開始。

7.6 東京・谷中天王寺の五重塔，放火心中のため全焼。

7.8 政府，国民体育大会の毎年開催・開催地都道府県持ち回りを決定。

7.11 升田幸三，大山康晴を破り第16期将棋名人となる(王将戦・9段戦も制す)。

8.2 杵島炭鉱労組，企業整備反対無期限スト。9.30・10.3 炭労大手13社，画期的な24時間産業別同情スト。11.6 妥結。

8.2 茨城県で超低空飛行の米軍機，通行中の母子を殺傷。8.21 公務過失と認定され日本側裁判権を放棄，不起訴処分決定。

8.12 朝日茂，現行生活保護は「健康で文化的な最低限度の生活」を定めた憲法25条違反と東京地裁に提訴(朝日訴訟)。

8.27 原子力研究所JRR-1原子炉(ウォーターボイラー型)に原子の火がともる。

8.28 ソ連のボリショイ=バレエ団，日本初公演。

9.20 糸川英夫ら，秋田海岸で国産ロケット1号機カッパーC型の発射に成功。

9.30 東大原子核研究所の国産63インチ=サイクロトロン，試運転に成功。

10.15 最高裁，八海事件の原判決を破棄，差戻し。

10.24 愛媛県教委，勤務評定実施を通知。

10.24 第5回カナダ杯国際ゴルフ大会開催(霞ヶ関CC)。日本，団体・個人(中村寅吉)に初優勝。

12.10 伊豆天城山で，元満州国皇帝の姪の愛親覚羅慧生と級友の心中死体発見。

この年 自衛隊機事故14件，死者34人。

世相

3月 ダークダックス，結成初演奏会。

4月 熱海にモーテル第1号登場。

5月 朝日・毎日など7新聞社，電話ニュースサービスを開始／有楽町にそごう百貨店開店，初のエアーカーテン装置付設／たばこ自動販売機，大阪に登場。

6月 近鉄，初の冷房特急の運転を開始／全国で流感大流行。学童だけで患者50万5000人，1200校休校。

7月 数寄屋橋ショッピングセンター開店／国民宿舎第1号，米子で開業／広島市民球場開場。

8月 東京都の人口，851万8622人で世界一。

10月 5000円札発行。

12月 100円硬貨発行／上野動物園にモノレール登場／NHK，FM放送開始。

この年 東京への憧れから家出件数過去最高／CMソング流行／ロックンロールが人気／男性化粧品発売，男性のファッションモデル団体登場／『俺は待ってるぜ』『嵐を呼ぶ男』など石原裕次郎の日活映画人気。

● よろめき(三島由紀夫『美徳のよろめき』から普及)／グラマー／ストレス／デラックス／何と申しましょうか

♬ 「東京だよおっ母さん」島倉千代子／「バナナ=ボート」浜村美智子(カリプソのリズム流行)／「チャンチキおけさ」三波春夫／「有楽町で逢いましょう」フランク永井

📖 深沢七郎『楢山節考』／宇野千代『おはん』／三島由紀夫『美徳のよろめき』／井上靖『氷壁』／中島健蔵『昭和時代』

🎬 『蜘蛛巣城』東宝：黒澤明監督・三船敏郎・山田五十鈴／『明治天皇と日露大戦争』新東宝：渡辺邦男監督・嵐寛寿郎(興行収入7億円)／『幕末太陽伝』日活：川島雄三監督・フランキー堺／『喜びも悲しみも幾歳月』松竹：木下恵介監督・佐田啓二・高峰秀子〔洋画〕『道』(伊)／『翼よ！あれが巴里の灯だ』『戦場にかける橋』(米)／『汚れなき悪戯』(スペイン)

📺 『私だけが知っている』『ダイヤル110番』『名犬ラッシー』〔CM〕「クシャミ3回ルル3錠」(三共)，「ジンジン仁丹ジンタカタッター」(仁丹)

👤 1.12 スタルヒン(40)／1.18 牧野富太郎(94)／1.25 小林一三(84)／1.26 重光葵(69)／4.3 小林古径(74)／4.7 羽仁もと子(83)／6.30 川合玉堂(83)／11.2 徳富蘇峰(94)

昭和33年（1958）戊戌

内閣	政治・経済	世界
① 岸 信 介 （ 自 民 党 ） 6.10	1.20 インドネシアと平和条約・賠償協定調印（12年間に2億2308万ドルを支払う）。 2.4 インドと通商協定・円借款協定調印（初めての円借款180億円を供与）。 2.5 アラビア石油設立（社長山下太郎，資本金100億円）。昭35.1.29 クウェート沖海底で第1号井成功（日産1000kℓ）。 4.5 防衛庁，次期主力戦闘機にグラマンF11F−1Fの採用内定。8.14 自民党総務会長河野一郎，防衛庁長官佐藤義詮に機種選定の再検討申入れ（ロッキードF104Cを推薦）。8.22 衆院決算委で，機種選定に関する不正を追及。8.25 防衛庁，機種正式決定を中止。 4.15 第4次日韓会談，4年半ぶりに開始（12月，北朝鮮への帰還問題で中断）。 4.25 自社両党の合意で衆院解散（話し合い解散）。 5.10 中国，5.2の長崎国旗引下げ事件の日本政府の対応に抗議し，日中貿易の停止を通告。 5.22 第28回総選挙（自民287，社会166，共産1，無所属・諸派13）。社会党，議席・得票率（32.9%）ともに戦後の最高水準。	1.1 欧州経済共同体（EEC）発足。 2.1 エジプト・シリアが合併しアラブ連合共和国成立。 2.14 中国政府代表団，北朝鮮の平壌を訪問，中国人民義勇軍の年内完全撤退を表明。 3.27 ソ連，ブルガーニン首相辞任，フルシチョフ党第1書記が首相を兼任（フルシチョフ指導体制確立）。 4.4 英のバートランド=ラッセルら，米・ソ両国裁判所に核実験禁止のための告訴状を提出。 4.15 ガーナで第1回アフリカ独立諸国会議開催（8か国）。 5.10 レバノン反米民族主義者が武力反乱。7.15 米海兵隊，レバノン上陸。7.17 英，ヨルダンに派兵。8.21 国連総会，米・英軍撤退を決議。 5.13 アルジェリアの対仏反乱軍，公共治安委員会設置。5.16 仏国民議会，アルジェリア緊急事態宣言。
6.12 ② 岸 信 介 （ 自 民 党 ）	6.12 第2次岸信介内閣成立。外相藤山愛一郎・蔵相佐藤栄作。岸・河野・大野・佐藤の主流4派が主要ポスト独占。自民党，衆院の正副議長と16の常任委員長をすべて独占。岸内閣の高姿勢が示される。 7.21 共産党大会開催（〜8.1）。「51年綱領」を廃止，野坂参三議長・宮本顕治書記長を選出。 7.30 ブース高等弁務官，沖縄の軍用地代一括払いの取止めを声明。11.3 現地交渉妥結。 9.11 藤山外相，米国務長官ダレスと会談。安保条約改定に合意。10.4 藤山外相，マッカーサー米大使との間で改定交渉開始。 10.8 政府，警察官職務執行法改正案を国会提出（大衆運動取締りのため，職務質問・所持品調べ・土地建物への立入りなど警官の権限を大幅に拡大強化）。10.13 社会党・総評など65団体，警職法改悪反対国民会議結成（10月〜11月に5次にわたる全国統一行動）。「デートも邪魔する警察法」（『週刊明星』11.9）が国民の共感を得，「オイコラ」警察復活の危惧が広がる。11.22 岸・鈴木自社両党首会談。警職法審議未了・衆院自然休会で了解成立。 10.9 岸首相，米NBC放送のブラウン記者との会見で，「憲法9条廃止の時」と語る。 11.27 宮内庁，皇太子明仁と正田美智子（日清製粉社長長女）の婚約を発表。 12.31 池田勇人・三木武夫・灘尾弘吉の反主流派3閣僚，岸首相の強硬姿勢に反発し辞任。	5.23 中国共産党，大躍進路線決定（第2次5か年計画）。8.29 人民公社建設運動全国化。 6.1 仏，ド=ゴール内閣成立。 7.14 イラク革命，共和国を宣言。 8.4 京大登山隊（隊長桑原武夫），ヒマラヤ山脈のチョゴリザ（7654m）初登頂に成功。 8.8 米政府，原子力潜水艦ノーチラス号の北極横断成功を発表。 9.19 アルジェリア共和国臨時政府，カイロに樹立。 9.26 ビルマ，空軍クーデター，ネウィン政権成立。 10.5 仏，第5共和制発足。12.21 ド=ゴールが大統領に当選。 12.8 ガーナで第1回全アフリカ人民会議開催（28か国）。 12.8 カイロで第1回アジア・アフリカ経済会議（〜12.11．アジア・アフリカ経済協力機構の設置を決定）。

●「赤線」の灯が消える。警職法反対運動が高揚

社会・文化	世相
1.8 沖縄に教育基本法・教育委員会法・学校教育法・社会教育法を適用する法律を沖縄立法院の立法で公布(日本国民としての教育の明示)。 1.16 富士重工設計・製作の国産初のジェット練習機T1が初飛行。 2.24 第2次南極観測隊, 悪天候のため昭和基地に接近不能, 越冬断念。15頭のカラフト犬, 置き去りになる。 3.3 富士重工, 軽乗用車スバル360を発表(空冷2気筒350cc, 16馬力)。 3.9 関門国道トンネル開通式(昭12.5.14 着工, 全長3461m)。 3.18 文部省, 小中学校「道徳」の実施要綱を通達。 3.30 神宮外苑に国立競技場落成。 4.1 売春防止法の罰則規定施行(全国で約3万9000軒, 従業婦12万人が廃業)。 4.22 長野県穂高町に碌山美術館(荻原守衛記念)が開館。 5.1 公立小中学校の学級定員50人制。 6.10 本州製紙江戸川工場の廃水放流に千葉県の漁民700人が抗議し工場に乱入, 警官隊と衝突(100人余負傷)。 6.20 原水爆禁止を訴える広島—東京間1000km平和行進が広島を出発。8.11 東京着。 7.24 日本新聞協会加盟の新聞・通信・放送各1社, 皇太子妃正式発表まで自発的報道管制を決定(『週刊明星』11.23, 正田美智子内定を報道, 問題化)。 8.11 川崎市の朝鮮人, 金日成首相に帰国希望を要請(北朝鮮帰国運動の端緒)。 8.12 全日空ダグラスDC3型旅客機, 下田沖で遭難。死者33人。 8.15 総評, 和歌山で勤評反対・民主教育を守る国民大会開催。8.16 デモで警官と衝突。 8.21 小松川高校の女生徒, 絞殺死体で発見。9.1 犯人の朝鮮人生徒(18歳)を逮捕。 9.7 埼玉県ジョンソン基地の米兵が小銃を暴発させ, 西武電車に当たり1人死亡。 9.27 台風22号, 中伊豆を襲い死者331人, 家屋全壊流失1044戸(狩野川台風)。 11.1 国鉄, 東京—神戸間電車特急こだま号の運転を開始(東京—大阪間6時間50分)。 12.9 神奈川県教委・県教組, 勤評の神奈川方式(自己反省の記録とする)を決定。 12.10 共産党除名の全学連幹部ら, 共産主義者同盟(ブント)を結成。 12.23 東京タワー完工式(333m, 当時世界一。)	1月 若乃花, 横綱に昇進(栃若時代)。 2月 日劇でウエスタン=カーニバル。この頃ロカビリー大流行。 5月 テレビ受信契約数100万を突破。 7月 大相撲, 6場所制に/『週刊朝日』, 特集「新しき庶民ダンチ族」を掲載。 9月 日本初の貸しオムツ会社登場(料金は10枚20円)。 10月 長嶋茂雄(巨人)新人王/西鉄, 日本シリーズで3連敗後に4連勝(稲尾和久大活躍)/東京放送, 橋本忍作『私は貝になりたい』を放映, 大反響を呼ぶ。 11月 『戦艦ポチョムキン』上映促進会結成(各地で自主上映)。 12月 1万円札発行/「主婦の店ダイエー」が神戸三宮に開店。 この年 『週刊明星』『週刊女性自身』創刊/映画館入場者数, 延べ11億人を突破/農薬の毒性が問題となり, 中性洗剤が盛んに使われる/電気釜・電気こたつに人気/ミッチーブーム/フラフープ大流行/8ミリ映写機が人気。 ● いかす(石原裕次郎が映画で使用)/ハイティーン, ローティーン/シビれる/団地族/ながら族/ご清潔で, ご誠実で(美智子妃が婚約発表の記者会見で皇太子の印象を評した言葉)/神サマ仏サマ稲尾サマ ♫ 「だから言ったじゃないの」松山恵子/「おーい中村君」若原一郎/「からたち日記」島倉千代子/「星はなんでも知っている」「ダイアナ」平尾昌章/「母さんの歌」 📖 山本周五郎『樅ノ木は残った』/松本清張『点と線』/石川達三『人間の壁』/高見順『昭和文学盛衰史』/坂本藤良『経営学入門』 🎬 『楢山節考』松竹;木下恵介監督・田中絹代/『炎上』大映;市川崑監督・市川雷蔵/『駅前旅館』東京映画;豊田四郎監督・森繁久弥・伴淳三郎/『張込み』松竹;野村芳太郎監督・宮口精二・大木実/『白蛇伝』東映動画;藪下泰次監督(初の長編色彩動画)〔洋画〕『死刑台のエレベーター』(仏)/『鉄道員』(伊)/『ぼくの伯父さん』(仏・伊)/『老人と海』『大いなる西部』『十戒』『鍵』(米) 📺 『バス通り裏』『事件記者』『光子の窓』『月光仮面』(国産テレビ映画製作の口火を切った)〔CM〕「のり平の国定忠治」(桃屋),「リボンちゃん, ハーイ」(日本麦酒) 👤 2.15 徳永直(59)/ 2.26 横山大観(89)/3.23 山川均(77)/ 12.29 石井柏亭(76)

昭和34年(1959) 己亥

内閣	政治・経済	世界
② 岸 信 介 （ 自 民 党 ）	2.17 政府, 米ファーストボストン社らと3000万ドルの外債発行契約調印(戦後初の外債公募)。 2.18 外相藤山愛一郎, 安保改定の藤山私案発表。2.25 池田派ら反主流派, 安保改定は時期尚早と意見一致。4.8 自民党7役会議,「日米安保条約改定要綱」決定(米の日本防衛義務の明確化, 条約地域を日本の施政権下に限定, 10年の期限など)。4.13 日米交渉再開。10.26 自民党両院議員総会, 新条約案を党議決定。 3.9 社会党訪中団長浅沼稲次郎, 中国人民外交学会で「米帝国主義は日中両国人民共同の敵」と挨拶。3.17 安保条約打破の共同声明発表。 3.28 社会党・総評・原水協など日米安保条約改定阻止国民会議結成。 3.30 東京地裁裁判長伊達秋雄, 砂川事件で外国軍隊の駐留は違憲と判決。4.3 検察側, 跳躍上告。12.16 最高裁, 伊達判決破棄, 差戻し。 4.10 皇太子結婚式。特赦・減刑・刑の執行免除・復権等4万8738人。 4.15 安保改定阻止第1次統一行動。 4.23 第4回統一地方選挙(北海道で12年間の社会党知事敗れる。福岡で社会党知事誕生)。 5.13 南ベトナムと賠償協定・借款協定調印(5年間に3900万ドル支払い)。戦争被害の大きかった北ベトナムには賠償を行わず, 問題を残す。 6.2 第5回参院選(自民71, 社会38, 緑風6, 共産1, 無所属・諸派11)。創価学会6人全員当選。 6.15 国防会議, 次期主力戦闘機の内定を白紙還元。8.8 空幕長源田実を団長とする調査団訪米。 6.18 岸内閣改造(池田勇人, 通産相で入閣。池田派が主流派にまわり, 河野・大野両派反主流に)。 7.11 岸首相, 欧州・中南米11か国訪問(～8.11)。 8.10 最高裁, 松川事件有罪の原判決を事実誤認の疑いありとして破棄, 差戻し。 8.13 日本・朝鮮赤十字代表, 在日朝鮮人の北朝鮮帰国に関する協定調印。12.14 帰国第1船, 新潟を出航。 9.13 社会党大会, 安保闘争批判の西尾末広を統制委員会に付す。10.15 統制委員会, 西尾をけん責処分。10.25 西尾ら33人離党(10.26 社会クラブ結成)。11.25 河上丈太郎派12人離党, 民社クラブ結成(河上派は残留派と分裂)。11.30 社会クラブと民社クラブ, 民主社会主義新党準備会結成。 11.6 国防会議, 源田調査団の報告で次期主力戦闘機にロッキード改装型の採用決定。 11.27 安保改定阻止第8次統一行動で, デモ隊2万人が国会構内に突入。 この年 いわゆる「岩戸景気」にわく。	1.1 キューバ革命, バチスタ政権を打倒。2.16 カストロ首相就任。 3.5 米, トルコ・イラン・パキスタンと相互防衛条約調印(アンカラ協定)。 3.10 中国のチベットで反政府反乱。3.12 ダライ=ラマ14世が独立宣言。3.28 中国政府, チベット地方政府を解散, パンチェン=ラマをチベット自治区準備委員会主任に任命。3.31 ダライ=ラマ, インドへ亡命。 4.27 中国全国人民代表大会, 劉少奇を国家主席に選出。 6.3 シンガポールが独立(英連邦内自治国)。 6.27 パリのロン=ティボー国際コンクールピアノ部門で松浦豊明第1位, バイオリン部門で石井志都子第3位。 7.16 ラオスのパテ・ラオ軍, 反共親米政府に反対し蜂起(ラオス内戦再発)。 7.24 児島明子, ミス=ユニバースに決定。 8.2 中国共産党, 第8期8中全会(廬山会議)開催。中・ソ対立・大躍進を巡って論争。 8.7 中印国境紛争起こる。 9.12 小沢征爾, ブザンソン国際指揮者コンクールで第1位。 9.14 ソ連の宇宙ロケット, 月面到着に成功。 9.15 フルシチョフ・ソ連首相訪米。9.18 国連総会で全面軍縮を提案。9.27 米・ソ共同声明(国際問題の平和的解決を強調)。 9.30 フルシチョフ・ソ連首相, 訪中, 毛沢東と会談(中・ソ意見対立表面化)。 11.20 英などEC非加盟7か国, 欧州自由貿易連合(EFTA)条約調印。 この年 中国で大旱魃(大躍進政策が動揺)。

●ミッチーブームにわく中で安保改正交渉本格化

社会・文化	世相
1.1 メートル法実施(尺貫法廃止)。 1.14 第3次南極観測隊、昭和基地に1年間放置された犬(タロとジロ)の生存を確認。 3.19 『毎日新聞』、清宮と島津久永との婚約をスクープ。 3.26 芝電気、ビデオ=テープレコーダー実用機の公開実験に成功。 3.28 東京・千鳥ケ淵の戦没者墓苑完成。 3月 中田機化工業、証券用ボールペンを発売(昭和35年秋、銀行でも使用。以後普及)。 3月 三菱油化の四日市工場第1期工事完成(石油化学コンビナートの始まり)。 4.10 皇太子の結婚パレード、沿道に53万人。テレビ各社中継(視聴者は推定で1500万人。受信契約は成婚直前に200万件を突破)。 4.16 国民年金法公布。 4.20 修学旅行専用電車ひので号・きぼう号、東海道線に運行を開始。 5.15 茨城県那珂湊沖で漁船200隻が米艦を包囲、爆撃訓練を阻止する。 5.26 IOC総会、1964年(昭和39)度オリンピック開催地を東京に決定。 6.15 厚生省、この頃集団発生していた小児マヒを指定伝染病に指定。 6.27 日本最初の歩道橋、愛知県西枇杷島町(現名古屋市)に完成。 6.30 沖縄・宮森小学校に米軍ジェット機が墜落(死者21人、負傷者100人)。 7.10 三重県警、山岸会(世界急進Z革命団)を手入れ、幹部を逮捕。 7.12 田中聡子、200m背泳に2分37秒1の世界新記録。 7.21 自民党、安保条約反対の立場に傾斜した原水協を批判、補助金中止・不参加等を決定。 7.26 山中毅、400m自由形に4分16秒6の世界新記録。 8.29 三井鉱山、三池鉱業所の労組に4580人の人員削減を行う第2次企業整備案提示。10.13 三鉱連(全国三井炭鉱労働組合連絡会)、反復ストを始める。12.11 会社、指名解雇通告(三池争議の始まり)。 9.26 台風15号(伊勢湾台風、明治以後最大)、死者5098人、被害家屋57万戸。 11.2 水俣病問題で漁民1500人、新日本窒素水俣工場に乱入、警官隊と衝突する。 11.17 運輸省、東海道新幹線が岐阜羽島駅追加を決定(政治駅と問題化)。	4月 兵庫県で自家用車を使ったタクシー(白タク)登場、以後各地に広がる。 6月 東京・上野に国立西洋美術館開館(松方コレクションを収蔵)。 7月 雑司ケ谷霊園に3階建てのお墓のアパートが登場。 8月 日産自動車、ダットサン=ブルーバードを発売(マイカー時代の開始)。 9月 炭鉱失業者救済のため、黒い羽根募金運動が福岡で始まる。 10月 菊田一夫『がめつい奴』初演、270日間のロングランを記録。 11月 交通整理の「緑のおばさん」登場。 12月 東京で個人タクシー173人の営業許可(白タクは取締り)/レコード大賞創設(第1回受賞曲「黒い花びら」)。 この年 皇太子成婚のテレビ中継のためテレビの売行き急増/家庭の電化、急速に進む/マイカーの普及で、東京・丸の内にパーキングメーター初登場/カミナリ族横行/トランジスタ=ラジオ1000万台を突破/『少年サンデー』『少年マガジン』『朝日ジャーナル』『週刊文春』など創刊、週刊誌ブーム/一般向け歴史書次々に刊行(歴史ブーム)。 ◉パパはなんでも知っている/わたしの選んだ人を見ていただきます(20歳の誕生日の清宮の発言)/カミナリ族/タフガイ(日活の石原裕次郎売出し用語)/岩戸景気/神風タクシー ♫「南国土佐を後にして」ペギー葉山/「黒い花びら」水原弘/「東京ナイトクラブ」フランク永井・松尾和子 📖安本末子『にあんちゃん』/三島由紀夫『不道徳教育講座』/正宗白鳥『今年の秋』 🎬『人間の条件』にんじんくらぶ小林正樹監督・仲代達矢/『浪花の恋の物語』東映;内田吐夢監督・中村錦之助・有馬稲子/『にあんちゃん』日活;今村昌平監督・長門裕之/『ギターを持った渡り鳥』日活;斎藤武市監督・小林旭・金子信雄・宍戸錠・浅丘ルリ子〔洋画〕『灰とダイヤモンド』(ポーランド)/『恋人たち』『いとこ同志』(仏)/『十二人の怒れる男』(米)/『さすらい』(伊) 📺『スター千一夜』『ローハイド』『番頭はんと丁稚どん』〔CM〕「パラソルチョコレート」(不二家)、「ブルーワンダフル」(花王) ☖3.7 鳩山一郎(76)/4.8 高浜虚子(85)/4.30 永井荷風(79)/6.20 芦田均(71)/8.14 五島慶太(77)/12.21 北大路魯山人(76)

昭和35年(1960) 庚子

内閣	政治・経済	世 界
② 岸 信 介 （自民党） 7.15 7.19 ①池田勇人（自民党） 12.5 12.8 ②池田	1.16 岸首相ら新安保条約調印全権団訪米。1.19 日米相互協力及び安全保障条約(新安保)・施設区域米軍の地位に関する協定・事前協議に関する交換公文などに調印。1.20 米大統領アイゼンハワーの来日日程(6月20日頃)決定。 1.24 民主社会党結成大会、西尾末広委員長・曽禰益書記長選出(衆院40・参院16。新安保条約には反対するが安保条約の即時廃棄にも反対)。 3.24 社会党大会、浅沼稲次郎委員長・江田三郎書記長選出。 4.28 沖縄教職員会などを中心に沖縄県祖国復帰協議会結成。 5.14 安保改定阻止国民会議、10万人が国会請願デモ。請願署名1350万と社会党発表。 5.19 自民党、衆院安保特別委で質疑打ち切りを強行。衆議院議長清瀬一郎、警官500人を導入して社会党議員を排除し本会議開会。5.20 未明、新安保条約を討論なしに自民党単独で可決(以後国会は空転状態となり連日国会デモ)。5.26 空前の規模の国会デモ(17万人)。 6.4 安保改定阻止第1次実力行使(国労など早朝スト、全国で560万人参加)。 6.10 米大統領秘書ハガチー来日、羽田でデモ隊に包囲され米軍ヘリで脱出。 6.15 安保改定阻止第2次実力行使580万人参加。右翼、新劇人などのデモに殴り込み60人負傷。全学連主流派(反共産系)、国会に突入し警官隊と衝突、東大生樺美智子死亡。6.16 政府、米大統領の訪日延期要請を決定。 6.19 午前0時、33万人が徹夜で国会を包囲する中、新安保条約自然成立(衆院通過後1か月)。6.23 新安保条約批准書交換・発効。岸首相、退陣を表明。7.15 岸内閣総辞職。 6.24 政府、貿易為替自由化計画の大綱を決定(3年後の自由化率約80%を目標とする)。 7.1 自治庁、自治省に昇格。 7.14 自民党大会で、官僚派の池田勇人、決戦投票で党人派の石井光次郎を破り総裁就任。 7.19 池田内閣成立。三池争議解決のため労相に石田博英、初の女性大臣に中山マサ厚相。 9.5 自民党、10年間で所得倍増などの新政策発表(政治の季節から経済の季節へ)。 10.12 浅沼社会党委員長、日比谷公会堂で右翼少年に刺殺される(右翼によるテロ活発化)。 11.20 第29回総選挙(自民296、社会145、民社17、共産3、無所属・諸派6)。民社大敗。 12.8 第2次池田内閣成立。派閥均衡人事。 12.27 政府、国民所得倍増計画を決定(高度成長を国家の政策として本格的に推進)。	1.27 ソ連、対日覚書で新安保条約非難。外国軍隊が撤退しない限り、歯舞・色丹は引き渡さないと通告。 2.13 仏、サハラで初の原爆実験。 2.18 第8回冬季オリンピック開催(米・スコーバレー、〜2.28)。 4.19 韓国、ソウルで李承晩大統領の不正選挙に対する退陣要求デモ。4.27 李承晩大統領辞任(4月革命)。 5.1 ソ連、領空で米偵察機U2型機を撃墜。5.7 米、スパイ飛行の事実を認める。 5.31 野間宏ら訪中文学代表団出発(7.6 帰国)。 6.2 勘三郎・歌右衛門ら、渡米歌舞伎第1回公演。(〜7.19)。 6.30 旧ベルギー領コンゴ、共和国として独立。7.11 カタンガ州、分離独立を宣言。7.14 国連軍、コンゴに投入(コンゴ動乱)。 8.12 韓国、尹潽善大統領選出。 8.20 ソ連の人工衛星船帰還、乗船のライカ犬2頭、生還。 8.25 第17回オリンピック開催(ローマ、〜9.11)。日本選手169人参加、体操で金メダル4。 9.12 訪中新劇団が出発、『夕鶴』『女の一生』『死んだ海』などを上演(11.8 帰国)。 9.14 石油輸出国機構(OPEC)結成。 11.8 米大統領選、ケネディ(民主党)当選。 11.10 81か国共産党・労働者党会議、モスクワで開催。 12.14 国連総会、植民地独立宣言を採択。 12.14 西側20か国、経済協力開発機構(OECD)設立条約調印。 12.20 南ベトナム民族解放戦線、結成(ベトナム戦争へ)。 この年 アフリカで17か国独立(アフリカの年)／中国で自然災害深刻化、「大躍進政策」中止に。

●安保闘争が空前の高揚をみせる。実質経済成長率13.2%

社会・文化	世相
1.5 三池労組，1214人の解雇通告を一括返上。 1.25 三井鉱山，三池鉱をロックアウト。労組は全山無期限ストに突入。	**1月** 津田塾大学，ランゲージラボラトリー（LL）を導入。以後，各大学に普及。
2.23 皇太子妃，男子（浩宮徳仁）を出産。	**2月** 東京・丸の内に初の地下駐車場開設／東京の電話局番が3桁になる。
3.2 横浜公園体育館の島倉千代子らの歌謡曲ショーに観客が殺到，12人が圧死。	**4月** 第一生命，神奈川県足柄上郡に移転を決定（企業初の田園疎開）／ソニー，世界初のトランジスタ＝テレビを発売（8インチで6万9800円）。
3.28 三池炭鉱，就労再開で第1・第2組合激突。3.29 第1組合員久保清，暴力団に刺殺される。	
4.2 『毎日新聞』の暴力団記事に憤慨した松葉会会員23人，東京本社を襲撃し，輪転機に砂をまき3台を止める。	**6月** 安保改定阻止統一行動でフランスデモ登場／初のロングサイズたばこ「ハイライト」発売／日本航空，東京—福岡間に深夜割引便「ムーンライト」開設。
4.7 警視庁，サド原作『悪徳の栄え・続』をわいせつ文書の疑いで押収。	
5.21 都立大学教授竹内好，衆院の安保強行採決に抗議して辞表を提出。5.30 東京工業大学助教授鶴見俊輔も辞表を提出。	**7月** 国鉄，1・2・3等制を1・2等制に改定／東映の長編漫画『少年猿飛佐助』，ベニス国際児童映画祭で入賞／初のカラーテレビ発売（17インチで42万円）。
5.24 太平洋岸にチリ地震津波襲来，北海道南岸・三陸に大被害（死者139人，被害家屋4万6214戸）。	
5.28 岸首相，記者会見で「声なき声」を尊重と言明。6.4「誰でも入れる声なき声の会」のプラカードのもとに300人の主婦や市民が国会デモに参加。	**9月** カラーテレビの本放送開始。 **この年** ダッコちゃん人形大流行／国内線の乗客が100万人，国際線も10万人を突破／インスタントラーメン・コーヒーなど登場／映画の製作本数・映画館数がピークに達する／大島渚・吉田喜重・篠田正浩らの監督作品，日本のヌーベルバーグと評される。
5.28 元日本兵2人，グアム島から帰国。	
7.10 奈良県大峰山竜泉寺，1300年間続いた女人禁制を解く。	
7.19 中労委，三池争議に対し労使双方に異例の白紙一任と和戦を提案。11.1 解決。	🗨 声なき声／所得倍増／私はウソは申しません／インスタント／金の卵
7.29 北富士演習場で農民300人，米軍・自衛隊の演習中止を要求，うち10人が着弾地に座り込み。	🎵「誰よりも君を愛す」松尾和子・和田弘とマヒナスターズ／「アカシアの雨がやむ時」西田佐知子／「潮来笠」橋幸夫／「有難や節」守屋浩／「月の法善寺横丁」藤島桓夫
8.1 東京・山谷のドヤ街で住民3000人が暴動，マンモス交番に投石・放火。	📖 黒岩重吾『背徳のメス』／松谷みよ子『竜の子太郎』／井上光晴『死者の時』／高木彬光『白昼の死角』／謝国権『性生活の知恵』／松田道雄『私は赤ちゃん』／北杜夫『どくとるマンボウ航海記』／アダムソン『野生のエルザ』
9.20 将棋名人大山康晴，王位戦に勝ち4冠独占（名人・王将・9段位）。	
9.23 加藤唐九郎，永仁の壺は自分の作品と告白。翌36年重要文化財指定取り消し。	🎬『黒い画集』東宝;堀川弘通監督・小林桂樹・原知佐子／『青春残酷物語』松竹;大島渚監督・桑野みゆき・川津裕介／『おとうと』大映;市川崑監督・岸恵子・川口浩〔洋画〕『太陽がいっぱい』『黒いオルフェ』（仏）／『ベン＝ハー』『サイコ』『渚にて』（米）
10.19 東京地裁，「朝日訴訟」（昭和32年提訴）で現行生活保護水準は違憲と判決。	
11.11 住友銀行，プリンス自動車販売と提携し，乗用車の月賦金融を開始すると発表（初の本格的消費者金融）。	
11.12 自民・社会・民社党首，初のテレビ・ラジオ討論会（除外された共産党，NHK・民放3局を告訴）。	📺『ブーフーウー』〔CM〕「湯あがり三人娘」（ミツワ本舗），「カステラ1番，電話は2番」（文明堂），「チキンラーメン」（日清食品）
12.4 東京都営地下鉄押上—浅草橋間開通，京成電車と相互乗入れ開始（地下鉄と郊外電鉄の初の相互乗入れ）。	💴 酒（1級1.8ℓ）835円／コーヒー60円／小学校教員初任給1万円
	🧑 1.24 火野葦平（52）／4.23 賀川豊彦（71）／6.15 樺美智子（22）／10.12 浅沼稲次郎（61）／11.19 吉井勇（74）／12.26 和辻哲郎（71）

昭和36年（1961）辛丑

内閣	政治・経済	世　界
②池田勇人（自民党）	2.5 社会党,構造改革論を軸とする新方針決定（政策転換により平和的に社会主義に移行することをめざす）。 3.8 社会党大会,委員長に河上丈太郎を選出。 3.31 港湾整備緊急措置法公布。昭37.2.13 政府,港湾整備5か年計画決定。 4.1 36年度予算成立（1兆9527億円,前年度比24.4%増,所得倍増計画初年度の積極予算）。 4.19 米駐日大使にライシャワー着任（資本主義的な経済成長による近代化の優位を宣伝し,労働組合幹部・知識人への働きかけ活発化）。 5.13 自民・民社両党,革新的な大衆運動を取締るため政治的暴力行為防止法案（政防法）を国会提出。6.8 参院で継続審議。昭37.5.7 廃案。 6.12 農業基本法公布。農業と他産業の格差是正のため,生産の選択的拡大・構造改善・自立経営農家の育成などを進める。農業労働力の工業への大量流出,食糧自給率の低下を促進。 6.12 防衛庁設置法・自衛隊法両改正公布（陸上自衛隊を13師団に）。 7.15 国民協会設立（財界から自民党への資金調達機関。自民党組織近代化のため）。 7.18 池田内閣改造。佐藤栄作・河野一郎・藤山愛一郎・三木武夫ら実力者入閣。 7.18 国防会議,第2次防衛力整備計画決定（ミサイル装備強化を目標に昭37年から5か年計画）。 7.27 共産党大会,議会制民主主義の尊重・反帝反独占の民主主義革命路線の新綱領を採択。 7.28 閣議,公式制度調査連絡会議設置を決定。 8.8 仙台高裁,松川事件差戻し審で全員に無罪判決。8.21 検察,再上告。 9.2 政府,ソ連核実験再開決定（9.1実施）に抗議。9.6 米にも再開とりやめ要請。10.25 衆院,10.27 参院,核実験禁止を決議（ソ連の核実験をめぐって社共の評価分裂,原水協分裂のきっかけとなる）。 10.20 第6次日韓会談開始。11.12 韓国最高会議議長朴正熙来日,池田首相と早期妥結で合意（日韓実力者の裏交渉も活発化）。 11.2 第1回日米貿易経済合同委員会開催（日米経済協力を進める）。 11.14 通産省,山口県徳山・岡山県水島の石油化学センター設立認可の方針決定（石油化学コンビナートの建設進む）。 11.16 池田首相,東南アジア4か国歴訪（～11.30）。 12.12 旧軍人らによる内閣要人暗殺計画発覚。旧陸軍士官学校出身者ら13人逮捕（三無事件。安保闘争に危機感を持った右からのクーデター計画）。	1.3 米,キューバと国交断絶。 1.20 米,ケネディ大統領就任（史上最年少の43歳。ニューフロンティア精神を強調）。 4.12 ソ連宇宙船ヴォストーク1号（ガガーリン少佐）打ち上げ,地球一周有人飛行に成功。5.5 米も有人ロケット第1号を打ち上げ。 4.17 米支援の反革命軍,キューバに侵攻。4.19 敗走。 5.16 韓国で軍事クーデター,張都暎首班の反共親米内閣成立。7.3 張失脚。朴正熙少将,国家再建最高会議議長に就任。7.4 反共法公布。 6.3 米ソ首脳（ケネディ・フルシチョフ）,ウィーンで会談。 6.24 猿之助・歌右衛門ら歌舞伎団,訪ソ公演に出発（『鳴神』など上演。8.11 帰国）。 8.13 東独,ベルリンの壁構築。 8.19 日紡貝塚女子バレーボールチーム,ヨーロッパ遠征へ。10.15 24戦無敗で帰国,「東洋の魔女」といわれる。 9.1 第1回非同盟諸国首脳会議（25か国,ベオグラード）。 9.18 国連事務総長ハマーショルド事故死。11.3 後任にビルマのウタント選出。 9.29 シリア,クーデターでアラブ連合共和国から離脱。 10.18 南ベトナム,非常事態宣言。 10.30 ソ連,50メガトン核爆発実験実施。核実験による放射能雨が問題化。 11.24 国連総会,核兵器使用禁止宣言・アフリカ非核武装宣言可決。 11.25 ソ連,アルバニアと断交（中国は同調せず）。 12.15 国連総会,中国代表権問題を重要事項とする決議を採択（以後10年間）。 12.15 イスラエル,元ナチス幹部のアイヒマンに死刑判決。 12.19 インド,ポルトガル領ゴアを武力で接収。

●所得倍増計画開始。レジャーブーム強まる

社会・文化	世　相
1.1 日本海側の豪雪で列車100本が立ち往生。乗客15万人、車内で越年。	1月 キャノン、キャノネットを発売。ＥＥカメラ普及のきっかけとなる。
1.18 大逆事件生き残りの元被告坂本清馬、東京高裁に再審を請求(「歴史が解決した」として請求棄却される)。	4月 上野公園内に東京文化会館完成／少年少女の睡眠薬遊び流行(厚生省、11月に未成年者への睡眠薬の販売を禁止)／ＮＨＫ朝の連続テレビ小説始まる(第1回は獅子文六原作『娘と私』)。
1月 新島でミサイル試射場反対闘争激化。	
2.1 深沢七郎『風流夢譚』に腹をたてた右翼少年、中央公論社社長の嶋中鵬二邸を襲い、家人2人を殺傷。	6月 警視庁、交通情報センターを開設。
2.1 東京都、本庁職員1万人の始業時を45分繰り下げ9時15分とする初の時差出勤を実施。	9月 日赤、愛の献血運動を開始／住井すゑ、『橋のない川・第1部』を『部落』に連載開始／大鵬・柏戸、横綱に昇進。柏鵬時代の開幕。
2.19 日本医師会(会長武見太郎)と日本歯科医師会(会長河村弘)、医療費値上げ要求で全国一日一斉休診。	
3.15 重要文化財の日光・薬師堂(鳴き竜)焼失。	11月 アンネ=ナプキン発売／伊藤整、「《純》文学は存在し得るか」を『群像』に発表。この頃から純文学論争始まる。
3.15 有田八郎、三島由紀夫『宴のあと』をプライバシー侵害と告訴。昭39.9.28 東京地裁、プライバシー権を認め、原告勝訴。	この年 スキー客100万人突破、登山者224万人にのぼり、レジャーブーム／シームレスストッキング流行。
4.28 沖縄・那覇で祖国復帰県民総決起大会開催、2万人参加。	◉ レジャー／プライバシー／わかっちゃいるけどやめられない(植木等「スーダラ節」の文句)／不快指数(アメリカで使われていた気象用語。この年の夏から使用)／六本木族／地球は青かった(宇宙飛行士第1号ガガーリン少佐の言葉)
6.12 本田技研工業チーム、イギリスのマン島オートレースで125cc・250ccの両クラスに優勝。オートバイ輸出増加への道を開く。	
6.21 厚生省、小児マヒの生ワクチン1300万人分をソ連から緊急輸入することを決定。7.20 投与開始。	🎵「東京ドドンパ娘」渡辺マリ／「銀座の恋の物語」石原裕次郎・牧村旬子／「君恋し」フランク永井／「スーダラ節」植木等／「上を向いて歩こう」坂本九／「王将」村田英雄
6.24 本州各地に集中豪雨。死者357人、被害家屋43万戸。	📖 里見弴『極楽とんぼ』／岩田一男『英語に強くなる本』／小田実『何でもみてやろう』／平凡社『国民百科事典』7巻
7.31 京都市電北野線(65年間走り続け、当時残っていた日本最古の市電)廃止される。	🎬『名もなく貧しく美しく』東京映画;松山善三監督・高峰秀子・小林桂樹／『赤穂浪士』東映;松田定次監督・片岡千恵蔵・中村錦之助・月形竜之介・千原しのぶ／『不良少年』岩波映画;羽仁進監督・山田幸男／『用心棒』黒澤プロ・東宝;黒澤明監督・三船敏郎
8.1 大阪・釜ケ崎のドヤ街で暴動、2000人余の群衆が警官隊と衝突。	
8.15 東京・晴海で初のソ連工業見本市開催。	
9.16 第2室戸台風、最大瞬間風速84.5m以上は新記録、死者202人、被害家屋98万戸。	〔洋画〕『ウエストサイド物語』『草原の輝き』(米)／『夜と霧』(税関でのカット問題化)『素晴らしい風船旅行』『地下鉄のザジ』(仏)
9.30 愛知用水完成(幹線水路長112km、総延長1135km)。	
10.12 炭労、石炭政策転換を要求して東京でキャップランプデモ。	TV『娘と私』『夢で逢いましょう』『シャボン玉ホリデー』『七人の刑事』『特別機動捜査隊』『アンタッチャブル』『スチャラカ社員』〔CM〕「伊東に行くならハトヤ」(ハトヤホテル)
10.26 文部省、中学2・3年生全員を対象に全国一斉学力テストを実施。日教組、早朝集会で統一反対行動。	
12.7 にせ1000円札(チ37号)、秋田で発見。翌年末までに343枚見つかる。	🚩 1.16 古川緑波(57)／2.13 村松梢風(71)／2.21 赤木圭一郎(21)／5.3 柳宗悦(72)／5.11 小川未明(79)／6.23 青野季吉(71)／10.29 長与善郎(73)／12.4 津田左右吉(88)／12.25 矢内原忠雄(68)
12.21 中央公論社、『思想の科学』(37.1号)の「天皇制」特集号を「業務上の都合」を理由に発売中止。	

昭和37年(1962) 壬寅

内閣	政治・経済	世 界
②池田勇人（自民党）	1.13 社会党訪中使節団長鈴木茂三郎，中国人民外交学会長張奚若と共同声明を発表。「米帝国主義は日中人民共同の敵」と確認。 1.17 創価学会政治連盟，公明政治連盟と改称。7.11 参院で公明会結成。 2.15 臨時行政調査会初会合（会長に佐藤喜一郎三井銀行会長）。昭39.9.29 行政の総合調整の必要性，行政運営の合理化・能率化などを答申。官僚の抵抗でほとんど実行されず。 4月 鉄鋼生産10%強の減産，各産業に不況拡大。 5.10 新産業都市建設促進法公布。8.1 施行（道央・八戸など15か所を新産都市に指定，さらに工業整備特別地域—準新産都市として鹿島など6か所を指定）。10.5 政府，全国総合開発計画を決定（新産業都市を開発拠点として過密都市問題と地域格差の解消を狙う）。 5.15 防衛庁設置法改正公布（防衛施設庁を新設）。 7.1 第6回参院選（自民69，社会37，公明党連9，民社4，共産3，参院同志会2，無所属3）。公政連全員当選，革新系3分の1を割る。 7.6 経済企画庁長官藤山愛一郎，池田内閣の高度成長政策を批判して辞任。 7.18 池田内閣改造（外相大平正芳・経企庁長官宮沢喜一など池田の元秘書官グループが党・内閣の要職を占め「秘書官内閣」と呼ばれる）。 7.27 社会党書記長江田三郎，党全国オルグ会議で江田ビジョン発表（米の高い生活水準・ソ連の徹底した社会保障・英の議会制民主主義・日本の平和憲法の4つを基盤にした新しい社会主義のイメージを打ち出す）。 9.5 運輸省，港湾埋立などで3億1080万㎡を造成する臨海工業地帯開発計画を発表。 9.19 松村謙三，北京で周恩来首相と会談，積上げ方式による日中関係改善で合意。 10.26 池田首相の私的諮問機関「国づくり」懇談会初会合。12.5「人づくり」懇談会（茅誠司・安岡正篤・森戸辰男・松下正寿ら）発足。 11.4 池田首相，欧州7か国歴訪（～11.25）。日本のOECD加盟，日本に対する輸入制限撤廃などを訴える（11.14 日英通商航海条約調印）。 11.9 高碕達之助，廖承志と日中総合貿易に関する覚書調印（両者の頭文字からLT貿易と略称）。 11.27 社会党大会，江田ビジョン批判決議を232対211で採択，江田書記長辞任。11.29 成田知巳を書記長に進出。 12.11 自衛隊北海道島松演習場で，地元酪農民が生活を守るため電話線を切断（恵庭事件）。昭42.3.29 札幌地裁，無罪判決。 この年 機械製品輸出が繊維製品輸出を抜く。	2.8 米，ベトナムに軍事援助司令部設置。 3.16 韓国，軍事政権が政治活動浄化法公布。3.22 尹潽善大統領，同法に抗議して辞任，朴正煕が大統領代行に。 3.18 仏，アルジェリアと停戦協定（エビアン協定）調印，アルジェリア戦争終結。7.5 アルジェリア民主人民共和国宣言。 6.23 ラオス，連合政府成立（首班プーマ）。 7.3 第15回世界体操選手権大会開催（プラハ）。日本，男子団体に初優勝。 7.21 文楽の三和会と因会，合同渡米公演に出発。 7月 イラン国王，「白色革命」開始。昭38.6.5 ホメイニ師逮捕。 8.5 南アフリカ政府，黒人解放運動指導者ネルソン＝マンデラを逮捕。 8.5 米女優マリリン＝モンロー自殺(36)。 8.12 堀江謙一，小型ヨット「マーメイド号」で日本人初の太平洋横断に成功（出発は5月12日）。 9.29 松谷みよ子『竜の子太郎』，国際アンデルセン賞入賞。 10.9 ウガンダ独立。 10.13 世界バレーボール選手権大会開催（モスクワ）。日本女子チーム，完全優勝。 10.17 中印国境紛争再発。 10.22 米ケネディ大統領，キューバにソ連ミサイル基地建設中と発表，キューバ海上封鎖を声明（キューバ危機）。 10.28 ソ連，キューバのミサイル撤去を通告。11.20 米，海上封鎖を解除。 11.6 国連総会，「人種差別やめねば除名」との南アフリカ制裁決議案を採択（日本は反対投票）。 12.9 タンガニーカ共和国独立。

●高度成長政策により日本経済の急速な発展が進む

社会・文化	世 相
1.10 東京医科歯科大教授柳沢文徳ら，中性洗剤の有害性を指摘。**11.14** 食品衛生調査会，中性洗剤は無害と厚相に答申。	1月 東京にＡ２型流感が流行。全国で６月までに患者47万人，死者5868人。
1.15 宮内庁，宮中歌会始の入選作を盗作の疑いで取消し。	2月 東京都の常住人口，推計で1000万人を突破（**世界初の1000万都市**）。
2.27 日本電気，国産では初の大型電子計算機NEAC2206を発表（記憶容量１万語）。	3月 テレビの受信契約数が1000万を突破／ピンク映画第１号，大蔵映画の『肉体の市場』封切。
3.31 義務教育諸学校の教科書，無償となる。	4月 ゴミ箱がポリペールにかわり，ゴミの定時収集方式が始まる。
4.18 日経連，求人難から採用試験期日を10月１日以降とする申合せの中止を決定（「**青田買い**」の傾向強まる）。	7月 民芸，木下順二の『オットーと呼ばれる日本人』を初演（東横ホール）。
4.20 日本アートシアターギルド（ＡＴＧ）発足（上映館は新宿文化など）。	8月 東京急行バス，東京と山形・仙台・会津若松を結ぶ長距離バスの運転を開始。
4.23 海員組合，週48時間労働を要求し停船スト（主要49港で沖待ちを含め延べ633隻，史上最大）。	12月 東京で**スモッグ**が続き問題化。
4.26 全労・総同盟・全官公の25組合，全日本労働総同盟組合会議（**同盟会議**）結成（議長中地熊造，140万人）。	この年 大学文学部の女子学生比率，全国で37％（学習院大89％，青山学院大86％，成城大78％），暉峻康隆の「**女子学生亡国論**」話題／大都市の**住宅難が深刻化**（日本住宅公団の申込み競争率52.5倍）／コカコーラ，小売店直売方式で販売本格化／テレビ放送，朝７時頃から夜12時までの全日放送に／山岡荘八の『徳川家康』1000万部突破。企業経営革新の動きに応じ，『作戦要務令』『孫子の兵法』なども売れる／ツイスト流行。
5.3 常磐線三河島駅（東京）構内で２重衝突。死者160人，重軽傷325人。	
5.17 大日本製薬，西ドイツでの奇型児問題発生を機に，**サリドマイド系睡眠薬**の出荷を自主的に中止。**9.13** 製薬５社，販売を停止。	
6.8 奥只見発電所完工式（36万kw）。	
6.10 北陸本線北陸トンネル開通（１万3870m，日本最長）。	◐ 人づくり／**無責任時代**／ハイそれまでよ／吹けば飛ぶよな／総会屋／青田買い
7.10 佐世保造船所で**日章丸進水**（13万トン，当時世界最大のタンカー）。	♬「可愛いベイビー」中尾ミエ／「いつでも夢を」橋幸夫・吉永小百合／「遠くへ行きたい」ジェリー藤尾／「下町の太陽」倍賞千恵子
7.31 厚生省，コレラ対策のため台湾バナナの輸入を禁止。**8.2** 台湾から門司へ入港した貨物船乗組員17人に，真性コレラ患者発見。	📖 村山知義『忍びの者』／高橋和巳『悲の器』／梶山季之『黒の試走車』／安部公房『砂の女』／中川李枝子『いやいやえん』／小学館『日本百科大事典』13巻・別巻1
8.6 第８回原水禁世界大会，社会党・総評の「ソ連の核実験に抗議する」動議で会場混乱。社会党系が退場，宣言不採択。	🎬 『**キューポラのある街**』日活·浦山桐郎監督・**吉永小百合**／『おとし穴』勅使河原プロ·勅使河原宏監督・井川比佐志／『切腹』松竹·小林正樹監督・仲代達矢・三国連太郎〔洋画〕『情事』（伊）／『尼僧ヨアンナ』（ポーランド）／『101匹わんちゃん大行進』（米）／『野いちご』（スウェーデン）
8.30 国産中型旅客機ＹＳ－11，初飛行に成功（60人乗り双発ターボプロップ）。	
9.5 金田正一（国鉄），通算三振奪取世界新記録達成（3514個）。	
9.26 若戸大橋開通式（2068m）。	📺 『ベンケーシー』『コンバット』『隠密剣士』『判決』『てなもんや三度笠』〔ＣＭ〕「チョチョンのパ」（船橋ヘルスセンター），「スカッとさわやか」（日本コカコーラ）
9.29 富士ゼロックス，初の国産電子複写機を完成（コピー時代の幕あけ）。	
10.10 ファイティング原田，ボクシング世界フライ級チャンピオンとなる。	
10.30 最高裁，50年間無実を叫び続けた「巌窟王」**吉田石松の再審請求を認める**。昭38.2.28 名古屋高裁，無罪判決。	⚰ 3.26 室生犀星（72）／ 4.29 田辺元（77）／ 5.12 秋田雨雀（79）／ 7.18 大河内伝次郎（64）／ 8.8 柳田国男（87）／ 9.7 吉川英治（70）／ 10.28 正宗白鳥（83）

昭和38年(1963) 癸卯

内閣	政治・経済	世　界
②池田勇人（自民党） 12.4 12.9 ③池田	1.9 米大使ライシャワー，原子力潜水艦の日本寄港を申入れ。6.5 外務省，原潜の安全性などにつき日米交渉の中間報告を衆院委員会に提出。 2.20 日本，ガット理事会でガット11条国(国際収支を理由とする貿易制限の禁止)への移行通告。 3.22 政府，開放経済体制への移行に伴い国際競争力強化のため特定産業振興臨時措置法等を決定(通産省主導に対し経済界は反対。昭39.1.30 国会提出，廃案)。 3.31 中小企業近代化促進法公布。7.20 中小企業基本法公布(保護主義から近代化政策へ。電子部品・音響機器・セラミックなどで中堅企業が誕生。中小企業内にも二重構造発生)。 4.17 第5回統一地方選挙(知事選で現職全員当選，飛鳥田一雄横浜市長当選)。4.21 都知事東竜太郎の選挙ポスターにせ証書使用容疑で自民党都選対本部事務主任を逮捕。 5.12 水爆積載可能のF105D米ジェット戦闘爆撃機14機，板付に配備。 7.1 防衛庁，バッジシステム(半自動防空警戒管制組織)で米ヒューズ社製の採用を決定。 7.8 防衛庁，新島で国産初の空対空ミサイルの試射実験に成功。 7.12 政府，生存者叙勲の復活を決定。 7.18 池田内閣改造(オリンピック担当国務相に佐藤栄作など実力者入閣)。 8.14 日本，米・英・ソの3首都で部分的核実験停止条約に調印(昭39.6.15 批准書寄託)。 8.15 政府主催の第1回全国戦没者追悼式，日比谷公会堂で挙行。 8.23 政府，倉敷レイヨンのビニロンプラント対中国延払い輸出を了承(池田内閣の対中関係改善積極策に対し台湾や自民党内台湾派の批判高まる)。 9.1 安保反対国民会議，米原潜寄港反対集会を横須賀・佐世保で開催。 9.12 最高裁，松川事件再上告審で検察側の上告を棄却，被告全員の無罪確定。 9.23 池田首相，フィリピン・インドネシア・オーストラリア・ニュージーランド訪問(～10.6)。 10.17 自民党組織調査会(会長三木武夫)，派閥の無条件解消など党近代化を総裁に答申(派閥抗争の中でうやむやにされる)。 11.21 第30回総選挙(自民283，社会144，民社23，共産5，無所属12)。民社，解党の危機を免れる。 12.9 第3次池田内閣成立。全閣僚留任。 12.26 最高裁，駐留米軍違憲問題が争われた砂川事件再上告審で上告を棄却，7被告の有罪確定。	1.21 仏ドゴール・西独アデナウアー首脳会談開催。1.22 仏・西独協力条約調印。7.2 発効(パリ・ボン枢軸)。 4.11 米原潜スレッシャー号，ボストン沖で沈没(乗組員129人全員死亡)。 4.28 カストロ首相，モスクワ訪問。キューバが社会主義圏に属すると声明。 5.3 南ベトナムのフエで2万人の仏教徒・市民が反政府デモ。6.11 サイゴン街頭で僧侶が抗議の焼身自殺。 5.25 アフリカ独立諸国首脳会議，アフリカ統一機構(OAU)憲章に調印。 6.16 ソ連，世界初の女性宇宙飛行士テレシコワが乗る衛星船ボストーク6号打ち上げ。 6.20 米・ソ，ホットライン(首脳間直通通信)協定調印。 6.28 北朝鮮政府，対韓救援米の無償供与を声明。7.1 韓国側は拒否。7.2 日本政府の米・小麦4万トンの贈与提案受諾を通告。 7.20 モスクワの中・ソ共産党会談決裂(中・ソ対立激化)。 8.5 米・英・ソ，部分的核実験禁止条約調印(仏・中不参加)。8.14 日本も調印。 8.21 南ベトナム全土に戒厳令。僧侶，学生の逮捕，数千人に。全学校閉鎖に発展。 8.28 米で人種差別撤廃のワシントン大行進(20万人)。 9.16 マレーシア連邦建国。 10.11 西独アデナウアー首相辞任(エアハルト内閣成立)。 11.1 南ベトナムでドンバンミン指揮の軍部クーデター。11.2 ゴ=ジン=ジェム大統領殺害。 11.22 ケネディ大統領，ダラスで暗殺。後任にジョンソン副大統領。11.24 暗殺容疑者オズワルド，射殺される。 12.17 朴正煕，韓国大統領就任。

●ケネディ暗殺や鶴見・三池などの大事故が相次いだ不安の年

社会・文化	世 相
1.14 芥川比呂志ら文学座を脱退, 福田恆存を中心に劇団雲を結成.	1月 初のテレビ長編アニメ『鉄腕アトム』放送開始(フジテレビ).
1月 中旬から2月にかけて北陸地方に豪雪, 都市機能完全麻痺. 赤痢蔓延などで2.18までに死者156人(38豪雪).	3月 東京・数寄屋橋交差点に騒音自動表示器設置/小松左京・星新一ら, 日本SF作家協会を創設.
2.10 門司・小倉・八幡・戸畑・若松の5市が合併, 北九州市発足(人口105万人).	4月 NHK, 大河ドラマ『花の生涯』放映開始/大阪駅前に初の横断歩道橋設置/サントリービール発売(各種ビン詰生ビール登場).
2.17 寺沢徹, 別府毎日マラソンで2時間15分15秒の世界最高記録達成.	5月 警視庁, 国連標識を大幅に採用した新道路標識を実施.
3.31 東京・入谷で村越吉展ちゃん(4歳)誘拐. 4.25 警視庁, 犯人の声を一般公開. 40.7.3 容疑者小原保, 犯行を自供.	11月 前年からの偽札大量使用に対処するため, 新1000円札(伊藤博文肖像)発行.
5.1 埼玉県狭山市で女子高校生誘拐される. 5.4 遺体発見. 5.23 浦和地検, 被差別部落の青年石川一雄を別件逮捕(狭山事件). 6.23 石川自白. 昭39.3.11 浦和地裁, 暴行・殺人罪で死刑判決. 石川, 自白を撤回し上告. 昭52.8.9 無期懲役確定.	12月 プロレスラー力道山, 赤坂のキャバレーでやくざに刺される(12.15 死亡).
6.5 黒部川第4発電所完工式(ダムの高さ186m, 出力23万4000kw).	この年 ボウリング場, 人気を集める/農村から都会へ出る若者・壮年層が増加/兼業農家が40%をこえる/火力発電量が水力を上回る/広告費の増加が世界第1位となる/テレビ受像機約1435万台で, 米に次いで世界第2位/自動販売機が出始める/レーシングカー発売.
8.2 サリドマイド人体実験の手記を掲載した『女性自身』問題化.	◎ バカンス(東レが「バカンスルック」をヒットさせ, この語も流行)/番長/ハッスル/カワイコちゃん(テレビドラマ『男嫌い』で横山道代が使い流行. 年下のかわいい男性をさす)
8.5 広島の第9回原水禁世界大会, 社会党・総評系のボイコットで分裂.	/三ちゃん(じいちゃん・ばあちゃん・かあちゃん)農業
8.17 藤田航空ヘロン機, 八丈島離陸直後に八丈富士山腹に衝突. 19人全員死亡.	♫ 「高校三年生」舟木一夫/「東京五輪音頭」三波春夫/「こんにちは赤ちゃん」梓みちよ/「浪曲子守唄」一節太郎/「男船」井沢八郎
8.17 沖縄離島連絡船みどり丸, 強風のため転覆. 死者行方不明112人.	📖 山口瞳『江分利満氏の優雅な生活』/司馬遼太郎『竜馬がゆく』/占部都美『危ない会社』/河野実・大島みち子『愛と死をみつめて』/井上清『日本の歴史』
9.1 国鉄, 列車自動停止装置(ATS)の使用を開始.	🎬 『天国と地獄』黒澤プロ・東宝:黒澤明監督・三船敏郎・仲代達矢/『武士道残酷物語』東映:今井正監督・中村錦之助/『五番町夕霧楼』東映:田坂具隆監督・佐久間良子/『にっぽん昆虫記』日活:今村昌平監督・左幸子・長門裕之〔洋画〕『アラビアのロレンス』『007は殺しの番号』(英)/『大脱走』『奇跡の人』(米)
9.5 東京の地下鉄京橋駅停車中の車内で, 手製の時限爆弾が爆発, 乗客10人負傷. 犯人草加次郎「次は10日」と予告.	
9.6 首都圏基本問題懇談会, 茨城県筑波山麓に研究学園都市建設を建設省に報告.	
9月 林房雄『大東亜戦争肯定論』を『中央公論』に連載開始(～昭40年6月).	TV 『花の生涯』『ロンパールーム』『鉄腕アトム』『夫婦善哉』〔CM〕「マーブルちゃん」(明治製菓), 「おそれいりました」(興和)
10.10 慶応大学病院・順天堂大学病院でアイバンク開業(献眼登録者を一般から募集).	👤 5.6 久保田万太郎(73)/6.8 富本憲吉(77)/6.11 長谷川伸(79)/10.25 渋沢敬三(67)/12.2 佐々木信綱(91)/12.12 小津安二郎(60)/12.15 力道山(39)
11.9 神奈川県の東海道線鶴見―新子安間で列車の2重衝突事故発生. 死者161人(鶴見事故).	
11.9 三池三川鉱で炭塵爆発, 死者458人(一酸化炭素中毒後遺症が問題化).	
11.10 オートバイ世界選手権第1回日本グランプリ, 鈴鹿サーキットで開催.	
11.23 日米間テレビ宇宙中継受信実験(リレー1号衛星)に成功, ケネディ米大統領暗殺ニュースを受信.	

昭和39年(1964) 甲辰

内閣	政治・経済	世界
②池田勇人（自民党） 11.9 11.9 ①佐藤栄作（自民党）	2.23 元首相吉田茂，池田首相の要請により台湾訪問。蔣介石総統と3回にわたり会談。 3.23 日本鉄道建設公団発足。 4.1 日本，IMF8条国に移行（国際収支の悪化を理由とした為替取引の制限が禁止され，円は交換可能通貨となる）。 4.8 共産党，4.17の公労協ストは弾圧を招く挑発的陰謀と反対声明（7.19 自己批判）。 4.25 第1回戦没者叙勲を発令。4.28 第1回生存者叙勲を発表（最高位の大勲位に吉田茂）。 4.28 日本，OECDに加盟（先進資本主義国の一員に）。 5.14 ソ連最高会議議団初来日。9.4 日本国会議員団，ソ連訪問（初めて相互訪問実現）。 6.1 新三菱重工・三菱日本重工・三菱造船，合併して三菱重工業発足。 6.24 暴力行為処罰法改正公布（テロの頻発に対し，鉄砲や刀剣による傷害の刑罰を強化。野党，労働運動などの弾圧に悪用されると反対）。 7.3 外相大平正芳，台湾訪問（台湾政府支持を改めて約束，日中関係改善の動きは頓挫）。 7.3 憲法調査会，最終報告書を首相に提出（改憲論の多数意見と改憲不要論の少数意見を併記）。 7.10 自民党臨時大会で池田勇人，佐藤栄作・藤山愛一郎を破って総裁に3選（10数億円が動いたといわれ，ニッカ〈二派から金を受けとる〉・サントリー〈三派からとる〉の言葉生れる）。 8.10 社会・共産・総評など137団体，ベトナム反戦集会開催。8.11 政府，南ベトナムへの緊急援助決定（米のベトナム軍事介入を支援）。 8.28 政府，米原潜の寄港受諾を通告。野党各党反対声明。 10.17 政府・社会・民社・公明，中国核実験に抗議声明。共産党，「実験はやむをえない自衛手段」との見解を発表。 10.25 池田首相，病気療養（喉頭癌）のため辞意表明。佐藤栄作・河野一郎・藤山愛一郎，後継に名乗りを上げる。11.9 自民党両院議員総会，池田の裁定で佐藤栄作を後継首班候補に指名。 11.9 池田内閣総辞職，佐藤内閣成立。前内閣の閣僚を引き継ぐ。昭40.8.13 池田勇人死去。 11.12 米原潜シードラゴン号，佐世保に入港。11.13 反対デモ，警官隊と衝突。 11.17 公明党結成大会（委員長原島宏治・書記長北条浩）。 12.3 第7次日韓会談開始（ベトナム戦争開始に伴い日韓国交正常化への米の圧力強まる）。 12.8 社会党大会，綱領的文書「日本における社会主義への道」を採択。	1.5 聖地巡礼中のローマ法王パウロ6世，東方教会アテナゴラス総主教と会談。 1.27 中・仏，外交関係の樹立を発表。 1.29 第9回冬季オリンピック開催（オーストリア・インスブルック，36か国参加，～2.9）。 1.30 南ベトナムでクーデター。グエン=カーン政権奪取。 3.23 ジュネーブで国連貿易開発会議（UNCTAD）開催。 5.27 インド，ネルー首相死去（74）。 5.28 パレスチナ解放機構（PLO）設立。 6.3 韓国で日韓会談反対デモ，ソウルに非常戒厳令。 8.2 米国務省，北ベトナムが米駆逐艦を攻撃と発表（トンキン湾事件）。8.4 米軍，北ベトナム海軍基地を爆撃。 8.7 米議会，大統領に戦争遂行権限を付与。 10.10 第18回オリンピック東京大会開催（参加国・地域94，～10.24）。東西ドイツは統一選手団派遣。インドネシア・北朝鮮は直前に不参加。日本は体操，レスリング，柔道，ボクシング，重量挙げ，女子バレーボールで金メダル計16，柔道無差別級など銀5，マラソンの円谷幸吉など銅8を獲得。また，エチオピアのアベベ（マラソン），米のショランダー（水泳），チェコのチャスラフスカ（体操）などが活躍。 10.15 ソ連，フルシチョフ第1書記兼首相を解任（第1書記にブレジネフ，首相にコスイギン就任）。 10.16 中国，初の原爆実験に成功。 10.17 英，ウィルソン労働党内閣成立。 11.3 民主党の現職ジョンソン，米大統領選に勝利。 12.12 ケニア，英自治領から独立，共和国宣言。

●東京オリンピックが日本の経済成長を象徴

社会・文化	世相
1.3　5人連続殺人犯の西口彰，熊本県玉名温泉で逮捕される。	1月　国鉄，電子式座席予約装置開設。
1.27　厚生省，癌専門家による肺癌対策打合せ会開催（紙巻たばこの危険性を示唆）。	3月　福田恆存訳・演出のシェークスピア『リチャード3世』，日生劇場で初演（各地でシェークスピア生誕400年記念行事が行われる）。
2.27　富士航空コンベア240型機，大分空港で着陸に失敗し墜落，死者20人。	4月　海外旅行，自由化／東京・上野の国立西洋美術館で「ミロのヴィーナス展」開催／東京12チャンネル開局。
3.24　米大使ライシャワー，精神障害の少年に右腿を刺される（輸血から血清肝炎になり，売血の「黄色い血」問題化）。	5月　多摩動物公園にライオンバス登場。
4.5　東京都町田市の商店街に米軍ジェット機墜落，死者4人。	8月　東京都内の車が100万台を突破。
5.6　鐘紡，定年制廃止を宣言。	9月　ホテルニューオータニ・東京プリンスホテル開業。
6.1　ビール・酒類，25年ぶりに自由価格。	10月　NETと大映間で話し合い，旧作劇映画のテレビ上映実施／オリンピック記念の1000円銀貨発売。
6.11　昭和電工川崎工場で爆発事故，死者18人。	12月　『朝日新聞』，1000万円懸賞当選作の三浦綾子『氷点』を掲載開始。
6.16　新潟を中心に大地震。死者26人，家屋全壊・全焼2250戸，昭和石油の原油タンク爆発（新潟地震）。	この年　オリンピック景気で，デパート・ホテルの拡張が盛ん／家庭用ビデオテープレコーダーが売り出される／多種の加工食品が出回る／28種類の特殊郵便切手が発売され，切手ブーム／ロングスカートに大きな紙袋のハイティーンが銀座みゆき通りに出現（みゆき族）／ニットウェア・ノースリーブ流行。
6.23　熊本県小国町で下筌ダム建設反対派籠城の「蜂ノ巣城」，8年目で強制撤去。	
7.1　母子福祉法公布。	
7.18　山陰・北陸地方に豪雨。死者行方不明128人，全壊・流失527戸。	
7.20　警視庁，トップレス水着の海水浴場等での着用は軽犯罪法違反と通達。	🔴 根性／おれについてこい（女子バレーボールチームを率いた大松博文監督の著書名）／ウルトラC／トップレス／シェー（赤塚不二夫『おそ松くん』で使われ流行）
8.6　東京，異常渇水で水不足深刻化。17の区で第4次給水制限（1日15時間断水）。	
8.24　千葉県習志野市でコレラ患者1人死亡。	
9.13　静岡県沼津市で石油化学コンビナート進出に反対する住民2万人の総決起大会。9.30　市議会，誘致反対を決議。	🎵「お座敷小唄」和田弘とマヒナスターズ／「アンコ椿は恋の花」都はるみ／「涙を抱いた渡り鳥」水前寺清子／「愛と死を見つめて」青山和子／「柔」美空ひばり
9.14　富山市の富山化学工業で塩素ガスが流出，住民ら531人中毒。	📖 吉行淳之介『砂の上の植物群』／北杜夫『楡家の人びと』／野上弥生子『秀吉と利休』／大仏次郎『パリ燃ゆ』／大江健三郎『個人的な体験』／柴田翔『されどわれらが日々』
9.17　東京モノレール（浜松町―羽田空港間）開業（初の営業モノレール）。	
9.23　横須賀市で7万人の米原潜寄港反対集会。佐世保市でも1万人の集会。	🎬『越後つついし親不知』東映：今井正監督・三国連太郎／『赤い殺意』日活：今村昌平監督・西村晃・春川ますみ／『愛と死を見つめて』日活：斎藤武市監督・吉永小百合〔洋画〕『突然炎のごとく』（仏）／『アメリカアメリカ』『マイ・フェア・レディ』（米）
9.23　王貞治（巨人），55本のホームラン日本新記録。長嶋とならびON砲といわれる。	
10.1　東海道新幹線開業。東京―新大阪間4時間と従来の6時間50分を大幅短縮。料金2480円（昭40.10.1からは3時間10分）。	
10.3　日本武道館開館。	📺『ひょっこりひょうたん島』『七人の孫』『木島則夫モーニングショー』『赤胴浪士』〔CM〕「なんであるアイデアル」（丸定商事）
11.8　パラリンピック（国際身体障害者スポーツ大会）東京大会開催。	
11.8　創価学会，国立競技場で文化祭を開催。	⚰ 2.19　尾崎士郎(66)／ 4.5　三好達治(63)／ 5.6　佐藤春夫(72)／ 6.7　高群逸枝(70)／ 8.17　佐田啓二(37)
11.10　総同盟・全労会議解散。11.12　両組織と全官公が合同，全日本労働総同盟（同盟）発足（146万6000人，会長中地熊造）。	
11.15　シンザン，三冠馬となる。	

昭和40年(1965) 己巳

内閣	政治・経済	世界
①佐藤栄作（自民党）	1.10 佐藤首相, 訪米（〜1.17）。1.13 佐藤・ジョンソン共同声明。 2.10 社会党岡田春夫, 衆院予算委で防衛庁統幕会議の極秘文書「三矢研究」を暴露（朝鮮有事を機に日本の戦時体制への転換を研究。有事立法の先駆け）。3.3 政府, 資料提出を拒否。9.14 防衛庁, 秘密保持不全で26人処分。 2.20 外相椎名悦三郎訪韓, 日韓基本条約仮調印。 3.6 山陽特殊製鋼倒産（戦後最大の倒産）。この月, 繊維業界の中小企業倒産激増。 3.16 東京地検, 東京都議会議長選挙での汚職事件で3都議逮捕。5.21 社・公・民・共4党, 都議会解散リコール運動一本化決定。6.11 11都議を起訴。6.14 都議会, 満場一致で解散議決。 4.20 緑風会解散（参院の政党化）。 5.6 社会党大会, 佐々木更三委員長を選出。 5.17 ＩＬＯ87号条約（結社の自由・団結権の保護）と関係国内法成立。6.14 批准書寄託。 5.28 田中蔵相, 山一證券の倒産の危機に無制限・無期限の日銀特別融資を発表（山一証券事件, 40年不況）。6.23 大蔵省, 景気刺激策として約1000億円の公共事業など繰上げ支出決定。 6.9 ベトナム戦争反対で社共両党の一日共闘。 6.22 日韓基本条約と付属の協定に調印（韓国を朝鮮における唯一の合法的政府と承認, 無償3億ドル・有償2億ドルの対韓援助。日本資本の韓国進出の契機）。 7.4 第7回参院選（自民71, 社会36, 公明11, 民社3, 共産3, 無所属3）。東京地方区で自民党全滅, 共産党野坂参三トップ当選。 7.23 東京都議選（社会45, 自民38, 公明23, 共産9, 民社4）。社会党第1党に躍進, 自民党大敗。 7.30 野党各党, 米B52の沖縄からの北ベトナム爆撃に抗議, 琉球立法院も超党派で抗議決議。 8.19 佐藤首相, 首相として戦後初めて沖縄訪問（那覇空港で「沖縄が祖国復帰しない限り, 戦後が終っていない」と声明。祖国復帰デモに囲まれ, 米軍基地内で宿泊）。 10.12 社共両党, 日韓条約批准阻止で統一行動。10万人が国会デモ。 11.5 民社党, 日韓条約賛成を決定。12.11 参院, 自民・民社のみで可決, 日韓基本条約等成立。12.18 ソウルで批准書交換。 11.19 政府, 第2次補正予算で不況対策のため, 戦後初の赤字国債発行を決定。昭41.1.19 昭和40年度財政処理特別措置法公布。昭41.1.29 2590億円の赤字国債発行。 12.10 日本, 国連安保理事会非常任理事国に当選。 この年 下半期より「いざなぎ景気」（〜昭45年7月）。	1.8 韓国, 南ベトナム派兵決定。 1.21 インドネシア, 国連脱退。 1.24 チャーチル英元首相死去。 2.7 米軍機, 北ベトナムのドンホイを爆撃（北爆開始）。ベトナム戦争本格化。 2.13 鈴木恵一, 世界スピードスケート選手権大会（オスロ）500mで日本人初の連覇。 3.15 中村紘子, ポーランドの第7回ショパン国際コンクールで第4位。 3.18 ソ連の宇宙飛行士レオーノフ, 初の宇宙遊泳に成功。 4.28 米, ドミニカに軍事介入。 6.12 重松森雄, 英のウィンザーマラソンに2時間12分0秒の世界最高記録で優勝。 6.19 アルジェリアでクーデター（第2回ＡＡ会議延期）。 6.19 南ベトナム, グエン=カオ=キ将軍, 首相に就任（政情不安深刻化）。 6.23 北朝鮮, 日韓基本条約を「売国的」として不承認, 賠償請求権保有を声明。 7.15 米衛星マリナー4号, 火星に接近, 初の写真電送。 7.29 沖縄発進の米B52爆撃機, ベトナムを渡洋爆撃。 8.9 シンガポール, マレーシア連邦より分離独立。 8.14 韓国国会, 日韓基本条約を与党単独で批准。8.26 ソウルに衛戍令。 9.6 インド・パキスタン両軍, カシミールで衝突（第2次印パ戦争）。 11.10 中国で姚文元が呉晗「海瑞罷官」を批判（文化大革命の発端）。 12.7 ローマ法王パウロ6世・東方教会アテナゴラス総主教, 共同宣言。1054年以来の相互の破門宣言を解消。 12.15 米宇宙船ジェミニ6号と7号, 初のランデブーに成功。 12.21 国連総会, 人種差別撤廃条約を採択。

●国内の反対を押し切って日韓条約成立。物価問題深刻化

社会・文化	世相
1.11 中央教育審議会,「期待される人間像」の中間草案を発表。 1.20 日本航空,ジャルパックの募集を開始(ハワイ9日間37万8000円,ヨーロッパ16日間67万5000円など7コース)。 2.1 原水爆禁止国民会議(原水禁)結成(あらゆる国の核実験に反対)。 2.23 全国出稼ぎ者総決起大会開催。 2.24 大蔵省,1日135円の献立表を発表。 3.1 東京都文京区向ケ丘弥生町の住民,町名変更に反対し,東京地裁に行政訴訟。 3.16 イリオモテヤマネコ命名。 4.14 東京の公衆浴場2500軒,値上げ要求で一斉休業。 4.24 「ベトナムに平和を!市民文化団体連合」(ベ平連)主催初のデモ。11.16『New York Times』に1ページ広告を掲載。 5.18 ファイティング原田,バンタム級世界チャンピオンとなる(2階級制覇)。 5.22 東京農大ワンダーフォーゲル部員,上級生のシゴキを受け1人死亡。 6.1 福岡県山野鉱でガス爆発,死者237人。 6.6 日本サッカーリーグ発足(サッカー盛んとなり,釜本邦茂・杉山隆一ら人気)。 6.12 新潟大教授植木幸明ら,阿賀野川流域で水俣病に似た有機水銀中毒患者の発生を発表。昭42.4.18 厚生省,昭和電工の工場廃水が原因と発表。 6.12 東京教育大教授家永三郎,教科書検定を違憲とし,国に対し賠償請求の民事訴訟をおこす。 6.16 警視庁,武智鉄二監督の映画『黒い雪』をわいせつ罪容疑で押収。 6.26 川崎市の新興住宅地で,裏山に盛り土された石炭灰が雨で崩れ,24人生埋め(急造宅地造成,問題化)。 7.29 神奈川県座間町で2警官を殺傷した少年,東京・渋谷の銃砲店で店員を人質にライフル銃などを乱射。 8.3 長野県松代町付近に地震,以後42年にかけ多発(松代群発地震)。 10.21 スウェーデンアカデミー,ノーベル物理学賞を朝永振一郎に授与と発表。 10.21 野村克也(南海),打撃三冠王を達成。 11.17 プロ野球第1回新人選択(ドラフト)会議(堀内恒夫一巨人,藤田平一阪神,長池徳二一阪急,鈴木啓示一近鉄ら)。 11.20 第7次南極観測隊,自衛艦ふじで南極へ出発。	1月 東京に初のスモッグ警報発令/朝日・毎日・読売など,第1・第3日曜日の夕刊を廃止(4月から日曜夕刊全廃)/大相撲,部屋別総当り制実施。 2月 フィルター付き「ロングピース」発売/アンプル入り風邪薬の中毒死が多発,大正・エスエス両製薬会社が販売を自主停止。 3月 愛知県犬山市に明治村開村。 4月 松下電器産業,完全週休2日制実施/中卒の高校進学率,全国平均70%越える(最高東京86.8%,最低青森54.3%)。 5月 横浜市に国立こどもの国開園。 6月 東京のゴミ捨て場「夢の島」で,ハエが大量発生。 9月 国鉄,「みどりの窓口」を開設。 10月 第10回国勢調査,総人口9827万4961人(東京都1086万9244人)。 12月 シンザン,5冠馬となる。 この年 共稼ぎによる「かぎっ子」増加/短大生を含む大学生数,100万人突破/エレキギターブーム/モンキーダンス流行/ひざ上10cmのミニスカート登場/レーシングカー大流行。 📺 期待される人間像/しごき/007/夢の島/公害 🎵「さよならはダンスの後に」倍賞千恵子/「愛して愛して愛しちゃったのよ」田代美代子/「函館の女」北島三郎 📖 開高健『ベトナム戦記』/三浦綾子『氷点』/岡村昭彦『南ヴェトナム戦争従軍記』/中央公論社『日本の歴史』26巻・別巻5巻 🎬『証人の椅子』山本プロ・大映;山本薩夫監督・奈良岡朋子/『日本列島』日活;熊井啓監督・宇野重吉・二谷英明/『赤ひげ』黒澤プロ・東宝;黒澤明監督・三船敏郎・加山雄三/『東京オリンピック』東京オリンピック映画協会;市川崑監督〔洋画〕『野望の系列』『サウンド・オブ・ミュージック』(米)/『8 1/2』(伊) 📺『太閤記』『スタジオ102』『11PM』(ナイトショーの初め)『ザガードマン』『おばけのQ太郎』『サザエさん』『奥様スタジオ(司会小川宏)』〔CM〕「飲んでますか」(武田薬品),「ワタシニモウツセマス」(富士写真フイルム) 👤 1.6 花柳章太郎(70)/7.8 河野一郎(67)/7.19 梅崎春生(50)/7.28 江戸川乱歩(70)/7.30 谷崎潤一郎(79)/8.13 池田勇人(65)/8.17 高見順(58)/12.29 山田耕筰(79)

昭和41年(1966) 丙午

内閣	政治・経済	世　界
①佐藤栄作（自民党）	1.15 椎名悦三郎, 外相として初のソ連訪問。 3.10 佐藤首相, 参院予算委で「沖縄防衛に日本も参加」と答弁。3.11 社会党, 「沖縄防衛参加は自衛隊の海外派兵につながる」と発言取消し要求, 審議中断。3.16 佐藤首相, 「法律・条約上沖縄に自衛隊は出動できない」と答弁。 3.25 政府, 明治100年記念事業を国家規模で行うと決定。5.11 明治百年記念準備会議発足(議長佐藤栄作), 昭43.10.23を式典日に決定。 5.28 椎名外相, インドネシア副首相と3000万ドルの緊急援助供与を共同声明(以降1970年代を通じてインドネシアは日本の最大被援助国に)。 5.30 米原子力潜水艦, 横須賀に初入港。 6.25 国民の祝日に関する法律改正公布(9.15を敬老の日, 10.10を体育の日とする。建国記念の日は6か月以内に政令で定める)。 7.4 閣議, 新東京国際空港建設予定地を成田市三里塚に決定。 7.8 政府, 建国記念日審議会設置。 7.24 ソ連外相グロムイコ来日。 8.1 佐藤内閣第2次改造(人気浮揚策として官房長官にニューライトの宮沢喜一を迎えようとしたが失敗, 佐藤の腹心の愛知揆一に)。 8.5 東京地検, 虎ノ門国有地払下げをめぐって国際興業社主小佐野賢治から1億円を脅し取った容疑で自民党代議士田中彰治を逮捕。 9.7 石川島播磨重工業, タンカー出光丸(20万9000トン)の進水式(巨大タンカー時代)。 9.27 社会党, 衆院で共和製糖への農林中金などからの不正融資問題を追及。 10.11 運輸相荒船清十郎, 国鉄ダイヤ改正の際, 選挙区の埼玉県・深谷駅に急行を停車させた問題で辞職(国有農地払下げ事件, バナナ汚職事件, 防衛庁長官上林山栄吉の自衛隊機を使った選挙区入りなど, 一連の汚職・腐敗事件が続発, 「黒い霧」と呼ばれる)。 11.29 国防会議, 第3次防衛力整備計画大綱を決定。 12.1 佐藤栄作, 自民党大会で藤山愛一郎を破って3選(批判票3分の1を越える)。 12.3 佐藤内閣第3次改造(佐藤・岸・福田の主流派中心で, 「右翼片肺内閣」と呼ばれる)。 12.3 社共両党欠席のまま, 第53回臨時国会開会。12.5 野党4党, 国会解散に追い込むと共同声明。12.27 衆院解散(黒い霧解散)。 12.8 建国記念日審議会, 建国記念の日を旧紀元節の2月11日と答申。12.9 政令公布。国民文化会議・紀元節問題懇談会などが抗議声明。 この年　国債発行による好景気。自動車生産高世界3位になる。	1.3 キューバのハバナで, アジア・アフリカ・ラテンアメリカ3大陸人民連帯会議(100か国参加)。 1.4 印・パ両首脳, ソ連の斡旋で和平会議。1.10 タシケント宣言(武力行使放棄・平和的解決取り決め)発表。 1.17 米B52爆撃機, スペイン海岸上空で墜落, 水爆1個行方不明。 1.24 インドでインディラ＝ガンディー内閣成立。 2.3 ソ連の無人月探査機ルナ9号, 月面軟着陸に成功。 2.24 ガーナで軍事クーデター, エンクルマ政権倒れる。 3.11 インドネシアのスカルノ大統領が政治権限をスハルト陸相に移譲。3.12 共産党非合法化。 4.1 南ベトナムで反政府デモ激化。4.14 軍事政府, 総選挙による民政移管を約束。 5.16 中国共産党, 各機関に文化革命小委設置通達(文化大革命始まる)。5.29 清華大学付属中に初の紅衛兵組織。 6.17 池田満寿夫, ベニスの第33回ビエンナーレ国際美術展版画部門外国人作家最高賞。 6.14 アジア太平洋閣僚会議開催(ソウル)。ＡＳＰＡＣ設立。 6.20 ドゴール仏大統領, ソ連訪問。6.30 仏ソ共同宣言発表(欧州からの米国の排除・外国軍隊のベトナム撤退などで合意)。 7.1 仏, ＮＡＴＯ軍から脱退。 8.18 北京で文化大革命勝利祝賀紅衛兵100万人集会(文革, 中国全土に波及)。10.22 劉少奇・鄧小平自己批判。 9.28 インドネシア, 国連に復帰。 10月 サンフランシスコで数千人のヒッピー集合, 愛と平和を願う「ラブイン」開催。 12.1 西独, キージンガー大連立内閣成立。

◉「黒い霧」事件などで国民の政治不信強まる

社会・文化	世 相
1.13 古都における歴史的風土の保存に関する特別措置法（古都保存法）公布。 1.18 早大学生，授業料値上げ反対等の要求でスト。2.10 早大全学共闘会議学生400人，大学本部を占拠（私服警官隊護衛下で入試，総長大浜信泉及び全理事辞任）。 1.28 最高裁，山林入会権をめぐる「小繋事件」の上告を棄却，全被告の有罪が確定。 2.4 千歳発の全日空ボーイング727型機，羽田空港着陸直前に墜落。133人全員死亡。 2.27 第1回物価メーデー（「およめに行けない物価高」のプラカード話題）。 3.4 香港発のカナダ航空DC8型機，濃霧による視界不良のため羽田空港防潮堤に激突し炎上，死者64人。 3.5 羽田経由で香港に向ったBOACボーイング707型機，富士山付近で空中分解し墜落。124人全員死亡。 3.11 東大寺，奈良県の文化観光税課税を拒絶し，奈良地裁に同条例の無効確認等を申立て。4.16 同地裁，却下。 3.26 富山県，全国初の登山届出条例を制定。 4.7 千葉大付属病院医局員鈴木充，チフス菌や赤痢菌の人体実験をした容疑で逮捕。 4.20 日産とプリンスが合併。8.1 日産自動車として新発足（自動車産業再編成へ）。 6.29 ザ＝ビートルズ来日。3日間で5回の公演（演奏時間各35分，ギャラ6000万円）。 7.11 広島市議会，原爆ドーム永久保存決議。 7.13 東京都教委，都立高校入試制度改善の基本方針を決定（学校群新設・内申書尊重・3教科制）。 8.6 ニチボー貝塚女子バレーボールチーム，ヤシカに敗れ連勝記録258でストップ。 8.16 東京都に日照権専門委員会設置。 8月 桑原武夫・末川博・江口朴郎ら学者・文化人884人，2月11日を「建国記念日」とすることに反対声明。 9.3 10歳の子どもを車にぶつけ慰謝料をせしめていた「当り屋」夫婦，大阪で逮捕。 9.5 午前6時31分，宮古島で秒速85.3mの暴風雨記録，風速計倒壊。 10.29 戦争中の政府接収ダイヤが売出され，買い手殺到。 11.13 全日空YS-11，松山空港から離陸後，海上に墜落。50人全員死亡。 11.16 東京間借人協会発足（会長中村武志）。 12.20 東京地裁，結婚退職制は違憲と判決。住友セメントの女子社員勝訴。	1月 福島県いわき市に常磐ハワイアンセンター開業。 3月 東大・京大など各地の大学で学生の落第・留年問題／法務省集計で日本の総人口1億人を突破（1億55万4894人）。 4月 土地建物にもメートル法実施。鯨尺は生産禁止。 5月 資生堂，サマー化粧品「ビューティケイク」発売。前田美波里のポスターが人気／漫画『巨人の星』が『少年マガジン』で連載開始。 6月 ザ・ビートルズの日本武道館公演で，熱狂したファンが大混乱，多数の若者が補導される。 7月 郵便料金値上げ，はがき7円・封書15円。 11月 国立劇場開場，『菅原伝授手習鑑』上演。 この年 丙午で出産数136万974人，前年比25%減／交通事故死者数1万3904人で史上最高（交通戦争の語が生れる）／海外旅行者増加（21万人，4年前の3倍）／景気が立直り史上最高のボーナス／デパートの売上，1日40億円の史上最高を記録／3C（カラーテレビ・カー・クーラー）が新三種の神器となる。 ● 黒い霧／びっくりしたなーもう／ケロヨーン／ダヨーン ♫「星影のワルツ」千昌夫／「君といつまでも」加山雄三／「骨まで愛して」城卓矢／「夢は夜ひらく」園まり／「霧氷」橋幸夫／「バラが咲いた」マイク真木（フォークソング流行のきっかけ）／「こまっちゃうナ」山本リンダ 📖 遠藤周作『沈黙』／高橋和巳『邪宗門』／阿川弘之『山本五十六』／小泉信三『海軍主計大尉小泉信吉』／毛沢東『毛沢東語録』 🎬『人類学入門』今村プロ・日活；今村昌平監督・小沢昭一・坂本スミ子／『他人の顔』勅使河原プロ・東京映画；勅使河原宏監督・仲代達矢・京マチ子／『白い巨塔』大映；山本薩夫監督・田宮二郎・東野英治郎〔洋画〕市民ケーン（米）／『戦争と平和』（ソ）／『大地のうた』（インド）／『男と女』（仏） 📺『おはなはん』（平均視聴率50%）『サンダーバード』『笑点』『ウルトラマン』『銭形平次』〔CM〕「うちのテレビにゃ色がない」（三洋電機），「わんさか娘」（レナウン） ¥ ガソリン（1ℓ）50円／映画館入場料500円／大学授業料（年額）早大8万円 👤 4.10 川端龍子（80）／5.11 小泉信三（78）／7.12 鈴木大拙（95）／11.14 亀井勝一郎（59）

昭和42年(1967) 丁未

内閣	政治・経済	世界
①佐藤栄作（自民党）2.15 2.17 ②佐藤栄作（自民党）	1.24 共産党，『赤旗』で中国共産党からの批判に対し初めて公然と反批判（文化大革命をめぐって日中共産党の対立深まる）。 1.29 第31回総選挙（自民277，社会140，民社30，公明25，共産5，無所属9）。自民党得票率，初めて50％を割って48.80％，公明党衆院初進出。 2.13 公明党大会，竹入義勝委員長・矢野絢也書記長を選出。 2.17 第2次佐藤栄作内閣成立。全閣僚留任。 4.15 第6回統一地方選挙（東京都知事に社共推薦の美濃部亮吉当選。自民党は府県議選でも都市部で後退し，都市問題対策の検討開始）。 4.21 佐藤首相，衆院予算委で武器輸出3原則を言明（共産圏，国連決議で禁止している国，紛争当事国への武器輸出を禁止する内容）。 6.16 政府，選挙区内での寄付を禁止するなどの内容を盛りこんだ政治資金規制法改正等を国会提出（自民党の審議引延ばしにより廃案）。 6.21 民社党大会，西村栄一委員長・春日一幸書記長を選出。 6.30 佐藤首相，朴正熙大統領就任式に参加のため韓国訪問（首相として初の訪韓）。 8.3 公害対策基本法公布（企業の無過失責任は立法過程で削除され，「経済の健全な発展との調和」を謳う骨抜きの公害対策法に）。 8.20 社会党大会，勝間田清一委員長を選出。 9.7 米，原子力空母エンタープライズの寄港を申入れ。11.2 政府，寄港承認を米に通告。 9.7 佐藤首相，台湾訪問（～9.9）。 9.20 佐藤首相，ビルマなど東南アジア5か国訪問（～9.30）。 10.8 佐藤首相，東南アジア・オセアニア訪問（～10.21）。南ベトナム訪問に反対して反代々木系全学連の抗議デモ，警官隊と衝突し学生1人死亡（第1次羽田事件）。 10.20 吉田茂死去。10.31 戦後初の国葬。 11.12 佐藤首相，訪米（～11.20）。抗議デモ，警官隊と衝突（第2次羽田事件）。 11.15 日米共同声明発表（小笠原諸島の1年以内の返還を確認。沖縄返還の時期は明記せず，中国封じ込め・ベトナム戦争支援での日本の積極的役割を約束）。11.16 野党各党，共同声明に抗議。沖縄で7万人の抗議県民大会。 11.25 佐藤内閣改造（福田赳夫幹事長留任。田中角栄要職に就けず）。 12.11 佐藤首相，衆院予算委で小笠原返還に伴い米の核持込みを危惧する社会党成田知巳の質問に答え，「核を製造せず，持たない，持ち込みを許さない」の非核3原則を言明。	1.6 米軍，南ベトナムのメコンデルタに初侵攻。 1.27 米・英・ソ，宇宙平和利用条約調印。 4.27 モントリオール万博開幕。 4.28 世界ヘビー級チャンピオン，カシアス=クレイ（モハメド=アリ）が徴兵宣誓を拒否。タイトル剥奪される。 5.2 ラッセル，サルトルら，ストックホルムでベトナム戦犯国際裁判開廷。5.10 米に有罪判決。 5.30 ナイジェリア内戦勃発。 6.5 イスラエル軍，シナイ半島制圧（第3次中東戦争始まる）。6.11 停戦（6日戦争）。 6.10 前橋汀子，パリのロンティボー国際コンクールバイオリン部門で第3位。 6.17 中国，初の水爆実験。 6.30 ケネディ=ラウンド（関税一括引下げ交渉）最終議定書調印（53か国）。 7.1 ヨーロッパ共同体（EC）成立。 7.19 今井通子・若山美子，マッターホルン北壁に女性として初登頂に成功。 7.22 高田光政，グランドジョラス北壁登頂に成功（アルプス3大北壁征服）。 7.23 米，デトロイトで史上最大の黒人暴動。全米に波及。 8.8 東南アジア諸国連合（ASEAN）結成。 9.3 南ベトナム，グエン=バン=チューが大統領に当選（軍事政権継続）。 10.9 革命家チェ=ゲバラ（39），ボリビア山中で政府軍に捕えられ射殺される。 10.21 米，ワシントンで10万人のベトナム反戦集会。 10.24 第1回発展途上諸国首脳会議，「アルジェ憲章」を採択。 11.18 英，ポンドの14.3％切下げを発表。 12.3 南アで初の心臓移植手術。

●自民退潮のなかで革新自治体の拡大始まる

社会・文化	世相
1.12 日本血液銀行協会, 4月から買血を全廃, 預血のみとすることを決定。	1月 大仏次郎, 「天皇の世紀」を『朝日新聞』に連載開始。
2.4 厚生省, 初の原爆被爆者実態調査発表(昭40.11.1の生存被爆者29万8500人)。	3月 高見山大五郎, 外人初の関取(十両)となる／日本航空, 世界一周線の営業開始。
2.11 初の「建国記念の日」。東大・東京教育大などの学生, 記念日に反対し同盟登校。	4月 警視庁, 「交通110番」(暴走車用)を新設(5月には月光部隊も設置)。
3.12 青年医師連合(36大学2400人), インターン制度に反対, 医師国家試験ボイコット。	6月 自動車の保有台数1000万台を突破。レンタカーの利用も盛んになる。
4.5 岡山大教授小林純・萩野昇医師, 富山県の奇病「イタイイタイ病」は三井金属神岡鉱業所の廃水が原因と発表。	12月 交通事故の「ムチ打ち症」激増。名古屋で患者の全国組織準備会発足／テレビ受信契約2000万突破, 普及率83.1％／都電, 銀座線など9系統廃止。
4.13 東大宇宙航空研, 国産人工衛星第1号ラムダ4Sの打上げに失敗。	この年 農業就業人口が全就業者の20％を割る／ミニスカート大流行／大型レジャー時代で海外旅行ブーム／新宿を中心に「フーテン族」出没／アングラ(アンダーグラウンド)族登場／ガメラ・ギララ・ギャオスなど120余りの怪獣が映画・テレビに登場, 怪獣ブーム。
5.19 文部省, 日本の大学・研究所への米陸軍の資金援助が96件3億8700万円と発表。	
5.24 最高裁, 朝日訴訟の判決で, 健康で文化的な最低限度の生活の判断は厚生大臣に裁量権ありとの見解を発表。	🗨 対話(東京都知事となった美濃部亮吉のモットー)／ボイン／ヤマトダマシイ(ボクシング・ジュニアウェルター級世界チャンピオンとなったハワイ生れの藤猛が連発)
5.30 東洋工業, ロータリーエンジン実用化のコスモスポーツを発表。	🎵「小指の想い出」伊東ゆかり／「ブルーシャトー」ジャッキー吉川とブルーコメッツ／「帰ってきたヨッパライ」ザ フォーク クルセダーズ／「世界は二人のために」佐良直美／「命かれても」森進一
6.10 東京教育大評議会, 筑波研究学園都市への移転を強行決定。	📖 大江健三郎『万延元年のフットボール』／有吉佐和子『華岡青洲の妻』／多湖輝『頭の体操』／宮崎康平『まぼろしの邪馬台国』／小学館『大日本百科事典(ジャポニカ)』18巻
6.12 新潟水俣病患者13人, 鹿瀬電工を相手に損害賠償請求訴訟。	🎬『日本春歌考』創造社；大島渚監督・荒木一郎／『上意討ち』三船プロ・東宝；小林正樹監督・三船敏郎・司葉子／『人間蒸発』今村プロ・ATG・日本映画新社；今村昌平監督・早川佳江／『日本のいちばん長い日』東宝；岡本喜八監督・三船敏郎・宮口精二〔洋画〕『夕陽のガンマン』『欲望』(伊)／『アルジェの戦い』(アルジェリア・伊)／『夜の大捜査線』(米)
8.8 新宿駅構内でアメリカ軍タンク車と貨車が衝突し炎上, 国電1100本が運休。	
8.27 ユニバーシアード東京大会(〜9.4)。共産圏諸国不参加。日本は21種目に優勝。	
9.1 四日市ぜんそく患者, 石油コンビナート6社を相手に慰謝料請求訴訟(初の大気汚染公害訴訟)。	
9.16 世界キリスト教統一神霊協会・原理研究会の活動で学生の学業放棄等が問題化, 原理運動対策全国父母の会結成。	
9.28 上越線新清水トンネル開通, 同時に全線複線化も完成。	
10.18 ミニスカートの女王・ツイッギー(英のモデル, 18歳)来日。	📺『ハノイ―田英夫の証言』『スパイ大作戦』〔CM〕「イエイエ」(レナウン), 「どこまでも行こう」(ブリヂストンタイヤ), 「おかあさーん」(ハナマルキ味噌)
10.31 海上自衛隊2000人, 伊勢神宮に集団参拝。憲法違反として問題化。	💴 そば(もり・かけ)60円／ラーメン100円
11.9 米軍押収の原爆記録映画返還。昭43.4.20 NHK教育テレビで放映(文部省が人体被害部分をカットして, 問題化)。	💀2.14 山本周五郎(63)／ 6.23 壺井栄(66)／ 10.20 吉田茂(89)／ 12.28 北村サヨ(67)
11.11 エスペランチスト由比忠之進, 佐藤首相の北爆支持に抗議し, 官邸前で焼身自殺。	
11.13 ベ平連, 米空母イントレピッド号からの4脱走兵援助について発表。	
12.22 衆院, タクシー汚職事件で関谷勝利議員の逮捕許諾請求を議決。	

昭和43年(1968) 戊申

内閣	政治・経済	世界
②佐藤栄作（自民党）	1.16 社・公・共3党，エンタープライズ寄港反対を政府に申入れ。1.19 エンタープライズ，佐世保入港（～1.23）。 1.27 佐藤首相，「沖縄返還は両3年内にめどをつける」と表明。 2.6 農相倉石忠雄，記者会見で「現行憲法は他力本願，軍艦や大砲が必要」と発言。2.23 辞任。 2.12 社・公・共3党，日本の非核武装と核兵器禁止の決議案を国会に提出。3.22 自民党，非核3原則・安保条約堅持・核軍縮・核の平和利用の決議案を提出（両者とも審議未了）。 3.6 古井喜実・田川誠一ら，北京で日中覚書(LT)貿易協定調印（日中関係悪化のため5年間から1年間に期間を短縮，以後毎年更新）。 5.24 植村甲午郎，経団連会長に就任。 5.26 自民党，田中角栄を中心に作成した「都市政策大綱」を発表（日本列島改造論の原型，社・公・民・共各党も都市政策を発表）。 5.30 消費者保護基本法公布。 6.10 大気汚染防止法・騒音規制法公布。 6.17 自民党，安保調査会長船田中見解として安保条約の自動延長方針を打ち出す（機密保持法令の制定，防衛庁の国防省昇格，自衛隊の海外派兵などとセットに安保条約の10年間の固定延長を唱えるタカ派を党首脳が抑える）。 6.26 小笠原諸島，日本に復帰（東京都に所属）。 7.7 第8回参院選（自民69，社会28，公明13，民社7，共産4，無所属5）。全国区で石原慎太郎（301万票）・青島幸男・今東光・大松博文・横山ノックのタレント5人が上位当選。 8.21 社・公・民3党，ソ連軍のチェコ侵攻に抗議声明。政府，重大関心と談話。8.24 共産党もソ連非難声明。 10.4 社会党大会，成田知巳委員長・江田三郎書記長を選出（参院選の敗北で執行部交代）。 10.23 明治100年記念式典，日本武道館で開催。11.1 恩赦（復権14万8732人，特別恩赦4086人）。 10.29 外相三木武夫，総裁選出馬のため辞任（沖縄の核抜き本土並み返還主張，佐藤首相を批判）。 11.10 琉球政府主席初の公選で，即時無条件全面返還を掲げる革新統一候補屋良朝苗当選。12.1 那覇市長に革新の平良良松（社会大衆党）当選。 11.27 佐藤栄作，自民党臨時大会で三木武夫・前尾繁三郎を破って3選。 11.30 佐藤内閣改造（蔵相福田赳夫，党幹事長田中角栄。ポスト佐藤をねらう両雄が並び立つ）。 この年 国民総生産(GNP)1428億ドル。西独を抜き米に次いで世界第2位に。対米貿易収支も黒字で日米経済摩擦発生。	1.9 サウジアラビア・クウェート・リビアがアラブ石油輸出国機構(OAPEC)結成。 1.23 北朝鮮，米のスパイ船プエブロ号捕獲を発表。 1.30 南ベトナム解放勢力，大攻勢開始（テト攻勢）。 2.6 第10回冬季オリンピック開催（仏・グルノーブル，～2.18）。キリー(仏)，2人目のアルペン三冠王に。 3.16 南ベトナムのソンミで，米軍による大虐殺事件。 4.4 米で，黒人運動指導者キング牧師(39)暗殺（黒人抗議闘争，全米に広がる）。 4.5 チェコ共産党中央委総会が複数政党制などを決議（プラハの春）。6.27 チェコの自由派知識人「2000語宣言」発表，民主化・自由擁護。 4.29 米，黒人の「貧者の行進」，6.19 ワシントンで10万人集会。 5.4 パリで学生デモと警官隊衝突。5.19 全仏にゼネスト拡大（5月革命）。 5.13 パリでベトナム和平会談。 7.1 ワシントン・モスクワ・ロンドンで核拡散防止条約調印（昭45.2.3 日本調印）。 8.20 ソ連など5か国軍，チェコ侵攻（プラハの春を圧殺）。 8.24 仏，南太平洋で水爆実験。 10.12 第19回オリンピック開催（メキシコ，～10.27）。アフリカ諸国等の反対で南アの参加取り消し。日本は体操・レスリング・重量挙げで金メダル計11，マラソンの君原健二など銀7，サッカーなど銅7を獲得。 10.13 中国共産党，劉少奇を除名。 10.31 米大統領ジョンソン，北爆停止を演説。 12.11 川端康成，ストックホルムのノーベル文学賞授賞式で「美しい日本の私」講演。 この年 欧米・アジア各地で学生運動激化，争乱事件頻発。

●GNP自由世界第2位となる。大学紛争激化

社会・文化	世相
1.29 東大医学部学生自治会，インターン制に代る登録医制度導入等に反対して無期限ストに突入（東大紛争の発端）。 2.20 金嬉老，静岡県清水市内のキャバレーで2人を射殺し逃走。2.21 寸又峡温泉で泊り客13人を人質に籠城。2.24 逮捕。 2.26 三里塚・芝山空港反対同盟と反日共系全学連，成田空港阻止集会（1600人）。警官隊と乱闘，戸村一作同盟委員長重傷。 3.4 法務省，民事局長通達で壬申戸籍（明治5年）の閲覧を差し止め。 3.9 富山県神通川流域のイタイイタイ病患者ら28人，三井金属鉱業に6100万円の損害賠償訴訟（第1次訴訟）。3.27 厚生省，三井金属神岡鉱業所のカドミウムが主因と発表。5.8 公害病と正式認定。 4.15 国税庁，日大の経理で20億円の使途不明金を発表（日大紛争の発端）。5.27 日大全学共闘会議結成（議長秋田明大）。 4.17 東京都知事美濃部亮吉，朝鮮大学校（東京・小平市）を各種学校として認可。 5.16 十勝沖地震。北海道南部・東北地方で死者・行方不明52人，家屋全半壊3677戸。 6.2 米軍板付基地のF4Cファントム機，九州大学構内に墜落。 7.1 交通反則通告制度実施（軽違反の反則金は現場で即決）。昭44.10.1 交通違反点数制度実施（15点で免許停止）。 8.8 札幌医大教授和田寿郎，日本初の心臓移植手術を実施。10.29 患者宮崎信夫（18歳）死亡（手術の是非などで問題化）。 8.18 観光バス2台，岐阜県加茂郡で土砂崩れのため飛驒川に転落。死者104人。 9.27 西城正三，ボクシング世界フェザー級チャンピオンとなる。 9.30 日大全共闘系学生約1万人，古田重二良会頭と翌朝に及ぶ大衆団交。 10.10 江夏豊（阪神），奪三振401のプロ野球新記録樹立。 10.15 北九州市，米ぬか油中毒（患者は23府県で1万4000人）で，製造元カネミ倉庫製油所に営業停止通達（PCB食品公害）。 11.19 沖縄・嘉手納基地で爆薬搭載のB52が爆発，被害家屋139戸。 12.10 白バイ警官に変装の男，府中市で日本信託銀行国分寺支店の現金輸送車を襲い，現金3億円を強奪（昭50.12.10 時効成立）。 12.29 東大・東京教育大（体育学部を除く），44年度入試中止を決定。	4月 霞が関ビル完成（36階147m，初の超高層・柔構造ビル）／ラジオ受信料廃止。 5月 たばこ値上げ（ハイライト80円，ピース100円）／大塚食品，初のレトルト食品ボンカレーを発売。 7月 第8回参院選で，テレビの選挙速報・予想に電子計算機・電子速報機を使用／郵便番号制度実施。 12月 熊本市内で，初のスクランブル交通整理を実施。 この年 厚木ナイロン工業，パンティストッキング発売／少年のシンナー遊び激増（死者42人，1万人以上を補導）／スーパーの売上，デパートを追い抜く／カセット式テープレコーダー普及，ラジカセも商品化／「かあちゃん」が近隣の工場勤務に出るようになり2チャン農業に変わる／グループサウンズがブームに／『あしたのジョー』『アタックNO.1』『タイガーマスク』など，漫画雑誌に掲載され，青年層にも人気。 ● 昭和元禄／ハレンチ／ズッコケる／サイケデリック／とめてくれるなおっかさん（東大駒場祭のポスター）／ゲバルト／ノンポリ（政治に無関心な学生を指す）／タレント候補 ♪「盛り場ブルース」森進一／「受験生ブルース」高石友也／「花の首飾り」ザタイガース／「天使の誘惑」黛ジュン／「恋の季節」ピンキーとキラーズ／「好きになった人」都はるみ／「ブルーライトヨコハマ」いしだあゆみ ■ 大庭みな子『三匹の蟹』／丸谷才一『年の残り』／福永武彦『風のかたみ』／司馬遼太郎『竜馬がゆく』／北杜夫『どくとるマンボウ青春記』／羽仁五郎『都市の論理』 ● 『黒部の太陽』三船プロ・石原プロ；熊井啓監督・三船敏郎・石原裕次郎／『肉弾』「肉弾」を作る会・ATG：岡本喜八監督・寺田農・大谷直子／『神々の深き欲望』今村プロ；今村昌平監督・河原崎長一郎・沖山秀子〔洋画〕『俺たちに明日はない』『2001年宇宙の旅』『猿の惑星』『卒業』（米）／『ベトナムから遠く離れて』（仏） TV『連想ゲーム』『巨人の星』『エンタープライズと全学連』〔CM〕「わんぱくでもいい」（丸大食品），「小さな思い出」（サントリー），「大きいことはいいことだ」（森永製菓） ▲ 1.9 円谷幸吉（27）／1.29 藤田嗣治（81）／7.19 子母沢寛（76）／9.21 広津和郎（75）／12.16 時津風（双葉山）定次（56）

昭和44年(1969) 己酉

内閣	政治・経済	世　界
② 佐藤栄作 （自民党）	1.6　沖縄いのちを守る県民共闘会議, B52撤去を要求して「2・4ゼネスト」を決定。**1.12** 沖全軍労, 2月4日の24時間スト決定。**2.2** 県民共闘会議, 屋良朝苗主席の回避要請でスト中止決定。**2.4** B52撤去要求の総決起大会に5万5000人(無条件全面返還運動の挫折)。 1.9　国防会議, 次期主力戦闘機F4E（ダグラス社）104機の国産方針を決定。 1.15 米ロッキード社, 児玉誉士夫をトライスター売込みのコンサルタントとして5000万円で契約(昭51年 ロッキード事件で明るみにでる)。 3.10 佐藤首相, 参院で, 沖縄返還に関し「核抜き・基地本土なみの方針で米と折衝する」と表明。 5.3　自主憲法制定国民会議結成(会長岸信介)。10.16 日経連代理事桜田武, 日経連総会で「憲法改正も必要」と発言(70年安保を控え, 改憲論が活発化)。 5.16 公務員の総定員法公布(国家公務員の総定員を50万6571人に制限)。 5.16 政府, 自主流通米制度を決定。44年度産米より実施。 5.23 政府, 初の『公害白書』発表。 5.24 政府, 文部大臣が大学に介入し大学紛争を収拾するための大学運営に関する臨時措置法案を国会に提出。野党・国立大学協会ら, 大学自治への介入と反対。衆参両院で実質審議なしに自民党が強行。8.3 成立(8.7 公布)。 5.30 政府, 新全国総合開発計画を決定。巨大都市圏・巨大コンビナート地帯・巨大産業基地などを配置, 新幹線・高速道路網による国土1日交通圏化の巨大開発計画(高度成長の終了で机上のプランに終る)。 7.10 同和対策事業特別措置法公布(10年間の時限立法)。 7.13 東京都議選。自民党, 第1党に復活。社会党, 公明党に次ぐ第3党に転落。 11.13 沖縄で佐藤首相訪米反対県民大会に10万人。 11.17 佐藤首相訪米。**11.19** ニクソン大統領と会談。**11.21** 日米共同声明発表(安保条約堅持, 韓国の安全は日本の安全に緊要との韓国条項, 米軍基地の機能を損わない前提で沖縄の昭和47年返還などを確認。核抜きは明記されず)。**11.22** 野党, 本土の沖縄化, 核持ち込みに道を開いたと批判。屋良朝苗主席も不満表明。 12.27 第32回総選挙(自民288, 社会90, 公明47, 民社31, 共産14, 無所属16)。社会党50減の大敗。自民党は得票率減退も, 事後入党を含め300の勝利。「70年安保」問題の決着がつく。 この年　対米繊維輸出に, 米の規制要求強まる。	1.16 ソ連宇宙船ソユーズ4・5号, 初の有人ドッキング。 1.18 ベトナム和平拡大パリ会談初会合, 北ベトナム・南ベトナム解放民族戦線と米・南ベトナム政府が交渉に。 1.20 ニクソン, 米大統領就任。 3.2　中・ソ国境警備隊, ウスリー江の珍宝島で武力衝突。 3.2　英仏共同開発超音速旅客機コンコルド初飛行。 4.14 中国共産党, 林彪を毛沢東主席の後継者と採択。 4.28 仏大統領ド=ゴール退陣。6.15 元首相ポンピドー, 大統領に当選。 5.13 マレーシアのクアラルンプールでマレー人と中国系市民が対立, 暴動に。全土へ波及(5.13事件)。 5月　寺山修司主宰の天井桟敷, フランクフルト第3回国際実験演劇祭(西独)に参加(～6月)。 6.6　南ベトナム臨時革命政府樹立。 6.14 佐藤陽子, パリのロンティボー国際コンクールバイオリン部門で第3位。 7.20 米アポロ11号, 人間をのせ初の月面着陸。アームストロング船長とオルドリン飛行士, 初めて月面に立つ。 7.25 米大統領ニクソン, アジア諸国の防衛努力強化と米の負担軽減の方針を発表。 8.2　ニクソン米大統領, ルーマニア訪問(米大統領として戦後初の共産圏訪問)。 9.1　リビアでクーデター。カダフィが王制打倒。 9.3　ホー=チ=ミン没(79)。 9.11 ソ連のコスイギン首相, ホー=チ=ミン国葬参加の帰途, 北京空港で周恩来首相と会談。 10.15 全米にベトナム反戦デモ。 10.21 西独, 社会民主党のブラント政権誕生。

●安田講堂の「落城」により大学紛争沈静化

社会・文化	世相
1.2 皇居の新年参賀で，天皇にゴム製パチンコを発射した男が逮捕される。	2月 東京駅八重洲地下街オープン／産経新聞社，『夕刊フジ』を創刊。
1.5 5万トン級鉱石船ぼりばあ丸，千葉県野島崎沖で船体折半し沈没，死者31人。	3月 寺山修司主宰の天井桟敷，東京元麻布に地下劇場を開設。
1.18 東大闘争支援の学生・市民ら，御茶の水駅・明大・中大付近の道路をバリケード占拠，交通マヒ(神田カルチェラタン)。	4月 帝国劇場で『ラマンチャの男』(市川染五郎主演)初演／連発式パチンコ，15年ぶりに解禁され復活。
1.18 警視庁機動隊8500人，東大安田講堂の封鎖解除に出動。1.19 催涙ガス弾4000発などを投入，封鎖解除(374人逮捕)。	5月 千代田区北の丸公園に国立近代美術館が完成／大相撲，5月場所から勝負の判定にVTRを採用。
1.24 美濃部亮吉都知事，都営ギャンブル廃止を発表(競馬・競輪など，年収100億円)。	8月 箱根彫刻の森美術館完成。
2.18 日大文理学部の封鎖解除に機動隊導入(以後，各大学で相次ぐ)。	11月 パルコ池袋店開店。
4.7 連続ピストル射殺魔永山則夫逮捕(前年秋，東京・京都・函館・名古屋で4人射殺)。	12月 住友銀行，キャッシュカードと暗証番号による初の現金自動支払い機を新宿支店などに設置。
5.10 国鉄運賃値上げ(初乗り30円)。1・2等制廃止し，グリーン車料金新設。	この年 2ドア冷蔵庫が登場し冷凍食品が出回る／パンタロン・マキシコート流行／「玉電」と親しまれた東急玉川線廃止／反体制フォーク流行／クレジットカードの利用者急増。
5.26 東名高速道路全通(346.7km)。名神高速と結び，東京—西宮間全通。	●あっと驚くタメゴロー／ニャロメ／造反有理／やったぜ，ベイビー／オー，モーレツ！
6.12 日本初の原子力船むつ，東京で進水式。	♬「長崎は今日も雨だった」内山田洋とクールファイブ／「港町ブルース」森進一／「いいじゃないの幸せならば」佐良直美／「フランシーヌの場合」新谷のり子／「黒猫のタンゴ」皆川おさむ
6.29 ベ平連による新宿駅西口地下広場での反戦フォークソング集会に7000人参集。機動隊，ガス弾で規制，64人逮捕。7.24 警視庁，道交法違反との見解を発表。	📖 海音寺潮五郎『天と地と』／中野重治『甲乙丙丁』／丹羽文雄『親鸞』／三島由紀夫『春の雪』／庄司薫『赤ずきんちゃん気をつけて』／佐藤愛子『戦いすんで日が暮れて』／司馬遼太郎『坂の上の雲』／藤原弘達『創価学会を斬る』
7.1 東京地裁，女子の30歳定年制は男女差別で無効と判決。	🎬『心中天網島』表現社・ATG；篠田正浩監督・岩下志麻・中村吉右衛門／『私が棄てた女』日活；浦山桐郎監督・河原崎長一郎・浅丘ルリ子／『男はつらいよ』松竹；山田洋次監督・渥美清・倍賞千恵子
7.18 米紙，沖縄基地内の致死性ガス兵器配備と，ガス漏出事故を報道。7.22 米国防総省，撤去を表明。	〔洋画〕『アポロンの地獄』(伊)／『ifもしも…』(英)／『真夜中のカーボーイ』『ローズマリーの赤ちゃん』『泳ぐ人』(米)
9.5 反共産党系各派学生組織，全国全共闘連合を結成(1万5000人，革マル派は不参加)。日比谷会場付近で東大全共闘議長山本義隆逮捕。	📺『巨泉・前武ゲバゲバ90分』『裏番組をブッ飛ばせ』『水戸黄門』『8時だヨ！全員集合』『ムーミン』〔CM〕「オー，モーレツ！」(丸善石油)，「はっぱふみふみ」(パイロット万年筆)
9.17 NHK，徳島県知事選で初のテレビ政見放送。	¥ とうふ30円／コーヒー100円
10.6 千葉県松戸市，「すぐやる課」を設置。	⚰ 7.2 成瀬巳喜男(63)／7.14 坂本繁二郎(87)／7.17 市川雷蔵(37)／10.9 正力松太郎(84)／11.11 長谷川如是閑(93)／11.15 伊藤整(64)／12.13 獅子文六(76)
10.10 プロ野球の金田正一投手(巨人)，400勝を達成。11.30 引退。	
10.31 文部省，高校生の政治活動禁止を通達。	
11.1 航空自衛隊小西誠3曹，「安保反対」等のビラはりで逮捕。昭50.2.2 新潟地裁，無罪判決。	
11.5 警視庁，山梨県大菩薩峠で武闘訓練合宿中の赤軍派53人を逮捕，武器押収。	
11.28 プロ野球選手永易将之(西鉄)，八百長に関係し球界より永久追放。	
12.1 東京都，老人医療費無料化制実施(70歳以上)。	

昭和45年（1970）庚戌

内閣	政治・経済	世界
1.14 1.14 ③ 佐 藤 栄 作 （ 自 民 党 ）	1.5 藤原弘達『創価学会を斬る』への創価学会による出版妨害が表面化。 1.14 第3次佐藤内閣成立。防衛庁長官に中曽根康弘，官房長官保利茂。 2.3 政府，核拡散防止条約に調印。 2.20 政府，米の減産など総合農政の基本方針を決定(45年度産米より減反始まる)。 3.31 八幡・富士両製鉄所，合併して新日本製鉄発足(資本金2293億6000万円，従業員8万人)。 4.13 京都府知事選で社・共の推す蜷川虎三6選。 4.19 松村謙三・周恩来，日中覚書貿易協定に調印。周首相，日本の軍国主義復活を非難。4.23 佐藤首相，軍国主義化は誤解と反論。 5.1 沖縄・北方対策庁設置。 6.22 政府，安保条約の自動延長を声明。6.23 自動延長。反安保統一行動に77万人参加。 6.22 通産相宮沢喜一・米商務長官スタンズ，ワシントンで日本の対米輸出規制につき日米繊維交渉。6.24 決裂。 6.25 公明党，出版妨害問題から政教分離を決定。 7.7 共産党大会，宮本顕治委員長・不破哲三書記局長を選出。 7.14 政府，日本の呼称を「ニッポン」に統一。 7.31 中央公害対策本部設置。 8.10 愛知外相，参院で米石油会社の尖閣列島の油田調査への中国国民政府の許可に抗議したと答弁(以後，同島の帰属問題に発展)。 9.1 政府，第3次資本自由化措置を実施(自由化率80%強となる)。 10.20 政府，初の防衛白書「日本の防衛」を発表。 10.21 防衛庁，第4次防衛力整備計画の概要を発表。 10.29 佐藤栄作，自民党臨時大会で三木武夫を破って総裁に4選。 11.15 沖縄で戦後初の国政選挙(衆院で革新3対保守2，参院は保革各1)。 12.2 社会党大会，成田知巳委員長・石橋政嗣書記長を選出。 12.9 超党派で日中国交回復促進議員連盟発足(会長藤山愛一郎，加入議員379人)。 12.18 公害対策基本法の改正(「経済との調和」条項を削除)など公害関係14法が成立。 12.20 沖縄コザ市で米軍MPの交通事故処理に怒った市民5000人が車などを焼打ちし暴動化(米軍の長期占領支配への不満爆発)。ランパート高等弁務官，「暴動は沖縄復帰を阻害，化学兵器を撤去しない」等と特別声明。12.21 屋良朝苗主席抗議。 12.30 外相愛知揆一，駐日米大使マイヤーと会談，ランパート声明を修正。	3.5 核兵器不拡散条約(NPT)発効。 3.18 カンボジアでクーデター。シアヌーク元首を解任しロンノル将軍が実権掌握。 3月 市川染五郎，『ラマンチャの男』で日本人初のブロードウェイ主演(～5月)。 4.16 米・ソ，ウィーンで戦略兵器制限交渉(SALT)開始。 4.24 中国，最初の人工衛星打ち上げ(ソ・米・仏・日に次いで5番目)。 4.30 米軍・南ベトナム軍，カンボジア侵攻。5.1 米軍，昭和43年11月以来の北爆再開。 5.11 日本山岳会エベレスト登山隊の松浦輝夫・植村直己，日本人初の登頂に成功。 6.2 韓国の詩人金芝河，反共法違反の疑いで逮捕。 6.24 米上院，昭和39年8月のトンキン湾決議の無効決議。 7.21 アラブ連合(エジプト)のアスワンハイダム完成。 8.12 ソ連・西独，武力不行使条約調印。 8.30 植村直己，北米マッキンリー(6194m)に登頂(五大陸最高峰登頂達成)。 9.22 米上院，大気汚染防止法案を可決(マスキー法)。 9.28 アラブ連合大統領ナセル急死。10.17 後任にサダト。 9月 東京弦楽四重奏団，ミュンヘン国際音楽コンクール室内楽部門で第1位。 10.8 ソ連のソルジェニーツィンにノーベル文学賞。 10.25 チリで社会党首アジェンデが大統領に当選。11.3 人民連合政権樹立。 11.9 ドゴール没(80)。 12.7 西独・ポーランド，国交正常化条約調印。 12.14 ポーランド，グダニスクで食糧値上げ抗議暴動。12.20 ゴムルカ第1書記失脚(後任にギエレク)。

●安保条約の自動延長決定。大阪で万国博覧会開催

社会・文化	世　相
1.1 日本医師会，医療費値上げ問題で4日まで一斉に休診。	1月 北の富士・玉乃島（後に玉の海），同時に横綱昇進（北玉時代）／NHK，音声多重放送を開始。
1.8 沖縄全軍労，大量解雇撤回を要求し48時間ストに突入。	2月 NHK，3日間にわたって「母と子の性教育を考える」シリーズを放映。初めて性教育問題を扱い話題になる。
2.11 東大宇宙航空研究所，国産初の人工衛星おおすみの打上げに成功。	3月 東京のタクシー値上げ（基本料金130円，時間・距離併用メーター，深夜・早朝割り増し料金を採用）／都内でバス優先車線登場／日本へのジャンボ1番機ボーイング747型機が羽田に着陸
2.19 成田空港第1次強制測量実施，反対派は実力闘争で対処。	
3.14 大阪千里で日本万国博覧会開幕（～9.13。77か国参加）。レジャーブームの波にのり，183日間で6420万人が入場。	
3.31 日航機よど号，赤軍派学生9人に乗っ取られ韓国の金浦空港に着陸。4.3 乗客ら103人を解放して北朝鮮へ（日本初のハイジャック事件）。	4月 第1回全国家庭婦人バレーボール大会開催。
	8月 歩行者天国，銀座・新宿・池袋・浅草でスタート（世界で2番目の試み）。
4.8 大阪・天六の地下鉄工事現場でガス爆発。通行人など79人死亡，420人重軽傷。	10月 宇井純ら，東大で「公害原論」の公開自主講座を夜間に開講。
4.22 前年度高額所得者発表。1億円以上の高額所得者が前回の10倍，そのほとんどが土地成金。	この年 マイカー，4世帯に1台の普及率／農薬公害の影響で自然食に人気／スーパーの全国チェーン化が進む／チリ紙交換屋が増える／鉄道の電化に伴い，消えゆくSLがブーム。
5.12 広島で定期観光船ぷりんす号乗っ取られる。5.13 犯人，警察官の狙撃で射殺。	
5.21 東京・牛込柳町住民の血液や尿から多量の鉛検出。車の排気ガスによる大気の鉛汚染が表面化。	◎ ハイジャック／ウーマンリブ／鼻血ブー／ヘドロ／スキンシップ
5.25 プロ野球八百長事件で，西鉄の池永正明ら3選手永久追放。	♬「圭子の夢は夜ひらく」藤圭子／「男はつらいよ」渥美清／「笑って許して」和田アキ子／「今日でお別れ」菅原洋一／「走れコウタロー」ソルティシュガー／「知床旅情」加藤登紀子／「戦争を知らない子供たち」全日本アマチュアフォークシンガーズ
6月 種痘ワクチンによる乳児死亡相次ぎ，厚生省，使用中止を指示。	
7.17 東京地裁（裁判長杉本良吉），教科書検定は教育への国の不当介入で違憲，検定不合格取消の判決（家永教科書裁判）。	
7.18 東京・杉並で高校生40数人，光化学スモッグで倒れる（都内各地で被害相次ぐ）。	📖 ベンダサン『日本人とユダヤ人』／塩月弥栄子『冠婚葬祭入門』／曽野綾子『誰のために愛するか』／シーガル『ラブ・ストーリー』／石牟礼道子『苦海浄土』
8.11 静岡県田子ノ浦港でヘドロ追放の住民大会開催。製紙工場から流れ込む汚水がヘドロをつくり，生活環境が悪化したため。	🎬『戦争と人間』日活：山本薩夫監督・滝沢修・芦田伸介／『家族』松竹：山田洋次監督・倍賞千恵子・井川比佐志／『エロス＋虐殺』現代映画：吉田喜重監督・岡田茉莉子・細川俊夫〔洋画〕『イージー・ライダー』『明日に向かって撃て』（米）／『抵抗の詩』（ユーゴ）／『サテリコン』（米・伊）
9.5 新潟大教授椿忠雄，スモン病の原因にキノホルムが関係すると発表。9.7 厚生省，キノホルムの発売・使用中止を告示。	
10.22 大場政夫，ボクシングWBA世界フライ級チャンピオンとなる。	
11.14 東京・渋谷でウーマンリブの第1回大会開催（「性差別への告発」がスローガン）。	📺『縦の木は残った』『時間ですよ』『ありがとう』『細うで繁盛記』『奥様は18歳』『日本史探訪』『大江戸捜査網』〔CM〕「モーレツからビューティフルへ」（富士ゼロックス），「ディスカバー・ジャパン」（国鉄）
11.25 三島由紀夫，楯の会会員4人と東京・市谷の自衛隊駐屯地に乱入しクーデターを訴え失敗。会員1人とその場で割腹自殺。	
12.18 京浜安保共闘の3人，東京・板橋の交番を襲撃して警官1人を射殺。	👤 1.7 榎本健一（65）／ 5.7 鈴木茂三郎（77）／ 8.7 内田吐夢（72）／ 8.12 西条八十（78）／ 11.22 大宅壮一（70）／ 11.25 三島由紀夫（45）

昭和46年（1971）辛亥

内閣	政治・経済	世界
③ 佐藤栄作 （自民党）	2.19 衆院，物価問題を集中審議（政府に対する要望で物価対策が第1位を続ける）。 3.31 最高裁，青年法律家協会加入の判事補宮本康昭の再任を拒否，裁判官志望の司法修習生7人も不採用（いわゆる司法の反動化）。 4.11 第7回統一地方選。大阪で黒田了一革新知事誕生，東京で美濃部亮吉知事再選。 5.12 三菱重工業の子会社三菱自動車工業へのクライスラー社の資本参加契約調印。 5.19 沖縄全軍労など54組合，沖縄返還協定反対で初の24時間ゼネスト。 6.17 沖縄返還協定調印式（琉球政府屋良朝苗主席，欠席）。米軍基地は存続，秘密協定で朝鮮有事の際の日本基地からの米軍出撃を認める。 6.27 第9回参院選（自民62，社会39，公明10，民社6，共産6，無所属2）。 7.1 環境庁発足（長官山中貞則）。 7.1 日本繊維産業連盟，対米輸出の自主規制を実施（輸出量増加を年5〜6％に抑制）。 7.5 第3次佐藤改造内閣発足（外相福田赳夫・通産相田中角栄，ポスト佐藤への争い激化）。 7.16 いすゞ自動車工業，米のゼネラルモーターズと資本提携協定調印。 7.17 参院改革を掲げる河野謙三，自民党の一部と野党の支持をうけ参院議長に当選（議長重宗雄三による9年にわたる重宗王国の崩壊）。 8.3 民社党大会，春日一幸委員長・佐々木良作書記長を選出。 8.6 佐藤首相，現職首相として初めて広島平和祈念式典に出席。 8.16 米国のドル防衛策で東京証券取引所ダウ暴落，ドル売り殺到（ドルショック）。8.28 変動相場制に移行。 9.21 公明党委員長竹入義勝，新宿の党本部前で暴漢に刺され3か月の重傷。 9.27 天皇・皇后，欧州7か国を訪問（10.14 帰国）。イギリス・オランダで抗議行動。 10.1 第一銀行・日本勧業銀行，合併して第一勧業銀行発足（預金高全国1位）。 10.14 運輸省，東北・上越新幹線の建設を認可（47.2.10 成田新幹線建設認可）。 11.17 自民党，衆院特別委員会で沖縄返還協定を強行採決。11.19 総評など200万人，抗議の政治スト。11.24 衆院本会議，自民・公明・民社出席で返還協定を承認（12.22 参院承認）。 12.19 10か国蔵相会議で1ドル＝308円に変更。12.20 実施（スミソニアン＝レート）。 12.30 自民党，衆院で沖縄復帰関連4法案を単独可決。	1.20 セイロン，スリランカ共和国と改称 3.26 東パキスタン，分離独立を宣言。4.17 国名をバングラデシュ人民共和国に。 3.28 第31回世界卓球選手権大会開催（名古屋）。中国代表団，米国チームの中国招待を提案，米国側受諾。4.10 米国チームが北京到着。ピンポン外交。 4.27 韓国で朴正熙，金大中を破って大統領に3選。 5.3 全米でベトナム即時停戦要求デモ。 6.13 『ニューヨーク・タイムズ』，トンキン湾事件は米軍部のねつ造と暴露。 7.9 米大統領補佐官キッシンジャー，秘かに北京訪問。 7.15 米大統領ニクソン，訪中計画を発表。 7.17 今井通子，グランドジョラス北壁に登頂（女性初のアルプス3大北壁征服）。 8.9 インド・ソ連，平和友好協力条約調印。 8.15 ニクソン，金一ドル交換停止などドル防衛策発表（ドルショック）。 9.7 ユーゴスラビアのベオグラード国際演劇祭で天井桟敷，寺山修司の『邪宗門』がグランプリ獲得。 9.11 フルシチョフ・ソ連元首相死去（77）。 9.13 中国，林彪がクーデターに失敗し逃亡中に墜落死。 10.25 国連総会，中国招請・台湾（中華民国）追放決議を可決。中華人民共和国の国連加盟決定（中華民国脱退）。 12.3 インド・パキスタン全面戦争。12.17 パキスタンが停戦案を受諾。昭47.7月 印・パ和平協定調印。 12.18 10か国蔵相会議，金1オンス38ドルを決定。スミソニアン体制発足。

●「繁栄」のかげで，公害問題ますます深刻化

社会・文化	世相
1.1 米，沖縄の毒ガス兵器を12日に撤去すると発表。沿道の住民反発。 1.12 ラルフ＝ネーダー（米の公害追放運動の闘士）来日。 1.16 日韓条約による在日朝鮮人の協定永住権の申請期限締切。60万在日朝鮮人のうち申請者は26万7000人。 1.20 文部省，小学校教科書の公害記述で，企業寄りを改め，健康優先方針を告示。 1.27 放火により葉山御用邸本邸全焼。 2.10 沖縄全軍労，3000人の大量解雇に反対して48時間全面ストに突入。 2.13 全国地域婦人団体連絡協議会，「再販商品を買わない運動」を開始。 2.22 成田空港公団，1坪地主らの所有地の第1次強制代執行に着手。反対同盟抵抗。 3.5 大阪刑務所で印刷した阪大と大阪市大の入試問題の抜き取り・売買が発覚。 4.16 天皇・皇后，広島市の原爆慰霊碑に初参拝，原爆養護ホームを慰問。 5.14 群馬県で発生した連続女性誘拐殺人事件の容疑者大久保清逮捕。 5.25 政府，騒音環境基準を決定。 6.5 熊本国税局，ネズミ講の第一相互経済研究所（所長内村健一）に立入調査。 6.30 富山地裁，イタイイタイ病訴訟で原告の住民側全面勝訴の判決を下す。被告側三井金属控訴。 7.30 自衛隊ジェット機と全日空機，岩手県雫石上空で衝突。全日空機の162人死亡。 9.4 文部省，私立医大の裏口入学によるヤミ寄付金の調査結果を発表（総額83億円）。 9.28 美濃部都知事，都議会で「ゴミ戦争宣言」。 9.29 新潟地裁，阿賀野川水銀中毒訴訟で昭和電工に損害賠償支払いを判決。 10.3 東京八王子市で全国初のノーカーデー実施（交通戦争1日休戦運動の開始）。 10.5 公労委，国鉄労組提出の国鉄の生産性向上（マル生）運動不当労働行為6件の救済申立てを審査。5件を認定。 11.17 ベ平連，米『ワシントンポスト』紙に「沖縄からの訴え」を掲載。 12.18 警視庁警務部長土田国保宅で小包爆弾が爆発し，土田夫人死亡。 12.19 日本フィル，スト突入。「第9交響曲」演奏会中止。 12.23 大映，倒産。 12.24 東京・新宿の派出所前でクリスマスツリー爆弾爆発，警官ら12人が重軽傷。	1月 ニッポン放送で50時間に及ぶ糸居五郎のマラソンジョッキー（ラジオの深夜放送人気）。 5月 横綱大鵬引退（在位58場所，優勝32回）。大宅壮一文庫開館。 6月 厚生省，一人暮しの老人54万人と発表／京王プラザホテル（新宿副都心の超高層ビル第1号）開業／第9回参院選で，テレビ政見放送。 7月 国立公文書館開館／日本マクドナルドの1号店を銀座三越内に開店。 9月 日清食品，カップヌードル発売。 10月 ＮＨＫ総合テレビ，全放送カラー化。 11月 日活ロマンポルノ第1作『団地妻昼下りの情事』封切。 この年 ボウリングがブームに，テレビ番組も急増／Ｔシャツとジーパンが爆発的流行／戦後2回目のベビーブーム／ホットパンツ流行。 ◯ 脱サラ／ニアミス／ガンバラなくっちゃ／シラケ ♬「また逢う日まで」尾崎紀世彦／「よこはま・たそがれ」五木ひろし／「わたしの城下町」小柳ルミ子／「おふくろさん」森進一／「さらば恋人」堺正章／「水色の恋」天地真理／「純子」小林旭／「雨の御堂筋」欧陽菲菲／「傷だらけの人生」鶴田浩二 📖 大岡昇平『レイテ戦記』／大原富枝『婉という女』／陳舜臣『阿片戦争』／高野悦子『二十歳の原点』／福永武彦『死の島』／北山修『戦争を知らない子供たち』／岩波書店『鷗外全集』 🎬『婉という女』ほるぷ映画：今井正監督・岩下志麻／『儀式』創造社・ATG：大島渚監督・河原崎建三／『沈黙』表現社・マコ＝インターナショナル：篠田正浩監督・デイビッドランプソン・マコ岩松〔洋画〕『わが青春のフロレンス』（伊）／『ライアンの娘』（英）／『ある愛の詩』『屋根の上のバイオリン弾き』（米）／『哀しみのトリスターナ』（伊・仏・スペイン） 📺『天皇の世紀』『スター誕生！』『仮面ライダー』（「ヘンシーン」が人気）〔ＣＭ〕「ガンバラなくっちゃ」（中外製薬），「クルマはガソリンで動くのです」（モービル石油） 👤3.21 横山エンタツ（74）／4.20 内田百閒（81）／5.3 高橋和巳（39）／5.24 平塚らいてう（85）／8.1 徳川夢声（77）／10.11 玉の海正洋（27）／10.21 志賀直哉（88）／11.14 金田一京助（89）

昭和47年(1972) 壬子

内閣	政治・経済	世 界
	1.3 日米繊維協定調印(対米輸出制限)。 1.7 日米首脳会談,沖縄返還を5月15日と発表。 3.7 自衛隊航空部隊,宇都宮から東京立川基地に抜打ち移駐(3.8 知事・市長,中止を要求)。 3.21 通産省,PCBの生産・使用の禁止を通達。 3.27 社会党横路孝弘,衆院で沖縄返還協定の秘密文書を暴露(軍用地補償費を日本が肩代りする密約)。4.4 警視庁,公電漏洩容疑で外務省事務官と毎日新聞記者を逮捕(国民の知る権利が争われ,両者とも有罪判決)。 4.24 火炎びん使用等処罰法公布(過激派対策)。 5.15 沖縄の施政権返還,沖縄県発足。復権令(すべての罰金刑約650万人が復権,うち選挙違反者約3万8000人),特別恩赦2174人。 6.11 通産相田中角栄,『日本列島改造論』を発表(ベストセラー,地価暴騰の引金となる)。 6.17 佐藤首相引退表明。田中角栄・福田赳夫・大平正芳・三木武夫が出馬,三角大福戦争と呼ばれる。7.5 自民党大会,決戦投票で福田を破った田中が総裁就任。 6.25 沖縄県知事・議員選挙。知事に革新の屋良朝苗,県議は反自民が過半数を占める。 7.7 第1次田中角栄内閣成立。官房長官二階堂進。 8.5 社会党・労働組合など,神奈川県相模補廠のベトナム向け戦車輸送を座り込みで阻止。 8.7 田中首相の私的諮問機関,日本列島改造問題懇談会初会合。 8.31 ハワイで田中・ニクソン日米首脳会談。ニクソンがトライスター導入を希望(ロッキード事件につながる)。 9.14 政府,青森県むつ小川原開発計画了承(列島改造の最初の計画)。 9.25 田中首相訪中。9.29 日中共同声明に調印,日中国交正常化。大平外相,日台条約失効と表明。 10.3 中央公害対策審議会,米国マスキー法に準じた自動車排ガス規制を答申(10.5 告示)。10.11 本田技研,規制値達成のCVCCエンジン車を公開。 10.9 政府,第4次防衛力整備計画を決定(総額4兆6300億円)。野党,専守防衛を逸脱と批判。 11.16 政府,横須賀の米空母ミッドウェーの母港化を承認(昭48.10.5 入港)。 11.24 大蔵省,渡航外貨の持出し限度を撤廃。 12.10 第33回総選挙(自民271,社会118,共産38,公明29,民社19,無所属・諸派16)。共産躍進,社会復調,自・公・民の敗北。 12.22 第2次田中内閣発足(行政管理庁長官として福田赳夫入閣)。	2.3 第11回冬季オリンピック,札幌で開催(~2.13)。2.6 70m級ジャンプでメダル独占(笠谷幸生が冬季五輪日本初の金,金野昭次銀,青地清二銅)。 2.21 ニクソン,米大統領として初の訪中。毛沢東主席と会見,周恩来首相と会談。2.27 米中共同声明発表。 3.30 南ベトナム全土で解放勢力がテト攻勢以来の大攻勢。 4.6 米軍,北爆再開。5.9 北ベトナム全港を機雷封鎖。 4.10 生物兵器禁止条約調印。 5.17 西独,ソ連・ポーランドとの武力不行使条約批准。 5.22 ニクソン米大統領,訪ソ。5.26 戦略兵器制限条約(SALTI)に調印。 6.16 第1回国連人間環境会議,人間環境宣言(ストックホルム宣言)採択。 6.17 米で民主党本部に盗聴器を仕掛けようと侵入したニクソン再選本部員ら逮捕(ウォーターゲート事件の発端)。 7.8 米ソ穀物協定調印。 8.26 第20回オリンピック開催(西独・ミュンヘン,~9.11)。水泳のマーク=スピッツ(米),金メダル7個獲得。日本は水泳(田口信教・青木まゆみ),体操・レスリング・柔道・男子バレーボールで計12個の金メダル。 9.5 ミュンヘンオリンピック村でパレスチナゲリラ,イスラエル選手を殺害。 9.23 フィリピンで戒厳令施行。 10.17 韓国の朴正煕政権,非常戒厳令を宣言。12.27 新憲法公布。維新体制発足。 11.17 アルゼンチン,ペロン元大統領が亡命先から17年ぶりに帰国。 11.19 西独総選挙,社民党大勝。 12.21 東西両独,関係正常化の基本条約調印。

内閣欄: 7.6 / 7.7 ① 田中角栄(自民党) 7.7 / 12.22 12.22 ② 田中

●沖縄の本土復帰，日中国交正常化ようやく実現

社会・文化	世　相
1.24 横井庄一元軍曹，グアム島のジャングルで救出。2.2 帰国。	2月 郵便料金値上げ，はがき10円・封書20円。
1.28 警視庁，日活ロマンポルノ『恋の狩人』（ラブ・ハンター）など３本をわいせつとして日活本社を捜査・押収。1.31 映倫が抗議声明。	4月 大蔵省，紙巻きたばこの外箱に「健康のため吸いすぎに注意しましょう」の表示を決定。
2.19 長野県軽井沢で連合赤軍メンバー，管理人を人質に河合楽器浅間山荘に籠城。警官隊包囲。2.28 山荘を破壊，犯人全員逮捕。各放送局は終日中継（浅間山荘事件）。	5月 ストリッパーの一条さゆり，公然わいせつ現行犯で逮捕。
	7月 映画・演劇・タウン情報誌『ぴあ』創刊。
3.7 群馬県警，連合赤軍逮捕者の自供から，妙義山中で殺されたメンバーの凍死体を発見（3.13 までに計12遺体）。	8月 カシオ計算機，パーソナル電卓「カシオミニ」を発売（１万2800円，発売10か月で100万台突破）。
3.15 山陽新幹線，新大阪―岡山間開業。	9月 輪島・貴ノ花，そろって大関に昇進。
3.21 奈良県明日香村の高松塚古墳で極彩色壁画発見。	10月 免許取得後１年未満のドライバーに初心者マークの貼付が義務づけられる。
4.16 川端康成，仕事場でガス自殺。	この年 日本列島改造論で土地ブーム／ダイエー，売上げで三越を抜き，小売業のトップとなる／カラーテレビの受信契約数,白黒テレビの契約数を上回る／パンダのぬいぐるみ流行／SLブーム／池田理代子の『ベルサイユのばら』,小池一夫の『子連れ狼』が人気／競馬ブーム（有馬記念の売上100億円を超える）
5.30 日本人ゲリラ，イスラエルのテルアビブ空港で自動小銃を乱射し26人を殺害。	
6.8 中原誠8段，13期続いた大山康晴将棋名人を破る。	
6.14 中絶禁止法に反対しピル解禁を要求する女性解放連合（中ピ連）結成。	
6.22 雑誌『面白半分』，『四畳半襖の下張』を全文掲載し，わいせつの疑いで発禁。	◎恥ずかしながら（横井庄一の帰国第一声）／三角大福（ポスト佐藤をめぐってしのぎを削る三木武夫・田中角栄・大平正芳・福田赳夫）／日本列島改造／総括／あっしにはかかわりのねえことで……（木枯し紋次郎のセリフ，ニヒルなところが若者にうけた）／バイコロジー／恍惚の人／未婚の母／同棲時代
6.27 最高裁，日照権や通風権を法的保護に値する権利として認める判決。	
7.16 高見山，大相撲名古屋場所で外国人として初の優勝。	
7.19 クラゲ200トン，横浜火力発電所海水取入れ口に押寄せ，横浜・東京で停電。	♬「結婚しようよ」よしだたくろう／「学生街の喫茶店」ガロ／「男の子女の子」郷ひろみ／「瀬戸の花嫁」小柳ルミ子／「女のみち」ぴんからトリオ／「喝采」ちあきなおみ
7.24 津地裁，四日市ぜんそく訴訟で６社の共同不法行為を認める判決。	📖東峰夫『オキナワの少年』／有吉佐和子『恍惚の人』／森村誠一『腐蝕の構造』／山崎朋子『サンダカン八番娼館』／遠藤周作『ぐうたら人間学』
8.16 森永乳業，砒素ミルク中毒の責任を認め，患者・家族の救済要求を受諾。	
9.1 文部省，国立大学共通１次試験を実施する方針を発表。	🎬『忍ぶ川』東宝・俳優座:熊井啓監督・栗原小巻・加藤剛／『軍旗はためく下に』新星映画・東宝:深作欣二監督・丹波哲郎・左幸子／『故郷』松竹:山田洋次監督・井川比佐志・倍賞千恵子〔洋画〕『死刑台のメロディ』（伊）／『ゴッドファーザー』『キャバレー』（米）
10.19 フィリピン・ルバング島で地元警察隊が元日本兵２人を発見。銃撃戦で１人死亡。残る小野田寛郎元少尉の救出作業開始。昭49.3.10 救出。	
10.28 中国からパンダのカンカンとランランが上野動物園に到着。11.5 初公開。	📺『木枯し紋次郎』〔ＣＭ〕「愛情はつらつ」（丸井），「おれ，ゴリラ」（明治製菓）
10.30 日航，ボーイング747ＳＲ（ジャンボ）導入決定。	👤2.17 平林たい子(66)／3.2 鏑木清方(93)／4.16 川端康成(72)／5.8 伊東深水(74)／10.4 東海林太郎(73)／10.22 柳家金語楼(71)／10.23 久布白落実(89)
11.6 国鉄北陸トンネル内で列車火災，死者30人・重軽傷714人。	
11.13 女優岡田嘉子，亡命先のソ連から34年ぶりに帰国。	

昭和48年（1973）癸丑

内閣	政治・経済	世　界
②田中角栄（自民党）	2.10 東京外国為替市場，ドル売り殺到で閉鎖。2.14 円，変動相場制へ移行，円急騰。 3.27 政府，新国土総合開発法案を決定（審議未了）。 4.2 建設省，1月1日現在の地価を発表，前年比30.9％の急騰。 4.10 田中首相，小選挙区制採用を表明（4.24 全野党，反対の院内共闘を決定）。5.11 野党，国会審議全面拒否（5.16 政府，国会提出断念）。 5.29 防衛庁長官増原恵吉，内奏の際の防衛問題に関する天皇の発言を公表，責任を問われ辞任。 6.22 自民党，衆院委員会で筑波大学法・防衛庁設置法・自衛隊法改正（自衛隊の沖縄配備）を強行採決（9.29, 10.16 各法公布）。 7.17 中川一郎・石原慎太郎ら自民党若手タカ派議員31名，青嵐会を結成（代表渡辺美智雄，全員趣意書に血判を押す）。 8.8 韓国新民党の元大統領候補で韓国民主化運動のリーダー金大中，東京のホテルグランドパレスから韓国秘密警察（KCIA）に拉致される（金大中事件）。8.13 ソウル市内の自宅に戻る。9.5 政府，金大中誘拐の容疑で韓国大使館1等書記官金東雲の出頭を要請（9.6 韓国拒否）。韓国政府への批判高まる。11.1 日韓両政府，政治的決着で合意（金大中の原状回復はならず自宅に軟禁状態のまま）。 9.7 札幌地裁，長沼ナイキ基地訴訟で自衛隊を違憲とする判決（裁判所として初の判断）。 10.5 米空母ミッドウェー，横須賀に入港。米軍初の海外母港。 10.23 エクソン・シェル両社，原油価格30％引上げを通告（10.24 他のメジャーも追随）。10.25 エクソンなど石油供給5社，10％の供給削減通告（石油ショック）。 10.28 神戸市長選で宮崎辰雄革新市長当選（6大都市すべて革新市長に）。 10月 11月にかけて野党各党，政権構想を発表し，連合論議発化。 11.16 政府，石油大口需要産業への10％供給削減など石油緊急対策要綱決定。11.27 公正取引委員会，石油連盟と日石など13社を独禁法違反容疑で強制捜査。 11.25 田中改造内閣発足（蔵相福田赳夫，積極財政から引締めへ）。 12.10 副総理三木武夫，石油危機打開の政府特使として中東8か国を歴訪（～12.28）。12.25 アラブ石油輸出国機構（OAPEC），日本を友好国として必要量の石油供給を決定。 12.22 国民生活安定緊急措置法・石油需給適正化法公布。	1.1 英・デンマーク・アイルランド，ECに加盟。 1.27 米・南ベトナム・北ベトナム・南ベトナム臨時革命政府，ベトナム和平協定調印。3.29 米軍の南ベトナム撤退完了。 2.12 欧州外国為替市場，ドル売り激化で一斉閉鎖。米国ドル10％切下げ等緊急対策発表（スミソニアン体制崩壊）。 2.21 ラオス，ビエンチャン政府とパテトラオの間で平和協定調印。内戦終結へ。 3.9 北アイルランド住民投票，英領内残留を決定。 4.4 大相撲中国親善興行出発。 5.28 日中国交回復後初の写真使節団，訪中（団長木村伊兵衛）。 6.16 ソ連共産党書記長ブレジネフ，訪米（核戦争防止協定調印）。 7.17 アフガニスタンでクーデター。王制廃止。 8.24 中国共産党10全大会。旧幹部復活，批林批孔運動強化。 9.8 ソ連反体制科学者サハロフ，反体制派への弾圧暴露。 9.11 チリでクーデター，アジェンデ大統領自殺。 9.18 国連総会，東西両独の国連加盟を可決。 9月 小沢征爾，ボストン交響楽団の常任指揮者に就任。 10.6 第4次中東戦争勃発。10.16 湾岸6か国，原油70％値上げ。10.17 OAPEC，原油生産削減決定（石油ショック）。12.21 ジュネーブで中東和平会議開催。 10.14 タイで学生運動によりタノム軍事政権崩壊。10.16 サヤン文民内閣成立。 10.18 伊共産党，保守勢力との歴史的妥協提唱。 11.23 小泉和裕，ハンブルクのカラヤン国際指揮者コンクールで第1位。

●石油ショックで，高度成長政策の破綻，明確となる。

社会・文化	世相
1.1 **70歳以上の老人医療が無料となる。**	1月 東京・大井競馬廃止。
1.8 タイのチェンマイ警察，玉本敏雄を人身売買容疑で逮捕，国外追放。	2月 大塚製薬，ゴキブリホイホイを発売。
2.5 東京・渋谷駅のコインロッカーで，嬰児の遺体発見。以後各駅で続発。	3月 江戸川競艇廃止。都営ギャンブル全廃。
2.10 公労協，スト権奪還要求，半日拠点スト。	4月 国民の祝日法改正（日曜日と祝日が重なった場合，翌日を振替休日とする）。
3.13 高崎線上尾駅で，順法闘争に業を煮やした乗客が暴動，駅舎や電車を壊す。	5月 Ｔ・Ｋ生「韓国からの通信」，『世界』に連載開始／輪島，横綱に昇進／ハイセイコー，NHK杯1着で10連勝（**ハイセイコーブーム**）。
3.20 熊本地裁，水俣病訴訟で患者側の主張を全面的に認める判決を下す。	
4.4 最高裁，尊属殺人罪は憲法違反と判決。	
4.14 プロ野球**パ・リーグ**，人気回復のために**2シーズン制を導入**して開幕。	6月 環境週間始まる。
4.20 石巻市の菊田昇医師による善意の赤ちゃん斡旋の事実が判明，問題となる。	8月 鉄道弘済会の売店，KIOSKと呼称。
5.1 建設省，車椅子のための道づくりを通達。	9月 シルバーシート，中央線の特別快速と快速電車に初登場。
5.15 茨城県警，ヤミモチ米買い占め事件で丸紅社員らを食管法違反で逮捕。	10月 服部時計店，デジタル腕時計「セイコークォーツ」を売り出す。
5.22 江東区議ら，杉並区から搬入される**ゴミを実力で阻止**。杉並区清掃工場の用地決定の中止を「住民エゴ」と非難。	12月 **物価急上昇**（前年同月比で，ちり紙150%，砂糖51%，牛肉42%の上昇）。
6.11 東京都ＰＣＢ環境汚染総合調査で，東京湾の魚介類から暫定基準以上のＰＣＢ検出。6.24 厚生省，水銀汚染水域等発表。	この年 エネルギー危機で，省資源・節約時代に入る／終末論の出版盛ん／国鉄のキャンペーン「**ディスカバー・ジャパン**」に同調，『旅に出ようよ』『旅行ホリデー』など創刊／フォークソング系の曲が商業化／オセロゲーム人気／ゴルフブームで，ゴルフ場の造成盛ん。
6.13 殖産住宅会長東郷民安，12億円余の脱税容疑で逮捕。	
7.7 山口の出光石油化学徳山工場でエチレンプラント爆発，1人死亡。以後，各地で石油コンビナートの爆発事故相次ぐ。	🔴 石油ショック／**省エネ**／じっと我慢の子であった（『子連れ狼』のナレーション）／日本沈没／ちょっとだけよ，あんたも好きね（ドリフターズの加藤茶が連発）
7.20 丸岡修を含むアラブゲリラ5人，日航機をアムステルダム上空でハイジャック。7.24 リビアのベンガジ空港で機体爆破後逮捕。	🎵「危険なふたり」沢田研二／「**神田川**」南こうせつとかぐや姫／「あなた」小坂明子／「なみだの操」殿さまキングス
9.15 革マル派と反帝学評，神奈川大学で内ゲバ。以後，革マル・中核の**内ゲバも激化**。	📖 小松左京『日本沈没』／宮尾登美子『櫂』／山崎豊子『華麗なる一族』／五島勉『ノストラダムスの大予言』
10.21 滋賀銀行から約8億9000万円を詐取した元女行員，大阪で逮捕。	🎬『仁義なき戦い』東映：深作欣二監督・金子信雄・菅原文太／『青幻記』青幻記プロ：成島東一郎監督・賀来敦子・田村高広／『朝やけの詩』東宝・俳優座；熊井啓監督・北大路欣也・関根恵子／『津軽じょんがら節』斎藤プロ：斎藤耕一監督・江波杏子〔洋画〕『ジャッカルの日』（仏）／『ジョニーは戦場へ行った』『スケアクロウ』（米）
10.23 江崎玲於奈，ノーベル物理学賞受賞。	
11.2 **石油ショック**でガソリン・紙など品不足，スーパーマーケットに**買いだめ客殺到**。	
11.6 大手電機各社，節電のため大都市のネオンサインを消す。11.23 ガソリンスタンド，日曜・祝日休業を実施。12月 紙不足で新聞・雑誌の頁が減る。	📺『刑事コロンボ』『国盗り物語』『子連れ狼』〔ＣＭ〕「タコの赤ちゃん」（ソニー），「サミー＝デイビス＝ジュニアのスキャット」（サントリー）
11.14 関門橋開通（全長1068m）。	
11.29 熊本市の大洋デパートで火災，103人が焼死（史上最大のデパート火災）。	👤 3.28 椎名麟三(61)／4.4 菊田一夫(65)／4.25 石橋湛山(88)／4.30 大仏次郎(75)／9.21 古今亭志ん生(83)／11.13 サトウハチロー(70)／11.23 愛知揆一(66)
12.14 愛知県豊川信用金庫でデマによる取付け騒ぎ。	

昭和49年(1974) 甲寅

内閣	政治・経済	世界
② 田中角栄 （自民党） 12.9 三木武夫 （自民党）	1.7 田中首相，東南アジア歴訪(1.9 バンコクで反日デモ。1.15 ジャカルタで反日暴動。日本の利己的な経済進出への反感が爆発)。 2.25 衆院予算委，物価集中審議で石油便乗値上げ，商社の悪徳商法を追及(〜 2.27)。 3.30 企業のインフレ便乗利益を吸収するため，会社臨時特別税法公布(特別税612億円)。 4月 春闘賃上げ平均2万8981円，32.9％。11.5 日経連，春闘賃上げ率抑制のガイドライン発表。 5.24 土光敏夫，経団連会長に就任。 5.25 自民党，衆院で靖国神社法案を単独可決(参院で廃案)。 6.26 国土庁設置(長官西村英一)。 7.7 第10回参院選(自民62，社会28，公明14，共産13，民社5，無所属・諸派8)。7議席差で与野党伯仲。市川房枝復活当選。企業ぐるみ選挙問題化。7.29 糸山英太郎の選対事務長逮捕(検挙1287人・逮捕142人の空前の選挙違反)。 7.12 副総理三木武夫，首相の政治姿勢を批判して辞任。7.16 蔵相福田赳夫・行政管理庁長官保利茂も辞任。 8.12 経団連，政治資金の企業割当てを廃止。 9.10 ラロック退役海軍少将，米議会で日本への核持ち込みを証言。10.7 野党，米艦の寄港拒否要求。 9.13 産業構造審議会，「わが国の産業構造を知識集約型へ転換する」ことを提唱。 10.8 前首相佐藤栄作，ノーベル平和賞受賞決定。 10月 繊維不況深刻化，東洋紡・鐘紡・ユニチカなどが合理化・工場閉鎖を強いられる。 10月 立花隆，『田中角栄研究─その金脈と人脈』を『文藝春秋』11月号に掲載。田中金権への批判広まり，参院大蔵委でも紛糾。 11.11 田中内閣改造(田中・大平・中曽根の主流3派体制を強行)。 11.18 米大統領フォード来日(米大統領として初)。 11.26 田中首相，辞意表明(福田・大平の後継争い)。 12.4 自民党両院議員総会，副総裁椎名悦三郎の裁定により三木武夫を総裁に選出。 12.9 田中内閣総辞職。三木武夫内閣成立。副総理福田赳夫・蔵相大平正芳。12.26 三木首相，資産を公開(クリーン三木を打出す)。12.27 三木首相，総裁選に全党員参加の予備選挙実施など党近代化の試案を提示。 12.28 共産党・創価学会，松本清張の仲介で相互不干渉など10年間の合意協定。昭50.7.27 公表。 この年 経済実質成長率マイナス0.5％(戦後初のマイナス成長)。消費者物価24.5％上昇，狂乱物価。スタグフレーションが問題化。	2.11 ワシントンで石油消費国会議開催。 2.12 ソ連，作家ソルジェニーツィンを国外追放。 3.5 英，ウィルソン内閣成立。 4.3 韓国ソウルで反政府デモ。朴大統領，民青学連を弾圧，日本人学生ら2人も逮捕。 4.5 ラオス，臨時民族連合政府樹立。内戦終結。 4.15 美智子ゴーマン，ボストンマラソンで優勝。 4.25 ポルトガルで軍部クーデター，独裁政権倒れる。 5.1 国連資源特別総会，新国際経済秩序樹立宣言(資源ナショナリズムの高揚)。 5.4 堀江謙一，ヨットによる単独無寄港世界一周に成功(275日の新記録達成)。 5.6 ブラント西独首相が秘書スパイ事件で引責辞任。5.16 シュミット内閣成立。 5.12 小林研一郎，ブダペスト国際指揮者コンクール第1位。 5.18 インドが初の地下核実験(6番目の核保有国に)。 6.27 ニクソン米大統領，訪ソ。 7.1 アルゼンチン大統領ペロン没。後任にイサベル夫人。 7.13 韓国，金芝河に死刑判決。7.20 無期懲役に減刑。 7.25 森下洋子，ブルガリアの第7回国際バレエコンクールの女性部門で第1位。 8.8 ニクソン米大統領，ウォーターゲート事件で辞任。8.9 フォード，大統領に昇格。 8.15 ソウルで朴大統領狙撃され夫人死亡。在日韓国人文世光を逮捕。 11.5 ローマで世界食糧会議。 11.12 国連総会，南アの発言・投票権停止を決定(アパルトヘイト政策への国際制裁)。 11.22 国連総会，PLOにオブザーバー資格を付与。 11.23 米大統領フォード，訪ソ(SALTⅡ促進で合意)。

●戦後初のマイナス経済成長。超能力ブーム起こる

社会・文化	世相

社会・文化

1.5 職を失った東京・山谷の労務者136人,台東区役所に交渉,生活保護手当を獲得。

1.17 東京・三鷹の住民,中央物産の倉庫から洗剤1万箱を発見。2.6 ゼネラル石油の「石油危機は千載一遇のチャンス」との文書配布が発覚。2.20 伊藤忠商事の生活関連物資隠匿の事実発覚。

3.4 日本高校野球連盟,公式試合での金属バットの使用を許可。

3.10 小野田寛郎元陸軍少尉,フィリピンのルバング島で救出。3.12 帰国。

3.30 福岡地裁,被爆治療のため密入国した韓国人に対し,原爆医療法は被爆者であれば密入国者でも適用とする判決。

3.30 名古屋市南部の新幹線沿線の住民,国鉄を相手どり騒音・振動の差止めと損害賠償を求めて訴訟。

4.1 筑波大学開校。

5.9 伊豆半島南部で大地震,死者30人。

5.11 足尾鉱山鉱毒事件で,古河鉱業が補償金15億5000万円を支払う旨の調停案成立。百年公害に初の和解。

6.19 横浜地裁,日立製作所の在日韓国人就職差別問題で採用内定取消し無効の判決。

8.28 神奈川県平塚市の団地で,ピアノがうるさいと階下の母子3人を殺害。

8.30 東京・丸ノ内の三菱重工ビル前で時限爆弾爆発(死者8人,軽重傷385人)。以後,過激派による連続企業爆破続く。

9.1 8月26日に青森県大湊港を出港した原子力船むつ,放射能漏れ事故。帰港反対運動のため10月15日まで漂流。

10.7 全国サリドマイド訴訟原告63家族と国・大日本製薬が11年ぶりに和解。

10.14 長嶋茂雄(巨人),現役を引退。11.21 巨人軍監督に就任。

10.23 日本医大の丸山千里,国際癌学界で丸山ワクチンを発表。

11.9 東京湾浦賀水道でLPGタンカー第10雄洋丸とリベリア貨物船が衝突,死者33人。11.28 海上自衛隊,タンカーを撃沈。

11.17 別府市で乗用車海中に転落,母子3人死亡。12月,保険金殺人で父親を逮捕。

11.26 三省堂,会社更生法の適用を申請。

12.18 岡山県倉敷市の三菱石油水島製油所の重油タンクに亀裂,1万5000リットルが流出し,沿岸漁業に壊滅的な打撃。

12.26 台湾出身の元日本兵中村輝夫,インドネシアのモロタイ島ジャングルで発見。

世相

1月 民放各社,電力節約で深夜放送中止(NHK,11時で放送終了)/東京・大阪の国電,昼間の暖房停止/6大都市のタクシー初乗り料金,50円値上げ(220円)。

3月 各地でストリーキング流行。

4月 朝日カルチャーセンター開校/東京国立博物館でモナリザ展,150万人が入場/初の女性高裁判事・地裁裁判長誕生。

5月 地価上昇率,史上最高(32.4%)/イトーヨーカ堂,初のコンビニエンスストアを東京に開店。

7月 新聞の朝刊が30円から50円に値上げ/北の湖,21歳2か月の最年少記録で横綱に昇進。

8月 長谷川一夫演出の『ベルサイユのばら』,宝塚劇場で初演(爆発的人気で,11月,東京公演)。

10月 北海道の愛国駅で発売の幸福駅行きの切符,4月以来300万枚を突破。

この年 高校進学率90%を超す/買い控えで消費需要が落込み,歳末商戦の不振で倒産する会社増加/超能力ブーム/オカルトブーム/『腹腹時計』などの爆弾教本が店頭に出現/出生率,6年ぶりに減少/民間企業の43%が週休2日制/内ゲバで11人の死者。

◉ 便乗値上げ/狂乱物価/金脈/ストリーキング/青天のヘキレキ(椎名裁定を受けた時の三木武夫の言葉)/ゼロ成長

🎵「うそ」中条きよし/「襟裳岬」森進一/「ひと夏の経験」山口百恵/「昭和枯れすすき」さくらと一郎/「二人でお酒を」梓みちよ

📖 森敦『月山』/臼井吉見『安曇野』/リチャード=バック『かもめのジョナサン』

🎬『華麗なる一族』芸苑社:山本薩夫監督・佐分利信・月丘夢路/『赤ちょうちん』日活:藤田敏八監督・秋吉久美子/『砂の器』松竹:橋本プロ:野村芳太郎監督・加藤剛/『サンダカン八番娼館・望郷』東宝・俳優座:熊井啓監督・栗原小巻・田中絹代〔洋画〕『ガラスの熱い日』『エクソシスト』『スティング』(米)/『エマニエル夫人』(仏)

📺『ニュースセンター9時』『宇宙戦艦ヤマト』『寺内貫太郎一家』『パンチDEデート』〔CM〕「近頃気になることがある」(花王石鹸)

👤 1.11 山本有三(86)/3.27 清水崑(61)/7.25 花菱アチャコ(77)/9.13 高野実(73)/9.21 山本嘉次郎(72)/10.1 石黒敬七(77)/12.6 高山義三(82)

昭和50年（1975）乙卯

内閣	政治・経済	世　界
三木武夫（自民党）	2.16 美濃部亮吉都知事，同和問題をめぐる社共対立のため不出馬表明。3.17 社共合意により立候補声明（保守系候補は石原慎太郎）。 2.19 民社党大会，保革連合の可能性を主張。 2月 完全失業者100万人を突破（不況の深刻化）。 3.9 自民党，会費6万円の「政経文化パーティ」開催（新形式の資金集め）。 4.13 第8回統一地方選挙（神奈川県知事に革新の長洲一二当選，東京・大阪とも革新が勝利）。 5.7 エリザベス女王夫妻，初来日。 6.16 三木首相，佐藤元首相の国民葬（日本武道館）で右翼になぐられる。 6.30 日韓議員連盟結成（自民・民社議員約180人）。 7.15 公職選挙法改正（文書配布などの大幅制限。公・共両党，反対で共同歩調）・政治資金規制法改正（企業・団体献金に最高1億円の限度を設定，政治資金収支の公開義務化）公布。 7.17 自民党首脳，経済4団体代表と会談。政治献金再開で合意。11.2 財界，自民党の借金100億円の半分肩代わりに同意。 7.23 外相宮沢喜一訪韓，金大中事件により中断していた日韓閣僚会議の早期開催に合意。7.24 金大中事件は最終結着と表明。9.15 第8回日韓定期閣僚会議開催。 7.29 政府・自民党，独禁法改正の見送り決定（総裁公選案など三木首相の改革プランも挫折）。 8.5 三木・フォード日米首脳会談。8.6 韓国の安全は東アジアの安全に緊要と共同声明。 8.15 三木首相，現職首相として初めて終戦記念日に靖国神社参拝（私人の資格）。 8.28 興人，会社更生法適用を申請（戦後最大の倒産，負債2000億円）。 8.29 防衛庁長官坂田道太，米国務長官シュレジンジャーと会談，日米防衛協力強化のため日米防衛首脳定期協議・日米作戦協力の協議機関設置で合意（日米軍事一体化進展の契機）。 9.17 政府，第4次不況対策を決定（東北・上越新幹線など公共事業費8000億円の追加決定）。 9.30 天皇・皇后，初の訪米に出発。10.2 フォード大統領と会見。10.14 帰国。 10.31 天皇，初の公式記者会見で「原爆投下は戦時中でやむをえぬと思う」と発言。 11.7 一般会計補正予算成立。歳入不足から赤字国債計上。12.24 財政特例法成立（赤字国債2兆2900億円。以後，赤字国債発行が恒常化）。 12.1 三木首相，公共事業体労働者のスト権を否認，スト権ストの中止を要求。 12.21 本四連絡橋，尾道―今治ルートの大三島橋起工。昭54.5.12 開通。	1.16 IMF暫定委員会開催（ワシントン）。金の公定価格廃止の共同声明。 1.31 エチオピア，内戦に突入。3.21 帝政廃止決定。 2.11 サッチャー，英保守党党首に選出（初の女性党首）。 3.25 サウジアラビア，ファイサル国王暗殺。 4.5 台湾の蔣介石総統没（87）。 4.17 カンボジア，ロンノル政権崩壊，南ベトナム解放戦線軍プノンペン解放。 4.30 南ベトナム，サイゴン政府降伏。解放軍，サイゴンに無血入城（ベトナム戦争終結）。 5.16 エベレスト日本女子登山隊の田部井淳子，女性初登頂。 6.5 スエズ運河，8年ぶり再開。 6.19 国際婦人年世界会議（メキシコシティ，〜7.2）。 7.5 沢松和子・アンキヨムラ組，英ウィンブルドンテニス女子ダブルスで優勝。 7.17 ソ連のソユーズ19号・米のアポロ，史上初の国際ドッキングに成功。 7.30 ヘルシンキで，全欧安保協力会議開催。人権と自由尊重の新欧州共存体制を目指すヘルシンキ宣言を採択。 8.11 東チモール内乱。9.30 インドネシア軍介入。 10.9 ソ連のサハロフ，ノーベル平和賞受賞。 11.11 アンゴラ独立宣言（内戦激化）。 11.15 第1回先進国首脳会議，仏のランブイエで開催。世界経済秩序再建を討議。 11.20 スペイン，フランコ総統没（82）。11.22 44年ぶりに王制復古。 12.2 イスラエル軍機，レバノンのパレスチナ難民キャンプを爆撃。 12.7 フォード米大統領，日米協調の新太平洋ドクトリンを発表。

●企業倒産相次ぐ。沖縄海洋博も低調に終わる

社会・文化	世相
1.5 環境庁，緑の国勢調査結果を発表。乱開発で，純粋自然は国土の2割と判明。	1月 プロ野球パリーグでＤＨ制採用決定。
1.7 関東甲信越老人クラブ連合会，東京・日比谷で，「食える年金」要求大会開催。	5月 100円ガスライター，チルチルミチル発売。
3.6 警察庁，初の『非行少女白書』を国家公安委員会に報告。スケバン等の非行急増。	6月 日本リクルートセンター，『就職情報』を創刊。
3.10 「ひかりは西へ」のキャッチフレーズとともに山陽新幹線岡山―博多間開業。	10月 講談社，『日刊ゲンダイ』を創刊。
3.21 ねむの木学園長の宮城まり子，テレビ初の25時間番組で福祉を訴える。	11月 カシオ計算機，4500円の電卓を発売。
4.11 最高裁，平城宮訴訟上告審で，文化財保護のためには私権の制限やむなしと判決。	12月 警視庁，都内の環状7号線以内の地域を全面駐車禁止とする／タバコ値上げ（セブンスター 150円）。
4.19 東京・銀座と兵庫県尼崎市の韓国関連企業で，東アジア反日武装戦線による時限爆弾同時爆発。	この年 大学生，200万人を突破／紅茶キノコ爆発的に流行，半年で下火となる／3億円事件の刑事責任が時効となり，テレビが特別番組を組む／室蘭本線で最後の蒸気機関車（客車）が走る（SLブームおこる）。
5.25 日本ダービー，馬券売上げ史上最高（119億6000万円）を記録。	⊜ 赤ヘル／乱塾（小学生の塾通い62％，中学生が45.6％）／アンタあの娘のなんなのさ／ワタシつくる人ボク食べる人／中ピ連
6.8 神奈川県鎌倉の七里が浜で，暴走族600人が乱闘。6.11 警察庁，暴走族総合対策委員会を発足させ，取締りを強化。	♫「港のヨーコ・ヨコハマ・ヨコスカ」ダウンタウン・ブギウギ・バンド／「シクラメンのかほり」布施明／「心のこり」細川たかし／「ロマンス」岩崎宏美／「およげ！たいやきくん」子門真人／「北の宿から」都はるみ
6.18 佐世保市長，原子力船むつの修理港受入れを表明。	📖 檀一雄『火宅の人』／有吉佐和子『複合汚染』／司馬遼太郎『播磨灘物語』／深田祐介『新西洋事情』／毎日新聞社『1億人の昭和史』／ソルジェニーツィン『収容所群島』
7.16 東京都買収の日本化学工業亀戸工場跡地で六価クロム汚染問題化。8.22 全国112か所の無処理埋立てが判明。	👫『青春の門』東宝：浦山桐郎監督・田中健・大竹しのぶ・吉永小百合／『金環蝕』大映：山本薩夫監督・宇野重吉・仲代達矢／『祭りの準備』綜映社・映画同人社・ＡＴＧ：黒木和雄監督・江藤潤・竹下景子
7.17 皇太子夫妻，沖縄のひめゆりの塔参拝中，火炎ビンを投げられる。	〔洋画〕『薔薇のスタビスキー』（仏）／『タワーリング・インフェルノ』『ＪＡＷＳ・ジョーズ』（米）／『デルス・ウザーラ』（ソ連，黒澤明監督，アカデミー外国語映画賞受賞）
7.19 沖縄国際海洋博覧会開幕（～昭51.1.18）。石油ショック以後の不況の中，入場者348万人と期待はずれの結果に終る。	📺『水色の時』『おはようさん』『欽ちゃんのドンとやってみよう！』『テレビ三面記事・ウイークエンダー』〔ＣＭ〕「ワタシつくる人ボク食べる人」（ハウス食品，男女差別と指摘され放送中止に），「チカレタビー」（中外製薬），「アイムアチャンピオン」（明治生命）
7.20 足利銀行栃木支店の女子行員，愛人のために2億円を横領して逮捕。	¥ うな重1200円／ビール180円／ガソリン（1ℓ）112円
8.4 日本赤軍，クアラルンプールの米・スウェーデン両大使館を占拠，過激派7人の釈放を日本政府に要求。8.5 政府，超法規的措置として要求を受入れる。	👤 1.16 坂東三津五郎（68）／ 1.18 江口渙（87）／ 5.11 梶山季之（45）／ 6.3 佐藤栄作（74）／ 6.30 金子光晴（79）／ 9.4 霊井繁治（77）／ 9.13 棟方志功（72）／ 12.6 正木旲（79）
8.28 第25回パグウォッシュ会議，京都で開催。核軍縮を求める「湯川・朝永宣言」発表。	
9.13 警視庁，アメリカのSSに模した要人警護部隊SPを創設。	
10.15 広島東洋カープ初優勝。地元広島を中心に赤ヘルブーム。	
11.2 戸塚宏，沖縄海洋博記念単独太平洋横断ヨットレースで優勝。11.18 小林則子，女性単独ヨット世界最長記録で沖縄に到着。	
11.26 公労協・国労など3公社5現業すべてがスト権ストに突入。12.4 スト中止。国鉄は全線史上最長の192時間運休。	

昭和51年(1976) 丙辰

内閣	政治・経済	世 界
三木武夫（自民党）	1.23 政府，51年度予算案国会提出（7兆2750億円，国債比率29.9%。35年以来の所得減税なし）。 1.27 民社党委員長春日一幸，衆院本会議で共産党委員長宮本顕治のスパイリンチ事件（昭和8年）究明を要求。共産党，決着済みと反論。 2.4 米上院多国籍企業小委，ロッキード社の日本政府高官への贈賄を公表，問題化（ロッキード事件）。2.16 衆院予算委，国際興業社主小佐野賢治，全日空社長若狭得治・副社長渡辺尚次を証人喚問。2.17 丸紅会長檜山広らを証人喚問。3.4 東京地検，児玉誉士夫を臨床取調べ（3.13 脱税容疑で起訴）。 4.14 最高裁，47年総選挙の千葉1区の定数不均衡は違憲（選挙は有効）と判決。 6.13 河野洋平ら6名，自民党を離党。6.25 新自由クラブ結成。 7.8 日米安保協議委員会，日米防衛協力小委員会の設置を決定（日米制服組の提携強まる）。 7.10 社会党副委員長江田三郎・公明党書記長矢野絢也・民社副委員長佐々木良作ら，新しい日本を考える会を結成（会長松前重義）。 7.27 東京地検，ロッキード事件で田中前首相を逮捕。8.16 受託収賄罪と外為法違反で起訴（5億円受領の疑い）。8.17 保釈金2億円で保釈。8.20 元運輸政務次官佐藤孝行，8.21 元運輸相橋本登美三郎を受託収賄容疑で逮捕。 8.4 京都地裁判事補鬼頭史郎，布施検事総長の名をかたり三木首相にロッキード事件で指揮権発動を促すニセ電話（10.22 表面化）。 8.19 福田・大平・田中派ら反主流派，挙党体制確立協議会結成（座長船田中），ロッキード事件究明に積極的な三木首相の退陣を要求（三木おろし）。 10.12 宇都宮徳馬，ロッキード事件と金大中事件に抗議して自民党を離党。 10.21 挙党体制確立協議会，三木の後継に福田赳夫を推薦。11.5 福田副総理辞任。 10.29 政府，防衛計画の大綱決定（平和時の防衛力の限界を明示，防衛力の質に重点）。11.5 防衛費をGNPの1%以内とすることを決定。 11.2 法務省，衆院特別委で田中角栄・二階堂進ら灰色高官5名を公表。 11.10 天皇在位50年式典，日本武道館で開催。 12.5 第34回総選挙（自民249，社会123，公明55，民社29，共産17，新自ク17，無所属21）。自民党敗北，衆院委員長の与党独占，18年ぶりに崩れる。 12.17 三木首相，総選挙敗北のため退陣表明。12.23 自民党両院議員総会，総裁に福田赳夫選出。 12.24 三木内閣総辞職，福田赳夫内閣成立。	1.6 カンボジアで，シアヌーク殿下が元首に就任。 1.8 周恩来中国首相病没（78）。 2.4 第12回冬季オリンピック開催（インスブルック，～2.15）。 2.24 ASEAN 5か国首脳会議，経済重視の協力宣言（バリ宣言）採択，東南アジア友好協力条約調印。 3.1 韓国，金大中ら民主救国宣言発表。3.10 金大中逮捕。 3.14 エジプト，対ソ友好条約破棄発表。 4.5 中国，故周恩来首相哀悼禁止措置に抗議する北京市民を弾圧（天安門事件）。4.7 鄧小平副主席解任。 4.13 カンボジア，ポルポト政権成立，大虐殺始まる。 5.8 植村直己，グリーンランド―カナダ―アラスカの犬ぞり一人旅に成功。 5.28 米・ソ，地下核実験制限条約調印。 6.1 シリア軍，レバノンに侵攻。 6.20 島田和江，伊のベルディ声楽コンクールで第1位。 6.29 欧州共産党会議，社会主義への多様な道を承認。 7.2 ベトナム社会主義共和国成立（南北ベトナム統一）。 7.17 インドネシア，東ティモールを併合。 7.17 第21回オリンピック開催（モントリオール，～8.1）。日本選手268人参加，体操・レスリング・柔道・女子バレーボールで計9個の金メダル獲得。 8.16 第5回非同盟諸国首脳会議，コロンボで開催（86か国，新国際経済秩序要求）。 9.9 毛沢東中国共産党主席死去（82）。10.10 華国鋒，後任主席に就任。10.12 王洪文・江青ら四人組逮捕。 11.20 レバノン内戦終結。 12.10 ソ連，200カイリ漁業専管水域設定を布告。
12.24 12.24 福田		

110

●ロッキード事件発覚。政界をゆるがす

社会・文化	世 相
1.6 京都平安神宮内拝殿付近から出火, 東・西本殿, 祝詞殿など焼失。 1.31 鹿児島市立病院で国内初の**5つ子誕生**。排卵誘発剤議論盛んになる。 2.10 本田技研工業, **婦人用ミニ＝バイク発売**。 2.26 東京地裁で最後の立川基地内土地明け渡し請求訴訟の和解成立(砂川訴訟終わる)。 3.2 北海道庁ロビーで時限爆弾爆発。 3.23 映画俳優前野光保, 小型飛行機で児玉誉士夫邸に突入。 3.24 日高六郎ら学者・文化人, 『週刊ピーナツ』創刊。 4.21 憲法問題研究会(世話人大内兵衛), 解散。 4.27 東京地裁, 『四畳半襖の下張』をわいせつ文書と判断, 掲載した月刊誌『面白半分』の編集長野坂昭如らに有罪判決。 4.28 横田基地公害訴訟団, 米軍機の夜間飛行禁止訴訟。 5.8 歌手克美茂, 愛人殺害で逮捕。 5.19 東京高裁, マッド・アマノのパロディ作品を白川義員の原作から独立した著作物と認める。**昭55.3.28** 最高裁, 著作者人格権侵害として高裁に審理やり直しを命令。**昭62.6.17** 和解成立。 5.28 日本化学工業元従業員77人, クロム禍で損害賠償請求訴訟。 6.6 初の全国公害被害者団体交流集会, 68団体が参加し, 東京で開催。 6.15 民法・戸籍法改正(**離婚後の姓の自由**, 戸籍簿閲覧制度廃止)。 6.22 東京地検, **ロッキード事件で丸紅前専務大久保利春・全日空専務沢雄次らを逮捕**。7.2 丸紅前専務伊藤宏, 7.8 全日空社長若狭得治, 7.13 丸紅前会長檜山広を逮捕。 6.25 国際捕鯨委員会, ナガスクジラ捕獲禁止を含む捕鯨枠大幅削減を決定。 8.23 安楽死国際会議, 東京で開催。8.24 安楽死に関する東京宣言を採択。 9.6 ソ連最新鋭戦闘機ミグ25, 函館空港に強行着陸。9.9 乗員のベレンコ中尉, 米に亡命。11.12 防衛庁・米軍, 機体の解体調査後, ソ連へ返還。 10.10 具志堅用高, ボクシングWBA世界ジュニアフライ級チャンピオンとなる。 10.13 最高裁, 財田川事件(**昭25年**)の死刑囚に初めて再審の道を開く。**昭59.3.12** 無罪。 10.29 酒田市で大火, 1774戸を焼失。 11.15 建築基準法改正(中高層ビルによる日照権侵害規制など)。	1月 郵便料金, はがき20円・封書50円に値上げ／大和運輸, 宅急便開業。 2月 平幹二郎・坂東玉三郎による『マクベス』上演(日生劇場)。 3月 後楽園球場, 人工芝となる。 5月 新幹線, 乗客10億人を突破。 8月 第1回湯布院映画祭開催／新幹線こだま号に禁煙車登場。 9月 総理府統計局, 総人口の8.1％が65歳以上と発表。高齢化社会への加速を示唆。 11月 国鉄料金値上げ(初乗り60円)／電話・電報料金値上げ(電話度数料7円から10円, 一般電報2倍, 慶弔電報3倍)。 12月 1等1000万円40本のジャンボ宝くじ発売。各地で群衆殺到, 福岡・松本で死者。 この年 **戦後生まれ, 総人口の半数を超える／ジョギングブーム**／サーフィン人気／スナックやパブが急増／公共事業による遺跡の破壊が増え, 埋蔵文化財保存の訴訟も増える。 ● **灰色高官／記憶にございません**／ゆれるまなざし／はしゃぎすぎ(椎名副総裁がロッキード事件徹底究明を叫ぶ三木首相を批判して言った)／○○さんちの○○君／**ピーナッツ** ♫「春一番」キャンディーズ／「わかんねえだろうナ」松鶴家千とせ／「横須賀ストーリー」山口百恵／「嫁にこないか」新沼謙治／「メランコリー」梓みちよ／「あばよ」研ナオコ／「かけめぐる青春」ビューティ・ペア 📖 森村誠一『人間の証明』／村上龍『限りなく透明に近いブルー』／丸山眞男『戦中と戦後の間』／司馬遼太郎『翔ぶが如く』／山崎豊子『不毛地帯』／徳大寺有恒『間違いだらけのクルマ選び』／ミヒャエル＝エンデ『モモ』 🎬『はだしのゲン』現代ぷろだくしょん・共同映画社；山田典吾監督・三国連太郎・左幸子／『犬神家の一族』角川春樹事務所；市川崑監督・石坂浩二／『青春の殺人者』今村プロ・綜映社・ATG；長谷川和彦監督・水谷豊・原田美枝子／『愛のコリーダ』仏・大島渚プロ；大島渚監督・松田英子・藤竜也〔洋画〕『タクシードライバー』『カッコーの巣の上で』(米) 📺『となりの芝生』『落日燃ゆ』『徹子の部屋』〔CM〕「オーソン＝ウェルズのパーフェクション」(ニッカウヰスキー) 👤 1.2 檀一雄(63)／ 1.13 舟橋聖一(71)／2.22 家城巳代治(64)／ 3.22 藤原義江(77)／4.9 武者小路実篤(90)／ 10.5 武田泰淳(64)

昭和52年（1977）丁巳

内閣	政治・経済	世　界
福田赳夫（自民党）	1.21 「1兆円減税」で5野党間の足並みそろう。 1.23 社会党の社会主義協会を主体に三月会結成（党内左派の結集と党の右傾化阻止を目標）。 1.27 東京地裁，ロッキード事件丸紅ルート初公判。 1.31 全日空ルート初公判。 1.29 社会党内の新しい流れの会，「社会党の任務と課題」を発表（連合時代への党体質の改善の提言）。 3.26 社会党前副委員長江田三郎，社会主義協会と対立し離党，社会市民連合結成の意向を表明（5.22 急死，後継江田五月）。 4.26 革新自由連合発足（代表中山千夏ら）。 4.29 ソ連，日ソ漁業条約の廃棄を通告。5.27 領土問題を棚上げにして日ソ漁業暫定協定調印。 5.2 政府，領海法案（領海を3カイリから12カイリに拡大）及び200カイリ漁業水域法制定の方針を決定（海洋2法。7.1 施行）。 5.7 福田首相，先進国首脳会議（ロンドン）で日本の52年度実質経済成長率6.7%達成を約束。 5.9 社会党委員長成田知巳，反自民の全野党政権構想を提言。 5.26 共産党委員長宮本顕治，「革新統一戦線」を提唱，社会党に対し共産党との共闘を迫る。 6.3 衆院本会議で独占禁止法改正案が可決，成立。 7.10 第11回参院選（非改選を含め自民124，社会56，公明25，共産16，民社11，新自ク3，諸派1，無所属13）。保守逆転はなく，自民党は相対的安定へ。宮本顕治・八代英太初当選。宮城地方区で社・共初の参院共闘。 7.10 公明・民社両党，連合政府樹立を目的とした合意書に調印。 8.6 福田首相，東南アジア6か国歴訪に出発。 8.18 福田首相，マニラで「福田ドクトリン」を発表。 9.26 航空自衛隊，国産支援戦闘機F1を三沢に配備。 9.27 社会党大会で，新しい流れの会の楢崎弥之助・田英夫・秦豊，離党。 11.1 大蔵省，外貨準備高（10月末現在）を史上最高の195億7700万ドルと発表。 11.28 民社党大会，佐々木良作委員長・塚本三郎書記長を選出。 11.28 福田内閣改造。対外経済担当相を新設，牛場信彦（元駐米大使）を起用。 12.13 社会党大会，飛鳥田一雄委員長・多賀谷真稔書記長を選出。 12.21 防衛2法（防衛庁設置法・自衛隊法）の改正案成立（自衛官1807人の定数増などを決定）。 12.28 国防会議，次期主力戦闘機にF15イーグル，対潜哨戒機にP3Cオライオン採用を決定。	1.1 EC，200カイリ漁業専管水域宣言。 1.6 チェコスロバキアの自由派知識人，「憲章77」を発表。 1.20 米，カーター大統領就任。 3.1 米・ソ，200カイリ漁業専管水域実施（200カイリ時代）。 3.2 伊・仏・スペイン共産党書記長初会議。ユーロコミュニズムの動き強まる。 3.21 インド総選挙，国民会議派大敗。 5.7 第3回先進国首脳会議，ロンドンで開催。 5.17 イスラエル総選挙，労働党敗北。6.21 右派連合のベギン内閣成立。 6.12 樋口久子，全米女子プロゴルフ選手権で日本人初優勝。 6.15 スペイン，41年ぶりに総選挙。7.4 中道右派政権成立。 7.16 中国共産党10期3中全会（鄧小平，副主席に復活）。 7.25 米韓安保協議会（在韓米地上軍の撤退等を決定）。 8.12 中国共産党11全大会（文革終結宣言，4つの近代化の新党規約決定。 8.31 中野浩一，ベネズエラで開催の世界自転車競技選手権プロスクラッチで初優勝（昭61年，10連覇達成）。 10.1 米・ソ，中東和平共同声明発表。 10.7 ソ連で新憲法採択。 10.21 山下和仁，第19回パリ国際ギターコンクール演奏部門で第1位。 11.19 エジプトのサダト大統領，イスラエル訪問。11.20 イスラエル国家承認。12.25 イスラエル首相ベギン，エジプト訪問。 11.22 超音速旅客機コンコルド，パリ―ニューヨーク間に初就航。 12.1 西村朗，ベルギーのエリザベート国際音楽コンクール作曲部門で第1位。

●野党の連合政権構想活発化。カラオケブーム

社会・文化	世相
1.10 警視庁，23年ぶりに覚せい剤取締本部設置（9月，井上陽水ら芸能人多数検挙）。 2.20 青梅マラソンに1万人余が参加。完走率55%で，死者・けが人が続出。 3.23 最高裁，韓国籍の金敬得を司法修習生に採用（外国人の初採用）。 4.24 動力炉・核燃料開発事業団自主開発の高速増殖実験炉「常陽」が臨界に達し，エネルギー自立化への第一歩を踏み出す。 4.29 山下泰裕（東海大），全日本柔道選手権に史上最年少（19歳）で優勝。以後9連覇。 5.2 国立大学共通1次試験のための大学入試センター発足。 5.6 新東京国際空港公団，開港反対派の鉄塔2基を撤去。5.8 抗議集会の3700人，機動隊と衝突，死者1人。 5.19 日航・全日空，定期便エアバスを大阪空港に初乗入れ。空の大量輸送化に拍車。 5.24 慶応大学商学部で入試問題漏洩事件発覚。 5.24 臼井吉見の『事故のてんまつ』（『展望』）につき，川端康成の遺族がプライバシー侵害として民事訴訟。8.16 和解成立。 6.15 和歌山県有田市で集団コレラ発生。真性23人を含め，擬似・保菌者が99人に達し，同市はコレラ汚染地域に指定される。 7.14 初の静止気象衛星ひまわり1号打上げ。 7.23 文部省，小・中学校の指導要領改正（ゆとりの教育，『君が代』の国歌規定）。 8.15 三一書房『愛のコリーダ』の著者大島渚ら，わいせつ文書図画販売で起訴される。昭54.10.19 東京地裁，無罪判決。 9.3 王貞治（巨人），756本の本塁打世界最高記録樹立。9.5 国民栄誉賞第1号受賞。 9.9 沖永良部台風，907.3mbは最低気圧記録。 9.27 米軍ファントム機，横浜市緑区の民家に墜落，死者2人。 9.28 パリ発東京行きの日航機，日本赤軍にハイジャックされダッカ空港に着陸。10.1 政府，「超法規的措置」として，犯人の要求で同志ら9人を釈放，身代金を払う。10.3 犯人，アルジェリアに投降。 10.5 福岡地裁，カネミ油症事件につき，被害者側全面勝訴の判決。 10.24 大阪で全国初のサラ金被害者の会結成。 10.27 仏の人類学者レヴィ＝ストロース来日，東京で「民族学の責任」と題する講演。 11.15 大阪・千里に国立民族学博物館開館。 11.25 ハイジャック防止法案成立。 11.30 米軍立川基地，32年ぶりに全面返還。	1月 東京都港区内で，拾ったコーラを飲んだ2人が死亡。青酸ナトリウム検出（以後，同種事件続発）。 4月 有楽町の日劇ダンシングチーム，最終公演／山梨県，ミレーの『種まく人』ほか3点を3億1500万円で購入。 5月 6大都市でタクシー料金値上げ（東京の基本料金330円）。 6月 たばこ「マイルドセブン」発売。 7月 米より返還の戦争画，東京国立近代美術館で公開。 10月 新宿の歌声喫茶『灯』閉店。 11月 小西六写真工業，世界初の自動焦点カメラ「コニカC35AF」を発売。 この年 大学進学率，11年ぶりに低下／平均寿命，男72.69歳，女77.95歳で世界一となる／スナック・バーなどでカラオケ大流行／ヨドバシカメラ・流通卸センターなどディスカウントショップが盛況／200カイリ時代で生鮮魚介類が高値，魚離れが進む／小中学生の自殺増加／トレーニングウエアー流行。 💬 円高／魚ころがし／翔んでる／ルーツ／たたりじゃー／よっしゃよっしゃ／落ちこぼれ／普通の女の子に戻りたい（キャンディーズ解散宣言の理由） 🎵『津軽海峡冬景色』石川さゆり／「北国の春」千昌夫／「勝手にしやがれ」沢田研二／「ウォンテッド」「渚のシンドバッド」ピンク・レディー 📖 大岡昇平『事件』／堀田善衞『ゴヤ』／李恢成『見果てぬ夢』／新田次郎『八甲田山死の彷徨』／ヘイリー『ルーツ』 🎬『八甲田山』橋本プロ・東宝・シナノ企画；森谷司郎監督・高倉健・北大路欣也／『宇宙戦艦ヤマト』西崎義展アカデミー；舛田利雄監督（アニメブーム）／『幸福の黄色いハンカチ』松竹；山田洋次監督・高倉健・倍賞千恵子／『はなれ瞽女おりん』表現社；篠田正浩監督・岩下志麻・原田芳雄 〔洋画〕『ロッキー』（米）／『鬼火』（仏） 📺『男たちの旅路―シルバーシート』『岸辺のアルバム』『海は甦る』『ROOTS ルーツ』 〔CM〕「トンデレラ，シンデレラ」（大日本除虫菊），「イワテケーン」（松下電器） ⚰ 3.21 田中絹代（67）／ 3.22 村山知義（76）／ 4.6 木戸幸一（87）／ 5.22 江田三郎（69）／ 6.9 小西得郎（80）／ 9.19 今東光（79）／ 10.27 前田青邨（92）／ 12.1 海音寺潮五郎（76）

昭和53年(1978) 戊午

内閣	政治・経済	世　界
福田赳夫（自民党） 12.6 12.7 ①大平（自民党）	1.4 共産党, 党機関紙『赤旗』で前副委員長袴田里見を除名処分にしたことを発表。 3.1 社会党, 初の委員長公選で飛鳥田一雄を信任。飛鳥田は横浜市長を辞任。 3.26 社会民主連合結成（代表田英夫）。 4.9 京都府知事選で, 自民推薦の林田悠紀夫当選。28年間続いた蜷川革新府政終る。 4.28 自民・公明・民社・新自クの4党, 衆院に「新東京国際空港の安全確保に関する緊急措置法案」（成田立法）を共同提出。5.12 可決, 成立。 5.23 中道革新勢力結集をめざす超党派政策集団「21世紀クラブ」発足（発起入神奈川県知事長洲一二・岐阜経済大教授佐藤昇ら）。 6.14 元号法制化促進国会議員連盟発足。7.18 元号法制化実現国会議発足。 6.21 日韓大陸棚関連法案可決, 成立。 7.19 栗栖統幕議長, 『週刊ポスト』誌での「超法規的発言」を認める。7.28 更迭。 7.27 福田首相, 閣議で「有事立法研究の促進」を改めて指示。 8.12 日中平和友好条約調印。 8.15 福田首相, 首相の肩書で靖国神社に参拝。 8.16 公明党, 有事立法の必要性を認める基本見解を発表。9.6 書記長矢野絢也, 記者会見で軌道修正。 9.5 福田首相, 中東4か国歴訪（～9.12）。 9.21 防衛庁,「防衛庁における有事法制の研究について」を発表。有事法制研究が本格化。 10.17 政府,「昭和」後の元号問題につき, 従来の内閣告示方式から, 法制化での存続方針に変更。 10.22 中国副首相鄧小平来日。10.23「日米安保・自衛隊増強は当然」と発言。10.24 天皇・田中元首相を訪問。 10.31 円高, 1ドル175円50銭を記録。 11.1 米下院フレーザー委員会, 昭48年の金大中事件はKCIA（韓国中央情報部）の犯行と断定。 11.26 自民党総裁候補予備選挙で, 1位大平正芳幹事長, 2位福田赳夫首相（田中派の大平支持で予想逆転）。11.27 福田首相, 本選挙立候補辞退を表明。 11.27 日米安全保障協議委員会,「日米防衛協力のための指針（ガイドライン）」を決定（有事に備え, 米軍と自衛隊の共同対処行動を定める）。 12.1 自民党臨時大会で大平正芳を新総裁に選出。 12.7 第1次大平内閣成立。幹事長斎藤邦吉。 12.10 沖縄県知事選で, 自民・民社など推薦の西銘順治当選。 この年 在日米軍の駐留経費, 日米地位協定に規定のないものも負担（思いやり予算の始まり）。	1.3 ベトナム・カンボジア国境紛争起る。 1.7 イランのコムで反政府デモ（イスラム革命始まる）。 3.12 仏総選挙で左翼連合敗北。 3.16 モロ伊前首相, 武装ゲリラ組織「赤い旅団」に誘拐。5.9 遺体で発見。 4.7 米大統領カーター, 中性子爆弾製造開始延期を発表。 4.27 アフガニスタンで軍事クーデター。4.30 人民民主党政権成立。 4.30 植村直己, 単身犬ぞりで北極点に到達。8.22 グリーンランド3000kmの縦走成功。 5.23 国連軍縮特別総会始まる。 6.15 小沢征爾, 北京で中国中央楽団を指揮。 6.29 コメコン総会, ベトナムの加盟を承認。 6月 ベトナム, カンボジア侵攻。 7.3 藤原真理, ソ連の第6回チャイコフスキー国際音楽コンクールチェロ部門第2位。 7.16 ボンで第4回先進国首脳会議（日本, 7％の経済成長公約）。 7.25 英で世界初の体外受精児（試験管ベビー）誕生。 9.5 米・エジプト・イスラエル首脳会談。サダト・エジプト大統領とベギン・イスラエル首相, 3か月以内の単独平和条約調印に合意。 9.8 イランのテヘランで王制打倒デモ。政府, 戒厳令布告。 10.16 ポーランド人の法王ヨハネパウロ2世選出。イタリア人以外は456年ぶり, 初の社会主義圏出身。 10.16 青木功, 英のコルゲート世界マッチプレー選手権優勝。 11.3 ソ連・ベトナム, 友好協力条約調印。 12.3 カンボジア救国民族統一戦線結成。 12.15 米・中, 国交正常化発表。 この年 米でAIDS患者発見。

●安保体制の強化が進み，有事立法が問題となる

社会・文化	世　相
1.10 東京・下北沢で制服警官が女子大生を殺害（その後，現職警官による不祥事件相次ぐ）。 2.6 成田空港第2期工事区域内の反対派の鉄塔・要塞強制撤去。機動隊との衝突で重軽傷27人，逮捕者41人。 2.11 総理府，建国記念日奉祝運営委員会主催の式典を初めて後援。 2.18 嫌煙権確立をめざす人びとの会結成。 3.11 東京で地名を守る会設立。 3.26 成田空港管理棟に過激派乱入，管制塔内機器類を破壊。3.28の開港予定延期。 4.5 藤井寺市の仲津媛古墳から木製のそり（修羅）発掘。 4.6 ヴァンヂャケット倒産。 4.16 東京で国内初の女性フルマラソン開催。 4.16 早慶レガッタ，17年ぶりに隅田川で復活。 5.20 機動隊1万人の厳戒体制の中，**成田空港開港式**。反対同盟，総決起集会。 5.24 落語協会分裂。三遊亭円生一門，落語三遊協会を結成。 6.1 **福岡市で深刻な水不足**。年末まで1日5時間の給水体制に。 6.6 騒音被害者の会，騒音110番を開設。苦情の第1位は深夜スナックのカラオケ。 7.12 筑摩書房，会社更生法の適用を申請。 7.29 東京・両国の花火大会17年ぶりに復活。80万人が隅田川に参集。 7.30 沖縄県，「車は左，人は右」の交通へ切替え実施。 7.30 古賀政男に国民栄誉賞。 8.28 円高差益還元のため，出光興産が灯油を値下げ。8.30 日本石油も同調。9.2 電力4社と大手ガス3社が料金値下げを申請。 9.5 最高裁，大須事件の上告を棄却。これにより戦後の4大騒乱事件すべてが決着。 9.19 埼玉県教委，稲荷山古墳出土の鉄剣に刻まれた文字115を解読と発表。 10.12 警視庁，サラ金等貸金業初の実態調査結果を発表。 11.11 無限連鎖講（ネズミ講）防止法公布。 11.22 阪神，ドラフト会議で**江川卓**を指名。前日の巨人・江川の契約発覚。球界大混乱。 12.4 筑波大生180人，茨城県議選で買収され不在者投票発覚。 12.31 日本レコード大賞も獲得し人気絶頂のピンク・レディー，NHKの紅白歌合戦出場拒否。「価値観の変化」と騒がれる。	3月 東京・原宿に「ブティック竹の子」開店（この店考案の原色のハーレムスーツを着て踊る若者が，**竹の子族**と呼ばれる）／香港・ソ連型の風邪が大流行。 4月 **キャンディーズ**，後楽園で**サヨナラコンサート**。5万人が参集。 7月 国鉄運賃値上げ（初乗り運賃80円）。 9月 東京に「八重洲ブックセンター」開店／京都市の市電全廃。 10月 はしかの予防接種，義務制となる／西武グループ，プロ野球クラウンライターライオンズを買収（所沢を本拠地とする西武ライオンズ誕生）。 11月 ラジオの周波数，一斉に変更。 12月 サンシャイン劇場開館。 この年　各地で観測以来の酷暑／タンクトップ流行／**ディスコブーム／ファミリーレストラン**（すかいらーく・ロイヤルホスト・デニーズなど）盛況／健康器ブーム／女性のブーツ流行（500万足生産） ⬭ サラ金／ナンチャッテ／アーウー（大平首相のしゃべりかた）／不確実性の時代／**窓ぎわ族**／嫌煙権／家庭内暴力／減量経営 🎵「与作」北島三郎／「プレイバックPart 2」山口百恵／「ガンダーラ」ゴダイゴ／「UFO」「サウスポー」ピンク・レディー／「微笑がえし」キャンディーズ／「ダーリング」沢田研二 📖 有吉佐和子『和宮様御留』／中沢けい『海を感じる時』／森村誠一『野性の証明』／吉行淳之介『**夕暮まで**』／ガルブレイス『**不確実性の時代**』 🎬『サード』幻燈社・ATG；東陽一監督・永島敏行・島倉千代子／『曾根崎心中』ATG・行動社・木村プロ；増村保造監督・梶芽衣子・宇崎竜童／『事件』松竹；野村芳太郎監督・松坂慶子・大竹しのぶ〔洋画〕『家族の肖像』（伊）／『未知との遭遇』『**スター・ウォーズ**』『サタデー・ナイト・フィーバー』（米） 📺『権力と陰謀』『おていちゃん』『**24時間テレビ・愛は地球を救う**』『ホロコースト』『熱中時代』〔CM〕「あんたが主役」（サントリー），「君のひとみは10000ボルト」（資生堂），「口紅にミステリー」（カネボウ化粧品） 👤 3.1 岡潔（76）／4.25 東郷青児（80）／4.28 岡鹿之助（79）／4.29 安田靫彦（94）／5.30 片山哲（90）／6.30 柴田錬三郎（61）／7.25 古賀政男（73）／9.30 山岡荘八（71）／11.24 大松博文（57）／12.28 田宮二郎（43）

115

昭和54年(1979) 己未

内閣	政治・経済	世 界
①大平正芳（自民党） 10.30 ②大平正芳（自民党）	1.17 国際石油資本(メジャー),対日原油供給の削減通告(第2次石油ショック)。 1.29 防衛庁,国後・択捉両島にソ連軍地上部隊の存在と基地建設の事実を公表(10.2 ミサイル配備も発表)。 2.14 衆院予算委,ダグラス・グラマン航空機不正取引疑惑で日商岩井社長植田三男・副社長海部八郎らを証人喚問。 4.8 第9回統一地方選挙。各党,「地方の時代」の政策理念を掲げる。 4.30 大平首相訪米。5.2 カーター大統領と経済摩擦について協議。 5.15 衆院航空機輸入調査特別委,元防衛庁長官松野頼三を証人喚問。東京地検,ダグラス・グラマン疑惑の捜査終結宣言。7.25 松野,国会議員を辞任。 6.6 元号法案参院可決。元号が法制化される。 6.28 第5回先進国首脳会議(東京サミット)開催。大平(日)・カーター(米)・シュミット(西独)・ジスカールデスタン(仏)・サッチャー(英)・アンドレオッチ(伊)・クラーク(加)・ジェンキンズ(EC)出席。各国別の石油輸入抑制目標を決定した「東京宣言」を採択。 7.17 防衛庁,中期業務見積り(昭和55年度から59年度までの5か年の防衛力整備計画)を決定。 7.25 防衛庁長官山下元利,現職長官として初の韓国訪問。防衛分野での日韓関係の親密化,以後日韓軍事交流が一段と活発化。 8.6 社会党内の自主管理研究会議,党の綱領的文書「日本における社会主義への道」を批判(「道」論争起る)。 10.7 第35回総選挙(自民248,社会107,公明57,共産39,民社35,新自ク4,社民連2,無所属19)。自民党,衆院での「安定多数」確保に失敗,事実上の「敗北」感が党内に広がる。 10.15 共産党委員長宮本顕治,社会党の右傾化を批判し,社会党の公明党への接近姿勢を牽制。 10.18 社会党委員長飛鳥田一雄,全野党共闘の原則を維持しつつ,「社公中軸」志向を表明。 11.9 第2次大平内閣成立。官房長官伊東正義。 11.13 飛鳥田社会党委員長,社会党の現職委員長として初の訪米に出発。帰国後,日米安保の「合意廃棄」論を表明。 11.13 竹入義勝公明・佐々木良作民社の両委員長会談で「中道政権構想協議会」の発足を決定。「公民は一体」の既成事実により公民主導型の社公民路線定着化をねらう。 12.21 衆参院本会議で財政再建に関する決議案(一般消費税反対)を採択。	1.1 米・中,国交回復。米,台湾と断交。 1.7 カンボジア,ポル=ポト政権崩壊。1.10 ベトナム支援のヘン=サムリン政権成立。 1.16 イラン,パーレビ王制崩壊。 2.11 ホメイニ師指導のもとイラン革命成立。4.1 イスラム共和国発足宣言。 2.17 中国軍,ベトナム侵攻。ベトナムは徹底抗戦を宣言(中越戦争)。 3.4 長谷川恒男,アルプスのグランドジョラス北壁初の冬季単独登頂に成功。 3.17 渡部絵美,ウィーンの世界フィギュアで3位入賞。 3.26 イスラエル・エジプト,平和条約に調印。 3.28 米,スリーマイル島原発で放射能漏れ事故発生。 4.3 イタリア共産党,社会主義・社会民主主義をともに否定した「第3の道」を採択。 5.4 英総選挙で保守党圧勝。サッチャー党首,首相に就任(先進国初の女性首相)。 6.18 米・ソ,SALTⅡ(第2次戦略兵器制限条約)調印。 7.2 西独,ナチスを含む殺人罪の時効廃止を議決。 7.19 ニカラグアでソモサ独裁政権崩壊,解放戦線が臨時政府樹立。 7.20 国連難民会議,ジュネーブで開催。 7.27 第2回世界バレエ=フェスティバル,東京文化会館で開催。 10.16 韓国,釜山で反政府暴動。 10.26 韓国,朴大統領暗殺。 10.26 WHO,天然痘根絶を宣言。 11.4 イラン学生,米大使館占拠。米のスパイ行動非難。 11.18 東京で第1回国際女子マラソン。ジョイス=スミス優勝。 12.12 韓国粛軍クーデター。 12.27 ソ連軍,アフガニスタンへ侵攻。

●構造汚職・公費天国に対する不満強まる

社会・文化	世　相
1.13 初の国公立大学共通1次試験実施。 1.20 奈良市田原町で太安万侶の墓誌出土。 1.25 上越新幹線の大清水トンネル貫通（世界最長の山岳トンネル，2万2228m）。 1.26 大阪市住吉区三菱銀行北畠支店に猟銃強盗，人質40人とともに籠城。1.28 犯人梅川昭美射殺により解決。 1.31 江川卓，阪神に入団。コミッショナー金子鋭の要望により即日巨人小林繁とトレード。世論沸騰。 2.19 札幌市で銀行のオンラインシステムを悪用した営利誘拐事件。以後オンラインを利用した犯罪がふえる。 3.1 桜田淳子，「芸能界交歓図」裁判で証言。 3.9 中立労連・新産別，全国労働組合総連合結成（議長堅山利文）。 3.15 政府，ビル暖房19℃以下などの石油消費削減対策を発表。 3.29 EC委の対日戦略基本文書で，日本人を「ウサギ小屋に住む仕事中毒」としている事が判明。 4.19 東条英機などA級戦犯14人がひそかに靖国神社に合祀されていた事が判明。 5.8 福岡県の高校教師，卒業式でジャズ調の「君が代」を演奏し免職となる。 5.27 ガソリンスタンド，日曜・祝日全面休業を実施。 8.1 沖縄県，初の自衛官募集を決定。 8.2 千葉県君津市神野寺で飼育されていたトラ2頭が脱走。27日間に及ぶトラ狩りで4700人動員。 8.22 文部省，40人学級実現を柱とした第5次教職員定数改善計画案を発表。 9.22 環境庁でカラ出張判明。以後，郵政省・総理府など中央官庁でも判明，問題化。 10.2 成田空港でKDD社員の装身具不正持ち込みが発覚。10.18 会社ぐるみの組織的密輸と判明。社長室が政治家との交際に使ったとみられ問題化。 10.28 木曽御岳山，史上初噴火。 11.12 自然保護か開発かで議論を呼んだ南アルプス=スーパー林道竣工。 11.16 東海地震に備えて初の総合防災訓練。6県で約150万人参加。 12.3 東京地裁，大型ダンプ左折事故訴訟で，左折時の死角に対しても注意義務があると実刑判決。 12.12 国鉄のリニアモーターカー，宮崎県実験センターで時速504kmを達成。	3月 インベーダーゲーム，流行し始める／きざみたばこの生産中止。 5月 国鉄運賃値上げ，初乗り運賃100円となる／唐十郎，東京・新宿の状況劇場の紅テントで『唐版，大狼城市』を上演。 7月 ソニー，ヘッドホンステレオ「ウオークマン」を発売／松下電子，真空管の生産を中止。 9月 6大都市のタクシー料金値上げ，基本料金が380円となる／日本電気，パーソナルコンピューター PC8001発売（本体価格16万8000円。パソコンブームのきっかけとなる）。 10月 新国劇，倒産。 この年 岐阜県に登場した「口裂け女」の流言がクチコミに乗って全国に広まる／牛どんの吉野家などの急成長により，外食産業が10兆円を超す売上／子供たちに『ドラえもん』，大人には『がんばれ!!タブチくん!!』が人気／電子レンジの普及率，30％を超える。 😮 ウサギ小屋／ワンパターン／夕暮れ族（若い女性と中年男の恋のカップルを指す）／激○（カメラマン篠山紀信による「激写」がもと。激笑・激安など何にでも使われた）／エガワ／地方の時代／天中殺／ナウい／ダサイ 🎵 「YOUNG MAN」西城秀樹／「魅せられて」ジュディ・オング／「燃えろいい女」ツイスト／「舟唄」八代亜紀／「関白宣言」さだまさし／「夢追い酒」渥美二郎／「おもいで酒」小林幸子／「贈る言葉」海援隊／「おやじの海」村木賢吉 📖 水上勉『金閣炎上』／山口瞳『血族』／円地文子『食卓のない家』／木下順二『子午線の祀り』／加賀乙彦『宣告』／五木寛之『四季・奈津子』／和泉宗章『天中殺入門』／講談社『昭和萬葉集』20巻 🎬 『復讐するは我にあり』松竹・今村プロ；今村昌平監督・緒形拳／『銀河鉄道999』東映；りんたろう監督／『もう頬づえはつかない』あんぐる・ATG：東陽一監督・桃井かおり〔洋画〕『ディア・ハンター』（米）／『旅芸人の記録』（ギリシア） 📺 『3年B組金八先生』『マー姉ちゃん』『あめりか物語』〔CM〕「蝉しぐれ 冷しつけ麺」（ハウス食品），「がんばれ！ニッポン」（美津濃） ⚰️ 3.9 成田知巳(66)／3.13 藤浦洸(80)／5.10 小野竹喬(89)／6.11 中島健蔵(76)／7.8 朝永振一郎(73)／8.24 中野重治(77)／9.5 勅使河原蒼風(78)／10.1 水谷八重子(74)

117

昭和55年(1980) 庚申

内閣	政治・経済	世界
② 大平正芳 （自民党） 6.12 7.17 鈴木善幸 （自民党）	1.10 社会・公明両党，連合政権構想で正式合意。 1.11 公明・民社両党，政権構想協議会開催。民社，社・公合意を了承。 1.22 共産党書記局長不破哲三，『赤旗』で社・公合意を批判。4.1 社会党書記長多賀谷真稔，『社会新報』で共産党への反論を開始。 2.6 統一戦線促進労組懇談会（共産党系），総評大会で社・公合意を盛り込んだ春闘方針案に異議を唱える。社・共対決ムード高まる。 2.26 海上自衛隊のひえい・あまつかぜなど，環太平洋合同演習（リムパック）初参加のため出発。参加問題をめぐり国会での論議起る。 3.6 浜田幸一議員(自民)のラスベガス賭博事件発覚。4.11 議員辞職。 4.25 政府，日本オリンピック委員会にモスクワ大会不参加の最終見解を発表。 5.16 社会党提出の内閣不信任案，自民党非主流派の欠席で可決。5.19 衆院解散。 5.24 共産党委員長宮本顕治，「民主連合政府の当面の中心政策」を発表。6.4 社会党委員長飛鳥田一雄，「国民共同の緊急・民主主義政府」の樹立を提言。6.5 公明党委員長竹入義勝，連合政権の「政治原則と基本的政策の大綱試案」を発表。6.16 民社党委員長佐々木良作，事実上の自・社・公・民の大連合を提言。 6.12 大平首相急死。内閣総辞職。首相代理伊東正義。 6.22 衆・参両院同時選挙（衆院：自民284,社会107,公明33,民社32,共産29,新自ク12,社民連3,諸派無所属11。参院：非改選を含め自民135,社会47,公明26,共産12,民社11,新自ク2,社民連3,諸派2,無所属13)。自民党の圧勝に終る。 7.17 鈴木善幸内閣成立。外相伊東正義。 8.15 鈴木内閣の閣僚18人，一斉に靖国神社参拝。 8.15 政府，「徴兵制は憲法違反」とする答弁書決定。 8.27 法相奥野誠亮，衆院法務委で「自主憲法制定への議論が国民の間から出るのは望ましい」と発言，改憲論議に弾みをつける。 10.13 公明・民社・社民連・新自クの中道4党の首脳会議。野党の混迷状況からの脱却を模索。 10.23 自民党田中派の木曜クラブ発足（会長二階堂進）。 10.28 政府，「閣僚の靖国神社公式参拝は第20条との関係で問題がある」との答弁書作成（閣内で反発強まる）。 11.17 外相伊東正義，ECとの貿易摩擦問題について「豪雨型輸出」回避に努めると声明。 12.12 日米防衛首脳定期協議。米，日本の防衛力増強を強く要請。 この年　自動車生産台数，米国を抜き世界一に。	1.4 米大統領カーター，ソ連のアフガニスタン介入への報復措置として穀物輸出削減などを発表。1.20 米，モスクワ五輪ボイコット提唱。 1.26 イスラエル・エジプト，国交樹立。 2.13 第13回冬季オリンピック開催（レークプラシッド，～2.24)。ハイデン（米），男子スピードスケート5種目制覇。 2.29 胡耀邦，中国共産党総書記に就任。劉少奇名誉回復。 4.17 中国IMF加盟。台湾脱退。 4.25 米，駐イラン大使館人質救出作戦失敗。 5.4 ユーゴスラビア，チトー大統領没(87)。国葬に115か国の首脳参列。 5.18 韓国全土に非常戒厳令。 5.21 韓国光州市のデモ隊，全市制圧。5.27 戒厳軍が鎮圧，死者多数（光州事件）。 5.31 堀米ゆず子，エリザベート国際音楽コンクールのバイオリン部門で第1位。 6.15 青木功，全米オープンゴルフで2位（世界4大トーナメントで日本人初の2位）。 6.22 ベネチアで第6回先進国首脳会議開催（アフガニスタン中立化構想提起)。 7.19 第22回 オリンピック 開幕（モスクワ，日・米・西独・中国など不参加)。 8.14 ポーランドのグダニスクで造船労働者スト。9.22 自主管理労組「連帯」結成。 8.27 韓国，全斗煥大統領就任。 9.9 イラン・イラク戦争勃発。 9.10 中国，華国鋒首相が辞任，後任に趙紫陽副首相。 10月 細野晴臣・坂本龍一・高橋ユキヒロのYMO，アメリカ・ヨーロッパ公演。 11.4 米大統領にレーガン当選。 12.8 ジョン＝レノン射殺(40)。 12.14 胡耀邦中国共産党総書記，文化大革命を全面否定。

●保守復調顕著となる。校内・家庭内暴力深刻化

社会・文化	世　相
2.12 熊本市, 重度サリドマイド被害の女高生を全国で初めて公務員に採用。 2.21 前衛舞踊家花柳幻舟, 家元制度に反対し, 国立劇場で家元花柳寿輔に刃傷。 2.23 浩宮徳仁親王, 成年式。 2.29 動物愛護団体の米人, 長崎県壱岐でイルカの囲い網を切断, 250頭を逃がす。 3.6 早大商学部で入試問題の漏洩発覚。3.31 不正合格者9人, 入学辞退。昭56.5.6 46年度以降の不正入学者55人の除籍を決定。 3.7 山口百恵, 婚約発表(以後, 百恵フィーバー続く)。10.5 日本武道館で最後のワンマンショー。 4.3 京都の冷泉家, 藤原定家の『明月記』など秘蔵の古文書を初公開。 4.25 トラック運転手大貫久男, 東京・銀座の道路脇で現金1億円入りのふろしき包みを拾得。11.9 時効で所有者となる。 5.24 JOC総会, 異例の採決(29対13)でモスクワ五輪不参加を決定。 5.28 張本勲(ロッテ), 3000本安打達成。 7.3 「イエスの方舟」教祖千石剛賢, 女性多数との2年の集団失跡から出現し逮捕。 7.15 牛どんの吉野家, 倒産。昭58年 更生。 8.14 富士山砂走り登山道で落石, 死者12人。 8.16 国鉄静岡駅地下街でガス漏れ大爆発, 死者14人。 8.19 新宿駅西口で浮浪者風の男が京王帝都バスに放火。6人焼死, 19人重軽傷。 9.3 30年間消息不明の元共産党政治局員伊藤律, 北京より帰国。 9.5 小倉簡易裁の裁判官安川輝男, 担当裁判の女性被告との交際が判明。10.12 町長選に立候補。裁判官を自動的に辞任して罷免を免れ, 退職金・年金を確保。 9.11 埼玉県警, 所沢市の芙蓉会富士見産婦人科病院の理事長北野早苗を無免許診療の疑いで逮捕(不必要な臓器摘出手術など乱診乱療が判明)。 10.15 奈良・東大寺大仏殿の昭和大修理完了, 落慶法要。 10.21 長嶋茂雄監督(巨人)辞任。11.4 王貞治引退, 助監督就任。 11.20 栃木県川治温泉の川治プリンスホテル全焼, 45人焼死。 11.29 2浪中の予備校生, 川崎市内高級住宅地で両親を金属バットで撲殺。 12.4 金大中への韓国大法院判決を危惧し, 各地で緊急行動開始(抗議集会・断食など)。	1月 パンダのホアンホアン, 北京から上野動物園に到着。 3月 都市銀行6行, 現金自動支払い機のオンライン提携開始。 4月 電力料金平均50.8%, ガス料金平均45.3%の大幅値上げ/たばこ値上げ(セブンスター180円に)/富士サファリパーク開園。 5月 富士通, 日本語電子タイプライター発売(ワープロ普及へ)。 6月 気象庁, 東京地方の降水確率予報開始。 この年 全国的冷夏/校内暴力・家庭内暴力急増/実質賃金, 初のマイナス/ツービート, 紳介・竜介, B&Bなどの漫才ブーム/ルービックキューブ流行/ビニ本人気/文学賞の辞退相次ぐ(深沢七郎が川端康成文学賞を, 曾野綾子が女流文学賞を, 大西巨人が谷崎潤一郎賞を辞退)/『とらばーゆ』『写楽』『Number』『EMMA』などの雑誌創刊。 ● クレイマー家庭(父子家庭のこと)/カラスの勝手/それなりに/タブラン(鈍足の西武田淵選手のランニングホームランのことで, 不可能という意味)/竹の子族 ♪ 「ダンシングオールナイト」もんた&ブラザーズ/「風は秋色」松田聖子/「雨の慕情」八代亜紀/「昴」谷村新司/「異邦人」久保田早紀/「大都会」クリスタルキング 📖 大岡信『折々のうた』/大西巨人『神聖喜劇』/山口百恵『蒼い時』/NHK取材班『シルクロード』/ツービート『ツービートのわっ毒ガスだ』 🎬『天平の甍』同製作委・熊井啓企画:熊井啓監督・中村嘉葎雄・田村高広/『影武者』黒澤プロ・東宝:黒澤明監督・仲代達矢/『ツィゴイネルワイゼン』シネマプラセット:鈴木清順監督・原田芳雄・大谷直子〔洋画〕『地獄の黙示録』『クレイマー, クレイマー』『青い珊瑚礁』(米)/『桜』(中国) 📺『シルクロード』『ザ・商社』『小児病棟』『新聞の死んだ日』『なっちゃんの写真館』『獅子の時代』〔CM〕「それなりに」(富士フィルム), 「宮崎美子の水着」(ミノルタ), 「ピッカピカの1年生」(小学館) 🚶3.6 天野貞祐(95)/4.1 五味康祐(58)/4.8 吉川幸次郎(76)/4.9 中山伊知郎(81)/5.8 東山千栄子(89)/6.12 大平正芳(70)/8.12 立原正秋(54)/9.20 林家三平(54)/10.21 嵐寛寿郎(77)/11.7 越路吹雪(56)

昭和56年(1981) 辛酉

内閣	政治・経済	世 界
鈴木善幸（自民党）	1.6 政府，2月7日を「北方領土の日」と決定。2.7 各地で返還運動集会。 1.8 鈴木首相，ASEAN 5か国訪問に出発(1.20 帰国)。フィリピンに420億円の円借款，インドネシアに189億円の追加資金供与等を約束。 1.29 民社党委員長佐々木良作，「自衛隊合憲確認のための国会決議」を提唱。 1月 中国，宝山製鉄所・南京石油化学コンビナートなどの工事中止を通告。 2.5 大出俊議員(社会)，衆院予算委で堀田ハガネの対韓武器輸出問題につき政府を追及。 3.11 国鉄経営再建特別措置法施行令公布，赤字ローカル線77を廃止。 3.16 臨時行政調査会(第2次，会長土光敏夫前経団連会長)初会合。7.10「小さな政府」をめざす第1次答申。 4.6 日中石油開発，渤海で試掘成功と発表。 4.8 防衛庁，「防衛研究」を鈴木首相に提出。日本が武力攻撃を受けた場合，陸・海・空3自衛隊の対処行動の問題点を検討。 5.1 乗用車対米輸出自主規制，168万台で合意。 5.4 鈴木首相訪米。5.8 鈴木・レーガン会談(ワシントン)での共同声明に「同盟関係」を明記。 5.15 鈴木首相，閣議で日米共同声明の「同盟関係」の内容は軍事的側面を含まないとの判断を示し，外交当局者に不満を表明。伊東外相・高島外務次官が責任を取り辞任。 5.17 元駐日大使ライシャワー，核搭載の米艦船が日本に寄港していると発言。日本政府，事前協議制度を理由に核持込みの事実を否定。 8.15 鈴木内閣の全閣僚，靖国神社参拝。 8.20 日韓外相会談(東京)で韓国側，総額60億ドルの政府借款を日本側に正式要請。9.10 日韓定期閣僚会議で日本拒否。 8.23 社会党委員長飛鳥田一雄，社会党自治体政策研究集会で，事実上の社・公合意の凍結発言。 9.21 新自由クラブ・社会市民連合，衆院に新しい統一会派「新自由クラブ・民主連合」結成。 10.29 社会党中央執行委員会，「80年代の内外情勢の展望と社会党の路線」採択。「日本における社会主義への道」見直し始まる。 11.3 海上自衛隊の観艦式，8年ぶりに実施。艦艇45隻・航空機55機参加。 11.27 行革関連特例法案成立。 11.30 鈴木首相，租税特別措置の見直しなど事実上の増税指示。財界，政府への反発強める。 12.16 中道4党の書記長・幹事長会談で4党合同国会対策委員会設置などを検討。 12.20 社会党委員長選挙で，飛鳥田委員長を選出。	1.1 ギリシア，ECに加盟。 1.10 エルサルバドル内戦激化。 1.20 イラン，米大使館の人質を444日ぶりに解放。 1.25 中国，四人組裁判で江青(故毛沢東夫人)らに死刑判決。 2.10 ポーランドでヤルゼルスキ国防相，首相に就任。 2.18 レーガン米大統領，経済再建計画を発表(国防費拡大，歳出削減と規制緩和のレーガノミックス)。 2.19 米下院で，日本製自動車の輸入制限法案提出。 3.23 EC首脳会議，対日貿易摩擦について討議。 5.10 仏大統領選挙で，社会党のミッテラン当選。6.21 総選挙でも社会党圧勝。 6.22 イラン，バニサドル大統領解任。 6.20 清水和音，パリの第18回ロンティボー音楽コンクールピアノ部門で第1位。 6.27 中国共産党，文化大革命を批判的に総括。 6.29 中国共産党第11期6中全会で華国鋒主席辞任，胡耀邦総書記が主席，鄧小平副主席が党軍事委主席就任。 7.20 第7回先進国首脳会議開催(オタワ)。ソ連の「脅威」をめぐって論議。 7.29 チャールズ英皇太子とダイアナ嬢が結婚式。 8.8 米大統領レーガン，中性子爆弾の製造再開を許可。 9.10 ポーランドの自主管理労組「連帯」，経済改革・国会自由選挙などの宣言採択。 10.6 エジプトのサダト大統領暗殺(後任にムバラク)。 10.10 西独ボンで30万人規模の中距離核ミサイル配備反対の集会。以後，西欧各地に波及。 10.22 メキシコのカンクンで，初の南北サミット開催。 12.13 ポーランドで戒厳令発令。「連帯」弾圧，ワレサ軟禁。

●臨調発足，財政赤字の解消が政治の重要な争点に

社会・文化	世相
1.11 千葉県知事川上紀一，昭和49年の知事選中に不動産業者から5000万円受領が判明。**2.16** 辞表提出。	**1月** 大関貴ノ花，在位50場所の最長記録を残して引退／郵便料金値上げ，封書60円（4月1日からはがき40円となる）。
2.12 東京・中野区の教育委員準公選の郵便投票開始（投票率43％）。**3.3** 評論家の俵萌子ら上位3人を委員に任命。	**2月**「サヨナラ日劇フェスティバル」閉幕。
3.2 中国残留日本人孤児47人，初の正式来日（26人が身元判明）。	**3月** 厚生省，全国のベビーホテルの一斉点検（94％の施設に欠陥）／東京・神田の三省堂書店，改築開店（最大の書店）。
3.20 神戸で博覧会「ポートピア'81」開幕（～9.15。入場者数1600万人）。	**4月** 国鉄運賃値上げ，初乗り運賃110円／ノーパン喫茶急増。
4.9 ポラリス核ミサイル搭載型の米原子力潜水艦，鹿児島沖で貨物船日昇丸に衝突。日昇丸沈没，2人死亡。	**7月** 広告付きはがき，35円で発売／東京・大阪・名古屋の3都市間で電子郵便（ファクシミリ）開始（1通500円）。
4.18 日本原子力発電の敦賀発電所で高度の放射能漏れ発見。	**9月** 5大都市でタクシー基本料金430円に。
5.25 障害に関する用語整理の法律公布，差別的用語を改める。	**11月** 本田技研工業，省エネ車「シティ」発売／横浜で自由民権100年全国集会開催。
6.15 パリ警視庁，オランダ人女性留学生殺害暴行容疑のパリ大学日本人留学生逮捕。	**この年** 宅配便，郵便小包の取扱数を抜く／アラレちゃんや機動戦士ガンダムなどのキャラクター玩具大流行／ガン，脳卒中を抜いて死因の1位になる／『FOCUS』『Can Cam』など創刊。
8.6 広島原爆記念日に原爆ドーム横で抗議の「ダイ＝イン」行われる。	🔴 ハチの一刺し／よろしいんじゃないですか／なめんなよ（セーラー服や学生服をきた猫のパロディー写真，この言葉とともに流行）／ブリッ子／熟年／クリスタル
8.14 中央薬事審議会，丸山ワクチンの対癌有効性は確認できないと結論。	🎵「ルビーの指環」寺尾聰／「恋人よ」五輪真弓／「スニーカーぶる〜す」近藤真彦／「奥飛驒慕情」竜鉄也
8.22 台湾で遠東航空旅客機墜落，作家の向田邦子ら日本人18人死亡。	📖 井上ひさし『吉里吉里人』／安岡章太郎『流離譚』／黒柳徹子『窓ぎわのトットちゃん』（戦後最大のベストセラー，10か月で400万部）／つかこうへい『蒲田行進曲』／森村誠一『悪魔の飽食』／青島幸男『人間万事塞翁が丙午』／田中康夫『なんとなく，クリスタル』
9.5 三和銀行大阪茨木支店女性行員，オンラインシステム悪用による1億3000万円の詐取が発覚。**9.8** マニラで逮捕。	🎬『子どものころ戦争があった』松竹・ブンコープロ：斎藤貞郎監督・キャサリン・斎藤優一／『ええじゃないか』松竹・今村プロ：今村昌平監督・桃井かおり／『機動戦士ガンダム』日本サンライズ：富野喜幸監督／『泥の河』木村プロ：小栗康平監督・田村高広〔洋画〕『エレファントマン』（米）／『ブリキの太鼓』（西独）／『約束の土地』（ポーランド）
9.30 IOC総会，1988年オリンピック開催地をソウルと決定。名古屋市落選（52対27）。	
10.16 北炭夕張新鉱でガス突出事故（救援隊10人を含め93人死亡）。**10.23** 火災発生のため59遺体を坑内に残し注水。	📺『おんな太閤記』『夢千代日記』『おれたちひょうきん族』『北の国から』〔CM〕「ハエハエカカカキンチョール」（大日本除虫菊），「ピップエレキバン」（藤本）
10.19 京大教授福井謙一，フロンティア電子理論によりノーベル化学賞受賞。	
10.28 東京地裁ロッキード裁判丸紅ルート公判で榎本被告の前夫人三恵子，「榎本が5億円受領を認める発言をしていた」と証言（「ハチの一刺し」発言で話題になる）。	
10.30 レコード大手13社，貸しレコード店など4社を著作権侵害で訴える。	
11.13 山階鳥類研究所，沖縄本島北部の山地で1世紀ぶりに新種の鳥を発見，ヤンバルクイナと命名。	👤 **2.11** 市川房枝（87）／**3.6** 荒畑寒村（93）／**3.15** 堀口大学（89）／**5.1** 五所平之助（79）／**8.1** 神近市子（93）／**9.8** 湯川秀樹（74）／**10.26** 伴淳三郎（73）／**12.28** 横溝正史（79）
11月 公共事業受注をめぐる建設業者間の談合が明るみに出る。	
12.8 東京地検特捜部，ガダニーニのバイオリン購入時の偽造鑑定書事件に関連して東京芸大教授海野義雄を収賄容疑で逮捕。	

昭和57年(1982) 壬戌

内閣	政治・経済	世　界
鈴木善幸（自民党）	1.8 日米安保協議委員会開催，極東有事研究の着手で合意。 1.26 東京地裁，ロッキード事件全日空ルートの若狭会長・渡辺元副社長ら6被告に執行猶予付き有罪判決。 3.21 国連軍縮特別総会へ向け，「平和のためのヒロシマ行動」開催。19万人が参加。 3.31 地域改善対策特別措置法公布(同和対策事業特別措置法を継承)。 4.13 政府，8月15日を「戦没者を追悼し平和を祈念する日」と決定。 5.14 社会党主催の「反核・軍縮―非核地帯設置のための東京国際会議」，東京で開催。社会党を含め17か国から14政党・3団体が参加。 5.23 反核・軍縮の「平和のための東京行動」。40万6000人が参加。 5.28 政府，215品目の関税率引下げなどの市場開放措置を決定。 5.31 国連軍縮特別総会に向け反核署名を行っていた国民運動推進連絡会議，最終集計を2753万9116人と発表。6.10 国連事務総長に提出。 6.8 東京地裁，ロッキード事件全日空ルートの元運輸相橋本登美三郎・元運輸政務次官佐藤孝行に有罪判決。 6.9 鈴木首相，第2回国連軍縮特別総会で，核軍縮などの平和3原則を提言。 7.6 中国政府，日本の教科書の中国への「侵略」を「進出」とする記述など非難。8.3 韓国政府，日本植民地支配の記述に抗議，是正を要請。 7.30 第3次臨調答申。国鉄・電電・専売3公社の分割・民営化，省庁の統廃合などを提言。 8.18 公職選挙法改正案，可決成立。全国区に拘束名簿式比例代表制度の導入を決定。 8.26 政府，中国・韓国などアジア諸国の教科書批判に対し，政府の責任での是正を決定。9.26 鈴木首相，来日中の趙紫陽中国首相に説明。 8.30 日米安保事務レベル協議会開催(米，3海峡封鎖とシーレーン防空の役割分担を要請)。 11.24 派閥間の調停不成立による自民党総裁候補決定選挙開票(テレビ中継)。1位中曽根康弘，2位河本敏夫，3位安倍晋太郎，4位中川一郎(昭58.1.9 中川自殺)。	1.11 NATO外相会議，ポーランド問題で対ソ制裁宣言。 2.5 仏，主要企業・銀行国有化法成立。 2.28 岡本綾子，ゴルフ米公式ツアー(アリゾナコパークラシック)に優勝。 4.2 アルゼンチン軍，フォークランド(マルビナス)諸島占領。5.20 英軍，反攻作戦開始。6.14 アルゼンチン軍降伏。7.12 両国，停戦で合意(英の領有確定)。 4.9 西独，反核大行進(欧米諸都市で反核運動盛り上がる)。 4.25 イスラエル，占領中のシナイ半島をエジプトへ返還。 5.28 ローマ法王ヨハネパウロ2世訪英。英国教会と450年ぶり和解。 6.4 フランスのベルサイユで第8回先進国首脳会議開催。 6.7 第2回国連軍縮特別総会(ニューヨーク，〜7.10)。6.10 世界のNGO代表，国連事務総長に反核・軍縮要請署名提出(約1億人分)。6.12 日本人代表1200人を含む100万人が反核デモ。 6.16 イスラエル，ベイルートを包囲(PLOの西ベイルート退去で合意。9.1 退去完了。 6.29 米・ソ戦略兵器削減交渉(START)開始。 7.31 大貫映子，ドーバー海峡を泳いで横断(9時間37分)。 8.1 若杉弘，東独のドレスデン国立歌劇場・同管弦楽団常任指揮者に就任。 9.16 イスラエル軍によるパレスチナ難民キャンプ虐殺事件。 10.4 西独，コール内閣発足。 11.10 ソ連のブレジネフ書記長死去(75)，後任にアンドロポフ元KGB長官。 11.12 ポーランド，ワレサ釈放。 12.14 米上院外交委，日本に対する防衛力増強決議案可決。
11.26 11.27 ①中曽根康弘（自民党）	11.27 中曽根康弘内閣成立。官房長官後藤田正晴。 12.3 中曽根首相，所信表明演説で行政改革・財政の対応力回復・日米信頼関係の強化等を声明。 12.7 政府，国鉄再建対策推進本部の設置を決定。 12.20 参議院無党派クラブ結成(代表美濃部亮吉・青島幸男・中山千夏他)。昭58.4 分裂。 12.22 中曽根首相，衆院で非核3原則の厳守を明言。	12.23 金大中，釈放後，米国へ出国。

●内外で反核・平和の世論が急速に拡大

社会・文化	世　相
1.6　底引き網漁船第28あけぼの丸，ベーリング海で操業中に転覆，死者32人。 2.8　東京・永田町の**ホテル＝ニュージャパンで火災**，死者33人（防火設備の欠陥に非難集中）。11.18 横井英樹社長逮捕。 2.9　日航福岡発羽田行**DC－8型機，羽田空港着陸寸前に海に墜落**，24人死亡，150人負傷（機長の逆噴射操作が原因）。 3.21　北海道日高地方で大地震，重軽傷147人。 3.27　京都市の桂離宮，初の全面解体修理完了し，落成式。 3.29　協栄ジム会長金平正紀，世界タイトル戦での薬物使用の疑惑によりプロボクシング界より永久追放。 4.12　私鉄大手8社，賃上げ交渉妥結（春闘史上初めて交通スト回避）。 5.31　米国務省，国連軍縮総会参加のため入国ビザ申請中の原水協関係者ら348人に発給却下を表明（最終結果222人）。 6.23　**東北新幹線開業**（大宮—盛岡間3時間17分）。11.15 上越新幹線開業（大宮—新潟間1時間55分）。 6.26　新聞各紙，高校社会科などの**教科書検定で「侵略」が「進出」と書き換えさせられたと報道**，問題化。 6.28　日教組大会，右翼の妨害のため長崎県島原市議会が開催に反対，同市内5ホテルでの異例の分散大会となる。 7.4　英文学者斎藤勇（95歳），統合失調症治療中の孫に刺殺される。 7.23　**九州北西部・山口県に豪雨**。長崎市の死者・行方不明299人。 8.28　三越本店の古代ペルシア秘宝展，ほとんどがニセ物と判明。9.22 社長岡田茂，取締役会で解任。10.18 岡田元社長と納入業者竹久みち，脱税容疑で逮捕。10.29 岡田元社長，特別背任容疑で逮捕。 9.4　沖縄県議会，検定で高校教科書から削除された沖縄戦での日本軍による住民虐殺の記述の回復を求める意見書を採択。 10.9　北炭夕張炭鉱閉山。 10.12　落合博満（ロッテ），三冠王獲得。 11.1　大阪府警，ゲーム機とばく摘発の情報を業者に漏らし収賄していた警察幹部5人を逮捕。処分124人。 12.6　東京地裁，コンピューターのプログラムは著作物にあたると判決。 12.14　全日本民間労組協議会（全民労協）結成（議長堅山利文，41単産，425万人）。	3月　全国637校の中・高校卒業式で，校内暴力に備え警察官が立ち入り警戒。 4月　500円硬貨発行／浅草国際劇場，ＳＫＤの公演を最後に閉場／『岩波ブックレット』刊行開始。 5月　警視庁，ポーカーゲーム機による賭博の摘発を開始。 7月　キヤノン，完全自動化カメラ「スナッピィ50」発売。 10月　東京・吉祥寺に前進座劇場開場。 12月　テレホンカード使用開始。 この年　新聞・辞典・文庫などの大活字版好評／国鉄のフルムーンパスがヒット／**エアロビクス，ゲートボール人気**／『新潮45＋』『Do Live』など創刊。 **◉**んちゃ（漫画『Dr・スランプ』の主人公アラレちゃんの言葉で，ほかに「おりょりょ」「バイちゃ」など）／ルンルン／**ネクラ**，ネアカ／心身症（日航機事故の機長の病気。「機長，やめてください」「逆噴射」も流行）／ロリコン／ほとんどビョーキ／風見鶏／裏本／女帝 **♫**「北酒場」細川たかし／「聖母たちのララバイ」岩崎宏美／「待つわ」あみん／「急いで！初恋」早見優／「セーラー服と機関銃」薬師丸ひろ子／「悪女」中島みゆき **📖**日野啓三『抱擁』／丸谷才一『裏声で歌へ君が代』／金達寿『行基の時代』／澤地久枝『もうひとつの満州』／三好徹『天馬の如く』／大岡昇平『ながい旅』／有吉佐和子『開幕ベルは華やかに』／穂積隆信『積木くずし』／江本孟紀『プロ野球を10倍楽しく見る方法』／小学館『日本国憲法』／鈴木健二『気くばりのすすめ』／小島信夫『別れる理由』 **🎬**『早池峰の賦』エキプドシネマ；羽田澄子監督／『鬼龍院花子の生涯』俳優座；五社英雄監督・仲代達矢・夏目雅子／『蒲田行進曲』角川春樹事務所；深作欣二監督・松坂慶子〔洋画〕『スクープ・悪意の不在』／『E.T.』（史上最高の観客動員，1000万人突破）（米）／『無人の野』（ベトナム）／『1900年』（伊） **📺**『教科書はこうして作られる』『大河の一滴』『人間万事塞翁が丙午』『君は海を見たか』『終りに見た街』〔ＣＭ〕「光のメニュー」（松下電器），「パスタイム」（祐徳薬品），「ホンダシティ」（本田技研） **👤**1.11 松本白鸚（71）／2.13 江利チエミ（45）／2.26 衣笠貞之助（86）／3.26 水原茂（73）／5.26 植村環（91）／7.5 池田弥三郎（67）／10.26 灰田勝彦（71）／12.8 諸橋轍次（99）

昭和58年（1983）癸亥

内閣	政治・経済	世界
①中曽根康弘（自民党） 12.26 12.27	1.11 中曽根首相，韓国を訪問。全斗煥大統領と会談，総額40億ドルの経済協力と教科書問題に決着をつけ，「日韓新時代」に入ったと声明。 1.14 政府，米の要請により武器技術の供与を決定。野党，武器輸出3原則修正に抗議。 1.17 中曽根首相訪米。1.18 レーガン大統領に「日米は運命共同体」と表明。1.19「日本列島不沈空母化・4海峡封鎖」発言，問題となる。 1.24 中曽根首相，施政方針演説で「戦後史の大きな転換点」を強調。 1.26 ロッキード裁判丸紅ルートで，元首相田中角栄に受託収賄・外為法違反で懲役5年の求刑（秘書榎本敏夫に同1年）。2.9 全野党一致で国会に田中角栄議員辞職勧告決議案を提出。 3.12 日米防衛協力小委，シーレーン防衛に関する日米共同作戦研究の開始を確認。 3.21 米原子力空母エンタープライズ，15年ぶりに佐世保に寄港。10.1 世界最大の米原子力空母カールビンソン，佐世保に初寄港。 4.10 第10回統一地方選挙。北海道（横路孝弘）・福岡（奥田八二）で革新知事誕生。 5.4 サラリーマン新党結成（代表青木茂）。 5.16 テクノポリス育成をめざす高度技術工業集積地域開発促進法公布。 5.19 大蔵省，中期国債の銀行窓口販売を認可。 5.24 政府，行革大綱を決定。71特殊法人の整理と141件の許認可整理などを当面の課題に。 5.29 中曽根首相，先進国首脳会議（米，ウィリアムズバーグ）で英首相サッチャーに欧州へのパーシングⅡ等配備の必要性を強調。 6.8 中曽根首相，国有地の有効利用の検討を大蔵省に指示，地価騰貴の引金となる。 6.14 首相の私的諮問機関として「文化と教育に関する懇談会」発足（座長井深大）。 6.26 第13回参院選（非改選を含め自民137，社会44，公明27，共産14，民社12，新自ク3，二院ク2，サラ新党2，福祉党1，無所属8，その他2）。 9.7 社会党大会，石橋政嗣委員長・田辺誠書記長を選出。 10.12 東京地裁，ロッキード裁判の田中角栄被告に懲役4年・追徴金5億円の実刑判決。10.28 中曽根首相，田中元首相の「自発的辞職」を勧告。 11.9 米大統領レーガン来日。円安・ドル高是正をめぐる協議委員会設置，新たな多角的貿易交渉の実現など討議。日本の市場開放と一層の防衛努力を要請。 12.18 第37回総選挙（自民250，社会112，公明58，民社38，共産26，新自ク8，社民連3，無所属16）。 12.27 第2次中曽根内閣成立。官房長官藤波孝生。	2.13 青木功，ハワイアンオープンで米ゴルフツアー初優勝。 2.24 米議会日系市民の戦時強制収容問題委，収容は不当と結論。 2.27 黒岩彰，スピードスケート世界スプリント選手権（ヘルシンキ）で総合優勝。 3.6 西独総選挙，「緑の党」が連邦議会へ初進出。 3.23 レーガン米大統領，戦略防衛構想（SDI）推進を表明。 4.3 米の中距離核ミサイル配備に反対して西独・英・伊・オランダで約20万人集会。 5.9 ローマ法王ヨハネパウロ2世，地動説支持のガリレイを有罪にした350年前の宗教裁判の誤りを認める。 5.28 第9回先進国首脳会議開催（米・ウィリアムズバーグ）。共同軍備管理等に合意。 5.29 市川猿之助，ヨーロッパでの歌舞伎公演開始。 7.14 平幹二郎らの男優による『王女メディア』（蜷川幸雄演出）ギリシア公演。 8.21 フィリピン有力野党議員アキノ暗殺（これを契機に反マルコス運動広がる）。 9.1 大韓航空機，サハリン沖で領空侵犯，ソ連軍機に撃墜される（乗客・乗員269人全員死亡）。 10.9 ビルマのラングーンで爆弾テロ（韓国閣僚4人を含む16人死亡）。 10.25 米軍，グレナダに侵攻。 11.20 佐々木七恵，東京国際女子マラソンに日本人として初優勝。 11.20 核戦争の恐怖を描いたテレビ映画『ザ=デイ=アフター』，全米で40%の視聴率。 12.11 ローマ法王ヨハネパウロ2世，ローマのルター派教会を訪問（500年ぶりの新旧教会接近）。

●ロッキード裁判をめぐって政局が揺れ動く

社会・文化	世　相

社会・文化

1.7　千葉大医学部研究生椎名敦子，絞殺体で発見。2.12　千葉大検，夫（同大学病院研修医）を起訴。

1.31　元消防士勝田清孝，名古屋市第一勧銀御器所支店の駐車場で強盗未遂で逮捕（48年来，男女8人を殺害）。

2.12　神奈川県警，横浜市内の公園・地下街などで無抵抗の浮浪者を襲った中学生ら10人を逮捕（山下公園で1人死亡）。

2.13　瀬古利彦，東京マラソンで2時間8分38秒の国内最高記録で優勝。12.4　福岡国際マラソンにも優勝。

2.15　東京町田市立忠生中学校八木教諭，生徒の威嚇行為に対し，果物ナイフで全治10日の傷を負わせる（同校で半年間に校内暴力9件発生）。

3.6　女子バレーボール日本リーグで，日立が完全優勝（42連勝のリーグ新記録）。

3.19　国鉄，勤務時間内に入浴した国労組合員1174人に減給など初の処分を通告。

3.23　中国自動車道全線開通（着工以来17年ぶり，吹田―下関間542.7km）。

5.26　日本海中部地震（震源秋田沖，M7.7）。男鹿半島に遠足中の児童や能代港護岸工事中の作業員ら，大津波にさらわれるなどで104人死亡。

6.2　武蔵野市議会，退職手当支給条例を改定（批判のあった4000万円退職金を修正）。

6.13　愛知県警，戸塚ヨットスクール校長戸塚宏を傷害致死容疑で逮捕（54年来，情緒障害児のしごき教育で中学生ら3人死亡，2人行方不明が判明）。

7.15　熊本地裁八代支部，免田事件再審で死刑囚に初の無罪判決。

7.22　山陰地方に集中豪雨，死者119人。

8.12　『海上保安白書』で，日本列島の位置が現海図より北西に470mずれていることを指摘。

10.3　三宅島雄岳21年ぶりに大噴火。溶岩流で西端阿古地区の9割（400戸）焼失。

10.14　東北大で日本初の「試験管ベビー」（体外受精児）出生。

10.21　『FOCUS』，田中角栄の判決法廷の盗み撮り写真を掲載，話題となる。

10.22　北海道の白糠線，さよなら列車運転（国鉄赤字ローカル線廃止第1号）。

12.8　警視庁，愛人バンク第1号「夕ぐれ族」（登録会員女1402人・男1006人，収入2億5000万円）を売春周旋容疑で摘発。

世相

3月　国立歴史民俗博物館開館。

4月　浦安市に東京ディズニーランド開園。

5月　国産たばこ値上げ（マイルドセブン200円），輸入たばこ値下げ（LARK280円）。

6月　福本豊（阪急），盗塁939の世界新記録。

10月　大阪築城400年まつり開幕，大阪城国際文化スポーツホール開場／国営昭和記念公園開園（立川基地跡）。

11月　劇団四季，『キャッツ』の無期限上演を開始／ミスターシービー，菊花賞を征し3冠馬。

この年　『SAY』『ViVi』『Free』『Lee』など女性雑誌の創刊相次ぎ，250誌の史上最高を記録（総合雑誌は不振）／パソコンとワープロ，急速に普及／「下町の玉三郎」梅沢富美男が人気。

👁 不沈空母／いかにも一般大衆が喜びそうな…（レオナルド熊のテレビCM）／買うっきゃない（美保純のテレビCM）／いいとも。広げよう…の輪（タモリの『笑っていいとも』）／ニャンニャンする／おしん／フォーカス現象

🎵「さざんかの宿」大川栄策／「矢切の渡し」細川たかし／「めだかの兄弟」わらべ／「キャッツ・アイ」杏里／「ガラスの林檎」松田聖子／「釜山港へ帰れ」趙容弼他

📖 大江健三郎『新しい人よ眼ざめよ』／赤川次郎『探偵物語』／唐十郎『佐川君からの手紙』／山崎豊子『二つの祖国』／松本清張『迷走地図』

🎬『天城越え』松竹：三村晴彦監督・田中裕子／『時代屋の女房』松竹：森崎東監督・夏目雅子／『楢山節考』東映：今村昌平監督・緒方拳／『探偵物語』東映：根岸吉太郎監督・薬師丸ひろ子・松田優作／『細雪』東宝：市川崑監督・佐久間良子／『東京裁判』講談社：小林正樹監督／『戦場のメリークリスマス』日・英・ニュージーランド合作：大島渚監督・坂本龍一〔洋画〕『フラッシュダンス』『48時間』（米）

📺『おしん』（朝の連続テレビドラマ最高の視聴率）／『積木くずし～親と子の200日戦争～』『17歳の戦争』〔CM〕「人間だったらよかったんだけどね」（日刊アルバイトニュース），「タコ。タコがいうのよ…」（サントリー）

👤 1.9 中川一郎（57）／1.21 里見弴（94）／2.15 大西良慶（107）／3.19 戸川猪佐武（59）／3.31 片岡千恵蔵（79）／5.4 寺山修司（47）／6.8 羽仁五郎（82）／8.11 山本薩夫（73）／10.16 河野謙三（82）／11.2 田村泰次郎（71）／12.13 安岡正篤（85）／12.20 武見太郎（79）

昭和59年(1984) 甲子

内閣	政治・経済	世 界
② 中曽根康弘（自民党）	2.12 社会党, 自衛隊の「違憲合法論」を59年度運動方針に盛り込むことを決定。党内左派など反発。2.27 石橋政嗣委員長, 自衛隊の違憲合法問題は「適法性なし」の見解で論争に決着。 2.26 社民連代表田英夫, 従来の非核3原則に「核攻撃をさせない」を加えた非核4原則を提言。 3.23 中曽根首相, 中国訪問。共産党総書記胡耀邦・共産党顧問委主任鄧小平ら中国首脳と会談, 日本の対中国経済協力拡大等を討議。 3.26 民社党,「防衛費のGNP比1％枠突破はやむをえない」との見解を表明。 4.1 国鉄の赤字ローカル線に代る初の第3セクター「三陸鉄道」が開業。 4.13 自民党総務会, 靖国神社の公式参拝を合憲とする党見解を決定。 5.15 自民党安全保障調査会, 防衛費のGNP比1％枠の見直し作業に着手。 5.18 中曽根首相, 衆院外務委で公海上での核搭載米艦船との共同訓練の可能性を事実上承認。 7.24 総評大会開催, 春闘再構築と反行革会議設置などを決定。 8.6 自民党安全保障調査会の法令整備小委（委員長箕輪登）,「国家秘密に係るスパイ行為等の防止に関する法律案」（スパイ防止法案第3次案）を作成発表。 8.10 国鉄再建監理委, 第2次緊急提言で初めて分割・民営化の方向を明示。 8.21 臨時教育審議会設置（会長岡本道雄）。 9.6 韓国大統領全斗煥来日。宮中晩さん会で天皇,「両国の間に不幸な過去が存したことは誠に遺憾」と声明。9.8「日韓両国の関係に新しい章を開くもの」とする共同声明発表。 10.27 自民党副総裁二階堂進, 党実力者会談で党改革を要求。中曽根批判から, 公・民両党を含む「二階堂政権構想」が浮上, 政界に衝撃。 10.31 第2次中曽根内閣, 新自由クラブとの連立を継続して事実上の改造再スタート。 11.3 中曽根首相, インドのガンディー首相の国葬に参列。11.4 ソ連首相チーホノフと11年ぶりの日・ソ首脳会談を行う。 11.11 神奈川県逗子市長選で米軍住宅建設に反対する市民グループの富野暉一郎当選。 11.21 中曽根首相,「日米共同作戦計画案」を了承。内容は非公開。 12.6 自民党金丸信幹事長と黒川武総評議長が会談（自民・総評両首脳初の会談）。 12.15 社会党, 原発政策で既設施設の容認を決定。 12.29 昭和60年度政府予算案で防衛費は前年度比6.9％増（防衛費の伸び率一層顕著となる）。	1.25 レーガン米大統領, 一般教書演説で「強いアメリカ」を強調。 2.8 第14回冬季オリンピック開催（ユーゴスラビア・サラエボ, 〜2.19）。北沢欣浩, スケート競技で日本初の銀メダル。 2.9 ソ連, アンドロポフ書記長死去。後任チェルネンコ。 2.12 植村直己, 世界初のマッキンリー冬季単独登頂成功。下山途中で消息を絶つ。 2.27 インド, パンジャブ州のシーク教徒の自治権拡大への抗議行動激化。 3.26 国連調査団, イラクが対イラン戦で毒ガスを使用したとの報告書を公表。 3月 アフリカで飢餓深刻化。世界各国で救済活動起こる。 4.26 レーガン米大統領訪中（米は中国の4つの近代化支持, 中国は米の軍事力増強支持で合意）。 5.18 日本山岳会隊, ネパールのカンチェンジュンガ3峰の縦走に成功（8000m級以上の縦走は世界初）。 6.7 第10回先進国首脳会議, ロンドンで開催。 7.28 第23回オリンピック開催（ロサンゼルス, 〜8.28）。ソ連圏15国がボイコット。中国初参加。カールルイス（米）が陸上4冠。日本, 体操・柔道・レスリング・射撃で計9個の金。 8.31 韓国ソウルで集中豪雨。9.29〜30 北朝鮮, 韓国に救援物資引き渡し。 10.30 舞踏団「山海塾」, ニューヨーク公演。 10.31 インドのインディラ＝ガンジー首相暗殺（66）。 11.11 山口香, 世界女子柔道（ウィーン）の52kg級で優勝。 12.2 インド・ボパールの化学工場で有毒ガス漏洩, 死者2600人以上, 中毒患者約5万人。

●行政・財政・教育改革の動き，次々に具体化

社会・文化	世相
1月　『週刊文春』の記事「疑惑の銃弾」から，三浦和義「ロス疑惑」騒動始まる。 3.12　高松地裁，財田川事件の死刑囚再審裁判で谷口繁義被告に無罪判決。 3.18　江崎グリコ社長江崎勝久，兵庫県西宮市の自宅から短銃を持った２人組に誘拐される。5.10 グリコ製品に毒物との脅迫状が報道機関に郵送。大手スーパーなど，グリコ製品の販売一時中止を決定。 4.19　長谷川一夫・植村直己に国民栄誉賞。 4.24　サラ金苦の兵庫県警現職警官，大阪の幸福相互銀行池田支店に強盗。 6.19　大阪地検特捜部，ワープロなど事務機器納入をめぐる収賄で大阪大学本部事務局経理部長らを逮捕。7.13 文部省官房会計課主参も逮捕。 6.26　熊本名産のからしれんこん中毒で，死者11人。 7.12　島根県荒神谷遺跡から358本の銅剣発見（昭60年7〜8月，銅鐸・銅矛も発見）。 8.20　ＮＨＫ・民放，韓国閣僚の名前を現地音読み片仮名表記に変更と決定。 8.24　警視庁生活課，中江滋樹主宰の投資コンサルタント業「投資ジャーナル」グループを摘発。 8.25　釜本邦茂（ヤンマー）のサッカー引退試合に6万2000人の観衆（国立競技場）。 9.3　東京国立近代美術館フィルムセンターで火事，貴重な映画フイルム多数を焼失。 9.4　元京都府警西陣署巡査部長広田雅晴，強奪短銃を使い京都・大阪で連続殺人。 9.12　グリコ事件犯人「かい人21面相」，森永製菓も脅迫。10.7 大阪のスーパーなどで，脅迫通り青酸入りの森永製品発見。 9.14　長野県西部地震（M6.8）。木曽郡王滝村で土石流で29人死亡。 9.18　元日本留学のトルコ人，「トルコ風呂」の名称を改めるよう厚生大臣に直訴。 9.28　山下泰裕に国民栄誉賞。 9.30　ブーマー（阪急），外国人初の3冠王達成。 11.1　15年ぶりに1万円（福沢諭吉）・5000円（新渡戸稲造）・1000円（夏目漱石）の新札発行。 11.16　東京・世田谷電話局近くで地下通信ケーブル火災。世田谷・目黒両区の8万9000回線不通。三菱銀行オンラインシステムなどもストップ。11.24 復旧。 12.26　長野県教委，在日韓国人の小学校教員採用取消しが発覚（昭60.3.27 常勤講師での採用を発表）。	1月　1人暮らし老人，100万人突破／太平洋岸各地に大雪，東京で22cmの積雪（15年ぶり）／『FOCUS』，200万部突破。 2月　東京・横浜地区のタクシー値上げ（初乗り470円）。 3月　小西六写真工業，100年プリントを開発。 5月　ハワイ出身の人気力士の高見山，5月場所を最後に引退。 11月　『FRIDAY』創刊（F・F戦争始まる）／シンボリルドルフ，菊花賞を征し無敗の3冠馬に／東京・多摩動物公園などでコアラ公開／首都圏・京阪神でキャプテンサービス開始。 12月　『週刊少年ジャンプ』400万部突破。 この年　女性・中高年層を中心に麻薬の汚染が広がる／自分の生活程度を「中流」と考えている人が90％に達する／働く主婦，全体の半数を超える。 ⬭ 金 ㊙／普通のおばさんになります（3月に突然引退した都はるみの言葉） ♫「長良川艶歌」五木ひろし／「北の蛍」森進一／「十戒」「北ウイング」中森明菜／「ワインレッドの心」安全地帯／「もしも明日が…」わらべ／「涙のリクエスト」チェッカーズ 📖 浅田彰『構造と力』／赤川次郎『愛情物語』／ホイチョイ・プロダクション『見栄講座』／小学館『日本大百科全書』25巻／平凡社『平凡社大百科事典』16巻 🎬『お葬式』ニュー・センチュリー・プロデューサーズ・伊丹プロダクション：伊丹十三監督・山崎努・宮本信子／『Ｗの悲劇』角川春樹事務所：沢井信一郎監督・薬師丸ひろ子・三田佳子／『麻雀放浪記』角川春樹事務所・東映：和田誠監督・鹿賀丈史・高品格／『瀬戸内少年野球団』日本ヘラルド：篠田正浩監督・夏目雅子〔洋画〕『ワンス・アポン・ア・タイム・イン・アメリカ』『ライトスタッフ』『ナチュラル』『愛と追憶の日々』（米） 📺『核戦争後の地球』『宮本武蔵』『くれない族の反乱』〔ＣＭ〕「どんとぽっちい」（大日本除虫菊），「エリマキトカゲ」（三菱自動車），「かっとびキートン」（トヨタ自動車），「どっちを選ぶでしょう」（サントリー） 👤1.17 児玉誉志夫（72）／1.22 一万田尚登（90）／2.6 三原脩（72）／4.2 園田直（70）／4.6 長谷川一夫（76）／4.24 霧島昇（69）／5.4 永野重雄（83）／8.9 大河内一男（79）／8.30 有吉佐和子（53）／11.28 山谷親平（62）／12.7 大川橋蔵（55）／12.24 美濃部亮吉（80）

昭和60年(1985) 乙丑

内閣	政治・経済	世 界
②中曽根康弘（自民党）	1.2 日米首脳会談(ロサンゼルス)で, 中曽根首相, 「SDI研究に理解」と発言。 1.17 社会党定期大会で石橋政嗣委員長, ニュー社会党路線の強化・発展を強調。 1.27 竹下登を中心に創政会発足が表面化。 2.6 法務省, 在日外国人の指紋押捺制度を見直し。 2.11 中曽根首相, 「建国記念日を祝う会」主催の式典に首相として戦後初の出席。 2.20 公明党委員長竹入義勝と民社党委員長佐々木良作が会談, 連合政権協議の再開を確認。 2.26 経団連, 関税撤廃の拡大・残存輸入制限27品目の自由化など提言。 2.27 元首相田中角栄入院, 政界に動揺。 3.27 佐々木良作民社党委員長, 「世代交代を図る」との理由で辞任。党長老の春日一幸常任顧問も辞任。4.23 塚本三郎委員長選出。 4.9 政府, 経済摩擦等の対策の包括的な対外政策を決定。中曽根首相, 「1人100ドルの外国製品を買おう」と呼びかける。 5.31 自民党, 定数是正問題で「6増・6減案」を内容とする公職選挙法改正案を衆院に提出。7.7 最高裁, 現行定数配分規定を違憲と判決。 6.6 自民党, 国家秘密法(スパイ防止法)案を議員立法として衆院に提出。6.25 記名投票により国会継続審議。12.21 廃案。 6.10 加藤紘一防衛庁長官, ワインバーガー米国防長官との会談で防衛大綱達成の決意を表明。 6.17 臨時行政改革推進審議会の内閣機能分科会, 内閣中枢の強化を目標とした外政調査会新設・国防会議の「安全保障会議」への改組などの報告書を作成(7.22 首相に提出)。 8.7 中曽根首相, 国防会議で防衛庁の59中期業務見積りの政府計画への格上げ検討を指示(防衛費のGNP比1％枠撤廃検討の具体化)。 8.13 三光汽船, 5000億円の負債で戦後最大の倒産。オーナー河本敏夫, 沖縄開発庁長官を辞任。 8.15 中曽根首相, 戦後の首相初の靖国公式参拝。閣僚18人も公式参拝, 野党等の批判高まる。 9.24 東京外国為替市場の円相場, プラザ合意により急騰。以後も円高ドル安が続く。 9.24 政府, 「当面の行政改革の具体化方策」(行革大綱)を決定。 10.11 政府, 国鉄の6分割・民営化を骨子とする「国鉄改革のための基本方針」を決定。 11.12 自民党両院議員総会, 憲法改正の検討推進の新政綱を了承。 12.18 社会党大会, ニュー社会党の「新宣言」案に左派が反対, 採択保留。 12.23 首相官邸で内閣制度100周年記念式典。	1.8 米・ソ外相会談(ジュネーブ)で包括軍縮交渉に合意。 1.15 ブラジル, 21年ぶりに民政移管。 1.18 韓国反体制政治家グループ, 新韓民主党を結成。 1.31 ニュージーランドのロンギ首相, 核積載艦船寄港拒否声明。 2.10 米大リーグのブルワーズ入りした江夏豊投手が渡米。4.3 自由契約。 3.10 ソ連共産党チェルネンコ書記長死去(後任にゴルバチョフ)。 5.2 ボンの第11回先進国首脳会議, 西側の連帯を確認。 5.8 ヴァイツゼッカー西独大統領, 敗戦記念日に「歴史を想い起こせ」と演説。 5.28 南北朝鮮の離散家族問題を協議する南北赤十字会議, 12年ぶりに再開(ソウル)。 6.14 大相撲, 初のニューヨーク場所。 7.15 国連「婦人の10年」の世界会議が開幕(ナイロビ)。 8.10 服部道子(16), 全米女子アマチュアゴルフ選手権で日本人初の優勝。 9.19 メキシコで大地震。 9.22 米・英・西独・仏・日の5か国蔵相・中央銀行総裁会議(G5), ドル高是正のため為替市場への協調介入強化で合意(プラザ合意)。ドル高時代から円高時代へ。 10.2 ソ連ゴルバチョフ書記長, 対米軍縮新提案を発表。 11.13 コロンビアのネバドデルルイス火山噴火。アルメロの町が消え, 約2万5000人死亡。 11.19 米・ソ首脳会談(レーガン・ゴルバチョフ), ジュネーブで開催。 12.12 北朝鮮, 核不拡散条約(NPT)に調印(モスクワ)。 この年 AIDSの恐怖, 世界に広まる。

●日本の軍事大国化に対する懸念強まる

社会・文化	世 相
1.15 新日鉄釜石，ラグビー日本選手権で７連覇達成。2.22 監督松尾雄治引退。 1.26 山口組組長竹中正久ら３人，一和会系組員に射殺される（以後，抗争激化）。 2.13 新風俗営業法施行。 3.16 国際科学技術博覧会（科学万博）開幕（つくば市，〜9.16。入場者2000万人余）。 3.22 厚生省，ＡＩＤＳ患者第１号確認を発表。 4.1 日本電信電話公社（ＮＴＴ）・日本たばこ産業会社（ＪＴ）発足。 4.14 中山竹通，広島マラソンで２時間８分15秒の日本最高記録。 5.2 岡山県で自動販売機に置いてあったドリンク剤を飲んだ運転手死亡（以後続発）。 5.17 三菱夕張炭鉱で爆発事故。死者62人。 6.6 川崎市の小学生，両親が信仰上の理由で輸血を拒否し死亡。 6.18 「純金ファミリー」契約で老人・主婦から2000億円を集めた豊田商事の永野一男会長，自宅で刺殺される。 6.19 投資ジャーナルの中江滋樹元会長ら，詐欺容疑で逮捕。 7.9 徳島地裁，刑事事件初の死後再審「徳島ラジオ商事件」の富士茂子被告に無罪判決。 7.10 京都市，古都保存協力税実施。拝観停止寺院相次ぐ。 7.24 ジエチレングリコール入りの外国産有毒ワインの輸入・販売が判明。8.29 マンズワイン社の高級品にも混入が判明。9.11 同社の証拠隠しも判明。 7.26 長野市で地滑り，老人ホームの26人死亡。 8.7 初の日本人宇宙飛行士３人が決定。 8.12 羽田発大阪行の日航ボーイング747ジャンボ機が群馬県御巣鷹山山中に墜落，520人死亡，４人が奇跡的に生存。 9.11 ロス疑惑の三浦和義，共犯の矢沢美智子とともに殺人未遂容疑で逮捕。 9.25 奈良県斑鳩町の藤ノ木古墳から石室と家形石棺発掘。12.2 装飾馬具発見。 10.8 テレビ朝日「アフタヌーンショー」，中学生のリンチ場面で「やらせ」が発覚。 10.29 奈良県明日香村の伝飛鳥板蓋宮跡付近から大量の木簡。「大津皇子」の文字確認。 11.14 プロ野球選手の労働組合，東京地方労働委員会で正式に認定（会長中畑清）。 11.29 中核派の同時多発ゲリラで国鉄通信ケーブル各地で切断。国電マヒ。 12.11 信州大学経済学部，歌手のアグネスチャンを客員講師に採用決定。	1月 新両国国技館落成／横綱北の湖，引退。 3月 東北・上越新幹線，上野始発に。 5月 警視庁，「いじめ相談コーナー」を開設。 6月 柔道の山下泰裕６段，現役引退表明／神田正輝と松田聖子が結婚。 10月 プロ野球セ・リーグで阪神タイガース21年ぶりに優勝（11.2 西武を下し初の日本一）。８月頃から熱狂的な阪神フィーバーが社会現象となる／セで阪神のバース，パはロッテの落合が三冠王。 この年 50〜60歳代にふさわしい名称で「熟年」がトップ，「実年」が２位となる／全国の小・中学校で「いじめ」が横行，社会問題となる／『スーパーマリオブラザース』発売。ファミコンブーム過熱。 〔流行語〕ダッチロール／やらせ／疑惑／パフォーマンス／金妻（テレビドラマ『金曜日の妻たちへ』の略。不倫の恋を指す）／土日社員（土曜と日曜だけ働く社員に希望者殺到）／投げたらアカン／イッキ（焼酎ブーム）／ざんげ 〔歌〕「恋におちて」小林明子／「ミ・アモーレ」中森明菜／「悲しみにさよなら」安全地帯／「ジュリアに傷心」チェッカーズ／「俺ら東京さいぐだ」吉幾三 〔本〕堺屋太一『豊臣秀長』／北野武『たけしくんハイ！』／アイアコッカ『アイアコッカ』 〔邦画〕『ビルマの竪琴』東宝：市川崑監督・石坂浩二・中井貴一／『乱』東宝・ヘラルド：黒澤明監督・仲代達矢・原田美枝子／『台風クラブ』ATG：相米慎二監督・工藤夕貴・三浦友和／『銀河鉄道の夜』ヘラルド：杉井ギサブロー監督〔洋画〕『コットンクラブ』『インドへの道』（米）／『ネバーエンディング＝ストーリー』（米・西独） 〔ＴＶ〕『金曜日の妻たちへⅢ』『澪つくし』『ルーブル美術館』『夕やけニャンニャン』（おニャン子クラブが人気に）〔ＣＭ〕「私はこれでたばこをやめました」（アルマン），「僕のヤリガイ」（リクルート），「カエルコール」（ＮＴＴ），「いなりずし」（セブンイレブン） 〔死去〕1.22 向坂逸郎（87）／1.31 石川達三（79）／2.20 中野好夫（81）／2.22 藤山愛一郎（87）／3.30 野上弥生子（99）／3.30 笠置シズ子（70）／6.9 川口松太郎（85）／8.12 坂本九（43）／9.11 夏目雅子（27）／9.12 源氏鶏太（73）／9.27 大友柳太朗（73）／9.29 入江相政（80）／10.13 川上宗薫（61）／10.20 浦山桐郎（54）／10.24 永田雅一（79）／10.25 物集高量（106）／12.24 佐々木更三（85）

昭和61年(1986) 丙寅

内閣	政治・経済	世 界
② 中曽根康弘 （自民党） 7.22	1.22 社会党,「新宣言」で社会民主主義路線に転換。 2.11 「建国記念の日を祝う会」主催の国民式典に首相はじめ17閣僚ら出席。国家行事色強まる。 4.7 経済構造調整研究会,「内需主導への転換」を求める報告書(前川レポート)を首相に提出。 4.29 天皇在位60年記念式典,両国国技館で開催。 5.4 第12回先進国首脳会議,東京で開催(東京サミット〜5.6)。リビア名指しのテロ反対,チェルノブイリ事故の情報要求声明採択。 5.21 8増7減の衆院定数は正法案衆院通過。5.22 参院通過。自民党内に衆参同日選挙論高まる。 6.7 中国政府,「日本を守る国民会議」の日本史教科書の是正要求。韓国内でも批判。6.17 政府,教科書の修正要請。7.7 修正の上合格。 7.6 衆参両院同時選挙(衆院：追加公認を加え自民304,社会85,公明56,民社26,共産26,新自ク6,社民連4,その他5。参院：非改選を含め,自民は無所属加え142,社会41,公明24,共産16,民社12,新自ク2,社民連1,サラ新3,二院ク2,税金2,無所属等6)。自民党圧勝。	1.1 スペイン・ポルトガル,ＥＣに加盟。 1.28 米のスペースシャトル「チャレンジャー」打上げ直後に爆発。乗組員7人死亡。 2.14 フィリピン大統領選でマルコス当選。反対派は不正選挙追及へ。2.22 国軍,反マルコスへ。2.25 コラソン=アキノ,大統領就任宣言。2.26 マルコス亡命。 2.24 韓国の全斗煥大統領,1989年に大統領直接選挙制への改憲実施を言明。 2.28 スウェーデンのパルメ首相(59)暗殺。 3.16 スイス,国民投票で国連加盟を否決。 3.19 中国,天皇訪中に期待表明。 4.26 ソ連,チェルノブイリの原子力発電所で大事故。4.28 公表。放射能汚染拡大。
③ 中曽根康弘 （自民党） 7.22	7.22 第3次中曽根内閣成立。副総理金丸信・文相藤尾正行・官房長官後藤田正晴。 8.15 首相・外相ら4閣僚,近隣諸国への配慮から靖国神社公式参拝見送り。16閣僚が参拝。 8.15 新自由クラブ,総選挙敗北から解党。田川誠一を除いて自民党に復党。 9.5 藤尾正行文相の『文春』での「日韓併合は韓国にも責任」の発言が表面化。9.8 韓国,日韓外相会談の延期申入れ。首相,藤尾文相を罷免。9.20 韓国訪問の首相,全大統領に陳謝。 9.6 社会党委員長選で,土井たか子が上田哲を大差で破り当選。日本初の女性党首誕生。 9.11 自民党両院議員総会,党則改正,中曽根首相の任期を昭和62年10月30日まで1年延長を決定。 9.22 中曽根首相,自民党研修会で「黒人などのいるアメリカは知識水準が低い」と発言。米国内で激しい批判。9.27 米国民へ陳謝のメッセージ。10.3 衆院予算委で日本国民にも陳謝。 10.1 住友銀行,平和相互銀行を吸収合併,預金高国内2位となる。 10.27 北海道で初の日米共同統合実動演習(〜.29)。 11.10 中曽根首相,「北海道旧土人保護法」の見直しを国会で言明。 11.27 NTTの調査で,神奈川県警による共産党幹部の電話盗聴の疑惑発覚。 11.28 国鉄分割,民営化関連8法案成立。 12.30 政府予算案決定。防衛費がGNP1%枠を突破。整備新幹線の凍結を解除。 12月 大型景気始まる。	5.8 英のチャールズ皇太子とダイアナ妃が成婚。 5.19 台湾の亡命機につき,香港で初の中台直接交渉実現。 6.8 オーストリア大統領選決選投票,ナチ疑惑のワルトハイム前国連事務総長当選。 9.17 アキノ比大統領が訪米。 9.20 ウルグアイでの関税貿易一般協定(ガット)閣僚会議,多角的貿易交渉開始を決定(ウルグアイ=ラウンド)。 9.20 ソウルでアジア大会開催。北朝鮮はボイコット。 10.11 レーガン大統領とゴルバチョフ書記長が米・ソ首脳会談(アイスランド・レイキャビク〜10.12)。 11.10 アキノ大統領来日。中曽根首相,対比援助拡大を約束。 11.13 レーガン大統領,対イラン秘密交渉の事実を認める。 12.5 中国安徽省合肥の学生,民主・自由要求デモ。以後上海・北京・天津に波及。 12.19 ソ連,反体制派物理学者サハロフ夫妻の流刑解除。

●ソ連・チェルノブイリ原子力発電所事故。円高ドル安基調変わらず

社会・文化	世 相

社会・文化

1.8 東京地裁，ロス疑惑の矢沢美智子に懲役2年6月の実刑判決。

2.13 藤井寺市で2万2000年前とみられる旧石器住居跡が発見される(はさみ山遺跡)。

3.3 池子弾薬庫跡地の米軍住宅建設反対の神奈川県逗子市民，市議会リコールを請求，成立。3.24 建設派の富野市長解任請求不成立。4.7 逗子市議選，建設派過半数。

3.19 第1次教科書訴訟(国家賠償請求)の控訴審で家永三郎全面敗訴。

4.1 **男女雇用機会均等法施行。**

4.13 長江裕明一家の世界一周のヨット，4年9か月ぶりに蒲郡港に入港。

4.23 臨教審，第2次答申で「生涯学習体系」への転換を提案。

5.4 中核派，東京サミットに反対し，迎賓館を狙って翼つき弾5発発射。

5.7 国立大学協会，国立大2次試験の複数化とグループ分けを正式決定。

5.19 戦前，韓国人と結婚の在韓日本人妻19人，40数年ぶりに里帰り。

5.31 慶大医師グループ，人工授精で女児産み分け6例成功と発表。6.9 医学部倫理委，臨床実験は男性不妊症に限定と決定。

6.19 ベトナムの二重体児，治療のため来日(～10.29)，分離手術は見送り。

7.30 東北自動車道の浦和～青森間全通。

8.27 日教組委員長に田中現委員長と中小路書記長が立候補，中央委員会が分裂状態。

9.29 文部省調査で日教組の組織率49.5%，初めて5割を割る。

10.10 国労大会，執行部の妥協的方針を否決，六本木敏委員長以下新執行部を選出。

11.1 和歌山市の海岸で新興宗教「真理の友教会」女性信者7人が集団自殺。

11.14 全日本民間労組協議会(全民労協)，1年後の「連合」への移行を決定。

11.15 マニラ市郊外で三井物産若王子マニラ支店長の誘拐。昭62.3.31 無事救出。

11.15 伊豆大島**三原山が209年ぶりに大噴火。**

11.21 島民と観光客に避難命令。

11.25 三菱銀行有楽町支店前で現金輸送車襲われ，3億3000万円強奪される(昭62年10月 仏人の犯行と判明)。

11.27 三菱高島砿閉山。

12.9 ビートたけしら12人，『FRIDAY』編集部で，取材方法に抗議，暴行・傷害で逮捕。

12.19 厚生省の「AIDS対策専門家会議」4人を認定。日本のAIDS患者25人となる。

世 相

1月 プロ野球選手会，労働組合として旗揚。

2月 東京都中野区立富士見中の2年生が**いじめを苦に自殺**，葬式ごっこに教師も加わっていたことが判明し問題化／長寿世界一の泉重千代が死去(120歳)。

4月 **ハレー彗星**が地球に大接近／アイドル歌手岡田有希子が飛び降り自殺，**少年少女の跡追い自殺**が続く。

10月 プロ野球西武の清原和博内野手が31号本塁打を放ち新人本塁打タイ記録。

この年 都心の地価高騰，郊外にも波及／若者の間でビリヤードと温泉がブーム／ダイアナ妃来日フィーバー／北斎の板木520枚をボストン美術館で発見／急激な**円高・ドル安。**

💬 究極／激辛／**新人類**／レトロ／プッツン／財テク／DCブランド／お嬢サマ

🎵 「CHA-CHA-CHA」石井明美／「DESIRE」中森明菜／「仮面舞踏会」少年隊／「My Revolution」渡辺美里／「男と女のラブゲーム」(競作)／「熱き心に」小林旭

📖 小学館『昭和文学全集』／渡辺淳一『化身』／ファミコンマガジン編集部『スーパーマリオブラザーズ完全攻略本』／堺屋太一『知価革命』／大前研一『新・国富論』

🎬 『子猫物語』東宝；畑正憲監督・チャトラン／『キネマの天地』松竹；山田洋次監督・渥美清・有森也実／『火宅の人』東映；深作欣二監督・緒形拳・いしだあゆみ／『鑓の権三』表現社；篠田正浩監督・郷ひろみ／『海と毒薬』海と毒薬製作委員会；熊井啓監督・奥田瑛二〔洋画〕『バック・トゥ・ザ・フューチャー』『ロッキー4』『グーニーズ』『コーラスライン』『カイロの紫のバラ』『愛と哀しみの果て』(米)／『パパは出張中』(ユーゴ)

📺 『ニュースステーション』『はね駒』『男女7人夏物語』『いのち』『パパはニュースキャスター』『テレビ探偵団』〔CM〕「キッコーマンぽん酢しょうゆ」(キッコーマン)／「リード21の太鼓判」(第一生命)／「**亭主元気で留守がいい**」(大日本除虫菊)／自動車の曲技(いすゞジェミニ)／「椎名誠の生ビール」(サントリー)

👤 1.16 梅原龍三郎(97)／1.18 石母田正(73)／2.21 泉重千代(120)／3.29 川又克二(81)／5.4 前田久吉(93)／6.15 松田権六(90)／8.28 真野毅(98)／10.7 石坂洋次郎(86)／10.14 荻須高徳(84)／10.27 小佐野賢治(69)／11.12 島尾敏雄(69)／11.14 円地文子(81)／11.23 仁木悦子(58)

昭和62年（1987）丁卯

内閣	政治・経済	世　界
③中曽根康弘（自民党） 11.6 11.6 竹下	1.13 鄧小平中国共産党中央顧問委主任，日本の防衛費のGNP1％枠突破に強い懸念を表明。 1.16 社・公・民・社民連4党の「売上税等粉砕闘争協議会」発足。1.19 4野党党首と労働5団体首脳，売上税等税制改革案反対で一致。 1.26 中曽根首相の施政方針演説に「売上税」導入の説明なし。1.28 野党，補充説明を要求し代表質問を拒否。2.2 補充説明で国会正常化。 1.27 関西新空港，昭和68年3月開港を目指し着工。 2.9 初上場のNTT株に買いが殺到。 2.21 パリの主要先進国蔵相・中央銀行総裁会議（G5，G7），ドル安定，日本の内需拡大等に合意。 3.1 売上税反対の国民集会，各地で23万人が参加。 3.8 岩手県の参院補欠選挙で「反売上税」の社会党候補が自民党候補を破り圧勝。 4.1 国鉄が114年の歴史を閉じ，分割民営化。JR6社等発足。 4.1 国土庁の地価公示，東京の住宅地，商業地の前年比上昇率76％で過去最高。 4.12 第11回統一地方選，知事選で北海道（横路孝弘），福岡（奥田八二）で現職再選。鈴木俊一都知事3選。道府県議選で自民敗北。4.26 市区町村議選も自民退潮。 4.23 原衆院議長の，売上税は「与野党の合意なければ廃案」の斡旋で予算案衆院通過。5.20 参院通過，防衛費5.2％増でGNP1％枠を突破。 5.7 東京地検，共産党幹部宅盗聴事件につき，現職警官を取調べ。8.4 起訴猶予。 5.12 自民党と4野党，売上税の廃案を確認。 6.9 総合保養地域整備法（リゾート法）公布，12.5施行（民間活力によるリゾート開発の端緒）。 6.26 日本，4月末の外貨準備高発表。696億2000万ドルで世界一に。 7.4 自民党竹下派113人，経世会を結成。 7.4 政府買上げ生産者米価5.95％引下げで決着。10.28 消費者米価3.4％引下げ答申。 7.29 ロッキード裁判丸紅ルートの控訴審，田中元首相の控訴棄却。 9.14 初渡米の土井社会党委員長，シュルツ国務長官と朝鮮半島情勢その他につき意見交換。 9.19 所得税の税率簡素化，マル優の63年4月からの原則廃止などの税制改革法案，参院で可決。 9.22 天皇，腸通過障害で手術，初の沖縄訪問中止。 10.20 東京株式市場，前日のニューヨーク市場での史上最大の暴落（魔の月曜日）を受け，前日比3836円安で下落率14.9％と過去最大を記録。 10.20 中曽根首相，自民党総裁に竹下登を指名。 11.6 竹下登内閣発足（副総理・蔵相宮沢喜一） 12.31 東京外為市場で1ドル122円の最高値。	1.1 北京の天安門広場で学生数百人がデモ。1.6『人民日報』が自由化思想に警告。1.16 胡耀邦共産党総書記，混乱の責任をとり辞任。11.2 党大会，趙紫陽首相を総書記に選出。 4.17 米，日本の日米半導体協定違反で，パソコン等3品目の100％関税実施を発表。 5.28 西独青年ルスト（19），セスナ機でモスクワ赤の広場に着陸。 6.8 ベネチアで第13回先進国首脳会議開催。 6.12 英国総選挙で保守党大勝，サッチャー首相連続3選。 6.23 米国，1986年末の対外債務2636億ドルで世界一に。 7.14 台湾，38年2か月続いた戒厳令を解除。 7月 韓国で民主化高揚。労働争議・学生運動，全国に波及。 9.7 ホーネッカー東独議長，初の西独訪問。 10.1 チベットのラサでラマ僧らが独立要求のデモ。 10.19 ニューヨーク株式市場大暴落（魔の月曜日）。ダウ平均で昭和4年大恐怖時を上回る下落率22.6％。 11.8 岡本綾子，全米女子プロゴルフ初の外国人賞金女王。 11.22 世界柔道選手権無差別級で小川直也が初の10代王者。 11.28 南アフリカ航空ジャンボ機モーリシャス沖に墜落。 11.29 大韓航空機，ビルマ付近上空で行方不明。12.11 墜落を確認。 12.9 ゴルバチョフ・ソ連共産党書記長，レーガン米大統領と会談，INF（中距離核戦力）全廃条約に調印（廃棄弾頭は4100発）。 12.16 16年ぶりの韓国大統領選，与党民正党の盧泰愚が大統領に当選。 この年 世界の人口，50億人突破。

●国鉄分割。地価高騰，地方へも波及

社会・文化	世相
3.14 第3日新丸船団が捕獲を終え，53年にわたる南極商業捕鯨が閉幕。 3.24 最高裁，49年8月の三菱重工ビル爆破の4被告の上告棄却し，2被告の死刑確定。 3.26 国公立大，初の複数入試で約9500人の定員割れ。4.7 追加合格で約3000人超過。 3.30 熊本地裁が水俣病訴訟で国や県にも責任ありとし，原告勝訴の判決。 4.13 1万円札大量偽造事件主犯，武井遵逮捕。 5.3 西宮市の朝日新聞阪神支局が覆面男に襲撃され，記者2名が死傷。9.24 朝日新聞名古屋本社社員寮も襲撃される。 5.10 帝銀事件の死刑囚平沢貞通，再審請求実現せぬまま八王子医療刑務所で死亡（95）。 5.13 首都圏のJR電車の名称「E電」に決定。 5.15 ココム違反の東芝機械に共産圏向け輸出禁止処分。 6.6 東京東村山市の老人ホーム「松寿園」が火災，寝たきり老人ら17人が死亡。 7.22 広島大学の総合科学部長が学部長室で刺殺される。10.2 犯人の助手逮捕。 7.26 三重大付属病院で，医師と看護婦がB型肝炎に感染，医師2人の死亡が判明。 8.7 臨教審，最終答申で秋季入学制，国旗・国歌尊重教育など提案／ロス疑惑の三浦和義被告，殺人未遂罪で懲役6年の判決。 8.21 富野暉一郎逗子市長，池子の米軍住宅建設問題で知事幹旋反対のため辞表提出。10.11の選挙で再選，全面返還を要求。 9.2 最高裁大法廷，有責配偶者からの離婚を認める新判例。 9.9 首都高速葛飾川口線が開通，青森〜八代間の2000キロの高速自動車道が連結。 9.17 酔客にからまれたダンサーの「突き落し」致死事件，正当防衛で無罪判決。 10.12 マサチューセッツ工科大学利根川進教授にノーベル生理学・医学賞。 10.17 京都市議会，古都税条例の63年3月末での廃止案を全会一致で可決。 10.30 三菱銀行三億円強奪事件の犯人として，フランス人2人を国際手配。 11.20 全日本民間労働組合連合会（連合），組合員約540万人で発足。 11.21 日本赤軍幹部の丸岡修逮捕。 11.24 日本のAIDS感染者1000人の大台に迫る。 11.27 教育課程審議会，69年度からの高校社会科廃止・世界史必修を発表。 12.31 NHK「紅白歌合戦」出演者を大幅入替え。 12.31 横綱双羽黒，親方と対立，廃業。	1月 東京都のAIDS対策テレホンサービスに電話が殺到。 3月 知床国有林の伐採に反対の声強まる／安田火災海上がゴッホの「ひまわり」を53億円で落札。 6月 プロ野球広島の衣笠祥雄，連続2131試合出場の世界新記録，国民栄誉賞受賞。 7月 東京で水飢饉，給水制限実施／釧路湿原，28番目の国立公園に。 8月 大和運輸，クール宅急便開業。 9月 『週刊平凡』廃刊（『月刊平凡』は12月号で廃刊）／新国劇解散，70年の歴史に幕／今世紀最後の皆既日食，沖縄で金環食。 11月 後楽園球場，50年の歴史を閉じる。巨人軍江川投手，突然引退（135勝72敗）。 この年 AT車の急発進事故多発／アスベストの発ガン性が問題／JR，都営・営団地下鉄などに「終日禁煙駅」／NHK衛星24時間放送開始／超伝導ブーム／マドンナ，M・ジャクソン来日フィーバー／カセットブックが人気に。 📧 地上げ屋（B勘屋（土地転がしの裏勘定を専門にする商売）／ホーナー効果／○○○記念日／ゴクミ／マルサ（国税局査察部）／懲りない○○／（梵天丸は）かくありたい 🎵「STAR LIGHT」光GENJI／「50/50」中山美穂／「SUMMER DREAM」TUBE／「命くれない」瀬川瑛子／「人生いろいろ」島倉千代子 📖 安部譲二『塀の中の懲りない面々』／宮本輝『優駿』／石ノ森章太郎『マンガ日本経済入門』／俵万智『サラダ記念日』／小学館『大系日本の歴史』『家庭医学大事典』／『ノルウェイの森』村上春樹／『『死への準備』日記』千葉敦子 🎬『マルサの女』東宝／伊丹十三監督・宮本信子・山崎努／『ハチ公物語』松竹／神山征二郎監督・仲代達矢・八千草薫 〔洋画〕『スタンド・バイ・ミー』『ビバリーヒルズコップ2』『プラトーン』『愛は静けさの中に』（米）／『グッドモーニング・バビロン！』（伊・仏・米）／『ミッション』『風が吹くとき』（英） 📺『チョッちゃん』『独眼竜政宗』〔CM〕「平行棒をする猫と木登りをする犬」（NTT），ウォークマンを聞くサル（ソニー），「ワンフィンガー，ツーフィンガー」（サントリー） 👤 2.3 高松宮宣仁（82）／2.9 貝塚茂樹（82）／6.8 森茉莉（84）／6.16 鶴田浩二（62）／7.12 臼井吉見（82）／7.17 石原裕次郎（52）／8.7 岸信介（90）／8.18 深沢七郎（73）／10.9 稲山嘉寛（83）／12.29 石川淳（88）

昭和63年(1988) 戊辰

内閣	政治・経済	世界
竹下登（自民党）	1.12 竹下首相初の訪米。1.13 レーガン大統領と会談，「世界に貢献する日本」を共同声明。 2.4 衆議院予算委員会で，浜田幸一委員長，共産党の宮本議長を「殺人者」と発言，2.12 に辞任。 4.1 「マル優」制度廃止。預貯金利子に20%課税。 4.1 国土庁，1月1日現在の地価公示。東京の地価は前年比68.6%上昇，史上最高。 5.9 奥野誠亮国土庁長官，日中戦争に侵略意図なし，5.11 盧溝橋事件は偶発事件，と発言。中国・韓国の新聞批判，野党追及。5.13 辞任。 5.10 公明党の大橋敏雄代議士，創価学会の池田大作名誉会長批判論文を『文藝春秋』に発表。 6.13 埼玉県知事選挙で，大型間接税導入反対を全面に掲げた現職畑和知事が圧勝。 6.18 川崎市助役，リクルート社未公開株取得による不当利得が発覚(リクルート事件の発端)。 7.5 中曽根前首相・宮沢蔵相・安倍幹事長らの秘書のリクルート社の未公開株取得判明。7.6 江副浩正リクルート会長，引責辞任。 8.25 竹下首相初の訪中，李鵬首相と会談，8100億円の第3次円借款に合意。 9.8 社会民主連合の楢崎弥之助代議士，リクルートコスモスの松原弘社長室長らの贈賄工作を告発。日本テレビ，かくし撮りビデオを放映。 9.19 天皇吐血して容体急変。9.22 閣議，全国事行為の皇太子への委任を決定。皇居坂下門他全国12か所で見舞いの記帳開始，全国で約300万人。首相や閣僚の公式日程変更が相次ぐ。 10.30 池子の米軍住宅問題で揺れる逗子市長選で，反対派の現職富野暉一郎が当選。 11.10 自民党，衆議院税制問題等調査特別委員会で消費税等税制改革関連6法案を単独強行採決。国会審議ストップ。11.16 半年間の「弾力的運営」など一部修正して衆議院を通過。 11.11 米大統領選後ドル急落。11.17 東京外為市場で1ドル=121円52銭の戦後最高値を記録。 11.21 衆議院リクルート問題調査特別委員会，江副リクルート前会長・高石邦男前文部・加藤孝前労働両事務次官を証人喚問。議院証言法の改正により，証言のテレビ撮影禁止。 11.29 竹下首相，「ふるさと創生」政策のため，全市町村に一律1億円の交付金配付方針決定。 12.6 参議院税制問題等特別委員会，江副前会長等を証人喚問。江副証言と宮沢蔵相の答弁に食い違いが判明，12.9 蔵相辞任。 12.24 税制改革6法案，参議院本会議で成立。野党は牛歩戦術で約26時間の抵抗。 12.27 竹下首相，リクルート疑惑一掃のため内閣を改造。12.30 長谷川法相，政治献金疑惑で辞任。	1.13 台湾の蔣経国総統が死去(77)。李登輝副総統，総統に昇格(初の台湾生まれ)。 1.15 韓国，昭和62年の大韓航空機事件を北朝鮮の「爆弾テロ」と断定。金賢姫が犯行認める記者会見。 2.13 第15回冬季オリンピック(カナダ・カルガリー，～2.28)。スケートの黒岩彰が500mで銅，橋本聖子が全5種目に日本新で入賞。 3.24 中国の上海近郊で列車事故。修学旅行中の高知学芸高校の生徒・教諭ら29人死亡，104人負傷。 4.11 映画『ラストエンペラー』の音楽担当坂本龍一，日本人初のアカデミー賞オリジナル作曲賞を受賞。 4.14 アフガニスタンで和平協定成立。5.15 ソ連軍撤兵開始。 6.14 田部井淳子，マッキンリー登頂に成功。日本女性初の5大陸最高峰征服。 6.19 第14回先進国首脳会議(カナダ・トロント，～6.21)。 7.3 米のイージス艦，ペルシャ湾でイラン旅客機を誤認して撃墜，290人が死亡。 8.20 7年余り続いたイラン・イラク戦争で停戦協定成立。 9.17 第24回オリンピック(ソウル，～10.2)。過去最高の160か国・地域から1万3626人参加。日本は柔道・水泳・レスリングで金計4個。 10.4 ベトナムの二重体児ベトちゃん，ドクちゃんの分離手術成功。 11.8 米国大統領選挙で，共和党のブッシュ候補当選。 11.23 韓国の全斗煥前大統領，光州事件と一族の不正で国民に謝罪。 12.2 パキスタンのブット女史，イスラム圏初の女性首相に。 12.7 ソ連のアルメニア共和国で地震。数万人の死傷者。

●リクルート事件で政界波瀾。天皇吐血

社会・文化	世相
1.5 東京六本木のディスコで，重さ1.6 t の照明器具が落下，3人死亡。	2月 国会で歌手のアグネス・チャンが子連れ出勤を論じ，アグネス論争盛ん／『ドラゴンクエストⅡ』が発売，ブームに。
1.12 日本医師会の生命倫理懇談会，脳死を認める決定を下す。	6月 粉塵公害防止のためスパイクタイヤの製造中止が決定。
2.19 静岡県浜松市で，暴力団事務所の移転を要求する住民の3年ごしの運動が奏功。	9月 南海ホークス門田博光が36号本塁打，40歳の世界新記録を達成。
2.27 専修大学で学籍のないニセ学生発覚，元教授の犯罪が判明。3.25 逮捕。	10月 プロ野球の南海と阪急が身売り，ダイエーホークス，オリックスブレーブスとなる／札幌などで開催の「世界・食の祭典」が80億円の赤字で閉幕。
3.13 世界最長の青函トンネル開業。53.85km	11月 横綱千代の富士，九州場所で53連勝達成／『平凡パンチ』休刊。
3.18 東京ドーム球場，開場記念オープン戦。	12月 『少年ジャンプ』が初の500万部発行。
4.10 世界最長の道路・鉄道併用の瀬戸大橋が開通。海峡部9368m。	この年 ドライビールが大流行／食物繊維の栄養飲料が爆発的人気。
5.8 NHKが3月実施の大型間接税導入に関する世論調査について，「反対48%」の結果の不公表問題化。	🔴 朝シャン／子連れ出勤／くう・ねる・あそぶ／DINKS／カウチポテト／今宵はここまでにいたしとうござりまする／下血／自粛／オバタリアン／濡れ落ち葉
5.15 11年ぶりに見直しの小学校学習指導要領の文部省案，教えるべき10人の人物に東郷平八郎元帥を含めており問題化。	🎵「乾杯」長渕剛／「TATTOO」中森明菜／「ふたり」少年隊／「パラダイス銀河」光GENJI／「LOVE ME TENDER」RCサクセション／「乱れ花」大月みやこ
5.31 島根・鳥取両県知事，中海・宍道湖淡水化事業の凍結を表明。	📖 シドニイ=シェルダン『ゲームの達人』／広瀬隆『危険な話』／伊藤栄樹『人は死ねばゴミになる』／ポール=ケネディ『大国の興亡』／村上春樹『ダンス・ダンス・ダンス』
6.2 奈良県斑鳩町の藤ノ木古墳で，石棺内の大量の副葬品が内視鏡で判明。	🎬 『敦煌』大映・電通：佐藤純弥監督・佐藤浩市・西田敏行／『マリリンに逢いたい』三菱商事・第一企画・東北新社・松竹富士：すずきじゅんいち監督・三浦友和／『TOMORROW・明日』ライトヴィジョン・沢井プロ・創映社：黒木和雄監督・桃井かおり・馬渕晴子
6.10 明電工の中瀬古功元相談役が株操作による所得25億円の隠匿が発覚，同社幹部ら を含む5人が所得税法違反で逮捕。	〔洋画〕『ラストエンペラー』（英・伊・中国）／『太陽の帝国』『グッドモーニング・ベトナム』『危険な情事』（米）／『芙蓉鎮』（中国）／『旅人は休まない』（韓国）／八月の鯨（英）
7.23 横須賀沖で自衛隊の潜水艦なだしおと釣り船第一富士丸が衝突，30人死亡。8.24 瓦力防衛庁長官辞任。	📺 『教師びんびん物語』／『悔恨の墓標・記者たちの沖縄戦』〔CM〕「パンチを打つタイソン」（サントリーDRY），「野坂昭如の"米について"」（農協），「岸本加代子のかってに氷」（東芝冷蔵庫），「オノヨーコ，人間のKDD」（KDD）
9.22 自民党，高校英語教科書の日本軍の残虐行為についての記述が不適切と非難。10.3 出版社側が大幅改訂を実施。	💀 1.9 宇野重吉（73）／ 3.30 田谷力三（89）／ 4.10 桑原武夫（83）／ 4.16 中村勘三郎（78）／ 4.23 小沢栄太郎（79）／ 5.7 山本健吉（81）／ 8.4 土光敏夫（91）／ 8.10 清水幾太郎（81）／ 11.14 三木武夫（81）／ 12.15 山口青邨（96）／ 12.16 小磯良平（88）／ 12.25 大岡昇平（79）
10.1 天皇の容態悪化で行事・興業・広告・宣伝など自粛相次ぐ。その是非をめぐって活発な論議。	
10.19 東京地検，リクルート本社などの一斉捜索。前社長室長を逮捕。	
10.21 国債ネズミ講の「国利民福の会」会長平松重雄ら逮捕。	
11.10 東京地検，「ロス疑惑」の容疑者三浦和義と大久保美邦を起訴。	
11.14 東京の青梅信用金庫で，9億7000万円を元暴力団組員に不正に送金していた女子行員逮捕。	
11.28 大阪地労委，国鉄からJRへの移行時に不採用の国労組合員に対し，救済命令。	
12.5 JR中央線の東中野駅で，停車中の電車に後続電車が衝突，2人死亡，116人が重軽傷。	
12.19 北海道の十勝岳が26年ぶりに噴火。	

昭和64年＝平成１年(1989) 己巳

内閣	政治・経済	世 界
竹下登（自民党） 6.1 6.2 宇野宗佑（自民党） 8.8 8.9 海部俊樹（自民党）	1.7 天皇, 十二指腸部腺癌で午前６時33分死去(87歳)。1.31 昭和天皇と追号。皇太子明仁即位, 平成と改元(1.8 施行)。剣璽等承継の儀, 1.9の即位後朝見の儀, 共に国事行為として実施。 2.7 リクルート疑惑の民社党塚本委員長, 退陣表明。2.22 党大会, 永末英一委員長らを選出。 2.12 リクルート事件後初の国政選挙の参院福岡選挙区補欠選挙で社会党候補が大勝。以後鹿児島知事選・大分市議選・千葉知事選で野党が善戦。宮城知事選では自民党候補擁立断念。 2.24 昭和天皇大喪の礼, 新宿御苑で実施。163か国の元首級55人ら・28国際機関の代表・使節ら9800人が参列。大赦・復権令等約1017万人。 4.1 消費税スタート。ほとんどの商品・サービスに３％の課税, 年間の税収約６兆円の見積り。 4.12 中国の李鵬首相来日, 友好関係の発展を約束。 4.18 東京地検, リクルート事件で高石邦男前文部次官を収賄容疑で起訴。国会空転状態。 4.25 竹下首相, 政治不信の責任をとり辞意表明。後継首相候補に伊東正義総務会長を擁立, 失敗。5.31 宇野宗佑外相の擁立固まる。 5.17 公明党矢野委員長,「明電工疑惑」等の不祥事で退陣表明。5.18 緊急中央執行委員会, 石田幸四郎委員長を選出。 5.22 東京地検, リクルート事件で藤波孝生元官房長官・公明党池田克也前代議士を収賄容疑で起訴。5.29 地検, 捜査終結を発表。 5.25 衆院予算委員会, リクルート事件の証人に中曽根前首相を喚問。中曽根, 疑惑を全面否定。 6.2 宇野内閣組閣。官房長官塩川正十郎。 7.2 東京都議選で自民党大敗, 社会党大躍進。 7.23 参議院議員選挙で与野党逆転, 社会46, 自民36, 公明10, 共産5, 民社3, 初登場の「連合」11。 7.24 宇野首相, 参院選惨敗と女性問題で退陣表明。 8.5 自民党総裁選で海部俊樹・林義郎・石原慎太郎が立候補。8.8 両院議員総会で海部選出。 8.9 海部内閣組閣, 蔵相橋本龍太郎・官房長官山下徳夫。8.24 山下官房長官, 女性問題で辞任。後任は森山真弓環境庁長官。 9.27 ソニー, 米映画社コロンビアの買収を発表。 10.9 週刊誌, パチンコ業界の与野党議員の多額献金の実態を曝露。自社両党の泥仕合に発展。 12.11 社会党等野党４会派提出の消費税廃止関連9法案, 参院で可決。12.16 衆院審議未了, 廃案。 12.11 リクルート事件で高石前文部次官ら初公判。12.13 真藤恒前NTT会長初公判。12.15「政界ルート」の藤波・池田・江副浩正初公判。 12.14「公共の福祉優先」を盛った土地基本法成立。 12.29 東証平均株価, 3万8915円の史上最高値。	2.11 ハンガリー社会主義労働者党中央委総会, 複数政党制復活を決議。 2.15 ソ連軍のアフガニスタン撤退完了。 3.18 伊藤みどり, パリの世界フィギュアで日本人初の優勝。 3.26 ソ連, 複数候補制による初の人民代議員選挙, 各地で改革派当選。 4.5 ベトナム, カンボジア駐留軍の９月末までの完全撤退を発表。 4.15 中国共産党前総書記胡耀邦急死(73)。学生, 天安門広場で追悼集会。5.13 北京の学生のハンスト開始。 5.15 ソ連共産党ゴルバチョフ書記長が訪中。5.16 鄧小平と会談, 関係正常化を確認。 5.18 天安門広場に民主化を求める100万余の民衆。5.20 北京に戒厳令。趙紫陽総書記失脚。6.4 戒厳部隊が戦車等で制圧(天安門事件)。 6.3 イランの最高指導者ホメイニ師死去(89)。 6.4 ポーランドの上下院選挙で「連帯」が圧勝。 7.1 北朝鮮・平壌での第13回世界青年学生祭典に韓国の女子学生の林秀卿が参加。 7.15 パリの第15回先進国首脳会議, 東欧支援などを宣言。 8.19 東独市民約1000人, オーストリアに脱走。東欧民主化運動の発端。 10.23 ハンガリー, 人民共和国を共和国と改称。 11.9 東独, ベルリンの壁を実質的に撤去。11.11 ベルリン市民, 壁の破壊を開始。 12.3 米・ソ首脳のマルタ会談, 新時代の到来を宣言。 12.20 米, ノリエガ将軍拘束のためパナマに侵攻, 失敗。 12.22 ルーマニアのチャウシェスク独裁政権崩壊。12.25 大統領夫妻処刑。

●昭和の終焉。消費税に国民怒る。社会党のマドンナ登場

社会・文化	世相
1.7 天皇死去を機に，各種行事・弔旗掲揚問題や憲法・天皇制論議盛ん。批判的発言者・団体への脅迫相次ぐ。	2月 金融機関の完全週休2日制開始。
1.14 病院・税関など以外の国の行政機関の隔週土曜閉庁開始。	3月 横浜博覧会開幕（〜10月）。
1.31 島田市の幼女殺害事件の赤堀政夫死刑囚，やり直し裁判で34年ぶりに無罪。	5月 新しい犯罪，テレカ変造の犯人逮捕。
2.6 昭和63年8月から行方不明の入間市の幼稚園女児宅に，箱に入った人骨等が置かれる。2.10 新聞社宛に女性名の犯行声明。	6月 歌謡界の女王美空ひばり死去，国民栄誉賞。
2.7 国民の祝日法改正公布。旧天皇誕生日を「みどりの日」に，12月23日を天皇誕生日に。	8月 連続幼女誘拐殺人事件に端を発しホラービデオの規制が問題化。
2.10 文部省，学習指導要領で入学式，卒業式での「国旗掲揚」「国歌斉唱」を「指導するものとする」と規定。	9月 大相撲横綱千代の富士が965勝の史上最多記録を達成，国民栄誉賞。
3.2 佐賀県の吉野ケ里遺跡で，銅剣・ガラス製管玉など発掘。弥生時代最大の環濠集落・墳丘墓と推定。	10月 幕張メッセ完成。
3.8 最高裁大法廷，法廷内メモ「原則自由」の判決（米レペタ弁護士提訴）。	この年 マスコミ等で昭和ブーム／清涼飲料「はちみつレモン」が人気，各メーカーが同一名の商品を続々販売／歴史・時代小説のコミック版が相継ぎ出版。
3.25 新日鉄釜石製鉄所，溶鉱炉の火が消える。	😀 ペレストロイカ／けじめ／フリーター／逆風四点セット／偽装難民／マドンナ旋風／HANAKOさん／デューダする／セクハラ／アッシー君／マスオさん（逆玉）現象
4.11 川崎市の竹やぶで1億円余の札束発見。4.16 同所で9000万円発見。5.8 東京の商事会社社長の金であると判明。	🎵 「風の盆恋歌」石川さゆり／「とんぼ」長渕剛／「酒よ」吉幾三／「DIAMONDS」プリンセス・プリンセス／「淋しい熱帯魚」Wink
4.18 藤沢市の暴走族をとがめた毎日新聞論説室顧問吉野正弘，逆に殴られて死亡。	📖 吉本ばなな『TUGUMI』／井上靖『孔子』／津本陽『下天は夢か』／藤村由加『人麻呂の暗号』／栗良平『一杯のかけそば』／ホーキング『ホーキング宇宙を語る』
5.7 昭40.12.5の沖縄近海航海中の米空母タイコンテロガからの水爆搭載機の滑落が表面化。5.23 元乗組員がワシントンで証言。12.26 米，対日情報提供拒否の回答。	🎬 『黒い雨』今村プロ・林原グループ：今村昌平監督・北村和夫・田中好子／『千利休・本覚坊遺文』西友・東宝：熊井啓監督・奥田瑛二・三船敏郎／『あ・うん』東宝・フィルムフェイス：降旗康男監督・高倉健・宮本信子／『魔女の宅急便』徳間書店・ヤマト運輸・日本テレビ：宮崎駿監督〔洋画〕『レインマン』『ダイハード』（米）／『バベットの晩餐会』（デンマーク）／『赤毛のアン』（カナダ）／『紅いコーリャン』（中国）
5.29 五島列島にベトナム難民107人乗船の漁船漂着，以後中国系難民も漂着。	
6.27 東京高裁，家永教科書第2次訴訟の差戻し審で，原告側に訴えの利益なしとして1審判決を却下。10.3 東京地裁，第3次訴訟でも原告の実質的敗訴の判決。	📺 『青春家族』『拝啓長崎市長殿』『驚異の小宇宙・人体』『いかすバンド天国』『遠い祖国』『和泉雅子北極点に立つ』『春日局』〔CM〕「今日はもうおしまい」（ニッサンセフィーロ），「デューダ退社編」（学生援護会），「24時間戦えますか」（リゲイン），「女の敵は男だろうか」（パルコ），「ホップステップ適職マガジン・アザミ編」（求人案内社）
8.10 八王子で強制わいせつ罪容疑の宮崎勤，野本綾子ちゃん殺しを自供。	
8.25 天皇の次男礼宮と学習院大学大学院生川島紀子の婚約発表される。	🧑 1.7 昭和天皇（87）／2.9 手塚治虫（60）／3.20 五島昇（72）／4.11 島岡吉郎（77）／4.14 西堀栄三郎（86）／4.27 松下幸之助（94）／5.2 春日一幸（79）／6.24 美空ひばり（52）／6.25 尾上松緑（76）／7.29 辰巳柳太郎（84）／8.18 古関裕而（80）／9.27 谷川徹三（94）／12.9 開高健（58）／12.12 田河水泡（90）
8.25 東京都，オウム真理教を宗教法人と認可。	
11.13 島根医大で初の生体肝移植手術。	
11.14 昭63年7月の自衛隊潜水艦と漁船の衝突事件で潜水艦の航海日誌の改竄が発覚。	
11.15 横浜の坂本堤弁護士一家の失跡が判明。	
11.21 日本労働組合総連合（連合）発足（798万人，総評解散）。	
12.8 最高裁，石油危機の際のヤミカルテル訴訟で，挙証責任は原告にあると判決。	

平成2年(1990) 庚午

内閣	政治・経済	世界
① （自民党） 海部俊樹 2.27 2.28 ② 海部俊樹 （自民党）	1.3 公明党，防衛費のGNP比1％厳守，次期防中止等の新平和政策を発表。 2.2 総選挙のため5党首がテレビで公開討論。 2.5 都市・地方銀行間のオンライン提携スタート。 2.18 第39回総選挙（自民275，社会136，公明45，共産16，民社14，社民連4，進歩1，無所属21）。自民，追加も含め，286で安定多数。 2.28 第2次海部内閣成立，官房長官坂本三十次。 3.5 社会党委員長に土井たか子が3選。3.15 社会党，党規約から「革命」を削除。 3.23 国土庁1月1日発表の地価公示価格暴騰，大阪圏の住宅地，前年比56.1％上昇。過去最高。 4.1 三井・太陽神戸銀行合併，太陽神戸三井銀行。 4.7 G7，円安抑制と東欧支援の共同声明。 4.18 新行革審，市場開放・公的規制緩和・国民負担率抑制等の内容の最終答申提出。 4.24 民社党新委員長に大内啓伍，米沢隆書記長は留任。 5.24 韓国盧泰愚大統領来日，天皇が「痛惜の念」表明。5.25 韓国元首初の衆議院での演説。 6.4 東京でカンボジア和平会議開幕，初の日本での地域紛争解決の和平会議。 6.23 日米首脳，日米安保条約（新安保条約）発効30周年で継続確認の共同声明。 6.23 海部首相，首相として初めて沖縄戦没者追悼式に参列。 6.28 英国の金融専門誌の番付で住友，第一勧銀富士が上位3位を独占。 7.16 米経済誌『フォーチュン』，世界大企業番付6位にトヨタ，9位に日立製作所。 8.7 政府，韓国政府要求の戦時中の強制連行者名簿の約1割，8万名の名簿保存を発表。 8.20 首相，多国籍軍への10億ドルの資金援助等の中東支援策を発表。9.29 エジプト等3国への20億ドル支援等の第2弾決定。 9.18 平成2年防衛白書，ソ連の「潜在的脅威」削除。 9.21 梶山法相の米の黒人差別発言が問題化。10.17 陳謝の書簡を米黒人議員連盟宛てに伝達。 9.24 金丸元副総理，田辺社会党副委員長を団長とする自社両党の訪朝団，平壌入り。9.28 日本の植民地支配の謝罪と国交正常化を提案。 10.1 東証平均株価，2万円を割る（バブル崩壊の兆し）。 10.27 南アフリカの反アパルトヘイト運動の指導者ネルソン＝マンデラ来日。10.28 国会で演説。 11.1 川崎市，全国初の行政監察オンブズマン制度実施。 11.12 天皇，即位の礼。11.22 現憲法下初の大嘗祭。 11.18 大田昌秀琉球大名誉教授，沖縄県知事に当選。12年ぶりに革新県政復活。	1.11 中国，北京の戒厳令解除。 1.31 マクドナルドがソ連に進出，モスクワで営業を開始。 2.11 南ア政府，終身刑の黒人解放指導者ネルソン＝マンデラを釈放。6.25 国連で演説。 2.12 ソ連最高会議幹部会，大統領制導入決定。3.15 大統領にゴルバチョフ選出。 2.15 ラトビア共和国，ソ連から独立決議。3.11 リトアニア，3.30 エストニアも。 3.3 中丸三千絵，マリアカラス国際声楽コンクールで日本人初の優勝。 3.10 イタリア共産党，70年来の共産主義と訣別。 3.21 アフリカ最後の植民地・ナミビアが南アから独立。 5.20 台湾の李登輝総統，中国との敵対関係の終息を表明。 6.10 ペルー大統領選で日系のアルベルト＝フジモリ当選。 7.9 米・ヒューストンで第16回先進国首脳会議（政治宣言から「ソ連の脅威」の語句が消える）。 8.2 イラク軍，クウェート制圧（石油問題の交渉決裂）。8.6 国連安保理，イラクへの経済制裁決議。8.7 ブッシュ米大統領，サウジアラビアへの派兵決定。 10.3 西独基本法に基づき，ドイツが国家統一を回復。 11.15 ソ連ゴルバチョフ大統領，ノーベル平和賞受賞。 11.22 サッチャー英首相，辞任。11.28 メージャー蔵相が首相に就任。 11.28 シンガポールのリー＝クアンユー首相退任。後任にゴー＝チョクトン。独立以来初の首相交代劇。 11.29 国連安保理，平3.1.15までにイラクが撤退しない場合の武力行使等容認を決議。 12.9 ポーランド大統領選，「連帯」のワレサ議長が当選。

●バブル経済最後の輝き，ドイツ統一回復

社会・文化	世相
1.10 戦後，マラヤ共産党に参加した，当時の国策会社社員田中清明・橋本恵之，46年ぶりに肉親と再会。1.13 帰国。 1.13 **大学入試センター第1回試験実施。** 1.16 俳優の勝新太郎，ハワイ入国の際コカイン所持等で逮捕。3.12 強制退去。 1.18 本島等長崎市長，市役所玄関前で短銃で撃たれ重傷。天皇の戦争責任批判に右翼が反発，右翼団体員を逮捕。 1.22 新幹線地下工事中，JR御徒町駅ガード下の都道が突如陥没。 2.20 長崎地裁，忠魂碑訴訟で1基のみ違憲判断。他の13基は請求棄却。 3.8 千葉県，新設ゴルフ場での農薬使用全面禁止を決定(全国初)。6.18 埼玉県も環境庁の規制より厳しい基準値を設定。 3.15 秋田県，ブナ原生林保存のため青秋林道の建設念を表明。 3.26 逗子市議選で米軍住宅建設反対派が過半数を獲得。 3.27 夕張市で最後の三菱南大夕張炭鉱閉山。 4.1 大阪で**国際花と緑の博覧会開幕**(〜9.30，ロープウェーの事故等相次ぐ)。 4.22 弓削達フェリス女学院大学長宅に右翼が銃弾を撃ち込む。 5.23 埼玉県教育委，卒業式の日の丸掲揚反対の教員25名を懲戒処分。 6.29 礼宮と川嶋紀子結婚。秋篠宮家創設。 7.5 鹿島建設，戦争末期の中国人虐待の「花岡事件」の責任を初めて認め，生存者と補償交渉開始。 7.6 兵庫県立神戸高塚高校で登校門限時に生徒1人が門扉に挟まれて圧死。 7.30 大学審議会，一般教育と専門教育の区別廃止の中間報告。10.31 学生数の急減に応じ平成5年から大学新・増設抑制方針も。 8.27 サハリンで大火傷の男児を札幌医大に緊急空送，手術成功。 10.3 大阪府西成署の巡査長，暴力団からの金銭授受で逮捕。以後管内のあいりん地区で群衆が放火等で抗議，機動隊出動。 10.15 沖縄県議会，全国でも異例のホテルの海浜独占禁止条例可決。 11.17 長崎県**雲仙普賢岳が200年ぶりに噴火。** 12.2 **秋山豊寛TBS記者，日本人初の宇宙飛行士**としてソ連のソユーズTM11号で9日間の宇宙の旅を体験。 12.7 中央労働基準審議会，法定労働時間を週44時間とすることを答申。	2月 TVゲームの人気ソフト「ドラゴンクエストⅣ」発売，大人気。 4月 三菱銀行のオンラインシステムが停止。全国で大混乱／アースデー(地球の日)の統一国際行動に日本も初参加。 5月 斉藤英子大昭和製紙名誉会長，ゴッホの「ガシュ博士の肖像」を史上最高価格(8250万ドル，約125億円)で落札。 8月 国際マングローブ生態系協会発足。 9月 大阪の真夏日，過去最高の連続67日。 11月 電通発表，今年のヒット商品，キリンの「一番搾り」と松下電気の「ファジー家電」／**海外渡航者初の1000万人突破**／観測史上最も遅い台風28号，紀伊半島に上陸／議会開設百周年で議事堂を初めて一般に開放。 12月 競馬の第35回有馬記念で人気馬オグリキャップが引退の花道を飾る。 この年 総人口中の子供(15歳未満)の割合が過去最低／大学不合格者過去最高／女子大生100万人突破／高齢者世帯(男65，女60歳以上)初めて全世帯の10%以上に／1世帯人口が2.98人で初めて3人を割る／初婚の平均年齢，男28.5歳，女25.8歳で世界最高水準／競馬人気で中央競馬の年間売上げ3兆円超 🔴ボーダーレス／バブル崩壊／3K(きつい・汚い・危険)／ファジー／オタッキー／マニュアル／症候群／ちびまる子現象 🎵「踊るポンポコリン」B.B.クイーンズ／「さよなら人類」たま／「恋唄綴り」堀内孝雄 📖二谷友里恵『愛される理由』／シェルダン『真夜中は別の顔』／盛田昭夫・石原慎太郎『『NO』と言える日本』／『ドラゴンクエストⅣ公式ガイドブック』 🎬『天と地と』東映：角川春樹監督・榎木孝明・浅野温子／『つぐみ』松竹：市川準監督・牧瀬里穂・中嶋朋子／『夢』：黒沢明監督・寺尾聡・倍賞美津子 〔洋画〕『フィールド・オブ・ドリームス』(米)『サラーム・ボンベイ』(印・英・仏・米) 📺『ちびまる子ちゃん』『浮浪雲』『翔ぶが如く』〔CM〕「もっと端っこ歩きなさいよ」(金鳥ゴン) 👤1.10 春日野(栃錦)清隆(64)／1.20 東久邇稔彦(102)／2.6 赤尾敏(91)／3.1 岡林辰雄(86)／3.6 古在由重(88)／5.3 池波正太郎(67)／5.27 高峰三枝子(71)／9.1 ライシャワー(79)／9.15 土門拳(80)／9.25 奥村土牛(101)／12.8 土屋文明(100)

平成3年(1991) 辛未

内閣	政治・経済	世　界
② 海 部 俊 樹 （ 自 民 党 ） 11.4 11.5 宮 沢 喜 一 （ 自 民 党 ）	1.22 平成3年の最高路線価格，都道府県都市の上昇率平均38.1％。62年の42.0％に次ぐ高率。 1.24 政府・自民党首脳会議，湾岸戦争支援策として90億ドル(約1兆2000億円)の追加支出，避難民輸送のための自衛隊機派遣等を決定。 1.30 日本と北朝鮮，国交正常化の交渉開始。 2.19 民社党，綱領から「民主社会主義」を削除。 3.9 新宿に新東京都庁完成。費用1600億円，高さ241mの日本一の高層ビルに。 3.12 千葉・幕張メッセの国際食品・飲料展に米国のコメ協議会が，米国産コメの出展を強行。 4.7 13都道府県知事選・道府県議選の平均投票率，史上最低。4.8 都知事に現職の鈴木俊一知事が4選，自公民推薦の磯村尚徳敗北。小沢一郎自民党幹事長辞任。後任は小渕恵三。 4.21 北村春江，芦屋市長に当選。日本初の女性市長。 4.22 ノンバンクの静信リース(静岡市)倒産。バブル経済崩壊初のノンバンクのケース。 4.24 安全保障会議・臨時閣議，ペルシャ湾に海上自衛隊の掃海艇派遣決定。4.26 6隻出港。 7.23 社会党委員長田辺誠，書記長山花貞夫に。 9.6 日銀の企業短期経済観測調査(短観)，5月の前回調査に比べ，景気の減速感を表明。 9.19 改正国会法公布(常会の召集を12月から1月に)。 9.24 経企庁，「いざなぎ景気」(昭40.11～45.7)を超えたと発表。 9.30 海部首相，政治改革関連法案廃案の確定を受け，「重大な決意」(衆院解散)を表明。竹下派不支持。10.5 総投断念を表明。 9.30 借地借家法50年ぶり改正，貸主の権利強化。 10.10 自民党竹下派，総裁選立候補断念。小沢一郎竹下派会長代行，総裁選候補の宮沢喜一・渡辺美智雄・三塚博の3人を個人面接。 10.10 政府，バルト3国と外交関係を樹立。 10.14 橋本龍太郎蔵相，証券・金融不祥事や元秘書の富士銀行不正融資事件関与等で辞任。 10.22 閣議，南アフリカに対する経済封鎖解除決定。 10.27 自民党新総裁に宮沢喜一当選。幹事長綿貫民輔。11.5 宮沢内閣成立。 11.20 大蔵省，今年度の税収不足2兆7000億円との見通し発表。 11.24 社会党嶋崎譲文化教育委員長，「日の丸」容認の新見解発表。12.9 日教組，見直しを要請。 11.27 自民・公明両党，衆院国際平和協力委でPKO協力法案を強行採決，社共「牛歩戦術」で抵抗。11.28 本会議での採決延期。12.3 衆院本会議通過。12.10 政府，今国会での成立断念。 12.12 11月の卸売り物価指数96.1，2年10か月ぶりに下落。	1.17 ペルシャ湾岸の多国籍軍，イラク侵攻開始。1.18 イラク，イスラエルをミサイル攻撃。1.20 サウジアラビアにも(湾岸戦争)。 2.24 多国籍軍，対イラク地上戦開始。2.27 クウェート制圧。2.28 停戦。4.6 国連安保理，イラクの停戦決議受諾を確認。湾岸戦争終結。 5.3 ユーゴでセルビアとクロアチアなどとの対立激化。 5.21 ラジーヴ=ガンディー元インド首相，爆弾テロで死亡。 6.9 フィリピンのピナツボ火山，20世紀最大の大噴火。 6.12 エリツィン，ロシア共和国初の大統領に当選。 6.28 東側諸国で構成する経済相互援助会議(コメコン)解散。 7.1 ワルシャワ条約機構解体。 7.17 ロンドンで第17回先進国首脳会議。ゴルバチョフ大統領と対ソ支援で合意。 8.19 ソ連保守派，ゴルバチョフ大統領を軟禁しクーデター。8.21 エリツィン・ロシア共和国大統領を中心とした市民の反対によりクーデター失敗。8.24 ゴルバチョフ，自ら共産党書記長辞任を表明。12.25 大統領辞任。 9.6 ソ連国家評議会，バルト3国の独立を承認。 9.17 韓国，北朝鮮が国連同時加盟。エストニア，ラトビア，リトアニアのバルト3国も。 10.10 ハーグでユーゴ紛争での包括和平合意。 10.14 ミャンマーのスーチー女史にノーベル平和賞。 10.23 カンボジア4派等，パリ国際会議で和平文書に調印。 12.24 金正日，北朝鮮人民軍最高軍司令官に就任。 12.26 ソ連最高会議共和国会議，ソ連消滅宣言採択。12.30 旧ソ連11共和国，独立国家共同体(CIS)会議開催。

●湾岸戦争とバブル崩壊に揺れる日本

社会・文化	世相
1.10 仙台高裁，岩手靖国訴訟で公式参拝と玉串料支出を違憲とする初の憲法判断。 1.19 坂本龍一，ゴールデン・グローブ賞最優秀作曲賞受賞。 2.4 東京地裁，過労による持病の悪化での死亡を労災と認定。 2.9 関西電力美浜原発で原子炉が自動停止。これまでで国内最大規模の事故。2.22 東北電力女川原発でも蒸気漏れ事故。 2.23 皇太子徳仁，立太子の礼。 3.13 文部省の調査研究協力者会議，小中学校の成績評価，絶対評価への転換を決定。 4.5 三菱商事のルノワールの作品購入での15億円の不明金に関し，現場に創価学会副会長等がいたことが判明。 5.15 暴力団不当行為防止法（平4.3.1 施行）・育児介護休業法（平4.4.1 施行）公布。 6.3 長崎県の雲仙普賢岳で大火砕流発生（死者・行方不明43）。6.8 再度大火砕流。9.15 最大規模の火砕流で，170棟以上焼失。 6.20 東北・上越新幹線が東京駅への乗り入れ開始。 6.30 文部省，小学校の教科書検定結果発表，社会科の全教科書に「日の丸が国旗」「君が代が国歌」と明記。 7.12 小説『悪魔の詩』の訳者，五十嵐一筑波大助教授，構内で刺殺体で発見される。 9.11 空母ミッドウェーと交替のインディペンデンス，横須賀基地に入港。 10.2 山梨県の西湖，相次ぐ台風で増水，湖畔のキャンプ場など浸水。 11.7 日蓮宗総本山大石寺，創価学会に対し解散勧告書。11.28 破門を通告。 11.12 韓国・朝鮮のBC級戦犯と遺族ら7人，1億3600万円の国家補償を求め，東京地裁に提訴。 11.21 成田空港問題で政府と反対派住民が初のシンポジウム，奥田敬和運輸相陳謝。 12.6 元従軍慰安婦や軍属の「太平洋戦争犠牲者遺族会」，1人2000万円の補償を求め東京地裁に提訴。 12.9 景観をめぐり紛争中の京都ホテル，予定通り60mのビル建設に着工。仏教会，工事差止めの仮処分で対抗。平6.5.18 完成。 12.19 文部省，全国の幼稚園，小・中・高校等公立校で，平成4年度2学期から月1回，土曜休校5日制実施を決定。 12.25 文部省調査，平成2年度の登校拒否の小学生8014人，中学生40,223人で過去最高。	1月 子供の体格の早熟，大型化が進み，男子13歳，女子11歳で90年前の20歳と同じになる。 2月 湾岸戦争の影響で，2〜3月の海外旅行者の2割余り8万7000人が取り消し。 3月 日本高校野球連盟，神奈川県韓国中高級学校申請中の公式試合へ参加承認。 6月 98年冬季五輪開催地が長野に決定。 8月 計量法が変更，熱量カロリーがジュール，騒音のホンがデシベルなど国際単位に統一／日本相撲協会，立ち会いの「待った」に罰金を課すことを決定／今春の全国高校卒業者の大学・短大志願率初めて50%以上を記録／大学生数が200万人を突破。 9月 『朝日新聞』の4コマ漫画『フジ三太郎』，26年6か月の長期連載終了。 10月 今春の女子大生の就職率81.8%で男子を抜き，史上最高。 11月 都道府県別の「豊かさ総合指数」で山梨が1位，千葉・埼玉が最下位。 12月 大和朝廷の大王墓とされる見瀬丸山古墳の内部の写真初公開。 🗨 ……じゃありませんか／火砕流／ひとめぼれ／損失補填／チャネリング 🎵「ラブ・ストーリーは突然に」小田和正／「SAY YES」CHAGE＆ASKA／「愛は勝つ」KAN／「北の大地」北島三郎 📖 篠山紀信『Santa Fe』／『広辞苑 第4版』／さくらももこ『ちびまる子ちゃん』／陳舜臣『諸葛孔明』／山崎豊子『大地の子』／大沢在昌『新宿鮫』／荻野アンナ『背負い水』 🎬『八月の狂詩曲』松竹；黒澤明監督・村瀬幸子・吉岡秀隆／『息子』松竹；山田洋次監督・三国連太郎・和久井映見／『無能の人』松竹富士；竹中直人監督・風吹ジュン 〔洋画〕『ダンス・ウイズ・ウルブズ』『羊たちの沈黙』『ターミネーター2』（米）／『達磨はなぜ東に行ったのか』（韓国） 📺『クリスマス・イヴ』『渡る世間は鬼ばかり』『東京ラブストーリー』『101回目のプロポーズ』『たけし・逸見の平成教育委員会』 👤 1.19 宇佐美毅（87）／ 1.29 井上靖（83）／ 2.5 中川一政（97）／ 3.25 橋本明治（86）／ 4.5 升田幸三（73）／ 5.7 末永雅雄（93）／ 6.2 森脇将光（91）／ 6.10 デイック＝ミネ（82）／ 8.5 本田宗一郎（84）／ 8.25 松前重義（89）／ 9.4 高木顕（72）／ 10.15 長谷川恒男（43）／ 10.22 春日八郎（67）／ 11.23 上原謙（82）

平成4年(1992) 壬申

内閣	政治・経済	世界
宮沢喜一（自民党）	1.8 金丸信, 宮沢首相の要請で自民党副総裁に就任。8.28 佐川急便からの5億円授受を認め辞任。9.28 略式起訴。 1.13 加藤紘一官房長官, 従軍慰安婦問題で旧軍の関与を認め, 公式に謝罪。1.17 訪韓中の宮沢首相, 韓国国会で公式に謝罪。 1.31 大蔵省, 平成3年の国際貿易収支, 前年比62%増の1032億ドルの黒字と発表。 2.9 参院奈良補選で政界汚職が争点となり, 自民候補惨敗。3.8 宮城補選でも敗北。 2.19 経企庁, 前年1～3月をピークに景気は下降期に入ったと発表。 3.27 国土庁, 公示地価が17年ぶりに下落と発表。 4.1 太陽神戸三井銀行, さくら銀行と改称。 5.22 細川護熙前熊本県知事, 日本新党結成。 6.5 参院国際平和協力特別委で自公民PKO協力法案を強行採決。6.6 参院本会議, 社共の「牛歩戦術」を排し法案可決。6.11 衆院特別委で可決。6.14 衆院本会議で可決, 成立。 7.16 住宅金融専門会社7社の平成4年3月時点の債務が約13兆9700億円と判明。 7.26 第16回参院選挙, 初の即日開票。自民67で復調, 社会22で不振, 公明14, 共産6, 民社4, 日本新党4, その他9。連合は0で惨敗。 8.11 東京証券第1部の平均株価1万4822円56銭, 6年4か月ぶりに1万5000円を割る。 9.1 金子清新潟県知事, 佐川献金疑惑で辞表提出, 9.28 起訴。 9.17 PKO部隊の自衛隊第1陣, 呉港から出発。 9.24 東京外為市場, 1ドル119円台, 史上初。 10.14 金丸信, 議員辞職, 竹下派会長辞任。10.16 竹下派執行部総退陣。10.28 小渕恵三会長就任。 10.23 天皇ご夫妻, 初の訪中。楊尚昆国家主席主催の晩餐会で, 日本が「中国国民に対し多大の苦難を与えた不幸な一時期」につき「深く悲しみとする」と反省の発言。 10.30 大蔵省, 都市銀行等21行9月末の不良債権は12兆3000億円, 3月末より54%増と発表。 11.2 日産, 9月の中間決算, 初の経常損益142億円。 11.2 「佐川急便事件」の検事調書に, 昭62年の竹下政権誕生時の右翼団体・日本皇民党の「ほめ殺し」対策に金丸信・竹下登らの関与が表面化。11.5 20～30億円の提示の供述も明らかに。11.26 衆院予算委, 竹下登を証人喚問。11.27 予算委の与野党理事ら, 金丸信を臨床尋問。 11.3 衆参両院議員, 政策集団「シリウス」発足, 代表幹事江田五月社民連代表。 12.10 小沢一郎ら「改革フォーラム21」結成。12.18 国会議員44人で「羽田派」結成。	1.9 明石康国連事務次長, 国連カンボジア暫定行政機構の特別代表に就任。 2.1 ブッシュ, エリツィンの米・ロ両大統領初会談, 敵対から友好へ転換宣言。 2.7 EC加盟国, 欧州連合条約(マーストリヒト条約)調印。 2.8 第16回冬季オリンピック開催(仏アルベールビル, ～2.23)。日本, スキー複合団体の金などメダル7個獲得。 2.19 韓国・北朝鮮の首相会談で「非核化共同宣言」等発効。 4.7 ユーゴのボスニア・ヘルツェゴビナ共和国, 内戦状態に突入。 4.9 北朝鮮, 核査察協定批准。 4.27 ユーゴ, クロアチア等4共和国と新ユーゴ連邦に解体。 4.29 ロサンゼルスで白人警官の暴行事件から黒人大暴動。 6.3 環境と開発に関する国連会議(地球サミット), ブラジル・リオデジャネイロで開幕。183か国参加。 6.28 田部井淳子, オセアニア最高峰の登頂に成功。7大州の最高峰を全て制覇。 7.6 ミュンヘンで第18回先進国首脳会議が開幕。 7.13 イスラエルでラビン労働党内閣発足。 7.25 第25回オリンピック大会開催(スペイン・バルセロナ, ～8.9)。日本, 水泳女子平泳ぎ200m・柔道で金3, 男女マラソンなど銀8, 銅11。 8.24 中・韓国交樹立。 9.30 米軍, スービック海軍基地をフィリピンに返還。 10.9 デクラーク南ア大統領, 人種隔離政策を国民に謝罪。 11.3 クリントン, 米大統領に当選。12年ぶり民主党政権。 12.18 金泳三, 韓国大統領当選。 12.19 台湾立法院, 44年ぶりの全面改選。野党民主進歩党が躍進。

●バブルのつけ表面化，政界の流動化始まる

社会・文化	世相
1.25 国立病院・診療所の土曜休診実施。	1月 大相撲の貴花田，19歳5か月の史上最年少で優勝。
2.6 ノーベル物理学賞の江崎玲於奈博士，筑波大学学長に選出される。	2月 南阿蘇鉄道に日本一長い「南阿蘇水の生まれる里白水高原」駅名登場。
2.13 日本新聞協会，皇太子妃候補報道の一定期間の自粛を協定。	3月 東海道新幹線に「のぞみ」登場。
2.17 韓国の元軍属・遺族，日本政府の賠償義務確認などを求めて提訴。	4月 藤山一郎に国民栄誉賞決定，7月には長谷川町子も／『朝日ジャーナル』休刊／農協の愛称がJAに統一／千葉市，12番目の政令指定都市に。
3.3 日教組，臨時大会で任意団体から社団法人に規約改正，「争議行為」項目を削除。	5月 国家公務員の週休2日制がスタート。
5.2 国家公務員の週休2日制がスタート。	7月 ドコモ，NTTから分離・独立。
5.20 永住在日外国人の指紋押捺制度廃止の改正外国人登録法成立。平5.1月施行。	8月 環境庁，日本産トキの人工繁殖を断念／元オリンピック選手の山崎浩子・女優の桜田淳子，ソウルでの統一協会の合同結婚式に参加／JR山手線の全駅が終日禁煙に。
5.22 初の救急救命士の国家試験合格者発表。	
5.22 暴力団批判映画制作の伊丹十三監督，暴力団員に襲われ重傷。	
6.11 暴力団新法により山口組を指定暴力団に指定。6.12 稲川会・住吉会も指定。	9月 厳しい残暑で，1日の電力消費量の記録更新／富士通，世界最高速のスーパーコンピューターを開発。
6.12 箕面市，全国初の市民請求により指導要録の全面開示を決定。	
7.1 山形新幹線（ミニ新幹線）「つばさ」開業。	10月 映倫管理委員会，ヘアなどの審査基準に柔軟な姿勢を明文化。
7.6 政府，従軍慰安婦募集・慰安所管理等への関与を公式に承認。強制連行の裏付け資料はなかったと否定。	12月 気圧の単位のミリバールを国際単位のヘクトパスカルに変更／横山泰三「社会戯評」(朝日)，39年の連載に幕。
7.19 日本漢字能力検定協会の漢検，文部省の技能審査認定制度の検定試験に昇格。	😊 ほめ殺し／ブー太郎／民暴／カルト／牛歩戦術／PKO／冬彦さん
9.5 環境庁調査で，埋立てなどにより全国の干潟4000ha余の消失が判明。	🎵「君がいるだけで」米米CLUB／「悲しみは雪のように」浜田省吾／「白い海峡」大月みやこ／「決戦は金曜日」DREAMS COME TRUE
9.12 国公立小中高校等，第2土曜日休校に。	📖 シェルダン『明け方の夢』／村上春樹『国境の南，太陽の西』／船戸与一『砂のクロニクル』／ドゥス昌代『日本の陰謀』
9.12 毛利衛スペースシャトルで宇宙飛行へ。	
9.22 文部省初中局長，不登校児の民間施設通いを学校出席と認める方針を通知。	🎬『シコふんじゃった』東宝；周防正行監督・本木雅弘・清水美沙／『橋のない川』東宝；東陽一監督・大谷直子・中村玉緒／『青春デンデケデケデケ』東映；大林宣彦監督・林泰文・大森嘉之
10.1 福岡県北野町，全国初のごみのポイ捨てに対する罰金条例施行。	〔洋画〕『JFK』『フック』(米)／『美しき諍い女』『ポンヌフの恋人』(仏)／『裸のランチ』(英)
10.8 東京都議会，「拡声器騒音規制条例」可決。他府県より厳しい内容で，言論・表現の自由との関係で論議。10.12 公布。	📺『ずっとあなたが好きだった』『愛という名のもとに』『浅草橋ヤング洋品店』
10.12 埼玉県教委，業者テストの偏差値を私立高校入試に使用しないよう指導。	👤 2.10 岡田嘉子(89)／4.2 若山富三郎(62)／4.25 尾崎豊(26)／5.11 いずみたく(62)／5.27 長谷川町子(72)／5.28 藤村富美男(75)／6.10 中村八大(61)／6.15 今西錦司(90)／7.26 大山康晴(69)／8.4 松本清張(82)／8.9 大槻文平(88)／8.12 中上健次(46)／9.3 五社英雄(63)／10.13 太地喜和子(48)／10.31 新村猛(87)
10.17 アメリカ留学中の高校生，訪問先を間違え射殺される。銃規制論議起こる。	
10.29 京都市都市計画審議会，JR京都駅の60m高層化計画を承認。	
10.30 検事総長，佐藤道夫札幌高検検事長の，一般論形式による朝日新聞「論壇」での佐川急便事件捜査批判に「口頭注意」。	
11.8 神奈川県逗子市長選で米軍住宅反対派の女性市議が当選。全国2人目の女性市長。	
11.22 全国障害者解放運動連絡会議，「知恵遅れ」に代わる「知的障害」を使用。	

平成5年(1993) 癸酉

内閣	政治・経済	世　界
宮沢喜一（自民党）	1.6 山花貞夫, 社会党委員長に当選。1.19 書記長に赤松広隆を選出, 新執行部発足。 2.17 衆院予算委, 佐川急便事件で小沢元幹事長・竹下元首相を証人喚問。 4.6 渡辺副総理・外相, 健康問題で辞任。後任は副総理に後藤田正晴法相, 外相に武藤嘉文。 5.6 大蔵省, 経常収支の黒字は前年比39.7%増の1260億7600万ドルで過去最高と発表。 5.13 PKO協力法により自衛隊, モザンビーク着。 6.14 衆参院議員の資産初公開。6.30 所得も公開。 6.18 内閣不信任案賛成255で可決, 衆院解散。 6.21 自民党離党者10人「新党さきがけ」結成, 代表武村正義。6.23 自民党羽田派44人, 「新生党」結成, 党首羽田孜, 代表幹事小沢一郎。 6.27 東京都議選, 日本新党大躍進, 社会党敗退。 7.7 東京での第19回サミット, 国連の機能強化, 核拡散防止等を声明。 7.18 第40回総選挙, 自民横ばい, 日本新・新生躍進, 社会惨敗。自民223, 社会70, 新生55, 公明51, 日本新35, 共産15, 民社15, さきがけ13, 社民連4, 無所属30。 7.22 宮沢首相退陣表明。7.30 自民党両院議員総会, 河野洋平を総裁に選出。	1.1 ＥＣ12か国, 単一市場発足。 1.1 チェコとスロバキアが連邦を解消, 分離独立。 1.3 ブッシュ・エリツィン, 米・ロ両大統領が第2次戦略兵器削減条約（ＳＴＡＲＴⅡ）に調印。 1.13 米・英・仏軍, イラクのミサイル基地空爆。 1.15 化学兵器禁止条約に130か国が調印。 2.18 ノーベル平和賞受賞者8人, スーチー女史釈放を求める公開書簡を発表。 2.19 荻原健司, ノルディック世界選手権複合で優勝。2.25 団体でも日本優勝。3.6 荻原, 初のW杯総合優勝。 2.25 国際原子力機関（IAEA）理事会, 北朝鮮への特別査察要求決議を採択。3.12 北朝鮮, 核不拡散条約脱退。 3.27 江沢民中国共産党総書記, 国家主席に。
細川護熙（日本新党） 8.5 8.9	8.6 土井たか子元社会党委員長, 初の女性衆院議長に。8.6 衆参両院, 細川護熙日本新党代表を首班指名, 8.9 非自民8党派連立内閣発足, 民間人や女性登用。自民党38年の政権に幕。 8.10 細川首相, 記者会見で先の戦争は「侵略戦争」と明言。8.15 戦没者追悼式でアジア近隣諸国などの犠牲者に哀悼の意を表明。8.23 所信表明演説で「侵略行為や植民地支配」に「深い反省とおわび」の意を表明。 9.4 社会党委員長山花貞夫, 初の韓国訪問。 9.17 政府, 小選挙区比例代表並立制・政治活動への助成金支出等の政治改革関連4法案を国会に提出。11.18 衆院本会議で可決。 9.20 社会党委員長選, 政治改革法案賛成の村山富市, 反対の甕詰敏候補を破り当選。9.25 定期大会で久保亘を書記長に選出。 10.11〜13 エリツィン大統領来日, 4島問題や平和条約締結による対日国交正常化に意欲。 11.4 農水省, 冷害・台風による農作物被害1兆2120億円で戦後最悪と発表。 11.6 細川首相訪韓, 金泳三大統領と会談, 「加害者」としての「反省と陳謝」を表明。 12.2 中西啓介防衛庁長官, 憲法見直し論を発言, 国会混乱し辞任。後任は新生党の愛知和男。 12.16 田中角栄元首相死去(75)。	5.1 スリランカのプレマダサ大統領, 爆弾テロで暗殺。 5.11 デンマーク, 再国民投票で欧州連合条約批准を承認。 6.1 カンボジア総選挙, ラナリット率いるフンシンペック党が第1党に。 6.30 緒方貞子国連難民高等弁務官, ゴールデン・ダブ平和賞受賞。 9.13 イスラエル・ラビン首相とPLOのアラファト議長, パレスチナ暫定自治に調印。 10.3 エリツィン大統領の議会解散措置に反対の市民, 国営テレビ等を襲撃, 市街戦となる。10.4 戦車で鎮圧。 10.3 インドで大地震, 死者3万人以上。 10.5 中国, 地下核実験再開。 11.1 EU（ヨーロッパ連合）発足。 12.14 ウルグァイ＝ラウンド, 最終協定案を採択。 12.30 イスラエルとバチカン, 相互承認文書等に調印。

●自民党の長期政権に幕，非自民連立内閣の発足

社会・文化	世相
1.5 フランス出帆のプルトニウム輸送船あかつき丸，茨城県・東海港に入港。	1月 東京で矢で射られたカモが見つかる。
2.6 川崎市教委，指導要録を全面開示。	2月 作曲家の故服部良一に国民栄誉賞。
2.22 文部次官，都道府県教委に業者テストの排除を通知。	3月 湿地保護を目的のラムサール条約に琵琶湖などを追加登録／日本初の屋根開閉式の福岡ドーム完成。
2.26 大学の就職担当者の組織，内定取り消し企業名を公表。4月 労働省も内定取り消し100企業名を公表。	4月 中央省庁，書類をＡ４判に統一。
3.6 東京地検特捜部，金丸信元自民党副総裁を脱税容疑で逮捕。3.13 起訴。	5月 プロサッカー・Ｊリーグ開幕，前期は鹿島アントラーズ，後期はヴェルディ川崎が優勝。
3.16 最高裁，第1次教科書訴訟で「検定制度は合憲」と上告を棄却。10.20 東京高裁，第3次訴訟で「南京大虐殺」等3か所の検定意見を違法と判決。	7月 絶滅懸念のツキノワグマの生息が四国で確認／息子に「悪魔」と命名事件。
4.8 カンボジアで国連選挙監視ボランティアの中田厚仁さん射殺される。5.4 カンボジアの文民警察官高田晴行警部補，武装集団に襲われ死亡。	8月 角川書店社長のコカイン密輸事件発覚。
4.23 天皇・皇后，歴代初の沖縄訪問。	9月 作家の筒井康隆，差別表現と創作の自由との問題から断筆宣言／羽田空港に新旅客ターミナルビル開業。
5.1 「わだつみ会」，学徒出陣50周年のアピールで自衛隊の海外派遣に抗議。	10月 テレビ朝日の報道局長，衆院選の報道姿勢の問題につき国会で証人喚問。
5.17 戦時中の中国人強制連行に関し，焼却された幻の報告書「華人労務者就労事情調査書」が発見される。	11月 プロ野球でフリーエージェント制実施，宣言したのは5人。
5.30 自称右翼，伊丹十三監督映画『大病人』上映中のスクリーンを切り裂く。	12月 京都のタクシー・エムケイ，値下げタクシーをスタート／白神山地，屋久島，法隆寺，姫路城が「世界遺産」に登録。
6.9 徳仁皇太子と小和田雅子，結婚式。	この年 米の作況指数74で昭和8年来の凶作。
6.23 東京高裁，民法の非嫡出子の相続分規定（嫡出子の2分の1）は憲法違反と判決。	🔵 オーレオレ／ブルセラ／サポーター／ゼネコン汚職／ジュリアナ／規制緩和
6.29 ゼネコン汚職で仙台市長・建設会社役員逮捕。7.19 茨城県三和町長，7.23 茨城県知事逮捕。	🎵 「YAH YAH YAH」CHAGE＆ASKA／「愛のままにたちたい 僕は君だけを傷つけない」B'z／「ぼくたちの失敗」森田童子／「無言坂」香西かおり／「島唄」THE BOOM
7.12 北海道南西沖地震，M7.8，津波のため奥尻島で死者176人，行方不明68人。	📖 丸谷才一『女ざかり』／中野孝次『清貧の思想』／東京サザエさん学会編『磯野家の謎』／ウォラー『マディソン郡の橋』／小沢一郎『日本改造論』／宮尾登美子『蔵』／出久根達郎『佃島ふたり書房』
7.14 キリンビール，総会屋への「謝礼金」が発覚，7.17 会長ら辞任。	🎬 『お引っ越し』ヘラルド；相米慎二監督・中井貴一・桜田淳子／『月はどっちに出ている』シネカノン；崔洋一監督・岸谷五朗・ルビー＝モレノ／『学校』松竹；山田洋次監督・西田敏行〔洋画〕『許されざる者』『リバー・ランズ・スルー・イット』（米）／『クライングゲーム』（英）
8.4 政府，従軍慰安婦の「強制連行」を認める調査結果発表，河野官房長官謝罪談話。	📺 『高校教師』『あすなろ白書』『ウゴウゴ・ルーガ』『都合のいい女』『琉球の風』『炎立つ』
8.13 香港の17人，戦時中の「軍票」の賠償を請求して提訴。	💀 1.22 安部公房(68)／1.23 戸板康二(77)／
8.31 NTT，1万人の希望退職者募集。12.7 3年間で1万2000人を子会社へ出向。	1.30 服部良一(85)／2.9 大来佐武郎(78)／2.17 横田喜三郎(96)／3.16 笠智衆(88)／
9.3〜4 台風13号鹿児島を直撃，死者・行方不明46人。	3.23 芹沢光治良(96)／4.22 西園寺公一(86)／7.10 井伏鱒二(95)／8.21 藤山一郎(82)／
9.20 ゼネコン汚職で清水建設会長ら逮捕。9.27 宮城県知事，10.26 鹿島建設副社長ら，11.11 大昭和製紙名誉会長逮捕。	9.10 ハナ肇(63)／11.14 野坂参三(101)／
10.28 サッカー日本代表，ロスタイムの失点でW杯出場ならず（ドーハの悲劇）。	12.1 益田喜頓(84)／12.16 田中角栄(75)

平成6年(1994) 甲戌

内閣	政治・経済	世界
細川護熙（日本新党） 4.25 4.28 羽田孜（新生党） 6.25 6.30 村山富市（社会党）	1.3 自治省発表, 平4年度地方税19年ぶりの減収。 1.21 参院本会議, 社会党等連立与党の造反者のため, 政治改革関連法案否決。**1.29** 両院協議会で施行期日抜きの成案, 両院で可決成立。 1.24 自動車生産数, 前年比10.2%減, 3年連続減。 1.24 140社のスーパーの平成5年度の売上高, 前年比2.4%減, 初の前年割れ。**1.25** 日本百貨店協会加盟118社の売上げも2年連続減少。 2.3 細川首相, 3年後の消費税廃止,「国民福祉税」導入発言。**2.4** 白紙撤回。 2.17 米商務省, 対日貿易赤字593億ドルで過去最高と発表。 3.4 参院本会議, 衆院への小選挙区比例代表並立制導入の政治改革関連4法案可決。**11.21** 区割り法成立。**12.25** 施行。 4.8 細川首相, 佐川急便グループからの1億円借金問題等での国会空転で辞意。 4.8 衆院の「さきがけ日本新党」解消, 日本新党38人と社民連2人が統一会派「改革」結成。 4.22 新生・公明・社会等の連立与党, 新生党首羽田孜を首相候補に擁立決定。**4.25** 衆参本会議, 羽田を首班指名。直後に新生・日本新・民社・自由・改革の会の5党派,「改新」を結成。**4.26** 社会党, 信義違反と連立離脱。 4.28 羽田内閣, 少数与党で発足。**5.7** 永野茂門法相, 南京虐殺事件でっち上げ発言で辞任。 5.10 経企庁長官, 5月で不況は37か月目, 戦後最長の不況と報告。 6.2 大蔵省, 平成5年度分の税収不足1兆円に迫ると発表。 6.5 民社党大会, 米沢隆を委員長に選出。 6.21 ニューヨークの外為市場, 1ドル99.85円。 6.25 羽田首相, 社会党の連立復帰の可能性なく, 臨時閣議で総辞職決定。 6.29 自民党, 社会党の共同政権構想を受諾, 自・社・さきがけ3党が村山社会党委員長を擁立。海部俊樹元首相との決戦投票で首班指名。 6.30 村山内閣発足, 副総理・外相河野洋平。 7.20 村山首相, 臨時国会で自衛隊合憲の所信を表明。**7.21** 日の丸・君が代の学校での指導容認。**10.12** 衆院予算委で原発新設も容認。 8.1 社会党全国代表者会議,「自衛隊合憲」等に批判相次ぐ。**9.3** 社会党大会, 政策転換承認。 8.12 桜井新環境庁長官,「侵略戦争」発言で辞任。 9.22 臨時閣議, 平9.4月～消費税5％へ引上げ決定。 11.2 年金改革関連法成立。 12.8 新生・公明党等, 新進党結成, 214人。海部党首, 小沢一郎代表幹事。公明党は新進党参加の「公明新党」と残留の「公明」に分党。	1.1 米・カナダ・メキシコ3国による北米自由貿易協定（NAFTA）発効。 1.10 NATO, 旧東側諸国と軍事的協力関係締結を承認。 2.9 イスラエルとPLO, ガザ・エリコ地区撤退の国境管理等に基本合意。**5.18** イスラエル軍, ガザ撤退。 2.12 第17回冬季オリンピック開催（ノルウェー・リレハンメル, ～2.27）。夏季大会と開催年をずらす。日本, スキー複合団体で2連覇。 4.10 NATO, ボスニア紛争でセルビア人勢力を空爆。**7.6** 米・ロ・英・仏・独5国, ボスニア分割和平案を迫る。**8.27** セルビア, 住民投票で拒否。**9.23** 国連安保理, セルビア制裁強化を決議。 5.2 南アフリカ制憲議会選挙, アフリカ民族会議（ANC）が勝利。**5.9** 制憲議会, ネルソン＝マンデラANC議長を大統領に選出。 5.6 英・仏間のユーロ・トンネル（全長50km）開通式。 6.16 カーター元米大統領, 北朝鮮訪問, 金日成主席と会談。 6.24 ロシア, EUと友好協力協定に調印。 7.8 金日成北朝鮮国家主席急死。 7.8 第20回先進国首脳会議開催（伊・ナポリ, ～7.10）。 7.25 ヨルダンとイスラエルが戦争状態終結宣言。 8.29 ロシア軍, 旧東独とバルト3国から撤退。 9.8 ベルリン駐留の米・英・仏軍, 撤退式典。 11.8 米中間選挙, 共和党が上下両院で過半数（40年ぶり）。 11.16 国連海洋法条約発効。 12.11 ロシア軍, 内戦状態のチェチェン共和国へ侵攻。 12.15 国連総会, 日本提出の核軍縮決議案採択, 中・ロは賛成, 米・英・仏は棄権。

●激しい政変劇で2度目の社会党首班内閣

社会・文化	世相
1.31 仙台地裁, 女川原発周辺住民の差止め請求訴訟を棄却。	1月 郵便料金値上げ。はがき50円, 封書80円。
1.31 東京中野区の臨時区議会, 1年後の教育委員準公選制廃止条例を可決。	2月 平成5年度の全国の高校中退生徒, 前年比1万人以上減少, 10万人台に。
2.8 最高裁, 大阪府水道部接待交際費に関する「全面公開」承認の2審判決を支持。	3月 「ネッシー」の写真は嘘と英紙報道／東京地裁, ロス疑惑の三浦和義被告に無期懲役の判決／米不足で輸入のタイ米不評。
2.15 東京地裁, 茨城県三和町大山真弘前町長のゼネコン汚職事件に初の有罪判決。	
3.8 東京地検, 談合事件に関する中村喜四郎議員の請託受諾容疑での逮捕許諾請求を衆院議長に提出。3.11 許諾, 現職議員の逮捕は27年ぶり。	4月 台北発の中華航空のエアバス, 名古屋空港で着陸に失敗, 264人死亡／宝塚市に手塚治虫記念館オープン。
3.21 グリコ・森永事件, 10年で時効成立。	6月 将棋の羽生善治名人, 竜王位獲得, 初の6冠王／PTA全国協議会調査で中学2, 3年生の17%余がテレクラ体験。
3.30 東京高裁, 米軍機の夜間発着に関する基地訴訟で5億円の賠償命令。4.13 確定。	
4.27 法務省, 京都地裁での帰化申請外国人の押捺指紋原紙返還・破棄要求訴訟の口頭弁論で, 約22万人分の廃棄方針を表明。	9月 関西国際空港開港／イチロー（オリックス）, プロ野球史上初の210安打を記録。
5.20 東京高裁, 昭61年2月の中野区立富士見中いじめ自殺事件の損害賠償請求訴訟控訴審で, いじめの継続・教師の過失を認め, 賠償を命令。	10月 プロ野球セ・リーグ, 中日対巨人の最終決戦のテレビ視聴率史上最高48.8%。
	11月 ナリタブライアン, 三冠馬に／大関貴乃花, 連続全勝優勝で65代横綱に昇進。
6.23 証券取引等監視委員会, 日本商事開発の抗ウイルス剤ソリブジンの副作用を知りながら公表前の自社株売抜疑惑で本社捜索。9.1 厚生省, 105日間の製造停止処分。12.20 インサイダー取引容疑で起訴。	12月 「古都京都の文化財」, 世界遺産に登録。
	この年 不況長期化／百貨店の売上げ軒並みダウン／大型スーパーも不振／コンビニが好調／バブル期の不動産への放漫融資のツケが表面化／異常高温の夏。
6.28 深夜, 松本市の市街地で有毒ガス撒かれ7人死亡, 約60人入院（松本サリン事件）。県警, 第1通報者を被疑者扱い。	価格破壊／イチロー／「超」の時代／就職氷河期／風水／同情するなら金をくれ
7.8 日本女性初の宇宙飛行士向井千秋, スペースシャトルで宇宙へ。7.23 帰着。	「INNOCENT WORLD」Mr.Children／「夜桜おぼ」坂本冬美／「恋しさとせつなさと心強さと」篠原涼子／「ロマンスの神様」広瀬香美／「空と君のあいだに」中島みゆき
7.18 最高裁, 平成4年参院選で当選の学歴等詐称, 新間正次議員の上告棄却。当選無効。	永六輔『大往生』／小林康也・船曳建夫編『知の技法』／松本人志『遺書』／レスラー『FBI心理分析官』／野口悠紀雄『「超」整理法』
8.3 東京で39.1℃, 41年ぶりの猛暑。	
8.5 塩野義製薬, 承認申請中の抗がん剤「254S」実験中の昭和62～63年に実施要項以上の薬剤散布の事実判明。	『RAMPO』松竹；黛りんたろう監督／『居酒屋ゆうれい』東宝；渡辺孝好監督・萩原健一・山口智子／『119』松竹；竹中直人監督〔洋画〕『ピアノ・レッスン』（豪）／『シンドラーのリスト』『トゥルーライズ』（米）
10.4 北海道東方沖地震, マグニチュード7.9, 釧路で震度6, 根室の津波173cm。	
10.13 大江健三郎, ノーベル文学賞受賞。10.14 文化勲章は辞退。	『家なき子』『投稿！特ホウ王国』『恋のから騒ぎ』『アリよさらば』『開運！何でも鑑定団』『料理の鉄人』〔CM〕「安いがイチバン」（KDD）／「すったもんだがありました」（宝酒造）
12.15 自治省, 住民票の記載は嫡出・非嫡出・養子等も全て「子」で統一すると通知。	
12.20 関東地方更生保護委員会, 「狭山事件」で無期懲役刑の石川一雄服役囚の仮出獄。	3.26 片岡仁左衛門（90）／3.26 山口誓子（92）／5.17 村松剛（65）／6.17 村山リウ（91）／7.26 吉行淳之介（70）／9.8 東野英治郎（86）／10.7 三木鶏郎（80）／10.9 飯沢匡（85）／11.20 福田恆存（82）／12.4 荻村伊智朗（62）／12.16 鶴見良行（68）／12.21 千田是也（90）／12.22 乙羽信子（70）
12.26 名古屋高裁, 石川県小松基地周辺住民の自衛隊機飛行差止請求訴訟で, 差止めは却下, 過去の損害賠償だけを承認。	

平成7年(1995) 乙亥

内閣	政治・経済	世　界
村山富市（社会党）	1.4 村山富市首相，伊勢神宮参拝中止。4.7 社会党首相として初の参拝。 1.7 山花貞夫ら社会党議員，「新民主連合」結成準備会発足。1.17 阪神大震災で政治休戦に。 1.20 村山首相，小里貞利北海道・沖縄開発庁長官を阪神大震災被災者救済等担当大臣に任命。 1.24 日本自動車工業界，平成6年の自動車生産台数は前年比6％減の約1055万台で4年連続減少，初めて米国の生産以下と発表。 1.27 平成6年の百貨店売上2.6％減の11兆200億円，スーパーも1.6％減の10兆7600億円で3年連続前年割れ。 1.27 住友銀行，ノンバンク向け等の不良債権処理で経常損益2800億円，都銀の赤字は戦後の混乱期以後初めて。 2.10 閣議，「阪神・淡路復興委員会」設置を決定。 4.7 五十嵐広三官房長官，従軍慰安婦への償いに民間団体設置構想を発表。 4.9 統一地方選挙知事選で東京は青島幸男，大阪は横山ノックのタレント出身者が当選。 4.19 東京外為市場，1ドル＝79.75円の史上最高値。 5.16 与謝野馨文相，宗教法人法見直し準備指示。12.8 改正宗教法人法成立。翌年9.15 施行。 5.19 地方分権推進法公布。7.3 施行。 6.9 衆院の「戦後50年国会決議」，「侵略」「植民地支配」を「世界の近代史上」に曖昧化。 6.20 経企庁，平成6年度のGDP実質成長率0.6％，昭和62年度以来と発表。 7.23 第17回参院選，自民46，新進40，社会16，共産8，さきがけ3等。与党が改選過半数。 8.8 村山改造内閣発足，副総理・外相河野洋平。 8.9 島村宜伸文相，「侵略戦争は考え方の問題」と発言，韓国のマスコミ・外務省批判。 8.15 戦後50年の首相談話，「植民地支配と侵略」につきアジア諸国に「お詫び」を表明。 8.29 閣議，中東・ゴラン高原の国連兵力引き離し監視軍に自衛隊の派遣決定。 9.14 大蔵省発表，住専の不良債権8兆4000億円。 9.19 国土庁，7.1 現在の基準地価4年連続下落と発表。3大都市圏は5年連続。 9.22 自民党総裁選，橋本龍太郎が17代総裁に。 11.8 江藤隆美総務庁長官の朝鮮植民地支配の合理化発言に『東亜日報』が批判。11.13 辞任。 12.8 村山首相，地主が賃貸契約の更新を拒否した楚辺通信所などの沖縄の米軍用地強制使用の代理署名拒否に関し，大田昌秀知事を提訴。 12.20 臨時閣議，住専7社の不良債権処理のため6850億円の財政資金投入を決定。 12.27 新進党首選で小沢一郎当選。	1.1 ガットを発展解消し，WTO（世界貿易機関）発足。 1.19 ロシア軍，チェチェン紛争で大統領官邸占拠。 1.28 米・ベトナム，相互に連絡事務所設置。 1.30 米スミソニアン博物館，「原爆展」中止を決定。 2.5 伊達公子，女子テニスの東レ・パンパシフィック・オープンで日本人初の優勝。 3.23 米・ロ外相，大量破壊兵器の拡散防止で合意。 4.3 駐ブルンジの米大使，フツ族400人の虐殺を公表。 4.9 フジモリ・ペルー大統領再選。 5.1 旧ユーゴの停戦，4か月で期限切れとなり，内戦拡大。 5.7 仏大統領選でシラク当選。6.13 南太平洋での平7.9～平8.5の核実験実施を予告。 5.9 国際赤十字社・赤新月社連盟，世界の難民は4200万人と報告。 5.15 中国，地下核実験。日本政府，正式抗議。 6.15 第21回先進国首脳会議，カナダ・ハリファックスで開催。 6.26 ドイツ政府，連邦軍の旧ユーゴ派遣を決定。NATO域外での第2次大戦後初の戦闘参加。 6.29 ソウルでデパート崩落。 7.10 ミャンマーのスーチー女史，6年ぶりに解放。 7.29 ベトナム，ASEAN正式加盟。 9.28 イスラエルとPLO，パレスチナの自治拡大で合意。 11.4 ラビン・イスラエル首相，極右学生に撃たれ死亡。 10.11 ボスニア紛争の停戦発効。 10.15 イラクのフセイン大統領の信任投票，信任99.96％。 11.16 韓国最高検，盧前大統領を在任中の収賄容疑で逮捕。12.3 全元大統領も粛軍クーデター首謀容疑で逮捕。 12.11 国連総会，「国連憲章」から「旧敵国条項」を削除。

●円高で大荒れの戦後50周年。阪神大震災，地下鉄サリン事件

社会・文化	世相
1.17 午前5時46分，神戸・洲本を中心に大地震，推定マグニチュード7.2。阪神高速道・JR線・私鉄各線寸断。電気・ガス水道の供給途絶。1.20 気象庁，史上初の震度7と判定。死者6432人，家屋全壊11万7489棟（消防庁）。**阪神・淡路大震災**。	**1月** 埼玉県志木市の全市民の住民台帳のコピーの流出が発覚
1.23 厚生省計画中の「戦没者追悼平和祈念館」，「日本の加害責任」を削除，「被害遺児記念館」と性格付け。反対委員2人辞意。	**3月** 文部省，全国の学校での**イジメ**「総点検」で約1万8000件と判明／海洋科学技術センターの無人深海探査機「かいこう」，最深のマリアナ海溝チャレンジャー海淵で1万911mの海底に到達。
1.30 文藝春秋，月刊誌『マルコポーロ』2月号の「ユダヤ人大虐殺は作り話だった」の記事につきイスラエル政府等の抗議で廃刊決定。2.14 田中健五社長辞任。	**4月** 愛知県西尾市のいじめ事件で自殺した中学2年の大河内清輝君事件に関し，3生徒を初等少年院に送致。
2.22 最高裁，ロッキードの丸紅ルート裁判で檜山広丸紅元会長の上告を棄却，故田中角栄首相への贈賄を有罪と判決。	**7月** 米・大リーグのドジャースの野茂英雄投手，オールスター戦先発投手で3奪三振／40道府県で**官官接待**の平成5年度の食料費が約53億円と判明
3.20 営団地下鉄線車内で**猛毒サリン事件**発生，死者12人，重軽傷者5500人超。3.22〜警視庁，東京・山梨等のオウム真理教施設を強制捜査。3.30 国松孝次警察庁長官，出勤時短銃で狙撃され重傷。4.7 山梨県上九一色村の施設からサリンを裏付ける物質を検出。4.8〜 林郁夫ら幹部を相次ぎ逮捕。4.23「科学技術省」トップの村井秀夫刺殺される。5.3 新宿地下街で青酸ガス発生。5.16 青島都知事宛の郵便物爆発。5.16 **オウム真理教代表麻原彰晃（本名松本智津夫）**を殺人・同未遂罪容疑で**逮捕**。6.6 起訴。6.30 法務・検察当局，宗教法人法によるオウム真理教解散を東京地裁に請求。12.19 東京高裁，教団の抗告を棄却，解散命令確定。	**9月**「**自虐史観**」反対の自由主義史観研究会，季刊『近現代史の授業改革』創刊。
	10月 名古屋で「霊視商法」を強制捜査。
	11月 大相撲九州場所で横綱貴乃花と大関若乃花兄弟，優勝決定戦で兄貴乃花優勝。
	12月 サッカーJリーグ，横浜マリノスがヴェルディ川崎を下し初優勝／白川郷・五箇山の合掌造り集落，世界遺産に登録。
	この年 戦後50年で過去の植民地支配・戦争の批判派と擁護派の対立激化。
4.26 **青島都知事，都市博中止を決断**。5.18 都議会，都市博開催を決議。5.31 知事，中止を最終決断。	🔴 ボランティア／**マインド・コントロール**／サリン／ボア／**コギャル**／NOMO
5.22 野坂浩賢建設相，長良川河口堰の本格的運用を決断。	🎵「ズルい女」シャ乱Q／「ロビンソン」スピッツ／「Overnight Sensation」trf／「捨てられて」長山洋子
8.15 函館空港遺跡群で縄文早期の土偶発掘。	📖 ゴルデル『ソフィーの世界』／春山茂雄『**脳内革命**』／大江健三郎『あいまいな日本の私』／瀬名秀明『パラサイト・イヴ』／野口悠紀雄『「超」勉強法』／永六輔『二度目の大往生』／松本人志『松本』
8.23 東京の真夏日（最高気温30度超）32日連続，1894年来の新記録。	🎬『ガメラ』東宝：金子修介監督・伊原剛・中山忍／『Love Letter』日本ヘラルド映画；岩井俊二監督・中山美穂・豊川悦司／『マークスの山』松竹；崔洋一監督・中井貴一〔洋画〕『王妃マルゴ』（仏）／『フォレスト・ガンプ一期一会』『マディソン郡の橋』（米）
9.3 日教組大会，学習指導要領の容認，日の丸・君が代棚上げなど，大幅な路線転換。	📺『ステイション』『王様のレストラン』『星の金貨』『未成年』『炎のチャレンジャー』〔CM〕「愛だろ，愛」（サントリー）
9.4 沖縄で米兵3人が女子小学生を拉致し暴行。9.21 事件に抗議する県民総決起集会に8万5000人が結集	👤 2.22 有光次郎（91）／2.24 兵藤秀子（80）／3.8 五味川純平（78）／3.24 尾上梅幸（79）／4.11 西岡常一（86）／5.24 宮崎市定（93）／7.5 福田赳夫（90）／7.18 笹川良一（96）／8.25 秩父宮勢津子（85）／9.15 渡辺美智雄（72）／10.19 丸木位里（94）／11.14 向井潤吉（93）
9.26 大和銀行ニューヨーク支店元嘱託員，約11億ドルの損失発生。10.4 頭取ら辞任。	
10.17 大阪地裁，地価を上回る相続税に違憲の疑いがあると判決。	

平成8年(1996) 丙子

内閣	政治・経済	世界
村山 1.11 1.11 ① 橋 本 龍 太 郎 （ 自 民 党 ） 11.7 11.7 橋 本 （ 自 民 ）	1.5 村山富市首相, 臨時閣議で退陣表明。 1.11 橋本龍太郎内閣発足。副総理・蔵相久保亘社会党書記長, 官房長官梶山静六。 1.19 社会党大会, 「社会民主党」と改称。初代党首は村山, 幹事長佐藤観樹, 政審会長伊藤茂。 2.9 政府, 住宅金融専門会社(住専)の焦付き債券6850億円処理に税金投入を図る住専処理法案を国会に提出。3.29 平成8年度暫定予算成立。5.10 参院本会議で平成8年度予算成立。住専問題は国会決議ないため保留。6.18 住専法等6法案可決, 6850億円の財政支出決定。 4.1 ハンセン病問題基本法施行。らい予防法廃止。 4.1 大田昌秀沖縄県知事が代理署名を拒否した米軍楚辺通信所, 米軍の不法占拠状態に。7.1 大田知事, 楚辺通信所用地の「公告・縦覧」の代行拒否。8.28 代理署名拒否に関する訴訟で, 沖縄県の敗訴確定。9.13 大田知事, 米軍用地強制使用のための「公告・縦覧」の代行応諾。 4.1 東京三菱銀行発足。資金量53兆円は世界一。 4.12 橋本首相と駐日米大使, 沖縄の普天間基地等の整理・統合・縮小について合意。 4.17 橋本首相とクリントン大統領, 極東有事に対し日米安保体制の「広域化」の安保共同宣言。 6.25 閣議, 平9.4.1から消費税5%への引上げ決定。12.13 衆院, 新進党提出の据置き法案否決で5%引上げ確定。 7.29 橋本首相, 誕生日を理由に「総理大臣」として靖国神社参拝。 8.15 橋本首相, アジア諸国民への加害に言及, 「深い反省と哀悼の意」を表明。 9.8 沖縄の米軍基地整理・日米地位協定見直しの賛否を問う県民投票。投票率59.53%。賛成は有効票の91.26%。9.10 臨時閣議, 特別調整費50億円を決定。 9.27 第137臨時国会召集。冒頭で衆議院解散。 9.28 新進・社民・さきがけ各党から57人参加し民主党結成。代表菅直人・鳩山由紀夫。 9.28 土井たか子衆院議員, 社民党両院議員総会の要請で党首就任。12.22 臨時党大会で追認。 10.1 新王子製紙と本州製紙が合併, 王子製紙誕生。世界第3位。 10.20 第41回総選挙(初の小選挙区比例代表並立制)自民239, 新進156, 民主52, 共産26, 社民15, さきがけ2。投票率59.7%と過去最低。 11.7 第2次橋本自民党単独内閣成立。「行革」を掲げ, 社・さ両党と「緩やかな連合」政権。 11.19 政府, 行政改革会議設置決定。11.28 初会議。 12.26 新進党離党の羽田孜元首相ら衆参両院13議員, 「非自民」の太陽党結成。	1.16 アラファトPLO議長, パレスチナ自治政府初議長に。 1.29 シラク仏大統領, 1.27の核実験で終了を宣言。 2.18 ボスニア, クロアチア, セルビア3国の和平会議終了。10.3 新ユーゴとボスニア国交関係樹立に合意。 3.23 李登輝, 台湾初の総統直接選挙で圧勝。 5.13 北京―イスタンブールのシルクロード鉄道開通。 5.20 国連, イラク制裁限定解除。 5.29 イスラエル選挙で治安重視のネタニヤフが首相に。 5.31 国際サッカー連盟, 2002年のW杯の日韓共催を決定。 6.27 第22回先進国首脳会議, リヨン(仏)で開催, テロ根絶の特別宣言を発表。 7.3 エリツィン, ロシア大統領選決選投票で再選。 7.12 英チャールズ皇太子とダイアナ妃, 離婚に合意。 7.20 第26回オリンピック開催(アトランタ, ～8.4)。日本, 柔道男女で金メダル3個。 8.22 米, 化学兵器廃棄本格化。 8.26 韓国, 全元大統領に死刑, 盧前大統領に懲役22年6か月の判決。12.16 控訴審で無期と17年に減刑。 8.31 ロシアとチェチェン, 独立問題5年間棚上げ合意。 9.17 米・大リーグ, ドジャースの野茂英雄, 対ロッキーズ戦でノーヒットノーラン達成。 9.18 北朝鮮の潜水艦, 韓国に侵入。11遺体発見, 1人逮捕。 10.23 ローマ法王ヨハネ=パウロ2世, ダーウィンの進化論は「カトリックの教えと矛盾しない」と認知。 11.5 クリントン米大統領再選。 12.17 ペルーのゲリラ, トゥパク=アマル, 日本大使公邸の天皇誕生日祝賀パーティー襲撃, 数百人監禁。12.20～断続的に解放, 81人越年。

150

●自民党，政権に復帰。不景気感深刻化

社会・文化	世相
1.10 北海道監査委員会，北海道庁のカラ出張で知事以下職員に9400万円の返還命令。 1.18 公安調査庁，破壊活動防止法によるオウム真理教の第1回弁明聴取。5.24 日弁連，破防法適用に反対決議。7.11 公安調査庁，公安審査委員会にオウム真理教の解散を請求。 1.31 最高裁，宗教法人法によるオウム真理教解散命令は合憲と判断。 2.10 北海道古平町の豊浜トンネルの岩盤崩落，20人死亡。2.17 遺体収容。 2.16 菅直人厚相，薬害エイズ問題で血友病患者に直接謝罪。2.21 厚生省，58年当時の米国の血液製剤原料の使用中止検討の資料公表。3.14 製薬4社・国，損害賠償請求中のエイズ患者との和解受入れ。 3.13 大阪地検特捜部・府警，木津信組を背任・詐欺容疑等で捜査。3.14 関連で末野興産も捜査。4.9 末野謙一社長を逮捕。 3.21 国土庁，平成8年1月1日の公示地価5年連続下落と発表。 4.23 磯崎洋三TBS社長，坂本堤弁護士インタビューのビデオをオウム真理教側に事前に見せたことで国会に参考人喚問。4.9 社長辞任発表。5.17 郵政相厳重注意。 4.30 川崎市，政令指定都市の職員採用試験で初めて消防職以外の国籍条項を撤廃。 5.22, 23 水俣病被害者・弁護団，3高裁，4地裁でチッソと和解。16年ぶりに終結。 6.4 リムパック96で自衛艦が米軍機を誤射。 6.20 東京地裁，市民団体請求の行政訴訟で東京都の食料費の全面公開を命令。 7.20 堺市の小学校で発生したO-157集団中毒6031人に。7.31 厚生省，伝染病指定。 8.4 新潟県の巻町で原発建設の是非を問う初の住民投票，反対が有権者の過半数に。 8.14 フィリピンの従軍慰安婦，償い金受領。 8.29 薬害エイズ問題で安部英前帝京大副学長を業務上過失致死容疑で逮捕。9.19 ミドリ十字の元前現の3社長逮捕。10.4 松村明仁元生物製剤課長逮捕。 10.24 警視庁小杉敏行巡査部長が国松警察庁長官狙撃を供述していたことが表面化。12.3 井上幸彦警視総監，引責辞任。 11.19 岡光序治厚生事務次官，埼玉県の特養ホーム建設への便宜供与で6000万円の収賄で辞任。12.4 逮捕。 12.24 敦賀原発2号機で冷却水漏れ事故発生，以後事故隠し問題化。	**1月** 東京都，西新宿の地下通路に「動く歩道」建設，路上生活者を強制排除。 **2月** 将棋の羽生善治，初の7冠制覇。 **4月** 故田中角栄元首相の遺産相続で目白台の自宅敷地の過半を物納申請／長野市で山火事を取材中のヘリ2機が衝突。 **5月** 今夏の甲子園の高校野球から女子マネージャーのベンチ入り承認／日本女性2人目のエベレスト登頂の難波康子，下山途中で行方不明。 **8月** 遺言で密葬の著名人相次ぐ（渥美清，丸山眞男，沢村貞子）。 **9月** 渥美清に国民栄誉賞／日本相撲協会，二子山巡業部長を前理事長（兄）からの年寄名跡取得の際の3億円の申告漏れ事件で解任／阪神大震災で倒壊した高速道路復旧。 **11月** 松尾芭蕉「奥の細道」の自筆本発見。 **12月** 広島の原爆ドーム・厳島神社，世界遺産に登録／筒井康隆，断筆解禁。 **この年** エイズ問題で厚生省揺れる／金融汚職事件相次ぐ／オウム事件での警視庁の隠蔽工作に非難続出／小中学生のイジメも継続／携帯電話急増。 📺 アムラー／チョベリバ／援助交際／メークドラマ／ストーカー／インターネット 🎵『あなたに逢いたくて』松田聖子／『Don't wanna cry』安室奈美恵／『DEPARTURES』globe／『名もなき詩』Mr.Children／『アジアの純真』PUFFY 📖 近藤誠『患者よ，がんと闘うな』／ハンコック『神々の指紋』 🎬『Shall we ダンス？』東宝：周防正行監督・草刈民代・役所広司／『スワロウテイル』ヘラルド：岩井俊二監督・三上寛史・CHARA／『モスラ』東宝：米田興弘監督・小林恵・山口沙弥加〔洋画〕『ミッション：インポッシブル』『ジュマンジ』『インディペンデンス・デイ』（米）／『大地と自由』（英）／『カップルズ』（台湾） 📺『ロングバケーション』『SMAP×SMAP』『ドク』『義務と演技』『ふたりっ子』 👤 1.7 岡本太郎（84）／1.8 三橋美智也（65）／1.21 横山やすし（51）／2.12 司馬遼太郎（72）／2.20 武満徹（65）／3.28 金丸信（81）／6.10 宇野千代（98）／6.10 フランキー堺（67）／7.9 大塚久雄（89）／8.4 渥美清（68）／8.15 丸山眞男（82）／8.16 沢村貞子（87）／9.23 藤子・F・不二雄（62）／9.29 遠藤周作（73）／11.12 石垣綾子（93）

平成9年(1997) 丁丑

内閣	政治・経済	世 界
②橋本龍太郎（自民党）	2.24 小和田恒国連大使、「尖閣諸島は日本の領土」とした書簡をアナン国連事務総長に提出。 3.6 野村証券、顧客の総会屋親族企業への利益提供を認める。3.14 酒巻英雄社長が辞任。 3.25 橋本龍太郎首相、大田昌秀沖縄県知事と会談。駐留軍用地特別措置法の改正問題と米軍削減問題で、物別れ。4.23 改正駐留軍用地特別措置法公布施行(沖縄の米軍基地用地を使用期限切れ後も合法的使用が可能に)。 3.30 三井三池炭鉱が閉山。 4.1 消費税の税率、3％から5％に引き上げ施行。 4.25 日米首脳会談、在日米軍の兵力構成は現状維持で意見一致。 4.25 大蔵省、日産生命保険に業務停止を命令(生保初の経営破綻)。 5.6 新進党の西村真吾代議士や石原慎太郎・元運輸相ら十数人、尖閣諸島上陸。 6.18 持株会社解禁の改正独占禁止法・金融政策の独立性高揚等の改正日銀法各公布。 6.26 東京高裁、共産党国際部長宅の盗聴事件で国と神奈川県に賠償を命じる判決。7.10 国・県とも上告を断念。 7.24 橋本首相、北方領土問題を「政経不可分」から脱却させる対ロ外交新方針を表明。 8.21 政府、北朝鮮と国交正常化交渉再開に向けた予備会談を再開（5年ぶり、北京)。 9.8 自民党総裁選、橋本龍太郎首相が無投票再選。9.11 第2次橋本改造内閣が発足。 9.16 民主党代表に菅直人、幹事長に鳩山由起夫。 9.23 日米政府、有事の対米協力拡大を含む新しい「日米防衛協力のための指針」(ガイドライン)で合意。 9.25 共産党の宮本顕治議長が引退。 11.2 日露首脳会談、「2000年までに日露平和条約を締結するよう全力を尽くす」と合意(クラスノヤルスク合意)。 11.17 北海道拓殖銀行破綻。11.22 山一証券破綻。 12.5 財政構造改革法公布。 12.7 介護保険法公布。 12.18 新進党党首選、小沢一郎党首が再選。12.27 両院議員総会で解党を決定、6党に分裂へ。 12.21 米軍普天間飛行場の代替海上航空基地建設の是非を問う名護市住民投票、反対票が52.86％に。12.24 比嘉鉄也市長、基地受け入れを表明して辞職。 12.24 政府は総額30億の公的資金投入枠を設けることを柱とする金融システム安定化策を決定。 この年 国内総生産(GDP)、前年度比0.7％減。23年ぶりのマイナス成長。	1.19 ダカールラリーで篠塚健次郎が日本人初の総合優勝。 2.12 北朝鮮の黄長燁労働党中央委書記、北京の韓国大使館に亡命。4.20 ソウル着。 2.19 中国の最高実力者鄧小平が死去(92)。 3.21 米ロ首脳会談、2007年までに核弾頭を2000～2500発に削減で一致。 4.22 リマの日本大使公邸人質事件、ペルー軍特殊部隊の武力突入で終結。ゲリラ14人全員射殺。 5.1 英総選挙、労働党大勝。5.2 ブレア党首が首相に。 5.18 今村昌平監督の『うなぎ』がカンヌ国際映画祭でグランプリ(パルムドール)を受賞。河瀬直美の『萌の朱雀』も新人監督賞を獲得。 5.23 イラン大統領選、改革派のハタミが当選。 6.20 第23回先進国首脳会議、デンバー(米)で開催。ロシア大統領が初めて参加。 7.1 香港、英から中国に返還。 7.2 タイ通貨のバーツ暴落、ついで東南アジア各国通貨暴落(アジア通貨危機)。 8.9 鈴木博美、アテネの世界陸上女子マラソンで優勝。 8.31 ダイアナ元英皇太子妃、パリで交通事故死(36)。 9.6 北野武監督の『HANA-BI』がベネチア国際映画祭グランプリ(金獅子賞)を受賞。 9.18 ノルウェーのオスロで対人地雷全面禁止条約を採択。 10.8 北朝鮮、金正日が朝鮮労働党総書記に就任。 12.1 温暖化防止京都会議開幕。12.11 先進国の温暖化ガス削減目標を盛り込んだ議定書採択(2008～12年に1990年比で5.2％減。EU8％、米7％、日本6％減)。 12.19 韓国大統領選、野党・国民会議の金大中が当選。

152

●北海道拓殖銀行・山一証券倒産。長びく不況で金融不安も。アジア通貨危機拡大

社会・文化	世相

社会・文化

1.2 ロシアのタンカー・ナホトカ号日本海で座礁、大量の重油流出。北陸沿岸に多くのボランティアが駆けつける。

1.11 韓国の元従軍慰安婦7人に償い金支給。

1.29 オレンジ共済組合の巨額詐欺事件で友部達夫参議院議員を逮捕。

1.30 公安審査委員会、オウム真理教への破防法適用の棄却を決定。

2.10 米軍による鳥島射爆場での劣化ウラン弾使用が判明。

3.11 茨城県東海村の核燃料再処理工場内で爆発事故。被曝職員は37人以上。

3.22 在来線利用の秋田新幹線「こまち」開業。

3.27 北海道二風谷ダム訴訟で札幌地裁はアイヌ民族の先住性を認め、ダム建設を違法とする判決。

4.2 最高裁大法廷、愛媛県玉串料訴訟で靖国神社への公費支出は違憲と判決。

5.8 アイヌ文化振興を国・地方自治体の責務と明文化したアイヌ新法が成立。

5.27 神戸市の中学校正門前で小6男児の切断された頭部が発見される。6.28 殺害容疑で14歳の中学3年男子を逮捕。

5.29 ロッテの伊良部秀輝投手、米・大リーグのニューヨーク=ヤンキースと契約。

6.13 大学教員等任期法公布。

6.17 臓器移植法成立。10.16 施行。

6.22 岐阜県御嵩町、産廃処分場建設の賛否をめぐる住民投票実施、有権者の7割反対。

6.23 冒険家大場満郎、世界初の北極海単独横断に成功。

8.29 第3次家永教科書訴訟で最高裁が国の裁量権の逸脱を一部認める判決（教科書裁判終結）。

10.1 長野新幹線が開業。

10.9 東京都議会、全国初の「買春」処罰規定を盛り込んだ青少年健全育成条例改正案を可決。

10.10 国内初のオペラ・バレエの専用劇場をもつ新国立劇場が開場。

11.8 北朝鮮に渡った日本人配偶者の里帰り第1陣。15人、成田に到着。

11.16 サッカー日本代表がイランに勝利、初のワールドカップ出場を決める。

11.26 東京高裁、自治体の管理職昇任試験からの外国籍職員排除は違憲と判決。

12.16 テレビアニメ「ポケットモンスター」視聴中の全国の子供がひきつけやけいれんをおこし、500人以上が病院に運ばれる。

世相

1月 大学生の就職協定、廃止決定。

4月 運輸省の規制緩和で、東京等で初乗り340円タクシー登場／成田空港利用者、3億人を突破／JR初乗り料金値上げ、130円に（4.1～）。

5月 大相撲夏場所、平成1年九州場所以来の連続大入り記録が途絶える。

7月 人気玩具「たまごっち」の出荷総数が1000万個に到達。

8月 文部省、不登校の児童生徒が急増し9万4000人を超すと発表。

9月 登校後の大半を保健室で過ごす「保健室登校」生徒、小中高で約1万100人に。

10月 文部省、ダイオキシン対策として全国の小中高に焼却炉全廃を通達／酒税改定でウイスキーは値下げ、焼酎は値上げに／アニメ映画『もののけ姫』の配給収入、『E.T.』の96億円の記録を更新。

12月 過労自殺が初めて労災に認定／宝塚歌劇団に5番目の組「宙（そら）組」新設。

この年 交通事故死、9年ぶりに1万人を切る。

🔴失楽園／ベル友／たまごっち／ガーデニング／貸し渋り／日本版ビッグバン／マイブーム／時のアセスメント

🎵「CAN YOU CELEBRATE?」安室奈美恵／「硝子の少年」Kinki Kids／「HOWEVER」GLAY／「PRIDE」今井美樹

📖渡辺淳一『失楽園』・妹尾河童『少年H』・浅田次郎『鉄道員（ぽっぽや）』／柳美里『家族シネマ』／村上春樹『アンダーグラウンド』／俵万智『チョコレート革命』／高村薫『レディ・ジョーカー』

🎬『うなぎ』松竹：今村昌平監督・役所広司・清水美砂／『もののけ姫』東宝：宮崎駿監督／『失楽園』東映：森田芳光監督・役所広司・黒木瞳〔洋画〕『タイタニック』（米）／『秘密と嘘』（英）

📺『あぐり』『ラブ・ジェネレーション』『失楽園』『ビーチボーイズ』〔CM〕「むじんくん」（アコム）、「ナオミよ」（TBC）、「大人のふりかけ」（永谷園）

👤1.26 藤沢周平（70）／2.14 屋良朝苗（95）／2.19 埴谷雄高（92）／3.8 池田満寿夫（63）／3.10 萬屋錦之介（65）／4.4 杉村春子（91）／5.24 金達寿（78）／6.16 住井すゑ（95）／6.21 勝新太郎（66）／7.7 奥むめお（102）／8.1 永山則夫（48）／9.22 横井庄一（82）／12.19 井深大（89）／12.20 伊丹十三（64）／12.24 三船敏郎（77）／12.30 星新一（71）

平成10年(1998) 戊寅

内閣	政治・経済	世 界
②橋本龍太郎（自民党） 7.30 7.30 小渕恵三（自民党）	1.14 大田昌秀沖縄県知事，海上基地建設に反対表明。2.8 基地受け入れ表明後に市長が辞職した名護市，市長選で建設推進派候補が当選。 2.18 公的資金導入等の金融機能安全措置法公布。 3.10 自民党執行部，「10兆円規模」の追加景気対策実施を表明。 4.27 民主党結成（民主・民政・新党友愛・民主改革連合の4党合同），代表に菅直人，幹事長に羽田孜。 5.30 社民党，橋本内閣への閣外協力の解消を決定。6.1 自民・さきがけ両党に通告（自社さ連立に幕）。 6.8 円相場，一時1ドル140円73銭まで下落（7年ぶりの1ドル140円台）。 6.12 中央省庁等改革基本法公布（平成13年から現22省庁を1府12省庁に再編）。 6.22 金融監督庁が発足（大蔵省の金融検査監督部門を分離）。 7.12 第18回参院選，自民党は改選議席61から45へ惨敗，民主・共産躍進（自民45，民主27，共産15，公明9，自由6，社民5等）。7.13 橋本首相，自民党総裁辞任を表明。 7.21 日本共産党の不破哲三委員長，江沢民中国共産党総書記と会談（両共産党の党首会談は32年ぶり）。 7.24 自民党総裁選，小渕恵三が梶山静六，小泉純一郎を破り当選。 7.30 小渕恵三内閣発足。蔵相宮沢喜一，経済企画庁長官に堺屋太一（民間）。 8.7 政府，首相直属の諮問機関として「経済戦略会議」の設置を決定。 9.4 防衛庁調達実施本部を舞台にした背任容疑事件で，前防衛施設庁長官の諸冨増夫を逮捕。 9.20 日米政府，戦域ミサイル防衛（TMD）構想の共同技術研究の推進で一致。 10.8 金大中韓国大統領が来日。小渕首相，共同宣言で過去の植民地支配について「痛切な反省と心からのお詫び」を表明。 10.9 地球温暖化対策推進法公布。 10.12 金融再生関連4法案が可決。10.16 公布。 10.23 日本長期信用銀行に初の銀行国有化を適用。 11.12 日露首脳会談，「国境画定委員会」の設置などで合意（モスクワ宣言）。 11.15 沖縄県知事選，自民党県連等が推す稲嶺恵一が大田昌秀知事を破り初当選，革新県政敗北。 11.25 中国・江沢民国家主席，初の日本公式訪問。首相，会談で戦争責任の「反省とお詫び」を口頭で表明。 12.1 特定非営利活動促進法（NPO法）施行。	2.7 第18回冬季オリンピック長野大会開幕（～2.22）。日本はジャンプの船木和喜，モーグルの里谷多英，スピードスケートの清水宏保ら金5，銀1，銅8。 2.25 金大中，韓国大統領に就任。 3.17 中国の全国人民代表大会，朱鎔基を新首相に選出。 3.19 インド，ヒンズー至上主義の人民党が連立政権樹立。 4.15 G7共同声明で日本に「迅速な改革と内需拡大」要求。 5.5 インドネシア，ガソリン等大幅値上げに暴動発生。 5.11 インド，24年ぶり核実験。 5.15 第24回主要国首脳会議開催（英・バーミンガム）。インドネシアの政治改革要求・インド核実験非難の特別声明を採択。 5.21 インドネシア・スハルト大統領が辞任。後任にハビビ副大統領。 5.28 パキスタン，初の核実験。 6.27 クリントン米大統領訪中，首脳会談で台湾の独立を支持しない方針を表明。 8.7 ケニア・ナイロビの米大使館付近で爆発，247人が死亡。8.20 米，アフガニスタン・スーダンの「テロ関係施設」を報復攻撃。 8.31 北朝鮮「テポドン1号」発射，三陸沖に落下。北朝鮮，人工衛星打ち上げと発表。日米はミサイル発射との見解発表。 9.5 北朝鮮最高人民会議，金正日を国防委員長に再任。国家主席を廃止し，国防委員長を最高ポストに。 9.8 米大リーグ・カージナルスのマグワイア，年間最多本塁打記録達成（最終70号）。 9.28 ドイツ総選挙，社会民主党が勝利。 12.16 英・米，国連査察に非協力としてイラク軍事施設空爆。

●失業率が急上昇。経済政策のため，財政改革挫折

社会・文化	世相
1.9 奈良県黒塚古墳から卑弥呼ゆかりとされる三角縁神獣鏡32枚発見，大和地方で初。	1月 大学入試センター試験，初の受験者減。
1.28 黒磯市で女性教諭が校内で中1男子生徒にナイフで刺され死亡。	3月 厚生省，初の糖尿病実態調査結果発表。患者は予備軍を含め1370万人と推計。
2.10 『文藝春秋』，神戸小学生殺害事件等で逮捕の少年の検事調書を掲載。	4月 映倫管理委員会，過激な暴力・残虐描写について新しい年齢制限を設定／老年人口が初めて子供人口(15歳未満)を上回る／完全失業率，初の4%台に。
2.19 新井将敬衆院議員が自殺。日興証券からの不正利益供与事件に関わり，国会で逮捕許諾請求中に。	
3.5 長野冬季パラリンピック開幕(〜3.14)。日本のメダル獲得数41は国別で2位。	5月 若乃花横綱昇進，弟の貴乃花との初の兄弟横綱が誕生。
3.6 奈良県明日香村のキトラ古墳で最古級の精密な天体図の壁画を発見。	7月 吉田正に国民栄誉賞。
3.31 日本原子力発電東海村発電所，約30年間運転した原子炉を閉鎖(国内の商業用原発では初)。	8月 台風4号で死者・行方不明21人／東北・北陸地方，梅雨明けぬまま立秋／東京23区のホームレス急増，4000人を突破
4.1 社会思想史家姜尚中，在日韓国人初の東大教授となる。	10月 黒澤明に国民栄誉賞。
4.5 明石海峡大橋が開通し，本四連絡橋神戸—鳴門ルート全線開通。	12月 世界遺産に「古都奈良の文化財」の登録が決定／環境庁全国調査で環境ホルモンが調査地点の95%で検出。
4.10 高知県，相手の氏名を含めた知事交際費の全面公開を決定。	この年 夏の海外旅行者が18年ぶりに減少／100歳以上の高齢者が1万人を突破／少年によるナイフ使用の凶悪犯罪続発。
5.18 雑誌で初の時限再販を開始。	●キレる／だっちゅーの／ハマの大魔神(プロ野球横浜の救援投手佐々木主浩のこと)／環境ホルモン／老人力／モラル・ハザード／学級崩壊
6.5 改正学校教育法が成立，公立校でも中高一貫教育が可能になる。	
6.19 愛媛県，情報公開条例を可決(全都道府県で情報公開条例整備完了)。	♪「夜空ノムコウ」SMAP／「全部抱きしめて」Kinki Kids／「長い間」Kiroro／「my graduation」SPEED／「wanna Be A Dreammaker」globe／「誘惑」GLAY
7.1 東京高裁，ロス疑惑の三浦和義被告に銃撃事件で逆転無罪の判決。9.18 殴打事件では実刑判決確定。	
7.21 PKOで中央アジアに派遣中の日本人政務官4人が射殺される。	📖郷ひろみ『ダディ』／五木寛之『大河の一滴』／最相葉月『絶対音感』／宮部みゆき『理由』／梁石日『血と骨』／平野啓一郎『日蝕』／小林よしのり『戦争論』／鈴木光司『ループ』
7.24 中田英寿，Jリーグからイタリア・セリエAのペルージャに移籍契約。	
7.25 和歌山市の自治会の祭りでカレー毒物混入事件，4人が死亡，62人が中毒症状に。	🎬『HANA-BI』日本ヘラルド：北野武監督・ビートたけし・岸本加世子／『踊る大捜査線THE MOVIE』東宝：本広克行監督・織田裕二・深津絵里／『学校Ⅲ』松竹：山田洋次監督・大竹しのぶ・小林稔侍〔洋画〕『プライベート・ライアン』『フェイス／オフ』『トゥルーマン・ショー』(米)
7.28 文部省学術審議会，クローン技術のヒトへの応用研究の禁止方針を決定。	
8.5 川崎公害訴訟，自動車排ガス公害を国・道路公団の責任とする一審判決。	
9.3 京大大学院，朝鮮大学校卒業生の入試合格を認める。	📺『ショムニ』『GTO』『徳川慶喜』『天うらら』〔CM〕「立つんだ湯川専務」(セガ)，「日テレ営業中」(日本テレビ)
9.19 羽田—福岡にスカイマークエアラインが就航。定期航空への参入は35年ぶり。	
10.16 埼玉医大で国内初の性転換手術実施。	👤1.9 福井謙一(80)／1.28 石ノ森章太郎(60)／3.2 高橋健二(96)／5.19 宇野宗佑(76)／6.1 松田道雄(90)／6.10 吉田正(77)／9.5 堀田善衞(80)／9.6 黒澤明(88)／9.24 太田薫(86)／10.12 佐多稲子(94)／11.11 淀川長治(89)／12.2 織田幹雄(93)／12.26 白洲正子(88)／12.30 木下恵介(86)
11.2 中央公論社，経営難のため読売新聞傘下の子会社となる。	
12.6 高橋尚子，アジア大会女子マラソンで優勝(日本最高記録)。	

平成11年(1999) 己卯

内閣	政治・経済	世 界
小渕恵三（自民党）	1.4 中村正三郎法相、憲法改正発言。3.8 辞任。 1.14 小渕内閣に自由党の野田毅幹事長が自治相として入閣。自自連立内閣が発足。 1.19 三井信託銀行・中央信託銀行、平成12年4月合併で合意。国内最大の信託銀行へ。 2.12 金融再生委員会、15行に総額7兆4500億規模の公的資金による資本注入を内定。 3.3 日銀、短期金融市場の金利をゼロに（景気テコ入れのための超金融緩和政策）。 3.23 佐渡島と能登半島の領海内で2隻の不審船発見。巡視船による停船命令や威嚇射撃を無視して逃走。自衛隊法に基づく初の海上警備行動命令で自衛艦が警告射撃しても停船せず、北朝鮮の清津港に入港。3.30 政府、北朝鮮の工作船と断定。 4.11 東京都知事選、石原慎太郎が自民党推薦候補らを破り当選。 5.14 情報公開法公布。 5.24 新しい日米防衛協力のための指針（新ガイドライン）関連法成立。5.28 公布。 5.25 大手銀行15行の平成11年3月期決算発表、金融再生法に基づく新開示基準での不良債権額は合計19兆9137億円。 6.23 男女共同参画社会基本法公布。 7.16 中央省庁改革関連法・国と地方自治体の権限拡大をめざす地方分権一括法、各公布。 8.6 産業活力再生特別措置法・租税特別措置法成立。8.13 公布（産業界の競争力強化、企業のリストラ促進）。 8.9 日の丸・君が代を国旗・国歌とする法律、参院で自民・自由・公明3党と民主党・新緑風会の一部の賛成で可決。8.13 公布施行。 8.12 犯罪捜査のための通信傍受に関する組織犯罪対策3法・住民基本台帳法成立。8.18 各公布。 8.20 第一勧銀・富士銀行・日本興業銀行の3行が平成12年秋に持ち株会社を設立、平成14年春をめどに事業統合と発表（みずほ銀行）。 9.21 自民党総裁選、小渕恵三首相が加藤紘一前幹事長、山崎拓前政調会長を破り再選。 9.25 民主党代表選、鳩山由紀夫幹事長代理が菅直人代表、横路孝弘総務会長を破って当選。 10.4 小渕首相、小沢一郎自由党党首、神崎武法公明党代表が自自公3党の連立政権樹立で合意。 11.22 沖縄県、普天間基地移設候補地を名護市辺野古沿岸域に決定。12.27 岸本名護市長、受け入れを表明。 12.1 村山富市・元首相を団長とする超党派国会議員団が北朝鮮を訪問。 12.19 日本と北朝鮮が赤十字会談を開催（北京）。	1.1 欧州連合(EU)の単一通貨「ユーロ」、仏・独など11か国で導入。英は導入せず。 2.12 クリントン米大統領に対する弾劾裁判開始。 3.1 対人地雷全面禁止条約が発効。 3.12 ハンガリー・チェコ・ポーランド、北大西洋条約機構(NATO)に加盟。 3.24 ユーゴ・コソボ紛争をめぐり、NATO軍がユーゴ空爆を開始。6.12 ロシア軍・NATO軍、コソボに進駐。 4.6 中国の朱鎔基首相が訪米（公式訪米は15年ぶり）。 4.21 東ティモール独立派とインドネシアへの残留派が平和協定に調印。 4.30 カンボジア、ASEAN加盟。 5.18 イスラエル首相公選。労働党バラク党首が右派リクードのネタニヤフ首相破る。 6.18 第25回主要国首脳会議、ケルン(独)で開催。 7.22 中国政府、気功集団「法輪功」の活動を禁止。 7.29 新藤兼人監督『生きたい』、モスクワ国際映画祭でグランプリ（昭和36年の『裸の島』に続き2度目）。 8.17 トルコ西部でM7.4の地震。死者は1万7000人以上。 8.23 キルギスで、日本人4人らが武装勢力に拉致される。 9.6 高倉健、『鉄道員』でモントリオール国際映画祭主演男優賞を日本人初の受賞。 9.21 台湾中部でM7.7の地震。死者2000人を超す。 10.12 パキスタンで軍事クーデター、シャリフ首相を解任。 12.21 マカオ、ポルトガルから中国に返還。 12.31 エリツィン・ロシア大統領が突如辞任。 12.31 パナマ運河、米国からパナマに返還。 この年 世界人口、60億を突破。

●ユーロの誕生。日本型システムの制度疲労表面化

社会・文化	世相
1.19 日本初の貨幣「富本銭」, 奈良県明日香村の飛鳥池遺跡から出土。	**1月** 加入者急増に対応して, 携帯電話・PHSの番号が11けたに。
1.25 名古屋市長, 環境保護の問題から名古屋港藤前干潟の埋め立てを断念。	**4月** 統一地方選で女性市議初の1000人台。
1.25 厚生省, 性的不能治療薬バイアグラを異例の早さで承認。個人輸入急増に対応。	**5月** 宇多田ヒカルのアルバム『First Love』初の600万枚売り上げ／音声学習機能つきぬいぐるみファービー発売／大相撲の武蔵丸, 2人目の外国出身横綱に。
2.1 テレビ朝日『ニュースステーション』, 埼玉県所沢市の野菜から高濃度のダイオキシンを検出と報道。2.3 埼玉県産, 所沢産の野菜が暴落。	
2.28 臓器移植法施行後初の脳死移植を実施。5.12 2例目で初の心臓移植実施, 成功。	**6月** ソニー, ロボット犬アイボ発売。
	7月 ロックバンドGLAY, 千葉・幕張メッセ特設会場で20万人野外コンサート／携帯・PHS加入台数, 5000万台突破。
2.28 広島県立高校長, 卒業式の「日の丸・君が代」実施で県教委と教職員の板挟みになり, 自殺(国旗・国歌法制定の引き金に)。	**10月** 福岡ダイエーホークス, 球団創設11年目で日本一に。
4.13 自動車の排ガスによる大気汚染を訴えた川崎公害訴訟, 提訴から17年ぶりに和解で合意。	**12月** 東照宮など「日光の社寺」, 世界遺産に登録決定／商工ローンの悪質な契約, 強引な債権取り立てが問題化。
5.1 広島県尾道市と愛媛県今治市を結ぶ「瀬戸内しまなみ海道」全面開通(本四連絡橋3ルート全通)。	**この年** 都心近郊にアウトレットモールの開業相次ぐ／携帯電話を使った犯罪が増加／9月から神奈川県警管内で警察官の相次ぐ不祥事発覚, 全国的な警察不信に発展／サッカー・ミッチー騒動。
6.16 経口避妊薬の低容量ピル, 承認。	⭕ ブッチホン／リベンジ／雑草魂／カリスマ美容師／ミレニアム
7.22 東京都, 平成12年度から学区制緩和を決定。都内全域が受験可能に。	🎵「だんご3兄弟」速水けんたろう・茂森あゆみ／「Automatic」「First Love」宇多田ヒカル／「Loveマシーン」モーニング娘。／「Boys & Girls」浜崎あゆみ
9.7 金嬉老事件(昭和43年2月)で無期懲役の金嬉老, 仮出獄。同日, 韓国・釜山へ。	
9.20 文部省, 国立大学長らの会議で独立行政法人化導入を表明。	📖 乙武洋匡『五体不満足』／週刊金曜日『買ってはいけない』／大野晋『日本語練習帳』／ビックコミックスピリッツ編集部『人間まるわかりの動物占い』／桐生操『本当は恐ろしいグリム童話』
9.22 忌野清志郎, 発売中止にされたパンクロック版『君が代』収録のCDを自主販売。	
9.29 大阪高裁, 甲山事件の第2次控訴審で無罪判決を支持。10.8 検察側上告断念, 無罪が確定。	🎬『鉄道員(ぽっぽや)』同製作委：降旗康男監督・高倉健・大竹しのぶ／『ワンダフルライフ』テレビマンユニオン・エンジンフィルム：是枝裕和監督〔洋画〕『アルマゲドン』『スター・ウォーズ エピソード1』『マトリックス』(米)／『ライフ・イズ・ビューティフル』(伊)
9.30 茨城県東海村の民間ウラン加工施設で日本初の臨界事故発生。半径10km以内の住民に屋内避難勧告。12.21 大量被曝した作業員死亡(日本原子力開発史上初の死者)。	
10.27 松竹, 経営不振から大船撮影所(昭和11年開設)の閉鎖・売却を発表。	📺『すずらん』『あすか』『魔女の条件』『ケイゾク』『リング・最終章』『元禄繚乱』
11.22 大阪の難波宮跡から年代(648年)を示す最古の木簡を出土。	👤 1.9 芦田伸介(81)／1.25 三木のり平(74)／1.31 ジャイアント馬場(61)／2.9 久野収(88)／2.15 山岡久乃(72)／5.4 長洲一二(79)／5.6 東山魁夷(90)／7.14 山花貞夫(63)／7.21 江藤淳(66)／7.29 辻邦生(73)／9.16 市川右太衛門(92)／9.22 淡谷のり子(92)／10.3 盛田昭夫(78)／10.12 三浦綾子(77)／11.3 佐治敬三(80)
12.10 皇太子妃雅子に「懐妊の兆候」と報道, 以後過熱報道。12.30 宮内庁, 流産と発表。	
12.18 佐々木主浩投手, シアトル=マリナーズと正式契約(3年契約, 総額約15億円)。	
12.21 横山ノック大阪府知事, 選挙運動中のアルバイト女子大生への強制わいせつ容疑で辞表提出。	

平成12年(2000) 庚辰

内閣	政治・経済	世 界
小渕恵三（自民党）4.5	1.10 小渕首相が東南アジア訪問。 1.20 第147通常国会召集(6.2 解散)。衆参両院に憲法調査会を設置。 1.27 商工ローン大手の日栄に業務停止命令(悪質取り立て発覚で)。 2.2 衆院比例代表定数を20削減する改正公職選挙法が参院で可決成立。2.9 公布。 2.7 石原慎太郎都知事、平成12年度からの大手銀行向け外形標準課税導入を発表。 2.14 三井海上、住友海上との合併を発表。 2.23 国会で初の党首討論を開催。 3.14 三和銀行・東海銀行・あさひ銀行3行、経営統合を決定。6.15 あさひ銀行が離脱。 3.28 山一証券元社長2人に実刑判決。 4.1 自公、自由党との連立を解消(自由党、連立解消をめぐり分裂、連立残留派は保守党結成)。 4.2 小渕首相、脳梗塞で緊急入院(5.14 死去)。青木官房長官、首相臨時代理に就任。4.4 内閣総辞職決定。4.5 国会、森喜朗を首相に指名(後継総裁決定での自民党幹部の密室談合に批判集中)。自公保連立内閣発足。	2.20 イラン総選挙、ハタミ大統領率いる改革派が圧勝。 3.1 レバノン政府、日本赤軍メンバー5人の日本送還拒否。 3.14 英国でクローン豚が誕生。 3.18 台湾総統選、民進党候補陳水扁が当選(初の政権交代)。 3.26 ロシア大統領選、エリツィン後継のプーチンが第2代大統領に当選(5.7 就任)。 4.10 韓国・北朝鮮、初の首脳会談で合意。6.13 金大中大統領、北朝鮮訪問(～6.15、初の南北元首直接会談)。 4.15 G7(ワシントン)、日本のゼロ金利継続を確認。 4.21 ロシア下院、CTBT(包括的核実験禁止条約)を批准。
森喜朗（自民党）7.4	4.19 東京三菱銀行と三菱信託銀行が経営統合。 5.15 森首相、「日本は天皇中心の神の国」と発言。 6.19 ナスダック・ジャパンが取引開始。 6.25 第42回総選挙、自公保は後退するも絶対安定多数を獲得(自民233、民主127、公明31、自由22、共産20、社民19、保守7、諸派・無所属21)。	6.16 イスラエル軍のレバノン撤退完了。 6.26 米バイオ企業と日米欧公的国際プロジェクト、ヒトゲノム(人の全遺伝子情報)解読をほぼ完了と発表。 7.25 超音速旅客機コンコルド、パリ郊外で初の墜落。 9.6 国連ミレニアム・サミット開催。
② 森喜朗（自民党）	7.4 第148特別国会召集(7.6 閉会)。 7.12 大手百貨店そごう、民事再生法適用を申請。 7.21 第26回主要国首脳会議、沖縄県名護市で開催。共同宣言「沖縄2000」を採択。 8.11 日銀、平成11年2月導入のゼロ金利政策を解除。 9.11 そごう、巨額の架空取引判明。背任事件に発展。 9.14 東京海上・日動・朝日生命が提携。 9.29 国内初の金融持株会社、みずほホールディングス設立。 10.9 千代田生命、更正特例法適用を申請(自力再建を断念)。10.20 共栄生命も適用申請(生保業界等、企業破綻が相次ぐ) 10.12 中国の朱鎔基首相が来日。 10.15 長野県知事選、作家の田中康夫が無党派で当選。11.19 栃木県知事選、福田昭夫前今市市長が無党派で当選(政党推薦候補を破る)。 11.20 共産党大会、綱領から「前衛」「社会主義革命」等の規定削除を決定。委員長に志位和夫。 11.21 野党4党共同提案の森内閣不信任案が否決。 12.24 臨時閣議決定の予算案、国債依存率34.3%、平成13年度末残高389兆円。地方債とあわせて666兆円。	9.15 第27回オリンピック開催(シドニー、～10.1)。韓国・北朝鮮、初の合同入場行進。日本は柔道の田村亮子、女子マラソンの高橋尚子ら、金メダル5(メダル18のうち女子が13)。 10.5 ユーゴスラビアのミロシェビッチ政権が崩壊。 10.23 オルブライト米国務長官、米現職閣僚初の訪朝。 11.2 日本滞在中のフジモリ・ペルー大統領、辞任。 11.7 米大統領選、ブッシュ(共和党)・ゴア(民主党)候補大接戦。フロリダ州開票作業をめぐり両陣営が法廷闘争。12.13 ゴアが敗北宣言、ブッシュの勝利確定。 11.16 クリントン米大統領、ベトナム戦後初のベトナム訪問。

●企業不祥事の続発と経済低迷。政治の混迷が続く

社会・文化	世相
1.18 オウム真理教，一連の事件への教祖の関与を初めて認める。教団名を「アレフ」と改称（初代代表・村岡達子）。	1月 新潟で無職男性に9年余り監禁されていた少女を保護。
1.23 吉野川可動堰建設をめぐる徳島市住民投票，反対票が90%。	2月 グリコ・森永事件の時効が成立。
2.24 薬害エイズ裁判，旧ミドリ十字の歴代3社長に実刑判決。	3月 米大リーグ公式開幕戦，日本初の開催／私立大学の約3割，短大の約6割が定員割れに。少子化で過去最多。
3.8 営団地下鉄日比谷線，中目黒駅付近で脱線衝突，死亡5人・重軽傷64人。	7月 2000円札発行。
3.31 北海道の有珠山，約23年ぶりに噴火。住民1万6000人が避難。	8月 NTTドコモの携帯電話接続サービス，iモードが加入者1千万を突破。
4.1 **介護保険制度発足**，40歳以上の国民からの保険料徴収を開始。**10月** 65歳以上の高齢者からの保険料徴収も開始。	9月 東海地方に記録的豪雨，計19万世帯，38万人に避難勧告。
4.28 島根県出雲大社の境内で，12世紀の巨大な柱根遺構出土（古代の巨大神殿実在の可能性高まる）。	10月 高橋尚子，国民栄誉賞受賞。
5.19 犯罪被害者保護法公布。	12月 琉球王国のグスク（城），世界遺産に登録／都営大江戸線，全線開通／経済企画庁，昭和23年以来続く政府統計からのGNP（国民総生産）の廃止を発表。
5.24 **ストーカー規制法**公布。	
6.27 **雪印乳業大阪工場生産の乳製品で集団食中毒発生**，被害者1万3420人に達する。	この年 **少年の凶悪事件相次ぐ**／**警察不祥事事件多発**／**病院の医療ミスによる死亡事故が多発**／上半期のパソコン国内出荷台数，563万4000台と過去最高。
7.19 三菱自動車工業，会社ぐるみの長期にわたるリコール隠しが発覚。	◉17歳／**IT革命**／パラサイト・シングル／ひきこもり／おはつ
9.1 **三宅島の火山活動活発化，全島民に避難指示発令。**	♬「TSUNAMI」サザンオールスターズ／「桜坂」福山雅治／「SEASONS」浜崎あゆみ／「Everything」Misia／「あなたのキスを数えましょう」小柳ゆき／「Love, Day After Tomorrow」倉木麻衣／「らいおんハート」SMAP／「恋のダンスサイト」モーニング娘。／「孫」大泉逸郎
10.10 白川英樹筑波大学名誉教授，導電性高分子（導電性プラスチック）の発見・開発でノーベル化学賞受賞。	
11.4 宮城県上高森遺跡の前期旧石器時代遺跡で，**石器発掘捏造が発覚**。	📖大平光代『だから，あなたも生きぬいて』／柳美里『命』／辰巳渚『捨てる！技術』／A&B・ピーズ『話を聞かない男，地図が読めない女』
11.8 日本赤軍の重信房子，大阪潜伏中に逮捕。	
11.29 花岡事件損害賠償訴訟，東京高裁で和解が成立（被告企業鹿島が5億円を提供，中国人被害者約1000人一括救済に道）。	🎬『御法度』松竹：大島渚監督・ビートたけし・松田龍平／『雨あがる』同製作委：小泉堯史監督・寺尾聰・宮崎美子／『バトル・ロワイアル』東映：深作欣二監督・藤原竜也〔洋画〕『M:I-2』『グリーンマイル』『アメリカン・ビューティー』『グラディエーター』（米）『シュリ』（韓国）
12.8 国語審議会，敬語に加えて「敬意表現」，常用漢字以外の表外字の「印刷標準字体」などを提言。	
12.8 **改正少年法公布，厳罰化**（刑罰対象年齢を16歳から14歳に引き下げ）。	📺『私の青空』『オードリー』『ビューティフル・ライフ』『やまとなでしこ』
12.12 旧日本軍の慰安婦制度を告発する民間法廷「女性国際戦犯法廷」，政府に謝罪を勧告する判決要旨を発表。	👤1.13 丸木俊（87）／1.23 成田きん（107）／2.3 二階堂進（90）／3.7 鶴岡一人（83）／3.9 佐々木良作（85）／3.17 永井道雄（77）／4.2 小渕恵三（62）／5.3 中田喜直（76）／5.14 ジャンボ鶴田（49）／6.6 梶山静六（74）／6.16 香淳皇后（97）／6.22 滝沢修（93）／7.1 宇都宮徳馬（93）／9.15 三国一朗（79）／10.12 ミヤコ蝶々（80）／12.25 浜口陽三（91）
12.22 教育改革国民会議（首相の私的諮問機関），教育基本法見直し，学校教育での奉仕活動導入などを提言する最終報告提出。	
12.31 インターネット博覧会（インパク）開催（～平13.12.31）。	
この年 不況により階層社会論・中流崩壊論争が総合誌で盛ん。	

平成13年(2001) 辛巳

内閣	政治・経済	世 界
②森喜朗（自民党） 4.26	1.4 平成10年に経営破綻した日本債権信用銀行が「あおぞら銀行」として再出発。 1.6 中央省庁再編, 1府12省庁スタート。 2.20 田中康夫長野県知事, ダム建設中止を表明。 3.5 森内閣不信任案を衆議院本会議で否決。加藤紘一自民党元幹事長らは欠席（「加藤の乱」）。 3.25 森首相訪ロ, プーチン大統領と会談し日ソ共同宣言（昭和31年）の有効性確認。 4.1 情報公開法施行, 情報公開制度スタート。 4.2 「三菱東京フィナンシャル・グループ」「UFJホールディングス」「三井住友銀行」発足。 4.13 DV防止法成立。10.13 施行（平16.6.2 改正）。 4.11 三菱自動車, ダイムラー・クライスラーと全面提携。 4.24 自民党総裁選で小泉純一郎圧勝（「自公保」連立継続合意）。4.26 小泉内閣発足, 外相に田中眞紀子。	1.20 ブッシュ, 米大統領に就任。 1.26 インドでM7.9の大地震, 死者2万人。 2.16 米・英がイラク空爆。 2.26 アフガニスタンのタリバン政権が彫像破壊令。 3.28 米,「京都議定書」離脱へ。 5.6 ローマ法王ヨハネ=パウロ2世, カトリック教会の最高指導者として初めてシリアのモスクを訪問。 6.1 ネパール王宮で惨劇, 王弟が新国王に即位。 7.20 世界水泳シンクロ・デュエットで立花美哉・武田美保組, 日本初の金メダル。 7.20 第27回主要国首脳会議, ジェノバ(伊)で開催。 7.23 インドネシアでメガワティ大統領就任。 7.29 田村亮子, 世界柔道5連覇。
①小泉純一郎（自民党） 4.26	5.1 北朝鮮の金正日総書記の長男・金正男を新東京国際空港で拘束。5.3 国外退去処分。 5.29 「オレンジ共済組合」事件で詐欺罪の友部達夫参院議員, 実刑判決確定。6.7 失職。 6.20 特殊法人改革基本法が成立。 6.22 確定拠出年金（日本版401K）法が成立。 6.30 小泉首相, ブッシュ米大統領と初会談。 7.29 第19回参院選, 非拘束名簿式導入。自民大勝（自民64, 公明13, 民主26, 自由6, 共産5ほか）。 8.10 自民党両院議員総会で, 小泉総裁を再選。 8.13 小泉首相が靖国神社参拝。 9.12 平均株価, 17年ぶりに1万円割れ。 9.19 米軍によるテロ報復攻撃への支援に自衛隊派遣を政府決定。11.27 国会承認。 10.8 小泉首相訪中。江沢民国家主席と初の会談。 10.12 日本・シンガポール自由貿易協定(FTA)締結。 10.15 小泉首相訪韓, 金大中大統領と会談。首相「日本の植民地支配に反省とおわび」を初表明。 10.20 小泉首相が上海でブッシュ大統領と会談。アフガン復興で日本が主導的役割。 10.29 テロ関連3法成立（2年間の時限立法）。 11.9 海上自衛隊, インド洋へ向け出航。 11.18 与党党首会議, 7法人改革で合意（道路4公団は統合・民営化, 住宅金融公庫, 都市基盤整備公団, 石油公団の3法人は廃止）12.18 政府, 特殊法人整理合理化計画（日本育英会など17法人を廃止, 日本道路公団など45法人を民営化）を決定。 12.7 改正PKO法成立。国連PKF本隊業務への参加凍結解除と武器使用基準緩和等。 12.22 海上保安庁の巡視船が奄美大島沖で不審船を撃沈。	9.11 米で同時多発テロ。ハイジャック旅客機2機がニューヨーク世界貿易センタービル2棟に, 1機が国防総省に突入。死者2500人以上。9.15 米政府, 主犯をウサマ=ビンラディンと断定。 9.22 米, 対パキスタン制裁解除。 9.30 高橋尚子, ベルリンマラソンで2時間19分46秒の世界最高記録。 10.7 米, タリバンがビンラディンを匿まっているとしてアフガニスタン空爆開始。 10.20 APEC首脳会議, 上海で開幕（～10.21）。 10.23 北アイルランドの独立派組織IRA「武装解除着手」。 11.10 WTO, 中国の加盟承認。 11.13 アフガニスタンの北部同盟, 首都カブール制圧。 11.13 米ロ首脳会談。米, 戦略核削減へ。 12.22 アフガニスタン暫定行政機構が発足。 この年 米大リーグ・マリナーズ入団のイチロー, MVP・首位打者・盗塁王・新人王に。

◉ 9・11事件からアメリカは「テロとの戦争」へ

社会・文化	世 相
1.6 筋弛緩剤殺人容疑で元准看護士逮捕。 1.26 JR新大久保駅で転落男性と救助しようとした韓国人ら3人死亡。 2.9 捜査情報漏洩, 福岡地検次席検事を更迭。 2.9 ハワイ沖で宇和島水産高校実習船「えひめ丸」が米原潜と衝突, 沈没。乗員・実習生ら35人中8人死亡1人行方不明。 2.28 政治資金規制法違反で山本譲司元衆院議員に懲役1年6か月。 3.10 外務省機密費流用で, 外務省松尾克俊元室長を逮捕。 3.23 公正取引委員会, 書籍・新聞・音楽用CDなどの再販制度存続を決定。 4.1 家電リサイクル法施行。 4.3 「新しい歴史教科書をつくる会」の中学歴史・公民教科書が検定合格。 5.8 武富士支店放火で5人焼死。 5.11 熊本地裁, ハンセン病訴訟で国に賠償金支払いを命じる。5.23 国が控訴断念。 5.15 宮内庁, 皇太子妃雅子懐妊を発表。 5.18 能楽がユネスコの世界無形文化遺産の第1回指定対象に。 6.2 札幌ドームオープン。 6.8 大阪府池田市の大阪教育大付属池田小学校に出刃包丁を持った男が乱入, 男児1人, 女児7人を刺殺。 6.8 改正電波法が成立(平成23年のアナログ地上放送の全廃が決定)。 6.15 ハンセン病補償法, 成立。 6.29 沖縄県北谷町で婦女暴行事件。7.6 沖縄嘉手納基地所属の米兵を逮捕。 7.21 明石市の花火大会で歩道橋に多数の見物客が殺到。11人が死亡, 129人が重軽傷。 7.31 埼玉スタジアム完成。 8.29 H2Aロケット打ち上げ成功。 9.10 BSE（狂牛病）感染牛, 国内初発見。10.1 狂牛病対策として肉骨粉製造・販売等を全面禁止。10.18 国内で狂牛病全頭検査始まる。 9.26 堂本暁子千葉県知事, 三番瀬埋め立て中止を表明。 9.30 高橋尚子, ベルリンマラソンで2時間19分46秒の世界最高記録で優勝。 10.10 野依良治にノーベル化学賞。 11.9 警察官, 威嚇なし発砲可能に。 11.10 浜岡原発原子炉で水漏れ事故。 11.14 薬害ヤコブ病で国などに救済責任(東京・大津両地裁)。 12.1 皇太子妃雅子, 敬宮愛子を出産。	1月 高松市で成人式妨害の5人逮捕。 3月 サッカーくじ「toto」販売開始／ユニバーサル・スタジオ・ジャパン, 大阪市に開園／「iモード」加入2000万突破。 8月 高齢者医療を現行の70歳以上から75歳以上に引き上げる案を発表。 9月 東京ディズニーシー, オープン／巨人軍の長嶋茂雄監督が退任。 11月 東証「株式会社」スタート／世界人口61億3400万人で, 2050年には93億人に達すると推計／JR東日本の新タイプ定期券「Suica」登場。 12月 湘南新宿ライン運転開始。 この年　創復刊誌数167誌。休廃刊誌数170誌, 過去最多で創刊数以上は初／「ファイナルファンタジーX」, 二足歩行ロボット, 200円台牛丼, 液晶テレビ, 無洗米, 写メールが話題に／長さが2m以上のニットのロングマフラーが流行。 ⬤ 聖域なき改革／米百俵／骨太の方針／改革の痛み／抵抗勢力／塩爺／狂牛病／ショー・ザ・フラッグ／やだねったらやだね／ファイナルアンサー／伏魔殿／感動した！ ♫「Can You Keep A Secret ?」宇多田ヒカル／「M」「evolution」「Dearest」浜崎あゆみ／「PIECES OF A DREAM」CHEMISTRY／「恋愛レボリューション21」モーニング娘。／「アゲハ蝶」ポルノグラフィティ 📖 S＝ジョンソン『チーズはどこへ消えた？』／J＝K＝ローリング『ハリー・ポッター(1〜3)』／R＝キヨサキ, S＝レクター『金持ち父さん 貧乏父さん』／宮部みゆき『模倣犯』 🎬『千と千尋の神隠し』徳間書店・スタジオジブリほか：宮崎駿監督／『陰陽師』東宝：滝田洋二郎監督・野村萬斎〔洋画〕『A.I.』『パールハーバー』『ジュラシック・パークⅢ』『ダイナソー』(米) 📺『HERO』『救命病棟24時』『プロジェクトX』『ちゅらさん』〔CM〕「♪明日があるさ」(ジョージア・日本コカ・コーラ)／「Love Beer?」(サッポロ黒ラベル・サッポロビール) 👤 3.1 久和ひとみ(40)／3.11 上村松篁(98)／3.17 新珠三千代(71)／4.8 並木路子(79)／4.14 勅使河原宏(74)／4.14 三波春夫(77)／4.16 河島英五(48)／5.17 團伊玖磨(77)／5.24 河本敏夫(89)／7.28 山田風太郎(79)／10.1 古今亭志ん朝(3代目)(63)／11.7 左幸子(71)／11.11 杉浦忠(66)／12.10 江戸家猫八(3代目)(80)／12.29 朝比奈 隆(93)

平成14年(2002) 壬午

内閣	政治・経済	世界
① 小泉純一郎（自民党）	1.15 UFJ銀行スタート。 1.20 小泉首相，田中眞紀子外相と外務省野上義二事務次官を更迭。 1.21 東京でアフガン支援会議開催。45億ドル援助を決定。 2.17 ブッシュ米大統領が来日。 3.14 ウォルマート，西友買収へ。 3.19 ダイエー，産業再生法申請。 3.20 辻元清美衆院議員，秘書給与詐欺疑惑で議員辞職。 3.31 横浜市長に中田宏当選(37歳，政令指定都市最年少)。 4.1 ペイオフ凍結を定期預金などで解除。 4.1 再編みずほ銀行，多難な始動(システム障害発生)。 4.8 加藤紘一元自民党幹事長，議員辞職。 4.21 小泉首相，靖国神社繰上げ参拝。 4.30 鈴木宗男議員秘書ら7人を逮捕。6.17 鈴木宗男議員を逮捕。 5.8 中国警察，瀋陽の日本総領事館から亡命希望者連行。 5.13 トヨタ自動車，3月期連結決算発表。経常利益が日本企業初の1兆円突破。 5.21 京都議定書批准承認。地球温暖化対策推進法改正。 5.28 「日本経団連」スタート。 6.21 道路公団民営化委員に猪瀬直樹ら7人決定。 6.25 エア・ドゥ，民事再生法を申請。 7.5 田中康夫長野県知事に対する不信任案可決。 8.5 住民基本台帳ネットワーク(住基ネット)稼動。 8.8 人事院，国家公務員月給の初の引き下げ勧告。 8.9 田中眞紀子衆院議員，議員辞職。 8.29 トヨタ，中国最大手(第一汽車)と提携。 9.1 「出直し選挙」で長野県知事に田中康夫再選。 9.17 小泉首相，北朝鮮を訪問。平壌で金正日総書記と会談。北朝鮮，13人の拉致(うち8人死亡)を認め，謝罪。「日朝平壌宣言」に署名。 9.30 小泉改造内閣発足(6閣僚交代)。 10.15 地村保志，蓮池薫，曽我ひとみら，北朝鮮拉致被害者5人帰国。政府は5人を戻さず永住へ。 11.5 日・ASEAN，「FTAを10年以内に」と共同宣言。 11.14 鉄鋼大手3社(新日鐵・住友金属工業・神戸製鋼)が資本提携し世界第2位の勢力に。 12.2 博報堂・大広・読売広告社が経営統合へ。 12.2 島根県知事，宍道湖・中海の淡水化事業中止。 12.3 鳩山由紀夫民主党代表が辞任表明。12.10 民主党新代表に菅直人。 12.16 米・英軍後方支援のため，海上自衛隊のイージス艦をインド洋へ派遣。	1.1 EUの共通貨幣，ユーロ流通開始。 1.1 台湾がWTO正式加盟。 1.29 ブッシュ米大統領，北朝鮮・イラン・イラクをテロを支援し大量破壊兵器開発を目指す「悪の枢軸」と非難。 2.8 第19回冬季オリンピック開催(米・ソルトレークシティー)。日本はメダル2個。 2.17 『千と千尋の神隠し』，第52回ベルリン国際映画祭の最高賞(金熊賞)に。 3.12 国連安保理，パレスチナ国家肯定の決議。 3.14 北朝鮮の25人，韓国へ亡命を求める。 5.5 シラク仏大統領再選。 5.19 東ティモール民主共和国が誕生。 6.11 アフガニスタン国家元首の選挙でカルザイ当選。 6.13 ABM条約(弾道弾迎撃ミサイル制限条約)から米国の脱退確定し条約失効。 6.21 チャイコフスキー国際コンクールピアノ部門で上原彩子が日本人初優勝。 6.26 第28回主要国首脳会議カナナスキス(カナダ)で開催。 7.9 アフリカ連合(AU)が53か国で発足。 8.26 地球環境サミット開幕(南ア・ヨハネスブルグ)。 9.20 ブッシュ米大統領，「米国家安全保障戦略」で「ならず者国家」への先制攻撃戦略を発表。 10.1 イラク，核査察受け入れ。 10.12 インドネシアのバリ島で爆弾テロ，184人以上死亡。 10.23 モスクワで劇場占拠テロ，人質128人が犠牲に。 11.8 江沢民中国共産党総書記引退，胡錦濤体制が発足。 12.12 北朝鮮「核」開発再開を宣言。12.22 北朝鮮，IAEAの「核」封印を除去。 12.19 韓国大統領に盧武鉉当選。

●小泉首相北朝鮮訪問，拉致被害者帰国へ

社会・文化	世相
1.4 文化庁長官に河合隼雄（民間出身の同長官は17年ぶり3人目）。 1.21 埼玉県警が暴力団員の覚せい剤事件を二重に隠蔽。 1.23 雪印食品，輸入牛肉を国産と偽装。2.22 会社解散を決める。 3.4 全農子会社も偽装鶏肉発覚。 3.30 警視庁が犯罪捜査のための通信傍受法を覚せい剤取引の捜査に初適用。 4.1 学習指導要領改定により，「ゆとり教育」スタート。 5.20 ダスキン，肉まんに禁止添加物。 5.31 サッカー日韓W杯開幕（～6.30）。日本，ロシア戦で初勝利，ベスト16に。ブラジル5度目の優勝，韓国は4位。 7.2 テレビ東京，窃盗団の一員に謝礼払い事前情報入手，犯行シーンをニュース放送。 7.3 国後島ディーゼル発電施設を巡り，三井物産社員3人を逮捕。 8.5 自衛隊LANデータ流出発覚。 8.9 大阪市のテーマパーク，ユニバーサル・スタジオ・ジャパンを火薬類取締法違反容疑で強制捜査。 8.11 日向市の第3セクター温泉施設でレジオネラ菌感染，6人死亡。 8.27 三井物産，ODAで贈賄疑惑発覚。9.4 三井物産トップ，引責辞任。 8.29 東電，原発損傷など隠す。9.2 東電5首脳が引責辞任。その後，他社でも原発トラブル隠しが判明。 9.10 日本初の実用人工衛星を搭載したH2A3号機，打ち上げ成功。 9.24 小説「石に泳ぐ魚」でのプライバシー裁判で柳美里の敗訴確定。 9.29 秋田県岩城町の住民投票で，全国で初めて18・19歳にも選挙権。 9.29 釜山アジア大会開幕（～10.14）。北島康介が男子200m平泳ぎで世界新。高岡寿成がマラソン日本最高記録。 10.8,9 ノーベル賞，ダブル受賞（小柴昌俊に物理学賞，島津製作所の田中耕一に化学賞）。 10.25 石井紘基衆院議員，刺され死亡。 11.1 松井秀喜，FA宣言し米・大リーグ移籍へ。12.20 ヤンキース入団を発表。 11.8 受刑者に集団暴行を加えたとして名古屋刑務所刑務官5人逮捕。 11.15 警視庁が覚せい剤事件で初の「おとり捜査」実施が判明。 12.28 宮内庁，天皇の前立腺がん発表。	1月 国立社会保障・人口問題研究所，平18年ピークに人口減少と発表。 3月 新CS放送スタート。 6月 東京都千代田区，全国初の歩きタバコ禁止条例。 9月 丸ビルがリニューアルオープン。 12月 東北新幹線，盛岡―八戸間開通。 この年 連続ドラマ「北の国から」が「2002遺言」で21年間に幕／ゴマフアザラシの「タマちゃん」が多摩川などに出没／全国紙4コマ漫画の連載最長（47年通算1万3615回）だった毎日新聞夕刊「まっぴら君」（加藤芳郎）が終了／週刊分冊百科がブームに。 🔴 貸し剥がし／内部告発／ベッカム様／ムネオハウス／拉致／ぴみょー／GODZILLA（ゴジラ）／プチ整形／イケメン／食肉偽装／マイナスイオン 🎵 「Independent」「Voyage」「H」浜崎あゆみ／「Traveling」「光」宇多田ヒカル／「Life goes on」Dragon Ash ／「Way of Difference」GLAY／「大きな古時計」平井堅／「きよしのズンドコ節」氷川きよし 📖 J＝K＝ローリング『ハリー・ポッターと炎のゴブレット』／日野原重明『生き方上手』／齋藤孝『声に出して読みたい日本語』／池田香代子ほか『世界がもし100人の村だったら』／村上春樹『海辺のカフカ』／平野啓一郎『葬送』 📽 『猫の恩返し／ギブリーズepisode 2』スタジオジブリ：宮崎駿監督／『名探偵コナン・ベイカー街の亡霊』同製作委：こだま兼嗣監督〔洋画〕『ハリー・ポッターと賢者の石』『モンスターズ・インク』『ロード・オブ・ザ・リング』『スパイダーマン』（米） 📺 『渡る世間は鬼ばかり』『ほんまもん』『さくら』『まんてん』『利家とまつ』〔CM〕「ボス♪いつもそばにいてね」（ボス・サントリー）／「余分なもの」（DAKARA・サントリー）／「くぅちゃん」（アイフル） 🚹 3.4 半田良（68）／4.11 高橋圭三（83）／5.16 柳家小さん（5代目）（87）／5.24 清川虹子（89）／5.25 坊屋三郎（92）／6.12 ナンシー関（39）／6.13 村田英雄（73）／6.15 室田日出男（64）／6.18 山本直純（69）／7.18 戸川京子（37）／7.22 草柳大蔵（78）／10.5 三鬼陽之助（95）／10.21 笹沢左保（71）／10.23 山本夏彦（87）／11.5 范文雀（54）／11.11 江上波夫（96）／11.21 高円宮憲仁（47）／11.29 家永三郎（89）

平成15年(2003) 癸未

内閣	政治・経済	世 界
①小泉純一郎（自民党）	1.7 コニカとミノルタ，経営統合へ。 1.14 小泉首相，靖国神社参拝。 1.23 小泉首相，公約違反を追及され，「この程度の約束を守れなかったのは，大したことじゃない」と発言。 2.8 国内対人地雷の廃棄終了。 2.26 リゾート施設ハウステンボス，会社更生法を申請。 4.1 日本郵政公社が発足。 4.3 厚労省が新型肺炎SARSを新感染症に認定。 4.9 川口順子外相，イラクに対する人道支援策（最大1億ドルの資金拠出）を発表。 4.13 統一地方選前半戦，10都道府県知事選で現職が全員当選。札幌市長選は政令指定都市初の再選挙に。4.27 統一地方選後半戦，衆参4選挙区補選では与党が3議席獲得。 4.17 政府，構造改革特区の第1陣57件を正式発表。 5.23 「個人情報保護関連5法」成立。 6.2 信書配達への民間参入開始（約130年ぶり）。 6.6 「有事法制関連3法」成立。 6.10 りそなグループへの公的資金注入，正式決定。 6.21 共産党，党綱領を改定。天皇制を事実上容認。 7.9 子育て支援強化のための「次世代支援法」成立。7.23 「少子化対策法」が成立。 7.18 「改正保険業法」成立。生命保険会社が破綻前に運用利回り（予定利率）引き下げ可能に。 7.26 イラク復興支援特別措置法成立。 8.8 日本道路公団 藤井治芳総裁，「債務超過を示す財務諸表」の存在を発表。 8.25 住民基本台帳ネットワークが本格始動。 8.25 北朝鮮の貨客船「万景峰号」が7か月ぶりに新潟入港。国交省が安全設備検査で是正命令。 9.20 自民党総裁選，小泉首相が3候補を破り再選。 9.22 小泉第2次改造内閣，竹中平蔵ら6人留任。 9.24 民主，自由両党が合併協議書に調印。 9.26 第157回臨時国会召集（10.10 解散）。 10.17 ブッシュ米大統領来日，小泉首相と首脳会談。 10.24 日本道路公団の藤井治芳総裁の解任決定。11.13 新総裁に近藤剛参院議員が就任。 11.9 第43回総選挙投開票。自民237・公明34・保守新党4で与党が安定多数確保。民主は40議席増の177。共産9，社民6と後退。11.10 保守新党が解党し自民党に合流を決定。 11.13 土井たか子社民党党首辞任。後任福島瑞穂。	1.10 北朝鮮，核不拡散条約（NPT）脱退宣言。 2.1 米スペースシャトル「コロンビア」が大気圏再突入中に空中分解，乗員7人全員死亡。 2.15 イラク戦争反対のデモ。世界約60か国600以上の都市で，1000万人以上が参加。 2.18 韓国で地下鉄放火，12両が全焼（192人死亡）。 2.24 北朝鮮，地対艦ミサイルを日本海の公海上へ発射。 2.25 盧武鉉，韓国大統領就任。 3.19 米・英軍，イラク攻撃開始。 3.23 『千と千尋の神隠し』が米アカデミー長編アニメーション賞に。 4.7 米・英軍，バグダット中心部へ突入。4.14 米・英軍，イラク全土を掌握。5.1 米大統領，戦闘終結を宣言。 4.30 米・EU・ロシア・国連，パレスチナ新和平案「ロードマップ」を発表。 6.1 第29回主要国首脳会議，エビアン（仏）で開催。 6.22 イラク原油，3か月ぶりに輸出再開。 7.5 WHO（世界保健機構），新型肺炎SARS終息宣言。 7.13 「イラク統治評議会」発足。9.1 暫定内閣を組閣。 8.27 北朝鮮の核問題をめぐる，6か国協議スタート。 8.29 世界陸上200mで末続慎吾日本人初の短距離銅メダル。 8月 欧州各地で異常な熱波，推計で3000人以上が死亡。 9.16 韓国，日本の大衆文化をさらに開放と発表。 10.15 中国初の有人宇宙飛行船「神舟5号」打ち上げ成功。 11.27 ブッシュ米大統領，イラク電撃訪問。
11.19 ②小泉	11.19 第158回特別国会召集（11.27 閉会）。第2次小泉内閣が発足し，17閣僚全員を再任。 11.29 イラクで日本大使館員2人殺害。 12.26 イラク復興支援の第1陣，航空自衛隊の先遣隊がクウェート，カタールに向け出発。	12.13 米軍，フセイン元イラク大統領を拘束。 12.26 イランで大地震，推計で4万人死亡。

●世界的な反戦運動の中，アメリカはイラク攻撃へ

社会・文化	世相
1.17 脱北日本人妻，中国で拘束後に帰国（44年ぶり）。 1.27 もんじゅ設置許可無効を認める判決（名古屋高裁）。 1.29 国内の音楽交換サービス「著作権侵害」と判決（東京地裁）。 1.31 岩見沢市に官製談合防止法初適用。 2.1 NHKのテレビ本放送開始50年。 2.10 特定失踪者問題調査会が拉致の疑いありと44人追加公表（計84人に）。 2.18 食品表示，「賞味期限」と「品質保持期限」を前者に統一。 3.1 国交省の航空管制システムダウンで全国の空港で離陸不能に。欠航200便以上。 3.4 リクルート事件で江副浩正元会長に懲役3年，執行猶予5年の有罪判決。 4.2 大阪の法善寺横丁で火事（平14年9月の火事からの再建途中だった）。 4.15 戦時下の言論弾圧「横浜事件」の再審決定（横浜地裁）。 5.1 ヨルダンでイラク帰りの毎日新聞記者の手荷物が爆発，1人死亡。 5.19 国立歴史民俗博物館，弥生時代の始まりを500年早まる新説を発表。 6.12 映像の著作権の保護期間を50年から欧米諸国と同じ70年にする著作権法改正案成立。平16.1.1 施行。 6.26 オウム転入拒否の自治体敗訴確定。 8.10 沖縄都市モノレール（ゆいレール）開通。 8.13 北大で医師名義貸し過去5年に277人発覚。 8.29 衆院議員として戦後最長の437日間拘置の鈴木宗男被告，保釈。 9.28 女子ゴルフの宮里藍，18歳3か月の史上最年少ツアー優勝。 10.10 日本産のトキ絶滅。 10.16 テレビ朝日「ニュースステーション」のダイオキシン報道，農家側実質逆転勝訴。平16.6.16 和解。 10.24 日本テレビプロデューサーによる高視聴率狙ったモニター世帯買収工作覚。 11.11 最高裁，小学校時代の指導要録の本人への客観記録開示を認める。 12.1 地上デジタル放送始まる。 12.2 「一級小型自動車整備士技能検定」問題，トヨタ系ディーラーに漏洩。 12.23 米でBSEの牛発見。12.24 米国産牛肉の輸入を停止。 この年 東京駅が重要文化財に，文楽がユネスコ世界無形文化遺産に。	1月 横綱貴乃花引退。 4月 サラリーマンの医療費，3割負担に／さいたま市が13番目の政令指定都市に／六本木ヒルズオープン／白装束の団体「パナウェーブ研究所」のメンバー40人が林道占拠。 8月 約6万年ぶりに火星が大接近（約5575万キロ）。 9月 冷夏でコメ不作。農水省が政府備蓄米9万t含め19万tの在庫米放出を発表。 10月 東海道新幹線品川駅開業。 この年 アミノ酸飲料・にがり・体質改善緑茶・豆乳・虫歯予防ガムなどがブームに／DVDレコーダー，薄型（プラズマ・液晶）テレビがヒット／テレビ通販，フリーペーパー，着メロ，個人向け国債が話題に／CATV加入数が1514万世帯で普及率31.2%，ブロードバンド利用者も推計1955万人。 ● 毒まんじゅう／なんでだろう～／ヨン様／マニフェスト／勝ちたいんや！／バカの壁／へぇ～／スローライフ／セレブ／おれおれ詐欺／ユビキタス／ゲッツ ♪「世界に一つだけの花」SMAP／「虹」福山雅治／「さくら（独唱）」森山直太朗／「No way to say」浜崎あゆみ／「HERO」Mr. Children／「大切なもの」ロードオブメジャー／「地上の星」中島みゆき／「涙そうそう」夏川りみ／「もらい泣き」一青窈 📖 養老孟司『バカの壁』／片山恭一『世界の中心で，愛をさけぶ』／木村拓哉『解放区』／桐野夏生『グロテスク』 🎬『踊る大捜査線THE MOVIE2 レインボーブリッジを封鎖せよ』フジテレビ：織田裕二／『座頭市』同製作委：ビートたけし監督・主演〔洋画〕『ハリー・ポッターと秘密の部屋』『マトリックス・リローデット』（米） 📺『てるてる家族』『冬のソナタ』（ペ＝ヨンジュン主演。ヨン様ブーム起こる）『GOOD LUCK!!』『白い巨塔』『Dr.コトー診療所』『トリビアの泉～素晴らしきムダ知識～』〔CM〕「燃焼系，燃焼系，アミノ式」（サントリー） 👤 1.16 秋山庄太郎（82）／ 1.26 真藤恒（92）／ 2.26 宮脇俊三（76）／ 3.7 黒岩重吾（79）／ 4.1 鯨岡兵輔（87）／ 5.6 宜保愛子（71）／ 6.2 小鶴誠（80）／ 6.24 名古屋章（72）／ 7.5 桜内義雄（91）／ 8.9 沢たまき（66）／ 9.5 青木雄二（58）／ 9.19 河原崎長一郎（64）／ 11.1 ジョージ川口（76）／ 11.26 小林千登勢（66）

平成16年(2004) 甲申

内閣	政治・経済	世　界
②　小　泉　純　一　郎　（　自　民　党　）	1.1　小泉首相, 靖国神社参拝。 1.9　陸自先遣隊と空自本隊に**イラク派遣命令**(1.19 先遣隊サマワ着, 2.3 本隊が出発)。 1.31　自衛隊派遣, 衆院で承認(2.9 参院でも承認)。 2.5　JR西日本, 完全民営化へ。 3.10　産業再生機構, カネボウの一括支援を決定。 4.8　**3邦人, イラクで人質に**。4.15 バグダッドで解放。 4.14　西武鉄道堤義明会長辞任。総会屋への利益供与で。 4.16　三菱ふそう宇佐美隆会長辞任(5.6 逮捕)。 4.22　ダイムラー, 三菱自動車支援打ち切り。 4.23　閣僚らに年金保険料未払い期間発覚。以後, 続発(5.7 福田官房長官, 5.10 菅民主党代表辞任)。5.14 小泉首相も未加入期間発覚。 4.25　衆院3補選, 自民党全勝。 5.6　年金一元化検討で自公民3党合意。 5.11　トヨタ, 税引き後純利益1兆円超(日本で初)。 5.21　**裁判員制度法, 成立**。 5.27　イラクで2邦人襲撃され死亡。 6.2　道路公団民営化関連4法, 成立。 6.5　**年金改革関連法, 成立**。 6.8　小泉首相, 多国籍軍への自衛隊参加を表明。6.18 多国籍軍参加を閣議決定。6.28 自衛隊, 多国籍軍に参加。 6.25　国の借金700兆円突破。 7.7　日本政府, 東シナ海でのガス田調査開始。 7.11　第20回参院選。自民不振(1議席減の49議席), 民主躍進(50)。非改選と合わせて, 自民115, 民主82, 公明24, 共産9, 社民5, 無所属7。1票の格差は前回選挙より拡大(最大5.16倍)。 7.14　東京三菱銀行とUFJ銀行統合発表。三井住友銀行も対抗してUFJに統合申し入れへ。 7.15　日本歯科医師会前会長, 橋本派に1億円献金発覚。7.30 橋本元首相, 派閥会長辞任。 9.1　脱北者とみられる29人が北京日本人学校に駆けこみ。 9.13　ソニー, MGMを買収。 9.17　メキシコと自由貿易協定(FTA)締結。 9.27　小泉内閣改造。郵政民営化担当相に竹中平蔵。 10.26　イラクで武装勢力が日本人拘束, 殺害。 10.28　カネボウ旧経営陣による粉飾決算が判明。 11.30　日・中首相(小泉, 温家宝), 「靖国・ODA問題」を巡り会談。 12.1　証券仲介業, 銀行などに解禁。 12.9　自衛隊イラク派遣1年延長(**平17.12.14**まで)。 12.9　政府, 防衛計画大綱と次期中期防衛力整備計画(17〜21年度)決定。総額24兆2400億円。 12.28　産業再生機構, ダイエー支援を決定。	2.6　モスクワ地下鉄で爆弾テロ。 3.11　**マドリードで列車爆破テロ**。死者200人。 3.14　プーチン露大統領, 再選。 3.20　**陳水扁, 台湾総統再選**。 3.27　荒川静香, 世界フィギュアで優勝。 4.2　拡大NATO, 26か国体制に。 4.28　米・CBS放送, アルグレーブ収容所でのイラク兵捕虜虐待をスクープ。5.2 米軍組織的関与を認める。 5.1　EU, 25か国体制に。 5.22　14歳・柳楽優弥にカンヌ国際映画祭最優秀男優賞。 5.28　イラク暫定政権発足。 6.8　第30回主要国首脳会議, シーアイランド(米)で開催。 6.18　EU首脳会議, EU憲法条約を採択。10.29 調印。 6.28　連合国暫定統治機構, イラクに主権移譲。 7.27　脱北者457人が東南アジア経由で大挙韓国入り。 8.13　第28回オリンピック(アテネ, 〜8.29)開幕。V2の谷亮子, V3の野村忠宏ら柔道で金8個。マラソンの野口みずき, 水泳の柴田亜衣・北島康介らが金, 計16個。 9.1　ロシア・北オセチアでチェチェン武装勢力が中学校占拠, 部隊突入し大惨事。 10.1　イチロー, 大リーグ年間最多安打記録更新(最終262本)。 10.6　米政府調査団, 開戦時にイラクの大量破壊兵器の開発計画なしと最終報告。 10.9　アフガニスタン初の大統領選でカルザイ勝利。 11.3　**ブッシュ米大統領再選**。 11.11　パレスチナのアラファト議長(75)死去。 11.21　ウクライナ大統領決選投票で騒然。12.27 やり直し選挙, 野党ユシチェンコ当選。 12.26　**スマトラ沖M9地震, インド洋で大津波**。死者30万人以上。

●テロの拡大と強まる保守化の流れ。郵政民営化推進

社会・文化	世　相
1.14　1票の格差5.06倍「合憲」判決（平成13年の参院選を巡り，最高裁）。	**1月**　国内で鳥インフルエンザ確認。
1.19　古賀潤一郎衆院議員の留学歴詐称問題浮上。9.24 辞職。	**2月**　吉野家が牛丼販売休止。
2.27　オウム真理教の松本智津夫に死刑判決。	**7月**　「紀伊山地の霊場と参詣道」が世界遺産に／白骨温泉，入浴剤で着色が発覚。
3.8　鳥インフルエンザ問題で浅田農産会長夫妻自殺。3.31 社長ら逮捕。	**10月**　オリックス・近鉄合併によるチーム減に反対し日本プロ野球選手会，史上初のスト／IT企業「ライブドア」，「楽天」が日本プロ野球機構に参加申請／松中信彦（ダイエー），18年ぶり三冠王に。
3.13　九州新幹線新八代‐鹿児島中央間開業	
3.16　田中眞紀子元外相の長女の記事で『週刊文春』に東京地裁は出版禁止命令。3.31 高裁で取り消し判決。	**11月**　田臥勇太，日本人初のNBA選手に／20年ぶり新札発行。1000円札に野口英世，5000円札に樋口一葉／運転中の携帯電話使用に罰則／楽天のパ・リーグ参入決定／ダイエー，ソフトバンクに球団譲渡。
3.26　六本木ヒルズ回転ドア事故，6歳男児死亡。	
4.7　小泉首相の靖国神社参拝に違憲判決（福岡地裁）。	
4.16　BSE対策を巡る牛肉偽装事件で，浅田満大阪府肉連副会長を逮捕。	**12月**　国産牛履歴表示スタート。
5.5　ピカソの初期油絵「パイプを持つ少年」が史上初1億ドル突破し約113億円（1億416万ドル）で落札。	**この年**　消費者物価5年連続下落／台風16号，17号，21号，22号，23号などにより水害が相次ぎ，死者・不明170人を超す。
5.10　皇太子，「雅子のキャリアや人格を否定するような動きが」と発言。11.29 秋篠宮，この発言に対し異例の苦言。	●チョー気持ちいい／気合いだー！／冬ソナ／自己責任／新規参入／人生いろいろ会社もいろいろ／って言うじゃない…○○斬り…残念!!／サプライズ
5.10　ファイル交換ソフト「Winny」の開発者を逮捕。	♫「瞳をとじて」平井堅／「Sign」「掌」Mr. Children／「Jupiter」平原綾香／「花」「ロコローション」ORANGE RANGE／「マツケンサンバⅡ」松平健／「桜」河口恭吾
6.1　佐世保市の小学校で，6年の女子児童が同級生女児を刺殺。	
6.30　サントリーが「青いバラ」開発に成功。	
7.9　北朝鮮拉致被害者の曽我ひとみ一家インドネシアで再会。東京へ。	📖綿矢りさ『蹴りたい背中』／金原ひとみ『蛇にピアス』／市川拓司『いま，会いにゆきます』／中野独人『電車男』／小川洋子『博士の愛した数式』／酒井順子『負け犬の遠吠え』／ダン＝ブラウン『ダ・ヴィンチ・コード』
7.20　NHKプロデューサー，制作費着服発覚（「紅白」制作費1900万円以上）。	
8.7　日本，サッカーアジア杯連覇。	
8.9　関西電力美浜原発，蒸気噴出事故で5人死亡。	🎬『ハウルの動く城』スタジオ・ジブリ：宮崎駿監督／『世界の中心で，愛をさけぶ』東宝：行定勲監督
8.13　米軍ヘリが沖縄国際大学に墜落。	〔洋画〕『ラスト・サムライ』『ハリー・ポッターとアズカバンの囚人』『ファインディング・ニモ』（米）
8.17　DCカード，顧客情報流出，最大48万人分。	
8.26　諫早湾干拓差し止めの地裁決定。	
9.3　WRCラリージャパン初開催。	📺『砂の器』『黒革の手帖』『新選組！』『天花』『ラストクリスマス』『弟』『プライド』
10.10　中国で遣唐使留学生の墓誌を発見。	
10.15　水俣病，国・県に責任あるとの判断。原告の実質勝訴確定。	👤2.20 山中貞則(82)／2.27 網野善彦(76)／3.20 いかりや長介(72)／3.24 三ツ矢歌子(67)／4.6 加山又造(76)／4.7 芦屋雁之助(72)／4.15 横山光輝(69)／4.20 竹内均(83)／4.21 藤田田(78)／4.25 三塚博(76)／5.19 金田一春彦(91)／6.7 コロムビア・トップ(82)／7.19 鈴木善幸(93)／7.26 中島らも(52)／9.8 水上勉(85)／12.18 高松宮妃喜久子(92)／12.26 石垣りん(84)
10.23　新潟県中越地震（M6.8），一時10万人以上が避難生活。	
11.1　非嫡出子の戸籍記載，「長男」「長女」など，嫡出子と同じ記載が可能に。	
11.14　紀宮清子婚約内定（東京都職員 黒田慶樹）。12.30 発表。	
12.1　日本最古の寺院壁画出土（法隆寺）。	
12.15　じん肺訴訟，国が責任認め和解。	

平成17年(2005) 乙酉

内閣	政治・経済	世 界
②小泉純一郎（自民党） 9.21 9.21 ③小泉純一郎（自民党）	1.7 スマトラ沖大地震被災地に陸海空自衛隊派遣。 2.8 ライブドア, ニッポン放送株35%取得を発表。 4.18 ライブドアとフジテレビ和解, 資本・業務提携で合意。 2.16 温暖化防止の「京都議定書」発効。 3.16 島根県議会,「竹島の日」条例可決。韓国世論強く反発, 韓国政府も抗議へ。 4.1 預金の払い戻しを保証するペイオフ, 全面凍結解除。普通預金の保護も1000万円が限度に。 4.1 個人情報保護法施行。事業者責任義務づけ。 4.11 首相官邸の隣に建設の首相公邸, 完成披露。 4.15 衆院憲法調査会, 最終報告書を決定。 4.22 小泉首相, バンドン会議50周年記念首脳会議で植民地支配と侵略への反省とおわび表明。 5.9 イラク武装勢力, 英国系民間軍事会社社員の日本人を拘束したと声明。 5.15 「みどりの日」を「昭和の日」と改める改正祝日法成立。 5.16 小泉首相, 中・韓両国の靖国神社参拝反対に「他国が干渉すべきではない」と表明。 5.26 鋼鉄製橋梁建設工事を巡る談合事件で11社14人逮捕。7.25 内田道雄道路公団副総裁逮捕。 6.22 改正介護保険法成立。自己負担増。 6.28 天皇・皇后, サイパンを慰霊訪問。 8.1 自民党, 憲法改正草案の原案を発表。 8.8 郵政民営化関連法案, 参議院で否決。首相, 衆議院を解散。(10.14 郵政民営化法成立) 8.17 郵政民営化法案に反対した綿貫民輔元衆院議長・亀井静香前衆院議員ら, 国民新党を結成。小林興起前衆院議員らは,「新党日本」を結成, 代表は田中康夫長野県知事。 9.11 第44回総選挙。自民296, 民主113, 公明31, 共産9, 社民7, 国民新党4, 新党日本1, 新党大地1, 無所属18（うち郵政反対は13）。自民圧勝, 公明と合わせ与党で3分の2の議席。 9.12 民主党岡田克也代表辞任。9.17 新代表に前原誠司選出。 9.21 第163特別国会召集（～11.1）。第3次小泉内閣発足。 9.27 村上ファンドが阪神電鉄筆頭株主に。 9.30 道路公団, 分割民営化。 9.30 大阪高裁, 小泉首相靖国参拝に違憲判決。 10.13 楽天, TBS筆頭株主になり経営統合を提案。 10.17 小泉首相, 靖国神社参拝。 10.23 参院神奈川補選で自民党公認の川口順子前外相が当選。 11.9 東証出来高45億株, 史上最高。 11.22 自民党立党50年, 新憲法草案を発表。 12.8 ジェイコム株発注ミスでみずほ証券巨額損失。	1.10 パレスチナ自治政府議長に穏健派のアッバス選出。 1.29 中国民間機, 台湾へ初飛行。 2.13 宮里藍・北田瑠衣組, 第1回女子ゴルフW杯に優勝。 3.4 イラク武装勢力に拉致され後に解放されたイタリア女性記者の車を米軍が誤射。 3.28 スマトラ沖でまたもM8.7の大地震。 4.9 小泉首相の靖国参拝に抗議し, 北京で1万人規模の反日デモ。中国各地へ波及。 4.29 台湾の連戦国民党主席と中国の胡錦濤国家主席が会談。60年ぶり国共首脳会談。 5.23 来日中の中国の呉儀副首相, 小泉首相との会談をキャンセルし帰国。 5.29 仏国民投票, 欧州憲法批准を否決。6.1 オランダでも。 6.25 イラン大統領に保守派のアフマディネジャド当選。 7.6 第31回主要国首脳会議, 英・グレンイーグルズで開催。 7.6 日・独・印・ブラジルの4国, 国連安保理常任理事国6か国増案提出。 7.7 ロンドンの地下鉄・バスで, 同時多発の自爆テロ。 7.21 中国人民元切り上げ, 1ドル=8.28元から8.11元へ。 8.31 米南部でハリケーン「カトリーナ」の被害拡大。 8.31 バグダッドでテロの噂でパニック, 965人が死亡。 9.18 ドイツ総選挙。社会民主党敗北, 与党過半数割れ。 9.19 北朝鮮, 核放棄を確約。6か国協議, 初の共同声明。 10.8 パキスタンでM7.6の地震。 10.10 ドイツで, 大連立に合意。11.22 メルケル首相就任。 12.14 第1回東アジアサミット, クアラルンプールで開催。 12.17 浅田真央, フィギュアスケートGPファイナルで初優勝。 12.18 サンパウロ, サッカーのクラブW杯初代王者に。

●戦後60年，総選挙で小泉自民党歴史的大勝

社会・文化	世相
1.11 青色発光ダイオード訴訟和解，発明者に8億4000万円支払い。 1.12 NHKプロデューサーが，慰安婦問題を裁く民衆法廷を扱った番組の内容を，政治家の圧力で改変させられたと告発。 2.1 三宅島の全島避難，4年5か月ぶりに解除。第1陣62人，帰島。 2.4 国内初のヤコブ病感染，判明。 2.13 長野県山口村が岐阜県中津川市に編入。昭和34年以来の越県合併。 2.14 寝屋川市の小学校に17歳の卒業生が侵入，教職員を殺傷。 2.18 違法営業・保険金不払いの明治安田生命に業務停止命令。 2.26 知的障害者のためのスペシャル・オリンピックス冬季大会，長野で開幕。 3.10 中西一善衆院議員，強制わいせつで現行犯逮捕。 3.15 東武伊勢崎線手動踏切事故で2人死亡。 3.19 紀宮清子と黒田慶樹の納采の儀。 3.20 福岡県西方沖地震。震度6弱。玄界島は全島避難。 3.25 愛・地球博，愛知県で開幕（〜9.25）。120か国が参加。 4.25 JR福知山線脱線事故。死者107名。JR史上最悪。 5.16 福岡高裁，諫早湾干拓差し止め仮処分を取り消し。 5.30 最高裁，もんじゅの安全審査を認め，住民側逆転敗訴。 6.27 高松塚古墳，壁画修復のため解体を決定。 7.23 東京で震度5強の地震。150万人に影響。 7.26 野口聡一飛行士が乗るスペースシャトル「ディスカバリー」打ち上げ。8.9帰還。 8.16 宮城県で震度6弱の地震。女川原発で設計時の想定以上の揺れ。 9.14 最高裁，海外居住者の選挙権行使制限の公職選挙法に違憲判断。 10.15 九州国立博物館開館。 10.21 政府，労災以外のアスベスト被害の中皮腫患者の救済方針決定。 10.26 日本経団連，冬のボーナスの妥結状況を発表。大手企業で過去最高。 11.13 千葉ロッテ，プロ野球アジアシリーズ初代王者に。 11.15 紀宮清子，黒田慶樹と挙式。 11.17 マンションやホテルの耐震強度偽装発覚。 12.25 JR羽越線で，突風のため特急脱線事故，死者5人。	2月 生活保護100万世帯突破が判明／中部国際空港「セントレア」開港。 3月 日本初の磁気浮上式リニアモーターカー，愛知高速交通東部丘陵線（リニモ）開業／JRダイヤ改正でブルートレイン「さくら」「あさかぜ」廃止／NHK受信料不払い急増（9月末で127万件）。 4月 静岡市が政令指定都市に。 5月 プロ野球初のセ・パ交流戦開始／長者番付トップに投資顧問会社のサラリーマン／レッサーパンダ「風太」の立ち姿が話題に。 6月 政府推奨のクールビズ開始。 7月 「知床」，世界自然遺産に登録。 8月 全国高校野球選手権で57年ぶり連覇の駒大苫小牧高野球部長による暴力問題発覚。高野連，優勝を取り消さず／つくばエクスプレス（TX）開業。 9月 ディープインパクト，無敗の三冠馬に。 11月 横綱朝青龍，初の7連覇と年6場所優勝を達成。 12月 人口動態統計の年間推計，初の自然減。 この年 たまごっちが再流行。 ● 想定内（想定外）／麻垣康三／ちょい悪／小泉チルドレン／小泉劇場／モッタイナイ／ヒロシ／萌え ♬「さくら」ケツメイシ／「＊〜アスタリスク〜」ORANGE RANGE／「四次元 Four Dimensions」Mr.Children／「Butterfly」倖田來未／「青春アミーゴ」修二と彰 📖 山田真哉『さおだけ屋はなぜ潰れないのか？』／高橋哲哉『靖国問題』／柳澤桂子・堀文子『生きて死ぬ智慧』／三浦展『下流社会』 🎬『北の零年』同製作委：行定勲監督・吉永小百合／『電車男』同製作委：村上正典監督・山田孝之・中谷美紀 〔洋画〕『スター・ウォーズ エピソード3』（最終作）／『マダガスカル』（米） 📺『ごくせん』『義経』『ドラゴン桜』『電車男』 👤1.8 小森和子（95）／1.26 北原謙二（65）／1.31 中尊寺ゆつこ（42）／2.6 皆川睦雄（69）／2.19 岡本喜八（81）／4.8 清家清（86）／4.16 高田渡（56）／4.17 大村はま（98）／4.20 丹羽文雄（100）／5.16 岡部冬彦（82）／5.24 石津謙介（93）／5.30 二子山（貴ノ花）満（55）／6.10 倉橋由美子（69）／7.8 串田孫一（89）／7.22 杉浦日向子（46）／8.2 村上信夫（84）／9.19 中内㓛（83）／9.19 後藤田正晴（91）／11.6 本田美奈子（38）／12.15 仰木彬（70）

平成18年(2006) 丙戌

内閣	政治・経済	世界
③小泉純一郎（自民党）	1.1 三菱東京UFJ銀行発足。世界最大規模。 1.14 共産党, 不破哲三議長退任。 1.18 ライブドア事件で, 東証機能麻痺。株式売買全面停止。1.23 ライブドアの堀江貴文社長ら, 証券取引法違反で逮捕。 1.23 日本郵政公社発足。 2.16 衆院予算委で民主党の永田寿康議員,「堀江送金指示メール」を追及。2.28 民主党, 同メールを偽メールと認め謝罪。 3.9 日銀「金融の量的緩和策」を5年ぶりに解除。 3.31「偽メール事件」で民主党の前原誠司代表辞任。4.7 新代表に小沢一郎。 5.1 日米の安全保障協議委員会, 在日米軍再編で合意。 5.24 日本経団連, 第2代会長にキヤノン会長の御手洗冨士夫選出。 6.5 村上ファンドの村上世彰代表, インサイダー取引容疑で逮捕。 6.7 改正公職選挙法成立。衆参選挙区選でも在外邦人の投票可能に。 6.13 福井俊彦日銀総裁の村上ファンド投資が判明。 6.20 政府, イラク派遣の陸上自衛隊撤収を決定。7.17 撤収完了。 7.2 滋賀県知事に嘉田由紀子初当選。 7.14 日銀, 5年4か月ぶりにゼロ金利解除。 8.6 長野県知事選, 村井仁元防災相が現職の田中康夫を破り初当選。 8.15 小泉首相, 靖国神社参拝。 8.29 ユーロ高騰, 初の150円台に。 9.19 対北朝鮮金融制裁を発動。 9.20 安倍晋三, 自民党総裁に選出。	1.26 パレスチナ自治評議会選挙, ハマスが圧勝。 2.4 ムハンマドの風刺画掲載に抗議運動拡大。ダマスカスでデンマーク大使館放火。 2.10 第20回冬季五輪開催(伊・トリノ)。史上最多の80の国・地域が参加。女子フィギュアの荒川静香が金メダル。 3.5 中国の第10期全国人民代表大会開幕。安定成長路線へ転換。 3.20 日本, ワールド・ベースボール・クラシック初代王者に。 3.28 仏で「初期雇用契約」全面撤回を求め最大規模のデモ。4.10 シラク大統領, 撤回を表明。 4.18 中国の胡錦濤国家主席, 初の米国公式訪問。4.20 ブッシュ大統領と会談。 6.3 モンテネグロ, セルビアからの分離独立を宣言。 6.9 独でサッカーWカップ開催(〜7.9)。日本は予選リーグ敗退。優勝は伊。 6.27 イスラエル軍, パレスチナのガザ地区に侵攻。7.12 レバノンにも侵攻。 7.15 第32回主要国首脳会議開催(露・サンクトペテルブルク)。 8.16 ロシア国境警備隊, 日本漁船を襲撃, 1人死亡。10.3 拿捕された船長帰国。
9.26 安倍晋三（自民党）	9.26 第165臨時国会開幕(〜12.19)。安倍晋三内閣発足。初の戦後生まれの首相。 9.28 水道工事入札談合事件で, 実弟の逮捕をうけ, 佐藤栄佐久福島県知事辞任。 10.4 竹中平蔵の辞職をうけ, 神取忍が参院議員に繰り上げ当選。 11.1 政府, 教育改革タウンミーティングでの「やらせ質問」を認める。12.13 動員依頼と「やらせ質問」の恒常化が判明。 11.15 木村良樹和歌山県知事, 談合容疑で逮捕。 11.18 安倍首相, ハノイで米・中・ロと首脳会談。 11.19 沖縄知事選, 与党支持の仲井真弘多当選。 11.22 月例経済報告で, 景気拡大が58か月連続となり,「いざなぎ超え」と発表。 12.4 郵政民営化で自民党を離党した12人中, 平沼赳夫を除く11人復党。 12.13 貸金業法成立。グレーゾーン金利, 撤廃へ。 12.15 改正教育基本法, 防衛省昇格法成立。	9.12 ローマ法王ベネディクト16世, イスラム教の暴力容認発言問題に。9.17 謝罪。 9.19 タイで軍事クーデター。 10.9 北朝鮮, 核実験実施を発表。10.11 日本は独自の経済制裁発動。10.14 国連安保理, 対北朝鮮制裁決議採択。 11.5 イラク高等法廷, フセイン元大統領に死刑判決。12.30 死刑執行。 12.3 ベネズエラで反米左派のチャベス大統領3選。 12.23 国連安保理, イラン制裁決議採択。

●「改革」の歪みと痛み表面化。安倍新首相，改憲に意欲

社会・文化	世相
2.3 石綿被害者救済法成立。 2.8 広島高裁，在外被爆者手当の時効分支払いを命令。 2.14 損保ジャパン，約400件の違法契約を公表。その後，三井住友海上，東京海上日動，日本興亜損保，あいおい損保などでも，保険金不払いなどの不正発覚。 2.23 海上自衛隊護衛艦関連の情報流出露見。 4.21 広島平和記念資料館と世界平和記念聖堂が戦後建築初の重要文化財に。 4.26 耐震強度偽装事件で姉歯元建築士ら逮捕。5.17 ヒューザー小嶋進社長を逮捕。 6.1 民間監視員による駐車違反取り締まりスタート。 6.3 東京都港区で，シンドラー社製のエレベーターに挟まれ，少年が死亡。 6.16 最高裁，B型肝炎訴訟で国に賠償命令。 6.24 第一生命，4万7000件の配当不払い判明。7.26 日本生命の保険契約不正解除発覚。 7.20 富田朝彦元宮内庁長官のメモで，昭和天皇の靖国神社へのＡ級戦犯合祀反対の意向が判明。 7.31 パロマ湯沸かし器で，21人のCO中毒死判明。8.28 回収命令。 7.31 埼玉県ふじみ野市市営プールで吸水口に吸い込まれ女児死亡。8.10 文科省緊急調査で安全不備のプール2339か所判明。 8.11 京大再生医化学研究所，「万能細胞」作製成功を発表。 8.15 加藤紘一衆院議員の実家，放火で全焼。 8.24 国際天文学連合総会，冥王星を惑星から除外し「矮惑星」とする決議案採択。 9.6 秋篠宮紀子妃，男児を出産。9.12 悠仁と命名。 9.15 オウム事件の松本智津夫の死刑確定。 9.21 東京地裁，国旗起立・国歌斉唱の強制に違憲判断。 10.1 愛媛県宇和島市で臓器売買容疑で初摘発。 10.27 5年間で出勤8日の奈良市職員懲戒免職。 11.10 菅義偉総務相，NHKに「拉致問題重点化」の放送命令書交付。 11.15 松坂大輔の交渉権，史上最高の5111万ドルでレッドソックスが獲得。 11.27 入学辞退者の授業料返還を大学に命じる最高裁判決。 12.1 神戸地裁，中国残留孤児訴訟で国に賠償を命じる判決。 12.13 京都地裁，ファイル交換ソフトWinny開発者に著作権法違反ほう助罪で有罪判決。	2月 人口動態統計速報値発表。初の自然減。 12.17 総務省，日本の人口のピークは平成16年12月の1億2783万人と発表。 4月 堺市が15番目の政令指定都市に／移動端末向け地上デジタル放送「ワンセグ」29都府県でスタート／阪神の金本知憲904試合連続フル出場の世界新記録。 8月 緊急地震速報，運用開始／全国平均の路線価，バブル崩壊後初の上昇／全国高校野球選手権決勝，早実が再試合で駒大苫小牧を破り優勝。 9月 長者番付公表中止決定／中日の山本昌，最年長でノーヒットノーラン達成。 10月 携帯電話の番号持ち運び制スタート／北海道日本ハムファイターズ，東映時代以来44年ぶりの日本シリーズ制覇。 👄 イナバウアー／○○の品格／格差社会／エロカッコイイ／メタボ／ハンカチ王子 🎵「Real Face」「SIGNAL」KAT-TUN／「粉雪」レミオロメン／「抱いてセニョリータ」山下智久／「ただ…逢いたくて」EXILE／「一剣」氷川きよし 📖 藤原正彦「国家の品格」／J＝K＝ローリング「ハリー・ポッターと謎のプリンス」／リリー・フランキー「東京タワー オカンとボクと，時々，オトン」 🎬『ゲド戦記』スタジオジブリ：宮崎吾朗監督／『LIMIT OF LOVE 海猿』同製作委：羽住英一郎監督・伊藤英明／『THE 有頂天ホテル』三谷幸喜監督・役所広司／『日本沈没』同製作委：樋口真嗣監督・草彅剛・柴咲コウ［洋画］『ハリー・ポッターと炎のゴブレット』／『パイレーツ・オブ・カリビアン デッドマンズ・チェスト』／『ダ・ヴィンチ・コード』（米） 📺『西遊記』『功名が辻』『Dr.コトー診療所2006』『14才の母』 👥 1.6 加藤芳郎(80)／2.5 都留重人(93)／2.9 藤田元司(74)／3.2 久世光彦(70)／3.10 安達瞳子(69)／4.3 村上元三(96)／5.29 岡田真澄(70)／5.30 今村昌平(79)／6.13 岩城宏之(73)／6.19 宗左近(87)／6.21 近藤芳美(93)／7.1 橋本龍太郎(68)／7.13 宮田征典(66)／7.31 鶴見和子(88)／7.31 吉村昭(79)／9.4 阿部謹也(71)／9.24 丹波哲郎(84)／10.20 藤岡琢也(76)／10.30 白川静(96)／11.10 はらたいら(63)／11.11 宇井純(74)／11.20 斎藤茂太(90)／11.23 灰谷健次郎(72)／12.17 岸田今日子(76)／12.20 青島幸男(74)

171

平成19年(2007) 丁亥

内閣	政治・経済	世 界
安倍晋三（自民党） 9.26 9.26 福田康夫（自民党）	1.9 防衛省発足。 1.21 宮崎県知事に東国原英夫当選。 1.27 柳澤伯夫厚労相「女性は産む機械」と発言。 2.21 日銀, 0.25%から0.5%へ利上げを決定。 3.6 夕張市, 財政再建団体に正式移行。 3.13 安倍首相, ハワード豪首相と「安全保障協力に関する日豪共同宣言」に署名。 3.14 大丸・松坂屋が経営統合を発表。 4.8 統一地方選前半。3選の石原慎太郎都知事ら現職知事9人は全員当選。 4.11 温家宝中国首相来日。安倍首相と会談,「戦略的互恵関係」の具体化促進で合意。 4.17 長崎市の伊藤一長市長が狙撃され, 翌日死亡。 4.22 統一地方選後半, 長崎市長には田上富久当選。 5.9 トヨタ自動車, 平成19年3月期の決算発表。日本企業初の営業利益2兆円突破。 5.14 憲法改正の手続きを定める国民投票法成立。 5.28 光熱費・事務所費問題で追及されていた松岡利勝農水相が自殺。6.1 後任に赤城徳彦。 6.20 教育改革3法成立。教員免許更新制度を導入。 7.3 久間章生防衛相, 原爆投下を「しょうがない」と発言し辞任。後任に小池百合子。 7.29 第21回参院選。民主109, 自民83, 公明20など, 与党惨敗で過半数割れ, 民主第1党に。 8.1 赤城徳彦農水相, 政治団体の会計処理問題などのため, 辞任。 8.7 第167臨時国会召集（〜8.10）。参院議長に民主党の江田五月選出。 8.23 三越と伊勢丹が経営統合を発表。 8.27 安倍改造内閣発足。 9.3 遠藤武彦農水相, 農業共済組合の補助金不正問題で辞任。 9.12 安倍首相, 辞任表明。9.26 福田康夫, 第91代首相に就任。 10.1 郵政民営化スタート。 10.10 海上自衛隊のインド洋での給油がイラク作戦に転用されたとの疑惑, 政府として否定。 10.12 神奈川県で多選禁止条例成立, 知事4選禁止。 10.29 便宜供与・過剰接待等の疑いで守屋武昌前防衛次官を証人喚問。 11.1 テロ特措法期限切れ。給油活動の海上自衛隊, インド洋から撤収。 11.2 福田首相と小沢一郎民主党代表が会談。連立に合意できず。 11.28 改正最低賃金法と労働契約法成立。 12.21 改正政治資金規制法成立, 1円以上の領収書公開に。 12.28 福田首相訪中, 温家宝首相と会談。東シナ海のガス田開発問題の早期解決などで一致。	1.1 ブルガリア, ルーマニアがEUに加盟。 1.1 韓国の潘基文が国連事務総長に就任。 3.16 中国全人代で, 私有財産保護の物件法案など成立。 3.24 安藤美姫, 世界フィギュア初優勝。 5.6 仏大統領に保守派のサルコジ当選。 6.6 第33回主要国首脳会議, 独・ハイリゲンダムで開催。 6.14 ハマス, ガザ地区制圧。 6.22 米大手証券ベアスターンズでサブプライムローン問題が顕在化。 6.27 英首相ブレア辞任, ブラウン就任。 7.17 日本, 国際刑事裁判所（ICC）加盟へ加入書提出。 7.19 アフガニスタンでタリバンが韓国人23人誘拐。2人殺害。8.30 残りの人質解放。 9.24 ミャンマーの首都ヤンゴンで僧侶らのデモに参加者10万人。9.27 取材中の長井健司, 軍に狙撃され死亡。 10.3 平壌で7年ぶりの南北首脳会談。 10.11 イランで日本人大学生の誘拐が判明。 10.19 G7共同声明, サブプライムローン問題が世界経済を減速させるとの認識。 10.24 韓国政府, 昭和48年の金大中事件はKCIA主導と公表。日本政府, 外交問題としないとの考えを示す。 11.14 浦和レッズ, サッカーのACLで日本初の優勝。 11.15 バングラデシュ, サイクロン襲来で死者3000人以上。 12.15 気候変動バリ会議, 京都議定書に続く温室効果ガス削減への行程表を採択。 12.19 韓国大統領選, 野党ハンナラ党の李明博初当選。 12.27 パキスタンのブット元首相, 狙撃され死亡。

●官僚の不祥事や企業の偽装事件続発。安倍首相, 政権投げ出し

社会・文化	世相
1.20 関西テレビ,「発掘！あるある大事典II」で実験結果捏造発覚。	1月 文科省, 給食費滞納9万8993人, 22億円と発表。
1.25 「アパ」ホテル, 耐震偽装2件発覚。	2月 朝日新聞記者など, 記事盗用発覚が相次ぐ／携帯・PHS, 1億台突破。
1.29 裁判員制度フォーラムで, 産経新聞と千葉日報が日当払いでの動員が判明。	4月 新潟市と浜松市が政令指定都市に。
1.31 東京電力, 原発故障隠しなど199件の検査データ偽装を発表。3月末まで北陸電力など7社の隠蔽・データ改竄が判明。	5月 15歳8か月の石川遼, 史上最年少のゴルフツアー優勝／日本ダービーでウオッカ優勝, 64年ぶりの牝馬。
2.16 公的年金保険料納付記録に約5000万件の該当者不明が判明(宙に浮いた年金記録)。	6月 大相撲時津風部屋で17歳力士が暴行死。
3.16 ライブドアの粉飾決算事件で, 堀江貴文に実刑判決。	7月 石見銀山, 世界文化遺産に登録／セブン-イレブン・ジャパン, 米マクドナルドを抜き, 店舗数世界一と発表。
3.25 能登半島沖地震, 輪島市などで震度6強。	8月 日本相撲協会, 横綱朝青龍を2場所出場停止に／関西国際空港, 国内初の24時間空港に／岐阜県多治見市と埼玉県熊谷市で観測史上最高気温の40.9℃。
4.18 生保38社の保険金不払いが金融庁調査で平成13〜17年に44万件, 359億円判明。	10月 緊急地震速報サービス開始。
4.24 小6と中3を対象に, 全国学力テストを43年ぶりに実施。	11月 上田桃子(21歳), 史上最年少で女子ゴルフ賞金王に。
5.1 未解決事件への公費報奨金制度スタート。	**この年 今年の漢字に「偽」**
5.17 改正刑法成立, 自動車運転過失致死傷罪創設。6.12 施行。	😮 どげんかせんといかん／そんなの関係ねぇ／どんだけぇ〜／ネットカフェ難民／○○王子
6.6 厚労省, グッドウィル・グループの訪問介護会社コムスンの不正を指摘。	🎵 「千の風になって」秋川雅史／「Flavor Of Love」宇多田ヒカル／「蕾(つぼみ)」コブクロ／「Love so sweet」嵐／「Keep the faith」KAT-TUN
6.13 英会話学校大手のNOVAに業務停止命令。	📖 坂東眞理子「女性の品格」／渡辺淳一「鈍感力」／飯倉晴武「日本人のしきたり」
6.28 緒方重威元公安調査庁長官, 朝鮮総連中央本部移転登記を巡る詐欺容疑で逮捕。	🎬 『HERO』フジテレビ:鈴木雅之監督・木村拓哉・松たか子／『ALWAYS 続・三丁目の夕日』同製作委:山崎貴監督・吉岡秀隆・堤真一／[洋画]『パイレーツ・オブ・カリビアン ワールド・エンド』／『ハリー・ポッターと不死鳥の騎士団』／『スパイダーマン3』(米)
6.30 社会保険庁改革関連法, 年金時効撤廃特例法成立。	📺 『華麗なる一族』『花より男子2』『ガリレオ』『ハケンの品格』
7.4 139市町村の年金名簿廃棄が判明。	🧍 1.5 安藤百福(96)／ 1.17 井沢八郎(69)／ 2.25 飯田龍太(86)／ 3.10 時実新子(78)／ 3.22 城山三郎(79)／ 3.27 植木等(80)／ 5.3 横山ノック(75)／ 5.22 平岩外四(92)／ 5.24 大庭みな子(76)／ 5.27 坂井泉水(40)／ 6.8 観世栄夫(79)／ 6.28 宮沢喜一(87)／ 7.18 宮本顕治(98)／ 7.19 河合隼雄(79)／ 7.30 小田実(75)／ 8.1 阿久悠(70)／ 8.14 山口小夜子(57)／ 8.23 西村寿行(76)／ 9.4 瀬島龍三(95)／ 10.12 黒川紀章(73)／ 10.18 木原光知子(59)／ 10.28 藤波孝生(74)／ 11.13 稲尾和久(70)／ 12.13 メイ牛山(96)
7.16 新潟中越沖でM6.8の地震。柏崎市・長岡市などで震度6強。柏崎刈羽原発で放射能漏れと火災発生。7.22 柏崎刈羽原発へのIAEAの調査受け入れを決定。	
8.3 派遣業大手フルキャストに事業停止命令。	
9.3 社保庁, 年金横領が3億円超すと発表。	
9.14 月探査衛星「かぐや」打ち上げ成功。	
9.29 沖縄で,「集団自決」の軍の強制の記述削除の教科書検定に抗議する集会, 主催者発表で11万6000人参加。12.26 文科省は「軍の関与」などの記述復活を認める。	
11.8 防衛省の調達を巡り, 山田洋行元専務ら, 業務上横領等の容疑で逮捕。11.28 守屋武昌前防衛次官, 収賄容疑で逮捕。	
12.11 社保庁, 宙に浮いた約5000万件の年金記録のうち, 1975万件が名寄せ困難と発表。	
12.17 「ねんきん特別便」発送開始。	
12.22 派遣業大手のグッドウィルが業務停止命令の通知を受けたと発表。	
この年 不二家, ミートホープ, 赤福, 船場吉兆など, 食品偽装事件相次ぐ。	

平成20年（2008）戊子

内閣	政治・経済	世　界
福田康夫（自民党） 9.24	1.28 東京地裁，日本マクドナルドに「みなし管理職」への残業代支払いを命令。 3.13 円高で12年ぶりに1ドル100円を突破。 3.20 日銀総裁，戦後初の空席に。4.9 白川方明副総裁，総裁に昇格。 3.26 都議会，新銀行東京へ400億円追加出資可決。 4.1 三越伊勢丹ホールディングス発足，国内最大のデパート連合に。 4.17 名古屋高裁，自衛隊のイラクでの活動に違憲判決。派遣差し止めは認めず。 6.3 二重派遣問題で，派遣業大手のグッドウィルの課長ら逮捕。6.25 グッドウィル，廃業へ。 7.6 日米首脳会談。ブッシュ米大統領，拉致問題を忘れないと発言。 9.1 福田首相，辞意を表明。 9.18 日銀など世界の中央銀行5行，総額1800億ドルのドル供給を決定。 9.21 小沢一郎，無投票で民主党党首3選。 9.22 野村ホールディングス，リーマン・ブラザーズのアジア太平洋部門を買収。9.23 欧州・中東部門も買収。 9.22 三菱UFJフィナンシャル・グループ，米証券大手モルガン・スタンレーに出資。 9.22 麻生太郎，自民党総裁選で圧勝。9.24 麻生太郎内閣発足。	2.17 コソボ自治州，独立宣言。 3.2 ロシア大統領選，メドヴェージェフが当選。5.7 プーチン前大統領は首相に。 3.14 チベットで中国政府に対し抗議運動激化。403人逮捕。 3.20 浅田真央，世界フィギュア初優勝。 3.22 台湾総統選挙，国民党の馬英九が当選。 5.2 大型サイクロンがミャンマーを直撃。死者・行方不明13万人以上に。 5.12 中国四川省でM8.0の大地震。死者6万9000人以上。 7.7 北海道洞爺湖町で第34回主要国首脳会議開催（～7.9） 7.11 原油価格高騰，ニューヨーク先物で史上最高の147.27ドルを記録。以後，下落へ。 8.8 北京オリンピック開催（～8.24）。204の国と地域が参加。日本は，女子ソフトボール，平泳2冠の北島康介など，金メダル9個。 8.8 南オセチアの分離独立を巡り，グルジアとロシアが戦闘状態に。
麻生太郎（自民党）	9.25 小泉純一郎元首相，政界引退の意向を表明。 9.28 中山成彬国交相辞任。「日本は単一民族」「日教組が強いところは学力が低い」と発言。 10.1 松下電器産業，社名をパナソニック株式会社に変更。 10.27 日経平均終値7162円90銭，26年ぶりの安値。 10.30 政府，27兆円規模の新総合経済対策を発表。 10.31 日銀，7年ぶりに利下げ。政策金利の誘導目標を0.5％から0.3％に。12.19 0.1％に。 10.31 田母神俊雄航空幕僚長を「政府見解に異なる」意見を主張したとして更迭。懸賞論文で日本の過去の侵略を否定。 11.7 パナソニック，三洋電機子会社化の方針発表。 11.12 政府・与党，緊急経済対策として定額給付金で合意。1人当り1万2000円で所得制限なし。 11.28 航空自衛隊，イラクよりの撤収命令。 12.5 ホンダ，自動車レースF1からの撤退を発表。 12.5 改正労働基準法成立。時間外労働の割増を引き上げ。平22.4.1 施行。 12.9 ソニー，従業員1万6000人削減を発表。 12.24 平成21年度政府予算案を閣議決定。一般会計は過去最大の88兆円。 12.30 東証大納会，終値8860円で年初比42％減。 12.30 東京・日比谷公園に「年越し派遣村」開設。	9.15 米大手証券会社リーマン・ブラザーズが経営破綻（リーマン・ショック）。世界金融危機の発端。 9.29 ニューヨーク証券取引所，ダウ平均で777ドル安と史上最大の下げ幅。10.13 前日比936ドル42セント高と史上最大の上げ幅。 10.10 G7開催，金融危機収束へ公的資金注入で合意。 10.11 米，北朝鮮のテロ支援国家指定を解除。 11.4 米大統領選，バラク＝オバマが当選。初のアフリカ系。 11.25 タイで反政府団体が2空港を占拠（～12.2）。 12.4 クラスター爆弾禁止条約に，日本を含む94か国署名。 12.27 イスラエル軍，パレスチナ・ガザ地区への空爆開始。

●原油高・円高から「100年来の不況」へ。雇用不安拡大

社会・文化	世相
1.9 日本製紙の再生紙古紙含有率偽造発覚。 1.11 薬害肝炎救済法が成立。 1.30 中国製の冷凍餃子から殺虫剤などに使用される有毒成分メタミドホス検出。 2.19 海上自衛隊のイージス艦，東京湾口で漁船に衝突。 3.6 最高裁，住民基本台帳ネットワーク合憲の初判断。 3.14 社保庁，年金記録の特定困難2025万件と発表。9.18 厚労省，年金記録改竄の可能性が高いものが6万9000件と発表。11.28 組織的改竄があったと認定。 3.28 厚労省，アスベストによる労災認定の2167事業場公表。10.31 883事業場を追加。 3.28 大江健三郎著「沖縄ノート」訴訟で，大阪地裁，「集団自決」に軍の関与を認定，出版差し止め請求を棄却。 4.22 山口県光市の殺人事件の差戻し審で広島高裁，元少年に死刑判決。 5.28 産地偽装や食べ残しの使い回しが露見した高級料亭船場吉兆，廃業を発表。 5.28 仙台高裁，原爆症訴訟で不認定取り消しを認める判決。国も控訴を見送り，原告勝訴確定。 6.14 岩手・宮城内陸地震。宮城県栗原市や岩手県奥州市で震度6強。死者・行方不明23人。 6.25 深夜公費タクシーで帰宅の際に酒やつまみを提供する「居酒屋タクシー」で，17省庁・機関の公務員1402人の処分を発表。 6.27 佐賀地裁，諫早湾干拓事業で開門を国に命じる判決。 7.15 燃料高騰分の補塡を求め，漁業関係者が全国一斉休漁。 7.17 ファミレス契約社員店長に過労死認定。 8.5 最低賃金引き上げ，初の時給700円台。 9.5 三笠フーズの「事故米」食用転売を農水省が発表。後に，他社でも発覚。 9.20 丸大食品がメラミン混入で自主回収。後，他社の輸入食品でも混入発覚。 10.1 大阪市の個室ビデオ店で火災，16人死亡。 10.7 ノーベル物理学賞に南部陽一郎・小林誠・益川敏英。10.8 化学賞に下村脩。 10.15 中国産冷凍インゲンから，基準値3万倍超の農薬ジクロルボス検出。 10.25 伊藤ハム東京工場で，用水からシアン化化合物検出。製品を自主回収。 11.17 元厚生事務次官宅連続襲撃事件。11.18 続発。11.22 容疑者が警視庁に出頭。	1月 16歳3か月の石川遼，史上最年少でプロに。11.30 獲得賞金1億円突破。 2月 「ロス疑惑」の三浦和義，サイパンで逮捕。10.10 ロス市警留置場で自殺。 3月 運慶作の大日如来像，14億円で落札／女子テニスのクルム伊達公子，12年ぶり現役復帰。11.15 全日本選手権優勝。 5月 サザンオールスターズ，音楽活動休止。 6月 東京・秋葉原で無差別殺傷事件。7人死亡，派遣会社社員を逮捕。 7月 大阪名物「くいだおれ」閉店／iPhone，世界同時発売に長蛇の列／プロ野球日米通算201勝の野茂英雄引退。 8月 大相撲関取の若ノ鵬が大麻所持で逮捕。9.2 露鵬・白露山も大麻陽性反応。 9月 ジュリアナ東京，一夜限りの復活。1万3000人が殺到。 10月 プロ野球セ・リーグで巨人が最大13ゲーム差を逆転し優勝。 11月 音楽プロデューサー小室哲哉，詐欺容疑で逮捕／新幹線0系，ラストラン。 この年 小林多喜二の「蟹工船」がブームに／失職者らによる殺傷事件が続発。 🗨 アラフォー／グ〜！／上野の413球／居酒屋タクシー／ゲリラ豪雨／派遣切り 🎵「truth／風の向こうへ」嵐／「One Love」嵐／「I AM YOUR SINGER」サザンオールスターズ／「キセキ」GReeeeN／「羞恥心」羞恥心／「そばにいるね feat. Soulja」青山テルマ／「Ti Amo」EXILE 📖 J＝K＝ローリング『ハリー・ポッターと死の秘宝』／水野敬也『夢をかなえるゾウ』／Jamais Jamais『B型自分の説明書』／田村裕『ホームレス中学生』／湯浅誠『反貧困』 👥『崖の上のポニョ』スタジオジブリ：宮崎駿監督／『花より男子ファイナル』同製作委：石井康晴監督・井上真央・松本潤／『20世紀少年』同製作委：堤幸彦監督・唐沢寿明〔洋画〕『インディ・ジョーンズ クリスタル・スカルの王国』／『レッド・クリフ』／『アイ・アム・レジェンド』（米） 📺『篤姫』『CHANGE』『ごくせん(3)』 ☎ 2.11 中村寅吉（92）／2.13 市川崑（92）／4.2 石井桃子（101）／4.6 川内康範（88）／6.2 長沼健（77）／6.10 水野晴郎（76）／7.14 大野晋（88）／8.2 赤塚不二夫（72）／10.5 緒形拳（71）／10.27 フランク永井（76）／11.7 筑紫哲也（73）／11.11 加藤一郎（86）／12.5 加藤周一（89）／12.6 遠藤実（76）

平成21年(2009) 己丑

内閣	政治・経済	世 界
麻生太郎（自民党） 9.16	1.5 株式等振替制度開始。株券電子化完了。 2.13 日本郵政、「かんぽの宿」のオリックスへの一括譲渡を正式撤回。 2.14 中川昭一財務・金融相、ローマでのG7後の記者会見で「意識朦朧」に。2.17 財務・金融相辞任。 2.18 サハリンで日露首脳会談。「現世代で解決を」。 3.14 ソマリア沖海賊対策で海自護衛艦2隻が出港。 4.4 政府、北朝鮮の「ミサイル」発射を誤探知。 4.26 名古屋市長選で、河村たかしが初当選。 5.11 小沢一郎民主党代表、西松建設政治献金疑惑で代表を辞任。5.16 民主党代表選で、鳩山由紀夫が7年ぶりに代表に。 5.21 裁判員制度スタート。 6.10 クラスター爆弾禁止条約批准。世界10か国目。 7.12 東京都議選で、民主党が初の第一党に躍進。 7.21 衆議院解散。8.18 総選挙公示。 7.26 仙台市長選で、奥山恵美子が初当選。政令指定都市で初の女性市長。 7.27 民主党が「国民生活重視」「脱官僚」などをうたったマニフェストを発表。 8.3 東京地裁で裁判員裁判による初裁判が始まる。 8.8 渡辺喜美・江田憲司ら「みんなの党」を結成。 8.30 第45回衆議院議員総選挙投開票。公示前の自民300・民主115が民主308・自民119と、民主党大勝、与党は惨敗。歴史的政権交代に。 9.9 民主・社民・国民新党が連立政権合意書に署名。	1.15 USエアウェイズ機、ハドソン川に不時着水。乗員乗客155名全員救助。 1.17 イスラエルがガザ地区での紛争の停戦を宣言。 1.20 バラク＝オバマ、第44代米大統領に就任。 2.27 米シティグループ、政府の管理下に。 4.5 北朝鮮、「ミサイル」を発射。 4.5 オバマ米大統領、プラハで演説。「米国は核兵器のない世界の平和と安全を追求」と表明。 5.25 北朝鮮が2006年に続き、2度目の核実験を実施。 6.1 米GM、政府の管理下に。 6.11 WHO、新型インフルエンザの警戒レベルを最高の「フェーズ6」へ引き上げ。 6.13 イラン大統領選で、アフマディネジャド大統領再選。 7.3 天皇・皇后、カナダ・ハワイ歴訪に出発。 7.5 中国新疆ウイグル自治区で騒乱事件。 8.4 クリントン元米大統領、北朝鮮を電撃訪問。金正日総書記と会談、米2記者を釈放。
9.16 鳩山由紀夫（民主党）	9.16 第172特別国会で、鳩山由紀夫が第93代首相に。鳩山内閣発足。当初の支持率は70％超え。 9.23 鳩山首相、オバマ米大統領と初の首脳会談。 9.28 自民党総裁選で谷垣禎一が勝利。 9.29 行政機関による天下り斡旋及び官僚OBの独立行政法人等への再就職の禁止を閣議決定。 10.20 日本郵政・西川善文社長辞任。10.21 後任に元大蔵事務次官の斎藤次郎。 10.26 第173臨時国会召集。鳩山首相が所信表明演説で「国政の変革」を宣言。 10.29 日本航空、企業再生支援機構に支援を要請。 11.11 政府の行政刷新会議が予算の無駄を洗い出す「事業仕分け」スタート。 11.13 オバマ米大統領が初来日。 11.20 平野博文官房長官、報償費（内閣官房報償費・官房機密費）の月別の支出額を公表。 11.24 鳩山首相の資金管理団体「友愛政経懇話会」の2億円超の政治献金の偽装が問題に。 12.10 小沢一郎民主党幹事長が訪中、胡錦濤国家主席と会談。党議員143人ら約600人が訪中。 12.25 2010年度予算案閣議決定。一般会計92.3兆円、税収急減で新規国債44.3兆円と過去最大。 この年 前年に続き、実質経済成長率がマイナスに。	9.27 ドイツ総選挙でメルケル率いる中道右派が勝利し、11年ぶり保守政権誕生。 10.9 オバマ米大統領にノーベル平和賞。 11.4 米・大リーグのヤンキース、27回目のワールドシリーズ優勝。松井秀喜がMVP。 11.19 初代EU大統領にベルギーのロンパイ首相が就任。 11.25 ドバイで債務返済の一時凍結を宣言（ドバイ・ショック）。11.27 ドル安が進む。 12.1 EUの新基本条約であるリスボン条約が発効。 12.7 コペンハーゲンで第15回気候変動枠組条約締約国会議（COP15）開幕。190か国参加。12.18 閉幕。ポスト京都議定書締結は仕切り直しに。

●自民党が総選挙で惨敗，民主党中心の政権が誕生

社会・文化	世相
1.23 世界初の温室効果ガス観測技術衛星「いぶき」，打ち上げに成功。 2.15 村上春樹，「エルサレム賞」授賞式でガザ攻撃を批判。 2.19 公取委の調査でセブン-イレブンの弁当値引き不当制限が問題に。 2.22 米アカデミー賞で，『おくりびと』が最優秀外国語映画賞，『つみきのいえ』が短編アニメーション賞に。 3.5 関連法案成立で「定額給付金」支給開始。 5.9 成田空港に帰国した3人の新型インフルエンザ感染を確認し隔離。 5.15 省エネのエアコン，冷蔵庫，地デジ対応テレビを対象のエコポイント制度開始。 6.1 改正道路交通法施行。75歳以上の運転免許更新時の認知機能検査を義務化。 6.4 足利事件の服役囚，DNA再鑑定の結果，有罪の根拠が崩れ，釈放。6.23 再審開始決定。平22.3.26 無罪確定。 6.14 障害者団体向け郵便割引制度悪用事件で，厚労省の局長だった村木厚子を虚偽公文書作成等の容疑で逮捕。 7.13 臓器移植法改正案成立。15歳以下の臓器提供が可能に。平22.7.17 施行。 7.19 ISS（国際宇宙ステーション）で日本が担当する実験棟「きぼう」が完成。 7.21 山口県で集中豪雨。土石流が特別養護老人ホームを直撃し，死者7名。 8.6 原爆症認定集団訴訟で，国が「全員救済」を認め，原告側と基本合意。 8.15 沖縄で新型インフルエンザによる国内初の死者。 9.1 消費者庁発足。 9.18 日本初の宇宙ステーション無人補給機（HTV），ISSへの初接続に成功。 9.23 前原誠司国交相，八ッ場ダム視察，改めて中止を明言。 10.1 広島地裁，福山市鞆の浦の埋め立て架橋計画に差し止め命令。 10.8 大阪高裁，「Winny」開発者に対する著作権法違反の裁判で逆転無罪の判決。 11.5 国内初のプルサーマル発電，玄海原発3号機が起動。12.2 営業運転開始。 11.10 奈良県桜井市の纒向遺跡で，卑弥呼と同時代では国内最大級の建物跡出土。 11.20 厚労省が「相対的貧困率」15.7%（2006年）を発表。格差是正の指標に。 12.22 沖縄核持ち込み密約文書の存在判明。私文書扱いで佐藤栄作元首相宅に保管。	1月 遠藤実，国民栄誉賞受賞。 3月 JR7社がダイヤ改正。寝台特急「はやぶさ」・「富士」廃止／阪神なんば線西九条～大阪難波間開業。阪神電鉄と近鉄が相互乗り入れ／土日祝日の高速道路「1000円走り放題」本格スタート／野球の日本代表がWBC連覇。 4月 岡山市が18番目の政令指定都市に／天皇・皇后夫妻が結婚50年を迎え，各地で祝賀行事／イチロー，日米通算で日本人最多の3086安打を記録／SMAPの草彅剛が公然わいせつ罪で逮捕 5月 横浜港開港150年の式典挙行。 6月 静岡空港開港。国内98番目の空港に。 7月 アイドルグループAKB48の第1回総選挙で，前田敦子が初代女王に／森光子，国民栄誉賞受賞。 10月 2016年の五輪，ブラジルのリオデジャネイロに決定。東京は落選。 11月 天皇即位20周年祝賀行事挙行。 12月 男子ゴルフの石川遼，史上最年少で賞金王に／森繁久弥，国民栄誉賞受賞。 この年 エコバッグが浸透／レギンスの流行に続き，トレンカが流行。 ◉ 政権交代／こども店長／事業仕分け／草食男子／ファストファッション／派遣切り ♫「Believe」「明日の記憶」嵐／「Someday」EXILE／「愛のままで…」秋元順子 📖 村上春樹『1Q84』／湊かなえ『告白』／マーシー＝シャイモフ『『脳にいいこと』だけをやりなさい！』／小学館『くらべる図鑑』 🎬『ROOKIES－卒業－』映画「ROOKIES」製作委：平川雄一朗監督・佐藤隆太／『20世紀少年〈最終章〉ぼくらの旗』映画「20世紀少年」製作委：堤幸彦監督・唐沢寿明／『サマーウォーズ』マッドハウス：細田守監督〔洋画〕『ハリー・ポッターと謎のプリンス』（米・英） 📺『MR.BRAIN』『JIN－仁－』『天地人』『BOSS』『ウェルかめ』『けいおん！』 👤4.14 上坂冬子(78)／5.2 忌野清志郎(58)／5.11 三木たかし(64)／5.26 栗本薫(56)／6.13 三沢光晴(46)／7.5 土居健郎(89)／8.2 古橋広之進(80)／8.3 大原麗子(62)／10.3 中川昭一(56)／10.16 加藤和彦(62)／10.21 南田洋子(76)／10.29 5代目三遊亭円楽(76)／11.10 森繁久弥(96)／11.13 田英夫(86)／11.14 大浦みずき(53)／11.16 水の江滝子(94)／12.2 平山郁夫(79)

平成22年（2010）庚寅

内閣	政治・経済	世界
鳩山由紀夫（民主党） 6.8	1.15 小沢一郎民主党幹事長の政治資金管理団体「陸山会」の土地取引問題で，石川知裕衆院議員らを逮捕。平24.4.26 無罪判決。 1.19 日本航空が会社更生法の適用を申請し，事実上倒産。 1.24 沖縄県名護市長選で，基地移設反対派の稲嶺進が初当選。 3.24 2010年度予算成立。一般会計過去最大の92.3兆円。 4.19 大阪維新の会結成。代表に橋下徹。 4.25 沖縄で米軍普天間飛行場の県内移設に反対する9万人集会。 5.4 鳩山首相，普天間飛行場移設問題で，沖縄県内と鹿児島県徳之島に分散移設する考えを表明。 5.26 沖ノ鳥島保全法成立。 5.28 鳩山内閣，普天間飛行場の辺野古移設の方針を閣議決定。 5.30 社民党が連立政権離脱。 6.2 鳩山首相が辞意表明。小沢幹事長も辞任へ。 6.4 菅直人，民主党代表選に勝利。衆参両院本会議で首相に。6.8 菅内閣発足。	1.4 ドバイに超高層ビル「ブルジュ・ハリファ」オープン。高さ828mで世界一。 1.12 ハイチでM7.0の地震。死者30万人以上。 1.15 ギリシャ国債価格が暴落。 2.12 第21回冬季オリンピック開催（カナダ・バンクーバー，～2.28）。日本は銀3，銅2。 3.26 韓国の哨戒艦「天安」，沈没。韓国は北朝鮮の魚雷が原因とするが，北朝鮮は否定。 3.29 モスクワ中心部の地下鉄で連続自爆テロ。39人が死亡。 4.10 バンコクで治安部隊とタクシン元首相派が衝突，日本人記者を含む20人以上死亡。 4.11 ユーロ圏16か国，ギリシャへの緊急融資に合意。 4.20 メキシコ湾で原油流出事故。
菅直人（民主党） 6.8	7.5 千葉地検，裁判員裁判の無罪判決に初の控訴。 7.11 第22回参議院選挙で民主党大敗。与党が過半数割れし，ねじれ国会に。 8.6 広島での「原爆死没者慰霊式並びに平和祈念式」に，ルース駐日米国大使や潘基文国連事務総長らが初参列。核保有国の英・仏・ロを含む過去最高の74か国の代表が参加。 8.10 政府，韓国併合条約発効100年を迎えるのを機に，過去の植民地支配への「痛切な反省」を含む首相談話を決定。 9.7 沖縄の尖閣諸島沖の日本の領海内で中国漁船が海上保安庁巡視船に衝突。9.8 漁船船長を逮捕。9.25 処分保留で釈放。11.4 衝突時の映像がYouTube上に流出。 9.10 日本振興銀行が経営破綻。初のペイオフ発動。 9.14 菅直人，民主党代表選で再選。 9.15 受託収賄などの罪に問われた鈴木宗男衆院議員の有罪が確定，失職・収監へ。 10.4 「陸山会」の収支報告書虚偽記入で，検察審査会が小沢一郎元民主代表の起訴を決定。 10.5 日銀，「ゼロ金利政策」を復活。 11.13 横浜でアジア太平洋経済協力会議（APEC）開幕。菅首相，オバマ米大統領・胡錦濤中国国家主席・メドベージェフ露大統領と相次ぎ会談。 11.16 裁判員裁判で初の死刑判決。 11.28 沖縄県知事選で仲井眞弘多再選。 12.5 鹿児島県阿久根市の竹原信一市長のリコールを問う住民投票で賛成多数，即日失職に。	5.1 上海万博開幕（～10.31）。史上最多の246の国・国際機関が参加。入場者7300万人。 5.2 ユーロ圏16か国とIMF，ギリシャへの1100億ユーロの財政支援に合意。 5.6 英総選挙で保守党勝利，13年ぶりに政権交代へ。5.11 キャメロン党首が首相に。 7.31 マーシャル諸島のビキニ環礁が世界遺産に登録。 8.5 チリ北部の鉱山で落盤事故，作業員33人が閉じ込められる。10.13 全員救出。 8.18 イラク駐留の米戦闘部隊の撤退が完了。 9.28 北朝鮮の金正日総書記の3男金正恩が公式に後継者に。 10.8 ノーベル平和賞に中国の人権活動家の劉暁波。 11.1 メドヴェージェフ露大統領，国後島を訪問。 11.13 ミャンマーの民主化運動指導者アウンサンスーチーの自宅軟禁解除。 11.23 北朝鮮軍，韓国の延坪島などを砲撃。韓国軍も応戦。 11.28 告発サイト・ウィキリークス，外交文書の公開を開始。

●普天間移設問題で迷走する鳩山内閣，国民の期待が幻滅に

社会・文化	世　相
1.1　社会保険庁にかわり，日本年金機構発足。 3.26　宇都宮地裁，足利事件再審公判で無罪判決。即日確定。 3.31　平成の大合併で，3229市町村が1727に。 4.1　北海道の14支庁を9総合振興局・5振興局に再編する北海道総合振興局及び振興局の設置に関する条例が施行。 4.5　山崎直子，スペースシャトルでISS（国際宇宙ステーション）に出発。4.20帰還。 4.20　宮崎県で，牛の口蹄疫感染が判明。5.18 東国原英夫知事が非常事態宣言。6.24 殺処分完了。8.27 東国原知事，終息を宣言。 4.27　改正刑事訴訟法成立，殺人罪などの公訴時効廃止に。 6.2　野口聡一，ISSより帰還。宇宙連続滞在記録163日，これまでの日本人最長に。 6.11　大相撲の力士らによる野球賭博が発覚。6.14 大関琴光喜ら，野球賭博関与を認める。7.4 日本相撲協会，大関琴光喜と大嶽親方（元関脇貴闘力）を解雇。7.6 NHKが名古屋場所の放送見送りを決定。 6.11　サッカーW杯南アフリカ大会開催（〜7.11）。スペインが初優勝，日本はベスト16。 6.13　小惑星探査機「はやぶさ」，小惑星イトカワより帰還。6.14 採集したサンプルの入ったカプセルを回収。 7.20　1987年の大韓航空機爆破事件の実行犯金賢姫，北朝鮮による拉致被害者家族との面会などを目的に来日。 7.29　東京都足立区で白骨化した死体発見。30年以上前に死亡と判明，「消えた高齢者」問題顕在化。8.4 全国の自治体が「消えた高齢者」の所在調査に着手。 9.3　帝京大学附属病院で，多剤耐性の細菌による院内感染で少なくとも9人が死亡。 9.4　アフガニスタン北部で武装勢力に拘束されていたジャーナリスト常岡浩介，5か月ぶりに解放。 9.10　障害者団体向け郵便割引制度悪用事件で，大阪地裁が村木厚子に無罪判決。 9.21　郵便割引制度悪用事件で，押収したフロッピーディスクのデータを改竄したとして大阪地検特捜部の主任検事を逮捕。 9.28　消費者金融大手の武富士が会社更生法適用を申請。 12.6　諫早湾干拓事業で，福岡高裁が開門命令。国は控訴を断念。 12.14　絶滅したと思われていたクニマスが山梨県の西湖で生息していることを発表。	1月　奈良県で平城遷都1300年祭開幕。 2月　横綱朝青龍が暴行事件で引退。 3月　航空自衛隊百里基地を民間共用する茨城空港開港。 4月　相模原市が19番目の政令指定都市に／歌舞伎座が建て替えのため閉場。 5月　iPadが日本で発売開始。 6月　宮里藍，日本人初の女子ゴルフ世界ランキング1位に。 9月　気象庁，6月〜8月の日本の平均気温が平年より1.64℃高く，観測開始以来最高と発表／米・大リーグのイチロー，10年連続200本安打の新記録。 10月　根岸英一・鈴木章，ノーベル化学賞受賞／東京・羽田空港で新国際線旅客ターミナルと4本目の滑走路がオープン。本格的な再国際線化。 11月　横綱白鵬，63連勝でストップ。 12月　東北新幹線，新青森までの全線開業。 この年　食べるラー油が人気に。 ⬭イクメン／女子会／〜なう／無縁社会／いい質問ですねぇ 🎵「Beginner」「ヘビーローテーション」AKB48／「Troublemaker」「Monster」嵐／「また君に恋してる」坂本冬美／「I Wish For You」EXILE 📖 岩崎夏海『もし高校野球の女子マネージャーがドラッカーの「マネジメント」を読んだら』／タニタ『体脂肪計タニタの社員食堂』／白取春彦『超訳　ニーチェの言葉』／マイケル=サンデル『これからの「正義」の話をしよう』 🎬『借りぐらしのアリエッティ』スタジオジブリ；米林宏昌監督／『THE LAST MESSAGE 海猿』フジテレビほか；羽住英一郎監督・伊藤英明・加藤あい 〔洋画〕『アバター』（米・英）『アリス・イン・ワンダーランド』『トイ・ストーリー3』（米） 📺『月の恋人〜Moon Lovers〜』『新参者』『ゲゲゲの女房』『龍馬伝』 🚶1.17 小林繁(57)／2.8 立松和平(62)／2.11 玉置宏(76)／2.17 藤田まこと(76)／3.25 大森実(88)／4.9 井上ひさし(75)／4.21 多田富雄(76)／4.27 北林谷栄(98)／5.2 佐藤慶(81)／5.14 鈴木俊一(99)／7.3 梅棹忠夫(90)／7.10 つかこうへい(62)／8.21 梨本勝(65)／9.1 花田（若乃花）勝治(82)／9.11 谷啓(78)／9.16 小林桂樹(86)／9.26 池内淳子(76)／10.8 池辺良(92)／10.30 野沢那智(72)／11.15 星野哲郎(85)

平成23年（2011）辛卯

内閣	政治・経済	世界
菅直人（民主党） 9.2 9.2 野田佳彦（民主党）	1.14 第2次菅改造内閣が発足。 1.25 第22回参院選での最大5倍の「一票の格差」を、高松高裁が「違憲」と判断。 1.31 小沢一郎元民主党代表、「陸山会」の収支報告書虚偽記入で強制起訴。平24.4.26 無罪判決。 2.3 新日本製鐵と住友金属が平24年10月の合併を発表。粗鋼生産量世界第2位へ。 2.6 名古屋市長選で河村たかし再選。愛知県知事には大村秀章。名古屋市議会の解散も決定。 2.14 鳩山前首相の「抑止力は方便」発言が波紋。 3.11 宮城県沖でM9.0の巨大地震。巨大津波などにより、死者・行方不明1万8000人超、全・半壊あわせて40万戸余（東日本大震災）。 3.12 津波により全電源を失った東京電力福島第一原発1号機で炉心溶融（メルトダウン）事故、水素爆発による建屋崩壊。半径20km以内の住民に避難指示。3.14 3号機も水素爆発。4.12 国際原子力評価尺度をチェルノブイリと並ぶ最悪の「レベル7」に引き上げ。 3.15 東証平均株価、1015円の暴落。下落率史上3位。 4.4 福島第一原発で低濃度汚染水1万1500トンを海に放出。 4.5 自民党、民主党の「大連立」提案を拒否。 4.10 統一地方選で、自民党系が12知事選で全勝。都知事選は石原慎太郎4選。 4.22 福島第一原発20km圏内を「警戒区域」として立ち入り禁止に。20km圏外5市町村を「計画的避難区域」として退去を要請。 5.6 菅首相、中部電力浜岡原発の運転中止要請を発表。5.14までに運転停止。 5.26 菅首相、フランスでのG8サミットで「透明性ある情報を提供」と発言。 6.2 菅首相「震災の対応に一定のメドがついた段階」で退陣と表明。内閣不信任案否決。 6.20 東日本大震災復興基本法成立。 8.26 菅首相、退陣を表明。 8.29 民主党代表選で野田佳彦が海江田万里を破る。 9.2 菅内閣総辞職。野田佳彦内閣発足。 9.13 能登半島沖で北朝鮮の木造船を保護。 10.31 1ドル＝75.32円の戦後最高値を記録。 11.12 ハワイでのAPEC首脳会議に出席の野田首相、オバマ米大統領と会談し、TPP（環太平洋経済連携協定）への交渉参加を表明。 11.27 大阪ダブル選挙で市長に橋下徹、知事に松井一郎当選。「大阪都構想」着手へ。 12.22 国交省が八ッ場ダム建設再開を決定。 12.30 ユーロ急落。平13年6月以来の1ユーロ＝100円割れに。 この年 貿易収支が31年ぶりに赤字に。	1.14 チュニジアでジャスミン革命。ベンアリ大統領の独裁体制崩壊。アラブ世界に波及。 1.19 オバマ米大統領と中国の胡錦濤国家主席が会談、450億ドルの商談が成立。 1.20 中国、2010年の名目GDPを発表（約514兆円）。日本を超え世界第2位へ。 2.1 エジプトで100万人規模の反政府デモ。2.11 ムバラク大統領辞任。独裁に幕。 2.3 イエメンの首都サヌアでサーレハ大統領の退陣を求める2万人以上のデモ。 2.21 リビア政府軍、反政府デモに空爆。3.17 国連安保理、リビアへの軍事介入容認の決議を採択。3.19 多国籍軍がリビア政府軍を空爆。 2.22 ニュージーランドのクライストチャーチで地震。日本人留学生28人ら185人死亡。 3.15 シリアで反体制派への攻撃が激化。内戦状態に。 4.29 英国のウィリアム王子とキャサリン妃結婚。350年ぶりの庶民出身。 5.2 米諜報機関、パキスタンでアルカイダの最高指導者ビンラディン射殺を確認。 7.9 南スーダン、分離独立を宣言。 7.15 米軍、アフガニスタンからの撤収開始。 7.21 スペースシャトルの最終飛行終了。全機退役に。 7.23 中国の高速鉄道で追突事故。 8.8 タイでタクシン元首相の妹インラックが初の女性首相に。 8.23 リビアのカダフィ政権崩壊。 9.17 ニューヨークのウォール街で反格差デモ始まる。 10.31 国連人口基金、世界人口が70億人に到達と推計。 10月〜11月 タイで大洪水。日系企業400社以上に被害。 12.17 北朝鮮の金正日総書記死去。12.19 後継者に金正恩と発表。

●東日本大震災と原発事故で，多くの人が苦しむ

社会・文化	世相
1.4 山陰地方の豪雪により転覆・沈没した船が422隻に上ることが判明。 1.22 宮崎県の養鶏場で高病原性鳥インフルエンザウイルス検出。 1.27 霧島山の新燃岳で爆発的噴火。 1.29 サッカーのアジアカップで日本優勝。 1.31 日本海側で豪雪。北陸自動車道で800台立ち往生。 2.2 大相撲力士の八百長メール露見。2.6 春場所中止を発表。4.1 親方・力士23人の処分を発表。 2.26 京大で「入試問題ネット投稿事件」。 3.14 1都8県で計画停電開始。 3.14 震災と原発事故の避難者が約47万人に。 4月 焼肉チェーン店で，牛生肉を使ったユッケによる食中毒が続発。 4.27 ソニー運営のプレイステーションネットワークで，不正侵入で情報流出と発表。5.4 世界で7700万人の情報が危険と発表。 5.12 東京都立川市の警備会社で6億円の強盗事件。 5.24 布川事件（昭和39年）の再審で無罪判決。 6.28 政府とB型肝炎訴訟原告団が和解の基本合意書に調印。 7.1 東日本で「電力使用制限令」発令。 7.6 九州電力社長，経産省の原発番組で再開支持の「やらせメール」を認める。 7.17 女子サッカー日本代表「なでしこジャパン」，ドイツでのW杯で優勝。澤穂希が得点王でMVPに。 7.24 テレビ放送がアナログ放送から地上デジタル放送に完全移行。東北被災3県は平24年3月に移行延期。 7.29 政府主催の原発シンポジウムでの保安院の「やらせ要請」が発覚。 8.29 室伏広治，韓国での世界陸上ハンマー投げで優勝。世界陸上での男子最年長優勝。 9.19 東京・明治公園で脱原発集会。6万人参加。 10.4 連合の古賀伸明会長，「脱原発」を表明。 10.14 世界体操男子個人総合で，内村航平が史上初の3連覇。 11.8 オリンパスの巨額損失隠し発覚。 11.22 東京地検，大王製紙前会長を巨額背任事件で逮捕。 12.14 牛レバーから大腸菌O-157検出。平24.7.1 生レバーの提供禁止に。 この年 原発事故の避難者が放射能検査を要請される，転校先の学校でいじめの対象となるといった「風評被害」が起こる。	1月 児童養護施設に匿名で寄付を行う「タイガーマスク運動」が広がる。 2月 ニンテンドー3DS発売。 3月 東北新幹線で「はやぶさ」運行開始／九州新幹線，鹿児島中央までの全線開通。 4月 上野動物園で2頭のパンダ「リーリー」と「シンシン」の公開開始。 5月 「山本作兵衛の炭鉱記録画・記録文書」がユネスコの世界記憶遺産に。 6月 NHK教育テレビ，「Eテレ」に改称／「小笠原諸島」と「平泉」が世界遺産に。 8月 「なでしこジャパン」に国民栄誉賞／タレントの島田紳助が暴力団関係者との交際問題を受け，引退を発表。 9月 藤子・F・不二雄ミュージアム開館。 10月 オルフェーヴル，中央競馬の三冠馬に。 11月 宮城県気仙沼市で復興屋台村開業。 この年 パンケーキが人気／パワースポットが話題に。 🗨 なでしこジャパン／帰宅難民／風評被害／絆／どや顔 🎵 「フライングゲット」「Everyday，カチューシャ」「風は吹いている」AKB48／「マル・マル・モリ・モリ！」薫と友樹，たまにムック／「Lotus」嵐／「いくたびの櫻」ふくい舞 📖 東川篤哉『謎解きはディナーのあとで』／長谷部誠『心を整える。』／曽野綾子『老いの才覚』／近藤麻理恵『人生がときめく片づけの魔法』 🎬 『コクリコ坂から』スタジオジブリ：宮崎吾朗監督／『ステキな金縛り』フジテレビ・東宝：三谷幸喜監督・深津絵里・西田敏行〔洋画〕『ハリー・ポッターと死の秘宝』『パイレーツ・オブ・カリビアン／生命の泉』（米） 📺 『家政婦のミタ』『マルモのおきて』〔ちはやふる〕〔CM〕「消臭力」（エステー） 👤 1.8 横澤彪（73）／ 1.14 和田勉（80）／ 2.28 与那嶺要（85）／ 3.10 坂上二郎（76）／ 4.21 田中好子（55）／ 4.23 大賀典雄（81）／ 5.6 団鬼六（80）／ 5.16 児玉清（77）／ 5.21 長門裕之（77）／ 7.26 小松左京（80）／ 7.27 伊良部秀輝（42）／ 8.5 前田武彦（82）／ 8.15 正力亨（92）／ 8.16 二葉あき子（96）／ 8.21 竹脇無我（67）／ 8.31 遠山茂樹（97）／ 10.10 中村芝翫（83）／ 10.10 柳ジョージ（63）／ 10.24 北杜夫（84）／ 11.21 立川談志（75）／ 11.25 西本幸雄（91）／ 12.10 市川森一（70）／ 12.20 森田芳光（61）／ 12.25 岩井半四郎（84）／ 12.28 杉原輝雄（74）／ 12.31 松平康隆（81）

平成24年(2012) 壬辰

内閣	政治・経済	世界
野田佳彦（民主党） 12.26 12.26 ②安倍	1.24 第180通常国会召集。野田首相，消費税増税への意欲を表明。 1.26 環境省，福島第一原発周囲の「警戒区域」と「計画的避難区域」の除染の工程表を作成。 1.27 東日本大震災関連の15組織中10組織で，議事録未作成だったことを公表。 2.10 復興庁発足。 2.27 半導体大手のエルピーダメモリが経営破綻。 3.30 安全保障会議，北朝鮮の「ミサイル」に対する破壊措置命令発令を決定。 4.16 石原慎太郎都知事，米・ワシントンで都による尖閣諸島所有者からの買い取りを表明。 4.19 財務省，2011年度の貿易収支を発表。過去最大の約4兆4000億円の赤字。 5.5 北海道の泊原発3号機運転中止で，国内の原発はすべて運転中止に。 6.1 円と中国の人民元を直接交換する為替取引開始。初値は1元＝12.33円。 6.8 野田首相，福井県大飯原発の再稼働が必要と表明。6.16 再稼働決定。7.5 発電開始。 6.20 東電事故調が最終報告。「津波想定が甘く，過酷事故対策も不十分」と認める。 7.11 消費増税関連法案に反対した小沢一郎ら，政党「国民の生活が第一」を結成。 7.16 東京・代々木公園で「さようなら原発10万人集会」に主催者発表で約17万人が参加。 7.23 政府の原発事故調査委最終報告。「国も東京電力も安全優先の姿勢が欠けていた」と指摘。 7.31 東京電力に1兆円の公的資金投入。 8.15 香港の活動家ら尖閣諸島に上陸，14人を逮捕。 8.22 野田首相，反原発の市民団体代表と面会。大飯原発の再稼働中止の要求には応ぜず。 9.11 尖閣諸島の魚釣島ほか3島を国有化。中国でこれに反発するデモが激化，日本企業に被害。 9.14 政府，「30年代に原発稼働ゼロ」を目指す新エネルギー戦略を決定。 9.19 原子力規制委員会が発足。 9.21 民主党代表選で，野田首相が再選。 9.26 自民党総裁選で，安倍晋三が返り咲き。 9.28 「日本維新の会」発足。代表に橋下徹大阪市長。 10.25 石原慎太郎都知事が辞職を表明。 11.16 衆議院解散。 12.13 中国機が初めて尖閣諸島の日本領空を侵犯。 12.16 第46回衆議院総選挙。民主党は改選前230議席が57議席と歴史的惨敗，自民党は294議席と単独過半数の圧勝。政権交代へ。 12.16 東京都知事選で，猪瀬直樹初当選。 12.25 民主党代表に海江田万里。 12.26 第2次安倍晋三内閣発足。自公連立。	1.14 台湾の馬英九総統，再選。 2.21 ユーロ圏17か国がギリシャに対する追加支援で合意。 3.15 中国の次期党指導部候補と目された薄熙来・重慶市党委員会書記解任。 4.11 金正恩，新設された北朝鮮労働党第一書記に就任。 4.13 北朝鮮，ミサイルとみられる飛翔体を発射，数分で爆発。 5.7 仏大統領選，オランド当選。社会党の大統領，17年ぶり。 5.7 プーチン，ロシア大統領に復帰。5.8 メドヴェージェフ前大統領は首相に。 5.13 野田首相，温家宝中国首相・李明博韓国大統領と会談，日中韓のFTA（自由貿易協定）交渉の年内開始に合意。 5.18 米フェイスブック社，米ナスダック市場に上場。 6.30 ムハンマド＝モルシ，エジプト大統領に就任。イスラム主義の大統領は同国初。 7.27 第30回オリンピック開幕（英・ロンドン，〜8.12）。日本は金7・銀14・銅17で，過去最多の38個のメダル。 8.6 NASAの火星探査機キュリオシティが火星に到着。 8.10 李明博韓国大統領，大統領として初めて竹島に上陸。 8.22 ロシア，WTOに加盟。 9.25 中国初の空母「遼寧」就役。 10.7 ベネズエラ大統領選で反米のチャベス大統領4選。 10.11 莫言，中国国籍初のノーベル文学賞受賞決定。 10.12 EUがノーベル平和賞に。 11.6 米大統領選で，オバマ再選。 11.15 習近平，中国共産党総書記に就任。習体制スタート。 11.29 国連総会，パレスチナを「オブザーバー国家」に格上げする決議を採択。 12.12 北朝鮮，事実上の弾道ミサイルを打ち上げ。 12.19 韓国大統領選で，朴正熙元大統領の長女朴槿恵が当選。

●国民の信頼を失った民主党に代わり，安倍政権が誕生

社会・文化	世 相
1.1 首都高速道路と阪神高速道路，均一制から距離別料金に移行。 1.22 宮城県石巻市教委，東日本大震災で児童・教職員84人が死亡・行方不明となった大川小の避難誘導に問題があったと認め，初めて謝罪。 1.25 NTTドコモの携帯電話に通信障害。 2.24 AIJ投資顧問による年金資産消失が露見。 2.29 日本漢字能力検定協会の背任事件で，元理事長父子に実刑判決。 3.11 東日本大震災から1年。30万人以上が「みなし仮設」を含む仮設住宅で生活。 3.31 内閣府の検討会，南海トラフの巨大地震の想定を発表。最大で10県で震度7，11都県に10m以上の津波。8.29 有識者会議，死者数最大32万3000人の想定を発表。 4.20 秋田県の八幡平クマ牧場で，逃げ出したヒグマに飼育員2人が襲われ死亡。 4.29 関越自動車道藤岡ジャンクション付近で夜行バスが防音壁に激突し，7人死亡。運転手の過労による居眠りが原因。 5.6 茨城県つくば市で過去最大級の竜巻発生。 5.18 韓国の衛星などを載せたH2Aロケット打ち上げ。初めて海外から有償で受託。 6.3 地下鉄サリン事件で特別手配中の菊地直子容疑者逮捕（平29.12.27 最高裁で無罪判決確定）。6.15 最後の特別手配となった高橋克也容疑者逮捕。9.24 高橋らを追起訴。17年に及ぶ事件の捜査終結。 7.1 太陽光などの発電買い取りを固定価格で義務づける自然エネルギー買い取り制度スタート。 7.1 生の牛レバーの提供が禁止に。 7.11 九州北部で記録的な豪雨（〜7.14）。 7.23 米軍の輸送機オスプレイが岩国基地に陸揚げ。10.1 沖縄・普天間飛行場に配備。 8.15 防衛省，4月にモロッコで起きた新型輸送機オスプレイの墜落事故を人為ミスによるとする米側調査を追認。 9.1 東京電力，家庭向け電気料金を値上げ。 9.28 吉田沙保里，女子レスリング世界選手権で10連覇。五輪3連覇と合わせ史上初の13大会連続世界一。 10.16 沖縄県警，米兵2人を集団強姦致傷容疑で逮捕。 12.2 中央自動車道笹子トンネルで天井板崩落事故。 12.5 東京地裁，「建設アスベスト集団訴訟」で国に賠償命令。	1月 東京・築地市場の初競りでクロマグロ1本に5649万円の高値／ダルビッシュ有投手，米大リーグ・レンジャーズと契約。 3月 国内初の格安航空会社（LCC）のピーチ・アビエーション就航。 4月 熊本市が20番目の政令指定都市に／新東名高速，御殿場−三ヶ日間開通／東京・渋谷駅東口に渋谷ヒカリエ開業。 5月 北アルプスなどで，中高年登山者の遭難が相次ぐ／東京スカイツリー開業（高さ634m）／竹内洋岳，世界の8000m峰全14座を制覇。 7月 女子競輪が48年ぶりに復活／秋田県がプーチン露大統領に秋田犬を贈る。 8月 環境省，「レッドリスト」を見直し，ニホンカワウソを「絶滅種」に指定。 10月 東京駅丸の内駅舎復元工事終了し全面開業／iPS細胞作製に成功の山中伸弥京大教授にノーベル生理学・医学賞／Windows8，世界に先駆けて日本で発売。 11月 吉田沙保里，国民栄誉賞受賞。 12月 岩国錦帯橋空港開港。 この年 塩麹料理が人気に／脱法ハーブが社会問題化／各地でいじめ事件が問題に／15年ぶりに自殺者が3万人を下回る。 ◉ ワイルドだろぉ／LCC／終活 ♫ 「真夏のSounds good!」「GIVE ME FIVE!」「ギンガムチェック」AKB48／「ワイルドアット ハート」嵐／「片想いFinally」SKE48 📖 阿川佐和子『聞く力』／渡辺和子『置かれた場所で咲きなさい』／三浦しをん『舟を編む』 🎬 『BRAVE HEARTS 海猿』フジテレビほか；羽住英一郎監督・伊藤英明／『テルマエ・ロマエ』同製作委；武内英樹監督・阿部寛〔洋画〕『ミッション：インポッシブル ゴースト・プロトコル』（米） 📺 『ドクターX〜外科医・大門未知子〜』『孤独のグルメ』『PRICELE\$S』『黒子のバスケ』 👤 1.5 林光（80）／1.7 二谷英明（81）／1.8 西山松之助（99）／2.7 千石正一（62）／2.16 淡島千景（87）／3.16 吉本隆明（87）／4.3 山口シヅエ（94）／5.22 吉田秀和（98）／5.29 新藤兼人（100）／5.31 尾崎紀世彦（69）／6.6 三笠宮崇仁（66）／6.29 地井武男（70）／7.9 山田五十鈴（95）／8.1 津島恵子（86）／8.5 浜田幸一（83）／10.13 丸谷才一（87）／10.30 藤本義一（79）／11.10 森光子（92）／12.5 中村勘三郎（57）／12.10 小沢昭一（83）／12.18 米長邦雄（69）／12.19 中沢啓治（73）

平成25年（2013）癸巳

内閣	政治・経済	世　界
② 安 倍 晋 三 （ 自 民 党 ）	1.1　復興特別所得税導入（2037年まで）。 1.8　政府の日本経済再生本部が始動，デフレ脱却へ20兆円規模の対策。 1.22　日銀，物価目標2%を決定，無期限の金融緩和策を策定。 1.28　第183通常国会召集。安倍首相が所信表明演説で経済再生と震災復興への対応を強調。 1.30　安倍首相，国会で憲法改正に初言及。96条の改憲発議要件緩和から着手へ。 2.28　安倍首相，初の施政方針演説で「安全確認された原発は再稼働」と明言。 3.15　安倍首相，TPP交渉参加を正式表明。 3.19　日銀の白川方明総裁が任期満了前に辞任。3.21　新総裁に黒田東彦就任。 4.5　福島第一原発の汚染水漏れ判明。 4.19　公職選挙法改正。インターネットによる選挙運動が解禁。 4.28　政府主催の「主権回復・国際社会復帰を記念する式典」開催。沖縄では抗議集会。 4.29　安倍首相，訪露。プーチン大統領と会談し，北方領土交渉加速で合意。 5.17　米政府，日本へのシェールガス輸出を認可。2017年めどに供給へ。 5.30　原子力規制委，高速増殖炉もんじゅの運転再開禁止を命令。 6.24　衆院「0増5減」の改正選挙法成立。 7.21　第23回参議院選挙で自民党大勝，65議席獲得。民主党は17議席に。非改選と合わせ自公で135議席と過半数に。「ねじれ」解消。 7.23　日本，TPPの交渉会合に初参加。 8.9　財務省，6月末の国の借金残高が1008兆6281億円と発表。初めて1000兆円を突破。 11.2　アントニオ猪木参院議員，国会会期中に無許可で北朝鮮訪問。11.21　参院懲罰委員会，登院停止30日の懲罰可決。 11.19　ケネディ米元大統領の長女，キャロライン＝ケネディが駐日大使に就任。 11.20　平成24年衆院選の「一票の格差」訴訟で，最高裁は「違憲状態」とするも，選挙無効とせず。 11.22　猪瀬直樹東京都知事，知事選直前に徳洲会から5000万円受領が発覚。12.24　都知事を辞職。 11.27　国家安全保障会議設置法成立。12.4　初会合。 12.6　特定秘密保護法成立。 12.9　みんなの党分裂。12.18　離党した江田憲司ら「結いの党」結成。 12.17　政府，国家安全保障戦略を初決定。 12.26　安倍首相，首相就任後初の靖国神社参拝。 12.27　仲井眞弘多沖縄県知事，普天間飛行場の移設先とされる名護市辺野古の埋め立てを承認。	1.16　アルジェリアの天然ガス採掘施設で人質事件。邦人10人を含む39人が死亡。 2.11　ローマ法王ベネディクト16世が退位を表明。存命中の退位は約600年ぶり。 2.12　北朝鮮が4年ぶりに3回目の核実験を実施。 2.15　ロシアのチェリャビンスク近郊に隕石落下。 2.26　エジプトのルクソールで熱気球が爆発。19人死亡。 3.5　ベネズエラのチャベス大統領が死去。 3.14　習近平中国共産党総書記，国家主席に就任。 4.15　ボストンマラソンで爆弾テロ事件。 6.6　米CIA元職員スノーデン，米政府の情報収集の実態を暴露。8.1　露政府，スノーデンの1年間亡命を認める。 6.15　イラン大統領選，保守穏健派のロウハニが当選。 6.20　ブラジルの反政府デモ，全国へ拡大。 7.1　クロアチアがEUに加盟。 7.3　エジプトで軍部クーデター。モルシ大統領の権限剥奪。 7.18　米デトロイト市，財政破綻。連邦倒産法の適用を申請。 7.24　スペインで高速鉄道の脱線事故。79人死亡。 8.14　エジプト治安部隊，ムスリム同胞団の集会を武力で排除。 8.21　シリア内戦で毒ガス使用の疑惑。8.28　オバマ米大統領，武力行使を示唆。9.14　米露，化学兵器の国際管理下での完全廃棄で合意。武力介入回避。9.27　国連安保理，シリア化学兵器全廃決議を採択。 11.8　台風30号がフィリピン中部を直撃。死者6000人以上。 12.12　更迭された北朝鮮「ナンバー2」張成沢の死刑執行。 12.14　中国の探査機「嫦娥3号」月面軟着陸に成功。

●大胆な金融緩和でデフレ脱却を目指す

社会・文化	世 相
1.7 環境省, 除染適正化推進本部を設立。	**2月** 高梨沙羅, 史上最年少での女子スキー・ジャンプW杯総合優勝決定／元横綱大鵬に国民栄誉賞／青森市の酸ヶ湯温泉で観測史上最高の566cmの積雪を記録。
1.8 大阪市立桜宮高校で体罰自殺事件が判明。2.13 バスケ部顧問が懲戒免職に。	
1.16 山口宇部発羽田行きの全日空機, 電気系トラブルで緊急着陸。以後, ボーイング787型機のバッテリーの不良が問題に。	**3月** 新石垣空港開港／東急東横線渋谷駅が地下に移転。
1.30 柔道女子日本代表の園田隆二監督の暴力・パワハラ問題, 公表。	**4月** 新・歌舞伎座開場。
3.12 愛知県沖で海底のメタンハイドレートからのガス採掘に世界初の成功。	**5月** 長嶋茂雄と松井秀喜に国民栄誉賞／出雲大社,「本殿遷座祭」／旧陸中海岸国立公園を拡大し, 三陸復興国立公園に。
3.14 東京地裁, 成年後見人がつくと選挙権を失う公選法の規定に違憲の判断。	
3.15 国際結婚が破綻したときの子の取り扱いを定めたハーグ条約加盟推進を閣議決定。	**6月** 『御堂関白記』と『慶長遣欧使節関係資料』がユネスコ世界記憶遺産に／富士山が世界文化遺産に登録。
4.16 最高裁, 水俣病認定を緩和する判決。	
6.21 いじめ防止対策推進法成立。	**8月** 高知県四万十市で, 観測史上最高の気温41.0℃を記録。
6.21 第三者委員会, 全日本柔道連盟の助成金不正受給を認定。	**10月** 伊勢神宮「式年遷宮」の中心的儀式「遷御の儀」／JR九州の豪華寝台列車「ななつ星in九州」運行開始。
6.26 厚労省審査委, iPS細胞臨床研究の実施を承認。	
7.4 カネボウ化粧品, 白斑症状発生の事例があるとして, 化粧品自主回収。	**12月** 「和食」がユネスコ無形文化遺産に。
7.11 京都府立医大, 高血圧治療薬の臨床研究論文のデータ操作を認め謝罪。	**この年** リアル脱出ゲームが人気／「美文字」ブーム／東北楽天が創設9年目で日本一に。田中将大投手, 24勝無敗でMVP／ヤクルトのバレンティン, 新記録の60本塁打／伊勢神宮で参拝者約1420万人, 出雲大社で約804万人と過去最多。
7.28 山口・島根で記録的豪雨。土砂崩れや河川氾濫の被害が相次ぐ。	
8.5 沖縄の米軍基地キャンプ・ハンセンで, 訓練中に米軍ヘリが墜落事故。	
8.26 松江市教委, 漫画『はだしのゲン』の閲覧制限を撤回。	😮 今でしょ！／お・も・て・な・し／じぇじぇじぇ／倍返し／ブラック企業／ヘイトスピーチ
9.4 最高裁, 民法の非嫡出子の相続格差の規定を違憲と判断。	🎵 「さよならクロール」「恋するフォーチュンクッキー」AKB48／「EXILE PRIDE ～こんな世界を愛するため～」EXILE／「Calling」「Breathless」嵐
9.7 2020年オリンピック, 東京に決定。	
9.16 台風18号本州縦断。気象庁, 重大な災害の危険性が著しく高まっている場合に発令する「特別警報」を初発令。	📖 村上春樹『色彩を持たない多崎つくると, 彼の巡礼の年』／百田尚樹『海賊とよばれた男』／池井戸潤『ロスジェネの逆襲』
9.19 北海道のJR函館線で貨物列車の脱線事故。事故調査で, データ改竄による補修工事回避が発覚。	🎬 『風立ちぬ』スタジオジブリ：宮崎駿監督〔洋画〕『モンスターズ・ユニバーシティ』（米）
10.7 京都地裁, 在日特権を許さない市民の会の朝鮮学校への街宣活動に, 差し止めと賠償の判決。	📺 『半沢直樹』『八重の桜』『あまちゃん』『進撃の巨人』『弱虫ペダル』
10.16 台風26号による記録的な大雨で, 伊豆大島の土石流など東日本各地で被害。	👤 1.15 大島渚（80）／1.19 納谷（大鵬）幸喜（72）／1.26 安岡章太郎（92）／2.3 市川團十郎（66）／2.8 江副浩正（76）／3.10 山口昌男（81）／4.14 三國連太郎（90）／4.25 田端義夫（94）／4.29 牧伸二（78）／5.3 中坊公平（83）／6.4 長門勇（81）／6.6 なだいなだ（83）／7.28 戸井十月（64）／8.22 藤圭子（62）／9.19 山内溥（85）／9.29 山崎豊子（89）／10.13 やなせたかし（94）／10.20 天野祐吉（80）／10.25 岩谷時子（97）／10.28 川上哲治（93）／11.8 島倉千代子（75）／11.25 堤清二（86）
10.22 阪急阪神ホテルズ, 表示と違う食材提供を公表。以後他社もメニュー偽装を公表。	
11.20 悪質な運転による事故を重罰にする「自動車運転死傷行為処罰法」成立。	
11.20 小笠原の西之島近海に「新島」誕生。	

平成26年(2014) 甲午

内閣	政治・経済	世界
②安倍晋三（自民党） 12.24 12.24 ③安倍	1.7 国家安全保障会議の事務局である国家安全保障局が発足。初代局長に谷内正太郎元外務次官。 1.19 沖縄県名護市長選で辺野古移設反対の稲嶺進が再選。 1.24 第186通常国会召集。安倍首相，施政方針演説で集団的自衛権行使容認に意欲を示す。 2.9 東京都知事選で舛添要一元厚相が初当選。 2.26 仮想通貨ビットコインの取引所「マウント・ゴックス」がサイバー攻撃によるウェブサイトの不具合で取引停止。 3.23 大阪都構想をめぐる「出直し市長選」で橋下徹が再選。投票率は史上最低。 4.1 消費税，8％に引き上げ。 4.1 政府，「武器輸出三原則」を撤廃し，条件を満たせば武器輸出を認める「防衛装備移転三原則」を閣議決定。 4.1 ハーグ条約（国際的な子の奪取の民事上の側面に関する条約）に正式加盟。 4.7 渡辺喜美みんなの党代表，化粧品会社DHCからの借入金問題で，党代表を辞任。 4.23 オバマ大統領来日。4.24 日米共同会見で，尖閣諸島が安保条約の適用範囲と明言。 5.27 集団的自衛権の与党協議。政府が15事例提示。 5.28 維新の会の石原慎太郎・橋下徹両共同代表，分党で合意。6.22 分党を決定。 6.11 平成28年からの電力小売りの新規参入を認める改正電気事業法成立。 6.13 国民投票法改正。投票年齢を18歳以上に。 6.16 除染廃棄物の中間貯蔵施設をめぐり，石原伸晃環境相が「最後は金目」と発言。6.23 陳謝。 6.18 都議会で質問中の女性都議への「自分で産めないのか」などのヤジが問題に。 7.1 集団的自衛権の行使を条件付きで容認する政府見解を閣議決定。 7.1 野々村竜太郎兵庫県議，政務活動費の不正使用疑惑で「号泣会見」。 8.30 佐藤雄平福島県知事，汚染土を保管する中間貯蔵施設の受け入れを表明。 9.3 第2次安倍改造内閣発足。女性閣僚5人。 10.31 日銀，追加の量的・質的金融緩和を決定。 11.16 沖縄県知事選。辺野古移設容認の現職・仲井眞弘多を破り，移設反対の翁長雄志が初当選。 11.18 安倍首相，2015年の消費税10％引き上げ先送りを発表。11.21「アベノミクスの当否を問う」として，衆議院を解散。 11.19 みんなの党，解党決定。 12.14 第47回衆議院総選挙。自民微減も与党過半数。 12.24 第188特別国会召集。第3次安倍内閣発足。新任の閣僚は中谷元防衛相のみ。	1.1 米でオバマケアの保険適用開始。 2.6 第22回冬季オリンピック開催（ロシア・ソチ，～2.23）。羽生結弦がフィギュア男子シングルで金メダル。 2.27 ウクライナのヤヌコビッチ大統領，ロシアへ亡命。 3.8 北京行きのマレーシア航空機が消息不明に。 3.11 クリミア議会，ウクライナからの独立を宣言。 3.18 ロシア，クリミアを編入。 3.22 ギニアでエボラ出血熱の発生を確認。8.8 感染拡大，WHOが緊急事態を宣言。 4.16 韓国・珍島沖で客船セウォル号沈没。修学旅行中の高校生ら死者・行方不明304人。 4.30 中国・新疆ウイグル自治区のウルムチ駅で爆発事件。 5.7 タイのインラック首相失職。 5.25 ウクライナ大統領選，親欧米派のポロシェンコが勝利。 6.29 IS（自称イスラム国），建国宣言。 7.17 ウクライナ東部でマレーシア航空機が撃墜される。 7.18 イスラエル軍，ガザ地区へ地上侵攻。8.26 エジプトの仲介で停戦合意。 8.8 米など有志連合，イラク領内のISの拠点への空爆を開始。 9.18 スコットランド独立の是非を問う住民投票，否決。 9.26 学生ら，香港行政長官選挙の民主派を排除する制度に反対し，デモと路上占拠を開始（雨傘革命～12.15）。 10.10 17歳の女子生徒マララ＝ユスフザイらにノーベル平和賞。 10.24 アジアインフラ投資銀行設立の覚書に21か国が署名。 11.4 米で中間選挙。共和党が上下両院とも過半数に。 12.5 大韓航空機，乗客だった副社長のクレームで遅延。 12.17 米とキューバ，国交正常化交渉開始を発表。

●消費税増税もあって景気低迷も，国民は野党には期待せず

社会・文化	世　相
1.9 三菱マテリアル四日市工場で爆発事故。 1.28 文科省，学習指導要領解説書を改定。尖閣諸島と竹島を「固有の領土」と明記。 1.29 理化学研究所などの研究チーム，新万能細胞「STAP細胞」の作製に成功と発表。4.1 理研調査委，論文に意図的不正があったとの報告を公表。5.8 理研，筆頭著者の小保方晴子の不服申し立てを退け，論文撤回へ。12.26 理研調査委，「ES細胞混入の可能性が高い」とする最終報告書発表。 3.8 Jリーグ浦和レッズのサポーター「JAPANESE ONLY」の横断幕を掲げる。3.23 差別的だとして無観客試合処分に。 3.17 拉致被害者横田めぐみの両親が孫のキム・ウンギョンと対面したと会見。 3.27 静岡地裁，袴田事件の再審決定。死刑執行停止，元被告を48年ぶりに釈放。 3.31 国際司法裁判所，日本の南氷洋での「調査捕鯨」を研究目的と認めず，中止命令。 4.18 政府，福島での個人被曝線量の調査結果公表。茂木敏充経産相，公表先送りを陳謝。 5.14 ISSの船長を務めた若田光一，帰還。188日連続，通算348日滞在は，日本人最長。 5.20 平成24年夏からの一連のパソコン遠隔操作ウイルス事件で片山祐輔被告を再勾留。5.22 片山は容疑を認める。 7.9 ベネッセ，大量の顧客個人情報流出発表。 7.22 日本マクドナルドとファミリーマート，中国で製造のチキンナゲットの保存期限切れの鶏肉混入の疑いで，販売中止。 8.5〜8.6 朝日新聞，従軍慰安婦についての過去の報道の検証記事を掲載，「吉田清治証言」を虚偽とし，関連記事を取り消す。 9.11 朝日新聞木村伊量社長，会見で福島第一原発の社員が吉田昌郎所長の待機命令に違反し撤退したとの記事の誤りを謝罪。同時に慰安婦強制連行の取り消し記事についても謝罪。12.5 木村社長辞任。 9.12 理研などのチーム，iPS細胞から作った細胞シートを目の難病患者に移植。 10.9 最高裁，アスベストによる健康被害訴訟で初めて国の責任を認める。 10.23 最高裁，「妊娠で降格は男女雇用機会均等法違反」とする初の判断。 11.17 太平洋のクロマグロが絶滅危惧種として国際自然保護連合のレッドリストに。 11.27 小笠原周辺の中国サンゴ密漁船がゼロに。 12.3 小惑星探査機「はやぶさ2」打ち上げ。	1月 田中将大投手，米・大リーグのヤンキースと契約。 2月 「全聾の作曲家」佐村河内守の作品を18年にわたり新垣隆が代作と公表。 3月 沖縄・慶良間諸島国立公園指定／大阪市にあべのハルカス完成。高さ300mの日本一高いビル／31年半続いたタモリ司会の『笑っていいとも！』放送終了。 5月 歌手のASKA，覚醒剤所持容疑で逮捕。 6月 サッカーW杯ブラジル大会開催（〜7月）／「富岡製糸場と絹産業遺産群」が世界文化遺産に登録。 8月 69年ぶりにデング熱の国内感染確認。東京・代々木公園で殺虫剤散布／広島市で局所的豪雨。大規模な土砂災害。 9月 錦織圭，全米オープンテニスで準優勝／『昭和天皇実録』公表／御嶽山噴火。 10月 赤崎勇・天野浩・中村修二，青色LEDの研究でノーベル物理学賞受賞。 11月 「和紙」がユネスコ無形文化遺産に。 12月 リニア中央新幹線，着工／国立競技場，解体工事開始。 この年 妖怪ウォッチがブームに／特定保健用食品（トクホ）の飲料が人気に。 ◉ ダメよ〜ダメダメ／壁ドン／マタハラ／危険ドラッグ ♬「ラブラドール・レトリバー」「希望的リフレイン」AKB48／「GUTS！」嵐／「何度目の青空か？」乃木坂46／「R.Y.U.S.E.I」三代目J Soul Brothers from EXILE TRIBE／「島根恋旅」水森かおり 📖 坪田信貴『学年ビリのギャルが1年で偏差値を40上げて慶應大学に現役合格した話』／池井戸潤『銀翼のイカロス』／和田竜『村上海賊の娘』／岸見一郎・古賀史健『嫌われる勇気』 🎬『永遠の0』同製作委：山崎貴監督／『STAND BY ME ドラえもん』同製作委：山崎貴・八木竜一監督 〔洋画〕『アナと雪の女王』（米） 📺『HERO 第2期』『S −最後の警官−』『花子とアン』『妖怪ウォッチ』『ハイキュー!!』 🧑 1.11 淡路恵子（80）／1.16 小野田寛郎（91）／2.28 まど・みちお（104）／3.14 宇津井健（82）／4.30 渡辺淳一（80）／6.8 桂宮宜仁（66）／7.14 深田祐介（82）／9.6 山口洋子（77）／9.7 山口淑子（李香蘭，94）／9.20 土井たか子（85）／10.26 赤瀬川原平（77）／11.3 桂小金治（88）／11.10 高倉健（83）／11.28 菅原文太（81）／12.30 宮尾登美子（88）

平成27年(2015) 乙未

内閣	政治・経済	世　界
③ 安倍晋三 （自民党）	1.15 日豪経済連携協定発効。 1.20 IS（自称イスラム国）が日本人2人拘束を発表し身代金要求。1.24 1人殺害の画像をネット上に公開。2.1 もう1人の殺害の動画公開。 1.26 第189通常国会召集。2.12 安倍首相，施政方針演説で「戦後以来の大改革」を訴える。 1.28 スカイマーク，民事再生法の適用を申請。 2.23 西川公也農水相，献金問題で辞任。 3.25 海上自衛隊最大の護衛艦「いずも」就役。 4.5 菅義偉官房長官と翁長雄志沖縄県知事が初会談も辺野古移設をめぐる対立は解消せず。4.17 安倍首相と翁長知事が会談も平行線のまま。 4.8 天皇・皇后，パラオ訪問（～4.9）。 4.10 日経平均株価，15年ぶりに2万円台に。 4.12 統一地方選，10知事選は与党支援の現職全勝。 4.29 安倍首相，米議会で演説。大戦の反省と安保法制整備を約束。 5.17 大阪都構想の是非を問う大阪市の住民投票，僅差で否決。 5.26 集団的自衛権行使を可能とする安保法制関連法案，衆院本会議で審議入り。6.4 衆院憲法審査会で参考人の憲法学者3人全員が，「安保法制は憲法違反」と明言。 6.17 選挙権年齢を18歳以上に引き下げる改正公職選挙法成立。 7.28 参議院10増10減，鳥取・島根と高知・徳島合区の改正公職選挙法成立。 8.6 広島市での「原爆死没者慰霊式並びに平和祈念式」に，過去最多の100か国の代表が参列。 8.14 安倍首相，戦後70年の談話発表。「積極的平和主義」を謳い，「謝罪外交」を終わらせる意志を示す。 9.8 自民党総裁選，安倍首相の無投票再選決定。 9.19 安全保障関連法成立。集団的自衛権の行使を容認。平28.3.29 施行。 10.5 環太平洋経済連携協定(TPP)交渉大筋合意。 10.7 第3次安倍改造内閣発足。主要閣僚は留任。 10.13 翁長雄志沖縄県知事，辺野古埋め立て承認を取り消し。10.29 政府，埋め立ての本体工事を強行。12.25 沖縄県，埋め立て取り消しに対する国交相の執行停止を違法として提訴。国と県との「訴訟合戦」に。 11.4 日本郵政・かんぽ生命保険・ゆうちょ銀行の日本郵政グループ3社が東証一部に上場。 11.11 国産ジェット旅客機MRJが初飛行に成功。 11.22 大阪府知事・大阪市長のダブル選挙で，大阪維新の会が圧勝。 12.28 岸田文雄外相と尹炳世韓国外相が従軍慰安婦問題で合意。日本が新財団に10億円程度拠出。	1.7 パリで週刊紙『シャルリー・エブド』本社襲撃テロ事件。 2.20 EU，ギリシャ支援の4か月延長に合意。ユーロ圏離脱は当面回避。 2.27 プーチン露大統領批判の急先鋒ネムツォフ人民自由党党首，モスクワで射殺される。 3.18 チュニジアの国立博物館をイスラム過激派が襲撃。日本人観光客を含む22人死亡。 3.24 独の旅客機が墜落。副操縦士が故意に落下させた疑い。 4.16 G7外相会合で初の「海洋安保宣言」発表。 4.18 リビア沖で密航船が転覆。乗船難民，死者700人以上か。 5.18 タカタ，欠陥エアバッグの全米でのリコールに同意。 6.8 G7サミット首脳宣言。温暖化対策で新長期目標を。 6.26 米連邦最高裁，同性婚容認の判決。 6.29 中国が主導するアジアインフラ投資銀行(AIIB)設立協定署名式。日本は不参加。 7.5 ギリシャ国民投票で緊縮反対が多数。 7.14 イラン核問題交渉合意。経済制裁解除へ。 7.20 米とキューバ，国交回復。 8.12 中国・天津市で危険物倉庫の爆発事故。 9.20 ギリシャ総選挙で，緊縮反対派が勝利。 9.30 プーチン露大統領，シリア政府の要請によるシリア領のISへの空爆開始を発表。 10.29 中国共産党，一人っ子政策の廃止を決定。 11.7 習近平国家主席と馬英九総統,中台分断後初の首脳会談。 11.13 パリで同時多発テロ。ISが犯行声明。 12.1 IMF理事会，人民元の主要通貨入りを決定。 12.12 COP21でパリ協定締結。温暖化対策の世界の枠組。 12.16 米，ゼロ金利解除を決定。

●世界でテロが多発するなか，安保法制整備が進む

社会・文化	世相
1.9 サイバーセキュリティ基本法施行。内閣サイバーセキュリティ戦略本部設置。	**1月** 白鵬が全勝で史上最多33回目の優勝。
2.20 川崎市の多摩川河川敷で中学生の遺体発見。2.27 顔見知りの少年3人を逮捕。	**3月** 首都高速中央環状線全通／トワイライトエクスプレス，運行終了／北陸新幹線，長野―金沢間が開業／姫路城天守閣，「平成の大修理」を終え一般公開再開。
2.26 英・ウィリアム王子が初来日。東日本大震災の被災地を訪問。	
3.3 フィリピン沖で戦艦武蔵の船体発見。	**4月** 春の甲子園で，敦賀気比高が北陸勢として初優勝。
3.13 福島県大熊町の中間貯蔵施設へ除染汚染土搬入開始。3.25 双葉町でも搬入開始。	**7月** 「明治日本の産業革命遺産」が世界文化遺産に／芥川賞に又吉直樹の『火花』と羽田圭介の『スクラップ・アンド・ビルド』。
3.13 東洋ゴム工業による免震ゴムの性能データ改竄が判明。	
3.31 東京都渋谷区で全国初の同性パートナー条例。11.5 同性カップルに証明書発行。	**8月** 寝台特急「北斗星」の運行終了。
4.14 福井地裁，高浜原発3・4号機の再稼働差し止めの仮処分命令。	**9月** 東京五輪のエンブレム，「盗作」批判で，作者が辞退し使用中止に／ラグビーW杯で日本が南アフリカを破る金星。
4.14 韓国，朴槿恵大統領への名誉毀損で在宅起訴した産経新聞前ソウル局長の出国禁止措置を解除。	
4.22 首相官邸屋上で，墜落したドローン発見。	**10月** ノーベル生理学・医学賞に大村智／ノーベル物理学賞に梶田隆章／「シベリア抑留・引き揚げの記録」と「東寺百合文書」が世界記憶遺産に登録。
5.20 日本動物園水族館協会，国際組織の批判を受け，和歌山県太地町の追い込み漁で捕獲したイルカの購入を禁止。	
5.29 口之永良部島で爆発的噴火。全島民避難。	**12月** 新国立競技場設計案再審査で隈研吾らの案に決定。
6.1 日本年金機構，サイバー攻撃により個人情報流出と発表。	**この年** 「ふるさと納税」が盛んになる／中国人の「爆買い」が注目される／ラグビー日本代表の五郎丸歩のポーズが人気に／ハロウィンの騒ぎが過熱。
6.11 改正道路交通法成立。認知症対策強化。	
6.25 自民党勉強会で作家の百田尚樹が「沖縄2紙をつぶせ」と発言し問題に。	🗣 爆買い／SEALDs／トリプルスリー
6.30 東海道新幹線の車内で焼身自殺事件。	🎵「僕たちは戦わない」「ハロウィン・ナイト」AKB48／「コケティッシュ渋滞中」SKE48／「青空の下，キミのとなり」嵐／「Unfair World」「Summer Madness」三代目 J Soul Brothers from EXILE TRIBE
7.26 東京都調布市で小型飛行機の墜落事故。	
8.11 鹿児島県川内原発，新規制基準下で初の再稼働。	
8.19 無人宇宙補給機「こうのとり5号」打ち上げ。8.24 ISS到着。	📖 又吉直樹『火花』／ジェニファー＝L＝スコット『フランス人は10着しか服を持たない』／下重暁子『家族という病』
9.10 関東・東北で豪雨。鬼怒川が決壊。	🎬『映画 妖怪ウォッチ 誕生の秘密だニャン！』同プロジェクト2014；高橋滋春・ウシロシンジ監督／『バケモノの子』同FILM PARTNERS：細田守監督〔洋画〕『ジュラシック・ワールド』／『ベイマックス』／『ミニオンズ』（米）
9.11 改正労働者派遣法成立。派遣労働者の雇用の安定が図られる。9.30 施行。	
10.5 マイナンバー法施行。10.23 マイナンバー通知カードの配達開始。	
10.14 横浜の大型マンションが傾斜した問題が報道される。以後，基礎工事の杭のデータ偽装が全国で発覚。	📺『下町ロケット』『アイムホーム』『あさが来た』『暗殺教室』〔CM〕「三太郎」(au)
11.10 野球賭博に関わったとして，巨人の3選手が失格処分に。	👤 1.20 斎藤仁(54)／2.21 坂東三津五郎(59)／2.28 松谷みよ子(89)／3.8 塩月弥栄子(96)／3.19 桂米朝(89)／4.15 愛川欽也(80)／4.22 船戸与一(71)／7.20 鶴見俊輔(93)／7.21 川崎敬三(82)／8.3 阿川弘之(94)／9.5 原節子(95)／9.19 塩川正十郎(93)／10.31 佐木隆三(78)／11.20 北の湖敏満(62)／11.30 水木しげる(93)／12.9 野坂昭如(85)
12.8 ワタミグループ過労自殺訴訟，会社側が責任を認め和解。	
12.10 改正航空法施行。ドローンの飛行を規制。	
12.16 最高裁，「女性の再婚禁止期間100日超」の規定は違憲，「夫婦同姓」は合憲と判断。	

平成28年（2016）丙申

内閣	政治・経済	世界
③安倍晋三（自民党）	1.4 第190通常国会召集。1.22 安倍首相，施政方針演説で，「1億総活躍社会」をめざす政策を示す。 1.29 日銀，マイナス金利政策導入決定。2.16 開始。 2.4 シャープ，台湾の鴻海精密工業と支援受け入れ交渉に入る。4.2 鴻海がシャープを傘下に。 2.4 環太平洋経済連携協定（TPP），12か国が署名。 3.27 民主党と維新の党が合流し，民進党結党。 3.28 沖縄・与那国島に陸上自衛隊駐屯地開設。 4.1 電力小売り完全自由化。 4.20 三菱自動車，燃費データの不正操作を認める。5.18 スズキも不適切なデータ測定を発表。 5.12 三菱自動車，日産自動車の傘下に。 5.20 衆院選挙制度改革。小選挙区6減，比例区4減。 5.24 ヘイトスピーチ対策法成立。罰則規定はなく，国や自治体に対応を求めるもの。 5.24 刑事司法改革関連法成立。取り調べの可視化の一部義務付け，司法取引の導入。 5.26 伊勢志摩サミット開催。5.27 首脳宣言採択。 5.27 オバマ米大統領，現職大統領として初めて広島訪問，原爆死没者慰霊碑に献花。 6.1 安倍首相，2017年4月の消費税率10%への引き上げの2年半再延期を表明。 6.15 舛添要一東京都知事，政治資金の公私混同疑惑などで，退職を表明。 7.10 第24回参院選，与党が勝利。改憲派が憲法改正発議に必要な3分の2の議席に達する。 7.15 無料通信アプリの「LINE」が東証一部上場。 7.29 年金積立管理運用独立行政法人が2015年度に5兆円余の運用損を出していたことが判明。 7.31 都知事選で小池百合子が初当選。 8.8 天皇，ビデオメッセージで生前退位の意向表明。 9.15 蓮舫，民進党代表に選出される。 9.28 富山市議会で議員の政務活動費の不正受給が相次ぎ，議長を含む10人が辞職。 10.8 稲田朋美防衛相，PKOで自衛隊派遣中の南スーダンを視察。 10.16 新潟県知事選で野党統一候補・米山隆一が初当選。 11.15 自衛隊南スーダンPKOに対し，「駆けつけ警護」の任務を付与することを閣議決定。 12.9 TPPの承認案と関連法案，成立。 12.13 米軍普天間基地所属のオスプレイ，沖縄県名護市沿岸部に不時着して大破。 12.15 統合型リゾート整備推進法成立。 12.15 プーチン露大統領来日。日露首脳会談で北方四島での「共同経済活動」の協議開始で合意。 12.6 改正ストーカー規制法成立。 12.27 米・ハワイを訪問中の安倍首相，オバマ米大統領と真珠湾で大戦の犠牲者を慰霊。	1.6 北朝鮮が4度目の核実験。「水爆実験成功」と発表。 1.16 台湾総統選，民進党の蔡英文が当選。初の女性総統。 1.16 米欧などがイラン制裁解除。 1.18 国際援助団体，世界の富豪62人の資産と低所得者36億人分になると報告。 2.7 北朝鮮が「人工衛星」とする「弾道ミサイル」発射。 2.12 ローマ法王とロシア正教会総主教が約1000年ぶりの歴史的会談。 3.30 ミャンマーで約半世紀ぶりに文民政権。 4.3 「パナマ文書」の分析結果公表，租税回避の実態が露見。 4.22 地球温暖化対策のパリ協定に175か国が署名。 5.9 金正恩，朝鮮労働党委員長に就任。 5.9 フィリピン大統領にドゥテルテ当選。 6.23 英，国民投票でEU離脱決定。 7.12 南シナ海進出をめぐり，中国に国際法違反の判決。 7.15 トルコでクーデター未遂。 8.5 第31回オリンピック開催（ブラジル・リオデジャネイロ，～8.21）。「難民選手団」結成。日本は過去最多の41個のメダル獲得。女子レスリングの伊調馨が4連覇。 8.24 北朝鮮が潜水艦発射弾道ミサイル（SLBM）発射実験。 9.9 北朝鮮が5度目の核実験。 9.26 コロンビア政府と反政府ゲリラ，内戦終結に最終合意。 10.13 ボブ=ディランがノーベル文学賞に。 10.24 朴槿恵大統領の友人崔順実の国政への不当関与事件が表面化。12.9 韓国国会で朴槿恵大統領弾劾案可決。 11.9 米大統領選，共和党のドナルド=トランプが当選。ヒラリー＝クリントンを破る。 この年 世界各地でイスラム過激派などによるテロが相次ぐ。

●世界各国で「強い指導者」が望まれ，国際的緊張が高まる

社会・文化	世相
1.13 外食チェーンで廃棄されたカツを産廃業者が横流しし，スーパーで販売。 1.15 長野県軽井沢町の碓氷バイパスでスキーツアーバスが転落，15人死亡。 2.15 「保育園落ちた日本死ね!!!」と題したブログが注目を集める。 2.26 2015年国勢調査の速報値発表。総人口が戦後初の減少。 2.29 福島第一原発事故をめぐり，東京電力元会長らを強制起訴。 3.1 認知症老人の電車死亡事故の損害賠償裁判で，最高裁が家族の監督義務を限定，賠償責任がないとする逆転判決。 4.14 熊本地震「前震」。熊本県益城町で震度7。4.16にM7.3，震度7の「本震」。あわせて死者150人超に。 4.20 原子力規制委，高浜原発1・2号機の新規制基準適合と決定。40年超原発で初。 4.21 佐渡で野生のトキのペアからひなが誕生したと発表。 4.22 神戸市の高速道路の架橋工事で橋桁が落下，作業員2人が死亡。 4.28 沖縄の米軍軍属による強姦殺人事件発生。5.26 沖縄県議会，米海兵隊の撤退を求める決議を採択。6.19 抗議の県民大会に6万人以上参加。 6.8 原子番号113の新元素を「ニホニウム(Nh)」命名と発表。11.30 正式決定。 7.26 相模原市の知的障害者施設で，元従業員が19人殺害，26人負傷。 9.10 豊洲市場の「盛り土」問題が表面化。 9.20 高速増殖炉「もんじゅ」廃炉へ。 10.7 電通の女性新入社員の自殺，労災と認定。12.28 電通と直属上司が書類送検。石井直社長が辞意を表明。 10.12 埼玉県新座市での埋設ケーブル火災により，首都圏で大規模な停電。 10.26 東日本大震災の津波で生徒・教職員84人が死亡・行方不明の大川小で，仙台地裁が市と県に賠償を命ずる判決。 11.8 福岡市博多駅前の地下鉄工事現場で道路陥没事故。 12.7 DeNA，医療情報まとめサイトの記事が信憑性に欠けると謝罪，その他の9つのサイトと合わせて閉鎖することを発表。 12.22 新潟県糸魚川市で大規模火災，約4万㎡を焼く。 この年 訪日外国人が初めて2000万人を超える／出生数，100万人を割る。	1月 大相撲初場所で大関琴奨菊初優勝。日本出身力士の優勝は10年ぶり。 2月 元プロ野球選手の清原和博，覚醒剤所持容疑で逮捕。 3月 北海道新幹線開業。東京－新函館北斗間，最速4時間2分に。 4月 「世界一貧しい大統領」ムヒカ前ウルグアイ大統領来日／井山裕太，初の囲碁7冠同時制覇／東京オリンピック・パラリンピックの新エンブレム決定。 6月 イチロー，日米通算4257安打を記録，ローズの大リーグ記録を超える。 7月 国立西洋美術館を含む「ル・コルビュジエの建築作品」，世界文化遺産に／スマホのゲーム「ポケモンGO」，国内外で爆発的人気。 8月 初の「山の日」。 9月 秋本治『こちら葛飾区亀有公園前派出所』，連載40年で完結／男子バスケットボールのプロリーグ「Bリーグ」発足。 10月 大隅良典にノーベル生理学・医学賞／伊調馨に国民栄誉賞。 12月 アイドルグループSMAPが解散。 この年 ピコ太郎の「PPAP」がネットから大ヒット／インスタグラムが広がる。 😀 神ってる／ゲス不倫／アモーレ 🎵「恋」星野源／「翼はいらない」AKB48／「サヨナラの意味」乃木坂46／「I seek」嵐／「Dear Bride」「あなたの好きなところ」西野カナ／「前前前世」RADWIMPS 📖 石原慎太郎『天才』／住野よる『君の膵臓をたべたい』／村田沙耶香『コンビニ人間』／柳澤英子『全部レンチン！ やせるおかず作りおき』／呉座勇一『応仁の乱』 🎬『君の名は。』同製作委；新海誠監督／『シン・ゴジラ』東宝；庵野秀明監督／『名探偵コナン 純黒の悪夢』小学館ほか；静野孔文監督〔洋画〕『スター・ウォーズ/フォースの覚醒』(米) TV『逃げるは恥だが役に立つ』『99.9－刑事専門弁護士－』『真田丸』『とと姉ちゃん』 👤 3.9 大内啓伍(86)／ 4.6 秋山ちえ子(99)／ 4.26 戸川昌子(85)／ 5.5 冨田勲(84)／ 6.21 鳩山邦夫(67)／ 7.7 永六輔(83)／ 7.12 大橋巨泉(82)／ 7.26 中村紘子(72)／ 7.31 九重(千代の富士) 貢(61)／ 8.14 豊田泰光(81)／ 8.21 むのたけじ(101)／ 9.9 加藤紘一(77)／ 10.20 平尾誠二(53)／ 10.20 田部井淳子(77)／ 10.22 平幹二朗(82)／ 10.27 三笠宮崇仁(100)／ 11.29 小川宏(90)

平成29年（2017）丁酉

内閣	政治・経済	世 界
③ 安倍晋三（自民党） 11.1 11.1 ④安倍晋三	1.9 韓国・釜山の総領事館前に慰安婦を象徴する少女像の設置を受け，駐韓大使ら一時帰国。 1.20 文科省の再就職斡旋問題，組織ぐるみと認定。 2.7 南スーダン派遣の自衛隊の昨年の日報公表。 2.9 安倍昭恵夫人が名誉校長の森友学園への大阪府豊中市の国有地の格安売却が判明。2.17 安倍首相，「私や妻が関係していたということになれば，首相も国会議員も辞める」と発言。 2.10 安倍首相訪米，トランプ大統領と初の日米首脳会談。「同盟強化」で一致。 2.14 東芝，原子力事業の巨額損失を発表。 3.5 自民党，総裁任期を「連続3期9年」に延長。 3.10 南スーダンPKO終結を発表。5.27 帰国終了。 3.23 「森友問題」で証人喚問された籠池泰典理事長，安倍昭恵夫人との密接な関係を証言。 4.25 今村雅弘復興相，「東北だったからよかった」と発言。4.26 辞任。 5.8 安倍首相，憲法改正をめぐる質問に「『読売新聞』に書いてある」と答弁。 5.17 国家戦略特区の今治市での加計学園の獣医学部新設に関し，「総理のご意向」と記された文書の存在を報道。6.2 民進党，内閣府から文科省へ「官邸の最高レベルが言っていること」と送信したメールの写しを公開。 6.9 天皇の退位に関する皇室典範特例法成立。 6.15 「共謀罪」の構成要件を改めたテロ等準備罪を新設する改正組織犯罪処罰法成立。 6.19 安倍首相，「加計学園問題」への対応を「反省」，「真摯に説明責任を果たしていく」と表明。 7.2 東京都議選で自民党惨敗。小池百合子都知事率いる「都民ファーストの会」躍進，第1党に。 7.7 国連で核兵器禁止条約採択。日本は不参加。 7.11 改正組織犯罪処罰法施行を受け，国際的な組織犯罪の防止に関する条約受諾を閣議決定。 7.28 稲田朋美防衛相，PKO日報問題で辞任。 9.1 民進党代表選で，前原誠司元外相が勝利。 9.25 小池都知事，「希望の党」の旗揚げを表明。9.28 民進党，希望の党への合流を決定。10.3 排除されたリベラル系が立憲民主党を結党。 9.29 日産で無資格社員による検査の常態化が発覚。 10.22 第48回衆議院総選挙。自公で3分の2確保，立憲民主党が野党第一党。希望の党は失速。 11.1 第195特別国会召集。第4次安倍内閣発足。 11.5 トランプ米大統領初来日。 12.18 リニア新幹線建設で，大手4社の談合露見。 この年 尖閣諸島周辺の日本領海に中国海警局の船が度々侵入／北朝鮮のミサイル発射が相次ぎ，日本の排他的経済水域に多数落下／製造業大手の検査データなどの不正が続々発覚。	1.20 米大統領にトランプ就任。「アメリカファースト」を強調。1.23 TPP離脱の大統領令に署名。 1.25 米・ニューヨーク市場のダウ平均株価，2万ドル初突破。 2.13 金正恩の兄・金正男，マレーシアの空港で毒殺される。 3.10 韓国憲法裁，朴槿恵大統領の罷免を決定。 3.29 英，EU離脱を正式通知。 4.4 シリアのアサド政権軍，北西部を空爆。化学兵器使用と米軍が非難。4.6 米が政権軍基地にミサイル攻撃。 5.3 プエルトリコが破産申請。 5.7 仏大統領選，マクロン当選。 5.9 韓国大統領選，文在寅当選。 5.15 北京で，中国主導の経済圏構想「一帯一路」をテーマに首脳会議開催。 5.19 イラン大統領選，穏健派のロウハニ師が再選。 6.1 トランプ米大統領，「パリ協定」離脱を正式表明。 6.5 アラブ諸国，カタールと断交。 6.14 英・ロンドンで24階建て公営住宅で火災。死者71人。 8.25 ミャンマー政府とイスラム系住民ロヒンギャとの対立激化。バングラデシュ流入のロヒンギャ難民が急増。 9.3 北朝鮮が6度目の核実験。 9.25 イラク北部のクルド人地域の住民投票で，独立賛成が圧倒的多数。 10.1 スペイン・カタルーニャ自治州の住民投票で，独立賛成が圧倒的多数。 10.6 核兵器廃絶国際キャンペーンにノーベル平和賞。 10.17 IS（自称イスラム国）の「首都」ラッカ陥落。 10.24 中国共産党大会，習近平総書記の名を冠した思想を党規約の行動指針とし，閉幕。 この年 世界各地で豪雨などによる災害が多発／昨年に続き，テロが続発。

●森友・加計問題をはぐらかし，安倍一強政権が続く

社会・文化	世　相
1.14 豊洲市場の地下水調査最終報告，環境基準を上回るベンゼン検出が判明。	**1月** 稀勢の里，横綱に昇進。日本出身力士19年ぶり。
2.6 普天間飛行場の移設に向け，辺野古で海上での埋め立て本体工事に着手。4.25 護岸建設に着手。	**5月** 「TRAIN SUITE 四季島」運行開始／佐藤琢磨，インディ500で日本人初優勝。
2.17 安倍首相，本年末までの待機児童ゼロの目標達成断念を表明。	**6月** 上野動物園でパンダが誕生（シャンシャン）／「TWILIGHT EXPRESS 瑞風」運行開始／最高齢の将棋棋士・加藤一二三の現役引退が決定。「ひふみん」の愛称で人気者に／14歳の将棋棋士・藤井聡太，29連勝の新記録達成。
2.24 金曜日は15時に仕事を終えようという「プレミアム・フライデー」初実施。	
3.15 最高裁，令状なしGPS捜査は違法と判断。	
3.24 日本学術会議，声明を発表。「政府による研究への介入が著しく問題が多い」と，防衛省の研究費助成制度のあり方を非難。	**7月** 「『神宿る島』宗像・沖ノ島と関連遺産群」が世界文化遺産に／政府と京都府，文化庁京都移転で合意。
3.27 栃木県那須町での登山講習会で雪崩事故，高校生ら8人死亡。	**9月** 秋篠宮家の長女・眞子，婚約内定を発表／桐生祥秀，陸上100mで9秒98を記録。日本人初の9秒台。
4.1 総務省，「ふるさと納税」の返礼品の価格を寄付額の3割以下に抑えるよう要請。	
6.7 東京都議会，豊洲移転をめぐる百条委員会で偽証したとして元副知事を刑事告発することを可決。	**10月** ノーベル文学賞に，長崎市生まれの英国籍の作家・カズオ=イシグロ／「上野三碑」と「朝鮮通信使に関する記録」がユネスコ世界記憶遺産に。
6.7 日本音楽著作権協会，音楽教室での演奏からも使用料を設けると発表。	
6.9 南米原産の有毒のヒアリ，国内初確認。	**11月** 横綱日馬富士，後輩力士への暴行問題で引退。
6.17 伊豆半島沖で，米イージス艦とフィリピン船籍のコンテナ船が衝突。	**12月** 天皇退位は2019年4月30日に，新天皇即位は5月1日に決定／将棋の羽生善治，史上初の永世7冠の資格を得る。
6.20 小池都知事，豊洲移転後の築地の再整備・開発の方針を発表。	**この年** 浅田真央，宮里藍引退。安室奈美恵，翌年の引退を発表／和スイーツが人気。
7.5 九州北部で記録的豪雨。	
8.1 公的年金を受け取るために必要な「加入期間」が，25年から10年に短縮。	🔴 インスタ映え／忖度／フェイクニュース／○○ファースト
8.12 北朝鮮の「ミサイル」発射に備え，中国四国地方の陸自駐屯地にPAC3を配備。	🎵 「願いごとの持ち腐れ」「#好きなんだ」AKB48／「インフルエンサー」「逃げ水」乃木坂46／「不協和音」欅坂46
8.29 北朝鮮が発射した「ミサイル」が北海道上空を通過。J-アラート発動。	📖 佐藤愛子『九十歳。何がめでたい』／恩田陸『蜜蜂と遠雷』／今泉忠明監修『ざんねんないきもの事典』／村上春樹『騎士団長殺し』
9.13 日本年金機構のシステム不備などによる約600億円の支給もれが判明。	
10.31 神奈川県座間市のアパートで9人の切断遺体発見。部屋の住人を逮捕。	🎬 『名探偵コナン から紅の恋歌』小学館ほか；静野孔文監督〔洋画〕『美女と野獣』『怪盗グルーのミニオン大脱走』(米)
11.13 約77万～12万6000年前の地質時代の名称，「チバニアン」命名へ。	
11.14 加計学園の獣医学部設置認可。	📺 『緊急取調室』『陸王』『ひよっこ』
12.7 沖縄・普天間飛行場から約300mにある保育所の屋根に米軍機の部品が落下。	👤 1.21 松方弘樹(74)／ 2.3 三浦朱門(91)／ 2.13 鈴木清順(93)／ 2.16 船村徹(84)／
12.11 山陽新幹線の「のぞみ」の台車に破断寸前の亀裂が見つかる。	4.5 大岡信(86)／ 4.12 ペギー葉山(83)／ 5.31 杉本苑子(91)／ 6.12 大田昌秀(92)／
12.13 沖縄・普天間飛行場に隣接する小学校の校庭に米軍のヘリの窓枠が落下。	6.13 野際陽子(81)／ 6.22 小林麻央(34)／ 7.1 上田利治(80)／ 7.18 日野原重明(105)／
12.13 広島高裁，伊方原発の運転差し止めを命ずる。全国の高裁で初の差し止め。	7.21 平尾昌晃(79)／ 7.24 犬養道子(96)／ 8.28 羽田孜(82)／ 12.16 早坂暁(88)

平成30年(2018) 戊戌

内閣	政治・経済	世　界
④ 安倍晋三 （自民党）	1.22 第196通常国会召集。安倍首相、施政方針演説で「改憲議論進展」・「働き方改革断行」を強調。 1.26 松本文明内閣府副大臣、沖縄県米軍ヘリの不時着続発に関し、「それで何人死んだんだ」とヤジを飛ばし辞任。 2.14 働き方改革法案の根拠となる裁量労働制に関するデータの不備が発覚。 3.2 森友学園の国有地売却をめぐる財務省の決裁文書に改竄の疑いが表面化。3.9 当時担当局長だった佐川宣寿国税庁長官が辞任。6.4 財務省が文書改竄を認める調査報告書公表。 4.2 小野寺五典防衛相、「不存在」としてきた自衛隊イラク派遣時の日報を発見したと発表、陳謝。 4.10 加計学園問題で、首相秘書官が愛媛県職員に「首相案件」と説明したと中村時広知事が明言。 5.7 民進党と希望の党が合流、「国民民主党」発足。 5.17 旧優生保護法下の強制不妊手術を違憲として国に謝罪と補償を求める訴訟が起こる。 6.13 18歳を成人とする改正民法成立。 6.29 高度プロフェッショナル制度導入を認める、働き方改革関連法案が成立。 7.18 参院定数を6増にする改正公職選挙法、成立。 7.20 カジノを含む統合型リゾート実施法、成立。 7.27 翁長雄志沖縄県知事、仲井眞弘多前知事による辺野古埋め立て承認を撤回。10.30 国が承認撤回の効力停止を決定、工事再開へ。 8.16 中央官庁が雇用割合を義務付けられている障害者の40年以上にわたる水増し疑惑が発覚。 9.20 安倍晋三、自民党総裁選で3選。 9.30 沖縄県知事選で、翁長雄志前知事の遺志をつぐ辺野古移設反対の玉城デニーが初当選。 10.2 第4次安倍改造内閣発足。初入閣が12人。 10.30 韓国最高裁、元徴用工の賠償請求訴訟で新日鐵住金の上告を棄却し、賠償命令確定。 11.14 安倍首相とプーチン露大統領が会談。平和条約交渉加速で合意。 11.19 日産自動車会長のカルロス＝ゴーン、報酬を過小に申告していたとして逮捕。 12.6 民間への委託を可能にする改正水道法成立。 12.8 外国人労働者の受け入れを拡大する改正出入国管理法成立。 12.21 2019予算案を閣議決定。7年連続で過去最大を更新、初めて100兆円を超える。 12.21 岩屋毅防衛相、海上自衛隊の哨戒機が前日に韓国海軍の駆逐艦から火器管制レーダーの照射を受けたと発表。 12.26 政府、国際捕鯨委員会からの脱退を表明。 12.28 厚労省の「勤労統計」の不適切な調査が露見。 12.30 環太平洋経済連携協定(TPP)発効。	1.4 文在寅韓国大統領、元慰安婦に「日韓合意は誤り」と謝罪。 2.9 第23回冬季オリンピック開催（韓国・平昌、〜2.25）。アイスホッケー女子で史上初の韓国・北朝鮮合同チーム結成。日本は金4、銀5、銅4の計13個のメダル獲得。 3.11 中国全国人民代表大会、憲法改正案を可決。国家主席の任期を2期10年までとした規定を撤廃。3.17 習近平、国家主席に再選。 3.18 プーチン露大統領、再選。 3.23 米が中国を標的にした鉄鋼とアルミニウムの輸入制限発動。中国も報復措置で対抗、米中経済摩擦激化へ。 4.13 米英仏、化学兵器を使用したとしてシリアのアサド政権に対し軍事攻撃。 4.27 文在寅韓国大統領と金正恩朝鮮労働党委員長、板門店で南北首脳会談。朝鮮半島非核化目標で合意。 5.8 トランプ米大統領、「イラン核合意」からの離脱を表明。 5.14 米、在イスラエル大使館をエルサレムに移転。 6.12 トランプ米大統領と金正恩委員長が、シンガポールで史上初の米朝首脳会談。 7.10 タイ北部の洞窟に閉じ込められた少年ら、全員救出。 9.28 インドネシア・スラウェシ島でM7.5の地震。死者・行方不明3000人を超える。 10.2 トルコのサウジアラビア総領事館で、政府に批判的な記者・ジャマル＝カショギが殺害される。 11.6 米中間選挙で、民主党が下院の過半数を占める。 11.18 APECで、米中が対立。首脳宣言できず。 12.10 マクロン仏大統領、反政権デモを受け、最低賃金引き上げなどの妥協案を示す。 12.31 米、ユネスコ脱退。

●政府・官僚の不祥事が続くが、安倍政権にブレーキかけられず

社会・文化	世相
1.8 振袖の販売・レンタル業「はれのひ」が突然休業し店舗閉鎖，新成人の晴着の着付けが不可能な事態に。 **1.23** 草津白根山の本白根山が噴火。 **1.31** 札幌市の自立支援施設で火災。入居者16人のうち11人が焼死。 **4.8** 愛媛県の松山刑務所大井造船作業場から男が逃走。**4.30** 広島市で身柄確保。 **4.18** 女性記者に対するセクハラが報じられた福田淳一財務次官が辞任を申し出。**5.4** 麻生太郎財務相，「セクハラ罪という罪はない」と発言し，福田次官を擁護。 **4.27** 米山隆一新潟県知事，女性問題で県政を混乱させたとして辞任。 **6.9** 東海道新幹線の車内で，男が乗客を切りつけ殺傷する事件が発生。 **6.18** 大阪府北部を震源とするM6.1の地震。 **6.28** 西日本各地で記録的豪雨（〜 7.8，平成30年7月豪雨）。死者220人超。 **7.6** 一連のオウム真理教事件の首謀者とされた松本智津夫（麻原彰晃）ら7人の死刑執行。**7.26** 残る6人の死刑執行。 **7.18** 杉田水脈衆院議員，この日発売の『新潮45』誌でLGBTについて「生産性がない」と記し，批判が起きる。**9.25** 『新潮45』休刊。 **7.18** 受動喫煙対策法，成立。 **8.7** 東京医科大の入試での特定の受験者への不正な加点が露見。以後，医大の不正入試が続々発覚。 **8.12** 大阪府富田林警察署で，勾留中の男が面会室から逃走。**9.29** 山口県で逮捕。 **9.4** 台風21号，四国・近畿を縦断。関西国際空港は高潮で浸水し停電。強風でタンカーが連絡橋に衝突，旅行客ら約8000人孤立。 **9.6** 北海道・胆振地方でM6.7の地震，厚真町で震度7。苫東厚真火力発電所の停止をきっかけに道内のほぼ全域で停電。 **10.23** シリアで拘束されていたジャーナリスト安田純平，トルコ南部で保護。 **11.30** 秋篠宮，記者会見で大嘗祭への公費支出に違和感を示す発言。 **12.1** 4K・8K実用放送開始。 **12.18** 世界経済フォーラムの報告書で，日本の男女格差は149国中110位に。 **この年** 日本でも，セクハラや性的暴行の被害体験を告白・共有する「#MeToo」運動が広がる／女子レスリングの伊調馨や女子体操の宮川紗江に対するものなど，スポーツ界でのパワハラが問題に。	**2月** 将棋の羽生善治と囲碁の井山裕太，国民栄誉賞受賞。 **5月** 日大アメリカンフットボール部選手の監督らの指示とされる危険タックルが問題に／是枝裕和監督の『万引き家族』がカンヌ国際映画祭で最高賞受賞。 **6月** サッカーW杯ロシア大会開催（〜 7月）。日本はベスト16／「長崎と天草地方の潜伏キリシタン関連遺産」が世界文化遺産に登録。 **7月** 羽生結弦に国民栄誉賞／埼玉県熊谷市で41.1℃の観測史上最高気温。 **8月** 助成金不正流用や不当判定などを告発された日本ボクシング連盟会長が辞任。 **9月** 大坂なおみ，テニス全米オープン優勝。 **10月** 貴乃花親方，日本相撲協会を退職／本庶佑にノーベル生理学・医学賞／築地市場が閉場し，豊洲市場開場。 **11月** 大谷翔平，米大リーグ新人王に／2025年の万博の大阪開催が決定／ナマハゲなどの10行事，「来訪神：仮面・仮装の神々」としてユネスコ無形文化遺産に。 **12月** JR東日本，山手線新駅の名前を「高輪ゲートウェイ」と発表。公募下位だったため，批判が起きる／2019年のゴールデン・ウィークが10連休に決まる。 🔵 そだね〜／（大迫）半端ないって 🎵 「Lemon」米津玄師／「U.S.A.」DA PUMP／「Teacher Teacher」AKB48／「シンクロニシティ」乃木坂46／「ガラスを割れ!」欅坂46 📖 吉野源三郎・羽賀翔一『漫画 君たちはどう生きるか』／矢部太郎『大家さんと僕』 🎦 『カメラを止めるな!』ENBUゼミナール；上田慎一郎監督／『コード・ブルー ドクターヘリ緊急救命』同製作委；西浦正記監督／『名探偵コナン ゼロの執行人』小学館ほか；立川譲監督〔洋画〕『ジュラシック・ワールド 炎の王国』（米）『ボヘミアン・ラプソディ』（英・米） 📺 『99.9 −刑事専門弁護士−SEASON Ⅱ』『義母と娘のブルース』『チコちゃんに叱られる!』 👤 1.4 星野仙一(70)／1.21 西部邁(78)／1.26 野中広務(92)／2.20 金子兜太(98)／2.21 大杉漣(66)／4.5 高畑勲(82)／4.23 衣笠祥雄(71)／5.2 かこさとし(92)／5.16 星由里子(74)／5.16 西城秀樹(63)／6.18 加藤剛(80)／7.2 桂歌丸(81)／7.13 浅利慶太(85)／8.8 翁長雄志(67)／8.15 さくらももこ(53)／9.15 樹木希林(75)／10.8 輪島大士(70)／10.20 芦田淳(88)／10.31 山崎朋子(86)

平成31年＝令和1年(2019) 己亥

内閣	政治・経済	世 界
④ 安 倍 晋 三 （ 自 民 党 ）	1.11 厚労省，「毎月勤労統計」で2004年から不適切な方法がとられていたと発表。統計の誤りによる失業保険などの支払い不足対象者が約2000万人になることが判明。 1.22 安倍首相，ロシアを訪問。北方領土問題などについて，プーチン大統領と日露首脳会談。 1.24 厚労省の統計不正問題を受け，各省の56の基幹統計を点検した結果，22統計に問題が判明。 1.28 第198通常国会召集。安倍首相，施政方針演説アベノミクスと首脳外交の進展を強調。 2.1 日本・EU経済連携協定が発効。 2.24 米軍普天間飛行場の辺野古移設のための埋め立ての是非を問う沖縄県民投票，反対が72%。 3.6 カルロス＝ゴーン，108日ぶりに保釈。作業員姿に変装して出所。4.4 特別背任容疑で再逮捕。 3.27 2019年度予算成立。初めて100兆円を超える。 4.1 5月1日以降の新年号，「令和」と発表。『万葉集』が典拠とされ，中国古典以外の典拠は史上初。 4.5 塚田一郎国交副大臣，道路整備に関し安倍首相と麻生財務相への「忖度」で副大臣を辞任。 4.7 統一地方選。大阪府知事選で吉村洋文前大阪市長，市長選で松井一郎前府知事が当選，大阪都構想を主張する大阪維新の会が勝利。道府県議会選の平均投票率は戦後最低の44.02%。 4.9 航空自衛隊の最新鋭ステルス戦闘機F35A，夜間訓練中に消息を絶つ。4.10 墜落と断定。 4.10 桜田義孝五輪担当相，「震災復興より○○議員が大事」と発言した問題で辞任。 4.21 衆院補欠選挙。大阪12区は日本維新の会の藤田文武，沖縄3区は辺野古移設反対の屋良朝博が当選。 4.30 平成の天皇(明仁)が生前退位。光格天皇以来202年ぶり。 5.1 皇太子徳仁即位。令和と改元。	1.3 中国の無人探査機嫦娥4号が初めて月の裏側に着陸。 1.15 英議会，英政府とEUの間で合意した「EU離脱協定案」を圧倒的大差で否決。3.12 修正案も大差で否決。3.29 3度目の採決も否決。4.10 EU首脳会議，英の申し入れを受け，最大10月末までの離脱延期を認める。 2.15 トランプ米大統領，議会の承認なく国境の壁の建設費を確保するために国家非常事態を宣言。3.14 米上院，下院に続き非常事態宣言を無効とする決議を可決。 2.27 トランプ大統領と金正恩委員長，ベトナムのハノイで米朝首脳会談(～2.28)。合意文書は締結されず。 3.15 ニュージーランド・クライストチャーチのモスクで銃乱射事件。50人死亡。 4.15 パリのノートルダム寺院で火災。尖塔が焼け落ちる。

●平成から令和へ，憲政史上初の生前退位

社会・文化	世相
1.2 新年一般参賀に，平成最多の15万人余が訪れる。 1.7 国際観光旅客税導入。国籍を問わず，日本からの出国時に1人1000円を徴収。 1.9 『週刊SPA!』の記事への女性蔑視との批判に，版元の扶桑社が謝罪コメント発表。 1.24 女子児童が千葉県野田市の自宅で遺体で発見される。**1.25** 千葉県警，児童を虐待したとして父親を障害容疑で逮捕。児童が学校のアンケートに答えて父親の虐待を訴え，柏児童相談所が児童を一時保護していた事実が判明。**2.4** 母親も逮捕。 1.29 牛丼チェーン店「すき家」で，アルバイトの店員による不適切な動画の投稿が判明。以後，飲食店のアルバイトによる問題投稿の指摘が相次ぐ。 2.7 住宅賃貸大手のレオパレス21，施工した1324棟のアパートで天井の耐火性能等の建築基準法違反が判明したと発表。 2.22 小惑星探査機「はやぶさ2」，小惑星リュウグウへの着陸に成功。**4.5** クレーターをつくる衝突実験に成功。 3.5 江崎グリコ，乳児用液体ミルクを国内で初めて発売。 3.15 国土地理院，新しい地図記号「自然災害伝承碑」を掲載することを発表。 4.10 国際研究グループがブラックホールの撮影に成功したと発表。 4.20 福島第一原発事故の復旧・廃炉の対応拠点だったスポーツ施設Jヴィレッジが全面再開。JR常磐線にJヴィレッジ駅開業。	1月 豊洲市場の初セリで大間産クロマグロに3億3360万円の史上最高値／通販サイトZOZOTOWN運営会社の前澤友作社長，100名に100万円を贈るお年玉企画を告知。応募のリツイート数は355万件／女子レスリングの吉田沙保里，現役引退を表明／横綱稀勢の里，引退／伊藤美誠，全日本卓球選手権で2年連続3冠を達成／テニスの全豪オープンで大坂なおみが優勝。世界ランク1位になることが確定／嵐，2020年末での活動休止を発表。 2月 競泳の池江璃花子，白血病に罹患していることを告白／「天皇陛下御在位三十周年記念式典」開催。 3月 スキー・ジャンプの小林陵侑，W杯総合優勝を決める／米・大リーグのイチロー，東京ドームでの開幕2連戦出場後，現役引退／JR山田線宮古−釜石間，三陸鉄道に移管され，8年ぶりに運行再開。 4月 2024年度上期を目途に新紙幣発行と発表。1万円札の肖像は渋沢栄一，5000円札は津田梅子，1000円札は北里柴三郎。 💿 平成最後の 🎵「ジワるDAYS」AKB48／「黒い羊」欅坂46／「意志」HKT48／「HAPPY BIRTHDAY」back number／「crystal」関ジャニ∞ 📖 樹木希林『一切なりゆき 樹木希林のことば』／瀬尾まいこ『そして、バトンは渡された』 🎬『名探偵コナン 紺青の拳』小学館ほか；永岡智佳監督／『映画ドラえもん のび太の月面探査記』同製作委；八鍬新之介監督／『翔んで埼玉』同製作委；武内英樹監督／『マスカレード・ホテル』同製作委；鈴木雅之監督〔洋画〕『グリーンブック』『シュガー・ラッシュ：オンライン』(米) 📺『なつぞら』 👤 1.5 兼高かおる(90)／1.12 梅原猛(93)／1.12 市原悦子(82)／1.29 橋本治(70)／2.8 堺屋太一(83)／2.10 北尾光司(55)／2.24 ドナルド=キーン(96)／3.17 内田裕也(79)／3.26 萩原健一(68)／4.17 小池一夫(82)

索引

●各索引項目の配列は、原則として50音順とした。ただし、長音（ー）は無視し、「日本〜」の項目については、便宜上全て「にほん〜」で配列した。
●人名については214ページ以下の人名索引に、映画・書物などの作品については220ページ以下の作品名索引にまとめた。
●また、222〜223ページにテーマ別索引を設け、オリンピック・世界遺産などをテーマごとに並べた。
●数字は、左から順に和暦の年月日を示す。また、数字の前の「大」は大正、「平」は平成、「昭」は昭和を表し、同じ元号が続くときは省略した。数字の後の「A」は政治・経済、「B」は世界、「C」は社会・文化、「D」は世相の各欄を表す。ただし、世相欄末尾の物故者は「没」と示した。
●なお、✑はノーベル賞受賞、国は国民栄誉賞受賞、首は首相就任に関する記事を示す。

事項索引

人名および作品名以外の事項を50音順に配列した。

【あ】

IRA	平13.10.23B
IS（自称イスラム国）	
平26.6.29B, 27.1.20A, 29.10.17B	
ISS（国際宇宙ステーション）	
平21.7.19C, 21.9.18C, 22.4.5C,	
22.6.2C, 26.5.14C	
INF全廃条約	昭62.12.9B
IMF 昭19.7.1B, 39.4.1A, 50.1.16B	
ILO加盟	昭26.6.21A
愛郷塾	昭6.4.15C
愛国号	昭7.1.10C
愛国国債	昭12.11.16C
愛国百人一首	昭17.11.20C
愛国婦人会	昭3.4.27C,
13.12.26C, 17.2.2C	
愛生園	昭5.11D
愛・地球博	平17.3.25C
愛知用水	昭36.9.30C
ＩＴ革命	平12D
アイヌ新法	平9.5.8C
愛の献血運動	昭36.9D
iPad	平22.5D
アイバンク	昭38.10.10C
iPS細胞 平24.10D✑, 25.6.26C,	
26.9.12C	
iPhone	平20.7D
アイボ	平11.6D
ｉモード 平12.8D, 13.3D	
アウシュビッツ収容所 昭16.9.3B,	
20.1.27B	
アウトレットモール	平11D
青いバラ	平16.6.30C
青い目のお人形	昭2.3.18C
青色発光ダイオード訴訟	
平17.1.11C	
青田買い	昭37.4.18C
明石海峡大橋	平10.4.5C
赤字国債 昭22.3.31A, 40.11.19A,	
50.12.24A	
赤字ローカル線	昭58.10.22C
赤線 昭21.12.2C, 31.1.12C	
暁に祈る事件	昭24.3.15C

暁の超特急	昭10.6.9C
あかつき丸	平5.1.5C
アカデミー賞 昭4.5.16B, 平15.3.23B	
赤電話	昭28.10D
阿賀野川有機水銀中毒	昭40.6.12C
赤ヘルブーム	昭50.10.15C
アキノ暗殺	昭58.8.21B
秋葉原無差別殺傷事件	平20.6D
あきれたぼういず	昭12.9D
芥川賞	昭10.9D
アグネス論争	昭63.2D
悪の枢軸	平14.1.29B
朝シャン	昭63D
朝日新聞	平26.9.11C
朝日新聞社襲撃事件	昭62.5.3C
朝日訴訟	昭32.8.12C,
35.10.19C, 42.5.24C	
浅間山荘事件	昭47.2.28C
アジア・アフリカ会議 昭30.4.18B	
アジアインフラ投資銀行（AIIB）	
平26.10.24B, 27.6.29A	
あじあ号	昭9.11.1C
アジア通貨危機	平9.7.2B
足利銀行横領事件	昭50.7.20C
アースデー	平2.4D
アスベスト 平17.10.21C, 20.3.28C,	
24.12.5C, 26.9.11C	
ASEAN 昭42.8.8B, 51.2.24B,	
56.1.8A	
新しい流れの会	昭52.1.29A
アッツ島玉砕	昭18.5.29A
アッパッパ	大13D, 15D
アナタハン島	昭26.7.6C
アフガニスタン空爆	平13.10.7B
アフガニスタン侵攻	昭54.12.27B
アフガン支援会議	平14.1.21A
アフリカの年	昭35B
アフリカ連合（AU）	平14.7.9B
アプレゲール	昭22D
あべのハルカス	平26.3D
アポロ11号月面着陸 昭44.7.20B	
雨傘革命	平26.9.26B
アムラー	平8D
アメリカファースト	平29.1.20B
アラビア石油	昭33.2.5A
アラフォー	平20D
歩きタバコ禁止条例	平14.6D
アルサロ	昭25D
アルジェリア戦争	昭37.3.18B

阿波丸	昭20.4.1C, 23.8.24C
アングラ	昭42D
「暗黒の月曜日」	昭62.10.20A
安全保障会議	平3.4.24A
アンネナプキン	昭36.11D
安保改定阻止実力行使	
昭35.6.4A, 35.6.15A	
安保改定阻止統一行動	
昭34.4.15A, 34.11.27A	
安楽死国際会議	昭51.8.23C

【い】

EEC	昭32.3.25B
イエスの方舟	昭55.7.3C
家永教科書訴訟	平9.8.29C
硫黄島玉砕	昭20.2.16A
育児介護休業法	平3.5.15C
イクメン	平22D
池子米軍住宅問題 昭61.3.3C,	
62.8.21C, 63.10.30A	
池田大作批判論文	昭63.5.10A
池田・ロバートソン会談 昭28.10.2A	
居酒屋タクシー	平20.6.25C
いざなぎ景気	昭40A
いざなぎ超え 平3.9.24A, 18.11.22A	
諫早湾干拓 平16.8.26C, 17.5.16C,	
20.6.27C, 22.12.6C	
EC 昭42.7.1B, 54.3.29C, 55.11.17A,	
56.3.23B, 61.1.1B, 平4.2.7B	
イジメ 昭60D, 61.2D, 平7.3D, 8D	
いじめ防止対策推進法 平25.6.21C	
石綿被害者救済法	平18.2.3C
イスラエル 昭23.5.14B, 平5.12.30B,	
11.5.18B, 18.6.27B,	
21.1.17B, 26.7.18B	
伊勢丹	平19.8.23A
伊勢湾台風	昭34.9.26C
イタイイタイ病	昭42.4.5C,
43.3.9C, 46.6.30C	
1億円拾得事件	昭55.4.25C
一億玉砕	昭20D
一億国民総武装	昭19.8.4C
一億総活躍社会	平28.1.22A
一億総ざんげ	昭20D
一億総白痴化	昭31D
一億の玉	昭19D
1万円札大量偽造事件 昭62.4.13C	
1万円札発行	昭33.12D
5つ子	昭51.1.31C
一帯一路	平29.5.15B

一票の格差 平16.7.11A, 平23.1.25A, 25.11.20A	ウォール街反格差デモ 平23.9.17B	円, 戦後最高値を記録 平23.9.2A
出光丸 昭41.9.7A	ウォルマート 平14.3.14A	円高 昭52D, 53.8.28C, 60.9.24A, 61D, 平7.4.19A, 20.3.13A
E電 昭62.5.13C	ウクライナ 平16.11.21B, 26.2.27B	円タク 大13D, 12.9.25C
糸魚川大火 平28.12.22C	宇垣軍縮 大14.5.1A	エンタープライズ 昭42.9.7A, 43.1.19A, 58.3.21A
伊藤ハム 平20.10.25C	ウサギ小屋 昭54.3.29C	煙突男 昭5.11.16C
稲荷山古墳 昭53.9.19C	うたごえ運動 昭28.11D	円本 大15D
井上財政 昭4.7.2A	内ゲバ 昭48.9.15C, 49D	
今でしょ! 平25D	「撃ちてし止まむ」 昭18.2.23C	**【お】**
慰問袋 昭12D, 14D	内灘闘争 昭28.6.13C	OAPEC 昭43.1.9B, 48.12.25A
EU(ヨーロッパ連合) 平5.11.1B, 6.6.24B, 11.1.1B, 16.5.1B, 21.11.19B, 21.12.1B, 24.10.12B↗, 27.2.20B	宇宙中継 昭38.11.23C	OECD 昭35.12.14B, 37.11.4A, 39.4.28A
	宇宙飛行士 平2.12.2C, 6.7.3C	O-157 平8.7.20C, 23.12.14C
EU憲法条約 平16.6.18B	宇宙遊泳 昭40.3.18B	王子製紙 平8.10.1A
イラク攻撃 平13.2.16B, 15.3.19B	ウーマンリブ 昭45.11.14C	王道楽土 昭7.2.18A, 7D
イラク戦争反対デモ 平15.2.15B	梅津・何応欽協定 昭10.6.10A	黄変米 昭27.1.13C, 29.7.30C
イラク統治評議会 平15.7.13B	生めよ殖やせよ 昭14D	近江絹糸スト 昭29.6.4C
イラク派遣陸上自衛隊撤収 平18.6.20A	浦和レッズ 平19.11.14B	オウム真理教 平1.8.25C, 7.3.22C, 7.5.16C, 平8.1.18C, 9.1.30C, 平12.1.18C
イラク武装勢力 平17.3.4B, 17.5.9A	売上税 昭62.1.16A, 62.5.12A	
イラク復興支援特別措置法 平15.7.26A	ウルグアイ=ラウンド 昭61.9.20B, 平5.12.14B	青梅マラソン 昭52.2.20C
イラク兵捕虜虐待 平16.4.28B	ウルトラC 昭39D	ON砲 昭39.9.23C
イラン・イラク戦争 昭55.9.9B, 63.8.20B		大型間接税導入反対 昭63.5.8C, 63.6.13A
イラン革命 昭54.2.11B	**【え】**	
イラン制裁解除 平28.1.16B	エアガール 昭6.3D	大川小 平24.1.22C, 28.10.26C
イラン大統領選 平21.6.13B, 25.6.15B, 29.5.19B	エア・ドゥ 平14.6.25A	大阪都構想 平23.11.27A, 26.3.23A, 27.5.17A, 31.4.7A
	エアバス 昭52.5.19C	
イリオモテヤマネコ 昭40.3.16C	エアロビクス 昭57D	おおすみ 昭45.2.11C
岩宿遺跡 昭23.12D	英.EU離脱 平28.6.23B, 29.3.29B, 31.1.15B	大相撲テレビ中継開始 昭28.5D
岩戸景気 昭34A, 34D		大相撲八百長メール 平23.2.2C
岩波新書 昭13.11D	AIDS(エイズ) 昭53B, 60B, 60.3.22C, 61.12.19C, 62.1D, 62.11.24C	大相撲力士野球賭博 平22.6.11C
岩波文庫 昭2.7D		大館市大火 昭31.8.19C
インスタグラム 平28D	衛星24時間放送開始 昭62D	太安万侶の墓誌 昭54.1.20C
インスタ映え 平29D	H2Aロケット 平13.8.29C	おおミステイク事件 昭25.9.24C
インスタント 昭35D	映倫 昭24.6.14C, 平4.10D, 10.4D	大本教 昭10.12.8C, 11.3.13C, 21.2.7C
インターネット 平8D, 12.12.31C	A級戦犯 昭21.5.3A, 23.12.24A, 54.4.19C	
インターン 平42.3.12C, 43.1.29C		大森ギャング事件 昭7.10.6C
インディペンデンス 平3.9.11C	AKB48 平21.7D	小笠原返還 昭42.11.15A, 42.12.11A, 43.6.26A
インド円借款協定 昭33.2.4A	エコポイント制度 平21.5.15C	
インド核実験 昭49.5.18B, 平10.5.11B	SLブーム 昭45D, 47D, 50D	オカルトブーム 昭49D
	エストニア独立 平2.3.30B	沖縄核持ち込み密約文書 平21.12.22C
インド独立 昭22.8.15B	江田ビジョン 昭37.7.27A	
インドネシア賠償協定 昭33.1.20A	恵庭事件 昭37.12.11A	沖縄県祖国復帰協議会 昭35.4.28A
インドネシア暴動 平10.5.5B	NHK受信料不払い急増 平17.3D	沖縄県知事選 平47.6.25A, 平2.11.28A, 10.11.15A, 22.11.28A, 26.11.16A, 30.9.30A
印パ戦争 昭40.9.6B	NHK設立 大15.8.6C	
インパール作戦 昭19.1.7A, 19.7.4A	NHKテレビ全放送カラー化 昭46.10D	沖縄県発足 昭47.5.15A
インベーダーゲーム 昭54.3D	NTT(日本電信電話会社) 昭60.4.1C, 62.2.9A	沖縄県民投票 平8.9.8A, 31.2.24A
【う】	NPO法 平10.12.1A	沖縄国際海洋博覧会 昭50.7.19C
ウィキリークス 平22.11.28B	ABCD対日包囲陣 昭16D	沖縄戦 昭20.4.1A, 20.6.18C
Winny 平16.5.10C, 18.12.13C, 21.10.8C	「えひめ丸」米原潜衝突 平13.2.9C	沖縄全軍労 昭44.1.12A, 45.1.8C, 46.2.10C, 46.5.19A
	FF戦争 昭59.11D	
ウエスタン=カーニバル 昭33.2D	FM放送開始 昭32.12D	沖縄都市モノレール 平15.8.10C
上野動物園 昭18.9D, 32.12D	APEC 平13.10.20B, 22.11.13A	沖縄毒ガス兵器撤去 昭46.1.1C
ヴェルディ川崎 平5.5D	エボラ出血熱 平26.3.22B	沖縄2・4ゼネスト 昭44.1.6A
ウォークマン 昭54.7D	MSA(日米相互防衛援助)協定 昭28.7.15A, 29.3.8A	「沖縄ノート」訴訟 平20.3.28C
ヴォストーク1号 昭36.4.12B		沖縄米民政府 昭25.12.5A, 28.4.3A, 29.3.17A, 31.6.9A, 32.6.5A
ウォーターゲート事件 昭47.6.17B, 49.8.8B	LCC 平24.3D	
	LT貿易 昭37.11.9A	沖縄返還 昭44.2.17A, 44.3.10A, 44.11.21A, 46.6.17A, 46.11.17A, 47.5.15A
魚津市大火 昭31.9.10C	エレキギターブーム 昭40D	
	エロ・グロ・ナンセンス 昭5D	
	緑故疎開 昭18.12.10C	
	援助交際 平8D	オギノ式 昭2.12D

「奥の細道」自筆本	平8.11D	
小河内ダム	昭32.6.9C	
オスプレイ	平24.7.23C	
汚染水放出	平23.4.4A	
汚染水漏れ	平25.4.5A	

「奥の細道」自筆本　平8.11D
小河内ダム　昭32.6.9C
オスプレイ　平24.7.23C
汚染水放出　平23.4.4A
汚染水漏れ　平25.4.5A
お年玉付き年賀はがき　昭24.12D, 31.9.11C
おとり捜査　平14.11.15C
踊る宗教　昭20.8.12C, 23.9.8C
女川原発　平3.2.9C, 6.1.31C
おニャン子クラブ　昭60D
オバタリアン　昭63D
オバマケア　平26.1.1B
OPEC　昭35.9.14B
思いやり予算　昭53A
お・も・て・な・し　平25D
オー, モーレツ!　昭44D
オリックスブレーブス　昭63.10D
オリンパス損失隠し　平23.11.8C
オリンピック⇒テーマ別索引
おれおれ詐欺　昭39D
おれについてこい　昭39D
オレンジ共済組合(巨額詐欺)事件　平9.1.29C, 13.5.29A
恩赦(大赦・特赦・減刑)　平2.2.7.2A, 3.11.10A, 9.2.11A, 13.2.11A, 15.2.11A, 20.10.17A, 21.11.3A, 27.4.28A, 31.12.19A, 34.4.10A, 43.11.1A, 47.5.15A, 平1.2.24A
音声多重放送開始　昭45.1D
温泉ブーム　昭61D
温暖化防止京都会議　平9.12.1B
オンブズマン制度　平2.11.1A
オンライン　昭54.2.19C, 55.3D, 56.9.5C

【か】

海員組合　昭37.4.23C
海外旅行自由化　昭39.4D
外貨準備高世界一に　昭62.6.26A
海峡封鎖　昭57.8.30A, 58.1.19A
かいこう　平7.3D
外国為替管理法　昭8.3.29A
介護保険　平9.12.7A, 12.4.1C, 17.6.22A
怪獣ブーム　昭42D
海上警備隊　昭27.4.26A
海上自衛隊インド洋向け出航　平13.11.9A
海上保安庁　昭23.5.1A, 25.7.8A
外食券　昭16.4.1C, 22.7.1C
かい人21面相　昭59.9.12C
改正出入国管理法　平30.12.8A
改正少年法　平12.12.8C
改正駐留軍用地特別措置法　平9.4.23A
改正民法　平30.6.13A
改正労働者派遣法　平27.9.11C
改造文庫　昭4D
買出し　昭17.11D
街頭テレビ　昭28D
ガイドライン(日米防衛協力のための指針)　昭53.11.27A, 平9.9.23A, 11.5.24A

開票速報初放送　昭30.2.27C
外務省機密費流用　平13.3.10C
外務省公電漏洩事件　昭47.4.4A
海洋2法　昭52.5.2A
回覧板　昭14.8D
カイロ会談　昭18.11.22B
カウチポテト　昭63D
火炎ビン闘争　昭26.10.16A
科学万博　昭60.3.16C
火器管制レーダー　昭30.12.21A
かぎ当て　昭40D
核拡散防止条約(核不拡散条約)　昭43.7.1B, 45.2.3A, 45.3.5B
核軍縮議案　平6.12.15B
格差社会　平18D
革新力士団結成　平7.1.9C
拡声器騒音規制条例　平4.10.8C
覚せい剤　平52.1.10C
確定拠出年金法　平13.6.22A
学童集団疎開　昭19.8.4C
学徒勤労動員　昭19.3.7C
額縁ヌードショー　昭22.1D
核兵器禁止条約　平29.7.7A
核兵器廃絶国際キャンペーン　平29.10.6B✎
加計学園(獣医学部新設問題)　平29.5.17A, 29.6.19A, 29.11.14C, 30.4.10A
過激派　昭49.8.30C, 50.8.4C
駆けつけ警護　平28.11.15A
ガザ地区　平18.6.27B, 20.12.27B
貸金業法　平18.12.13A
餓死対策国民大会　昭20.11.1C
カジノフォーリー　昭4.7D
貸し剥がし　平14D
貸本マンガ　昭31D
鹿島アントラーズ　平5.5D
華人労務者就労事情調査書　平5.5.17C
カストリ(雑誌)　昭21D, 22D
霞が関ビル　昭43.4D
火星探査機　平24.8.6B
仮設住宅　平24.3.11C
カセットテープ　昭43D
仮想通貨　平26.2.26A
華族の没落　昭23.7.9C
ガダルカナル島　昭17.8.7A, 18.2.1A
カタルーニャ州住民投票　平29.10.1
札　昭20.7.15C
学級崩壊　平10D
学校教育法　昭22.3.31C, 平10.6.5C
ガット　昭22.10.30B, 30.9.10A, 38.2.20A, 61.9.20B, 平7.1.1B
カッパブックス　昭29.10D
カップヌードル　昭46.9D
家庭内暴力　昭53D, 55D
加藤の乱　平13.3.5A
過度経済力集中排除法　昭22.12.18A
鐘淵紡績スト　昭29.10D
カネボウ　平16.3.10A, 16.10.28A, 25.7.4C
カネミ油症事件　昭43.10.15C

52.10.5C
カフェー　昭5.5D, 8.1.21C, 9.10.6C
甲山事件　平11.9.29C
華北分離工作　昭10.6.27A
釜ケ崎暴動　昭36.8.1C
神風号　昭12.4.6B, 12.4.9B
神風タクシー　昭34D
神風特攻隊　昭19.10.25A
紙芝居　昭25.4D
カミナリ族　昭34D
亀戸事件　大12.9.4C
カラオケ　昭52D, 53.6.6C
カラ出張　昭54.9.2C, 平8.1.10C
カラーテレビ本放送開始　昭35.9D
ガリオア資金　昭25.8.14C
カリプソ　昭32D
カルチェラタン　昭44.1.18C
カルチャーセンター　昭49.4D
カルト　平4D
カールビンソン　昭58.10.1A
カレー毒物混入事件　平10.7.25C
過労自殺　平9.12D, 27.12.8C
川崎公害訴訟　平10.8.5C, 11.4.13C
川治プリンスホテル火災　昭55.11.20C
官官接待　平7.7D
環境庁　昭46.7.1A, 50.1.5C
環境ホルモン　平10D
韓国・北朝鮮国連同時加盟　平3.9.17B
韓国軍事クーデター　昭36.5.16B
韓国大統領選　昭46.4.27B, 62.12.16B, 平4.12.19B, 9.12.18B, 14.12.19B, 19.12.19B, 24.12.19B, 29.5.9B
関西国際空港　昭62.1.27A, 平6.9D, 19.8D, 30.9.4C
官製談合防止法　平15.1.31C
完全失業率　平10.4D
観測史上最高気温　平19.8D, 30.7D
姦通罪　昭22.10.26A
関東軍　昭3.6.4A, 6.9.18A, 8.1.27A, 8.4.10A, 9.3.1A, 14.4.25A
関東大震災　大12.9.1C
関東防空大演習　昭8.8.9C
関特演　昭16.7.2A
カンボジア侵攻　昭53.6B
カンボジア和平会議　平2.6.4A
かんぽの宿　平21.2.13A
関門トンネル　昭17.6.11C

【き】

消えた高齢者問題　平22.7.29C
KIOSK　昭48.8D
企業ぐるみ選挙　昭49.7.7A
紀元2600年　昭15.2.11A, 15.11.10C
木崎村小作争議　大15.5.5C
冀察政務委員会　昭10.12.18A
記事盗用発覚　平19.2D
キスカ島撤退　昭18.7.29A
規制緩和　平5D
偽装難民　平1D

200

北アイルランド住民投票	昭48.3.9D	

北アイルランド住民投票　昭48.3.9D
期待される人間像　昭40.1.11C
北九州市発足　昭38.2.10C
北太平洋条約機構→NATO
北朝鮮　平3.1.30A, 3.9.7B, 5.3.12B, 8.9.18B, 9.8.21A, 15.1.10B
北朝鮮核開発再開　平14.12.12B
北朝鮮核実験　平18.10.9B, 21.5.25B, 25.2.12B, 28.1.6B, 28.9.9B, 29.9.3B
北朝鮮帰国運動　昭33.8.11C
北朝鮮砲撃　平22.11.23B
北朝鮮「ミサイル」発射　平10.8.31B, 21.4.5B, 24.4.13B, 24.12.12B, 28.2.7B, 28.8.24B, 29.8.29C, 29A
北朝鮮拉致被害者　平14.10.15A, 16.7.9C
北富士演習場　昭30.5.10C, 35.7.29C
鬼畜米英　昭19D
木津信組　平8.3.13C
キッシンジャー北京訪問　昭46.7.9B
切手ブーム　昭39D
切符制　昭13.3.1C, 15.6D, 16.4.1C
冀東防共自治委員会　昭10.11.25A
キトラ古墳　平10.3.6C
キノホルム　昭45.9.5C
「君が代」　昭11.8.1B, 25.10.17C, 52.7.23C, 54.5.8C, 平1.2.10C, 3.6.30C, 6.7.21A, 7.9.3C
逆コース　昭26D
逆噴射　昭57D
キャッシュカード　昭44.12D
キャンディーズ　昭51D, 52D, 53.4D
9・18ストップ令　昭14.10.18C
九州国立博物館　平17.10.15C
宮城遥拝　昭13.2.15C, 16.4.1C
給食　昭19.4.1C, 22.1D, 25.8.14C, 31.3.30C
給食費滞納　平19.1D
旧敵国条項削除　平7.12.11B
牛歩戦術　平3.11.27A, 4.6.6A, 4D
キューバ革命　昭34.1.1B
キューバ危機　昭37.10.22B
牛レバー提供禁止　平24.7.1C
教育基本法　昭22.3.31C, 平18.12.15A
教育勅語　昭21.10.8C, 23.6.19A
教育2法　昭29.2.22A
教員赤化事件　昭8.2D
行革大綱　昭58.5.24A, 60.9.24A
教科書検定　昭31.3.13A, 31.10.10C, 40.6.12C, 45.7.17C, 57.6.26C, 平3.6.30C, 19.9.29C
教科書訴訟　昭61.3.19C, 平5.3.16C
教科書問題　昭57.7.6A, 57.8.26A, 58.1.11A, 61.6.7A
共産党綱領　平12.11.20A, 15.6.21A
共産党国際部長宅盗聴事件　平9.6.26A
強制不妊手術　平30.5.17A
強制連行　昭20.3D
共同印刷大争議　大15.1.19C
共同募金　昭22.11.25C
京都学連事件　大15.1.15C

京都議定書　平13.3.28B, 14.5.21A, 17.2.16A
京都ホテル　平3.12.9C
矯風会　大12.12.10C
狂乱物価　昭49A, 49D
教練(軍事教練)　大14.4.13C, 14.10.15C, 15.4.20C, 15.7.21C, 昭14.3D, 16.4.1C, 16.8.30C
共和製糖不正融資　昭41.9.27A
玉音放送　昭20.8.15A
「曲学阿世の徒」　昭25.5.3A
挙国一致　昭7D, 12.8D
巨大タンカー時代　昭41.9.7A
ギリシャ国債暴落　平22.1.15B
キレる　平10D
禁煙車　昭51.8D
金解禁　昭3.10.25A, 3.12.21A, 4.10.24A, 4.11.21A, 5.1.11A
金閣寺全焼　昭25.7.2C
緊急地震速報　平18.8D, 19.10D
キング牧師暗殺　昭43.4.4B
錦州爆撃　昭6.10.8A
金属回収　昭9.4.21C, 14.2D, 17.5D, 18D
金属バット殺人　昭55.11.29C
金大中事件　昭48.8.8A, 50.7.23A, 51.10.12A, 53.11.1A, 55.12.4C, 平19.10.24B
金の卵　昭35D
勤評反対闘争　昭32.12.22A, 33.8.15C, 33.12.9C
金本位制離脱　昭6.9.21B
金融監督庁　平10.6.22A
金融緩和　平11.3.3A, 25.1.22A
金融機能安全措置法　平10.2.18A
金融恐慌　昭2.3.14A
金融再生　平10.10.12A, 11.2.12A
金融システム安定化策　平9.12.24A
金輸出再禁止　昭6.12.13A
勤労動員　昭13.6.9C, 18.6.25A, 18.10.12C
勤労統計　平30.12.28A, 31.1.11A
勤労奉仕　昭14.9.1C, 16.11.22C

【く】
クイズブーム　昭31.5D
食逃げ解散　昭12.3.31A
グッドウィル　平19.6.6C, 19.12.22C, 20.6.3A
「口裂け女」　昭54D
「国づくり」懇談会　昭37.10.26A
国の借金が1億円突破　平25.8.9A
クニマス　平22.12.14C
クラスター爆弾禁止条約　平20.12.4B
クラスノヤルスク合意　平9.11.2A
グリコ・森永事件　昭59.3.18C, 59.9.12C, 平6.3.21C, 12.2D
クリスマスツリー爆弾　昭46.12.24C
クリミア編入　平26.3.18B
グリーン車　昭44.5.10C
クルド人地域住民投票　平29.9.25B
クールビズ　平17.6D

グループサウンズ　昭43D
GLAY　平9D, 11.7D
クレージーキャッツ　昭30.4D
クロアチア　平4.4.27B, 8.2.18B, 25.7.1B
黒い霧　昭41.10.11A
黒い霧解散　昭41.12.27A
黒い羽根　昭34.9D
黒塚古墳　平10.1.9C
クローン　平10.7.28C, 12.3.14B
軍需省　昭18.11.1A
軍神　昭13.12.17C, 17.3.6C
軍人恩給　昭28.8.1A
軍人勅諭　昭23.6.19A
軍票　平5.8.13C
軍部大臣現役武官制　昭11.5.18A
軍民離間声明　昭8.12.9A
軍令部令　昭8.9.22A

【け】
警戒区域　平23.4.22A
計画停電　平23.3.14C
経口避妊薬　平11.6.16C
経済安定9原則　昭23.12.18A
経済安定本部　昭21.8.12A, 25.6.28A
経済企画庁　平30.7.20A
経済戦略会議　平10.8.7A
経済白書　昭31.7.17C
経済摩擦　昭54.5.2A, 60.4.9A
警察(官)不祥事　平11D, 12D
警察法　昭22.12.17A, 26.6.12A, 29.6.8A
警察予備隊　昭25.7.8A
傾斜生産方式　昭21.12.27A
警職法　昭33.10.8A, 33.10.13A
経世会　昭62.7.4A
携帯電話　平8D, 11.1D, 16.11D
慶大入試問題漏洩　昭52.5.24C
経団連　昭21.8.16A, 27.10.8A, 30.5.6A, 49.8.12A, 60.2.26A
「芸能界交歓図」　昭54.3.1C
軽犯罪法　昭23.5.1C
京浜安保共闘　昭45.12.18C
刑法改正　昭22.10.26A, 平19.5.17C
警防団令　昭14.1.25C
競輪　昭23.11.20C
欠食児童　昭7.7D
血盟団　昭7.2.9A, 7.3.5A
KDD密輸　昭54.10.2C
ゲートボール　昭57D
ケネディ=ラウンド　昭42.6.30B
ゲバルト　昭43D
ゲーム機とばく収賄　昭57.11.1C
慶良間諸島国立公園　平26.3D
嫌煙権　昭53.2.18C
健康ブーム　昭53D
元号法制化　昭53.6.14A, 54.6.6A
健康優良児　昭5.5.5C
建国記念の日　昭41.8C, 42.2.11C, 53.2.11C, 61.2.11A
検査データ不正　平29A
原子力規制委　平24.9.19A, 28.4.20C
原子力研究3原則　昭29.4.23C

原子力船むつ　昭44.6.12C、49.9.1C、50.6.18C
原子炉　昭32.8.27C、平10.3.31C
原水協　昭30.9.19C、34.7.21C、36.10.27A、57.5.31C
原水爆禁止世界大会　昭30.8.6C、37.8.6C、38.8.5C、40.2.1C
建設省　昭23.7.10A
原潜　昭38.1.9A、38.4.11B、38.9.1A、39.8.28A、39.9.23C、41.5.30A
現代かなづかい　昭21.11.16C、22.4D
減反　昭45.2.20A
建築基準法　昭51.11.15C
遣唐使留学生の墓誌　平16.10.10C
原爆　昭20.7.16B、20.8.6A、20.8.9A、27.8.6C、39.10.16B、42.2.4C、42.11.9C、49.3.30C、50.10.31A
原爆症訴訟　平20.5.28C
原爆展　平7.1.30B
原爆ドーム　昭41.7.11C
原発故障隠し　平19.1.31C
原発再稼働　平24.6.8A、27.8.11C
原発すべて運転中止　平24.5.5A
憲法研究会　昭20.12.26A
憲法第9条　昭21.6.26A、28.11.19A
憲法調査会　昭32.8.13A、39.7.3A
憲法問題研究会　昭51.4.21C
憲法擁護国民大会　昭29.2.15C
原油価格高騰　平20.7.11B
原理運動対策全国父母の会　昭42.9.16C

【こ】

コアラ　昭59.11D
小泉劇場　平17D
小泉チルドレン　平17D
5・15事件　昭7.5.15A
興亜奉公日　昭14.9.1C、17.1.2C
公安調査庁　平8.1.18C
興安丸　昭28.3.23C、31.12.26C
公営鉄筋アパート　大15.8.6
紅衛兵　昭41.8.18B
公害　昭40D、43.5.8C、46.1.20C、51.6.6C
公害対策基本法　昭42.8.3A、45.12.18A
『公害白書』　昭44.5.23A
郊外レストラン　昭53D
光化学スモッグ　昭45.7.18C
航空管制システムダウン　平15.3.1C
航空機事故⇒テーマ別索引
講座派　昭11.7.10C
甲子園球場　大13.8.1C
皇室典範特例法　平29.6.9A
光州学生運動　昭4.11.3C
公娼廃止　大12.12.10C、3.12.6C、21.1.21C
工場法　平4.7.1C
公職選挙法　昭25.4.15A、50.7.15A、57.8.18A、60.5.31A、平27.6.17A、27.7.28A
公職追放　昭21.1.4A、22.1.4A、25.6.6A、25.10.13A
荒神谷遺跡　昭59.7.12C
興人倒産　昭50.8.28A
厚生省設置　昭13.1.11A
公正取引委員会　昭22.7.1A、48.11.27A
皇籍離脱　昭22.10.14C
構造改革特区　平15.4.17A
構造改革論　昭36.2.5A
紅茶キノコ　昭50D
皇道派　昭9.11.20A、10.7.16A、10.8.12A、11.2.26A
高度成長　昭32.12.17A、35.12.27A、37.7.6A
校内暴力　昭55D、57.3D、58.2.15C
こうのとり5号　平27.8.19C
公費報奨金制度　平19.5.1C
降伏文書　昭20.9.2A
公明会結成　昭37.7.11A
公明党　昭39.11.17A、42.1.29A、45.6.25A、53.8.16A、55.1.10A
高齢化社会　昭51.9.14C
高齢者医療　平13.8D
港湾整備緊急措置法　昭36.3.31A
声なき声　昭35.5.28C
コカコーラ　昭37D
古賀メロディー　昭6D
コギャル　平7D
国際宇宙ステーション→ISS
国際観光旅客税　平31.1.7C
国際刑事裁判所加盟　平19.7.17B
国際花と緑の博覧会　平2.4.1C
国際婦人年　昭50.6.19B
国際捕鯨委員会　昭51.6.2C、平30.12.26A
国際連合安保理非常任理事国　昭32.10.1A、40.12.10A
国際連合海洋法条約　平6.11.16B
国際連合カンボジア暫定行政機構　平4.1.9B
国際連合日本加盟　昭31.12.18A
国際連合発足　昭20.10.24B
国際連盟　昭3.5.10B、8.3.27A、8.10.14B
国産牛履歴表示　平16.12D
国祭　昭9.6.5C、15.12.5C、42.10.31A
国体護持　昭20.9.15C
『国体の本義』　昭12.5.31C
国体明徴　昭4.9.10C、10.3.23A、10.8.3A、10.10.15A
国鉄分割・民営化　昭59.8.10A、60.10.11A、61.11.28A、62.4.1A
国土庁　昭49.6.26A
国防会議　昭32.6.14A、34.6.15A、34.11.6A、36.7.18A、41.11.29A、44.1.9A、52.12.28A
国防献金　昭7.1.10C、7.12D
国防婦人会　昭7.3.18C
国防保安法　昭16.3.7A
「国防方針」改定　昭11.5.11A
国民皆兵　昭17.9.26C
国民学校　昭16.4.1C、19.4.1C、20.3.18C
国民歌謡　昭11.6D
国民協会　昭36.7.15A
国民勤労動員令　昭20.3.6C
国民宿舎　昭32.7D
国民所得倍増計画　昭35.12.27A
国民生活安定緊急措置法　昭48.12.22A
国民精神作興　大12.11.10A、昭4.9.10C、13.11.7C
国民精神総動員　昭12.8.24A、14.6.16C、15.8D
国民政府　昭9.4.25A、10.6.10A、13.1.11A、20.3.21A
国民政府を対手とせず　昭13.1.16A
国民徴用令　昭14.7.8C、18.7.21A、20.3.6C
国民投票法　平19.5.14A、26.6.13A
国民の祝日法　昭41.6.25A、48.4D、平1.2.7C、17.5.15A
国民服　昭15.11.2C
国立近代美術館　昭44.5D
国立公園　昭9.3.16C
国立公文書館　昭46.7D
国立民族学博物館　昭52.11.15C
国立歴史民俗博物館　昭58.3D
国連軍縮特別総会　昭57.6.7B
国連ミレニアム・サミット　平12.9.6B
護憲3派　大13.1.7A、13.6.11A
ココム　昭24.11.30B、62.5.15C
コザ暴動　昭45.12.20A
個室ビデオ店火災　平20.10.1C
5社協定(映画)　昭28.9.10C
51年綱領　昭26.10.16A、33.7.21A
個人情報保護法　平17.4.1A
個人タクシー　昭34.12D
ゴーストップ事件　昭33.6.17C
5000円札発行　昭32.10D
御前会議　昭13.1.11A、13.11.30A、15.11.13A、16.7.2A、16.9.6A、16.11.5A、16.12.1A、17.12.21A、18.5.31A、18.9.30A、20.8.14A
五族協和　昭7.2.18A、7D
コソボ自治州独立　平20.2.17B
コソボ紛争　平11.3.24B
小平事件　昭21.8.20C
こだま号　昭33.11.1C
5段階評価　昭23.11.12C
国家総動員法　昭13.4.1A、14.7.8C、14.10.18C
国家秘密法(スパイ防止法)　昭59.8.6A、60.6.6A
国旗起立・国歌斉唱の強制　平18.9.21C
国共合作　大13.1.20B、昭12.2.20B、12.9.23B
国共首脳会談　平17.4.29B

国共内戦　昭21.7.12B
国公立大学共通1次試験　昭47.9.1C, 52.5.2C, 54.1.13C, 62.3.26C
コップ（日本プロレタリア文化連盟）昭6.11.27C
COP15　平21.12.7B
COP21　平27.12.12B
古都税条例　昭62.10.17C
古都保存法　昭41.1.13C
近衛3原則　昭13.12.22A
近衛声明　昭13.1.16A, 13.11.3A, 13.12.22A
コピー時代　昭37.9.29C
500円硬貨発行　昭57.4D
小松川高校女生徒殺人事件　昭33.8.21C
ゴミ戦争　昭46.9.28C, 48.5.22C
コミンテルン　昭2.7.15A, 7.7.10A, 11.11.25A, 18.5.15B
コミンフォルム　昭22.10.5B, 25.1.6A, 31.4.17B
コメコン　昭24.1.25B, 平3.6.28B
コメの輸入の関税化　平11.4.1A
米百俵　平13D
ゴールデン・ダブ平和賞　平5.6.30B
コレヒドール島占領　昭17.5.7A
コロンビア内戦終結　平28.9.26B
今後採るべき戦争指導の基本要綱　昭20.6.8A
コンコルド　昭44.3.2B, 平12.7.25B
コンビニエンスストア　昭49.5D, 平6D

【さ】
在外被爆者手当　平18.2.8C
在韓日本人妻　昭61.5.19C
サイクロン　平19.11.15B, 20.5.2B
在郷軍人会　昭10.4.23A, 11.9.25C, 20.6.30C
最高裁判所発足　昭22.8.4A
最高戦争指導会議　昭19.8.5A, 19.8.19A, 20.5.14A
財政構造改革法　平9.12.5A
再生紙古紙含有率偽造　平20.1.9C
財田川事件　昭51.10.13C, 59.3.12C
埼玉スタジアム　平13.7.31C
最低賃金法　平19.11.28A
財テク　昭61D
済南事件　昭3.5.3A
在日大韓民国居留民団　昭21.10.3C
在日朝鮮人連盟　昭20.10.15C, 23.5.5C, 24.9.8A
在日米軍再編　平18.5.1A
在日本朝鮮人総連合会　昭30.5.26C
サイバーセキュリティ基本法　平27.1.9C
財閥解体　昭20.11.6A
裁判員裁判　平21.8.3A, 22.11.16A
裁判員制度　平16.5.21A, 21.5.21A
再販制度存続　平13.3.23C
サイパン島玉砕　昭19.7.7A
財務省文書改竄　平30.3.2A
酒田市大火　昭51.10.29C

坂田山心中事件　昭7.5.9C
佐川急便事件　平4.11.2A, 5.2.17A
佐久間ダム　昭31.8.25C
桜会　昭5.9A, 6.3A
桜木町事件　昭26.4.24C
さくら銀行　平4.4.1A
桜田門事件　平7.1.8A
「サクラ読本」　昭8.4D
桜宮高校体罰自殺事件　平25.1.8C
笹子トンネル天井板崩落事故　平24.12.2C
サザンオールスターズ　平12D, 20.5D
SARS　平15.4.3A
サッカーアジア杯　平16.8.7C, 23.1.29C, 22.6.11C, 23.7.17C, 26.6D, 30.D
サッカーW杯（ワールドカップ）昭5.7.13B, 平5.10.28C, 14.5.31C, 18.6.9B, 22.6.11C, 26.6D, 30.6D
札幌ドーム　平13.6.2C
サブプライムローン問題　平19.6.22B, 19.10.19B
サボ学生狩り　昭13.2.15C
サマータイム　昭23.4.28C
サミット（先進国首脳会議、主要国首脳会議）　昭50.11.15B, 52.5.7A, 53.7.16B, 54.6.28A, 55.6.22B, 56.7.20B, 57.6.4B, 58.5.28B, 59.6.7B, 60.5.2B, 62.6.8B, 63.6.19B, 平1.7.15B, 2.7.9B, 3.7.17B, 4.7.6B, 6.7.6B, 7.6.15B, 8.6.27B, 9.6.20B, 10.5.15B, 11.6.18B, 12.7.21A, 13.7.20B, 14.6.26B, 15.6.1B, 16.6.8B, 17.7.6B, 18.7.15B, 19.6.6B, 23.5.26A, 27.6.8B, 28.5.26A
狭山事件　昭38.5.23C, 平6.12.20C
サラ金　昭52.10.24C, 53D, 59.3.12C
サリドマイド　昭37.5.17C, 38.8.2C, 49.10.7C, 55.2.12C
3・15事件　昭3.3.15A
参院選　昭22.4.20A, 25.6.4A, 28.4.24A, 31.7.8A, 34.6.2A, 37.7.1, 40.7.4A, 43.7.7A, 46.6.27, 49.7.7A, 52.7.10A, 55.6.22A, 58.6.26A, 61.7.6A, 平1.7.23A, 4.7.26A, 7.7.23A, 10.7.12A, 13.7.29A, 16.7.11A, 19.7.29A, 22.7.11A, 25.7.21A, 28.7.10A
3億円事件　昭43.12.10C, 50D
山海関事件　昭8.1.1A
三角大福　昭47.6.17A, 47D
3月事件　昭5.9A, 6.3A
産業活力再生特別措置法　平11.8.6A
産業再生機構　平16.3.10A, 16.12.28A
3K　平2D
『三光』販売中止　昭52.5.4C
珊瑚海海戦　昭17.5.7A
3C　昭41D

32年テーゼ　昭7.7.10A
三種の神器　昭29D
三ちゃん農業　昭38D
山東出兵　昭2.5.28A, 3.4.19A, 3.5.8A
産廃処分場建設　平9.6.22C
38豪雪　昭38.1C
サンフランシスコ講和条約　昭26.9.8A, 27.4.28A
産別会議（全日本産業別労働組合会議）　昭21.8.19C
三無事件　昭36.12.12A
山谷暴動　昭35.8.1C
三陸復興国立公園　平25.5D

【し】
地上げ屋　昭62D
SEATO　昭29.9.6B
JR福知山線脱線事故　平17.4.25C
JR発足　昭62.4.1A
Jヴィレッジ　平31.4.20C
自衛隊イラク派遣　平16.1.9A, 16.12.9A, 30.4.2A
自衛隊機飛行差止請求訴訟　平6.12.26C
自衛隊潜水艦航海日誌改竄　昭64.11.14C
自衛隊発足　昭29.7.1A
自衛隊南スーダン派遣　平28.10.8A, 29.2.7A
自衛隊LANデータ流出　平14.8.5C
JA　平4.4D
GHQ（連合国総司令部）　昭20.10.2A, 27.4.28A
GHQ民政局　昭21.2.3A, 23.10.19A
JT（日本たばこ産業株式会社）　昭60.4.1C
CATV　平15D
GNP1%枠　昭51.10.29A, 59.5.15A, 60.8.7A, 61.12.30A, 62.1.13A, 62.5.20A
Jリーグ開幕　平5.5D
塩野義製薬　平6.8.5C
士官学校事件　昭9.11.20A
指揮権発動　昭29.4.21A, 51.8.4A
式年遷宮　平25.10D
事業仕分け　平21.11.11A
試験管ベビー　昭58.10.14C
時限再販　平10.5.18C
自公保連立内閣　平12.4.5A
しごき　昭40.5.22C, 58.6.13C
自己責任　平16D
『事故のてんまつ』　昭52.5.24C
「事故米」食用転売　平20.9.5C
自自公3党連立政権　平11.10.4A
自社さ連立　平10.6.1A
自主憲法制定国民会議　昭44.5.3A
自主流通米　昭44.5.16A
市場開放　昭58.11.9A, 平2.4.18A
自自連立内閣　平11.1.14A
地震・火山の噴火⇒テーマ別索引
静信リース　平3.4.22A
次世代支援法　平15.7.9A
自然エネルギー買い取り制度

平24.7.1C

事前協議制度　昭56.5.17A
７・７禁令　昭15.7.6C
実験結果捏造　昭19.1.20C
CTBT（包括的核実験禁止条約）
　　　　　　平12.4.21B
幣原外交　昭4.7.2A, 4.11.29A
幣原反動内閣打倒し人民大会
　　　　　　昭21.4.7A
自動車運転死傷行為処罰法
　　　　　　平25.11.20C
自動車ショー　昭29.4.20C
自動車生産台数世界一に　昭55A
自動車排ガス規制　昭47.10.3A
自動販売機　昭38D
児童福祉法　昭23.5.12C
シードラゴン号　昭39.11.12A
支那事変処理要綱　昭15.11.13A
シネマスコープ　昭28.12D
シネラマ　昭30.1D
死なう団　昭12.2.17C
死の灰　昭29D
ジーパン流行　昭46D
Ｇ５　昭60.9.22B, 62.2.21A
シベリア出兵終結　大14.5.15A
資本自由化　昭45.9.1A
嶋中事件　昭36.2.1C
清水トンネル　昭6.9.1C
自民党新憲法草案　平17.11.22A
シームレスストッキング　昭36D
下山事件　昭24.7.6A
指紋押捺制度　昭60.2.6A, 平4.5.20C
シャウプ勧告　昭24.8.26A
社会戯評　平4.12D
社会大衆党　昭9.10.3A, 19.3.31C
社会党首班連立内閣　昭22.6.1A
社会保険庁改革関連法　平19.6.30C
社会民衆党　昭2.5.31A, 4.12.10A,
　　　　　6.7.5C, 7.5.29A
借地借家法　平3.9.30A
奢侈品等製造販売制限規則
　　　　　　昭15.7.6C
ジャスミン革命　平23.1.14B
斜陽族　昭22D
シャ乱Q　平7D
ジャルパック　昭40.1.20C
上海事変　昭7.1.28A, 12.8.13A
上海万博　平22.5.1B
衆院憲法調査会　平17.4.15A
衆院選→総選挙
衆院定数是正法　昭61.5.21A
衆院本会議テレビ初中継
　　　　　　昭27.1.23C
10月事件　昭5.9A, 6.10.17A
10月闘争　昭21.10.1C
週刊誌ブーム　昭31.2D, 34D
衆議院解散　昭3.1.21A, 12.3.31A,
　23.12.23A, 27.8.28A, 28.3.14A,
　33.4.25A, 41.12.27A, 55.5.19A,
　平5.6.18A, 8.9.27A, 15.10.10A,
　17.8.8A, 21.7.21A,
　24.11.16A, 26.11.21A

週休２日制　昭40.4D, 49D,
　　　　　　平1.2D, 4.5D
従軍慰安所設置　昭12.12.11C
従軍慰安婦（問題）　平3.12.6C,
　4.1.13A, 4.7.6C, 5.8.4C, 8.8.14C,
　9.1.11C, 26.8.5C, 27.12.28A
従軍作家陸軍部隊・海軍部隊・詩
　曲部隊　昭13.9D
就職難　昭4.1D
就職氷河期　平6D
住専処理法案　平8.2.9A
住宅金融専門会社　平4.7.16A
住宅難　昭37D
集団自決　昭20.6.18C
集団的自衛権行使　平26.7.1A,
　　　　　　27.5.26A
集団見合　昭22.11D
集中排除法　昭23.2.8A
自由党　昭25.3.1A, 26.4.23A
自由党憲法調査会　昭28.11.17A,
　　　　　　29.3.12A
終末論　昭48D
住民エゴ　昭48.5.22C
住民基本台帳　平11.8.12A, 14.8.5A,
　　　　　15.8.25A, 20.3.6C
自由民主党（自民党）　昭44.12.27A,
　46.11.17A, 50.3.9A, 51.12.5A,
　55.6.22A, 58.12.18A, 59.8.6A,
　平17.11.22A, 29.3.5A
住民投票　昭8.8.4C, 9.6.22C
祝日法→国民の祝日法
出陣学徒壮行会　昭18.10.21C
出生数史上最高　昭24D
出生数250万人超え　昭22D
出生数100万人割れ　平28C
出入国管理令　昭26.10.4A
受動喫煙対策法　平30.7.18C
手動踏切事故　平17.3.15C
ジュネーブ海軍軍縮会議　昭2.6.20A
主婦連合会　昭23.9.15C
主要国首脳会議→サミット
ジュリアナ　平5D, 20.9D
春闘　昭30.1.28C, 55.2.6A,
　　　57.4.12C, 59.7.24A
順法闘争　昭48.3.13C
傷痍軍人　昭13.12.26C
省エネ　昭48D, 56.11D
常任　昭15.9.11A, 16.7.1C
商工ローン　平11.12D, 12.1.27A
少国民　昭17.2.11C
少子化対策法　平15.7.23A
小選挙区制　昭48.4.10A
小選挙区比例代表並立制　平6.3.4A,
　　　　　　8.10.20A
松竹大船撮影所　平11.10.27C
松竹（少女）歌劇団（楽劇部）
　昭3.10.12C, 5.9D, 8.6.15C,
　19.3.31C, 20.10D
小児マヒ　昭34.6.15C, 36.6.21C
『少年倶楽部』　昭2.5D, 5.4D, 6.1D
少年航空兵　昭8.4.28C
『少年サンデー』　昭34D

『少年ジャンプ』　昭59.12D, 63.12D
消費者庁発足　平21.9.1C
消費者保護基本法　昭43.5.30A
消費税　昭63.11.10A, 平1.4.1A
消費税引き上げ　平8.6.25A,
　　　　　9.4.1A, 26.4.1A
消費税引き上げ延期　平26.11.18A,
　　　　　　28.6.1A
情報局設置　昭15.12.6A
情報公開条例　平10.6.19C
情報公開法　平11.5.14A, 13.4.1A
情報流失　平10.8.17C, 23.4.27C,
　　　　　26.7.9C, 27.6.11C
昭和維新　昭9D
昭和基地　昭32.1.29C, 34.1.14C
昭和元禄　昭43D
昭和新山　昭19.6.27C
昭和電工疑獄事件　昭23.6A
昭和の日　平17.5.15A
ジョギングブーム　昭51D
職安　昭22.4.17C, 24.5.12C
食品偽装事件　平19C
食品表示　平15.2.18C
食糧メーデー　昭21.5.19A, 21.6.22C
女子勤労挺身隊　昭18.9.23C,
　　　　　　19.3.31C
女子ゴルフW杯　平17.2.13B
女子マラソン　昭53.4.16C,
　54.11.18B, 58.11.20B
女性国際戦犯法廷　平12.12.12C
女性市長　平3.4.21A,
　4.11.8C, 21.7.26A
女性大臣　昭35.7.19A
女性党首　昭61.9.6A
女性博士　平2.4.20C
女性弁護士　昭13.11.1C
所得倍増　昭35D, 35.9.5A, 36.4.1A
ジョン＝レノン射殺　昭55.12.8B
ジラード事件　昭32.1.30C
シリア内戦　平23.3.15B, 25.8.21B
自力更生　昭7D
シルバーシート　昭48.9D
シーレーン防衛　昭57.8.30A,
　　　　　　58.3.12A
白木屋火災　昭7.12.16C
白タク　昭34.4D
白バイ　昭11.8.1C
新安保条約　昭35.5.20A, 35.6.19A
新円発行　昭21.2.17C
新王子製紙　平8.10.1A
新型インフルエンザ　平21.6.11B,
　21.5.9C, 21.8.15C
シンガポール占領　昭17.2.15A
新規参入　平16D
新幹線開通⇒テーマ別索引
新幹線訴訟　昭49.3.30C
新行革審　平2.4.18A
新銀行東京　平20.3.26A
新皇室典範　平22.11.16A
人口減少　平28.2.26C
人工授精　昭61.5.31C
人口動態統計　平17.12D, 18.2D

新国際経済秩序　昭49.5.1B, 51.8.16B
新国立劇場　平9.10.10C
震災恐慌　大12.9.1A
新札発行　昭59.11D, 平16.11D
シンザン　昭39.11.15C, 40.12D
新産業都市　昭37.5.10A
新三種の神器　昭41D
人事院規則　昭24.9.19A
新CS放送　平14.3D
宍道湖・中海淡水化事業中止　平14.12.2A
新紙幣発行　平31.4D
新清水トンネル　昭42.9.28C
新自由クラブ　昭51.1.25A, 59.10.31A, 61.8.15A
神舟５号　平15.10.15B
神州不滅　昭20D
新宿西口バス放火事件　昭55.8.19C
新宿副都心　昭46.6D
真珠湾　昭16.12.8A, 17.3.6C
新書判ブーム　昭29.10D
新人類　昭61D
新制高等学校発足　昭23.4.1C
新制国立大学設置　昭24.5.31C
新全国総合開発計画　昭44.5.30A
心臓移植　昭42.12.3B, 43.8.8C
新体制運動　昭15.6.24A
新東名高速　平24.4D
シンドラー社製エレベーター　平18.6.3C
シンナー遊び　平43D
新日本製鉄　昭45.3.31A
じん肺訴訟　平16.12.15C
新風俗営業法　昭60.2.13C
新聞・雑誌の創刊⇒テーマ別索引
神兵隊事件　昭8.7.10A
人民元　平17.7.21B, 27.12.1B
人民公社　昭33.8.29B
人民戦線　昭10.7.25B, 11.6.4B, 13.10.27B
人民戦線事件　昭12.12.15C, 13.2.1C
人民電車　昭24.6.10C
神武景気　昭30A
深夜放送　昭29.7D, 46.1D
新ユーゴ連邦　平4.4.27B
「真理の友教会」信者集団自殺　昭61.11.1C
侵略戦争　平5.8.10A

【す】

Suica　平13.11D
吹田事件　昭27.6.24A
水爆　昭27.11.1B, 28.8.12B, 29.3.1C, 32.5.15B, 42.6.17B, 平1.5.7C
睡眠薬遊び　昭36.4D
スエズ運河国有化　昭31.7.26B
スエズ戦争　昭31.10.30B
末野興産　平8.3.14C
スカイマークエアライン　平10.9.19C
スクーター　平27D
スクランブル交通整理　昭43.12D
スケバン　昭50.3.6C
スコットランド独立住民投票　平26.9.18B

START II（第2次戦略兵器削減条約）　平5.1.3B
STAP細胞　平26.1.29C
スターリン批判　昭31.2.24B
ストーカー　平8D, 12.5.24C
スト権スト　昭48.2.10C, 50.11.26C, 50.12.1A
ストックホルムアピール　昭25.3.15B
ストリーキング　昭49.3D
ストレプトマイシン　昭30.5.8C, 30.9.13A, 38.12.26A, 51.2.26C
スーパー　昭43D, 45D
スパイ防止法　昭59.8.6A
スバル360　昭33.3.3C
スフ　平13D
スプートニク1号　昭32.10.4B
スペイン内戦　昭11.7.17B, 14.3.28B
スペースシャトル　昭6.7.3C, 15.2.1B, 17.7.26C, 23.7.21B
スペースシャトル爆発　昭61.1.28B
SMAP　平10D, 15D, 21.4D, 28.12D
スミソニアン博物館　平7.1.30B
スミソニアン=レート　昭46.12.20A
墨ぬり教科書　昭20.9.20C, 21.10.12C
スモッグ　昭37.12D, 40.1D
スモン病　昭45.9.5C
スリーマイル島事故　昭54.3.28B

【せ】

西安事件　昭11.12.12B
聖域なき改革　平13D
生活必需物資統制令　昭16.4.1C
青函トンネル　昭63.3.13C
政権交代　平21.8.30A, 24.12.16A
生産者米価引下げ　昭62.7.4A
政治改革関連法案　平3.9.30A, 6.3.4A
政治資金規制法　昭42.6.16A, 平13.2.28C, 19.12.21A
政治犯釈放　昭20.10.10A
青秋林道　平2.3.15C
「青少年学徒に賜はりたる勅語」　昭14.5.22C
青少年健全育成条例　平9.10.9C
成人向き映画選定　昭29.8D
成人の日　昭24.1.15C
生前退位　平28.8.8A, 31.4.30A
生存者叙勲　昭38.7.12A, 39.4.28A
生体肝移植手術　平1.11.13C
ぜいたくは敵だ　昭15.8D
性転換手術　平10.10.16C
政党結成⇒テーマ別索引
政党内閣　平7.5.26A
青年医師連合　昭42.3.12C
青年学校　昭10.4.1C, 14.4.26C
青年訓練所　大15.4.20C, 昭10.4.1C
整備新幹線　昭61.12.30A
政務活動費　平26.7.1A, 28.9.28A
生命線満蒙　昭6D
政友会　大15.3.4A, 昭2.1.20A, 2.6.1A, 4.8A, 5.4.25A, 6.2.3A, 9.7.8A, 9.10.3A, 10.2.28A, 14.4.30A
政友会久原派　昭15.7.16A, 20.11.9A
政友会中島派　昭15.7.30A, 20.11.16A
西洋美術館　昭34.6D
青嵐会　昭48.7.17A
生理休暇　昭6.11D
政令201号　昭23.7.31A
世界遺産⇒テーマ別索引
世界かぜ　昭2.1D
世界恐慌　昭4.10.24B
世界銀行　昭19.7.1B
世界金融危機　平20.9.15B
世界情勢判断　昭19.8.19A, 20.2.15A
世界人口60億突破　平11D
世界平和記念聖堂　平18.4.21C
世界平和擁護者大会　昭24.4.20B, 25.3.15B
赤軍派　昭44.11.5C, 45.3.31C
石油化学コンビナート　昭34.3C, 36.11.14A, 39.9.13C, 42.9.1C, 48.7.7C
石油消費削減対策　昭54.3.15C
石油ショック（危機）　昭48.10.25A, 48.11.2C, 49.2.6C, 54.1.17A
石油輸出国機構→OPEC
セクハラ　平1D, 30.4.18C
世田谷区「米よこせ区民大会」　昭21.5.12C
石器発掘捏造　平12.11.4C
説教強盗　昭4.2.23C
絶対国防圏　昭18.9.30A
瀬戸内しまなみ海道　平11.5.1C
瀬戸大橋　昭63.4.10C
ゼネコン汚職　平5D, 5.6.29C, 5.9.20C, 6.2.15C
セ・パ交流戦　平17.5D
セブン-イレブン　平19.7D, 21.2.19C
ゼロ金利解除　平18.7.14A
ゼロ金利政策　平12.8.11A, 22.10.5A
戦域ミサイル防衛(TMD)構想　平10.9.20A
1000円札発行　平25.1.7C, 38.11D
尖閣諸島（列島）　昭45.8.10A, 平9.2.24A, 22.9.7A, 24.4.16A, 24.8.15A, 29 A
全学連　昭23.9.18C, 33.12.10C, 35.6.15A
全国一斉学力テスト　昭36.10.26C
全国学力テスト　平19.4.24C
全国家庭婦人バレーボール大会　昭45.4D
全国水平社　大13.5.29C, 15.11.12C, 昭2.11.19C, 13.6A
全国戦没者追悼式　昭38.8.15A
全国総合開発計画　昭37.10.5A
全国地域婦人団体連絡協議会　昭46.2.13C
全国農民組合　昭3.5.27A, 6.3.7C
戦後50年国会決議　平7.6.9A

潜在的脅威　平2.9.18A	ソニー　昭35.4D, 54.7D,	47.1.3A, 56.5.1A
戦時緊急措置法　昭20.6.22A	平1.9.27A, 16.9.13A, 20.12.9A	太平洋戦争　昭16.12.8A, 20.8.15A
「戦時宰相論」　昭18.1.1C	ソフトバンク　平16.11D	太平洋戦争犠牲者遺族会　平3.12.6C
戦陣訓　昭16.1.8C	楚辺通信所　平6.12.8A, 7.4.1A	大本営　昭12.11.20A
先進国首脳会議→サミット	ゾルゲ事件　昭16.10.18C	大本営政府連絡会議　昭15.7.27A,
前進座　昭6.5.22C, 24.3.7C, 57.10D	SALT（戦略兵器制限交渉）	17.3.7A, 19.8.5A
戦争記録画　昭17.3D	昭45.4.16B, 47.5.26B, 54.6.18B	大麻所持　平20.8D
戦争犯罪人　昭20.9.11A	ソ連5か年計画　昭2.12.2B, 3.10.1B	大丸　平19.3.14A
川内原発再稼働　平27.8.11C	ソ連消滅宣言　平3.12.26B	対面交通実施　昭24.11.1C
全日本オープンゴルフ選手権大会	ソ連の対日宣戦布告　昭20.8.8A	ダイヤル式公衆電話　昭7.4D
昭2.5.28C	ソロモン海戦　昭17.8.8A	太陽神戸三井銀行　平2.4.1A
全日本農民組合　昭2.3.1C	損失補填　平3D	太陽族　昭31D
千人針　昭12D	忖度　平29D, 31.4.5A	大洋デパート火災　昭48.11.29C
全農　平14.3.4C	そんなの関係ねぇ　平19D	代用品　昭13D, 14D
船場吉兆　平19C, 20.5.28C	【た】	大陸棚関連法案　昭53.6.21A
全面講和　昭24.12.4A, 25.1.15C,	第一勧業銀行　昭46.10.1A	大陸の花嫁　昭13.10.1C
25.5.3A, 26.1.15C, 26.3.29A	ダイエー　平14.3.19A, 16.12.28A	代理署名　平7.12.8A, 8.4.1A
全労　昭10.4.10C, 11.1.15C	ダイエーホークス　昭63.10D,	大和銀行　平7.9.26C
全労連　昭22.3.10C, 25.8.30C	平11.10D	台湾沖航空戦　昭19.10.12A
【そ】	ダイオキシン　平9.10D,	タウンミーティング　平18.11.1A
騒音規制法　昭43.6.10A	11.2.1C, 15.10.16C	高砂丸　昭24.6.27C, 28.3.23C
創価学会　昭21.1.1C, 30.4.23A,	大学教員等任期法　平9.6.13C	高輪ゲートウェイ　平30.12D
34.6.2A, 39.11.8C, 45.1.5A,	大学審議会　平2.7.30C	高松塚古墳　昭47.3.21C, 平17.6.27C
49.12.28A, 平3.11.7C	大学生の就職協定廃止　平9.1D	宝くじ　昭20.10.29C,
臓器移植法　平9.6.17C, 11.2.28C	大学入試センター試験　平2.1.13C,	22.12.11C, 51.12D
臓器売買容疑　平18.10.1C	10.1D	宝塚（少女）歌劇　昭2.9D, 13.10.2B,
創氏改名　昭14.12.26C	対華非干渉同盟　昭2.5.31A	19.3D, 平9.12D
雑炊食堂　昭19.2D	タイガーマスク運動　平23.1D	滝川事件　昭8.5.26A
創政会　昭60.1.27A	大韓航空機墜落　昭58.9.1B,	ターキーストライキ　昭8.6.15C
造船疑獄　昭29.2.23A	62.11.29B, 63.1.15B	ダグラス・グラマン疑惑
総選挙　大13.5.10A, 3.2.20A,	大韓民国成立　昭23.8.15B	昭54.2.14A, 54.5.15A
5.2.20A, 7.2.20A, 11.2.20A,	大気汚染公害訴訟　昭42.9.1C	竹島の日　平17.3.16A
12.4.30A, 17.4.30A, 21.4.10A,	大気汚染防止法　昭43.6.10A	タケノコ生活　昭22D
22.4.25A, 24.1.23A, 27.10.1A,	第5福竜丸　昭29.3.1C, 29.3.16C	竹の子族　昭53.3D, 55D
28.4.19A, 30.2.27A, 33.5.22A,	大嘗祭　平2.11.22A	多国籍軍　平2.8.20A, 16.6.8A
35.11.20A, 38.11.21A,	大詔奉戴日　昭17.1.2C	立川基地　昭52.11.30C
44.12.27A, 47.12.10A, 51.12.5A,	耐震強度偽装事件　平17.11.17C,	宅急便　昭56D
54.10.7A, 55.6.22A, 58.12.18A,	18.4.26C, 19.1.25C	脱原発集会　平23.9.19C
61.7.6A, 平2.2.18A, 5.7.18A,	対人地雷全面禁止条約　平9.9.18B,	ダッコちゃん　昭35D
8.10.20A, 12.6.25A, 15.11.9A,	11.3.1B	脱サラ　昭46D
17.9.11A, 21.8.30A, 24.12.16A,	大西洋憲章　昭16.8.14B	脱ダットサン　昭6.8.8C
26.12.14A, 29.10.22A	大政翼賛会　昭15.10.12A, 16.8.2C	脱北者　平16.9.1A, 16.7.27B
早大事件　昭27.5.9C	大石寺　平3.11.7C	脱北日本人妻　平15.1.17C
早大授業料値上げ反対スト	大東亜会議　昭18.11.5A	伊達判決（砂川事件）　昭34.3.30A
昭41.1.18C	大東亜省設置　昭17.11.1A	建物疎開　昭18.11.13C, 19.1.26C
相対的貧困率　平21.11.20C	大東亜戦争戦捷祝賀国民大会	タフガイ　昭34D
早大入試問題漏洩　昭55.3.6C	昭17.2.18C	WHO　平15.7.5B, 21.6.11B, 26.8.8B
想定内　平17D	第2次世界大戦　昭14.9.1B, 20.8.15B	WTO　平7.1.1B, 13.11.10B, 24.8.22B
総同盟（日本労働総同盟）	対日屑鉄全面禁輸　昭15.9.26A	WBC連覇　平21.3D
大15.10.24A, 昭10.4.10C	対日貿易赤字　平6.2.17A	玉串料訴訟　平9.4.2C
総同盟（全日本労働総同盟）	対日理事会　昭21.4.5A	たまごっち　平9D, 17D
昭11.1.15C, 12.10.17C	大日本言論報国会　昭18.3.7C	タリバン　平13.2.26B,
総同盟（日本労働組合総同盟）	大日本国防婦人会　昭8.4D, 17.2.2C	13.10.7B, 19.7.19B
昭21.8.1C, 39.11.10C	大日本産業報国会　昭15.11.23C,	タレント議員　昭43.7.7A
総評　昭25.7.11C, 26.3.10C,	20.9.30C	タロとジロ　昭34.1.14C
27.7.21A, 59.7.24A,	大日本東京野球倶楽部　昭9.12.26C	単一為替レート　昭24.4.23A
59.12.6A, 平1.11.21C	大日本農民組合　昭13.2.6C	塘沽停戦協定　昭8.5.31A
宗谷　昭31.11.8C, 32.2.28C	大日本婦人会　昭17.2.2C	炭鉱国家管理　昭22.7.14A, 22.12.8A
総理府　昭24.6.1A	大日本翼賛壮年団　昭17.1.16A	男女共同参画社会基本法
即位の礼　昭3.11.10A, 平2.11.12A	大日本労務報国会　昭18.6.2C	平11.6.23A
そごう　平12.7.12A, 12.9.11A	台風・水害⇒テーマ別索引	男女雇用機会均等法　昭61.4.1C
租税特別措置法　平11.8.6A	対米輸出規制　昭45.6.22A, 46.7.1A,	男女差別　昭44.7.1C, 50.10D

ダンスホール　大14D, 3.11.10C, 15.10.31C
男装の麗人　昭5.9D, 8.6.15C, 8D, 16D
団体等規正令　昭24.4.4A
団地族　昭33D
丹那トンネル　昭8.6.19C, 10.1D

【ち】

治安維持法　大14.4.22A, 15.1.15C, 昭3.3.15A, 3.6.29A, 10.12.8C
治安警察法　大15.4.9A, 昭3.4.10A
チェコとスロバキア分離　平5.1.1B
チェチェン　平7.1.19B, 8.8.31B, 16.9.1B
チェルノブイリ原発　昭61.4.26B
地価高騰　昭49.5D, 61D, 62.4.1A, 63.4.1A
地下通信ケーブル火災　昭59.11.16C
地下鉄　昭2.12.30C, 7.3.20C, 29.1.20C, 35.12.4C
地下鉄サリン事件　平7.3.20C, 24.6.3C
地球温暖化対策推進法　平10.10.9A, 14.5.21A
地球環境サミット　平14.8.26B
地球サミット　平4.6.3B
地球は青かった　平36D
地上デジタル放送　平15.12.1C, 23.7.24C
チバニアン　平29.11.13C
チベット　昭25.10.31B, 34.3.10B, 平20.3.14B
地方自治庁　昭24.6.1A
地方分権一括法　平11.7.16A
地名を守る会　昭53.3.11C
チャールストン　昭2D
中越戦争　昭54.2.17B
中央教育審議会　昭27.6.6C, 40.1.11C
中央公論社　平10.11.2C
中央省庁再編　平13.1.6A
中央労働基準審議会　昭24.10.1B
中華人民共和国成立　昭24.10.1B
中・韓国交樹立　平4.8.24B
中間貯蔵施設　平26.6.16A, 26.8.30A, 27.3.13C
中距離核戦力全廃条約　昭62.12.9B
忠犬ハチ公　昭9.4.21C
中国原爆実験　昭39.10.16B
中国残留孤児　昭56.3.2C, 平18.12.1C
中国GDP世界第2位に　平2.2.20C
忠魂碑訴訟　平2.2.20C
中性洗剤　昭37.1.10C
中ソ対立　昭34.9.30B, 38.7.20B
中台首脳会談　平27.11.7B
中東戦争　昭23.5.15B, 31.10.29, 42.6.6B, 48.10.6B
中ピ連　昭47.6.14C
中部国際空港　平17.2D
中立労連　昭31.9.8C
中流　昭59D
ちょい悪　平17D
張鼓峰事件　昭13.7.11A

長者番付　平18.9D
長征　昭9.10.15B, 10.10.20B
朝鮮休戦協定　昭28.7.27B
朝鮮人学校　昭23.3.31C, 24.10.19C
朝鮮人強制連行　昭20.3D
朝鮮戦争　昭25.6.25B
朝鮮総督府　昭14.12.26C, 17.10.1A
朝鮮大学校　昭43.4.17C
朝鮮に徴兵制　昭18.8.1A
朝鮮民主主義人民共和国　昭23.9.9B
町村合併促進法　昭28.9.1A
町内会　昭15.9.11A
超能力ブーム　昭49D
徴兵猶予　昭18.10.12C
徴兵令　昭2.4.1C
超法規的措置　昭50.8.5C, 52.10.1C
町名変更　昭40.3.1C
著作権法改正案　平15.6.12C

【つ】

ツイスト　昭37D
通商産業省　昭24.5.25A
通信傍受法　平14.3.30C
ツェッペリン伯号　昭4.8.19B
築地小劇場　大13.6.13C, 15.3D, 昭4.11D
月探査衛星「かぐや」　平19.9.14C
つくばエクスプレス　平17.8D
筑波研究学園都市　昭38.9.6C, 42.6.10C
筑波大学開校　昭49.4.1C
対馬丸　昭19.8.22C
敦賀原発事故　平8.12.24C

【て】

定額給付金　平20.11.12A, 21.3.5C
帝銀事件　昭23.1.26C, 62.5.10C
帝国議会議事堂　平11.11.7C
帝国国策遂行要領　昭16.9.6A, 16.11.5A
Tシャツ流行　昭46D
帝人事件　昭9.4.18A
定数是正　昭51.4.14A, 60.5.31A, 60.7.7A, 61.5.21A
ディスカウントショップ　昭52D
ディスカバージャパン　昭45D, 48D
DDT強制散布　昭21D
帝都復興祭　昭5.3.24C
TPP（環太平洋経済連携協定）　平23.11.12A, 25.7.23A, 28.2.4A, 28.12.9A, 30.12.30A
DV防止法　平13.4.13A
出稼ぎ　大13.10C, 昭40.2.23C
テクノポリス　昭58.5.16A
鉄道・船舶事故⇒テーマ別索引
鉄のカーテン　昭21.3.5B, 23D
テト攻勢　昭43.1.30B
テヘラン会談　昭18.11.28B
テポドン1号　平10.8.31B
デューダ　昭59D
テルアビブ空港乱射事件　昭47.5.30C
テレクラ　平6.6D
テレビ受信契約数　昭33.5D,

37.3D, 42.12D
テレビジョン定期実験放送開始　昭25.11.10C
テレビジョン公開実験　昭3.11.28C
テレビ、全日放送に　昭37D
テレビ実験実況中継　昭26.6.3C
テレビ深夜放送中止　昭49.11D
テレビ本放送開始　昭28.2.1C
テレホンカード　昭57.12D
テロ関連3法　平13.10.29A
テロ等準備罪　平29.6.15A
テロ特措法　平19.11.1A
天安門事件　昭51.4.5B, 平1.6.4B
電気通信省　昭24.6.1A
天気予報　昭16.12D, 20.8.22C
デング熱　平26.8D
電源スト　平27.9.24C
転向声明　昭8.6.7A
電光ニュース　昭3.11D
電子計算機　昭37.2.27C
点数切符制　昭17.1.20C
電卓　昭47.8D
天中殺　昭54D
天皇機関説　昭10.2.18A, 10.8.3A, 10.10.15A
天皇制　昭7.7.10A, 20.8.12A, 20.11D, 36.12.21C, 64.1.7C
天竜脱退事件　昭7.1.9C
電力管理法　昭13.4.6A
電力小売自由化　平28.4.1A

【と】

ドイツ統一　平2.10.3B
ドイツ無条件降伏　昭20.5.7B
土肥原・秦徳純協定　昭10.6.27A
東亜新秩序　昭13.11.3A
統一協会　平4.8D
東海道新幹線　昭34.11.17C, 39.10.1C, 平15.10D
東海村核燃料再処理工場爆発事故　平9.3.11C
東海村臨界事故　平11.9.30C
灯火管制　昭12.4.5A, 13.4D, 20.8.20C, 25.6.29C
冬季オリンピック⇒テーマ別索引
東京医科大入試不正　平30.8.7C
東京国立近代美術館フィルムセンター　昭59.9.3C
東京裁判（極東国際軍事裁判）　昭21.5.3A, 23.11.12A
東京サミット　昭54.6.28A, 61.5.4A, 61.5.4C
東京スカイツリー　平24.5D
東京大空襲　昭20.3D, 20.3.9A
東京宝塚劇場　昭9.1D
東京タワー　昭33.12.22C
東京ディズニーシー　平13.9D
東京ディズニーランド　昭58.4D
東京都議会汚職事件　昭40.3.16A
東京都庁　平3.3.9A
東京初空襲　昭19.11.24A
東京間借人協会　昭41.11.16C
東京三菱銀行　平8.4.1A,

12.4.19A, 16.7.14A	toto 平13.3D	南京大虐殺事件 昭12.12.13A
統合型リゾート実施法 平30.7.20A	隣組 昭14.8D, 15.9.11A,	南昌武装蜂起 昭2.8.1B
統合型リゾート整備推進法	16.7.1C, 22.4.1C	南部仏印進駐 昭16.7.28A
平28.12.15A	ドバイ・ショック 平21.11.25B	南北元首直接会談 平12.6.13B
東三省易幟 昭3.12.29C	ドーハの悲劇 平5.10.28C	南北首脳会談 平19.10.3B, 30.4.27B
投資ジャーナル 昭59.8.24C,	泊事件 昭18.5.26C	難民 平1.5.29C
60.6.19C	土曜休校5日制 平3.12.19C	【に】
同時多発テロ 平13.9.11B	豊洲市場 平28.9.10C,	2・1ゼネスト 昭21.12.17A,
東芝機械 昭62.5.15C	29.1.14C, 30.10D	22.1.31A
同潤会 大15.8.6C, 昭9.8.16C	トヨタ 平14.5.13A,	新潟水俣病 昭40.6.12C,
東証「株式会社」 平13.11D	16.5.11A, 19.5.9A	42.6.12C, 46.9.29C
同情するなら金をくれ 平5D	豊田商事 昭60.6.18C	新島試射場問題 昭36.1.C, 38.7.8A
東証平均株価史上最高値	豊浜トンネル 平8.2.10C	肉弾三勇士 昭7.2.22C
平1.12.29A	トヨペットクラウン 昭30.1.7C	ニコヨン 昭24.6.11C
統帥権干犯 昭5.4.25A,	ドライビール 昭63D	21世紀クラブ 昭53.5.23A
6.9.21A, 14.6.27A	虎の門事件 大12.12.27A	23区制(東京都) 昭22.8.1C
統制派 昭9.11.20A	トランジスタテレビ 昭35.4D	27テーゼ 平7.15A
同性パートナー条例 平27.3.31C	トランジスタラジオ 昭30.8.7C	二重橋一般参賀大混乱 昭29.1.2C
東大紛争 昭43.1.29C, 44.1.18C	鳥インフルエンザ 平16.3.8C, 16.1D	にせ1000円札 昭36.12.7C
東電原発損傷隠し 平14.8.29C	ドリフターズ 昭48D	偽メール事件 平18.3.31A
東南アジア条約機構→SEATO	ドルショック 昭46.8.15B, 46.8.16A	2000円札 平12.7D
糖尿病実態調査 平10.3D	トルーマン=ドクトリン 昭22.3.12B	2大政党時代 平2.6.1A
東方会議 昭2.6.27A	ドレーパー賠償調査団 昭23.5.18A	日英通商航海条約 昭37.11.14A
東宝争議 昭23.8.19C	ドレメ 大15.11.2C	日銀総裁 平20.3.20A
東北凶作 昭6D, 9D, 10.2.15C	登呂遺跡 昭22.7.13C	日劇ダンシングチーム 昭11.1D,
東北自動車道 昭61.7.30C	トロリーバス 昭27.5.20C	52.4D
同盟 昭39.11.12C	トンキン湾事件 昭39.8.2B, 46.6.13B	日劇ミュージックホール 昭27.3D
同盟会議 昭37.4.26C	【な】	日大紛争 昭43.4.15C, 44.2.18C
東名高速道路 昭44.5.26C	ナイター 昭23.8D	日タイ友好条約 昭15.6.12A
当用漢字 昭21.11.16C,	ナイロン 昭26.4.12C	日朝平壌宣言 平14.9.17A
22.4D, 22.12.19C	直木賞 昭10.9D	日独伊三国同盟 昭15.9.27A
東洋の魔女 昭36.10.15B	長崎国旗引下げ事件 昭33.5.10A	日独伊防共協定 昭12.11.6B
東洋モスリン争議 昭2.5.30C	長沼ナイキ基地訴訟 昭48.9.7A	日独防共協定 昭11.11.25A
道路公団民営化 平14.6.21A,	長野県知事選 平12.10.15A, 18.8.6A	日米安全保障条約 昭26.9.8A,
16.6.2A, 17.9.30A	長野冬季パラリンピック 平10.3.5C	27.4.28A
同和対策事業特別措置法	中野区立富士見中いじめ自殺事件	日米安保条約改定阻止国民会議
昭44.7.10A	昭61.2D, 平6.5.20C	昭34.3.28A, 35.5.14A
都営ギャンブル 昭44.1.24C, 48.1D	中村屋 昭2D	日米行政協定 昭27.2.28A
トキ 平4.8D, 28.4.21C	長良川河口堰 平7.5.22C	日米共同声明 昭32.6.21A,
トーキー 昭4.5.9C, 6D	ながら族 平2D	42.11.15A, 44.11.21A, 56.5.15A
徳島ラジオ商事件 昭60.7.9C	名護市住民投票 平9.12.21A	日米共同統合実動演習 昭61.10.27A
特需(景気) 昭25D, 27.3.8A	名護市長選 平20.1.24A, 26.1.19A	日米首脳会談 平9.4.25A, 20.7.6A,
特殊慰安施設協会(RAA)	ナスダック・ジャパン 平12.6.19A	29.2.10A
昭20.8.26C	ナチス 平7.7.31B, 8.7.14B	「日米新時代」 昭32.6.21A
特殊法人改革基本法 平13.6.20A	ナップ(全日本無産者芸術連盟)	日米繊維協定 昭47.1.3A
独占禁止法 昭52.6.3A, 平9.6.18A	昭3.3.25C, 6.11.27C	日米地位協定 平8.9.8A
独ソ戦 昭16.6.22B	なでしこジャパン 平23.7.17C,	日米通商航海条約 昭14.12.22A
独ソ不可侵条約 昭14.8.23B	23.8D国	日米半導体協定違反 昭62.4.17B
特定失踪者問題調査会 平15.2.10C	NATO 昭24.4.4B, 57.1.11B,	日米防衛協力のための指針→ガイドライン
特別高等警察→特高	平6.1.10B, 6.4.10B, 7.6.26B,	日米貿易経済合同委員会
独立行政法人化 平11.9.20C	11.3.12B, 16.4.2B	昭36.11.2A
独立国家共同体会議 平3.12.30B	ななつ星in九州 平25.10D	日米友好通商航海条約 昭28.4.2A
どげんかせんといかん 平19D	なべ底不況 昭32A	日米諒解案 昭16.4.16A
都市博 平7.4.26C	ナミビア独立 平3.3.21B	日紡貝塚 昭36.8.19B, 41.8.6C
土地基本法 平1.12.14A	成田空港(新東京国際空港)	日満議定書 昭9.15A
土地ブーム 昭47D	昭43.2.26C, 45.2.19C, 46.2.22C,	日露首脳会談 平9.11.2A,
栃若時代 昭33.1D	52.5.6C, 53.2.6C, 53.3.26C,	10.11.12A, 21.2.18A, 31.1.22A
戸塚ヨットスクール 昭58.6.13C	53.4.28A, 53.5.20C, 平3.11.21C	日活ロマンポルノ 昭46.11D
特高(特別高等警察)	南極観測隊 昭31.11.8C, 32.1.29C,	日華平和条約 昭27.4.28A
7D, 7.10.6C, 11.9.28C, 19.1.29C	33.2.24C, 34.1.14C, 40.11.20C	日韓会談 昭27.2.15A, 28.4.15A,
ドッジライン 昭24.3.1A, 25.3.1A	南極商業捕鯨閉幕 昭62.3.14C	33.4.15A, 36.10.20A, 39.12.3A
都電廃止 昭42.12D	南京占領 昭12.12.11C, 12.12.13A	日韓議員連盟 昭50.6.30A

日韓基本条約　昭40.6.22A, 40.8.14B
日韓新時代　昭58.1.11A
日韓定期閣僚会議　昭50.9.15A
日教組　昭26.11.10C,
　29.2.22A, 32.12.22A, 57.6.28C,
　61.8.27C, 61.9.29C
日系人強制収容 昭17.3.2B, 58.2.24B
日経連　昭29.10.13A, 37.4.18C,
　44.10.16A, 49.11.5A
日産生命保険業務停止　平9.4.25A
日産・プリンス合併　昭41.4.20C
日照権　昭41.8.16C, 47.6.27C
日章丸　昭37.7.10C
日昇丸　昭56.4.9C
日ソ基本条約　大14.1.20A
日ソ共同宣言　昭31.10.19A
日ソ漁業暫定協定　昭52.5.27A
日ソ漁業条約　昭31.5.14A, 52.4.29A
日ソ交渉　昭30.6.1A,
　31.1.17A, 31.7.31A
日ソ中立条約 昭16.4.13A, 20.4.5A
日ソ通商条約　昭32.12.6A
日中覚書貿易協定　昭43.3.6A,
　45.4.19A
日中韓FTA交渉　平24.5.13B
日中国交正常化　昭47.9.29A
日中戦争　昭12.7.7A
日中平和友好条約　昭53.8.12A
ニッポン号　昭14.8.26B
2.26事件　昭11.2.26A
200カイリ漁業（専管）水域
　　昭51.12.10B, 52.1.1B,
　　52.3.1B, 52.5.2A
二風谷ダム訴訟　平9.3.27C
ニホニウム　平28.6.8C
日本医師会　昭36.2.19C, 45.1.1C
日本・EU経済連携協定　平31.2.1A
日本SF作家協会　昭38.3D
日本海員組合　昭3.6.8C
日本漢字能力検定協会　平4.7.19C
日本共産党　大14.1A, 15.12.4A,
　昭2.12.1A, 3.3.15A, 4.4.16A,
　5.2.26A, 7.7.10A, 7.10.6C, 8.6.7A,
　18.5.26C, 20.12.8C, 21.4.10A,
　23.5.4C, 24.3.7C, 24.7.2C,
　24.8.17A, 25.1.6A, 26.2.23A,
　36.7.27A, 42.1.24A, 49.12.28A
日本共産党幹部宅盗聴事件
　　昭61.11.27A, 62.5.7A
日本共産党スパイリンチ事件
　　昭51.1.27A
日本共産党ビューロー　平6.1.12A
日本共産党分裂　昭25.6.6A
日本経済再生本部　平23.2.26C
日本経団連　平14.5.28A, 18.5.24A
日本航空　昭26.7.31A,
　26.10.25C, 40.1.20C, 42.3D,
　21.10.29A, 22.1.19A
日本高校野球連盟　昭3.3D
日本国憲法　昭21.11.3A, 22.5.3A
日本国有鉄道　昭24.6.1A
日本債権信用銀行　平13.1.4A

日本歯科医師会　平16.7.15A
『日本資本主義発達史講座』昭7.5D
日本社会党　昭22.6.1A, 37.11.27A,
　44.12.27A, 52.9.27A, 54.8.6A,
　55.1.10A, 56.10.29A, 59.2.12A,
　60.1.17A, 61.1.22A, 61.9.6A
日本社会党統一　昭30.10.13A
日本社会党分裂　昭25.1.19A,
　26.10.24A
日本住宅公団　昭31.3.19C, 37D
日本出版文化協会　昭15.12.19C,
　17.3.21C
日本商工会議所　昭3.10.25A,
　8.10.27A, 27.11.20A
日本人宇宙飛行士　昭60.8.7C
日本・シンガポール自由貿易協定
　　平13.10.12A
日本製鉄株式会社　昭9.1.29A
日本赤軍　昭50.8.4C, 52.9.28C,
　62.11.21C, 平12.3.1B
日本専売公社　昭24.6.1A
日本戦没学生記念会　昭25.4.22C
日本たばこ産業会社　昭60.4.1C
日本ダービー　昭7.4.24C,
　50.5.25C, 平19.5D
日本中央競馬会発足　昭29.9.16D
日本長期信用銀行　平10.10.23A
日本電信電話公社　昭27.8.1A
日本道路公団 平15.8.8A, 15.10.24A
日本年金機構　平22.1.1C, 29.9.13C
日本脳炎　昭39D
日本農民組合　大15.10.17A,
　昭3.5.27A, 21.2.9C
日本母親大会　昭30.6.7C
日本万国博覧会　昭45.3.14C
日本武道館　昭39.10.3C
日本プロ野球選手会スト 平16.10D
日本文学報国会　昭17.5.26C
日本ペンクラブ　昭10.11.26C
日本放送協会→NHK
日本郵政社　平18.1.23A
日本郵政公社　平15.4.1A
日本列島改造論　昭43.5.26A,
　47.6.11A, 47.8.7A
日本労働組合全国評議会
　　昭12.12.15C
日本労働組合総評議会→総評
日本労働組合総連合（連合）
　　平1.11.21C
日本労働組合評議会（評議会）
　　大14.5.24C, 15.3.5A
日本を守る国民会議　昭61.6.7A
入試問題ネット投稿事件
　　平23.2.26C
ニューディール政策　昭8.3.4B
ニューヨーク株価暴落 昭4.10.24B,
　62.10.19B, 平20.9.29B
ニュルンベルク国際軍事裁判
　　昭20.11.20B, 21.10.1B
ニュルンベルク法　昭10.9.15B
人間宣言　昭21.1.1A
人間ドック　昭29.7D

【ぬ】
ヌーベルバーグ　昭35D
濡れ落ち葉　昭63D
【ね】
ねじれ国会　平22.7.11A
ネズミ講　昭46.6.5C, 53.11.1C
熱河作戦　昭8.1.27A
ネパール王宮惨劇　平13.6.1B
年賀郵便切手　平10.12.1C
年金横領　平19.9.3C
年金改革関連法 平6.11.2A, 16.6.5A
年金記録（問題）
　　19.12.11C, 20.3.14C
年金時効撤廃特例法　平19.6.30C
ねんきん特別便　平19.12.17C
年金保険料未払い　平16.4.23A
燃費データ不正　平28.5.12A
【の】
ノイローゼ　昭30D
農協　平4.4D
農業基本法　昭36.6.12A
農地改革　昭20.12.9A,
　20.12.29C, 21.10.21A
農薬使用全面禁止　平2.3.8C
農林1号　平26.3D
ノーカーデー　昭46.10.3C
能代市大火　昭24.2.20C, 31.3.20C
ノースリーブ　昭39D
野田醤油スト　昭2.9.16C
ノーチラス号　昭29.1.21B
ノートルダム寺院火災 平31.4.15B
NOVA　平19.6.13C
ノーパン喫茶　昭56.4D
野村証券　平9.3.6A
ノモンハンで武力衝突 昭14.5.11A
ノンバンク　平3.4.22A
【は】
バイアグラ　平10.12.1D, 11.1.25C
灰色高官　昭51D, 51.11.2A
配給　昭14.12.25C, 15.12.19C,
　16.4.1C, 16.9.1C, 17.1.1C,
　17.2.1C, 17.7.13C, 19.8.1C, 19.11.1,
　20.7.11, 20.11.17C, 21.11D
買血　昭42.1.12C
ハイジャック　昭45.3.31C,
　48.7.20C, 52.9.28C, 52.11.25C
売春禁止法期成全国婦人大会
　　昭29.2.8C
売春防止法　昭31.1.12C,
　31.5.24C, 33.4.1C
ハイセイコー　昭48.5D
配当不払い　平18.6.24C
俳優座　平19.2.10C, 20.12D
ハイライト（たばこ）　昭35.6D
ハウステンボス　平15.2.26A
破壊活動防止法　昭27.7.21A,
　　平8.1.18C
バカヤロー解散　昭28.3.14A
バカンス　昭38D
パキスタン核実験　平10.5.28B
爆買い　平27D
ハーグ条約　平25.3.15C, 26.4.1A

柏鵬時代　昭36.9D	反軍演説事件　昭15.2.2A	日の丸・君が代を国旗・国歌とする法律
派遣切り　平20D	万国著作権条約　昭31.1.28C	平11.8.9A
函館大火　昭9.3.22C	犯罪捜査のための通信傍受に関す	非暴力不服従運動　昭5.3.12B, 6.3.4B
パソコン　昭54.9D, 58D	る組織犯罪対策3法　平11.8.12A	ひまわり1号　昭52.7.14C
パソコン遠隔操作ウイルス事件	犯罪被害者保護法　平12.5.19C	「ひまわり」落札　昭62.3D
平26.1.29C	阪神・淡路大震災　平7.1.17C	ひめゆりの塔　昭21.3.1C（20.6.18C）,
羽田派　平4.12.18A	阪神フィーバー　平60.10D	28D, 50.7.17C
働き方改革　平30.2.14A, 30.6.29A	ハンセン病訴訟　平13.5.11C	100円硬貨発行　昭32.12D
八高線転覆　昭22.2.25C	ハンセン病補償法　平13.6.15C	平賀粛学　昭14.1.28C
蜂ノ巣城撤去　昭39.6.23C	ハンセン病問題基本法　平8.4.1A	Bリーグ発足　平28.9D
ハチの一刺し　昭56.10.28C	パンダ　昭47.10.28C, 55.1D, 平29.6D	ビリヤードブーム　昭61D
パチンコ　昭26D, 44.4D, 平1.10.9A	パンタロン　昭44D	広島大学学部長刺殺事件
八紘一宇　昭15D	パンティストッキング　昭43D	昭62.7.22C
バッジシステム　昭38.7.1A	バンドン会議　平17.4.22A	広島平和記念資料館　平18.4.21C
八頭身　昭28D	反日デモ　昭49.1.9A, 平17.4.9B	広田3原則　昭10.10.7A
初の商業テレビ放送　昭16.7.1B	万能細胞　平18.8.11C	広田・マリク会談　昭20.6.23A
初の政見放送　昭44.9.17C	ハンバーガー　昭46.7D	広田・ユレニエフ会談　昭12.12.1A
初のテレビ・ラジオ討論会	パンパン　昭20D	ヒロポン　昭24.10.18C,
昭35.11.12C	**【ひ】**	29.11.9C, 29.11D
バーツ暴落　平9.7.2B	ピアノ殺人　昭49.8.28C	ピンク映画　昭37.3D
パートタイム　昭29D	BSE　平13.9.10C,	ピンクレディー　昭52D, 53.12.31C
パナウェーブ研究所　平15.4D	15.12.23C, 16.4.16C	便乗値上げ　昭49.2.25A
花岡鉱山事件　昭20.6.30C, 28.4.1C,	PX　昭20.9D	**【ふ】**
平2.7.5C, 12.11.29C	PLO　昭39.5.28B, 49.11.22B,	ファジー　平2D
話せばわかる，問答無用　昭7D	57.6.16B, 平5.9.13B, 6.2.9B	ファッショ　昭7D
パナソニック　平20.10.1A, 20.11.7A	PL教団　平21.9.29C	ファービー　平11.5D
パナマ運河返還　平11.12.31B	非核化協同宣言　平4.2.19B	ファミコンブーム　昭60D
パナマ文書　平28.4.3B	非核3原則　昭42.12.11A,	ファミレス契約社員店長
羽田空港再国際線化　平22.10D	43.3.22A, 57.12.22A	平20.7.17C
羽田事件　昭42.10.8A, 42.11.12A	非核4原則　昭59.2.26A	フィリピン賠償協定　昭31.5.9A
馬場財政　昭7D	東アジアサミット　平17.12.14B	風水　平6D
バブル崩壊　平2.10.1A, 2D	東シナ海ガス田調査　平16.7.7A	風船爆弾　昭19.5D, 19.11.3A
浜岡原発運転中止　平23.5.6A	東ティモール　平11.4.21B, 14.5.19B	風評被害　平23C
浜岡原発原子炉水漏れ事故	東日本大震災　平23.3.11A	フォークソング　昭41D,
平11.10.10C	東日本大震災復興基本法	44.6.29C, 48D
パーマネント　9D, 12D, 14.6.16C	平23.6.20A	不快指数　昭36D
はやぶさ　平22.6.13C	B型肝炎訴訟　平18.6.16C, 23.6.28C	武漢三鎮占領　昭13.10.27A
はやぶさ2　平26.12.3C, 31.2.22C	光クラブ　昭24.11.24C	武器輸出3原則　昭42.4.21A,
腹切り問答　昭12.1.21A	引揚げ　昭24.6.27C,	58.1.14A, 平26.4.1A
パラサイト・シングル　昭39.11.8C	28.3.23C, 31.12.26D	復員　昭20.8.23C, 20.9.25C
パラリンピック	PKO　平4D, 4.9.17A, 10.7.21C	福岡ドーム　平5.3D
平10.3.5C	PKO（協力）法　平3.11.27A, 4.6.5A,	福島第一原発事故　平23.3.12A
パリ協定　平27.212.12B,	5.5.13A, 13.12.7A	フクバラハップ（抗日人民軍）
28.4.22B, 29.6.1B	B52　昭40.7.30A, 43.11.19C, 44.1.6A	昭17.3.29B, 21.7.4B
パリ国際会議　平3.10.23B	PCB　昭43.10.15C,	福本イズム　大15D, 昭2.7.15A
パリ同時多発テロ　平27.11.13B	47.3.21A, 48.6.11C	不敬罪　昭3.4.3C,
パリ島爆弾テロ　平14.10.12B	非自民連立内閣　平5.8.9A	10.28A, 10.12.8C, 18.11C,
パリ入城　昭19.8.25B	非常時　昭7D, 16D	21.6.22C, 22.10.26A
パリ不戦条約　昭3.8.27A, 昭3.8.27B	秘書官内閣　昭37.7.18A	富士銀行不正融資事件　平3.10.14A
バルカン協商　昭9.2.9B	ピース（たばこ）　昭21.1D, 27.2D	藤ノ木古墳　昭60.9.25C, 63.6.2C
バルト3国　平3.9.6B, 3.10.10A	ヒトゲノム解読　平12.6.26B	藤前干潟　平11.1.25C
ハルノート　昭16.11.26A	「人づくり」懇談会　昭37.12.5A	富士見産婦人科病院　昭55.9.11C
ハレー彗星　昭61.4D	ひとのみち教団　昭11.9.28C	フジヤマのトビウオ　昭24.8.16B
パレスチナ　昭22.11.29B,	ヒトラーユーゲント　昭13.9.28A	婦人議員誕生　昭21.4.10A
23.5.15B, 39.5.28B, 平5.9.13B,	一人っ子政策　平27.10.29B	婦人警察官　昭21.3.18C
14.3.12B, 15.4.30B, 17.1.10B,	ビートルズ　昭41.6.29C, 41.6D	婦人子供専用車　昭22.5.5C
18.1.26B, 24.11.29B	ピーナッツ　昭51D	婦人参政権　昭20.12.17A
ハレンチ　昭43D	B29　昭19.10.25A, 19.11.24A,	不審船　平11.3.23A, 13.12.22A
パワハラ　平25.1.30C, 30C	20.3.9A, 20.8.6A, 20.8.9A, 23.3.11C	双葉黒煙業　昭62.12.31C
反格差デモ　平23.9.17B	ビニ本　昭55D	プー太郎　平4D
ハンガーストライキ　昭6.4.21C	丙午　昭41D	普通選挙　大14.2.22A, 14.5.5A,
ハンガリー動乱　昭31.10.23B	日の丸　平3.6.30C, 6.7.21A, 7.9.3C	15.9.3A, 昭3.2.20A

物価メーデー　昭41.2.27C
復金インフレ　昭22.1.25A
復興金融金庫　昭22.1.25A,
　23.6A, 24.3.1A
復興庁　平24.2.10A
復興特別所得税　平25.1.1A
復興屋台村　平23.11D
ブッチホン　平11D
フーテン族　昭42D
普天間基地（飛行場）　平8.4.12A,
　9.12.21A, 11.11.22A, 22.5.26A,
　24.10.1C, 29.12.7C, 29.12.13C
不登校児童生徒　平9.8D
部分的核実験停止条約　昭38.8.5B,
　38.8.14A
富本銭　平11.1.19C
プライス勧告　平31.6.9A
『FRIDAY』　昭59.11D, 61.12.9C
部落会　昭15.9.11A, 22.4.1C
プラザ合意　昭60.9.12B
プラネタリウム　昭12D
フラフープ　昭33D
フリーエージェント制　平5.11D
不良債権　平4.10.30A,
　7.1.27A, 11.5.25A
フルキャスト　平19.8.3C
ふるさと納税　平27D, 29.4.1C
プルサーマル発電　平21.11.5C
ブルジュ・ハリファ　平22.1.4B
ブルセラ　平5D
プルトニウム輸送船　平5.1.5C
フルムーンパス　昭57D
ブレトンウッズ協定　昭20.12.27B
プレミアム・フライデー　平29.2.24C
ブロック経済　昭7.7.21B
ブロードバンド　平15D
プロ野球アジアシリーズ　平17.11.13C
プロ野球中止　平19.11.13C
プロ野球八百長事件　昭45.5.25C
プロレス人気　昭29.2D
文学座　昭20.12D, 38.1.14C
文化勲章　昭12.2.11C
文化住宅　大15D
文化大革命　昭40.11.10B, 42.1.24A
フンシンペック党　平5.6.1B

【へ】
米英撃滅国民大会　昭16.12.10C
兵役法　昭2.4.1C, 12.2.19C,
　13.2.25C, 14.3.9A, 16.11.15C,
　18.3.2A, 18.11.1A, 19.10.18A
ペイオフ解除　平14.4.1A, 17.4.1A
ペイオフ発動　平22.9.10A
米・キューバ国交回復　平27.7.20B
米軍基地問題
米国産牛肉の輸入停止　平15.12.24C
米穀統制法　昭8.3.29A
米穀配給通帳制　昭16.4.1C
米穀配給統制法　昭14.4.12C
平成の大合併　平24.3.31C
米ソ首脳会談　昭61.10.11B
米中共同声明　昭47.2.27B
米中経済摩擦　平30.3.23B

米朝首脳会談　平30.6.12B, 31.2.27A
ヘイトスピーチ対策法　平28.5.24A
『平凡パンチ』休刊　昭63.11D
米ロ首脳会談　平9.3.21B, 13.11.13B
平和共存路線　昭31.2.14B
平和5原則　昭29.6.28B
平和3原則　昭26.1.21A, 57.6.9A
平和のためのヒロシマ行動
　　昭57.3.21A
平和問題談話会　昭25.1.15C
平和4原則　昭26.1.21A
平和を守る会　昭25.2.27C
ヘクトパスカル　平4.12D
ヘップバーンカット　昭29D
ベトナム戦争　昭35.12.20B,
　40.2.7B, 50.4.30B
ベトナム統一　昭51.7.2B
ベトナム難民　平1.5.29C
ベトナム二重体児　昭61.6.19C,
　　63.10.4B
ベトナム反戦　昭39.8.10A, 44.10.15B
ベトナム和平拡大パリ会談
　　昭44.1.18B
ベトナム和平協定　昭48.1.27B
ヘドロ　昭45.8.11C
ペニシリン　昭3.9B, 31.5.15C
辺野古埋め立て　平27.10.13A,
　29.2.6C, 30.7.27A
ベビーホテル　昭56.3D
ベ平連　昭40.4.24C, 42.11.13C,
　44.6.29C, 46.11.17C
ヘルスセンター　昭30.11D
ペルー日本大使公邸人質事件
　　平8.12.17B, 9.4.22B
ベルリンの壁　昭36.8.13B, 平1.11.9B
ベルリン封鎖　昭23.6.24B
ペレストロイカ　平1D
弁護士一家失踪事件　平1.11.15C
変動相場制　昭46.8.28A, 48.2.14A

【ほ】
ポア　平7D
保安隊　昭27.10.15A
保育園落ちた日本死ね!!!　平28.2.15C
防衛省　平18.12.15A, 19.1.9A
防衛大学校　昭28.4.1C, 29.9C
防衛2法　昭52.12.21A
防衛白書　昭45.10.20A, 平2.9.18A
防衛費1％枠　昭61.12.30A,
　62.1.13A, 62.4.23A
防衛力整備計画　昭36.7.18A,
　45.10.21A, 47.10.9A, 54.7.17A
貿易為替自由化　昭35.6.24A
貿易収支赤字　平23A
貿易摩擦　昭55.11.17A, 56.3.23B
防空ずきん　昭16D
防空法　昭12.4.5A
報国債券　昭15.5.13C
暴走族　昭50.6.8C
法隆寺　昭26.12.27C, 29.11.3C
暴力行為処罰法　昭39.6.24A
暴力団不当行為防止法　平3.5.15C

ボウリング　昭27.12D, 38D, 46D
法輪功　平11.7.22B
北支処理要綱　昭11.1.13A
北炭夕張ガス突出事故　昭56.10.16C
北爆　昭40.2.7B, 40.7.30A,
　42.11.11C, 43.10.31B,
　45.5.1B, 47.4.6B
北伐　大15.7.9B, 3.2.2B
北部仏印進駐　昭15.9.23A
北陸トンネル　昭37.6.10C
保険金不払い　平17.2.18C,
　18.2.14C, 19.4.18C
「保健室登校」　平9.9D
歩行者天国　昭45.8D
欲しがりません勝つまでは　昭17D
母子手帳　昭23.5.12C
保守合同　昭30.11.15A
ボスニア　平6.4.10B,
　7.10.11B, 8.2.18B
ボーダーレス　平2D
北海道旧土人保護法　昭61.11.10A
北海道拓殖銀行　平9.11.17A
北海道庁爆破事件　昭51.3.2C
ポツダム宣言　昭20.7.26A, 20.8.14A
ホットパンツ　昭46D
ホッピング　昭31D
北方教育社　昭4.6C
北方領土の日　昭56.1.6A
北方領土問題　平9.7.24A
ホテルニュージャパン火災
　　昭57.2.8C
ポートピア'81　昭56.3.20C
骨太の方針　平13D
ポポロ事件　昭27.2.20C
ボーボワール　平28D
ホームレス　平10D
ほめ殺し　平4D, 4.11.2A
ボリショイバレエ団　昭32.8.28C
ポル=ポト政権成立　昭51.4.13B
香港返還　平9.7.1B
本庄事件　昭23.8.12C
本四連絡橋　昭50.12.21A
本土決戦　昭19.5.5A,
　20.1.20A, 20.6.8A
本土初空襲　昭17.4.18A
ほんみち教　昭3.4.3C

【ま】
マイカー　昭34.8D, 45D
埋設ケーブル火災　平28.10.12C
マイナス金利政策　平28.1.29A
マイナス成長　昭49A, 平9A
マイナンバー法　平27.10.5C
マインド・コントロール　平7D
前川レポート　昭61.4.7A
マカオ返還　平11.12.21B
マキシコート　昭44D
纏向遺跡　平21.11.10C
マキン・タラワ玉砕　昭18.11.25A
幕張メッセ　平1.10D
マーシャル=プラン　昭22.6.5B,
　23.4.16B, 26.12.30B
マーストリヒト条約　平4.2.7A

松内則三の実況放送　　昭4D
松岡・アンリ協定　　昭15.8.30A
マッカーシー旋風　　昭25.2.9B
松川事件　　昭24.8.17A、28.10.26C、34.8.10A、36.8.8A、38.9.12A
松坂屋　　平19.3.14A
松島遊廓事件　　昭21.2.20A
松本サリン事件　　平6.6.28C
窓ぎわ族　　昭53D
マドンナ旋風　　平1D
マナスル初登頂　　昭31.5.9B
マニフェスト　　平15D、21.7.27A
マニュアル　　平2D
マニラ占領　　昭17.1.2A
マラヤ共産党　　平2.1.10C
マリアナ沖海戦　　昭19.6.19A
マルクスボーイ　　平19C
『マルコポーロ』廃刊　　平7.1.30C
マル生運動　　昭46.10.5C
マルタ会談　　平1.12.3B
丸ビル　　平14.9D
丸紅ルート　　平7.2.22C
丸山ワクチン　昭49.10.23C、56.8.14C
「マル優」制度　　昭63.4.1A
マレー半島上陸　　昭16.12.8A
万景峰号　　平15.8.25A
漫才ブーム　　昭55D
満州国　　昭7.2.18A、7.3.1A、7.12.19C、8.2.14A、8.10.21A、9.3.1A
満州事変　　昭6.9.18A、7.10.2A
満州武装移民団　　昭17.10.3C
満鉄　　昭2.11.12A、9.11.1C
満年齢　　昭25.1D
マンボ　　昭30D
万宝山事件　　昭6.7.2A
満蒙開拓青少年義勇軍　　昭14.6.7C

【み】

三池争議　　昭34.12.11C、35.1.5C、35.7.19A、35.7.19C
三池三川鉱炭塵爆発　　昭38.11.9C
ミグ25強行着陸　　51.9.6C
水島製油所重油流出　　昭49.12.18C
Mr.Children　　平8D、16D、17D
みずほ銀行　　平11.8.20A、14.4.1A
みずほホールディングス　　平12.9.29A
ミスユニバース　　昭28.7.16B、34.7.24B
ミズーリ号　　昭20.9.2A
見瀬丸山古墳　　平3.12D
三鷹事件　　昭24.7.15A
三井住友銀行　　平13.4.2A
三井物産ODA贈賄疑惑　平14.8.27C
三井物産マニラ支店長誘拐事件　　昭61.11.15C
三井三池鉱山　昭38.11.9C、平9.3.30A
三越伊勢丹ホールディングス　　平20.4.1A
三越スト　　昭26.12.18C
三越ニセ秘宝展　　昭57.8.28C
ミッチーブーム　　昭33D
ミッドウェー（空母）　昭47.11.16A、48.10.5A、平3.9.11C

ミッドウェー海戦　　昭17.6.5A
三菱銀行3億円強奪事件　昭61.11.25C、62.10.30C
三菱銀行猟銃強盗事件　　昭54.1.26C
三菱自動車　　平12.7.19C、13.4.11A、28.4.20A
三菱重工爆破事件　　昭49.8.30C、62.3.24C
三菱東京フィナンシャル・グループ　　平13.4.2A
三菱東京ＵＦＪ銀行　　平18.1.1A
三菱南大夕張炭鉱閉山　　平2.3.27C
三菱ＵＦＪフィナンシャル・グループ　　平20.9.22A
三矢研究　　昭40.2.10A
#Me Too運動　　平30C
ミートホープ　　平19C
ミドリ十字　　平8.9.19C
緑のおばさん　　昭34.11D
みどりの窓口　　昭40.9D
見なし管理職　　平20.1.28A
水俣病　　昭31.11.3C、34.11.2C、48.3.20C、62.3.30C、平8.5.22～23C、16.10.15C
南アルプススーパー林道　　昭54.11.12C
南スーダン独立　　平23.7.9B
南スーダンPKO　　平28.11.15A、29.3.10A
南ベトナム降伏　　昭50.4.30B
南ベトナム賠償協定　　昭34.5.13A
ミニスカート　　昭40D、42D、42.10.18B
ミニバイク　　昭51.2.10C
美浜原発事故　　平3.2.9C、16.8.9C
三原山投身自殺　　昭8.1.9C
三宅島の全島避難　　平17.2.1C
ミャンマーのデモ　　平19.9.24B
みゆき族　　昭39D
ミュンヘン協定　　昭13.9.10B
明神礁　　昭27.9.17C
繆斌工作　　昭20.3.21A
ミロのヴィーナス展　　昭39.4D
民芸　　昭22.7.28C、23.1D、26.9D、37.7D
民社党　　昭50.2.19A、59.3.26A
民主化に関する5大改革　　昭20.10.11A
民主社会主義　　平3.2.19A
民主・自由両党合併　　平15.9.24A
民政党　　昭5.2.20A、15.8.15A
民暴　　平4D
民法改正　　昭22.12.22A、51.6.15C
民放テレビ本放送開始　　昭28.8.28C

【む】

無縁社会　　平22D
無形文化財選定　　昭27.3.29C
霧社事件　　昭5.10.27A
無条件降伏　　昭20.8.15B
無責任時代　　昭37D
ムチ打ち症　　昭42.12D
むつ小川原開発計画　　昭47.9.14A

ムネオハウス　　平14D
ムハンマドの風刺画　　平18.2.4B
「無名戦士の墓」　　昭10.3.28C
村上ファンド　平17.9.27A、18.6.5A
ムーランルージュ　　昭6.12D

【め】

冥王星　　昭5.2.18B、平18.8.24C
明治節　　昭2.11.3C
明治100年　昭41.3.25A、43.10.23A
明電工疑惑　　平1.5.17A
メキシコと自由貿易協定　平16.9.17A
メタボ　　平18D
メチル　　昭20D
メーデー　　昭10.5.1C、21.5.1C
メーデー事件　　昭27.5.1A
メートル法　　昭34.1.1C、41.4D
メニュー偽装　　平25.11.20C
メモリアルホール　　昭26.10.28C、27.4.1C
メラミン混入　　平20.9.20C
免震ゴム性能データ改竄　平27.3.13C
免田事件　　昭58.7.15C

【も】

モガ　　昭2D
もく星号　　昭26.10.25C、27.4.9C
木炭車　　昭13.7D
木曜クラブ　　昭55.10.23A
モスクワ劇場占拠テロ　平14.10.23B
モスクワ宣言　　平10.11.12A
モダーン　　大15D
持株会社整理委員会　　昭23.2.8A
木簡　　平11.11.22C
モーテル　　昭32.4D
モーニング娘。　　平11D、13D
モナリザ展　　昭49.4D
モノレール　昭32.12D、39.9.17C
もはや戦後ではない　　昭31.7.17C
モボ　　昭2D
モラトリアム（支払猶予）　昭2.4.22A、6.6.20B
森友学園（国有地売却問題）　平29.2.9A、29.3.23A、30.3.2A
森永砒素ミルク中毒　　昭30.8C、47.8.16C
モンキーダンス　　昭40D
もんじゅ　平25.5.3A、28.9.20C
もんぺ　　平16D

【や】

八海事件　昭26.1.24C、32.10.15C
夜間中学設置　　昭26.6.30C
野球用語の日本化　　昭18.3D
薬害エイズ　　平8.2.16C、8.8.29C、平12.2.24C
薬害肝炎救済法　　平20.1.11C
ヤコブ病　平13.11.14C、21.2.24C
靖国神社　　昭7.9D、27.10.16C、49.5.25A、54.4.19C、61.8.15A
靖国神社参拝　　昭50.8.15A、53.8.15A、55.8.15A、55.10.28A、56.8.15A、59.4.13A、60.8.15A、平16.1.1A、16.4.7C、17.5.16A、17.10.17A、18.8.15A

【や】

山一証券　平9.11.22A, 12.3.28A
山一証券事件　昭40.5.28A
山岸会　昭34.7.10C
ヤミ　昭14.10.18C, 14D, 17.1.9C, 21.1D, 22.1・22C
ヤルタ会談　昭20.2.4B
ヤンキー＝ゴー＝ホーム　昭27D
八ッ場ダム　平21.9.23C, 23.12.22A
ヤンバルクイナ　昭56.11.13C

【ゆ】

夕刊　昭19.3D, 24.11.27C, 26.10.1C
夕暮れ族　昭54D
有事法制関連３法　平15.6.6A
郵政省　昭24.6.1A
優生保護法　昭23.7.13C, 平30.5.17A
郵政民営化　平19.10.1A
郵政民営化関連法案　平17.8.8A
有毒ワイン事件　昭60.7.24C
夕張市　平19.3.6A
郵便番号制　昭43.7D
郵便割引制度悪用事件　平21.6.14C, 22.9.10C
UFJ銀行　平14.1.15A
UFJホールディングス　平13.4.2A
雪印食品　平14.1.23C
雪印乳業　平12.6.27C
ユーゴ紛争　平3.10.10B
豊かさ総合指数　平3.11D
ゆとり教育　平14.4.1C
ユニバーサル・スタジオ・ジャパン　平13.3D
ユネスコ加盟　昭26.6.21A
夢の島　昭40.6D
ユーロ　平11.1.1B, 14.1.1B
ユーロトンネル　平6.5.6B

【よ】

予科練　昭17.11.1C
翼賛政治会　昭17.5.20A, 20.3.30A
翼賛政治体制協議会　昭17.2.23A
翼賛選挙　昭17.4.30A
横浜事件　昭19.1.29C, 平15.4.15C
横浜博覧会　平1.3D
横浜マリノス　平7.12D
予算100兆円突破　平31.3.27A
吉野ケ里遺跡　平1.3.2C
吉野川可動堰建設　平12.1.23C
吉展ちゃん事件　昭38.3.31C
吉野家　昭55.7.15C
吉本興業　昭9.4D
『四畳半襖の下張』　昭47.6.22C, 51.4.27C
預貯金封鎖　昭21.2.17C
四日市ぜんそく　昭42.9.1C, 47.7.24C
よど号　昭45.3.31C
四人組　昭51.10.12B
読売新聞社争議(スト)　昭20.10.23C, 21.7.12C
ヨーヨー　昭8D
ヨーロッパ共同体→EC
ヨーロッパ経済共同体→EEC
ヨーロッパ連合→EU
４・16事件　昭4.4.16A

4K・8K実用放送開始　平30.12.1C
ヨン様　平15D

【ら】

ライブドア　平16.10D, 17.2.8A
ライブドア事件　平18.1.18A, 19.3.16C
らい予防法　昭28.8.15A, 平8.4D
楽天　平16.10D, 17.10.13A
ラジオ体操　昭3.11D
ラジオ放送開始　大14.3.1C
ラジカセ　昭43D
ラトビア独立　平2.2.15B
ラロック証言　昭49.9.10A
乱塾　昭50D

【り】

陸軍現役将校学校配属令　大14.4.13C
陸軍パンフレット　昭9.10.1A
リクルートコスモス　昭63.9.8A
リクルート事件　昭63.6.18A, 63.11.21A, 平1.2.7A, 1.2.12A, 1.4.18A, 1.5.22A, 1.5.25A, 1.12.11A, 15.3.4C
リスボン条約　平21.12.1B
リーゼント　昭23D
りそなグループ　平15.6.10A
立太子の礼　平3.2.23C
リットン報告書　昭7.10.1A
リトアニア独立　平2.3.11B
リニア新幹線談合　平29.12.18A
リニアモーターカー　昭54.12.12C, 平17.3D
リベンジ　平11D
リーマン・ブラザーズ　平20.9.15B
リムパック　昭55.2.26A, 平8.6.4C
琉球中央政府　昭27.4.1A
緑風会　昭25.6.4A, 40.4.20A
李ライン　昭27.1.18B, 28.2.4C
臨時教育審議会　昭59.8.21A, 61.4.23C, 62.8.7C
臨時行政調査会　昭37.2.15A, 56.3.16A, 57.2.10A
臨時ニュース　昭6.9.18A
リンタク　昭20D

【る】

ルービックキューブ　昭55D

【れ】

霊視商法　平7.10D
冷戦　昭21.3.5B, 23.10.7A
レイテ沖海戦　昭19.10.24A
冷凍インゲン　平20.10.15C
冷凍餃子　平20.1.30C
レオパレス21建築基準法違反　平31.2.7C
レコード大賞　昭34.12D
レジャー　昭36D, 42D
劣化ウラン弾　平9.2.10C
レッサーパンダ「風太」　平17.5D
レッドパージ　昭24.9A, 25.7.24A
レトルト食品　昭43.5D
レトロ　昭61D
レビュー　昭2.9D, 3.10.12C, 8.6.15C
連合発足　昭62.11.20C

連合政権構想　昭55.1.10A
連合赤軍　昭47.2.19C
連続企業爆破　昭49.8.30C
連続幼女誘拐殺人　平1.8D
「連帯」　昭55.9.22B, 56.9.10B, 56.12.13B, 平1.6.4B, 2.12.9B

【ろ】

老人医療　昭44.12.1C, 48.1.1C
労働基準法　平20.12.5A
労働組合法　昭20.12.22A
労働契約法　平19.11.28A
労働省発足　昭22.9.1A
労働農民党　大15.12.12A, 昭2.5.31A, 3.4.10A
労農派　昭2.12.6C, 4.12.25A, 12.12.15C, 13.2.1C
ロカビリー大流行　昭33.2D
ロカルノ条約　大14.12.10B
6・3・3・4制　昭22.3.31C
盧溝橋事件　昭12.7.7A, 63.5.11A
ロス疑惑　昭59.1C, 60.9.11C, 61.1.8C, 62.8.7C, 63.11.10C, 平10.7.1C, 20.2D
六価クロム　昭50.7.16C, 51.5.28C
6か国協議　平15.8.27B, 17.9.19B
ロッキード裁判　昭56.10.28C, 58.1.26A, 58.10.12A, 62.7.29A
ロッキード事件　昭44.1.15A, 47.8.31A, 51.2.4A, 51.7.27A, 51.6.22C, 57.1.26A, 57.6.8A
ロックンロール　昭32D
六本木ヒルズ　平15.4D, 16.3.26C
ロヒンギャ難民　平29.8.25B
ローマ字教育　昭22.4D
ローマ・ベルリン枢軸　平11.10.25B
ローマ法王　平13.5.6B, 18.9.12B, 25.2.11B, 28.2.12B
ロンドン海軍軍縮会議　昭4.10.7A, 4.11.26A, 5.1.21A, 5.4.1A, 11.1.15A
ロンドン海軍軍縮条約　昭5.4.22A, 6.2.3A, 6.4.6C, 10.7.28C
ロンドン国際経済会議　昭8.6.12B

【わ】

YS-11　昭37.8.30C
わいせつ　昭35.4.7C, 40.6.16C, 47.1.28C, 47.6.22C, 51.4.27C
若戸大橋　昭37.9.26C
ワシントン海軍軍縮条約　昭9.12.3A, 11.12.31A
わだつみ会　平5.5.1C
ワープロ　昭58D
わらわし隊　昭13.4D
割増金付手債券　昭17.6D
ワルシャワ条約　昭30.5.14B
ワルシャワ条約機構　平3.7.1B
ワールド・ベースボール・クラシック　平18.3.20B
湾岸戦争　平3.1.20B, 3.1.24A
「ワンセグ」　平18.4D

人名索引

主要な人物について五十音順に配列、重要な記事のある日時を示した。
ノはノーベル賞受賞、国は国民栄誉賞受賞、首は首相就任に関する記事を示す。

【あ行】
アイゼンハワー
　　昭32.6.19A、35.1.20A
愛知揆一　　昭41.8.1A、
　45.8.10A、48.11.23没
アインシュタイン
　昭8.10.17B、14.10.11B
青木功　　昭53.10.16B、
　55.6.15B、58.2.13B
青島幸男　昭43.7.7A、56D、
　57.12.20A、平7.4.9A、
　7.4.26C、18.12.20没
赤城徳彦　　平19.8.1A
赤崎勇　　平26.10Dノ
明石康　　平4.1.9B
秋篠宮（礼宮）　平1.8.25C、
　2.6.29C、16.11.30C、
　30.11.30C
秋篠宮紀子　　平18.9.6C
アキノ　　昭61.2.25B
安芸ノ海　昭14.1D、17.5D
秋山豊寛　　平2.12.2C
芥川龍之介　昭2.7.24C・没
朝青龍　　平17.11D、
　19.8D、22.2D
浅田真央　　平17.12.17B
浅沼稲次郎　大14.12.1A、
　昭2.3.1C、26.10.24A、
　30.10.13A、32.4.22A、
　34.3.9A、35.10.12A・没
麻原彰晃→松本智津夫
芦田均　　昭22.6.1A、
　23.3.10A首、23.12.7A、
　34.6.20没
飛鳥田一雄　昭38.4.17A、
　52.12.13A、53.3.1A、
　56.8.23A、56.12.20A
麻生太郎　　平20.9.22A、
　20.9.24A首
麻生久　　昭5.7.20A、
　7.7.24A、9.10.3A
渥美清　　昭44D、
　平8.8.4没、8.9D国
安倍昭恵　　平29.2.9A、
　29.3.23A
安部磯雄　　大13.4.27C、
　15.12.5A、昭7.7.24A、
　24.2.10没
安部公房　昭37D、平5.1.22没
阿部定　　平11.5.18C
安倍晋三　　平18.9.20A、

18.9.26A首、19.9.12A、
24.9.26A、24.12.26A首
25.1.30A、25.4.29A、
26.1.24A、26.11.18A、
27.4.29A、27.8.14A、
28.6.1A、28.12.27A、
29.2.10A、29.5.8A、
30.9.20A、31.1.22A
安倍晋太郎　　昭63.7.5A
安部英　　平8.8.29C
阿部信行　昭14.8.30A首、
　17.2.23A、28.9.7没
安倍能成　　昭24.3C
天野浩　　平26.10Dノ
安室奈美恵　　平9D、29D
礼宮→秋篠宮
新井将敬　　平10.2.19C
荒川静香　　平16.3.27B、
　18.2.10B
荒木貞夫　昭6.10.17A、
　7.5.17A、14.3.28A
嵐寛寿郎　昭2.3D、
　32D、55.10.21没
アラファト　平5.9.13B、
　8.1.16B、16.11.11B
荒船清十郎　昭41.10.11A
有吉佐和子　昭42D、47D、
　50D、53D、57D、59.8.30没
淡谷のり子　昭12D、
　平11.9.22没
家永三郎　昭40.6.12C、
　45.7.17C、61.3.19C、
　平14.11.29没
猪谷千春　昭31.1.26B
池田成彬　昭8.9.22A、
　25.10.9没
池田勇人　昭24.1.23A、
　25.3.1A、25.12.7A、
　27.11.27A、33.12.31A、
　34.6.18B、34.7.19A首
石井光次郎　昭32.2.25A、
　35.7.14A
石川さゆり　昭52D、平1D
石川達三　昭10.9D、
　13.2.18C、25D、
　33D、60.1.31没
石川遼　　平19.5D、
　20.1D、21.12D
石坂洋次郎　昭8.5D、
　22D、61.10.7没
石橋湛山　昭21.5.22A、
　29.11.8A、31.12.23A首、
　32.2.23A、48.4.25没
石橋政嗣　昭58.9.7A、
　60.1.17A
石原莞爾　昭6.9.18A、
　6.10.8A、24.8.15没
石原慎太郎　昭30.7D、
　31D、43.7.7A、48.7.17A、
　50.3.17A、平1.8.5A、
　9.5.6A、11.4.11A、12.2.7A、
　19.4.8A、23.4.10A、

24.4.16A、24.10.25A
石原裕次郎　　昭32D、
　43D、62.7.17没
泉重千代　　昭61.2D、
　61.2.21没
李承晩　昭27.8.7B、35.4.27B
板垣征四郎　昭6.9.18A、
　7.2.16A、14.9.23A
市川右太衛門　　昭4D、
　平11.9.16没
市川猿之助（2世）　
　昭20.9D、21.2D、36.6.24B
市川崑　　昭31D、33D、
　35D、40D、51D、
　58D、60D、平20.2.13没
市川染五郎　昭44.4D、45.3B
市川房枝　大13.12.13A、
　昭2.2.6C、49.7.7A、
　56.2.11没
一条さゆり　昭47.5.7C
伊調馨　　平20.8.21B、
　28.10D国、30C
イチロー　平6.9D、13B、
　16.10.1B、21.4D、
　22.9D、28.6D、31.3D
五木寛之　　平10D
伊東絹子　昭28.7.16B、28D
伊藤整　昭25.6.26C、25D、
　28D、29.10D、
　36.11D、44.11.15没
伊東正義　　平1.4.25A
伊藤みどり　　平1.3.18B
糸川英夫　昭32.9.20C
糸山英太郎　昭49.7.29A
稲尾和久　昭33.10D、
　平11.11.13没
稲田朋美　平28.10.8A、
　29.7.28A
犬養健　昭24.2.14A、
　29.4.21A
犬養毅　昭4.6.1B、4.10.12A、
　5.4.25A、6.12.13A首、
　7.1.8A、7.5.15A・没
井上準之助　昭7.2.9A・没
井上靖　昭32D、平3.1.29没
猪瀬直樹　平24.12.16A、
　25.11.22A
井伏鱒二　昭16.11D、
　25D、平5.7.10没
今井通子　昭42.7.19B、
　46.7.17B
今村昌平　昭34D、38D、
　39D、41D、43D、54D、
　58D、平9.5.18B、18.5.30没
忌野清志郎　平11.9.22C
李明博　平19.12.19B、
　24.5.13B、24.8.10B
井山裕太　　平28.4D、
　30.2D国
イールズ　昭24.7.19C、
　25.5.2C
岩井俊二　　平7D、8D

宇井純　　昭45.10D、
　平18.11.11没
ウィリアム王子　
　平23.4.29B、27.2.26C
植木等　昭36D、平19.3.27没
上原謙　昭12D、13D、15D、
　18D、26D、平3.11.23没
植村直己　昭45.5.11B、
　45.8.30B、51.5.8B、
　53.4.30B、59.2.12B、
　59.4.19C国
宇垣一成　　昭6.3A、
　12.1.25A、13.7.11A
宇多田ヒカル　平11.5D、
　13D、14D
内田吐夢　昭4D、11D、14D、
　30D、34D、45.8.7没
宇都宮徳馬　昭51.10.12A、
　平12.7.1没
宇野宗佑　平1.6.2A首、
　1.7.24A、10.5.19没
梅沢富美男　　昭58D
永六輔　平6D、7D、28.7.7没
江川卓　昭53.11.22C、
　54.1.31C、62.11D
江崎玲於奈　
　昭48.10.23Cノ、平4.2.6C
江副浩正　昭63.7.6A、
　63.12.6A、平1.12.15A、
　25.2.8没
江田憲司　　平28.1.8A、
　25.12.18A
江田五月　昭52.5.22A、
　平4.11.3A、19.8.7A
江田三郎　昭35.3.24A、
　43.10.4A、51.7.10A、
　52.3.26A、52.5.22没
江戸川乱歩　　昭11.1D、
　40.7.28没
江夏豊　昭43.10.10C、
　60.2.10B
榎本健一（エノケン）
　昭4.7.10C、8.4D、45.1.7没
エリザベス女王　
　昭28.6.2B、50.5.7A
エリツィン　平3.6.12B、
　4.2.1B、5.10.11A、
　8.8.9B、11.12.31B
円地文子　　昭41.1D、
　61.11.14没
遠藤周作　　昭41D、
　平8.9.29没
遠藤武彦　　平19.9.3A
遠藤実　平20.12.6没、
　21.1D国
王貞治　昭39.9.23C、
　52.9.3C、52.9.5C国、
　55.10.21C
汪兆銘　大15.1.4B、
　昭9.4.18A、13.12.20B、
　15.3.30B、18.1.9A
大内兵衛　　昭13.2.1C、

51.4.21C
大江健三郎　昭39D、42D、
　58D、平6.10.13C✒、
　7D、20.3.28C
大岡昇平　昭25D、27D、
　46D、52D、
　57D、63.12.25没
大久保清　昭46.5.14C
大河内伝次郎　昭2D、5D、
　8D、17D、19D、
　20D、37.7.18没
大坂なおみ　平30.9D、
　31.1D
大島渚　昭35D、42D、46D、
　51D、52.8.15C、58D、
　平12D、25.1.15没
大杉栄　大12.9.16C
大隅良典　平28.10D✒
大谷翔平　平30.11D
大田昌秀　平2.11.18A、
　8.4.1A、9.3.25A、
　10.1.14A、29.6.12没
大野晋　平11D、20.7.14没
大野伴睦　昭30.11.15A
大場政夫　昭45.10.22C
大平正芳　昭37.7.18A、
　39.7.3A、47.6.17A、
　49.12.9A、53.12.7A首、
　55.6.12A・没
大村智　平27.10D✒
大宅壮一　昭5D、31D、
　45.11.22没、46.3D
大山郁夫　大15.12.12A、
　昭4.11.1A
大山康晴　昭27.7.26C、
　32.7.11C、35.9.20C、
　47.6.8C、平4.7.26没
岡崎勝男　昭24.1.23A、
　26.12.26A
岡田克也　平17.9.12A
岡田啓介　昭9.7.8A首、
　11.2.28A、27.10.17没
緒形拳　昭58D、平20.10.5没
緒方貞子　平5.6.30B
岡田茂　昭57.9.22C
緒方竹虎　昭27.10.30A、
　29.12.8A、30.11.15A、
　31.1.28没
岡田嘉子　大15D、昭9D、
　13.1.3C、47.11.13C、
　平4.2.10没
岡光序治　平8.11.19C
岡本綾子　昭57.2.28B、
　62.11.8B
荻村伊智朗　昭32.3.7B、
　平6.12.4没
奥野誠亮　昭63.5.9A
奥むめお　昭5.11.30C、
　10.3D、23.9.15C、平9.7.7没
尾崎士郎　昭8.3D、
　12.8D、39.2.19没
尾崎秀実　昭16.10.15C、

19.11.7没、21D
小佐野賢治　昭41.8.5A、
　51.2.16A、61.10.27没
大仏次郎　大15.8D、
　昭2.5D、4D、5D、
　39D、42.1D、48.4.30没
小沢一郎　平3.4.7A、
　3.10.10A、4.12.10A、
　5.6.23A、7.12.27A、
　9.12.18A、18.4.7A、
　19.11.2A、20.9.21A、
　21.5.11A、21.12.10A、
　23.1.31A、24.7.11A
小沢征爾　昭34.9.12B、
　48.9B、53.6.15B
織田幹雄　昭3.7.28B、
　6.10.27C、平10.12.2没
落合博満　昭57.10.12C、
　60.10D
小津安二郎　昭4D、5D、
　6D、7D、9D、16D、
　17D、31D、38.12.12没
翁長雄志　平26.11.16A、
　27.10.13A、30.7.27A、
　30.8.8没
尾上松之助　大14D、
　15.9.11没
小野喬　昭31.11.22B
小野田寛郎　昭47.10.19C、
　49.3.10C、平26.1.16没
オバマ　平20.11.4B、
　21.4.5B、21.9.23A、
　21.10.9B✒、23.1.19B、
　24.11.6B、26.4.23A、
　28.5.27A
小渕恵三　平3.4.7A、
　4.10.28A、10.7.30A首、
　11.9.21A、12.1.10A、
　12.4.2A、12.5.14没
オルブライト　平12.10.23B
小和田雅子　平5.6.9C
温家宝　平19.4.11A、
　19.12.28A、24.5.13B
【か行】
海音寺潮五郎　昭44D、
　52.12.1没
開高健　昭40D、平1.12.9没
海部俊樹　平1.8.5A、
　1.8.9A首、6.6.29A
ガガーリン　昭36.4.12B
賀川豊彦　昭16.4.5B
籠池泰典　平29.3.23A
笠置シズ子　昭23D、
　60.3.30没
笠谷幸生　昭47.2.6B
梶山隆章　平27.10D✒
梶山静六　平8.1.11A、
　12.6.6没
カズオ＝イシグロ
　平29.10D✒
春日一幸　昭42.6.21A、
　46.8.3A、51.1.27A、平1.5.2

カーター　昭52.1.20B、
　54.5.2A
片岡千恵蔵　昭3D、6D、
　7D、11D、30D、
　36D、58.3.31没
片山哲　昭20.11.2A、
　22.6.1A首、23.2.10A、
　29.1.15A、53.5.30没
勝新太郎　平2.1.16C、
　9.6.21没
加藤寛治　昭5.6.10A
加藤勘十　昭11.2.20A
加藤紘一　平4.1.13A、
　14.4.8A、18.8.15C、28.9.9没
加藤高明　大13.6.11A首、
　15.1.28没
加藤唐九郎　昭35.9.23C
角川春樹　昭51D、57D、
　59D、平2D
門田博光　昭63.9D
金丸信　平4.1.8A、
　4.10.14A、4.11.2A、
　5.3.6C、8.3.28D
金田正一　昭37.9.5C、
　44.10.10C
金本知憲　平18.4D
釜本邦茂　昭40.6.6C、
　59.8.25C
亀井勝一郎　昭9D、
　10.3D、41.11.14没
唐十郎　昭54.5D
カルロス＝ゴーン
　平30.11.19A、31.3.6A
河合栄治郎　昭13.10.5C、
　14.1.28C
河合隼雄　平14.1.4C、
　19.7.19没
河上丈太郎　昭34.11.25A、
　36.3.8A
河上肇　昭3.4.18C、3D、21D
川口松太郎　昭10.9D、
　60.6.9没
川口順子　平15.4.9A、
　17.10.23A
川島紀子　平1.8.25C、
　2.6.29C
川端康成　大13.10C、
　昭4.12D、5D、12D、
　27D、28.10.26C、
　43.12.11B✒、47.4.16C・没
河村たかし　平21.4.26A、
　23.2.6A
河原崎長十郎　昭6.5.22C、
　24.3.7C
姜尚中　平10.4.1C
ガンディー　昭5.3.12B、
　7.1.4B、17.8.9B、23.1.30B
菅直人　平8.2.16C、
　8.9.28A、9.9.16A、
　22.6.8A首、22.11.13A、
　23.5.26A、23.8.26A
樺美智子　昭35.6.15A・没

菊田一夫　昭22.7D、
　28D、48.4.4没
菊池寛　昭2.6D、
　4.3D、13.9D
岸信介　昭23.12.24A、
　29.3.12A、31.12.14A、
　32.2.25A首、35.6.23A、
　44.5.3A、62.8.7没
稀勢の里　平29.1D、31.1D
北の湖　昭49.7D、
　60.1D、平27.11.20没
北野武（ビートたけし）
　昭61.12.9C、平9.9.6B、
　10D、12D、15D
北原白秋　昭6D、9D
北村サヨ　昭20.8.12C、
　23.9.8C、42.12.28没
北杜夫　昭35D、39D、
　平23.10.24没
鬼頭史郎　昭51.8.4A
木戸幸一　昭20.12.6A、
　52.4.6没
キーナン　昭21.6.17A
衣笠祥雄　昭62.6D国、
　平30.4.23没
衣笠貞之助　大14D、15D、
　3D、7D、10D、
　29.4D、52.2.26没
木下恵介　昭18D、19D、
　21D、26D、29D、32D、
　33D、平10.12.30没
木下順二　昭24.1D、
　37.7D、54D
金日成　昭48.9.9B、平6.7.8B
金正日　平3.12.24B、
　9.10.8B、10.9.5B、
　13.5.3A、21.8.4B、
　22.9.28B、23.12.17B
金正恩　平22.9.28B、
　23.12.19B、24.4.11B、
　28.5.9B、30.4.27B、
　30.6.12B、31.2.27B
金正男　平29.2.13B
金大中　昭46.4.27B、
　51.3.1B、9.12.19B、
　10.10.8A、12.6.13B
金泳三　平4.12.19B、5.11.6A
木村義雄　昭13.2.11C、
　27.8.24C
久間章生　平19.7.3A
清浦奎吾　大13.1.7A首
清沢洌　昭16.2.26C
霧島昇　平12D、13D、15D、
　16D、18D、19D、
　20D、21D、59.4.24没
桐生祥秀　平29.9D
桐生悠々　昭8.8.11C、
　16.9.10没
金嬉老　昭43.2.20C、
　平11.9.7C
久我美子　昭21.6D、25D
具志堅用高　昭51.10.10C

国松孝次　平7.3.30C
久保山愛吉　昭29.9.23C
熊沢天皇　昭21.1.18C
クリントン　平4.11.3B,
　8.4.17A, 8.11.5B,
　11.2.12B, 12.11.16B,
　21.8.4B
グルー　昭14.12.22A
黒澤明　昭18D, 20D, 21D,
　23D, 25D, 27D, 29D,
　32D, 36D, 38D, 40D,
　55D, 60D, 平2D, 3D,
　10.9.6没, 10.10D国
桑原武夫　昭25D, 33.8.4B,
　41.8C, 63.4.10没
ケネディ　昭35.11.8B,
　36.1.20B, 36.6.3B,
　37.10.22B, 38.11.22B
ゲーリック　昭9.11.2C
小池百合子　昭28.7.31A,
　29.7.2A, 29.9.25A
小泉純一郎　平13.4.24A,
　13.4.26A首, 13.6.30A,
　13.8.13A, 13.10.8A,
　14.9.17A, 15.1.23A,
　18.8.15A, 20.9.25A
小磯国昭　昭19.7.22A首,
　20.4.5A, 20.11.3没
皇太子(明仁)　昭8.12.23C,
　9.4.3C, 21.10.15C,
　27.11.10A, 28.3.30C,
　33.7.24C, 33.11.27A,
　34.4.10C, 50.7.17C,
　64.1.7A
皇太子(徳仁)　昭35.2.23C,
　55.2.23C, 平2.23C,
　5.6.9C, 16.5.10C, 令1.5.1A
皇太子妃雅子　平5.6.9C,
　11.12.10C, 13.5.15C,
　13.12.1C
江沢民　平10.7.21A,
　10.11.25A, 14.11.8B
河野一郎　昭28.11.29A,
　31.4.29A, 33.8.14A,
　39.10.25A, 40.7.8没
河野謙三　昭46.7.17A,
　58.10.16没
河野洋平　平5.7.22A,
　6.6.30A
河本大作　昭3.6.4A
河本敏夫　昭57.11.24A,
　60.8.13A, 平13.5.24没
高良とみ　昭27.4.5C
古賀潤一郎　平16.1.19C
古賀政男　昭53.7.25没,
　53.7.30C国
胡錦涛　平14.11.8B,
　17.4.29B, 18.4.18B,
　21.12.10A, 23.1.19B
小柴昌俊　平14.10.8C✎
児島明子　昭34.7.24B
五所平之助　昭6D, 7D,
　　　9D, 19D

古関裕而　昭13.9D,
　平1.8.18没
児玉誉士夫　昭23.12.24A,
　44.1.15A, 51.3.4A,
　59.1.17没
後藤田正晴　平5.4.6A,
　17.9.19没
近衛秀麿　大15.1D,
　昭20.12.6B
近衛文麿　昭7.5.17A,
　12.6.4A首, 15.7.22A首
　20.7.10A, 20.12.16A・没
小林旭　昭34D, 46D, 61D
小林多喜二　昭3.3.25C,
　平4D
小林則子　昭50.11.18C
小林秀雄　昭10D, 21D
小林誠　平20.10.7C✎
小林よしのり　平10D
小室哲哉　平20.11D
胡耀邦　昭55.2.29B,
　55.12.14B, 56.6.29B,
　平1.4.15B
ゴルバチョフ　昭60.3.10B,
　61.10.11B, 62.12.9B,
　平1.5.15B, 2.3.15B,
　2.11.15B✎, 3.8.19B
是枝裕和　平30.5D
今東光　昭43.7.7A,
　52.9.19没

【さ行】
蔡英文　平28.1.16B
西園寺公望　昭
西城正三　昭15.11.24C・没
西条八十　昭43.9.27C
斎藤隆夫　昭13.9D,
　45.8.12没
斎藤実　昭13.2.24A,
　15.2.2A, 24.10.7没
堺利彦　昭7.5.26A首
　11.2.26A・没
堺屋太一　昭4.12.25A,
　6.2.11C, 8.1.23没
坂口安吾　平10.7.30A
坂本九　昭22D, 30.2.17没
坂本堤　昭36D, 60.8.12没
坂本龍一　平8.4.23C
向坂逸郎　昭63.4.11B,
　平3.1.19B
さくらももこ　平3D,
　30.8.15没
佐々木更三　昭40.5.6A,
　60.12.24没
佐々木主浩　平11.12.18C
佐々木信綱　昭12.4.28C
佐々木良作　昭46.8.3A,
　51.7.10A, 52.11.28A,
　55.6.16A, 平12.3.9没
佐田啓二　昭28D,
　32D, 39.8.17没

サッチャー　昭50.2.11B,
　54.5.4B, 58.5.29A,
　62.6.12B, 平2.11.22B
佐藤栄作　昭24.1.23A,
　26.7.4A, 29.4.21A,
　33.6.12A, 38.7.18A,
　39.11.9A首, 40.8.19A,
　49.10.8A✎, 50.6.3没
佐藤賢了　昭13.3.3A
佐藤紅緑　昭2.5D
佐藤孝行　昭51.8.20A,
　57.6.8A
佐藤琢磨　平29.5D
佐藤春夫　大15D,
　昭5.8.18C, 13.9D, 39.5.6没
佐藤陽子　昭44.6.14B
佐野学　大14.1A, 昭8.6.7A
サハロフ　昭48.9.8B,
　50.10.9B✎
サルトル　昭42.5.2B
澤穂希　平23.7.17C
沢松和子　昭50.7.5B
沢村栄治　昭9.12.26C
志位和夫　平12.11.20A
椎名悦三郎　昭40.2.20A,
　41.1.15A, 49.12.4A
志賀直哉　昭28.10.26C,
　46.10.21没
志賀義雄　昭25.1.6A
重信房子　平12.11.8C
重光葵　昭20.3.21A,
　20.9.2A, 29.9.19A,
　30.8.29A, 32.1.26没
獅子文六　昭25.5D,
　36.4D, 44.12.13没
幣原喜重郎　昭6.1.22A,
　20.10.9A首, 21.4.22A,
　26.3.10没
篠田正浩　昭35D,
　44D, 59D
篠塚健次郎　平9.1.19B
司馬遼太郎　昭38D,
　43D, 44D, 50D,
　51D, 平8.2.12没
島倉千代子　昭30D, 32D,
　33D, 35.3.2C,
　62D, 平25.11.8没
島崎藤村　昭4.4D, 7D,
　10.11.26C, 18.8.22没
下村脩　平20.10.8C✎
周恩来　昭29.6.28B,
　37.9.19A, 45.4.19A,
　47.2.21B, 51.1.8B
習近平　平24.11.15B,
　25.3.14B, 27.11.7B,
　29.10.24B, 30.3.17B
朱鎔基　平10.3.17B,
　11.4.6B, 12.10.12A
蔣介石　大15.1.4B,
　昭2.4.12B, 2.11.5A,
　3.10.8B, 11.12.12B,
　12.7.17B, 18.11.12B,

　24.12.10B, 32.6.3A,
　39.2.23A, 50.4.5B
東海林太郎　昭9D, 11D,
　13D, 47.10.4没
正田美智子　昭33.11.27A
正力松太郎　昭31.5.19A,
　44.10.9没
昭和天皇　大12.12.27A,
　13.1.26A, 15.12.25A,
　昭2.11.19C, 3.11.10A,
　4.7.2A, 7.1.8A, 10.4.6C,
　14.5.22C, 20.8.15A,
　20.9.27A, 21.1.1A,
　21.2.19A, 25.8.19A,
　27.7.31C, 30.5.24C,
　44.1.2C, 46.4.16C,
　46.9.27A, 50.9.30A,
　51.11.10A, 53.10.24A,
　59.9.6A, 61.4.29A,
　62.9.22A, 63.9.19A,
　64.1.7A・没, 平1.2.24A
白井義男　昭27.5.19C
白川英樹　平12.10.10C✎
シラク　平7.5.7B, 14.5.5B
新藤兼人　平11.7.29B,
　24.5.29没
真藤恒　平1.12.13A,
　15.1.26没
杉原千畝　昭15.7.25B
杉村春子　昭15D, 20.4D,
　21D, 平9.4.4没
杉山元　昭20.3.21A
杉山元治郎　大15.3.5A,
　昭3.5.27A, 13.2.6C
鈴木章　平22.10D✎
鈴木貫太郎　昭11.2.26A,
　20.4.7A首, 20.8.15A,
　23.4.17没
鈴木喜三郎　昭3.2.19A,
　7.5.20A, 10.3.23A
鈴木俊一　昭3.4.7A,
　22.5.14没
鈴木善幸　昭55.7.17A首,
　平16.7.19没
鈴木宗男　平14.4.30A,
　14.6.21A, 15.8.29C
鈴木茂三郎　大14D,
　昭3.7.22A, 3.12.20A,
　26.1.21A, 30.10.13A,
　37.1.13A, 45.5.7没
スターリン　昭16.4.13A,
　16.5.6B, 18.11.22B,
　20.2.4B, 28.3.5B
スタルヒン　昭9.12.26C,
　32.1.12没
スーチー　平3.10.14B✎,
　5.2.18B, 7.7.10B
スハルト　昭41.3.11B,
　平10.5.21没
孫基禎　昭11.8.1B
瀬長亀次郎　昭31.12.25A
草加次郎　昭38.9.5C

ソルジェニーツィン　昭45.10.8B✏, 49.2.12B

【た行】

ダイアナ妃　昭56.7.29B, 61D, 平8.7.12B, 9.8.31B

大正天皇　大15.12.25A·没, 昭2.2.7A

大鵬　昭36.9D, 46.5D, 平25.1.19没, 25.2D国

大松博文　昭39D, 43.7.7A, 53.11.24没

高木正得　昭23.7.9C

高倉健　平11.9.6B, 26.11.10没

高碕達之助　昭37.11.9A

高田晴行　平5.5.4C

貴ノ花　昭47.9D, 56.1D

貴乃花(貴花田)　平4.1D, 6.11D, 7.11.26C, 30.10D

高橋和巳　昭37D, 41D, 46.5.3没

高橋是清　昭2.4.22A, 11.2.26A·没

高橋尚子　平10.12.6C, 12.9.15B, 12.10D国, 13.9.30B

高見順　昭11D, 15D, 30.2.14B, 33D, 40.8.17没

高峰秀子　昭13D, 16D, 20D, 24D, 26D, 30D, 32D

高見山　昭42.3D, 47.7.16C, 59.5D

高村光太郎　昭16D, 20D, 31.4.2没

高群逸枝　昭13D, 39.6.7没

田河水泡　昭6.1D, 平1.11.21没

滝沢修　昭22D, 22.7.28C, 26.9D, 27D, 45D, 平12.6.22没

タゴール　昭4.3.26C

竹入義勝　昭42.2.13A, 46.9.21A, 54.11.13A

竹腰美代子　昭29.4D

竹下登　昭62.7.4A, 62.11.6A首, 63.1.12A, 63.8.25A, 平1.4.25A, 4.11.2A

武田泰淳　昭27D, 51.10.5没

武智鉄二　昭40.6.16C

武見太郎　昭36.2.19C, 58.12.20没

太宰治　昭11D, 19D, 20D, 22D, 23.6.13C·没

田島直人　昭11.8.1B

橘孝三郎　昭6.4.15C

伊達公子　平7.2.5B, 20.3D

田中角栄　昭32.7.10A, 40.5.28A, 43.5.26A, 47.6.11A, 47.7.7A首, 49.12.9A, 51.7.27A, 58.1.26A, 58.10.12A, 60.2.27A, 62.7.29A, 平5.12.16A·没, 8.4D

田中義一　大14.4.13A, 15.3.4A, 昭2.1.20A, 2.4.20A首, 4.9.29没

田中絹代　昭3D, 4D, 6D, 9D, 10D, 13D, 19D, 27D, 33D, 49D, 52.3.21没

田中耕一　平14.10.9C✏

田中聡子　昭34.7.12C

田中彰治　昭41.8.5A

田中眞紀子　平13.4.26A, 14.1.20A, 14.8.9A, 16.3.16C

田中将大　平25D, 26.1D

田中康夫　平12.10.15A, 13.2.20A, 14.7.5A, 14.9.1A, 18.8.6A

谷垣禎一　平21.9.28A

谷口雅春　昭5.3.1C

谷崎潤一郎　昭3.12D, 5.8.18C, 7D, 8D, 14D, 18.1D, 21D, 31D, 40.7.30没

田部井淳子　昭50.5.16B, 63.6.14B, 平4.6.28B, 28.10.20没

玉城デニー　平30.9.30A

玉乃島(玉の海)　昭45.1D, 46.10.11没

田村泰次郎　昭22.8D

田村亮子　平12.9.15B, 13.7.29B

田母神俊雄　平20.10.31A

ダレス　昭26.1.25A, 30.8.29A, 33.9.11A

俵万智　平9D

団琢磨　昭7.3.5A·没

チェ=ゲバラ　昭42.10.9B

チャウシェスク　平1.12.22B

チャーチル　昭16.8.14B, 18.11.22B, 20.2.4B, 21.3.5B, 30.4.5B, 40.1.24B

チャップリン　昭4.5.16B, 7.5.14C

張学良　昭3.12.29B, 4.12.22B, 11.12.12B

張作霖　昭2.11.12A, 3.5.18A, 3.6.4A, 4.7.1A

千代の富士　昭63.11D, 平1.9D国, 28.7.31没

全斗煥　昭55.8.27B, 58.1.11A, 59.9.6A, 63.11.23B, 平7.12.3B, 8.8.26B

陳水扁　平12.3.18B, 16.3.20B

ツイッギー　昭42.10.18C

津田左右吉　昭5D, 15.2.10C, 36.12.4没

筒井康隆　平5.9D

円谷幸吉　昭39.10.10B, 43.1.9没

坪田譲治　昭10.3D, 11.9D

鶴田義行　昭3.7.28B, 7.7.30B

鶴見俊輔　昭35.5.30C, 平27.7.20没

ディオール　昭23D, 28.11D

ディック=ミネ　昭9D, 10D, 12D, 14D, 15.3D, 22D, 平3.6.10没

出口王仁三郎　昭10.12.8C, 21.2.7C, 23.11.19没

勅使河原蒼風　昭4.1D, 25D, 54.9.5没

手塚治虫　昭31D, 平1.2.9没

寺内寿一　昭11.3.6A, 12.1.21A

寺山修司　昭44.3D, 44.5B, 46.9.7B, 58.5.4没

テレシコワ　昭38.6.16B

天皇(明仁)　平4.10.23A, 17.6.28A, 21.4D, 21.7.3A, 21.11D, 27.4.8A, 31.2D, 31.4.30A

田英夫　昭53.3.26A, 59.2.26A, 平21.11.13没

上井たか子　昭61.9.6A, 62.9.14A, 平2.3.5A, 5.8.6A, 8.9.28A, 15.11.13A, 26.9.20没

東郷茂徳　昭17.9.1A, 25.7.23没

東郷平八郎　昭9.5.30C·没

東条英機　昭16.1.8C, 16.10.18A首, 20.9.11A, 21.5.3A, 23.12.23没

鄧小平　昭51.4.7B, 52.7.16B, 53.10.22A, 56.6.29B, 59.3.23A, 62.1.13A, 平1.5.16B, 4.11.9没

堂本暁子　平13.9.26C

徳川夢声　昭8.4D, 14.9D, 17D, 20D, 46.8.1没

徳田球一　昭3.13.15A, 24.6.18A, 25.6.6A, 28.10.14A·没

徳富蘇峰　昭17.5.26C, 32.11.2没

徳永直　昭3.3.25C, 4.7D, 33.2.15没

土光敏夫　昭49.5.24A, 56.3.16A, 63.8.4没

床次竹二郎　昭2.1.20A, 9.7.8A

ドゴール　昭15.6.18B, 17.9.27B, 19.9.9B, 33.6.1B, 38.1.21B, 41.6.20B, 44.4.28B, 45.11.9B

戸坂潤　平7.10.23C, 13.2.13C, 20.8.9C·没

戸田城聖　昭21.1.1C, 26.5.3C

栃錦　昭29.10D, 平2.1.10没

戸塚宏　昭50.11.2C

トニー谷　昭28D, 30.7.15C

利根川進　昭62.10.12C✏

苫米地義三　昭24.2.14A, 25.4.28A

富野暉一郎　昭63.10.30A

朝永振一郎　昭40.10.21C✏, 54.7.8没

トランプ　平28.11.9B, 29.1.20B, 29.2.10A, 29.11.5A, 30.6.12B, 31.2.27B

【な行】

直木三十五　昭6D, 9.2.24没

永井荷風　昭12.4D, 34.4.30没

仲井眞弘多　平22.11.28A, 25.12.27A

中江滋樹　昭59.8.24C, 60.6.19C

長岡半太郎　昭12.4.28C

中川一郎　昭48.7.17A, 57.11.24A, 58.1.9没

中川昭一　平21.2.14A, 21.10.4没

中島久万吉　昭8.12.20A, 9.2.7A

長嶋茂雄　昭33.10D, 49.10.14C, 55.10.21C, 平25.5D国

中島知久平　昭14.4.30A

長洲一二　昭50.4.13A, 53.5.23A, 平11.5.4没

中曽根康弘　昭45.1.14A, 57.11.27A首, 61.9.22A, 63.7.5A, 平1.5.25A

中田厚仁　平5.4.8C

仲代達矢　昭57D, 60D

永田鉄山　昭6.6.19A, 7.5.17A, 10.8.12A

中田宏　平14.3.31A

永野修身　昭11.1.15A

中野浩一　昭52.8.31B

中野重治　昭6D, 13.3D, 29D, 54.8.24没

中野正剛　大15.3.4A, 昭4.1.25A, 18.1C, 18.10.27没

中野好夫　昭31D, 60.2.20没

中原誠　昭47.6.8C

中丸三千繪　平2.3.3B

中村歌右衛門　昭35.6.2B, 36.6.24B

中村翫右衛門　平6.5.22C, 24.3.7C

中村喜四郎　平6.3.8C

中村修二　平26.10D✏

中村正三郎　平11.1.4A

中村震太郎　平6.6.27A

中村寅吉　昭32.10.24C, 平20.2.11没

中山成彬　平20.9.28A	15.2.25B	30.7D国	ファイティング原田
中山千夏　昭52.4.26A,	野村克也　昭40.10.21C	羽生善治　平6.6D, 8.3D,	昭37.10.10C, 40.5.18C
57.12.20A	野村吉三郎　昭14.11.4A,	29.12D, 30.2D国	黄長燁　平9.2.12B
永山則夫　昭44.4.7C,	16.5.11A, 16.12.8A	浜口雄幸　昭2.6.1A,	フォード　昭49.8.9B,
平9.8.1没	野村胡堂　昭6.4D	4.7.2A首, 5.11.14A,	49.11.18A, 50.8.5A
中山マサ　昭35.7.19A	野茂英雄　平7.7D,	6.4.13A, 6.8.26交	深作欣二　平12D
ナセル　昭27.7.23B,	8.9.17B, 20.7D	浜崎あゆみ　平11D, 12D,	深沢七郎　昭32D, 36.2.1C
29.4.18B, 31.6.23B,	野依良治　平13.10.10C✓	13D, 14D, 15D	溥儀　昭6.11.10A,
45.9.28B	紀宮清子　平16.11.14C,	浜田国松　昭12.1.21A	7.3.9A, 9.3.1A, 10.4.6C
灘尾弘吉　昭33.12.31A	17.3.19C, 17.11.15C	浜田幸一　昭55.3.6A,	福井謙一　昭56.10.19C✓,
鍋山貞親昭4.4.16A,8.6.7A	野呂栄太郎　昭5D,	63.2.4A, 平24.8.6B	平10.1.9没
並木路子　昭20.10D,	7.5D, 9.2.19D	林銑十郎　昭6.9.21A,	福井俊彦　平18.6.13A
平13.4.8没		9.12.26A, 12.2.2A首	福田赳夫　昭23.9.13A,
楢崎弥之助　昭63.9.8A	**【は行】**	林長二郎→長谷川一夫	47.6.17A, 51.12.24A首,
奈良美也子　昭2.9D	灰田勝彦　昭18D, 19D,	林房雄　昭9D, 12.8D	52.8.18A, 平7.7.5没
成田知巳　昭37.11.29A,	26D, 57.10.26没	林芙美子　昭3.7D, 13.9D,	福田恆存
43.10.4A, 54.3.9没	バイニング　昭21.10.15C	26D, 26.6.28没	39.3D, 平6.11.20没
成瀬巳喜男　昭8D,	馬英九　平24.1.14B,	原節子　昭12D, 14D,	福田康夫　平19.9.26A首,
20D, 26D	27.11.7B	21D, 22D, 24D,	平19.11.2A, 19.12.28A,
南原繁　昭25.5.3A	ハガチー　昭35.6.10A	26D, 平27.9.5没	20.9.1A
南部忠平　昭6.10.27C,	莫言　平24.10.11B✓	張本勲　昭55.5.28C	藤井聡太　平29.6D
7.7.30B	朴正熙　昭36.7.3B,	ハル　昭16.5.11A, 16.12.8A	藤尾正行　昭61.9.5A
南部陽一郎　平20.10.7C✓	36.11.12A, 38.12.17B,	日馬富士　平29.11D	藤田嗣治　昭17.3D,
二階堂進　昭51.11.2A,	46.4.27B, 54.10.26B	潘基文　平19.1.1B, 22.8.6A	24.3.10B, 43.1.29没
59.10.27A, 平12.2.3没	橋本欣五郎　昭6.3A,	坂東玉三郎　昭51.2D	藤波孝生　平1.5.22A,
ニクソン　昭44.1.20B,	6.10.17A	阪東妻三郎　昭16D, 18D,	19.10.28没
44.8.2B, 44.11.19A,	橋本聖子　昭63.2.13B	23D, 28.7.7没	藤本英雄　昭25.6.28C
46.8.15B, 47.2.21B,	橋下徹　平22.4.19A,	東久邇稔彦　昭20.8.17A首,	フジモリ　平2.6.10B,
47.5.22B, 47.8.31A,	23.11.27A, 24.9.28A,	20.10.5A, 25.4.15C,	7.4.9B, 12.11.2B
49.8.8B	26.3.23A	平2.1.20没	藤山愛一郎　昭26.7.31A,
西尾末広　昭23.3.10A,	橋本登美三郎　昭51.8.21A,	東国原英夫　平19.1.21A,	34.2.18A, 39.10.25A,
34.9.13A, 35.1.24A	57.6.8A	22.5.18C	45.12.9A, 60.2.22没
西田幾多郎　昭20.6.7没,	橋本龍太郎　平1.8.9A,	樋口久子　昭52.6.12B	藤山一郎　昭6D, 7D,
22D	3.10.14A, 7.9.22A,	悠仁　平18.9.12C	11D, 12D, 24D,
西竹一　昭7.7.30B,	8.1.11A首, 9.3.25A,	土方与志　大13.6.13C,	平4.4D国, 5.8.21没
20.3.22没	18.7.1没	昭9.8.28B	藤原義江　昭3.2.1C,
仁科芳雄　昭24.9.14B	長谷川一夫(林長二郎)	ビートたけし→北野武	3.8.18C, 6.10.3B,
西村栄一　昭28.2.28A,	昭2D, 7D, 10D, 12.11.12C,	人見絹枝　大15.8.29B,	19D, 51.3.22没
42.6.21A	16.2D, 17.3D, 49.8D,	昭3.7.28B, 6.8.2没	フセイン　平7.10.15B,
西村真吾　平9.5.6A	59.4.6没, 59.4.19C国	ヒトラー　昭8.1.30B,	15.12.13B, 18.11.5B
西銘順治　昭53.12.10A	長谷川伸　大15.1D,	8.3.23B, 9.6.14B,	双葉山　昭12.5D, 14.1D,
蜷川虎三　昭45.4.13A,	昭6.3D, 30D, 38.6.11没	9.8.2B, 13.2.4B,	22.1.21C, 43.12.16没
53.4.9A	長谷川町子　昭21.4D,	14.4.28B, 20.4.30B	プーチン　平12.3.26B,
丹羽文雄　昭13.9D, 17D,	平4.5.27没, 4.7D国	火野葦平　昭12D, 13.8D,	16.3.14B, 20.5.7B,
44D, 平17.4.20没	羽田孜　平5.6.23A,	20D, 35.1.24没	24.5.7B, 25.4.29A,
根岸英一　平22.10D✓	6.4.28A首, 8.12.26A,	檜山広　昭51.2.17A,	27.9.30B, 28.12.15A,
ネルー　昭17.8.9B,	29.8.28没	51.7.13C	30.3.18B, 31.1.22A
25.3.17B, 29.6.28B,	畑和　昭63.6.13A	平沢貞通　昭23.8.21C,	ブッシュ(父)　昭63.11.8B,
32.10.4A	服部良一　平5.1.30没,	62.5.10C	平4.2.1B
野口聡一　平22.6.2C	5.2D国	平沼騏一郎　昭2.4.17A,	ブッシュ(子)　平12.11.7B,
野口悠紀雄　平7D	鳩山一郎　昭5.4.25A,	14.1.5A首, 14.8.28A	14.1.29B, 14.2.17A,
野坂昭如　昭51.4.27C	6.1.22A, 20.11.9A,	平沼赳夫　平18.12.4A	14.9.20B, 15.10.17A,
野坂参三　昭21.1.26A,	21.5.4A, 28.3.18A,	平野力三　昭3.12.20A	15.11.27B, 16.11.3B
25.1.6A, 33.7.21A,	29.12.10A首, 34.3.7没	広川弘禅　昭28.3.2A	ブット　昭63.12.2.B,
40.7.4A, 平5.11.14没	鳩山由紀夫　平8.9.28A,	広田弘毅　昭10.10.7A,	平19.12.27B
野田佳彦　平23.8.29A,	11.9.25A, 14.12.3A,	11.3.9A首, 12.1.23A,	船田中　昭43.6.17A,
23.9.2A首, 23.11.12A,	21.9.16A首, 21.9.23A,	13.1.16A, 23.12.23没	51.8.19A
24.6.8A, 24.8.22A	21.11.24A, 22.6.2A,	広津和郎　昭9D,	古川緑波　昭8.4D, 20D
盧泰愚　平2.5.24A,	23.2.14A	28.10.26C, 43.9.21没	フルシチョフ　昭29.8.12B,
7.11.16B, 8.8.26B	花菱アチャコ　昭5.5D,	浩宮→皇太子(徳仁)	31.2.24B, 33.3.27B,
野間宏　昭22D, 35.5.31B	28D, 49.7.25没	ビンラディン　平13.9.15B,	34.9.15B, 36.6.3B,
盧武鉉　平14.12.19B,	花柳幻舟　昭55.2.21C	23.5.1B	39.10.15B, 46.9.11B
	羽生結弦　平26.2.6B,		

古橋広之進　昭22.8.9C、
　23.8.6C、24.8.16B、
　平21.8.2没
ブレア　平9.5.2B、19.6.27C
ブレジネフ　昭39.10.15B、
　48.6.16B
不破哲三　昭45.7.7A、
　55.1.22A、平10.7.21A、
　18.1.14A
ベーブ＝ルース　昭2.9.30B、
　9.11.2C
ヘレン＝ケラー
　昭12.4.15B、30.5.28C
朴烈　大15.7.29C、昭21.1.20A
細川護熙　平4.5.22A、
　5.8.9A首
ボブ＝ディラン
　平28.10.13B✔
ホメイニ　昭54.2.16B、
　平1.6.3B
堀江謙一　昭37.8.12B、
　49.5.4B
堀江貴文　平18.1.23A、
　18.2.16A、19.3.16C
保利茂　昭25.3.1A,49.7.16A
堀辰雄　昭7D、25.5.28没
本庄繁　昭6.9.18A,11.2.26A
本庶佑　平30.10D✔

【ま行】

前澤友作　平31.1D
前田美波里　昭41.5D
前畑（兵藤）秀子
　昭11.8.1B、平7.2.24没
前原誠司　平17.9.17A、
　21.9.23C、29.9.1A
マクロン　平29.5.7B、
　30.12.10B
真崎甚三郎　昭10.4.6A
正木ひろし　平12.4D、30D
益川敏英　平20.10.7C✔
舛添要一　平26.2.9A、
　28.6.15A
升田幸三　昭32.7.11C、
　平3.4.5没
松井一郎　平23.11.27A、
　31.4.7A
松井秀喜　平14.11.1C、
　21.11.4B、25.5D国
松岡利勝　平19.5.28A
松岡洋右　昭6D、8.2.24A、
　8.12.8A、16.4.13A
マッカーサー　昭20.8.30A、
　20.9.27A、20.10.11A、
　21.2.3A,22.5.6A,26.4.11A
松坂大輔　平18.11.15C
マッド・アマノ　昭51.5.19C
松中信彦　平16.10D
松村謙三　昭12.10.12A、
　20.3.30A、37.9.19A、
　45.4.19A
松本清張　昭33D、
　49.12.28A、58D、平4.8.4没

松本智津夫（麻原彰晃）
　平7.5.16C、18.9.15C、
　30.7.6C
マララ＝ユスフザイ
　平26.10.10B✔
マリリン＝モンロー
　昭29.2.1C
丸山真男　昭25.1.15A、
　51D、平8.8.15没
マンデラ　平2.2.11B、
　2.10.27A、6.5.9B
三浦綾子　昭39.12D、
　平11.10.12没
三浦和義　昭59.1C、
　60.9.11C、63.11.10C、
　平20.2D
三木清　昭16D、
　20.9.26C・没
三木武夫　昭33.12.31A、
　38.10.17A、43.10.29A、
　47.6.17A、49.12.9A首
　50.8.15A、63.11.14没
御木徳近　昭21.9.29C
三木武吉　昭28.11.29A、
　30.4.12A、30.11.15A
三島由紀夫　昭19D、24D、
　29D、31D、32D、34D、
　36.3.15C、44D、45.11.25C
水谷八重子　昭21.2D、
　54.10.1没
水の江滝子　昭3.10.12C、
　5.9D、8.6.15C、
　平21.11.16没
水原茂　昭8.10.22C、
　9.12.26C、57.3.26没
溝口健二　大14D、5D、8D、
　11D、27D、31D、31.8.24没
美空ひばり　昭23.5D、24D、
　25D、27D、31.1.27C、
　32.1.13C、39D、
　平1.6.24没、1.6D国
御手洗冨士夫　平18.5.24A
美智子ゴーマン　昭49.4.15B
美濃部達吉　昭10.2.18A、
　10.4.9C、23.5.23没
美濃部亮吉　昭42.4.15A、
　44.1.24C、46.4.11A、
　46.9.28C、50.2.16A、
　57.12.20A、59.12.24没
三橋美智也　昭30D、31D、
　平8.1.8没
三船敏郎　昭21.6D、22D、
　23D、24D、25D、29D、
　32D、36D、38D、40D、
　43D、平9.12.24没
宮城まり子　昭30D、
　50.3.21C
三宅義信　昭39.10.10B、
　43.10.13B
宮崎勤　平1.8.10C
宮里藍　平15.9.28C、
　21.7.26B、22.6D

宮沢喜一　昭37.7.18A、
　45.6.22A、50.7.23A、
　63.7.5A、63.12.6A、
　平3.11.5A首、3.10.27A、
　10.7.30A、19.6.28没
宮下あき　昭3.8.18C
宮部みゆき　平10D、13D
宮本顕治　昭8.12.23C、
　25.1.6A、33.7.21A、
　45.7.7A、54.10.15A、
　55.5.24A、63.2.4A、
　平9.9.25A、19.7.18没
宮本百合子　昭13.3D、20D、
　22D、26.1.21没
ミロシェビッチ　平12.10.5B
向井千秋　平6.7.3C
無着成恭　昭26.3D
ムッソリーニ　昭4.2.11B、
　9.6.14B、12.3.16B、
　12.9.25B、18.7.25B、
　20.4.28B
武藤山治　昭5.4.5C、9.3.9A
武藤信義　昭2.8.15A、
　8.1.27A
村上春樹　昭63D、平9D、
　14D、21.2.15C、
　21D、25D、29D
村上龍　昭51D
村木厚子　平21.6.14C、
　22.9.10C
村山富市　平5.9.20A、
　6.6.30A首、7.1.4A、
　11.12.1A
文在寅　平29.5.9B、30.4.27B
メドヴェージェフ
　平20.3.2B、22.11.1B
メルケル　平17.11.22B、
　21.9.27B
毛沢東　昭6.11.27B、
　10.1.13B、13.5.26B、
　29.9.20B、41D、
　47.2.21B、51.9.9B
毛利衛　平4.9.12C
本島等　平2.1.18C
森恪　昭2.8.15A、6.2.3A、
　7.12.11没
森繁久弥　昭30D、33D、
　平21.11.10没、21.12D国
森下洋子　昭49.7.25B
森雅之　昭22D、22.7.28C
森光子　平21.7D国、
　24.11.10没
守屋武昌　平19.11.28C
森山真弓　平1.8.24A
森喜朗　平12.4.5A首、
　12.5.15A、13.3.25A

【や〜わ行】

柳楽優弥　平16.5.22B
保井コノ　平4.20C
矢内原忠雄　昭12.12.1C、
　16.2.26C、36.12.25没
矢野絢也　昭42.2.13A、

　51.7.10A、53.9.6A
山岡荘八　昭28D、37D、
　53.9.30没
山川菊栄　昭22.9.1A
山川均　大14D、15D、
　2.12.6C、3.7.22A、
　12.12.15C、33.3.23没
山口百恵　昭49D、51D、
　53D、55.3.7C
山口良忠　昭22.10.11C
山崎直子　平22.4.5C
山下徳夫　平1.8.9A、1.8.24A
山下泰裕　昭52.4.29C、
　59.9.28C国、60.6.17C
山田敬蔵　昭28.4.20B
山田洋次　平3D、5D
山中伸弥　平24.10D✔
山中毅　昭34.7.26C
山中峯太郎　昭5.4D
山花貞夫　平3.7.23A、
　5.1.6A、5.9.4A、
　7.1.7A、11.7.14没
山本五十六　昭18.4.18A・没
山本嘉次郎　昭13D、17D、
　19D、49D
山本権兵衛　大12.9.2A首
　昭8.12.8没
山本薩夫　昭22D、25D、
　27D、40D、45D、49D、
　50D、58.8.11没
山本周五郎　昭33D、
　42.2.14没
山本宣治　昭4.3.5A・没
山本富士子　昭25.4.22C
山本有三　昭8D、11D、
　12.1D、16D、49.1.11没
屋良朝苗　昭43.11.10A、
　46.6.17A、47.6.25A、
　平9.2.14没
柳美里　平9D、12D、
　14.9.24C
湯川秀樹　昭10.2D、
　24.11.3C✔、56.9.8没
養老孟司　平15D
横井庄一　昭47.1.24C、
　平9.9.22没
横路孝弘　昭47.3.27A、
　58.4.10A、62.4.12A
横光利一　昭7D、9D
横山エンタツ　昭5.5D、
　13.4D、46.3.21没
横山大観　昭5.4.26B、
　12.2.11C、33.2.26没
横山ノック　昭43.7.7A、
　平7.4.9A、11.12.21C、
　19.5.3没
吉岡隆徳　昭10.6.9C
吉川英治　大15.8D、
　10.8D、12.8D、
　26D、28.10.26C
吉田石松　昭37.10.30C
吉田喜重　昭35D、45D

吉田沙保里　平24.9.28C、24.11D国、31.1D
吉田茂　昭2.8.4A、2.8.15A、11.3.6A、21.5.22A首、23.10.19A首、29.12.7A、39.2.23A、39.4.25A、42.10.20没
吉田正　平10.6.10没、10.7D国
吉永小百合　昭37D、50D
吉屋信子　昭12.8D、13.9D
米内光政　昭15.1.16A首、15.7.16A、20.3.21A、23.4.20没
米山隆一　平28.10.16A、30.4.18C
ヨハネ＝パウロ2世　昭53.10.16B、57.5.28B、58.5.9B、平8.10.23B
ライシャワー　昭36.4.19A、38.1.9A、39.3.24C、56.5.17A、平2.9.1没
ラビン　平4.7.13B、5.9.13B
力道山　昭26.10.28C、29.2D、38.12.15没
李香蘭（山口淑子）昭15D、16.2D、平26.9.7没
李登輝　平2.5.20B、8.3.23B
李鵬　昭63.8.25A、平1.4.12A
劉暁波　平22.10.8B🖊
廖承志　昭37.11.9A
リンドバーグ　昭6.8.24C
レーガン　昭56.5.8A、58.1.18A、58.11.9A、59.1.25B、61.10.11B
蓮舫　平28.9.15A
ローズベルト　昭16.8.12B、18.11.22B、19.11.7B、20.4.14B
若狭得治　昭51.2.16A、51.7.8C、57.1.26A
若田光一　平26.5.14C
若槻礼次郎　大14.12.1A、15.1.30A首、2.1.20A、5.1.21A、6.4.14A首、6.12.11A、24.11.20没
若乃花　昭33.1D、平22.9.1没
若乃花（若花田）平7.11D、10.5D
輪島　昭47.9D、48.5D、平30.10.8没
渡辺錠太郎　昭11.2.26A・没
渡辺はま子　昭11D、13D、15D、25D、27D
渡辺美智雄　平5.4.6A、7.9.15没
渡辺喜美　平21.8.8A、26.4.7A
ワレサ　昭56.5.10B
ワルトハイム　昭61.6.8B

作品名索引

大きな話題になった映画・テレビ番組・書物・流行歌などの作品名を五十音順に配列した。

【あ行】

「愛国行進曲」昭12.9.25C
『愛染かつら』昭13D
『愛と死を見つめて』昭38D
『愛のコリーダ』昭51D、52.8.15C
『青い山脈』昭24D
『赤城の子守唄』昭46D
『赤ずきんちゃん気をつけて』昭44D
『赤胴鈴之助』昭31D
『悪魔の詩』平3.7.12C
『憧れのハワイ航路』昭23D
『浅草紅団』昭4.12D
『あしたのジョー』昭43D
『アナと雪の女王』平26D
『アバター』平22D
『雨のブルース』昭13D
『ある愛の詩』昭46D
『家なき子』平6D
『「いき」の構造』昭5D
『生きる』昭27D
『異国の丘』昭23D
『磯野家の謎』平5D
『1Q84』平21D
「いつでも夢を」昭37D
『一杯のかけそば』平1D
『一本刀土俵入』昭6D
『E・T』昭57D
『いま、会いにゆきます』平16D
『11PM』昭40D
『ウエストサイド物語』昭36D
「上を向いて歩こう」昭36D
『宇宙戦艦ヤマト』昭49D、52D
「海ゆかば」昭12.10D
『ウルトラマン』昭41D
『駅馬車』昭15D
『エデンの東』昭30D
『エマニエル夫人』昭49D
『黄金バット』平5.12D
『丘を越えて』昭6D
『おくりびと』平21.2.22C
『おしん』昭58D
『おそ松くん』昭39D
『男はつらいよ』昭44D
『踊る大捜査線』平10D、15D
「踊るポンポコリン」平2D
『おばけのQ太郎』昭40D
『おはなはん』昭41D
『お笑い三人組』昭31D
『女の一生』昭8D、20.4D

【か行】

『開運！何でも鑑定団』平6D
『会議は踊る』昭9D
『怪人二十面相』昭11D
『街頭録音』昭21.5.6D
『帰ってきたヨッパライ』昭42D
『崖の上のポニョ』平20D
『影を慕いて』昭7D
『籠の鳥』大13D
『カサブランカ』昭21D
『火宅の人』昭50D
『喝采』昭47D
『加藤隼戦闘隊』昭18D
『蟹工船』昭4D、平20D
『鐘の鳴る丘』昭22.7D
『がめつい奴』昭34.10D
『カメラを止めるな！』平30D
『仮面ライダー』昭46D
『カルメン故郷に帰る』昭26D
『冠婚葬祭入門』昭45D
『完全なる結婚』昭21D
『神田川』昭48D
『乾杯』昭63D
『岸壁の母』昭29D
『菊と刀』昭23.12D
『きけわだつみのこえ』昭24D、25D
『木島則夫モーニンショー』昭39D
「北国の春」昭52D
『北の国から』昭56D、平14D
「君恋し」昭3D、36D
『君の名は』昭27.4D、28D
『君の名は。』平28D
『キャッツ』昭58.11D
『九十歳。何がめでたい』平29D
『巨人の星』昭41.5D、43D
『金閣寺』昭31D
『キング・コング』昭8D
「銀座カンカン娘」昭24D
『銀座の恋の物語』昭36D
「銀座の柳」昭36D
『禁じられた遊び』昭28D
『鞍馬天狗』昭2D
「黒い花びら」昭34.12D
『黒い雪』昭40.6.16C
「黒猫のタンゴ」昭44D
『刑事コロンボ』昭48D
『月光仮面』昭33D
『原爆詩集』昭26.9D
『原爆の子』昭27D
『原爆の図』昭25.2.8C
『原爆を許すまじ』昭29D
「恋」平28D
『恋の季節』昭43D
『悦惚の人』昭47D
『広辞苑』昭30D、平3D
『紅白歌合戦』昭26.1D、28.12D、53.12.31C
『声に出して読みたい日本語』平14D
『木枯し紋次郎』昭47D
『ごくせん』平17D
『ゴジラ』昭29D

『五体不満足』平11D
『こちら葛飾区亀有公園前派出所』平28.9D
『国家の品格』平18D
『国境の町』昭9D
『ゴッドファーザー』昭47D
『子連れ狼』昭47D、48D
『湖畔の宿』昭15D
『こんにちは赤ちゃん』昭38D
『コンバット』昭37D

【さ行】

『坂の上の雲』昭44D
「酒は涙か溜息か」昭6D
『サザエさん』昭21.4D、40D
『細雪』昭18.1D、21D
『サラダ記念日』昭62D
『サラーム・ボンベイ』平2D
『されどわれらが日々』昭39D
『Santa Fe』平3D
『ジェスチャー』昭28D
『シェーン』昭28D
『時間ですよ』昭45D
『事件記者』昭33D
『地獄の黙示録』昭55D
『地獄門』昭29.4D
『下町ロケット』平27D
『七人の刑事』昭36D
『七人の侍』昭29D
『十戒』昭33D
『失楽園』平9D
『支那の夜』昭15D
『島の娘』昭7D
『市民ケーン』昭41D
『シャボン玉ホリデー』昭36D
『Shall we ダンス？』平8D
『上海の花売娘』昭14D
『自由学校』昭25.5D
『十代の性典』昭28D
『受験生ブルース』昭43D
『笑点』昭41D
『少年H』平9D
『昭和史』昭30D
『女給の唄』大14D、昭10.3.28C
『女工哀史』大14D、昭10.3.28C
『女子学生亡国論』昭37D
『JAWS・ジョーズ』昭50D
『白雪姫』昭25D
『知床旅情』昭45D
『白い巨塔』昭41D
『仁義なき戦い』昭48D
『真空地帯』昭27D
『真実一路』昭28D
『人生劇場』昭8.3D、11D
『人生の並木路』昭12D
『人生論ノート』昭16D
『真相はかうだ』昭20.12D
『シンドラーのリスト』平6D
『姿三四郎』昭18D
『スターウォーズ』昭53D、平17D、28D

220

『スター千一夜』　昭34D
「スーダラ節」　昭36D
『砂の器』　昭49D、平16D
『スーパーマン』　昭31D
「すみれの花咲く頃」昭5D
『スワロウテイル』　平8D
『青春の門』　昭50D
『性生活の知恵』　昭35D
『清貧の思想』　平5D
『西部戦線異状なし』
　　　　昭4.11D、5D
『世界がもし100人の村
だったら』　平14D
「世界に一つだけの花」平15D
『世界の中心で、愛をさけぶ』
　　　　平15D、16D
「世界は二人のために」昭42D
「瀬戸の花嫁」　昭47D
『銭形平次捕物控』昭6.4D
『007は殺しの番号』昭38D
『戦場にかける橋』昭32D
「戦争と平和」　昭22D
「戦争を知らない子供たち」
　　　　昭45D
『千と千尋の神隠し』
　平13D、14.2.17B、15.3.23B
「千の風になって」　平19D
『創価学会を斬る』昭44D、
　　　　45.1.5A
「蘇州夜曲」　昭15D
「ソフィーの世界」　平17D
「そよ風」　昭20.10D
「空の神兵」　昭17D

【た行】
『大往生』　平6D
『大学は出たけれど』昭4.3D
『タイタニック』　平9D
「太陽がいっぱい」昭35D
『太陽の季節』　昭30.7D、
　　　　31D
「滝の白糸」　昭8D
「尋ね人」　昭21.7.1D
『堕落論』　昭22D
「丹下左膳」　昭2.10D、8D
「だんご３兄弟」　平14D
『智恵子抄』　昭16D
『チコちゃんに叱られる』平30D
「稚児の剣法」　平2D
「地上の星」　平15D
「なよあなたは強かった」昭14D
『ちびまる子ちゃん』平2D、3D
『チャタレイ夫人の恋人』
　　　昭25.6.26C、32.3.13C
『「超」勉強法』　平7D
『土』　昭14D
「綴方教室」　昭12.8D
「積木くずし」　昭57D
『つみきのいえ』平21.2.22C
『敵中横断三百里』昭5.4D
『鉄人28号』　昭D
『鉄腕アトム』昭26D、31D、
　　　　38.1D

『てなもんや三度笠』昭37D
「出船の港」　大14D、昭3.2.1C
『テルマエ・ロマエ』平24D
『天国と地獄』　昭38D
『天国に結ぶ恋』　昭7D
『電車男』　平16D、17D
『点と線』　昭33D
『同期の桜』　昭19D
「東京音頭」　昭8.8D
「東京行進曲」　昭4D
「東京ブギウギ」　昭23D
『東京ラブストーリー』平3D
「東京ラプソディー」昭11D
「遠くへ行きたい」　昭37D
『徳川家康』　昭28D、37D
『Dr.スランプ』　昭57D
『ドラえもん』　昭54D
『敦煌』　昭63D
『とんち教室』　昭24.1D

【な行】
「長崎の鐘」　昭24D
「啼くな小鳩よ」　昭22D
『謎解きはディナーのあ
とで』　平23D
『何が彼女をそうさせたか』
　　　　昭2D、5D
『名もなく貧しく美しく』昭36D
『楢山節考』　昭32D
『鳴門秘帖』　大15.8D
『何でもみてやろう』昭36D
『なんとなく、クリスタル』昭56D
『肉体の門』　昭22.8D
『逃げるが恥だが役に立つ』
　　　　平28D
『西住戦車長伝』　昭24D
『20世紀少年』平20D、21D
『二十四の瞳』昭27D、29D
『二十の扉』　昭22.11D
『24時間テレビ・愛は地球
を救う』　昭53D
『日米会話手帖』　昭20.9D
『にっぽん昆虫記』昭38D
『ニッポン日記』　昭26D
『日本人とユダヤ人』昭45D
『日本沈没』　昭48D
『日本ファシズム批判』昭7D
『ニュースステーション』
　　　昭61D、平11.2.1C
『人間失格』　昭23D
『人間の条件』昭31D、34D
『脳内革命』　平7D
『ノストラダムスの大予言』昭48D
『のど自慢素人音楽会』
　　　　昭21.1.19D
「野良犬」　昭24D
『のらくろ二等卒』昭6.1D

【は行】
『バカの壁』　平15D
『白蛇伝』　昭33D
「函館の女」　昭40D
『橋のない川』　昭36.9D、
　　　　平4D

「バス通り裏」　昭33D
『二十歳の原点』　昭46D
「はたちの青春」　昭21D
『8時だヨ!全員集合』昭44D
「話の泉」　昭21.12.3D
「バナナボート」　昭32D
『花の生涯』　昭38D
「波浮の港」　昭3D
「バラが咲いた」　昭41D
『ハリー・ポッター』平13D、
　　14D、15D、16D、18D、
　　19D、20D、21D、23D
『ハワイ・マレー沖海戦』昭17D
『半沢直樹』　平25.D
『晩春』　昭24D
『反貧困』　平20D
『美女と野獣』　昭23D
『羊たちの沈黙』　平3D
「火花」　平27.7D
「PPAP」　平28D
『101回目のプロポーズ』平3D
『氷点』昭39.12D、40D
『ひょっこりひょうたん島』昭39D
「ファイナルファンタジーX」平13D
「First Love」　平11.5D
『フィールド・オブ・ドリー
ムス』　平2D
『風流夢譚』　昭36.2.1C
『不確実性の時代』昭53D
『複合汚染』　昭50D
『フクちゃん』　昭11.1D
『釜山港へ帰れ』　昭58D
「二人は若い」　昭10D
『冬のソナタ』　平15D
『プラトーン』　昭62D
『俘虜記』　昭27D
「ブルーシャトー」昭42D
『プロジェクトX』　平13D
『ブロンディ』　昭24.1D
『糞尿譚』　昭12D
『ヘビーローテーション』平22D
『ベルサイユのばら』
　　　　昭47D、49.8D
『暴力教室』　昭30D
『放浪記』昭3.7D、5D
『濹東綺譚』　昭12.4D
『ポケットモンスター』
　　　　平9.12.16C
『ポケモンGO』　平28.7D
『星の王子さま』　昭28D
『星の流れに』　昭22D
『鉄道員(ぽっぽや)』平9D

【ま行】
『また逢う日まで』昭25D
『マダムと女房』　昭6D
「街の灯」　昭9D
『マディソン郡の橋』平5D、7D
『窓ぎわのトットちゃん』昭56D
『瞼の母』　昭6.3D
『マルサの女』　昭62D
『マレー戦記』　昭17D
『漫画　君たちはどう生

きるか』　平30D
『マンガ日本経済入門』
　　　　昭62D
『万引き家族』　平30.5D
『未知との遭遇』　昭53D
『水戸黄門』　昭44D
『宮本武蔵』昭10.8D、14.9D
『民族の祭典』　昭15D
『麦と兵隊』　昭13.8D
『無常といふ事』　昭21D
『無法松の一生』　昭18D
『名犬ラッシー』　昭32D
『夫婦善哉』　昭15D、30D
『モダン＝タイムス』昭13D
『もののけ姫』　平9D
『樅の木は残った』昭33D、
　　　　45D
『モロッコ』　昭6D
『モン・パリ』昭2.9D

【や〜わ行】
『矢切の渡し』　昭58D
『野生のエルザ』　昭35D
『山びこ学校』　昭26.3D
『夕鶴』　昭24.1D
「有楽町で逢いましょう」昭32D
『雪国』　昭12D
『UFO』　昭52D
『夢千代日記』　昭56D
『夜明け前』　昭4.4D、7D
「酔いどれ天使」　昭23D
『妖怪ウォッチ』　平26D
「よこはま・たそがれ」昭46D
『夜と霧』　昭36D
『喜びも悲しみも幾歳月』昭32D
『羅生門』　昭25D、
　　26.9.10B、27.3D
『ラストエンペラー』
　　　　昭63.4.11B、63D
『ラバウル海軍航空隊』昭19D
『ラバウル小唄』　昭19D
『ラマンチャの男』
　　　昭44.4D、45.3B
『乱』　昭60D
『竜馬がゆく』昭38D、43D
『料理の鉄人』　平6D
『リンゴ追分』　昭27D
「リンゴの歌」　昭20.10D、
　　　　21D
『ルーツ』　昭52D
『ルビーの指環』　昭56D
『ローハイド』　昭34D
『路傍の石』　昭12.1D
『ローマの休日』　昭29D
『若い人』　昭8.5D、12D
『わが青春に悔なし』昭21D
『我が闘争』　昭17.5D
「別れのブルース」昭12D
「若鷲の歌」　昭18D
『私の秘密』　昭6.3D
『私は貝になりたい』昭33.10D
『笑いの王国』　昭8.4D
『笑っていいとも!』平26.3D

テーマ別索引

【新聞・雑誌の創刊】【政党結成】については50音順、他は年代順に配列した。

オリンピック

〔夏季〕
第8回パリ	大13.7.5B
第9回アムステルダム	昭3.7.28B
第10回ロサンゼルス	昭7.7.30B
第11回ベルリン	昭11.8.1B
第14回ロンドン	昭23.7.29B
第15回ヘルシンキ	昭27.7.19B
第16回メルボルン	昭31.11.22B
第17回ローマ	昭35.8.25B
第18回東京	昭39.10.10B
第19回メキシコ	昭43.10.12B
第20回ミュンヘン	昭47.8.26B
第21回モントリオール	昭51.7.17B
第22回モスクワ	昭55.7.19B
第23回ロサンゼルス	昭59.7.28B
第24回ソウル	昭63.9.17B
第25回バルセロナ	平4.7.25B
第26回アトランタ	平8.7.20B
第27回シドニー	平12.9.15B
第28回アテネ	平16.8.13B
第29回北京	平20.8.8B
第30回ロンドン	平24.7.27B
第31回リオデジャネイロ	平28.8.5B

〔冬季〕
第1回シャモニー	大13.1.24B
第2回サンモリッツ	昭3.2.11B
第3回レークプラシッド	昭7.2.4B
第4回ガルミッシュ＝パルテンキルヘン	昭11.2.6B
第5回サンモリッツ	昭23.1.30B
第6回オスロ	昭27.2.14B
第7回コルチナ＝ダンペッツォ	昭31.1.26B
第8回スコーバレー	昭35.2.18B
第9回インスブルック	昭39.1.29B
第10回グルノーブル	昭43.2.6B
第11回札幌	昭47.2.3B
第12回インスブルック	昭51.2.4B
第13回レークプラシッド	昭55.2.13B
第14回サラエボ	昭59.2.8B
第15回カルガリー	昭63.2.13B
第16回アルベールビル	4.2.8B
第17回リレハンメル	平6.2.12B
第18回長野	平10.2.7B
第19回ソルトレークシティー	平14.2.8B
第20回トリノ	平18.2.10B
第21回バンクーバー	平22.2.12B
第22回ソチ	平26.2.6B
第23回平昌	平30.2.5B

航空機事故

初の旅客機事故	昭6.6.22C
もく星号墜落	昭27.4.9C
米軍輸送機墜落(立川市)	昭28.6.18C
自衛隊機事故14件	昭32C
全日空DC3墜落	昭33.8.12C
米軍機墜落(沖縄・宮森小)	昭34.6.30C
藤田航空ヘロン墜落	昭38.8.17C
富士航空コンベア墜落	昭39.2.27C
米軍機墜落(町田市)	昭39.4.5C
全日空ボーイング727墜落	昭41.2.4C
カナダ航空DC8墜落	昭41.3.4C
BOACボーイング707墜落	昭41.3.5C
全日空YS-11墜落	昭41.11.13C
ファントム墜落(九大)	昭43.6.2C
全日空機と自衛隊機衝突	昭46.7.30C
米軍機墜落(横浜市)	昭52.9.27C
遠東航空旅客機墜落	昭56.8.22C
日航DC-8墜落	昭57.2.9C
大韓航空機撃墜	昭58.9.1B
日航ジャンボ機墜落	昭60.8.12C
南ア航空機墜落	昭62.11.28B
大韓航空機爆破	昭62.11.29B
中華航空エアバス着陸失敗	平6.4D
ヘリ2機衝突(長野市)	平8.4D
コンコルド墜落	平12.7.25B
米軍ヘリ墜落(沖縄国際大)	平16.8.13C
キャンプ・ハンセン米軍ヘリ墜落	平25.8.5C
マレーシア航空機消息不明	平26.3.8B
マレーシア航空機撃墜	平26.7.17B
独旅客機墜落	平27.3.24B
オスプレイ不時着大破	平28.12.13A
航空自衛隊ステルス戦闘機墜落	平31.4.9A

地震・火山噴火

関東大震災	大12.9.1C
北丹後地震	昭2.3.7C
北伊豆地震	昭8.3.3C
鳥取地震	昭18.9.10C
昭和新山誕生	昭19.6.27C
東南海地震	昭19.12.7C
三河地震	昭20.1.13C
南海地震	昭21.12.21C
浅間山爆発	昭22.8.14C
福井地震	昭23.6.28C
明神礁発生	昭27.9.17C
チリ地震津波	昭35.5.24C
新潟地震	昭39.6.16C
松代群発地震	昭40.8.3C
十勝沖地震	昭43.5.16C
伊豆半島南部地震	昭49.5.9C
御岳山噴火	昭54.10.28C
日高地震	昭57.3.21C
日本海中部地震	昭58.5.26C
三宅島噴火	昭58.10.3C
長野県西部地震	昭59.9.14C
メキシコ大地震	昭60.9.19B
ネバドデルルイス火山	昭60.11.13B
三原山大噴火	昭61.11.15C
十勝岳噴火	昭63.12.19C
雲仙普賢岳噴火	平2.11.17C
雲仙普賢岳大火砕流	平3.6.3C
ピナツボ火山大噴火	平3.6.9B
北海道南西沖地震	平5.7.12C
インド大地震	平5.10.3B
北海道東方沖地震	平6.10.4C
阪神・淡路大震災	平7.1.17C
トルコ西部地震	平11.8.17B
台湾中部地震	平11.9.21B
有珠山噴火	平12.3.31C
三宅島の火山活動	平12.9.1C
インド大地震	平13.1.26B
イラン大地震	平15.12.26B
スマトラ沖M9地震	平16.12.26B
新潟県中越地震	平16.10.23C
スマトラ大地震	平17.3.28B
福岡県西方地震	平17.3.20C
能登半島沖地震	平19.3.25C
中越沖地震	平19.7.16C
四川省大地震	平20.5.12B
岩手・宮城内陸地震	平20.6.14C
ハイチで地震	平22.1.12B
霧島山新燃岳噴火	平23.1.27C
ニュージーランドで地震	平23.2.22B
東日本大震災	平23.3.11A
御嶽山噴火	平26.9D
口永良部島噴火	平27.5.29C
熊本地震	平28.4.14, 4.16C
本白根山噴火	平30.1.23C
大阪府北部地震	平30.6.18C
北海道胆振東部地震	平30.9.6C
スラウェシ島地震	平30.9.28B

新幹線開通

東海道新幹線	昭39.10.1C
山陽新幹線	昭47.3.15, 50.3.10C
東北新幹線	昭57.6.23C, 60.3.14C, 平3.6.20C, 14.12D, 22.12D
上越新幹線	昭57.11.15C, 60.3.14C, 平3.6.20C
山形新幹線	平4.7.1C
秋田新幹線	平9.3.22C
長野新幹線	平9.10.1C
九州新幹線	平16.3.13C, 23.3D
北陸新幹線	平27.3D
北海道新幹線	平28.3D

新聞・雑誌の創刊

『赤旗』	昭3.2.1A
『朝日ジャーナル』	昭34D
『家の光』	大14D
『影』	昭31D
『キング』	大14D
『週刊女性自身』	昭33D
『週刊新潮』	昭31.2D
『週刊文春』	昭34D
『週刊明星』	昭33D
『就職情報』	昭50.6D
『受験時代』	平7.10D
『少年サンデー』	昭34D
『少年マガジン』	昭34D
『新生』	昭20.11D

『世界』	昭21D
『世界文化』	昭10.2.1D
『大衆文芸』	大15.1D
『近きより』	昭12.4D
『展望』	昭21D
『とらばーゆ』	昭55D
『ＮｕｍＢｅｒ』	昭55D
『日刊ゲンダイ』	昭50.10D
『女人芸術』	昭3.7D
『ぴあ』	昭47.7D
『ＦＯＣＵＳ』	昭56D
『ＦＲＩＤＡＹ』	昭59.11D
『夕刊フジ』	昭44.2D

政党結成

大阪維新の会	平22.4.19A
沖縄人民党	昭22.7.20A
改進党	昭27.2.8A
革新自由連合	昭52.4.26A
希望の党	平29.9.25A
協同民主党	昭21.5.24A
公明党	昭39.11.17A
国民協同党	昭22.3.8A
国民新党	平17.8.17A
国民の生活が第一	平24.7.11A
国民民主党	昭25.2.28A
国民民主党	平30.5.17A
サラリーマン新党	昭58.5.4A
参議院無所属派クラブ	昭57.12.20A
社会市民連合	昭52.3.26A
社会大衆党	昭7.7.24A
社会大衆党(沖縄)	昭25.10.31A
社会民衆党	大15.12.5A
社会民主党	平8.1.19A
社会民主連合	昭53.3.26A
自由党	昭25.3.1A
自由民主党	昭30.11.15A
新自由クラブ	昭51.6.25A
新進党	平6.12.8A
新生党	平5.6.23A
新党さきがけ	平5.6.21A
新党「日本」	平17.8.17A
新労農党	昭4.11.1A
全国大衆党	昭5.7.20A
全国労農大衆党	昭6.7.5C
太陽党	平8.12.26A
日本維新の会	平24.9.28A
日本社会党	昭20.11.2A
日本自由党	昭20.11.9A
日本自由党	昭28.11.29A
日本新党	平4.5.22A
日本進歩党	昭20.11.16A
日本農民党	大15.10.17A
日本大衆党	昭3.12.20A
日本民主党	昭29.11.24A
日本労農党	大15.12.9A
農民労働党	大14.12.1A
分党派自由党	昭28.3.18A
民社党	昭35.1.24A
民主自由党	昭23.3.15A
民主党	昭22.3.31A
民主党	平8.9.28A
民進党	平28.3.27A
みんなの党	平21.8.3A
無産大衆党	平3.7.22A
結いの党	平25.12.9A
立憲民主党	平29.10.3A
立憲民政党	昭2.6.1A
緑風会	昭22.5.17A
労働者農民党	昭23.12.2A
労働農民党	大15.3.5A

世界遺産・世界無形文化遺産無・世界記憶遺産記

白神山, 屋久島, 法隆寺, 姫路城	平5.12D
古都京都の文化財	平6.12D
白川郷・五箇山	平7.12D
原爆ドーム, 厳島神社	平8.12D
古都奈良の文化財	平10.12D
日光の社寺	平11.12D
琉球王国のグスク	平12.12D
能楽	平13.5.18C
文楽無	平15C
紀伊山地の霊場	平16.7D
知床	平17.12D
石見銀山遺跡	平19.7D
小笠原諸島, 平泉	平23.6D
山本作兵衛の炭鉱記録画・記録文書記	平23.5D
御堂関白記, 慶長遣欧使節関係資料記	平25.6D
富士山	平25.6D
和食無	平25.12D
富岡製糸場と絹産業遺跡群	平26.6D
和紙無	平26.11D
シベリア抑留・引き揚げの記録記	平27.10D
東寺百合文書記	平27.10D
明治日本の産業革命遺産	平27.7D
ル・コルビジェの建築作品	平28.7D
『神宿る島』宗像・沖ノ島と関連遺産群	平29.7D
上野三碑, 朝鮮通信使に関する記憶記	平29.10D
長崎と天草地方の潜伏キリシタン関連遺産	平30.6D
来訪神：仮面・仮装の神々無	平30.11D

台風・水害

室戸台風	昭9.9.21C
キャスリーン台風	昭22.9.14C
アイオン台風	昭23.9.15C
キティ台風	昭24.8.31C
ジェーン台風	昭25.9.3C
ルース台風	昭26.10.14C
狩野川台風	昭33.9.27C
伊勢湾台風	昭34.9.26C
本州各地に集中豪雨	昭36.6.24C
第2室戸台風	昭36.9.16C
山陰・北陸地方豪雨	昭39.7.18C
宮古島で秒速85.3m記録	昭41.9.5C
沖永良部台風	昭52.9.9C
九州北西部山口県豪雨	昭57.7.23C
山陰地方集中豪雨	昭58.7.22C
台風13号鹿児島直撃	平5.9.3C
東海地方記録的豪雨	平12.9D
水害が相次ぐ	平16D
ハリケーン「カトリーナ」	平17.8.31B
大型サイクロン, ミャンマー直撃	平20.5.2B
山口・島根で記録的豪雨	平25.7.28C
タイで大洪水	平23.10B
台風18号本州縦断	平25.9.16C
台風26号記録的な大雨	平25.10.16C
台風30号フィリピン直撃	平25.11.8B
広島市で局所的豪雨	平26.8D
九州北部で記録的豪雨	平29.7.5C
西日本各地で豪雨	平30.6.28C
台風21号四国・近畿縦断	平30.9.4C

鉄道・船舶事故

水雷艇友鶴転覆	昭9.3.12C
第4艦隊事件	昭10.9.26C
対馬丸撃沈	昭19.8.22C
ソ連潜水艦, 引揚船撃沈	昭20.8.22C
八高線転覆	昭22.2.25C
三鷹事件	昭24.7.15A
松川事件	昭24.8.17A, 28.10.26C, 34.8.10A, 36.8.8A, 38.9.12A
桜木町事件	昭26.4.24C
洞爺丸座礁転覆	昭29.9.26C
相模湖遊覧船沈没	昭29.10.8C
紫雲丸沈没	昭30.5.11C
三河島二重衝突	昭37.5.3C
米原潜スレッシャー号沈没	昭38.4.11B
みどり丸転覆	昭38.8.17C
鶴見事故	昭38.11.9C
ぼりばあ丸沈没	昭44.1.5C
北陸トンネル内列車火災	昭47.11.6C
原子力船むつ放射能漏れ	昭49.9.1C
第10雄洋丸衝突	昭49.11.9C
日昇丸沈没	昭56.4.9C
第28あけぼの丸転覆	昭57.1.6C
中国で修学旅行生列車事故	昭63.3.24B
潜水艦なだしお衝突	昭63.7.23C
東中野駅衝突事故	昭63.12.5C
ナホトカ重油流出	平9.1.2C
地下鉄日比谷線脱線衝突	平12.3.8C
えひめ丸沈没	平13.2.9C
韓国地下鉄放火	平15.2.18B
モスクワ地下鉄爆弾テロ	平16.2.6B
マドリード列車爆破テロ	平16.3.11B
JR福知山線脱線	平17.4.25C
ロンドン地下鉄自爆テロ	平17.7.7B
羽越線特急脱線	平17.12.25C
自衛隊イージス艦衝突	平20.2.19C
モスクワ地下鉄自爆テロ	平22.3.29B
中国高速鉄道追突	平23.7.23B
スペイン高速鉄道脱線	平25.7.24B
JR函館線脱線	平25.9.19C
セウォル号沈没	平26.4.16B
リビア沖難民船転覆	平27.4.18B
米イージス艦衝突	平29.6.17C

◆主な参考資料

『官報』その他の政府刊行物／『朝日新聞』『毎日新聞』『読売新聞』『産経新聞』『日本経済新聞』及びそれらの縮刷版／『朝日年鑑』(朝日新聞社)、『読売年鑑』(読売新聞社)、『朝日キーワード』(朝日新聞出版)各年度／『昭和史年表 増補版』『近代日本総合年表 第四版』『日本文化総合年表』『世界史年表』(岩波書店)、『昭和・平成史年表』(平凡社)、『20世紀年表』(毎日新聞社)、『日本外交年表並主要文書』(原書房)、『日本近代文学年表』(小学館)、『昭和・平成家庭史年表』『近代子ども史年表 昭和・平成編』『環境史年表 昭和・平成編』(河出書房新社)／『出版年鑑』(出版ニュース社)、『日本労働年鑑』(大原社会問題研究所)、『教育年鑑』(日本図書センターほか)各年度／『日本近現代史辞典』(東洋経済)、『戦後史大事典』(三省堂)、『日本歴史大事典』『日本大百科全書』(小学館)、『国史大辞典』(吉川弘文館)、『朝日・日本歴史人物事典』『現代日本・朝日人物事典』(朝日新聞社)、『昭和史全記録』(毎日新聞社)、『20世紀全記録』『人物20世紀』『昭和二万日の記録』1〜18 (講談社)、『Our Times 20世紀』(角川書店)／『近代日本経済史要覧』(東京大学出版会)、『日本20世紀館』『ビジュアルNIPPON 昭和の時代』『昭和世相史』『日本史歳事記366日』(小学館)、『ザ・クロニクル 戦後日本の70年』1〜14 (共同通信社)、『年表でみるモノの事典』上・下 (ゆまに書房)、『数字で見る戦後50年日本の歩み』(PHP研究所)、『図解で振り返る激動の平成史』(三栄書房)、『日本史史料 5現代』(岩波書店)、『史料日本近現代史Ⅲ 戦後日本の道程』(三省堂)『日本プロ野球50年史』『近代オリンピック100年の歩み』(ベースボールマガジン社)、『TV50年』(東京ニュース通信社)／池上彰『池上彰の世界の見方』シリーズ、池上彰『戦前ニッポン総理の決断』、池上彰『戦後ニッポン総理の決断』(小学館)、池上彰ほか『平成論』(NHK出版)、中村政則『戦後史』、石川真澄『戦後政治史 新版』、後藤謙次『10代に語る平成史』(岩波書店)、上野昂志『戦後60年』(作品社)、草野厚『歴代首相の経済政策全データ』(角川書店)、色川大吉『平成時代史考』(アーツアンドクラフツ)／週刊『日録20世紀』各号(講談社)、『週刊20世紀』各号(朝日新聞社)。また、内閣府、首相官邸、衆議院、参議院、日本銀行、日本プロ野球機構、日本相撲協会、日本中央競馬会等のホームページ及び、NHK、朝日新聞社、毎日新聞社、読売新聞社、産経新聞社、日本経済新聞社、共同通信社、時事通信社、NEWSポストセブンのサイト、「年代流行」と「出来事jp」の各年度、インターネット百科事典「wikipedia」及び、辞書・事典サイト「ジャパンナレッジ」を参照した。

◆編者紹介

神田文人 (かんだ ふひと)

横浜市立大学名誉教授。1930年長野県生まれ。東京大学卒業。『昭和の歴史8 占領と民主主義』『昭和史年表』『昭和・平成現代史年表』ほか編著書多数。2005年没。

小林英夫 (こばやし ひでお)

早稲田大学名誉教授。1943年東京生まれ。東京都立大学卒業。『日本20世紀館』編集委員。『日本株式会社を創った男』『日本の迷走はいつから始まったのか』ほか編著書多数。

装 丁	栁平和士
写真提供	共同通信社，朝日新聞社
本文DTP	栁平和士
編 集	加藤真文，西堀靖 (小学館)
編集協力	戸松大洋，ハユマ
制 作	太田真由美
	星 一枝
宣 伝	阿部慶輔
販 売	大下英則

増補完全版 昭和・平成 現代史年表

2019年7月6日第1版第1刷発行

編著作者	神 田 文 人
	小 林 英 夫
発行者	小 川 美 奈 子
発行所	株式会社小学館

〒101-8001 東京都千代田区一ツ橋2-3-1
編集 03-3230-5119
販売 03-5281-3555

印刷所	大日本印刷株式会社
製本所	株式会社若林製本工場

©KANDA Fuhito, KOBAYASHI Hideo 2019
Printed in Japan
ISBN978-4-09-626329-7

造本には十分注意しておりますが、印刷、製本など製造上の不備がございましたら、「制作局コールセンター」(フリーダイヤル0120-336-340) にご連絡ください。(電話受付は、土・日・祝休日を除く9:30〜17:30)
本書の無断での複写 (コピー)、上演、放送等の二次利用、翻案等は、著作権法上の例外を除き、禁じられています。
本書の電子データ化などの無断複製は著作権法上の例外を除き禁じられています。代行業者等の第三者による本書の電子的複製も認められておりません。